제17판

기업법개설

[민법/상법(총칙·회사·보험)/어음·수표법]

서울대학교 명예교수
최 기 원 저

박영사

머 리 말

—제 17 판—

본서 제17판에서는 2015년 11월 12일에 국회의 의결에 의하여 확정된 상법일부개정법률에 따라 본서의 내용을 수정·보완하였다. 법의 개정이유는 「기업 인수·합병 시장의 확대 및 경제 활성화를 도모하기 위하여 기업의 원활한 구조 조정 및 투자 활동이 가능하도록 다양한 형태의 기업 인수·합병 방식을 도입하는 한편, 반대주주의 주식매수청구권 제도를 정비하는 등 현행 제도의 운영상 나타난 일부 미비점을 개선·보완하려는 것」이다(상세는 부록 참조).

끝으로 본서의 편집과 교정을 위하여 수고하신 박영사의 김선민 편집부장에게 감사하고, 본서의 출간을 지원해 주신 박영사의 안종만 회장님에게 사의를 표하는 바이다.

2017년 1월 15일

서울대학교 연구실에서

저 자 씀

차　　례

제 1 편　민법의 기초지식

제 1 장　서　　설

제 2 장　거래에 관한 원칙

제 3 장 계 약

제 4 장 채권의 보호

제 5 장 사무관리 · 부당이득 · 불법행위

제 2 편 기 업 법

제 1 장 서 설

제 2 장 회 사

제 3 장 주식회사의 설립

제 4 장 주식·주주·주권

제 1 관 주 식

제 2 관 주 주

제 3 관 주권과 주주명부

제 4 관 주식의 양도

제 5 관 주식의 담보

제 6 관 주식의 소각·병합·분할

제 5 장 주식회사의 기관

제 6 장 자금조달방법

제 7 장 회사의 회계

제 8 장 기업의 구조변경

제 9 장 기타 회사

제10장 보 험 법

제11장 어음·수표

제 1 관 어 음

제 2 관 수 표

◇ 약 어 표 ◇

〔국사〕 ………………………… 국제사법
〔기회〕 …………………… 기업회계기준
〔담사〕 …………… 담보부사채신탁법
〔민〕 ………………………………… 민법
〔민소〕 ……………………… 민사소송법
〔민집〕 ……………………… 민사집행법
〔보험〕 ………………………… 보험업법
〔부경〕 …………… 부정경쟁방지 및 영업비밀보호에 관한 법률
〔부등〕 …………………… 부동산등기법
〔부수〕 …………… 부정수표 단속법
〔비송〕 ……………… 비송사건절차법
〔상〕 ………………………………… 상법
〔상등〕 ……………………… 상업등기법
〔상등처〕 ……………… 상업등기규칙
〔상부〕 ………………………… 상법부칙
〔상시〕 ……………………… 상법시행법
〔상시규정〕 ……… 상법중 일부규정의 시행에 관한 규정
〔상시령〕 …………………… 상법시행령
〔상표〕 …………………………… 상표법
〔선등〕 ……………………… 선박등기법
〔선박〕 …………………………… 선박법
〔선원〕 …………………………… 선원법
〔수〕 ………………………………… 수표법
〔식위〕 ……………………… 식품위생법
〔어〕 ………………………………… 어음법
〔외감〕 ……… 주식회사의 외부감사에 관한 법률
〔은〕 ………………………………… 은행법
〔자금〕 ….. 자본시장과 금융투자업에 관한 법률
〔자배〕 ……… 자동차손해배상보장법
〔전어〕 ………… 전자어음의 발행 및 유통에 관한 법률
〔특허〕 …………………………… 특허법
〔헌〕 ………………………………… 헌법
〔형〕 ………………………………… 형법
〔회생파산〕 ………… 채무자 회생 및 파산에 관한 법률

〔대판〕 ……………………… 대법원판결

제 1 편

민법의 기초지식

제 1 장 서　　설

1. 실정법의 분류

(1) 사법과 공법

실정법 중에 민법·상법은 사법(私法)이라 하고, 헌법·행정법·형법·형사소송법·민사소송법 등은 공법(公法)이라고 한다. 전자는 당사자간의 평등하고 대등한 관계를 규율하고, 후자는 국가 기타의 공공단체 상호간의 관계 또는 이들과 개인과의 관계를 규율한다. 양자는 법률상의 쟁송에 관하여도 현행법상 그 관할을 달리하는 민사사건과 행정사건의 구별을 위한 기준이 된다. 노동법과 경제법은 양법관계가 모두 포함된 법이라고 할 것이다.

(2) 일반법과 특별법

법은 그 효력이 미치는 범위에 따라 일반법과 특별법으로 분류할 수 있다. 일반법은 일반적으로 그 효력범위가 넓어서 사람·장소·사항 등에 대한 특별한 제한이 없이 적용되는 법이라고 할 수 있고, 특별법은 그 효력이 제한된 일정한 사람이나 장소 또는 사항에 관해서만 적용되는 법이다. 양자를 구별하는 실익은 특별법이 일반법에 우선하여 적용되는 데 있다. 즉 일반법은 특별법이 없는 경우에 비로소 적용된다. 예컨대 민법은 일반법으로서 일반인의 사적 생활관계를 대상으로 하는 법이며, 상법은 상인의 기업생활관계를 대상으로 하는 특별법이라고 할 수 있다.

(3) 강행법과 임의법

법은 강행성의 정도에 따라 강행법과 임의법으로 분류할 수 있다. 전자는 당사자의 의사와 관계 없이 그 적용이 강제되는 법이고, 후자는 당사자의 의사로 그 적용을 원하지 않는 경우에는 그 적용이 강제되지 않는 법을 말한다. 즉 임의법은 그 법규정과 다른 내용을 정하는 당사자간의 합의를 인정하는 법이라고 할 수 있다. 예컨대 상법 중 임의법규에 속하는 제54조에 의하면 상행위로 인한 채무의 법정이율은 연 6푼이지만 당사자간에는 예를 들어 연 10푼으로 할 수도 있는 것이다.

2. 법의 종류

(1) 국가의 통치체제의 기본적 사항을 규정하고 국민의 기본권과 의무에 관하여 규정하고 있는 국가의 최고 법규를 헌법이라 하고, 국제법상의 나라와 나라 사이에 체결된 합의로서 법률과 동일한 국내법으로서의 효력이 있는 것을 조약이라 한다. 그리고 헌법의 규정에 의하여 국회의 의결을 거쳐 제정되는 것을 법률이라고 하고, 국가의 행정기관에 의하여 제정되는 것을 명령이라고 한다.

(2) 명령의 종류로는 법규명령과 행정명령이 있으며, 법규명령에는 다시 위임명령과 집행명령이 있다. 또한 명령은 제정자에 따라 대통령령·총리령·부령 등으로 나뉜다. 그런데 이들 명령은 법률이나 상위명령에 위배되면 무효이다. 헌법에 의하여 지방의회가 제정하는 것을 조례라고 하며, 지방자치단체의 장이 법령과 조례의 범위 안에서 정하는 규칙이 있다. 그 밖에 헌법에 의하여 특별한 기관(국회, 대법원, 선거관리위원회)이 제정권을 갖고 정하는 규칙이 있다.

제 2 장 거래에 관한 원칙

1. 법률행위와 행위능력

(1) 법률행위

일정한 법률효과의 발생을 위한 의사표시를 하고 이에 의하여 의욕한 효과를 생기게 하는 원인이 되는 행위를 법률행위라고 한다. 사법상의 법률행위는 전적으로 당사자의 의사에 의해 규율된다. 예컨대 A가 B와 물건의 매매를 위한 계약을 한 경우에 그 매매계약은 법률행위라고 할 수 있다. 이 경우 A는 물건을 팔아서 대금을 받으려는 효과를 바라고, B는 A의 물건을 사서 자기의 것으로 하려는 효과를 바란다. 즉 이와 같은 A와 B의 의사의 합치로 매매계약이라는 법률행위가 성립하고, 그 법률행위의 효력으로서 A는 소유권이전의무를 지고, B는 대금지급의무를 지게 된다.

(2) 행위능력

1) 모든 자연인과 법인은 권리능력이 인정된다. 즉 권리의 주체가 될 수 있다. 그러나 모든 사람이 똑같은 권리의무를 갖는 것은 아니다. 실제로 이들의 법률행위가 유효하기 위해서는 정상적인 판단능력(의사능력)이 필요하다. 그리고 행위능력이 있어야 한다. 민법은 미성년자·피성년후견인·피한정후견인·피특정후견인 등을 제한능력자로 보고 있는데, 이들은 단독으로 완전한 법률행위를 할 능력이 없는 것이다. 그리하여 민법은 경우에 따라 이들의 법률행위를 취소할 수 있게 하여 이들을 보호

하고 있다. 그와 같은 경우 제한능력자와 거래한 상대방은 거래가 취소될 것인지에 대하여 불안정한 지위에 있게 될 것이다. 그리하여 민법은 이들 상대방을 보호하기 위하여 상대방의 확답을 촉구할 권리(민 15)를 인정하고 있다.

2) 제한능력자의 상대방은 제한능력자가 능력자가 된 후에 1월 이상의 기간을 정하여 취소할 수 있는 행위의 추인 여부의 확답을 촉구할 수 있다. 이 경우 능력자로 된 자가 그 기간 내에 확답을 발송하지 아니한 때에는 그 행위를 추인한 것으로 본다. 그리고 제한능력자가 속임수로써 자신을 능력자로 믿게 한 때에는 그 행위를 취소하지 못한다(민 17).

2. 의사표시

(1) 의 의

의사표시(意思表示)란 일정한 법률상의 효과의 발생을 원하는 의사를 표시하는 행위를 말한다. 즉 일정한 법률적인 효과를 원하는 의사(效果意思)와 그 의사를 외부에 대하여 표시하는 행위(表示行爲)를 말한다. 예컨대 A가 제과점과의 케이크에 관한 매매계약의 성립이라는 법률효과를 원하는 의사를 가지고 제과점에 가서 케이크 한 상자를 달라는 표시행위를 하는 경우, 이를 민법상의 의사표시라고 한다.

(2) 의사와 표시의 불일치

의사표시 중에는 내심의 의사와 그 표시가 일치하지 않는 것이 있다. 이른바 표시주의이론에 의하면 그러한 경우에도 의사표시 내지 법률행위의 내용은 어디까지나 표시행위를 기준으로 결정되어야 한다고 한다. 그러나 의사주의이론에 의하면 의사표시의 내용은 내심의 효과의사에 의하여 결정된다고 본다. 전자에 의하면 거래의 안전을 도모할 수는 있으나 표의자(表意者)는 보호하지 못하게 되고, 후자에 의하면 표의자는 보호되지만 거래의 안전을 도모할 수 없게 된다. 그리하여 민법에서는 절충적인 입장을 취하고 있다. 즉 민법은 의사주의를 원칙으로 하면서 이에 표시주의에 의한 상당히 강한 제한을 가하고 있다. 그리하여 내심의 효과의사가 표시상의 효과의사와 일치하지 않는 경우에 민법에서는 비진의표시·허위표시·착오 규정을 두어 해결하고 있다.

1) 비진의표시

비진의표시(非眞意表示)란 표시행위에 의하여 추측되는 효과의사에 상응하는 내심의 의사가 없음을 표시자 자신이 알고 있으면서 하는 의사표시를 말하고 이는 진의를 마음 속에 보류한 행위라고 하여 심리유보(心裡留保)라고도 한다. 비진의표시는 원칙적으로 의사표시의 효력에 영향을 미치지 않고 유효하다(민 107 I 본). 그러나 상대방이 비진의표시임을 알았거나 알지 못한 데 대해 과실이 있는 때에는 그 비진의표시는 무효이다(민 107 I 단). 그러나 당사자는 그 무효로써 선의의 제 3 자에게는 대항하지 못한다(민 107 II).

> 판례는「근로자가 회사의 경영방침에 따라 사직원을 제출하고, 회사가 이를 받아들여 퇴직수리를 하였다가 즉시 재입사하는 형식을 취함으로써 근로자가 그 퇴직 전후에 걸쳐 실질적인 근로관계의 단절이 없이 계속 근무하였다면, 그 사직원 제출은 근로자가 퇴직을 할 의사 없이 퇴직의사를 표시한 것으로서 비진의표시에 해당하고, 재입사를 전제로 사직원을 제출케 한 회사 또한 그와 같은 진의 아님을 알고 있었다고 봄이 상당하다 할 것이므로, 위 사직원 제출과 퇴직처리에 따른 퇴직의 효과는 생기지 아니한다」라고 판시하고 있다[대 88. 5. 10, 87 다카 2578].

2) 허위표시

상대방과 통정(通情)하여 내심의 의사와 다른 의사표시를 하는 것을 허위표시라 한다. 예컨대 채무자가 자기재산에 대한 채권자의 집행을 면하기 위하여 타인과 통정하여 자기의 주택을 자기에게 판 것과 같이 서류를 꾸미고 등기를 하는 경우가 이에 속한다. 허위표시의 의사표시는 누구에 대해서도 효력이 없다(민 108 I). 그러나 이와 같은 의사표시의 무효는 선의의 제 3 자에게 대항하지 못한다(동조 II).

예컨대 A는 부동산을 팔려는 의사가 없고 B는 사려는 의사가 없으면서 서로 통정하여 A의 부동산을 B에게 파는 것과 같이 의사표시를 하여 그 명의를 B에게 이전하였더라도 A와 B간에는 매매의 효력이 생기지 않는다. 그러나 B가 선의의 제 3 자인 C에게 부동산을 판 때에는 A와 B 사이의 매매가 정당하게 이루어진 것으로 취급된다. 그리하여 선의의 제 3 자인 C에 대하여 B·C 간의 매매는 유효한 것이 되고, C는 그 부동산의 소유권을 취득할 수 있게 된다.

3) 착 오

내심(內心)의 의사와 그 표시가 일치하지 않는 것을 표의자가 알지 못한 경우를 착오라 한다. 착오가 그 법률행위의 내용의 중요부분에 관한 것인 때에는 표의자에게 중대한 과실이 없는 경우에만 그 의사표시를 취소할 수 있다(민 109 I). 그러나 그 취소는 선의의 제 3 자에게 대항하지 못한다(동조 II).

판례는 「甲이 채무자란이 백지로 된 근저당권설정계약서를 제시받고 그 채무자가 乙인 것으로 알고 근저당권설정자로 서명날인을 하였는데 그 후 채무자가 丙으로 되어 근저당권설정등기가 경료된 경우, 甲은 그 소유의 부동산에 관하여 근저당권설정계약상의 채무자를 丙이 아닌 乙로 오인한 나머지 근저당 설정의 의사표시를 한 것이고, 이와 같은 채무자의 동일성에 관한 착오는 법률행위 내용의 중요부분에 관한 착오에 해당한다」(대 95. 12. 22, 95 다 37087)고 하였다.

(3) 하자 있는 의사표시

1) 내심과 표시가 일치하지만 내심과 의사를 결정하는 과정에 하자가 있는 경우가 있다. 이를 하자(瑕疵) 있는 의사표시라고 한다. 사기·강박에 의한 의사표시가 여기에 속한다. 사기·강박에 의한 의사표시는

취소할 수 있다(민 110 I).

2) 상대방 이외의 제 3 자가 사기·강박을 하고 그에 의하여 의사표시를 한 때, 예컨대 A가 C의 사기·강박에 의하여 그의 부동산을 헐값으로 B에게 매도한 때에는 C가 A에게 거짓말을 하였다거나 협박을 하여 부동산을 매도하였다는 사실을 B가 알았거나 알 수 있었을 경우에만 A는 그의 의사표시를 취소할 수 있다(민 110 Ⅱ). 그러나 의사표시를 취소한 때에도 그 취소로 선의의 제 3 자에게 대항하지 못한다(민 110 Ⅲ). 즉 앞의 예에서 B가 선의인 D에게 그 부동산을 매도한 때에는 A는 D에 대하여 부동산의 반환을 청구하지 못하고, 손해배상을 청구할 수 있을 뿐이다.

(4) 의사표시의 효력발생시기

1) 서로 만나서 대화를 하거나 전화로 이야기를 하는 경우와 같이 대화자간에는 의사표시와 동시에 의사표시가 상대방에게 도달하게 되므로 별 문제가 없다. 그러나 서로 떨어져 있는 격지자(隔地者)간에는 의사표시를 발송한 때로부터 도달할 때까지 일정한 기간이 걸리게 되어 의사표시의 효력발생시기를 언제로 볼 것인가 하는 문제가 있게 된다. 이에 관하여는 발신주의와 도달주의가 있다.

2) 의사표시는 상대방에게 발송한 때에 완성된다는 발신주의에 의하면, 예컨대 의사표시가 서면에 의하여 발송되었으나 도달되기 전에 분실된 때에도 그 효력이 생긴다는 문제가 있게 된다. 그리하여 민법에서는 도달주의를 취하고 있다. 그러므로 의사표시는 원칙적으로 상대방에게 도달한 때에 그 효력이 생긴다(민 111 I). 그러나 예외적으로 격지자간의 승낙의 통지에 대하여는 발신주의를 택하고 있다(민 531 I). 또한 상법에 의하면 주식회사에 있어서 주주총회의 소집통지는 발신주의를 택하고 있다. 즉 주주총회의 소집통지는 발송만 하면 된다(상 363 I 본문).

판례는 「채권양도통지서가 들어 있는 우편물을 채무자의 가정부가 수령한 직후에 한집에 거주하고 있던 채권양도인이 그 우편물을 바로 회수해 간 사안에서, 그 우편물의 내용이 무엇이었는지를 가정부가 알고 있었다는 등의 특별한 사정이 없는 이상, 그 통지는 사회관념상 채무자가 그 통지의 내용을 알 수 있는 객관적 상태에 놓여졌던 것이라고 볼 수 없어 '도달'되었다고 볼 수 없다」고 하였다〔대 83. 8. 23, 83 다카 439〕.

3. 대 리

(1) 의 의

대리란 대리인이 본인의 이름으로 의사표시를 하거나, 의사표시를 수령함으로써 본인이 직접 그 의사표시의 법률효과를 취득하는 제도를 말한다. 즉 A(本人)의 대리인 B가 C(相對方)에 대하여 A의 부동산을 판다는 의사표시를 하고 C로부터 그것을 사겠다는 의사표시를 수령하면 A와 C 사이에 매매계약이 성립하여, A는 C에 대하여 대금채권을 취득하는 한편 그 부동산을 인도하고 이전등기를 해 주어야 할 채무를 지게 된다. 대리에는 임의대리와 법정대리가 있다. 전자의 경우에는 대리인이 본인과 대리인간의 계약에 의하여 즉 본인의 의사에 기하여 선임되는데, 이러한 대리인을 임의대리인이라 한다. 후자의 경우에는 법률의 정함에 의한 대리가 이루어지고, 그 대리인을 법정대리인이라 한다.

(2) 자기계약 · 쌍방대리

1) 자기계약(自己契約)이란 동일한 법률행위에 대하여 일방이 타방의 대리인이 되는 것을 말한다. 예컨대 본인이 자기 소유의 부동산을 매각할 것을 대리인에게 의뢰하였는데, 그 대리권을 수여받은 대리인이 자기 자신과 매매계약을 체결하는 경우를 말한다. 자기계약의 경우에는 대리인이 자기의 이익을 도모할 위험이 있으므로 금지된다.

2) 쌍방대리(雙方代理)란 동일한 법률행위에 대하여 동일인이 양 당

사자의 대리인이 되는 것을 말한다. 예컨대 매도인의 대리인이 다시 매수인의 대리인도 되어 양자 사이의 매매계약을 체결하는 것이다. 이러한 경우에는 대리인이 어느 한 당사자를 유리하게 할 우려가 있으므로 마찬가지로 금지되고 있다(민 124 본). 그러나 채무의 이행만은 가능하다(민 124 단).

(3) 무권대리

대리권이 없는데도 대리인으로서 활동하는 자를 무권대리인(無權代理人)이라고 하며 그의 대리행위를 무권대리행위라고 한다. 무권대리인의 행위는 이후 본인이 추인하지 않는 한 본인은 그에 대하여 책임을 지지 않는다(민 130). 그러므로 무권대리인이 상대방에 대하여 계약의 이행 또는 손해배상의 책임을 진다(민 135 I). 그러나 본인이 무권대리인이 한 대리행위를 추인하면 당초의 대리권이 있었던 것과 같은 효력이 생긴다. 이를 추인의 소급효(遡及效)라 한다.

(4) 표현대리

1) 무권대리인에게 대리권이 있는 것과 같은 외관(外觀)이 있고 그러한 외관의 발생에 대하여 본인이 어느 정도의 원인을 제공하고 있으며, 상대방이 무권대리인에게 대리권이 있다고 믿을 만한 정당한 사유가 있는 경우를 표현대리(表見代理)라고 한다.

2) 민법은 세 가지의 경우를 규정하고 있다. i) 본인이 상대방에 대하여 대리인에게 대리권을 수여하였다는 뜻을 표시하였으나 실제로는 대리권을 수여하지 않은 때(민 125), ii) 대리인이 본인으로부터 수여받은 권한에 속하지 않는 행위를 한 때(민 126), iii) 대리권이 소멸된 후에 대리권이 존속하는 것과 같이 대리행위를 할 때(민 129) 등이다. 이와 같은 경우에는 정당한 대리인으로 믿고 거래한 선의의 상대방에 대하여 본인은 대리인의 행위에 대하여 책임을 진다. 이 경우에 상대방은 선의이고 과실이 없어야 한다.

4. 무효와 취소

(1) 법률행위의 무효

1) 법률행위의 무효란 누구의 주장을 필요로 하지 않고 처음부터 그 효력이 생기지 않는 것을 말한다. 그러므로 무효인 행위는 추인하여도 그 효력이 생기지 아니한다(민 139 본). 다만 당사자가 그 무효임을 알면서 추인을 한 때에는 새로운 법률행위가 될 뿐이다(민 139 단).

2) 대법원은 부동산의 이중매매가 반사회적 법률행위로서 민법 제103조에 위반되어 무효인 경우와 관련하여 다음과 같이 확고한 판례이론을 형성하고 있다.

> 부동산의 이중매매가 반사회적 법률행위로서 무효가 되기 위하여는 매도인의 배임행위와 매수인이 그에 적극 가담한 행위로 이루어진 매매로서, 그 적극 가담하는 행위는 매수인이 다른 사람에게 매매목적물이 매도된 것을 안 것만으로는 부족하고, 적어도 그 매도사실을 알고도 이중매도를 요청하여 매매계약에 이르는 정도가 되어야 한다는 입장이다〔대 94. 3. 11, 93 다 55289〕.

(2) 법률행위의 취소

1) 법률행위의 취소란 취소권자가 취소할 때까지는 법률상의 효력이 있지만, 취소권자가 취소한 때에는 처음부터 무효로 보는 것을 말한다. 그러나 취소할 수 있는 행위는 취소권자에 의한 추인의 의사표시가 있으면 그 행위는 확정적으로 유효하게 되고 이후에는 취소하지 못한다(민 143 I). 법률행위를 취소할 수 있는 자는 제한능력자, 착오로 인하거나 사기·강박에 의하여 의사표시를 한 자, 그 대리인 또는 승계인이다(민 140).

2) 취소된 법률행위는 처음부터 무효인 것으로 본다(민 141 본). 그러므로 당사자들은 이미 이행된 것에 대하여 부당이득반환의무를 지게 된다. 다만 민법은 제한능력자의 보호를 위하여 제한능력자는 그 행위로 받은

이득이 현존하는 한도에서 상환할 책임을 지는 것으로 하였다(민 141 단).

5. 조건 · 기한 · 기간

(1) 조 건

법률행위를 함에 있어서 그 효력의 발생 또는 소멸을 장래의 불확실한 사실의 성립 여부에 따라 정하는 것을 조건이라 한다. 조건에 대한 가장 기본적인 구별은 정지조건과 해제조건으로 나누는 것이다. 전자는 불확실한 사실이 성립한 때에 법률행위의 효력이 발생하는 것이고, 후자는 발생한 법률행위의 효력이 불확실한 사실이 성립한 때에 소멸하는 것을 말한다. 예를 들면 「대학에 합격하면 장학금을 주겠다」고 하는 것은 정지조건이라고 할 수 있고, 「성적이 일정한 기준 이하로 떨어지면 장학금의 지급을 정지한다」라고 하는 것은 해제조건이다.

(2) 기 한

1) 의 의

법률행위의 효력의 발생 또는 소멸이 장래에 도래할 것이 확실한 사실의 발생에 따르도록 하는 것을 기한이라 한다. 기한에는 그 사실이 도래할 것이 확실할 뿐만 아니라 그 시기도 확정되어 있는 확정기한과, 사실이 도래할 것은 확실하지만 예컨대 「너희 부모가 돌아가실 때까지 집을 빌려 준다」라고 하는 경우와 같이 그 시기가 불확정한 불확정기한이 있다.

2) 기한의 이익

기한이 있는 경우에 그 기한이 도래하지 않음으로써 당사자가 받는 이익을 기한의 이익이라고 한다. 예를 들어 무이자 소비대차의 경우 기한의 이익은 돈을 빌린 채무자에게 있고, 무상임치의 경우 기한의 이익은 무료로 물건을 보관시키는 채권자에게 있다. 반면에 이자 있는 소비대차의 경우에는 채권자·채무자 모두에게 기한의 이익이 있다. 민법에서는 기한의 이익은 채무자에게 있는 것으로 추정한다(민 153 Ⅰ). 그러므로 기한의 이익이 채권자에게 있다는 것을 주장하려면 채권자가 이를 입증하여야 한다. 그리고 기한의 이익은 이를 포기할 수 있다(민 153 Ⅱ).

(3) 기 간

1) 의 의

기간이란 1월, 1년과 같이 일정한 시점에서 다른 시점까지 계속하는 시간의 구분을 말한다. 이는 어느 특정의 시점이나 시기를 가리키는 기일과 다르다.

2) 계산방법

민법에서는 기간의 계산방법에 관하여 규정하고 있는데, 이는 사법관계뿐만 아니라 공법관계에도 적용된다(민 155). i) 기간을 시(時)·분(分)·초(秒)로 정한 때(예컨대 3시간·30분·30초 등)에는 즉시로부터 기산한다(민 156). 따라서 기간의 만료점은 그 정해진 시·분·초가 종료한 때이다. ii) 기간을 일·주·월·연으로 정한 때(예컨대 5일·5주·5개월·5년 등)에는 역(曆)에 따라서 계산한다. 즉 그 기산에 초일은 산입하지 않고(민 157 본), 다음날부터 기산한다. 예컨대 5월 1일에 오늘부터 5개월이라고 하면 5월 2일부터 기산한다. 그러나 그 기간이 오전 영시부터 시작되는 때에는 초일을 산입한다(민 157 단). 예컨대 4월 15일에 5월 1일부터 5개월로 기간을 정하였다면 5월 1일부터 기산한다.

3) 기간의 만료

기간을 일로써 정한 때에는 말일의 종료로 기간은 만료한다(민 159). 기간을 주·월·연으로 정한 때에는 역에 따라 계산하여(민 160 Ⅰ), 주·월 또는 연의 처음으로부터 기간을 기산하지 아니하는 때에는 최후의 주·월·연에서 기산일에 해당하는 날의 전일로 만료한다(민 160 Ⅱ). 다만 최종의 월에 해당하는 일이 없는 때에는 그 월의 말일로 만료된다(민 160 Ⅲ). 기간의 말일이 토요일 또는 공휴일에 해당하는 때에는 기간은 그 다음날로 만료한다(민 161).

6. 소멸시효

(1) 의 의

시효(時效)란 일정한 기간이 경과함으로써 그 상태가 진실과 다르더라도 이를 그대로 권리관계로 인정하여 타인의 권리를 취득하거나 타인의 권리를 상실하게 하는 제도이다. 이러한 시효제도를 인정하는 이유는 i) 일정한 기간 계속되어 온 사실상태는 사회에서 정당한 것으로 신뢰하여 그에 대한 법률관계가 형성되므로 당초의 진실한 법률관계에 따르도록 하게 되면 오히려 사회의 법률관계가 불안정하게 될 수 있으며, ii) 오랫동안의 기간이 경과하게 되면 정당한 권리관계의 사실을 증명한다는 것이 곤란하게 되고, iii) 장기간 권리의 행사를 하지 않고 권리 위에 잠자는 자는 보호할 필요가 없다는 것 등이다.

(2) 시효소멸의 효과

시효에 의한 권리의 소멸효과는 시효기간의 기산일에 소급하여 효력이 생긴다(민 167). 즉 시효의 완성으로 권리가 소멸하는 시기는 시효기간이 만료한 때이지만 그 효과는 시효기간의 개시시에 소급한다. 그러므로 소멸시효로 채무를 면하게 된 자는 기산일 이후의 이자를 지급할 필요가 없게 된다.

(3) 소멸시효가 적용되는 권리

소멸시효의 목적이 되는 권리는 재산권에 한한다. 즉 가족권·인격권과 같은 비재산권은 소멸시효의 목적이 되지 않는다. 그 밖에 점유권

(占有權)·상린권(相隣權)·담보물권(擔保物權) 등은 성질상 소멸시효에 걸리지 않는다. 그리고 소유권은 그 항구성으로 인해 소멸시효에 걸리지 않는다(민 162 Ⅱ).

(4) 소멸시효의 중단

1) 소멸시효는 권리의 불행사상태가 일정한 기간 계속되어 권리의 존재가 불확실하게 된 사실상태를 전제로 하므로, 그 기간이 만료하기 전에 권리의 행사가 있거나 또는 권리의 존재를 확실하게 하는 사실이 있게 되면 시효의 진행이 중단되는데 이를 시효의 중단(時效의 中斷)이라고 한다. 중단사유에는 여러 가지 사유가 있으나, 크게 채권자에 의한 권리의 행사와 채무자에 의한 권리존재의 승인으로 구분할 수 있다.

2) 권리의 행사로 시효가 중단되는 경우는 소의 제기·파산절차참가·지급명령·화해를 위한 소환·임의출석·압류·가압류·가처분 등이 있다. 채무자에 의한 권리존재 승인에 의해 시효가 중단되는 예로는 채무자가 원본채권의 존재를 인정하여 이자를 지급한다든가, 변제의 유예를 요청하는 편지를 보낸 경우를 들 수 있다. 중단의 효력이 있는 승인의 경우 상대방의 권리에 관한 처분의 능력이나 권한이 없더라도 관계없다(민 177).

3) 시효가 중단되면 그 때까지 경과한 시효기간은 이를 산입하지 않는다. 시효가 중단된 후에 그 시효의 기초가 되는 사실상태가 다시 계속하면 시효기간은 그 때로부터 새로 진행한다(민 178 Ⅰ 후단).

(5) 소멸시효의 기간

소멸시효기간은 권리의 종류에 따라 다르다. 일반채권은 10년이고(민 162 Ⅰ), 채권 및 소유권 이외의 재산권은 20년이다(민 162 Ⅱ). 상행위로 생긴 채권은 5년이다(상 64). 시효기간이 3년 또는 1년으로 단기인 경우도 있다. 단기의 소멸시효기간을 인정하고 있는 이유는 그 채권의 금액이 적고

빈번히 발생하며 거래에 대하여 서류로 작성하는 경우가 적고, 작성을 하더라도 보전이 되지 않는 경우가 많으므로 증거인멸인 경우가 허다하여 분쟁이 생기지 않도록 하기 위한 것이다. 단기소멸시효에 걸리는 채권은 다음과 같다.

1) 3년인 채권(민 163)

i) 이자·부양료·급료·사용료 기타 1년 이내의 기간으로 정한 금전 또는 물건의 지급을 목적으로 한 채권, ii) 의사·조산사·간호사 및 약사의 치료·근로 및 조제에 관한 채권, iii) 도급받은 자·기사 기타 공사의 설계 또는 감독에 종사하는 자의 공사에 관한 채권, iv) 변호사·변리사·공증인·공인회계사 및 법무사에 대한 직무상 보관한 서류의 반환을 청구하는 채권, v) 변호사·변리사·공증인·공인회계사 및 법무사의 직무에 관한 채권, vi) 생산자 및 상인이 판매한 생산물 및 상품의 대가, vii) 수공업자 및 제조자의 업무에 관한 채권 등이 있다.

2) 1년인 채권(민 164)

i) 여관·음식점·대석(貸席)·오락장의 숙박료·음식료·대석료(貸席料)·입장료·소비물의 대가 및 체당금(替當金)의 채권, ii) 의복·침구·장구(葬具) 기타 동산의 사용료의 채권, iii) 노역인(勞役人), 연예인의 임금 및 그에 공급한 물건의 대금채권, iv) 학생 및 수업자의 교육·의식(衣食) 및 유숙에 관한 교주(校主)·숙주(塾主)·교사의 채권 등이 있다.

제 3 장 계　　약

1. 계약의 의의

(1) 서　　설

1) 의　　의

계약(契約)이란 원칙적으로 매매나 임대차와 같이 2인 이상의 서로 대립하는 당사자간의 청약과 승낙이라는 의사표시의 합치에 의하여 성립하는 법률행위를 말한다. 계약에 의하여 당사자간에는 권리·의무가 발생하게 된다. 넓은 의미로는 채권의 발생을 목적으로 하지 않는 물권계약이나 가족법상의 계약, 혼인에 관한 합의도 계약이라고 할 수 있지만, 좁은 의미의 계약이라고 할 때에는 채권계약을 말한다.

2) 계약자유의 원칙

(가) 계약의 체결은 사적 자치의 원칙에 의하여 자유이다. 즉 각자의 자유로운 의사에 의하여 이루어진다. 이를 계약자유의 원칙이라고 한다. 계약자유의 내용은 체결의 자유·상대방선택의 자유·내용결정의 자유·방식의 자유 등이라고 할 수 있다. 즉 계약은 원칙적으로 당사자들의 자유에 의하지만, 여러 가지 이유에 의해 여러 가지의 제한이 따르기도 한다.

(나) 예컨대 i) 물가안정에 관한 법률에 의하여 물가의 통제를 위하여 대가결정의 자유가 제한되고, ii) 경제적 지위가 다른 자 사이의 계약과 관련하여서, 예를 들어 민법은 강자에게 유리한 계약의 효력을 인정하지 않는다(민 608, 662 참조). 특히 근로기준법에 이와 같은 성격의 규정이 다수 존재한다. iii) 기업자에 의해 일방적으로 정해지는 약관에 대하여는 국가의

승인을 받도록 하는 등의 감독에 의하여 그 내용의 합리성을 보장하고 있다.

(다) 계약상대방이 일방적으로 정한 약관의 내용에 따라 이루어지는 계약을 부합계약(附合契約)이라 하는데, 이를 규제하지 못하면 실질적으로 계약의 부자유라는 결과가 된다. 특히 금융·보험 분야에서 기업과 이용자 사이에 영업거래상의 일정한 계약내용을 정한 보통거래약관을 많이 사용하는데, 이는 「약관의 규제에 관한 법률」의 적용을 받는다.

(2) 계약의 분류

1) 쌍무계약과 편무계약

(가) 쌍무계약(雙務契約)이란 매매·임대차·도급 등의 경우와 같이 양당사자가 대가적 의미를 갖는 채무를 부담하는 계약을 말한다. 예컨대 매매계약이 성립하면 매도인에게는 목적물을 인도하여야 할 채무가 생기고, 매수인에게는 대금을 지급하여야 하는 채무를 지게 되는데 이 경우 쌍방의 채무는 대가적 의미를 갖추게 된다.

(나) 이에 반하여 편무계약(片務契約)이란 당사자 중 일방만이 채무를 부담하는 계약이다. 예컨대 증여계약에 있어서는 증여자는 목적물을 증여하여야 하는 채무를 지는 반면, 상대방은 목적물을 받으면 될 뿐 대가적 의미가 있는 채무를 부담하지 않는다. 쌍방계약의 당사자가 채무를 부담하지만 그들의 채무가 서로 대가적 의무가 없는 것은 불완전쌍무계약이라고 하지만, 법률상으로는 편무계약이라고 할 것이다.

2) 유상계약과 무상계약

당사자 쌍방이 대가적 의미가 있는 출연(出捐)을 하는 계약을 유상계약이라고 하고, 그렇지 않은 계약을 무상계약이라고 한다. 그러므로 쌍방계약은 모두 유상계약이다. 그러나 유상계약이라고 하여 모두 쌍방계약인 것은 아니다. 즉 유상계약은 쌍방계약보다 넓은 개념이다. 그리하여 유상계약이지만 쌍방계약이 아니고 편무계약인 것이 있다. 즉 현상광고(懸賞廣告)가 여기에 속한다. 증여(贈與)·사용대차(使用貸借)는 무상계약이고, 소비대차·위임·임치는 이자 또는 보수를 지급하느냐에 따라서 유상계약이 되거나 또는 무상계약이 된다.

3) 낙성계약과 요물계약

낙성계약(諾成契約)이란 당사자의 청약과 승낙의 의사표시의 합치만으로 성립하는 계약을 말한다. 그러므로 매매계약에서 물건의 인도는 계약성립의 필요조건이 아니다. 그러나 요물계약(要物契約)이란 당사자간의 의사표시의 합치 이외에 물건의 인도 기타 급부를 하여야 성립하는 계약이다.

4) 전형계약과 비전형계약

전형계약(典型契約)이란 민법에서 규정하고 있는 14종의 계약을 말하고, 이 중 어느 것에도 해당하지 않는 것을 비전형계약이라고 한다. 전형계약은 모두 이름을 갖고 있어서 유명계약이라고도 하는데 비전형계약은 그렇지 못하다 하여 무명계약이라고도 한다. 둘 이상의 전형계약의 성질을 갖는 것을 혼합계약이라고 한다.

2. 계약의 성립

(1) 청약과 승낙

계약이 성립하기 위해서는 당사자간의 합의가 필요하다. 즉 계약은 청약과 승낙이라는 대립하는 의사표시의 합치에 의하여 성립한다. 청약은 계약을 성립시킬 것을 목적으로 하는 일방적 의사표시이다. 이는 청약의 유인(請約의 誘引)과는 다르다. 예컨대 불특정다수인에 대하여 쇼윈도우의 진열이나 신문광고 등을 이용해 상대방으로 하여금 청약을 하도록 유인하여 상대방이 이에 따라 청약을 한 경우 그것만으로 계약은 성립하지 않고 청약의 유인을 한 자가 상대방의 의사표시에 대하여 승낙을 함으로써 비로소 계약은 성립한다. 즉 청약과 청약의 유인은 다른 것이다.

(2) 청약의 구속력

승낙기간을 정하여 한 청약의 경우 청약자는 자신의 청약을 철회하지 못한다(민 527). 정해진 기간 내에 승낙이 도달하지 않은 때에 청약은 그 효력을 잃고 계약은 성립하지 않는다(민 528 I). 그러나 청약이 효력을 잃은 후 승낙이 연착된 경우, 청약자는 이를 새로운 청약으로 보아 승낙을 할 수 있다(민 530). 청약자가 승낙기간을 정함이 없이 청약을 한 때에는 청약자는 승낙의 통지를 받는 데 소요된다고 여겨지는 상당기간 동안 자신의 청약을 철회하지 못하며(민 529), 승낙자는 상당한 기간 내에 승낙의 통지가 청약자에게 도달되도록 승낙을 하여야 한다.

3. 계약의 효력

계약의 성립과 효력의 발생은 구별하여야 한다. 계약의 성립이란 서로 대립하는 의사표시의 합치를 말하고, 계약의 효력발생은 계약의 내용에 따라 효과가 발생하는 것을 말한다. 민법에서는 계약의 효력에 관하여 동시이행의 항변권·위험부담·제 3 자를 위한 계약 등 세 가지에 대하여 규정하고 있다.

(1) 동시이행의 항변권

동시이행의 항변권이란 쌍무계약의 당사자는 상대방이 그의 채무를 이행할 때까지는 자기의 채무의 이행을 거절할 수 있는 권리를 말한다(민 536 I 본). 즉 채무의 변제기가 도래하였음에도 매수인이 대금지급채무를 이행하지 않고 일방적으로 매도인에 대하여 목적물인도를 청구하는 경우, 당사자의 공평의 관념에 따라, 매도인은 매수인이 채무이행을 하지 않는 한 자신의 채무의 이행을 거절하여 목적물을 인도하지 않을 수 있다. 반대의 경우에는 매도인이 목적물을 인도할 때까지 매수인은 대금의 지급을 거절할 수 있다. 동시이행의 항변권을 갖는 채무자는 비록 이행기에 이행을 하지 않더라도 채무불이행 즉 이행지체가 되지 않는다.

(2) 위험부담

1) 위험부담이란 쌍방계약이 성립한 후 각자의 채무가 이행되기 전에 일방의 채무자에게 책임 없는 사유에 의해 이행을 할 수 없게 되어 채무가 소멸한 경우에 위험은 누가 부담하는가 하는 문제이다. 즉 이행불능에 의하여 생긴 손해를 누가 부담하는가의 문제이다. 예컨대 건물의 매매계약이 성립한 다음에 그 건물이 옆집의 화재로 연소되어 매도인의 채무가 소멸하였다면 매수인의 대금채무는 어떻게 되는가 하는 것이다.

2) 이에 대한 입법주의에는 i) 앞의 예에서 매수인의 대금채무도 소멸하고 이행불능에 의한 손실은 매도인이 부담한다는 채무자주의와, ii) 매수인의 대금채무가 소멸하지 않고 그 손실은 채권자인 매수인이 부담한다는 채권자주의가 있으며, iii) 물건이 멸실된 당시에 소유자가 손실을 부담한다는 소유자주의가 있다.

3) 민법에서는 i)의 채무자주의를 채용하고 있다. 그러므로 위의 예에서 쌍방 모두의 책임 없는 사유로 이행이 불능하게 된 채무자인 매도인은 그 채무를 면하지만 동시에 채권자인 매수인에 대한 대금청구권을 상실한다. 그러나 이행불능이 채권자의 책임 있는 사유로 생긴 때에는 채무자는 반대급부를 청구할 수 있다(민 538 I 전단).

(3) 제 3 자를 위한 계약

제 3 자를 위한 계약이란 계약으로부터 생기는 권리를 계약당사자 이외의 제 3 자에게 귀속시키는 계약을 말한다(민 539 I). 예컨대 A 보험회사와 B 보험계약자 사이의 생명보험계약에 있어서 보험금청구권을 취득하는 자를 보험계약자 이외의 C로 정하는 경우가 이에 속한다. 이 경우에 A를 요약자(要約者), B를 낙약자(諾約者), C를 수익자(受益者)라고 한다. 제 3 자를 위한 계약의 경우에 제 3 자는 직접 권리를 취득하지만 채무자에 대하여 수익의 의사표시를 한 때 권리를 취득하는 것이 원칙이다(민 539 Ⅱ).

(4) 계약의 해제

계약의 해제란 계약이 이루어진 후 당사자 일방의 의사표시에 의하여 계약을 해소케 하여 계약이 없었던 상태로 복귀시키는 것을 목적으로 하는 법률행위를 말한다. 그리하여 계약의 해제에 의하여 이미 이행한 것이 있으면 이를 반환하여야 한다. 계약의 해제는 법률의 규정에 의하여 해제가 인정되는 법정해제권과 당사자의 합의에 의하여 발생하는 약정해제권이 있다.

1) 법정해제권

㈎ 모든 계약에 있어서 공통되는 법정해제권은 채무불이행에 의하여 발생한다. 첫째로 이행지체(履行遲滯)의 경우에 발생한다. 즉 당사자 중 일방이 이행기가 도래하였음에도 불구하고 채무를 이행하지 않는 때에는 상대방은 상당한 기간을 정하여 그 이행을 최고하고, 그 기간 내에 이행하지 아니한 때에는 계약을 해제할 수 있다(민 544 본). 그러나 채무자가 미리 불이행의 의사표시를 한 때에는 최고를 필요로 하지 않는다(동조 단).

㈏ 그 밖에도 계약의 성질 또는 당사자의 의사에 의하여 일정한 시일이나 일정한 기간 내에 이행하지 않으면 계약의 목적을 달성할 수 없는 경우에도 최고를 필요로 하지 않는다(민 545). 그리고 당사자가 특히 최고 없이 계약을 해제할 수 있다는 특약을 한 때에는 최고를 필요로 하지 않는다. 그리고 계약을 해제할 수 있는 경우는 채무자의 이행지체가 그의 책임 있는 사유 또는 위법한 것으로 인한 때이어야 한다.

2) 약정해제권

계약의 해제권은 계약을 체결할 때에 특약에 의하여 인정되기도 한다. 일반적으로 특약에서는 해제권의 행사방법이나 행사기간을 정한다. 그 기간에 관한 특약이 없는 때에는 오랫동안 해제권이 존속하게 될 것이므로 이를 방지하기 위하여 민법은, 해제권의 상대방으로 하여금 상당한 기간을 정하여 해제권의 행사 여부의 확답을 해제권자에게 최고할 수 있도록 하고, 그 기간 내에 해제의 통지를 받지 못한 때에는 해제권이 소멸되도록 하고 있다(민 552). 해제권자의 고의나 과실로 인하여 계약의 목적물이 현저하게 훼손되거나 이를 반환할 수 없게 된 때, 또는 가공이나 개조로 인하여 다른 종류의 물건으로 변경된 때에는 해제권은 소멸한다(민 553).

(5) 계약의 해지

1) 계약의 해지란 임대차계약이나 고용계약의 경우와 같이 계속적 채권채무관계에 있어서 계약의 효력을 이후 장래를 향하여 소멸케 하는 일방적 행위를 말하고, 해지할 수 있는 권리는 해지권이라 한다. 이는 소급효가 없다는 점에서 계약의 해제와 다르다. 해지권도 법률의 규정에 의하여 또는 당사자의 특약에 의하여 발생한다(민 543 I).

2) 판례는 계속적 계약에 있어서는 사정변경을 이유로 해지권을 인정한 것이 있다. 즉, 회사의 직원이 향후 3년 간 그 회사가 타인에 대해 부담할 채무에 관해 보증을 하였으나 그 중간에 퇴사를 한 사안에서, 대법원은 다음과 같이 판시하고 있다.

> 판례는「이른바 계속적인 보증계약에 있어서, 보증계약 성립 당시의 사정에 현저한 변경이 생긴 경우에는 보증인은 보증계약을 해지할 수 있다고 보아야 할 것인바, 회사의 임원이나 직원의 지위에 있기 때문에 회사의 요구로 부득이 회사와 제 3 자 사이의 계속적 거래로 인한 회사의 채무에 대하여 보증인이 된 자가 그 후 회사로부터 퇴사하여 임원이나 직원의 지

위를 떠난 때에는, 보증계약 성립 당시의 사정에 현저한 변경이 생긴 경우에 해당하므로 사정변경을 이유로 보증계약을 해지할 수 있다」고 하였다 (대 90. 2. 27, 89 다카 1381).

4. 각종의 계약

민법에서는 14종류의 계약에 관하여 규정하고 있다. 즉 증여 · 매매 · 교환 · 소비대차 · 사용대차 · 임대차 · 고용 · 도급 · 현상광고 · 위임 · 임치 · 조합 · 종신정기금 · 화해 등의 전형계약(典型契約)에 대한 규정을 두고 있다. 이들 규정은 대부분 임의법규이므로 당사자간에 다른 약정을 할 수 있다. 그러나 당사자간의 다른 약정이 있더라도 그 내용이 불명확하거나 불완전한 경우에는 그 계약의 내용의 해석에 있어서 민법의 규정들이 중요한 의미를 갖는다.

(1) 증 여

1) 의의와 성질

증여란 당사자 중 일방인 증여자가 자기의 재산을 상대방인 수증자에게 무상으로 준다는 의사표시를 하고 수증자가 이를 승낙함으로써 성립하는 계약이다(민 554). 증여의 법률적 성질은 무상 · 낙성 · 편무 · 불요식의 계약이라고 할 수 있다.

2) 증여의 효력

증여자는 상대방에게 약속한 재산을 주어야 할 의무가 있으나, 증여한 물건 또는 권리에 하자나 흠결이 있더라도 책임을 지지 않는다(민 559 I 본). 다만 증여자가 그 하자나 흠결을 알고 있음에도 이를 수증자에게 고지하지 않은 때에는 예외이다(민 559 I 단).

3) 증여의 해제

민법상 증여의 특유한 해제원인으로서, i) 증여의 의사가 서면으로 표시되지 않은 경우(민 555), ii) 증여자에 대한 수증자의 망은행위가 있을 때(민 556), iii) 증여계약 후에 증여자의 재산상태가 현저히 변경되고 그 이행으로 인하여 생계에 중대한 영향을 미칠 경우(민 557) 등에는 증여계약을 해제할 수 있다. 그러나 어느 경우에 있어서나 이미 이행한 부분에 대하여는 영향을 미치지 않는다. 즉 계약을 해제하더라도 이미 이행한 것은 이를 부당이득으로서 반환을 청구하지 못한다.

4) 특수한 증여

(가) 부담부증여

증여를 함에 있어서 수증자도 일정한 의무를 부담하는 것을 부담부증여(負擔附贈與) 또는 상대부담 있는 증여라고 한다. 그러나 이 경우에 부담을 하는 것은 증여에 대하여 대가관계에 있는 것은 아니므로, 부담부증여는 무상·편무계약이지 유상·쌍무계약이라고 할 것은 아니다. 그러나 부담부증여에는 쌍무계약에 관한 규정이 준용된다(민 561).

(나) 정기증여

정기증여(定期贈與)란 증여자가 수증자에 대하여 정기적으로 일정한 급부를 하는 증여인데, 증여자 또는 수증자 중에 누구라도 사망하면 무효가 되는 것이다(민 560).

(다) 사인증여

이는 증여자의 사망에 의하여 효력이 생기는 증여이다. 그리하여 유증과 같이 사망이 효력의 발생원인이 되므로 사인증여(死因贈與)에는 유증의 규정을 준용한다(민 562). 그러나 사인증여는 계약이고 유증은 단독행위이다.

(2) 매 매

1) 의의와 성질

매매란 당사자 중의 일방인 매도인이 재산권을 상대방인 매수인에게 이전할 것을 약속하고 매수인이 그에 대하여 그 대가를 지급할 것을 약속함으로써 성립하는 계약이다(민 563). 매매는 당사자의 합의에 의하여 성립하는 낙성계약이고, 당사자 쌍방이 대가적 가치가 있는 채무를 부담하는 쌍무계약이며, 이전되는 재산권과 지급되는 대금이 대가관계에 있는 유상계약이다. 매매는 가장 전형적인 유상계약이므로 민법에서는 매매에 관한 규정들을 다른 유상계약에 준용하고 있다(민 567).

2) 매매의 예약

매매의 예약이란 장래에 당사자간에 본계약을 체결할 것을 약정하는 계약을 말하는데, 여기에는 두 종류가 있다. i) 당사자의 일방이 본계약체결의 청약을 하면 상대방이 승낙할 의무를 부담하는 종류의 것이 있다. 여기에는 당사자의 일방만이 승낙의무를 부담하는 경우 즉 본계약체결의 청약을 할 수 있는 권리를 일방만이 갖는 경우와, 당사자 쌍방이 모두 승낙의무를 부담하는 경우 즉 당사자 쌍방이 모두 상대방에 대하여 청약을 할 수 있는 권리를 갖는 경우가 있는데, 전자를 편무예약(片務豫約)이라 하고 후자를 쌍무예약(雙務豫約)이라 한다.

ii) 일방이 본계약을 성립시키려는 의사표시를 하면 타방의 승낙을 기다리지 않고 본계약이 당연히 성립하게 되는 종류의 것이 있다. 이 경우에 예약완결권(豫約完結權)을 일방만이 갖는 것을 일방예약(一方豫約)이라 하고 쌍방이 모두 갖는 것을 쌍방예약(雙方豫約)이라 한다. 그런데 예약완결권의 행사기간을 계약에서 정하지 않은 경우에는 상대방이 불안정한 상태에 놓이게 되므로 상대방은 상당한 기간을 정하여 매매완결 여부의 확답을 최고할 수 있고(민 564 Ⅱ), 그 기간 내에 예약완결권자가 확답을 하지 않는 경우에는 예약은 무효가 된다(민 564 Ⅲ).

3) 계 약 금

매매계약을 체결함에 있어서 일반적으로 매수인이 매도인에게 금전 기타의 유가물을 교부하는 경우가 많은데, 이를 계약금이라고 한다. 이는 실제 거래관계에서는 내금(內金)·선금·착수금 등으로 말해지기도 한다. 매매의 경우에 계약금을 교부하는 목적은 다양하다. i) 계약체결의 증거로서의 의미를 갖는 계약금이 있고, ii) 계약금을 교부한 자가 계약상의 채무를 이행하지 않는 경우에 몰수되는 위약금이 있으며, iii) 계약의 해제권을 보류하는 해약금이 있다. 해약금을 교부한 자는 그것을 포기함으로써, 또한 해약금을 받은 자는 그것의 배액을 상환함으로써 계약을 해제할 수 있다. 계약금이 위의 어느 것에 해당하는지 분명하지 않은 경우에 민법에서는 당사자 사이의 다른 약정이 없는 한 해약금으로 추정한다(민 565 I).

4) 매매의 효력

당사자간의 의사표시만으로 매매계약이 성립하고, 매도인은 매매의 목적인 재산권을 매수인에게 이전하여야 할 의무가 있다. 즉 매도인은 재산이전에 필요한 모든 행위를 하여야 할 의무가 있다(민 568 I). 예를 들어 그 이전에 따라 제 3 자에 대한 대항요건을 갖추는 데 필요한 행위도 해야 한다. 그러므로 매매의 법적인 권리가 물권·무체재산권과 같이 물권행위뿐만 아니라 등기·등록·인도 등의 공시방법을 갖추어야 하는 것이면 등기·등록에 협력하고 또 인도하여야 한다. 채권의 매매에 있어서는 채무자에게 통지하여야 한다.

(3) 교 환

교환은 당사자 쌍방이 서로 금전 이외의 재산권을 이전할 것을 약정하는 계약이다(민 596). 교환의 법적 성질은 매매의 경우와 같이 유상·쌍무·낙성계약이다. 그리하여 교환은 양 당사자가 목적물을 급부하여야 할 채무를 부담하는 것만으로 계약으로서 성립하는 것이다. 그런데 교환이 매매와 다른 점은 양 당사자의 채무가 모두 금전 이외의 재산권의 이전을 목적으로 한다는 점이다.

(4) 소비대차

소비대차(消費貸借)란 당사자의 일방인 차주(借主)가 동종·동질·동량의 물건을 반환하기로 하면서, 상대방인 대주(貸主)로부터 금전 기타의 대체물의 소유권을 이전받을 것을 약정함으로써 성립하는 계약이다(민598). 소비대차는 차주가 목적물의 소유권을 취득하여 소비한다는 점에서 사용대차(使用貸借)나 임대차(賃貸借)와 다르다. 소비대차는 무상임을 원칙으로 하지만 특약에 의해 이자를 지급한 때에는 유상계약이 된다. 그러나 상인간의 금전소비대차의 경우에는 특약이 없어도 법정이자를 지급하여야 한다(상55Ⅰ). 오늘날 가장 중요한 소비대차는 금전소비대차이다.

(5) 사용대차

1) 사용대차(使用貸借)란 당사자의 일방인 대주가 상대방에게 무상으로 목적물을 사용·수익하게 하기 위하여 이를 인도할 것을 약정하고, 상대방은 그 목적물을 사용·수익한 후에 반환할 것을 약정하는 계약이다(민609). 그 성질은 낙성·편무·무상의 계약이다. 사용대차는 차용물을 그대로 반환한다는 점에서 소비대차와 다르고, 무상이라는 점에서 임대차와 다르다. 사용대차의 차주는 선량한 관리자의 주의로써 사용물을 보관하여야 하며(민374), 계약 또는 목적물의 성질에 의하여 정해진 용법에 따라 목적물을 사용·수익하여야 한다(민610Ⅰ). 그러므로 대주의 승낙이 없으면 제 3 자에게 사용·수익하도록 전대(轉貸)하지 못한다(민610Ⅱ). 이를 위반한 때에는 대주는 계약을 해지할 수 있다(민610Ⅲ).

2) 목적물의 보관이나 이에 필요한 통상의 필요비(목적물의 현상유지에 필요한 보수수선비 등)는 차주가 부담하여야 한다(민611Ⅰ). 그러나 기타의 비용(풍수해에 의한 파손수선비 등)에 대하여는 차주가 지급한 경우 대주에게 상환청구를 할 수 있다(민611Ⅱ). 그리

하여 사용대차를 종료한 때에는 차주는 목적물을 원상으로 회복해서 반환하여야 한다(민 615).

(6) 임 대 차

1) 의의와 성질

임대차(賃貸借)란 임대인이 임차인에게 목적물을 사용·수익하게 하고 임차인이 그 대가인 차임(借賃)을 지급하는 낙성·유상·쌍무계약이다(민 618). 목적물을 반환하는 점에서 사용대차와 같지만, 대가를 지급하는 유상계약이라는 점에서 사용대차와 다르다.

2) 임차권의 대항력

(가) 임차권은 채권에 지나지 않으므로, 임차인은 원칙적으로 신소유자(新所有者)나 제한물권자인 제 3 자에 대하여 임차권을 가지고 대항하지 못하였다. 즉 임대인이 목적물의 소유권을 제 3 자에게 양도하면 임차인은 제 3 자의 반환청구에 응하여야만 했다. 그리하여 민법에서는 부동산임대차의 경우 임차인의 지위를 안정시키기 위하여 부동산임대차의 대항력을 인정하고 있다. 즉 부동산의 임대차를 등기하면 제 3 자에 대하여 대항할 수 있다(민 621 Ⅱ). 그러므로 임대인이 제 3 자에게 부동산을 양도하여도 종래의 임대차는 그 양수인과의 사이에서 존속하게 된다. 그리고 당사자 사이에 반대의 약정이 없으면 부동산임차인은 임대인에 대하여 그 임대차의 등기절차에 협력할 것을 청구할 수 있다(민 621 Ⅰ).

(나) 특히 주택임대차보호법에 의하면 주거용건물의 임대차의 경우는 임차인이 주택을 인도받고 주민등록 또는 전입신고를 하고 있으면 등기를 하지 않았더라도 제 3 자에 대하여 대항할 수 있다(주택임대차보호법 3 Ⅰ). 즉 임차주택의 양수인은 임대인의 지위를 승계한 것으로 본다(동법 3 Ⅲ).

판례는 「주택임대차보호법상의 대항력을 갖춘 후 임대부동산의 소유권이 이전되어 그 양수인이 임대인의 지위를 승계하는 경우에는 임대차보증금반환채무도 부동산의 소유권과 결합하여 일체로써 이전하는 것이며 이에 따라 양도인의 보증금반환채무는 소멸한다」고 하였다(대 89. 10. 24, 88 다카 13172).

3) 임차권의 양도와 전대

임차권은 임대인의 동의가 없으면 이를 양도하거나 전대할 수 없다(민 629). 그러므로 임대인의 동의가 없으면 제 3 자는 임차권의 양수 또는 전차(轉借)를 가지고 임대인에게 대항하지 못한다.

4) 차임의 지급

(가) 임대차의 경우에 임차인은 차임을 지급할 의무가 있다. 차임은 계약에 의하여 정해진다. 그러나 차임 또는 보증금이 임차주택에 관한 조세·공과금 기타 부담의 증감이나 경제사정의 변동으로 인하여 상당하지 아니하게 된 때에는 당사자는 장래에 대하여 그 증감을 청구할 수 있다(민 628; 주택임대차보호법 7). 그런데 주택임대차보호법에 의하면 당사자가 그 증액을 청구하는 경우에 그 증액한도는 대통령령으로 정하는 기준에 따른 비율을 넘지 못한다(동법 7 단). 즉 증액범위를 제한하고 있다.

(나) 증액청구의 기준은 동법시행령에 의하면, i) 차임의 증액청구는 약정한 차임의 20분의 1의 금액을 초과하지 못한다. ii) 증액청구는 임대차계약 또는 차임의 증액이 있은 후 1년 이내에는 하지 못한다(동 시행령 2).

5) 보증금과 권리금

(가) 보증금은 건물의 임대차에 있어서 임차인이 부담하는 차임지급 기타의 채무를 담보하기 위하여 임대인에게 교부하는 금전이다. 보증금의 성질은 정지조건부 반환채무를 수반하는 금전소유권의 이전이라는 것이 통설이다. 그리하여 임차인의 채무불이행이 있으면 그 금액으로부터 당연히 변제에 충당하고 그 잔액을 반환한다는 조건으로 금전의 소유권을 임대인에게 양도한 것이라고 할 수 있다.

(나) 권리금은 주로 상가건물의 임대차에 있어서 점포의 장소적 이익의 대가로서 임차인으로부터 임대인에게, 또는 임차권의 양수인으로부터 양도인에게 지급하는 금전이다. 그런데 주의할 점은 권리금은 임대차

의 종료시에 임차인이 그 반환을 청구하지 못한다는 것이 관행이다.

(7) 고 용

1) 고용의 의의

고용이란 당사자의 일방인 근로자가 상대방인 사용자에 대하여 노무(勞務)를 제공할 것을 약정하고 사용자가 그에 대하여 보수를 지급하기로 함으로써 성립하는 낙성·유상·쌍무계약이다(민 655). 즉 고용은 노무의 공급을 목적으로 하는 계약이다. 민법에서 규정하고 있는 노무공급계약에는 고용 이외에 도급·현상광고·위임이 있다. 고용계약에 있어서는 사용자에 의하여 그 계약이 종속적이고 불평등하게 성립할 우려가 있으므로 근로자를 보호하기 위하여 노동기본권이 헌법에 의하여 보장되고 있으며 그에 기하여 근로기준법·노동조합 및 노동관계조정법 등 특별법이 존재한다.

2) 신원보증계약의 체결

노무자의 채무를 담보한다는 명목으로 고용계약에 부수하여 신원보증계약 내지 신원보증금계약이 행하여지는 경우가 많다. 신원보증계약이 장기에 걸쳐 존속하게 되면 보증인에게 불리한 결과가 초래될 수 있으므로 보증인의 책임을 완화하기 위하여 신원보증법이 존재한다. 이 법에서는 신원보증계약의 존속기간을 제한하고 있으며(동법 2, 3), 피용자의 신상에 변동이 생긴 때에는 사용자가 그 사실을 보증인에게 통지하여야 하며(동법 4), 일정한 경우에 보증인은 신원보증계약을 해지할 수 있다(동법 5).

(8) 도 급

1) 도급의 의의

도급(都給)은 당사자의 일방인 수급인(受給人)이 어떤 일을 완성할 것을 약정하고 상대방인 도급인이 그 일의 결과에 대하여 보수를 지급할 것을 약정함으로써 성립하는 유상·쌍무·낙성계약이다(민 664). 도급의 경우에 수급인은 그가 맡은 일을 제 3 자에게 맡길 수도 있다. 수급인이 맡은 일의 전부 또는 일부를 다시 제 3 자가 하수급인(下受給人)으로서 맡는 것을 하도급(下都給)이라 하고, 하청(下請)이라고도 한다. 일의 성질이나 당사자의 의사에 의해서 금지되지 않는 한 수급인은 하도급을 할 수 있다고 할 것이다.

2) 수급인의 담보책임

수급인은 완성한 일에 하자가 있는 때에는 원칙적으로 담보책임을 진다. 그리하여 도급인은 상당한 기간을 정하여 하자의 보수를 청구할 수 있다. 그러나 하자가 중요하지 않고 또한 그 보수에 과다한 비용을 요하는 때에는 손해배상을 청구할 수 있을 뿐이다(민 667 Ⅰ·Ⅱ). 그러나 목적물의 하자가 도급인이 제공한 재료의 성질이나 또는 도급인의 지시에 의한 것일 때에는 수급인은 담보책임을 지지 않는다. 그러나 수급인이 그 재료나 지시가 부적당함을 알면서 이를 도급인에게 고지하지 않은 때에는 역시 담보책임을 진다(민 669).

(9) 현상광고

1) 현상광고의 의의

현상광고(懸賞廣告)는 광고자가 어느 행위를 한 자에게 일정한 보수를 지급할 의사를 표시하고 이에 응하는 자가 그 광고에 정한 행위를 완료함으로써 그 효력이 생기는 계약을 말한다(민 675). 현상광고도 일종의 계약으로서 현상광고는 유상·편무계약이고 요물계약이라고 할 수 있다. 왜냐하면 지정된 행위를 완료하여야만 계약이 성립되기 때문이다. 현상광고는 가출인의 수색, 유실물의 수색, 학술적 발명 등을 위하여 이용되고 있다.

2) 현상광고의 방법

현상광고의 방법에는 제한이 없고, 보통 신문·잡지에의 게재, 라디오·텔레비전의 방송, 차내·게시판에의 게시 등으로 한다. 현상광고는 불특정다수인에 대한 의사표시로서 원칙적으로 이를 철회하지 못한다. 특히 지정행위의 완료기간을 정한 때에는 그 기간만료 전에 광고를 철회하지 못한다(민679Ⅰ). 그러나 지정행위의 완료기간을 정하지 않은 경우, 그 지정행위를 완료한 자가 아직 없는 동안은 그 광고와 동일한 방법으로 광고를 철회할 수 있다(동조Ⅱ).

3) 우수현상 광고

광고에서 지정한 행위를 완료한 자가 여러 명인 경우에 그 우수한 자에 한하여 보수를 지급할 것을 정한 때에는 그 광고에 응모기간을 정한 때에 한하여 효력이 있는데, 이를 우수현상광고(優秀懸賞廣告)라고 한다(민678Ⅰ). 우수현상광고의 경우에 우수의 판정은 광고 중에 정한 자가 하지만, 광고 중에 판정자를 정하지 아니한 경우에는 광고자가 판정한다(민678Ⅱ). 그러나 광고 중에 다른 의사표시가 있거나 또는 광고의 성질상 판정의 표준이 정해져 있는 때가 아니면 우수자가 없다는 판정은 할 수 없다(민678Ⅲ).

4) 보수청구권

현상광고에서 지정한 행위를 완료한 자는 광고자에 대하여 보수청구권을 갖는다. 완료자가 여러 명인 경우에는 최초로 지정행위를 완료한 자만이 보수청구권을 취득하고(민676Ⅰ), 동시에 여러 명이 완료한 때에는 각각 균등한 비율로 보수를 받을 권리가 있으나 보수가 그 성질상 분할할 수 없는 것이면 추첨에 의하여 보수청구권자를 정한다(민676Ⅱ). 그리고 광고를 모르고 거기에 지시된 행위를 완료한 자가 있는 때에도 보수청구권을 취득한다(민677).

(10) 위 임

1) 위임계약의 의의

위임이란 위임인이 수임인에 대하여 사무의 처리를 위탁하고, 수임인이 이를 승낙함으로써 성립하는 계약이다(민680). 위임도 노무공급계약의 일종이지만 일정한 사무의 처리를 목적으로 하므로 수임인은 다소의 자유재량을 갖게 되고, 위임인과 수임인 사이는 일종의 신뢰관계를 기초로 하기 마련이다. 위임은 무상을 원칙으로 하지만 특약에 의하여 유상으로 할 수 있다(민 686 Ⅰ). 그리고 특약이 없더라도 관습 또는 묵시의 의사표시로 유상으로 해석하여야 하는 경우가 있다. 변호사 또는 의사에게 사건이나 치료를 위임하는 경우가 이에 해당한다. 수임인이 상인인 때에는 특약이 없더라도 상당한 보수를 지급하여야 한다(상 61).

2) 위임계약의 성립

㈎ 위임계약은 무상인 때에는 편무·낙성계약이지만, 유상인 때에는 쌍무·낙성계약이다. 위임계약은 인적신뢰관계를 기초로 이루어지므로 무상인 경우에도 수임인은 선량한 관리자의 주의로써 위임사무를 처리하여야 한다(민 681).

㈏ 위임계약은 각 당사자가 언제든지 해지할 수 있으나(민 689 Ⅰ), 부득이한 사유가 있는 경우가 아니면 상대방에게 불리한 시기에 해지할 때에는 그 손해를 배상하여야 한다(민 689 Ⅱ).

(11) 임 치

임치(任置)란 당사자 일방인 임치인(任置人)이 상대방인 수치인(受置人)에 대하여 금전이나 유가증권 기타의 물건의 보관을 위탁하고 상대방이 이를 승낙함으로써 성립하는 낙성계약이다(민 693). 임치는 무상·편무계약임을 원칙으로 하지만, 보수의 특약이 있는 때에는 쌍무·유상계약이다. 유상임치의 경우에 수치인은 임치물을 선량한 관리자의 주의로써 보관하여야 하지만(민 374), 무상임치의 경우에는 자기재산과 동일한 주의로써 보관하면 된다(민 695). 상인은 그의 영업범위 내에서 수치한 경우에는 보수를 받지 아니하는 때에도 선량한 관리자의 주의로써 물건을 보관하여야 한다(상 62).

(12) 조 합

1) 조합의 의의

조합(組合)이란 2명 이상의 당사자가 공동사업을 경영할 것을 목적으로 서로 금전 기타의 재산 또는 노무의 제공을 약속함으로써 성립하는 계약이다(민 703). 그러므로 조합계약의 법적 성질에 대해서는 낙성·유상·쌍무계약이라고 보는 것이 다수설이다. 그러나 조합의 설립행위는 실제적으로 계약적 성격과 합동행위적 성격을 모두 갖는다고 할 수 있다.

2) 조합의 업무집행

조합의 업무집행에는 모든 조합원이 참여할 권한이 있는 것이 원칙인데, 모든 조합원이 업무집행에 참여하는 경우에 업무집행은 조합원의 과반수로써 결정한다(민 706 Ⅱ 전단). 그러나 조합계약으로 1명 또는 여러 명의 조합원에게 업무집행을 위임한 때에는 중요사항의 결정은 이들의 과반수의 찬성이 필요하다(민 706 Ⅱ 후단). 그러나 통상사무는 각자가 단독으로 할 수 있다. 그러나 다른 업무집행자의 이의가 있으면 곧 중지하여야 한다(민 706 Ⅲ).

3) 조합재산의 내용

조합원이 출자한 재산·조합의 공동사업으로 취득한 재산과 그 과실 등이 조합재산의 중요부분이 된다. 조합재산은 전조합원이 이를 합유(合有)한다. 따라서 조합재산에 관한 합유는 합유에 관한 규정(민 271 내지 274)이 적용된다. 그 결과 조합원은 조합의 청산 전에 조합재산의 분할을 청구하지 못하며 조합원 전원의 동의 없이 조합재산에 대한 지분을 처분하지 못한다.

4) 손익분배의 비율

손익분배의 비율은 특약으로 정할 수 있으나, 특약이 없으면 손익분배의 비율은 각 조합원의 출자가액에 비례하여 이를 정한다(민 711 Ⅰ). 그런데 이익비율 또는 손실비율만을 정하고 있는 때에는 이익과 손실에 공통한 것으로 추정한다(민 711 Ⅱ).

(13) 종신정기금

종신정기금(終身定期金)계약이란 당사자의 일방인 정기금채무자가 자기·상대방 또는 제 3 자의 종신까지 정기로 금전 기타의 물건을 상대방 또는 제 3 자에게 지급할 것을 약정함으로써 성립하는 계약으로서 낙성계약이다(민 725). 이 계약이 무상인 때에는 증여의 성질이 있으므로 증여에 관한 규정이 적용되고, 반대로 유상인 때에는 대가가 무엇인가에 따라 매매·고용 등의 성질이 있으므로 이에 관한 규정들이 또한 적용된다. 종신정기금계약은 보험적인 작용을 하지만 실제에 있어서 사인간에는 이 제도가 거의 이용되지 않는다.

(14) 화 해

1) 화해의 의의

화해(和解)란 권리관계에 관하여 다툼이 있는 당사자가 서로 양보하여 다툼을 중지할 것을 약정함으로써 성립하는 계약이다(민 731). 화해의 경우 반드시 양 당사자가 서로 양보를 하여야 한다. 화해는 유상·쌍무·낙성계약이라고 할 수 있다. 화해의 효과는 다툼이 되었던 법률관계를 확정하는 것으로서 당사자는 화해계약의 내용에 따라 의무를 지고 권리를 승인하는 것이 된다. 그러므로 종전의 법률관계를 주장하지 못한다. 이를 화해의 창설적 효력이라고 한다.

교통사고가 발생한 경우에 가해자와 피해자 사이에 협의에 의하여 손해배상으로써 지급할 금액과 그 지급방법을 정하고, 그 이상의 청구를 하지 않는다는 합의서를 작성하는 경우가 많다. 이러한 합의서도 일종의 화해라고 할 수 있다. 그리하여 이후에 추가손해가 생겨도 그 배상을 청구할 수 없다고 할 것이다. 그러나 합의 후에 예상하지 않았던 후유증으로 수술을 하는 등의 손해가 증가된 후에도 증가된 손해를 청구하지 못한다면 피해자에게 가혹한 결과가 초래될 수 있다. 판례는 「교통사고로 인한 전 손해를 정확히 파악할 수 없는 상황하에서 조급하게 소액의 배상금으로 합의가 되었을 경우에 그 합의에 따라 피해자가 포기한 손해배상청구는 합의 당시에 예상했던 것만의 것으로 보아야 할 것이고, 그 당시에 예상할 수 없었던 후유증에 대하여는 피해자는 후일에 그 손해의 배상을 청구할 수 있다」고 하였다〔대 97. 4. 11, 97 다 423〕.

2) 화해계약의 취소

화해계약은 착오를 이유로 하여 이를 취소하지 못한다. 다만 당사자의 자격 또는 화해의 목적인 분쟁 이외의 사항에 착오가 있는 때에는 이를 취소할 수 있다(민 733).

제 4 장 채권의 보호

1. 채권·채무의 의의

(1) 채권의 목적

1) 채권(債權)이란 특정인인 채권자가 다른 특정인인 채무자에 대하여 특정의 행위를 청구할 수 있는 권리를 말한다. 그리고 이러한 채권자의 청구에 대하여 그 청구내용대로 이행하여야 할 채무자의 의무를 채무(債務)라고 한다. 채권의 목적은 채무자의 행위이다. 예를 들어 그 행위가 물건을 인도하는 것인 경우, 물건 그 자체가 채권의 직접적인 목적이 되는 것이 아니라 물건을 인도하는 채무자의 행위가 채권의 목적이 된다. 이러한 채무자의 행위를 급부(給付)라고 한다.

2) 급부는 예컨대 100만원을 지급하면 임차물을 반환한다는 것과 같이 적극적으로 어떤 행위를 하여야 하는 것(이를 作爲라고 한다)도 있고, 일정한 지역 내에서 동종의 영업을 하지 않겠다고 하는 것과 같이 소극적으로 어떠한 행위를 하지 않는다고 하는 것(이를 不作爲라고 한다)도 있다.

(2) 채권과 물권의 차이점

채권은 물권과 함께 재산권을 구성한다. 물권(物權)은 물건에 관한 직접적 지배를 내용으로 하는 배타적 권리인 데 비하여, 채권은 특정인에 대한 특정한 급부를 청구하는 대인적인 권리이기 때문에 채무자 이외의 자에 대하여는 청구할 수 없는 상대적인 권리라고 할 수 있다.

2. 채권의 효력

채권의 기본적 효력은 채무자에 대한 청구력과, 채무자의 급부를 수령하여 적법하게 보유하는 효력이다. 그러나 실제로 채권의 효력에 대한 가장 중요한 논의는 채무불이행에 따른 손해배상과 관련해서 이루어지고 있다.

(1) 채무불이행

채무자가 채무의 내용에 좇은 이행을 하지 않는 경우를 채무불이행이라고 하는데(민390), 이에는 세 가지 경우가 있다.

1) 이행지체

채무의 이행기가 도래하였고 채무의 이행이 가능함에도 불구하고 채무자가 자신에게 책임 있는 사유로 이행하지 않고 있는 경우를 이행지체(履行遲滯)라 한다. 이 경우에 채권자는 채무자에 대하여 이행의 지체로 인한 손해의 배상을 청구할 수 있다(민390). 또한 채권자는 채무자에게 이행을 강제하거나(민398) 계약을 해제할 수도 있다(민544).

2) 이행불능

채무가 성립했을 때에는 그 이행이 가능하였으나 이후 채무자에게 책임 있는 사유로 이행할 수 없게 된 것을 이행불능(履行不能)이라고 한다. 이 경우에 채권자는 손해배상을 청구할 수 있고(민390), 계약을 해제할 수 있다(민546).

3) 불완전이행

채무자가 이행을 하기는 하였으나 채무자에게 책임 있는 사유로 인하여 채무의 내용에 비추어 불완전하게 이행되어 채권자에게 손해가 생긴 경우를 불완전이행이라고 한다. 예컨대 그림액자를 달다가 벽에 커다란 금이 가게 만든 경우가 이에 속한다. 이러한 경우에 채권자는 손해배상을 청구할 수 있다(민 390).

(2) 강제이행

채무자가 임의로 채무를 이행하지 않는 때에는 채권자는 그 강제이행을 법원에 청구할 수 있다(민 389 I 본). 이에는 세 가지 방법이 있다.

1) 직접강제

채무자의 의사 여하에 불구하고 국가기관이 직접 실력을 행사하여 채권의 내용을 실현시키는 방법을 직접강제(直接強制)라고 한다. 예컨대 금전채무에 있어서 채무자의 재산을 경매하여 그 대가를 채권자에게 배당하거나, 물건의 인도채무에 있어서 목적물의 점유를 채무자로부터 빼앗아서 채권자에게 교부하는 것을 말한다. 이와 같은 직접강제의 방법은 「주는 채무」에 한해서 인정된다(민 389 I). 그리고 직접강제의 방법이 허용되는 경우에는 다음에 나오는 대체집행이나 간접강제는 인정되지 않는다. 직접강제의 절차와 방법은 민사집행법에서 규정하고 있다.

2) 대체집행

채무의 성질에 비추어 직접강제는 할 수 없으나 누구에 의하든 간에 그 가치가 동일하게 이루어질 수 있는 작위를 목적으로 하는 채무, 즉 이른바 「하는 채무」 중 제 3 자가 채무자에 갈음하여 하더라도 목적을 달성할 수 있는 채무에 대하여 제 3 자로 하여금 이행을 시키고 그 비용을 채무자로부터 추심케 하는 방법을 대체집행(代替執行)이라고 한다. 예컨대 건물을 철거하여야 할 채무나 담을 쌓아야 할 채무에 있어서 비용은 채무자로부터 추심하고 인부를 고용하여 채권의 내용을 실현케 하는 것이 이에 속한다. 대체집행의 절차와 방법은 민사집행법의 규정에 의한다(민집 260).

3) 간접강제

타인이 채무자에 갈음하여 이행할 수 없는 이른바 부대체적 작위채무에 대하여 일정한 기간 내에 채무를 이행하지 않는 때에는 불이익을 받게 될 것을 명하여 채무자에게 심리적 압박을 주어 간접적으로 이행을 강제하는 방법을 간접강제(間接強制)라 한다. 우리 민사집행법은 지연배상 또는 즉시의 손해배상을 명하는 방법을 인정하고 있다(민집 261).

(3) 손해배상

1) 손해배상의 범위

채무자의 유책사유로 채무불이행이 있게 되면, 채권자는 채무자에 대하여 그 불이행으로 발생한 손해의 배상을 청구할 수 있다. 즉 채무불이행이 있다는 것만으로는 안 되고 손해가 발생하고 있어야만 한다. 손해배상을 인정하는 범위 문제에 대해서는, 채무불이행 당시에 보통사람이 알 수 있었던 사정과 채무자가 특히 알고 있었던 사정을 함께 고려하는 상당인과관계설이 통설이다.

2) 손해배상의 특수성

손해배상의 범위와 관련하여 다음과 같은 특수한 문제가 있다.

㈎ 과실상계

과실상계(過失相計)란 채무불이행에 관하여 채권자에게도 과실이 있는 경우에 공평의 원칙에 따라 채무자의 배상액을 감경시키거나 배상책임을 면하게 하는 것을 말한다(민 396).

㈏ 금전채무에 관한 특칙

금전채무의 불이행은 언제나 이행지체가 되고, 또한 당연히 법정이자에 상당하는 손해가 발생하는 것으로 한다. 금전채무를 불이행하는 경우에 손해배상액은 법정이율에 의하지만, 당사자간에 약정이율이 법정이율보다 높은 때에는 그에 의한다(민 397 I).

3) 손해배상액의 예정

㈎ 채무불이행으로 인하여 손해가 발생할 것을 예상하여 채무자가 지급할 배상액을 당사자간의 계약으로 미리 정하는 것을 손해배상액의 예정(損害賠償額의 豫定)이라고 한다(민 398 I). 예컨대 도급계약에서 일의

완성이 약정기일보다 지연되면 1일에 10만 원씩 지연배상을 하여야 한다거나, 계약의 이행이 불능하게 되면 100만 원의 배상을 하기로 하는 경우가 이에 속한다. 그런데 손해배상의 예정액이 부당히 과다한 경우에는 법원은 적당히 감액할 수 있다(동조 II). 그러나 그 예정액이 과소하다고 하여 증액을 할 수는 없다.

(나) 실제에 있어서는 위약금(違約金)을 약정하는 경우가 많다. 위약금은 약정의 내용에 따라 다양하지만, 민법에서는 위약금의 약정은 이를 손해배상액의 예정으로 추정하고 있다(민 398 IV). 그러므로 위약금이 손해배상액의 예정이 아니라는 것을 주장하는 자가 입증책임을 진다. 한편 손해배상액의 예정이 성립하는 경우와 관련하여 판례는 다음과 같이 판시하고 있다.

「매수인이 당초 약정된 잔금 지급기일까지 잔금을 지급하지 못하여 그 지급독촉을 받아 오다가, 매도인과의 사이에 그 잔금의 지급기일을 연기받는 한편 그 기일의 준수를 다짐하면서, 만일 그 연기된 날까지 잔금을 지급하지 아니하면 매매계약을 해제하여 무효로 함과 아울러 매도인에게 이미 지급한 계약금 및 중도금에 대한 반환청구권을 포기 내지 상실키로 하는 약정을 한 경우, 그 포기약정은 손해배상액의 예정으로 봄이 상당하다」(대 95. 12. 12, 95 다 40076).

(4) 책임재산의 보전

채무불이행에 대한 궁극적인 구제방법은 채무자의 일반재산을 환가해서 변제에 충당하는 것이다. 그러므로 채권자의 보호를 위해서는 채무자가 부당하게 재산을 감소시키는 행위를 방지하고 채무자의 재산을 확보할 필요가 있다. 민법에서는 채권자대위권과 채권자취소권에 관하여 규정하고 있는데, 이는 채무자가 혼자 또는 제 3 자와 공모하여 자신의 재산을 감소시키는 것을 막아 책임재산을 보전시키기 위한 것이다.

1) 채권자대위권

(가) 채권자가 자기의 채권을 보전하기 위하여 채무자에 갈음하여 자

기의 이름으로 채무자의 권리를 행사할 수 있는 권리를 채권자대위권(債權者代位權)이라고 한다(민 404 본). 예컨대 채무자가 제 3 자에 대하여 채권을 갖고 있음에도 이를 추심하게 되면 채권자에게 주어야 하므로 추심하지 않는 경우에 채권자가 채무자에 갈음하여 제 3 자로부터 채권을 추심하여 채무자의 일반재산에 보태도록 하는 제도이다.

(나) 채권자는 채무자의 어떤 권리라도 행사할 수 있으나 채무자의 일신에 전속하는 권리로서 부부 사이의 계약취소권(민 828)이나 인격권의 침해에 의한 위자료청구권 등은 행사하지 못한다(민 404 I 단). 그리고 채권자대위권을 행사하려면 채권자의 권리가 그 기한이 도래하였어야 한다(민 404 II). 채권자대위권은 반드시 재판상 행사하여야 할 필요는 없다.

2) 채권자취소권

(가) 채무자가 채권자를 해함을 알고 재산권을 목적으로 하는 법률행위를 한 때에는 채권자는 그 취소 및 원상회복을 법원에 청구할 수 있는데, 이러한 권리를 채권자취소권(債權者取消權)이라 한다(민 406 I 본).

> 판례는 채무자가 그의 유일한 재산인 부동산을 채권자들 가운데 어느 한 사람에게 대물변제로 제공하는 행위는 다른 특별한 사정이 없는 한 다른 채권자들에 대한 관계에서 사해행위(詐害行爲)가 된다고 한다[대 96. 10. 29, 96 다 23207].

(나) 채권자취소는 채권자대위권과는 달리 반드시 법원에 청구하여야 한다. 채권자취소권은 혼인·상속의 포기와 같은 신분행위에 대하여는 행사하지 못하고 재산권을 목적으로 하는 행위에 대하여만 행사할 수 있다. 채무자의 행위로 인하여 이익을 받은 자나 전득한 자가 그 행위 또는 전득 당시에 채권자를 해함을 알지 못한 경우에는 채권자는 취소권을 행사하지 못한다(민 406 I 단). 채권자취소권은 거래의 안전을 고려하여 취소원인을 안 날로부터 1년, 법률행위가 있은 날로부터 5년 내에 행사하지 않으면 소멸한다(민 406 II).

3. 채권의 담보

채권자가 다수인 경우에 채권은 그 발생원인의 이동(異同), 발생시기의 선후, 또는 채권액의 다소에 불구하고 모두 평등하게 다루어지며 어떤 채권자만이 우선적으로 변제를 받을 수 없는데, 이를 채권자 평등의 원칙이라고 한다. 그리하여 다수의 채권이 성립하여 채무자의 재산이 모든 채권을 담보할 수 없게 되면 채권자들은 그들의 채권액의 비율로 분배를 받는 동시에 같은 비율의 손실을 받게 된다. 이러한 상황에서 채권을 확실하게 회수하고 손해가 발생하지 않도록 하기 위한 수단으로 사용되는 것이 담보제도이다. 담보에는 인적 담보와 물적 담보가 있다.

(1) 인적 담보

인적 담보(人的 擔保)란 채무자가 채무의 변제기에 변제할 수 없는 때에는 제 3 자가 채무자에 갈음하여 채권자에게 변제한다는 것을 약정하는 것으로 제 3 자가 담보적 지위에 있게 되는 것을 말한다. 대표적인 인적 담보제도로는 보증채무와 연대채무가 있다.

1) 보증채무

보증채무(保證債務)란 채무자가 채무를 이행하지 않는 경우에 보증인이 책임을 지는 채무이다(민 428 I). 보증채무는 채권자에 대하여 채무의 이행을 담보하는 것을 목적으로 하므로 채무가 무효이거나 소멸한 때에는 보증채무도 소멸한다. 이를 보증채무의 부종성(附從性)이라고 한다. 보증채무는 일반적으로 채권자와 보증인 사이에 성립하는데, 통상의 보증과 연대보증에 해당하는 종류가 가장 많이 사용된다.

㈎ 통상의 보증

ⓐ 채권자가 주채무자에게 채무의 이행을 청구하지 않고 보증인에게 채무의 이행을 청구한 때에는, 보증인은 주채무자의 변제자력이 있는

사실 및 그 집행이 용이할 것을 증명하여 먼저 주채무자에게 청구할 것과 그 재산에 대하여 집행할 것을 항변할 수 있다(민 437 본). 이를 최고의 항변권(催告의 抗辯權)이라고 한다. 채권자가 주채무자에게 최고를 한 후에 보증인에 대하여 청구하는 경우에도 보증인은 다시 주채무자에게 변제자력이 있다는 사실 및 그 집행이 용이함을 증명하여 먼저 주채무자의 재산에 대하여 집행할 것을 청구할 수 있다(민 437). 이를 검색의 항변권(檢索의 抗辯權)이라고 한다.

(b) 이와 같이 보증인에게 최고의 항변권과 검색의 항변권을 인정하고 있는 것은 보증채무는 주채무의 이행이 없는 경우에 이행하면 된다고 하는 보증채무의 보충성에 근거한 것이다. 또 보증인이 채무를 이행한 경우에는 보증인은 주채무자에 대하여 상환을 청구할 수 있다(민 441 내지 444). 이를 보증인의 구상권(求償權)이라고 한다.

(나) 연대보증

(a) 보증인이 주채무자와 연대하여 채무를 부담함으로써 주채무의 이행을 담보하는 보증채무를 연대보증(連帶保證)이라고 한다. 연대보증도 보증채무의 일종이므로 통상의 보증과 마찬가지로 부종성(附從性)은 있으나, 보충성(補充性)은 없다. 그리하여 연대보증인은 최고의 항변권과 검색의 항변권이 없다(민 437 단). 그러므로 채권자는 주채무자에게 채무를 변제할 수 있는 충분한 자력이 있더라도 연대보증인에 대하여 이행을 청구할 수 있다.

(b) 보증인이 여러 명인 경우에 주채무액을 균등한 비율로 분할한 부분에 관해서만 채무를 부담하는 것을 보증인의 분별의 이익(分別의 利益)이라고 하는데, 공동보증인이 각각 주채무자가 연대하여 채무를 부담한 연대보증의 경우에는 분별의 이익이 인정되지 않는다(민 448 Ⅱ). 보증이 상행위이거나(은행이 고객을 위하여 하는 지급보증), 주채무가 상행위로 인하여 생긴 때에는(영업자금의 차용) 주채무자와 보증인은 연대하여 변제할 책임이 있다(상 57 Ⅱ). 즉 그러한 경우의 보증채무는 언제나 연대보증이 된다.

2) 연대채무

여러 명의 채무자가 채무 전부를 각자 이행할 의무가 있고, 채무자 1명의 이행으로 다른 채무자도 그 의무를 면하게 되는 때에 그 채무를 연대채무(連帶債務)라 한다(민 413). 그러나 연대채무자간에는 일정한 부담부분이 있으므로 연대채무자 중 1명이 다른 채무자의 부담부분까지 지급한 때에는 다른 채무자에 대하여 구상할 수 있다(민 425).

(2) 물적 담보

채권자가 채무자 또는 제 3 자의 특정물건에 특별한 권리를 보류함으로써 채권의 담보에 충당하는 제도를 물적 담보(物的 擔保)라고 한다. 물적 담보는 법률구성에 따라 다음과 같이 구분될 수 있다.

1) 제한물권의 법리에 따른 구분

담보물권을 물건에 대한 전면적 지배권인 소유권에 비해 일정한 면만을 지배하는 제한물권으로 구성할 수 있다. 이렇게 구성하는 경우 담보물권은 법정담보물권과 약정담보물권으로 나뉜다.

㈎ **법정담보물권**

(a) 이에는 유치권(留置權), 법정질권, 법정저당권, 우선특권 등이 있다. 이 중에서 대표적인 것이, 타인의 물건 또는 유가증권을 점유하는 자가 그 물건이나 유가증권에 관하여 생긴 채권을 갖고 있는 경우에 그 채권의 변제를 받을 때까지 그 물건 또는 유가증권을 유치할 수 있는 권리를 가리키는 유치권이다(민 320). 이와 같은 권리에 의해서 채권자는 채무의 변제를 간접적으로 강제할 수 있게 된다. 예컨대 라디오의 수리를 맡은 자는 그 수리비를 받을 때까지 그 라디오의 인도를 거절할 수 있는 것이다.

(b) 상인간의 거래관계에서는 채권자는 변제를 받을 때까지 그 채무자에 대한 상행위로 인하여 자기가 점유하고 있는 물건 또는 유가증권을 유치할 수 있다(상 58 본). 특히 민법상의 유치권과는 달리 상행위로 인하

여 채권자가 점유하고 있는 것이면 반드시 그 목적물에 관하여 생긴 채권이 아닌 경우에도 유치권을 행사할 수 있다. 즉 상법에서는 보다 광범위한 유치권을 인정하고 있는 셈이다.

(나) 약정담보물권

(a) 질 권

aa) 의 의 동산질권(動産質權)이란 채권자가 그의 채권을 담보하기 위하여 채무자 또는 제 3 자로부터 받은 물건을 점유하고 채무의 변제가 있을 때까지 유치하여 채무의 변제를 간접적으로 강제하는 동시에 채무의 변제가 없는 때에는 그 목적물을 경매하고 그 환가대금에서 다른 채권자에 우선하여 변제를 받을 수 있는 권리를 말한다(민 329, 345). 채권 기타의 재산권도 질권의 목적물이 될 수 있어 이를 권리질권이라고 하는데, 이 경우 그 재산권은 양도될 수 있는 것이어야 한다(민 331).

bb) 질권의 성립 질권은 채권자인 질권자와 채무자인 질권설정자 또는 물상보증인과의 사이에 질권설정계약(質權設定契約) 체결로 성립한다는 것이 통설이다. 그러나 질권의 설정은 질권자에게 목적물을 인도함으로써 그 효력이 생긴다는 민법 제330조를 근거로 질권설정계약이 요물계약이라고 주장하는 설도 있다. 이에 대해 통설의 입장은, 동산물권의 변동은 그 동산을 인도하여야 효력이 생긴다는 민법 제188조 제 1 항에 비추어, 제330조는 무의미한 규정이라고 한다.

cc) 간이변제충당 채무불이행의 경우에 채권자인 질권자는 채권의 변제를 받기 위해서 질물을 경매하거나 정당한 이유가 있는 때에는 감정인의 평가에 의하여 질물로 직접 변제에 충당할 것을 법원에 청구할 수 있다. 이 경우에는 질권자는 미리 채무자 및 질권설정자에게 통지하여야 한다(민 338).

dd) 유질계약의 금지 질권설정자는 채무변제기 전의 계약으로 질권자에게 변제에 갈음하여 질물의 소유권을 취득하게 하거나 법률에 정한 방법에 의하지 아니하고 질물을 처분할 것을 약정하지 못한다

(민 339). 이를 유질계약의 금지(流質契約의 禁止)라고도 한다. 이를 금지하는 이유는 곤경에 빠져 있는 채무자가 소액의 채무를 위하여 고가의 질물에 대한 권리를 상실하고 경제적으로 우위에 있는 질권자가 폭리를 취하게 되는 것을 방지하기 위한 것이다. 그러나 상법에서는 상행위에 의하여 생긴 채권을 담보하기 위하여 설정된 질권에 있어서는 유질계약을 인정하고 있다(상 59).

ee) 전 질 질권자는 채무자에 대하여 채권의 담보로서 수령한 질물을 자기의 채권자에 대한 채무를 위하여 다시 담보로 이용할 수 있다(민 336, 337). 이를 전질(轉質)이라고 한다.

(b) 저 당 권

aa) 의 의 채무자 또는 제 3 자(물상보증인)가 채무의 담보로서 제공한 부동산 또는 부동산물권(지상권·전세권)을 채권자가 질권에 있어서와 같이 제공자로부터 인도를 받지 않고 그 목적물을 다만 관념상으로만 지배하여 채무의 변제가 없는 경우에 그 목적물로부터 다른 채권자보다 우선변제를 받는 권리를 저당권(抵當權)이라고 한다(민 356). 저당권은 점유를 이전시키지 않고 저당권설정자에게 목적물의 사용수익을 할 수 있게 하는 점이 질권과 근본적으로 다른 점이라고 할 수 있다.

bb) 저당권의 성립 저당권은 저당권설정계약을 체결함으로써 성립한다. 저당권의 경우 그 내용을 공시하기 위하여 등기 또는 등록을 필요로 하기 때문에 그와 같은 공시제도가 갖추어지지 않은 것은 저당권의 목적이 될 수 없다. 저당권의 실행은 일반적으로 경매에 의하는데(민 363), 동일한 목적물에 여러 저당권이 경합하였다가 경매된 경우에 그 경매대금은 저당권의 설정 순위에 따라 배당된다(민 370, 333).

cc) 유저당계약 저당권자와 저당권설정자는 변제기 전의 특약으로 변제에 갈음하여 목적부동산을 저당권자의 소유에 귀속케 하거나 청산하거나 또는 임의의 방법으로 환가할 수 있다. 즉 저당권의 경우에는 유질계약의 금지와 같은 제한규정이 없기 때문이다. 이러한 약정을 유저당계약(流抵當契約)이라 한다.

dd) 저당권의 소멸 저당권으로 담보한 채권이 시효의 완성 기타 사유로 인하여 소멸한 때에는 저당권도 소멸한다(민 369). 그러나 저당권만이 단독으로 소멸시효에 걸리는 일은 없다.

판례는 「저당권이 설정된 후에 그 부동산의 소유권이 제3자에게 이전된 경우에는, 현재의 소유자가 자신의 소유권에 기하여 피담보채무의 소멸을 원인으로 저당권등기의 말소를 청구할 수 있음은 물론이지만, 저당권설정자인 종전의 소유자도 저당권설정계약상의 권리에 기초하여 저당권등기의 말소를 청구할 수 있다」고 한다(대(전원합의체) 94. 1. 25, 93 다 16338).

2) 소유권이전의 법리에 따른 구분

물건의 소유권 자체를 채권자에게 이전하되 채권담보의 목적으로 그 소유권을 제한하는 것으로 담보물권을 구성하는 법리이다. 이렇게 구성하는 경우 양도담보, 매도담보, 대물변제의 예약, 소유권 유보부매매 등이 해당된다.

3) 전형담보·비전형담보에 따른 구분

민법에서 정하고 있는 각종의 담보물권을 전형담보라 할 수 있다. 그러나 민법 물권편은 제한물권의 법리에 의하는 유치권·질권·저당권만을 규제하고 있을 뿐이다. 실제 거래계에서 사용되는 각종의 담보제도는 본래 담보수단으로 구성된 제도가 아니나 담보제도로 활용되게 된 비전형(변칙적)담보이다. 여기에 속하는 것이 가등기담보·양도담보·매도담보 등이다.

(a) 가등기담보 가등기담보(假登記擔保)란 채권자와 채무자(또는 제3자) 사이에서 채무자 소유의 부동산을 목적물로 하는 대물변제의 예약 또는 매매예약을 하고, 동시에 채무자가 약정기간 내에 채무불이행이 있는 경우에 채권자가 예약완결권을 행사함으로써 발생하게 될 장래의 소유권이전청구권을 보전하기 위한 가등기를 하는 것을 말한다. 그런데 이 경우에 채권자의 폭리로부터 채무자를 보호하기 위해서 특별히

「가등기담보 등에 관한 법률」이 제정되어 있으며, 오늘날은 모든 가등기담보는 이 법률의 규제를 받는다.

(b) 양도담보 양도담보계약은 채무자 또는 제 3 자의 부동산 기타의 재산권을 담보로 제공하되 그 목적물 자체를 채권자에게 양도하는 형식을 취한 다음, 기한 내에 채무를 변제하면 그 목적물을 채무자 또는 제 3 자에게 반환하기로 하고, 채무자나 제 3 자가 채무를 이행하지 않을 때에는 채권자가 그 목적물로부터 우선변제받기로 하는 것을 내용으로 하는 계약이다. 이러한 계약은 채권을 발생케 하는 예컨대 금전소비대차와 함께 많이 행하여지고 있다. 양도담보는 양도담보계약과 목적권리의 이전과 그에 필요한 공시방법을 갖춤으로써 설정된다. 즉 양도담보의 경우에는 반드시 목적물에 대한 권리가 채권자에게 이전되어야 하고 특히 목적물이 부동산인 때에는 소유권이전등기를 하여야 한다.

제 5 장 사무관리 · 부당이득 · 불법행위

채권관계의 발생원인은 법률행위 특히 계약에 의하는 경우와 법률의 규정에 의하는 경우의 2가지로 크게 나뉜다. 후자인 법률의 규정에 의하는 경우로 우리 민법은 사무관리(준법률행위) · 부당이득(사건) · 불법행위(위법행위)를 두고 있다.

1. 사무관리

(1) 의 의

사무관리(事務管理)란 법률상의 의무 없이 타인을 위하여 그의 사무를 관리 내지 처리하는 행위를 말한다(민 734 Ⅱ). 예컨대 옆집의 신문구독료를 지급해 주는 행위가 이에 속한다. 이는 부당이득 · 불법행위와 함께 법률상 채권발생의 원인이 되지만, 관리자의 효과의사의 유무를 묻지 않으므로 법률행위라고 할 수 없고, 또 위임과 같이 본인과의 합의에 의해 성립하는 것은 아니므로 계약이 아니다.

(2) 필요비 등의 상환청구

함부로 타인의 사무에 간섭하는 것을 막기 위하여 민법은 관리자가 일단 관리를 시작한 때에는 사무의 성질에 따라 가장 본인에게 유익한 방법으로 관리하도록 하고 있다. 본인의 의사를 알 수 있는 때에는 그에 따라서 관리하여야 한다(민 734 Ⅰ·Ⅱ). 관리자가 본인을 위하여 필요비 또는 유익비를 지급한 때에는 본인에게 그 상환을 청구할 수 있다(민 739 Ⅰ). 그러나 사무의 관리가 본인의 의사에 반하여 이루어진 때에는 본인은 상환할 때에 이익이 현존하는 한도에서 상환하면 된다(민 739 Ⅲ).

2. 부당이득

(1) 의　　의

부당이득(不當利得)이란 법률상 원인 없이 타인의 재산 또는 노무에 의하여 이익을 얻고 이로 인하여 타인에게 손해를 가한 경우를 말한다. 이 경우에 수익자는 타인이 입은 손실의 한도 내에서 그 이익을 반환하여야 할 의무가 있다(민 741). 반환하여야 할 이득의 범위는 이득자가 선의인 경우는 이익이 현존하는 범위 내에서 반환하면 되지만, 악의인 경우는 손실자의 손해를 전보하기 위하여 이득 이상의 손실이 있으면 그것도 반환하여야 한다.

(2) 비채변제

채무가 없음에도 불구하고 채무를 변제하는 행위를 비채변제(非債辨濟)라고 하는데, 그 중에서 채무가 없다는 것을 알면서 채무자로서 변제한 자는 부당이득반환청구를 하지 못한다(민 742). 그리고 변제기가 도래하지 않았음에도 변제한 경우에는 그 반환을 청구하지 못한다. 그러나 채무자가 착오로 인하여 변제한 때에는 채권자는 그로 인하여 얻은 이익을 반환하여야 한다(민 743). 또한 채무자가 아닌 자가 착오로 인하여 타인의 채무를 변제한 경우에 채권자가 선의이고 증서를 훼멸하거나 담보를 포기하거나 시효로 인하여 그 채권을 잃은 때에는 변제자는 그 반환을 청구하지 못한다(민 745 Ⅰ). 이 경우에 변제자는 채무자에 대하여 부당이득의 반환청구권을 취득한다(민 745 Ⅱ).

(3) 불법원인급여

도박이나 마약매매 등의 반사회질서의 법률행위는 무효이므로(민 103), 불법원인급여(不法原因給與)를 한 자는 그 급부한 물건의 반환을 청구하지 못한다(민 746 본). 이 경우에도 반환청구를 인정하면 법의 이념에 반하는 반사회질서를 법이 보호하는 결과가 되어 법의 목적에 반하기 때문이다. 그러나 불법원인이 수익자 쪽에만 있고 급부자에게는 반사회성이 없는 때에는 급부자는 수익자에 대하여 부당이득의 반환청구권을 갖는다(민 746 단).

3. 불법행위

(1) 의 의

불법행위(不法行爲)란 고의 또는 과실에 의하여 위법하게 타인의 권리를 침해하는 행위를 말한다. 불법행위를 한 자는 피해자에게 그 행위에 의하여 생긴 손해를 배상하여야 한다(민 750). 이 손해배상청구권은 피해자 또는 그 법정대리인이 손해 및 가해자를 안 날로부터 3년 또는 불법행위를 한 날로부터 10년의 시효로 소멸한다(민 766). 배상을 하여야 할 손해는 재산적 손해뿐만 아니라 정신적 손해를 포함한다(민 751). 손해배상의 방법은 금전배상을 원칙으로 한다(민 763, 394). 피해자에게 과실이 있을 때에는 법원은 과실상계에 의하여 손해배상액을 감액할 수 있다(민 763, 396). 명예훼손의 경우에는 법원은 피해자의 청구에 의하여 손해배상에 갈음하여 또는 손해배상과 함께 명예회복에 적당한 처분을 가해자에게 명할 수 있다(민 764).

(2) 특수한 불법행위책임

민법에서는 특수한 불법행위에 의한 손해에 대하여도 구제수단을 규정하고 있다.

1) 감독자의 책임(민 755)

미성년자 또는 심신상실자가 타인에게 손해를 가한 경우에는 그를 감독할 법정의무 있는 자(친권자, 후견인) 또는 이 감독의무자에 갈음하여 미성년자 또는 심신상실자를 감독하는 자(병원장 등)는 감독의무를 게을리하지 않았음을 증명하지 못하면 책임을 진다.

2) 사용자의 책임(민 756)

사용자(使用者)는 피용자가 그 사무집행에 관하여 제 3 자에게 손해를 가한 때에는 그 피용자의 선임 및 사무감독을 게을리하지 않았음을 입증하지 못하면 손해를 배상할 책임을 진다.

3) 도급인의 책임(민 757)

도급인은 수급인이 그 일에 관하여 제 3 자에 가한 손해를 배상할 책임이 없다. 원래 수급인은 도급인으로부터 독립해서 그의 사무를 처리하므로 수급인이 도급인의 피용자가 아닌 까닭에 도급인과 수급인 사이에는 민법 제756조가 적용되지 않는다. 그러나 그 도급 또는 지시에 관하여 도급인에게 중대한 과실이 있으면 도급인은 수급인에 대하여 사용자책임을 진다.

4) 공작물의 점유자 · 소유자의 책임(민 758)

공작물의 설치 또는 보존의 하자로 인하여 타인에게 손해를 준 때에는 우선 그 공작물의 점유자가 그 손해의 발생을 방지하는 데에 필요한 주의를 다하였음을 증명하지 못하는 한 책임을 진다. 그러나 점유자가 증명에 성공한 때에는, 그 공작물의 소유자가 책임을 진다(민 758 I). 즉 공작물의 소유자는 무과실책임을 진다.

5) 동물의 점유자의 책임(민 759)

동물이 타인에게 손해를 가한 때에는 그 동물의 점유자 또는 그에 갈음하여 동물을 보관하는 자가 손해배상책임을 진다. 그러나 상당한 주의로써 보관을 하였음을 증명한 때에는 그 책임을 면한다.

6) 공동불법행위자의 책임(민 760)

(가) 의 의

수인이 공동으로 불법행위를 하여 타인에게 손해를 준 때에는 각 공동자는 연대하여 손해배상책임을 진다(민 760 Ⅰ). 공동불법행위의 교사자(敎唆者)와 방조자(幇助者)도 공동불법행위자로 인정되어 연대책임을 진다(민 760 Ⅲ).

(나) 구상관계

부진정연대채무에 있어서는 원칙적으로 구상권이 인정되지 않지만, 공동불법행위의 경우에 관해서는 판례는 각 불법행위자간의 과실의 비율에 따라 구상권을 인정한다[대 67. 12. 29, 67 다 2034·2035; 대 89. 9. 26, 88 다카 27232].

> 판례는 「공동불법행위자 중의 1인이 피해자로부터 손해배상청구소송을 제기당함에 따라 응소하여 적극적으로 다투었으나 패소함에 따라 그 판결에서 인정된 금원을 손해배상금으로 지급함으로써 공동면책된 때에는, 그것이 부당응소라는 등의 특별한 사정이 없는 한 공동면책된 금액 중 다른 공동불법행위자의 과실비율에 상당하는 금액은 물론이고 그에 대한 공동면책일 이후의 법정이자 및 피할 수 없는 비용 기타의 손해배상을 구상할 수 있는바, 여기서의 피할 수 없는 비용 기타 손해배상에는 소송비용과 상당한 범위 내의 변호사비용이 포함된다」고 하였다[대 96. 11. 29, 95 다 2951].

제 2 편

기 업 법

제 1 장 서　　설

1. 기업법의 의의

(1) 기업법의 개념

기업법이란 기업의 조직과 경영활동에 관한 모든 법규를 말한다. 즉 기업법이란 명칭을 가진 법이 존재하는 것은 아니다. 기업에 관한 법규 중 가장 기본이 되는 법률은 상법이다. 상법은 기업의 조직과 경영활동에 관한 기본법이라고 할 수 있다. 그리하여 상법을 기업법이라고 하기도 한다. 왜냐하면 상법은 그 대상이 기업의 생활관계이기 때문이다. 그리하여 실질적 의의의 상법은 상인의 기업조직과 경영활동에 관한 특유한 법규의 전체라고 한다.

(2) 형식적 의의의 상법

이에 대하여 형식적 의의에 있어서 상법이란 「상법」이라고 하는 명칭을 가진 법전을 말한다. 우리 나라의 형식적 의의의 상법은 1962년에 법률 제1000호로 공포되고 1963년 1월 1일부터 시행된 것으로서 총칙·상행위·회사·보험·해상·항공 등 6편으로 구성되어 있다. 이 중 항공편은 2011년 5월 23일 신설되었다. 특히 제3편 「회사」 중의 주식회사에 관한 규정은 1984년에 광범위하게 개정되었고, 제4편 「보험」과 제5편 「해상」도 그 내용이 다수 개정되어 1993년 1월 1일부터 시행되었다. 또한 1995년 12월 29일의 개정상법에 의하여 제1편 「총칙」과 제2편 「상행위」, 그리고 제3편 「회사」의 규정 중 다수가 개정되었으며, 1998년

12월 28일에는 제 3 편「회사」의 규정에 새로운 제도가 다수 보완되어 시행된 바 있고 이후 1999년 12월 31일과 2001년 7월 24일에도 회사편의 일부가 개정되었다. 2007년 8월 3일에 해상편이 개정되었다. 2009년에는 회사편의 일부가 개정되어 시행되고 있다. 2010년에는 상법일부(총칙·상행위편)가 개정되었고, 2011년에는 회사편이 광범위하게 개정되어 2012년 4월부터 시행되고 있다. 이어 2014년 5월 20일에 공포·시행된 상법일부개정법률에 따라 무기명주식제도가 폐지되었고, 2015년 11월 12일에 국회가 의결한 개정법에서는 경제활성화를 위하여 다양한 형태의 기업인수·합병방식을 도입하였고, 무의결권 주주도 주식매수청구권을 행사할 수 있도록 하였다.

2. 상법과 민법의 관계

(1) 상법과 민법의 차이점

사법법규(私法法規)로부터 성립된 상법은 민법과 함께 사법의 영역을 양분화하고 있다. 민법은 개인 또는 단체의 사법적 생활관계를 일반적으로 규율하는 데 반하여, 상법은 기업의 생활관계에 관한 법이라고 할 수 있다. 따라서 상법은 민법에 대하여 일반법에 대한 특별법의 지위에 있다고 할 수 있다. 그러나 상법만이 기업관계에 대하여 규율하는 것이 아니며 상법은 기업관계의 특수성을 고려하여 민법의 규정만으로는 불충분하거나 부적당한 면만을 규율하고 있다. 그러므로 예컨대 가장 전형적인 기업거래인 매매에 관하여 상법은 특칙으로 5개 조문(상 67~71)만을 두고 있을 뿐이고, 기타 매매에 관한 사항은 민법의 규정에 맡기고 있는 것이다.

(2) 민법에 대한 상법의 특징

상법의 규정은 민법에 대한 관계에서 세 가지로 나눌 수 있다.

1) 민법의 개개규정을 보충 또는 변경하는 규정이 있다. 예컨대 민법상의 일반채권의 소멸시효기간은 10년(민162 I)인 데 비하여, 상행위(商行爲)로 인하여 생긴 채권의 경우는 5년(상64)으로 되어 있다. 상법 제2편인 상행위편의 통칙에 관한 규정(상사대리·상사위임·상사법정이율)과 상사매매에 관한 규정은 여기에 속한다.

2) 민법상의 일반제도를 특수화한 형태에 관하여 규정한 것이 있다. 즉 상업사용인·대리상·중개업·위탁매매업·운송업·창고업에 관한 상법의 규정은 민법상의 위임·도급·고용·임치 등을 특수화한 것이며, 회사제도도 민법상의 조합과 법인제도를 수정한 것이라고 할 수 있다.

3) 상법에는 민법에 존재하지 않는 제도를 창설한 것도 있다. 예컨대 상업등기·상호·상업장부·상호계산·공동해손·보험 등이 그것이다.

3. 기업의 주체와 보조자

(1) 상인의 의의

1) 총　　설

기업은 영리의 실현을 위하여 다른 기업 및 일반공중과 거래관계를 갖게 된다. 거래로 인하여 생기는 법률관계의 처리를 위해서는 기업은 권리의무의 주체를 필요로 하는데 이 법적인 주체가 상인이다. 상인(商人)이란 형식적으로 기업과 관계가 있는 권리의무의 귀속자를 말한다. 개인기업의 경우는 영업주가 상인이지만 공동기업인 회사는 법인격이 있기 때문에(상169) 회사 그 자체가 상인으로서 모든 권리의무의 주체가 된다.

2) 당연상인과 의제상인

상법에서는 기업의 주체인 상인을 당연상인(當然商人)과 의제상인(擬制商人)으로 구분하고 있다.

(가) 당연상인

당연상인이란 자기명의로 상행위를 영업으로 하는 자를 말한다(상 4). 즉 i) 당연상인은 상행위를 하는 자이다. 상행위란 상법 제46조에서 열거하고 있는 22가지의 행위를 말한다. 이러한 행위는 당연상인의 개념을 정함에 있어서 기초가 되므로 기본적 상행위라고 한다. ii) 당연상인이란 이러한 상행위를 영업으로 하는 자를 말한다(상 46). 영업으로 한다는 것은 이익을 추구하려는 의도가 있어야 하며, 동종의 행위를 계속적으로 하려는 의도가 있어야 하고 행위가 대외적으로 인식될 수 있어야 하는 것을 말한다. iii) 당연상인은 상행위를 자기명의로 하는 자이다. 이것은 명의자가 상행위로 인하여 생기는 권리·의무의 주체가 된다는 것을 말한다. 그러므로 영업행위 자체는 명의자가 직접 담당하지 않고 타인에게 대리시키더라도 무방하나, 반대로 영업에 직접 종사하더라도 타인명의로 상행위를 하는 자는 상인이 아니다.

(나) 의제상인

의제상인이란 상법 제46조에서 열거하고 있는 상행위 이외의 다른 행위를 점포 기타 유사한 설비에 의하여 상인적 방법으로 영업으로 하는 자를 말한다(상 5). 그러므로 상행위가 아닌 원시산업(농업·임업·어업 등)에 의하여 원시취득한 농산물·수산물 등을 점포 기타 설비에 의하여 판매하는 자는 상인이 된다. 회사는 상행위를 하지 않더라도 상인으로 본다(상 5 Ⅱ). 상인적 방법이란 당연상인이 기업을 경영함에 있어서 보통 필요로 하는 설비를 말한다. 즉 상인적 방법인가의 판단은 상업장부의 이용, 보조자의 고용, 상호의 사용, 신용거래, 서신왕래, 판매실적 등 기업 전체의 형태를 기준으로 하여 내릴 수 있다.

3) 완전상인과 소상인

(가) 상법에서는 상인이 하는 행위의 규모의 정도에 따라서 완전상인과 소상인으로 구분하기도 한다. 소상인이란 그 영업의 규모가 근소하여 기업성이 희박한 상인이라 할 수 있다. 상법시행령 제 2 조에 의하면 소상인이란 자본금액 1천만 원 미만의 상인으로서 회사가 아닌 자를 말한다.

(나) 이러한 소상인에 대하여는 상인에게 적용되는 상법규정 중에서 지배인·상호·상업장부·상업등기에 관한 규정을 적용하지 않는다(상 9). 그 이유는 소기업에 대하여 과중한 부담을 덜어 주고 일반상인(완전 상인)의 상호선정의 자율을 보장하며 상호로 인한 일반상인과의 분쟁을 피하도록 하기 위한 것이다.

4) 상인자격의 취득과 상실

(가) **자연인의 상인자격**

(a) 자연인은 상법 제 4 조나 제 5 조의 요건을 구비하고 영업을 개시함으로써 상인자격을 취득한다. 영업의 개시란 기본적 상행위의 개시뿐만 아니라 영업을 위한 준비행위의 개시를 포함한다. 왜냐하면 준비행위는 영업의사의 존재를 객관적으로 인식할 수 있게 하기 때문이다. 그러므로 점포의 구입, 영업의 양수, 상업사용인의 고용, 영업재산의 구입 등 준비행위로 보아 상대방이 영업의사의 존재를 객관적으로 인식할 수 있으면 자연인은 상인자격을 취득한다[대 99. 1. 29, 98 다 1584].

(b) 자연인의 상인자격은 사실상 영업을 폐지한 때나 사망에 의하여 상실한다. 영업양도의 경우도 양도인은 새로운 영업에 착수하지 않는 한 상인자격을 상실한다.

(나) **법인의 상인자격**

(a) 회사는 설립등기를 함으로써 법인격과 상인자격을 동시에 취득하게 된다. 그러므로 설립중의 회사는 법인격이나 상인자격이 없다. 그리고 회사는 해산 후에도 법인격이 소멸됨이 없이 청산의 목적범위 내

에서 존속하고(상 245), 청산이 사실상 종료됨으로써 법인격이 소멸함과 동시에 상인자격을 상실한다.

(b) 학술·종교·자선 등을 목적으로 하는 비영리법인(민 32)의 상인자격의 취득에 대하여는 공익법인이 그 본래의 목적인 공익을 촉진하기 위한 수단으로 영업을 하는 것은 반드시 그 목적에 어긋난다고 할 수 없다고 하며 상인자격을 취득할 수 있다는 것이 통설이다. 공법인 중 그 존립의 목적이 법률에 의하여 특정되어 있는 한국농어촌공사와 같은 특수공법인은 영리행위를 할 수 없으므로 상인능력이 인정되지 않는다. 그러나 국가 및 지방자치단체와 같은 일반적인 행정목적을 위하여 존재하는 공법인은 목적의 수행을 위하여 영리사업을 할 수 있는 상인능력이 있다고 본다.

(2) 기업보조자

1) 의 의

(가) 기업의 규모가 확대되면 상인은 단독으로 모든 영업활동을 담당할 수 없게 되므로 기업보조자의 확보가 요청된다. 물론 민법에도 대리에 관한 규정이 있으나(민 114~136), 이는 상거래의 특수한 수요를 충족시키기에는 불충분하므로 상법은 특히 기업의 활동을 보조하는 자들에 관한 규정을 두고 있다. 상인의 영업활동을 보조하는 자에는 비독립적인 보조자와 독립적인 보조자가 있는데, 상업사용인(상 10 이하)은 전자에 해당하고, 상행위편의 대리상(상 87)·중개인(상 93)·위탁매매인(상 101)·운송주선인(상 114) 등은 후자에 속한다.

(나) 상업사용인이란 특정한 상인에 종속되어 영업상의 노무에 종사하는 자이다. 영업상의 노무란 상인의 대외적인 영업활동을 보조함을 뜻하므로, 상업사용인이란 영업주를 위하여 대리권이 있는 자를 말한다. 그러므로 비록 영업주와 고용관계에 있더라도 대리권이 없는 자는 상업사용인이 아니며, 대리권이 수여된 가족은 고용계약이 없더라도 상업사

용인이 된다.

2) 종　류

㈎ 지 배 인

(a) 서　설　오늘날 상거래의 원활 및 신속한 체결과 이행이 요청됨에 따라 상인은 그의 영업을 부분적으로 보조하는 자만으로는 기업의 목적을 달성할 수 없게 되었다. 그러므로 상인은 그의 영업 전반에 걸쳐 포괄적인 대리권을 갖고 보조하는 인적 시설의 확보가 절실하게 되었다. 그리하여 상법에서는 지배인제도(支配人制度)를 법정하고 있다.

(b) 선　임　지배인은 영업주인 상인이나 그의 대리인에 의하여 명시적인 의사표시에 의하여 선임된다(상 10). 소상인은 지배인을 선임할 수 없다(상 9). 지배인의 선임과 종임은 등기사항이며(상 13), 선임이나 종임의 사실이 있더라도 등기하지 않는 한 선의의 제 3 자에게 대항하지 못한다(상 37).

(c) 대 리 권　지배인의 대리권은 영업에 관한 재판상 또는 재판 외의 모든 행위에 미친다. 영업에 관한 행위의 판단은 객관적이고 추상적으로 결정되어야 할 것이며, 지배인의 주관적 의도와는 관계가 없다. 지배인의 대리권은 법률에 의하여 객관적으로 정형화되어 있기 때문에 대리권에 대한 제한은 선의의 제 3 자에게 대항하지 못한다(상 11 Ⅲ).

(d) 공동지배인　영업주는 수인의 지배인으로 하여금 대리권을 공동으로 행사하게 할 수 있다(상 12 Ⅰ). 공동지배인의 경우에 제 3 자에 대한 의사표시는 공동으로 하여야 한다. 수동대리의 경우에는 대리권의 남용이라는 문제가 없으므로 공동지배인 중 1명에 대한 의사표시로써 영업주에 대하여 효력이 있다(상 12 Ⅱ). 공동지배인의 선임·종임 및 그 변경은 등기를 하여야 한다(상 13).

(e) 표현지배인　거래관계에 있어서 실제로는 대리권이 명시적 또는 묵시적으로 수여되지 않았음에도 불구하고 대리권이 수여된 것과 같은 외관이 존재하는 경우에 그 외관을 신뢰하고 거래한 제 3 자가 있는 때에 그 거래가 영업주에 대하여 효력이 없다면 거래의 안전을 도모

할 수 없게 된다. 그리하여 상법은 지배인이 아니면서 본점 또는 지점의 본부장, 지점장 기타 유사한 명칭을 가진 상업사용인은 재판 외의 행위에 관하여 본점 또는 지점의 지배인과 동일한 권한이 있는 것으로 본다(상 14). 이를 표현지배인(表見支配人)이라 한다.

(나) 부분적 포괄대리권을 가진 사용인

부분적 포괄대리권을 가진 사용인이란 지배인에 다음가는 상업사용인으로서 영업의 특정한 종류 또는 특정한 사항에 대하여 대리권이 있는 사용인이다(상 15 I). 이에는 부장·과장·계장·주임 등이 있다. 이러한 사용인의 대리권에 대한 제한으로 선의의 제 3 자에게 대항하지 못하고(상 15 II, 11 III), 그 대리권이 개별적인 행위에 관한 것이 아니라 일정한 범위로 포괄적이고 불가제한적인 점에서는 민법의 대리(민 114 이하)와 다르고 지배인의 대리권과 유사하다. 이 사용인은 소상인이나 지배인도 선임할 수 있으며 선임과 종임은 등기사항이 아니다.

(다) 물건판매점포의 사용인

물건판매점포의 사용인이란 점포의 물건판매에 관한 모든 권한이 있는 것으로 의제되는 사용인을 말한다(상 16 I). 이는 외관법리에 근거한 상법상의 특수한 제도이다. 여기에 속하는 사용인은 영업주가 그의 의사에 의하여 고객과의 거래를 위하여 점포에 사용하는 한 반드시 고용계약이 존재하지 않더라도(가족 또는 친척) 소유권의 이전을 가져오는 판매에 관하여 대리권이 있는 것으로 의제하는 것이다. 또한 상대방이 선의인 경우이어야 한다. 이러한 대리권은 거래가 점포에서 체결되었거나 적어도 점포에서 개시된 경우에 인정된다. 이 규정은 도서대여점포의 사용인과 공중접객업자의 사용인에 대하여는 유추적용된다.

3) 의 무

(가) 상업사용인은 영업주의 영업에 관하여 대리권이 있고, 또 영업의 내용에 관하여 정통하므로 영업주와 상업사용인 사이에는 고도의 인적 신뢰관계가 유지되어야 한다. 그리하여 상업사용인은 영업주의 허락 없

이 자기 또는 제 3 자의 계산으로 영업주의 영업부류에 속한 거래를 하지 못한다(상 17 Ⅰ 전). 이를 경업피지의무(競業避止義務)라 한다.

(나) 상업사용인은 영업주의 허락 없이 다른 회사의 무한책임사원·이사 또는 다른 상인의 사용인이 되지 못한다(상 17 Ⅰ 후). 이 의무는 상업사용인으로 하여금 영업의 종류와 관계없이 다른 기업의 경영에 종사하지 못하게 함으로써 영업주의 영업에만 전념토록 하기 위한 것으로서 이는 충실의무에 속한다고 볼 수 있다. 따라서 동종영업을 목적으로 하는 회사의 무한책임사원 또는 이사가 되지 못하게 하는 대리상(상 89), 회사의 무한책임사원 또는 이사의 의무와 다르다(상 198, 269, 397, 567).

(다) 상업사용인이 경업피지의무에 위반되는 행위를 한 경우 그 행위 자체는 유효하다. 영업주는 대내적으로 상업사용인에 대하여 그 의무위반의 행위로 인하여 생긴 손해의 배상을 청구할 수 있고, 계약을 해지할 수 있다(상 17 Ⅲ). 상법은 또한 개입권(介入權)을 인정하고 있다. 개입권이란 상업사용인이 의무위반의 거래를 자기의 계산으로 한 때에는 영업주는 그것을 영업주의 계산으로 한 것으로 볼 수 있고, 제 3 자의 계산으로 한 때에는 영업주가 상업사용인에 대하여 그로 인한 이득의 양도를 청구할 수 있는 권리를 말한다(상 17 Ⅱ). 이를 영업주의 탈취권이라고도 한다.

(라) 개입권은 영업주의 상업사용인에 대한 일방적 의사표시로써 행사되는 형성권이다. 영업주의 개입권을 인정하는 이유는 상업사용인의 의무위반으로 인한 손해는 적극적인 손해보다는 기대이익의 상실인 경우가 많고 또한 손해의 증명이 곤란할 뿐만 아니라 영업주에게는 고객관계의 유지라는 특수성이 있기 때문이다.

(마) 개입권의 행사의 효과는 영업주와 상업사용인의 대내적인 관계에만 미치고 상업사용인과 제 3 자와의 법률관계를 변경하거나 영업주가 제 3 자에 대하여 거래의 당사자가 되는 것은 아니다. 영업주가 개입권을 행사한 때에는 상업사용인은 그 거래의 경제적 효과를 전부 영업주에게 귀속시켜야 할 채권적인 의무를 부담할 뿐이다. 개입권을 행사한 경우에

도 손해가 있으면 그 배상을 청구할 수 있고, 그 반대의 경우도 가능하다. 그리고 양 권리의 행사는 계약의 해지에 영향을 미치지 않는다(상 17Ⅲ).

㈓ 개입권은 영업주가 그 거래를 안 때로부터 2주간을 경과하거나 거래가 있은 날로부터 1년을 경과하면 소멸한다(상 17Ⅳ). 이 기간은 제척기간이며 시효기간이 아니다.

㈔ 충실의무의 위반의 경우에는 개입권의 행사는 불가능하므로 손해배상청구와 계약의 해지만을 할 수 있을 뿐이다.

4. 기업의 명칭(상호)

(1) 서 설

상인은 경영활동을 함에 있어서는 기업 그 자체를 표창하는 형식적인 명칭을 필요로 한다. 왜냐하면 기업의 유지를 위해서는 기업의 담당자는 변동되더라도 기업은 존속되어야 하는데, 이는 상호제도에 의하여 기대할 수 있기 때문이다. 기업의 명칭인 상호는 장기간 사용함으로써 재산적 가치를 갖게 되어 양도의 대상이 되고, 기업의 명성과 신용의 유지를 위하여 중요한 기능을 하며, 거래관계에 있어서 일반공중의 이해와 밀접한 관계가 있으므로 법적 규제가 필요하다.

(2) 상호의 의의

상호(商號)는 상인이 그의 영업활동을 함에 있어서 자기를 표창하는 명칭이다. 즉 상인의 영업상의 명칭으로 권리의무의 주체인 상인을 표창하는 것이다. 그러므로 상인이 자기의 상품을 표시하기 위하여 사용하는 상표나 영업을 표시하는 영업표와는 다르다. 상호를 기업의 명칭이라고 한 것은 상호는 장기간 사용함으로써 기업의 명칭과 같이 작용하기 때문이다. 상인은 그 성명 기타의 명칭으로 상호를 정할 수 있으므로

(상 18) 자유주의를 원칙으로 하지만, 일반공중의 보호와 기업주체간의 이익의 조정을 위하여 상법과 기타 법률에서 약간의 제한을 두고 있다.

(3) 회사의 상호

회사의 상호 중에는 회사의 종류(합명회사·합자회사·유한책임회사·주식회사·유한회사)를 명시하여야 하고(상 19), 회사가 아닌 상인은 상호에 회사임을 표시하는 문자를 사용하지 못한다. 회사의 영업을 양수한 경우도 같다(상 20).

1) 상호의 부정사용금지

누구든지 부정한 목적으로 타인의 영업으로 오인할 수 있는 상호를 사용하지 못한다(상 23 I). 동일한 영업에 대하여는 상호는 하나만을 사용하여야 한다(상 21 I). 동일한 영업에 대하여 수개의 상호의 사용을 허용하게 되면 거래상대방이 영업을 혼동·오인할 우려가 있으며, 다른 상인의 상호선정을 부당하게 제약하게 될 것이므로 제한하고 있는 것이다.

2) 명의대여자의 책임

타인에게 자기의 성명 또는 상호를 사용하여 영업을 할 것을 허락한 자는 자기를 영업주로 오인하여 거래한 제 3 자에 대하여 그 타인과 연대하여 거래로 인한 채무를 변제할 책임이 있다(상 24). 이를 명의대여자의 책임이라고 한다.

(4) 상호의 등기와 가등기

1) 개인상인의 상호는 등기의무가 없으나 상호등기부에 등기를 하면 상호의 보호를 강화할 수 있다. 개인상인의 상호도 일단 등기를 한 때는 절대적 등기사항과 마찬가지로 그 변경이나 폐지의 경우에 변경 또는 폐지의 등기를 하여야 한다(상 40). 회사의 상호는 회사의 설립등기사항 중에 포함되어 반드시 등기하도록 되어 있다(상 180 I, 271 I, 317 II (1), 549 II (1)).

2) 회사상호의 가등기(假登記)에 관한 규정은 회사가 영업소를 이전하는 경우에 그 이전등기, 주식회사 또는 유한회사를 설립하는 경우에

그 설립등기, 그리고 회사의 상호나 목적을 변경하는 경우에 그 변경등기 등의 방해에 대한 대비책으로 법정한 제도이다. 즉 회사는 본점을 이전하고자 할 때에는 이전한 곳을 관할하는 등기소에 상호의 가등기를 신청할 수 있고(상 22의 2 Ⅲ), 주식회사 또는 유한회사를 설립하고자 할 때에는 본점의 소재지를 관할하는 등기소에 상호의 가등기를 신청할 수 있다(상 22의 2 Ⅱ). 이러한 상호의 가등기는 동일한 상호의 등기금지에 관한 상법 22조의 적용에 있어서는 상호의 등기로 본다(상 22의 2 Ⅳ).

(5) 상 호 권

1) 상인이 적법하게 상호를 정한 때에는 타인의 방해를 받지 않고 그 상호를 사용할 수 있는 권리와 자기가 사용하는 상호와 동일 또는 유사한 상호를 부정한 목적으로 사용하는 자가 있는 경우에 그 사용의 폐지를 청구할 수 있는 권리를 갖는다. 이를 통틀어 상호권이라 한다. 상호권은 개인상인의 경우에는 상호를 선정함으로써 등기와 관계없이 원칙적으로 발생하고 회사의 경우에는 설립과 동시에 인정된다. 다만 개인상인도 상호를 등기하면 상호권을 강화할 수 있다.

2) 상호를 등기하면 타인이 등기한 상호를 동일한 특별시·광역시·시·군에서 동종영업으로 사용하는 자는 부정한 목적이 있는 것

부정한 목적 '유사상호' 동종 업종에 못쓴다

이태수 기자

자신의 상호를 다른 사람이 부정한 목적으로 도용할 경우 어떻게 대응해야 할까.

영업경쟁이 갈수록 치열해지면서 유명해진 회사나 가게 이름을 비슷하게 흉내내는 사례가 늘고 있다. 경기도 여주에서 횟집을 하고 있던 이 모씨는 똑같은 이름의 다른 횟집이 생기는 바람에 영업상 피해를 보게 됨에 따라 소송절차를 거쳐 상대방의 상호 등기를 말소시켰다.

■상호 사용폐지 사례

이씨는 지난 93년부터 여주에 'P호 회'라는 상호로 생선회 등 각종 해산물을 다루는 음식점을 운영해오다 97년 황 모씨에게 음식점을 임대했다. 건물과 영업시설을 2년 간 모두 넘기고 상호도 그대로 사용하는 대가로 보증금 2000만원에 월 50만원씩 임대료를 받기로 임대차 계약을 체결했다.

그러나 황씨는 이 건물에서 2㎞ 정도 떨어진 곳에 또 다른 횟집을 개업하면서 그해 5월 수원지방법원 여주지원에 'P호 횟집'이라는 상호를 등기했다. 상호를 등기하지 않고 영업해오던 횟집주인은 'P호 회'가 정상영업중인데 인근에서 비슷한 이름을 사용해 횟집을 운영함으로써 상당한 영업상 피해를 보게 됐다.

결국 이씨는 법률구조공단의 도움으로 상호등기 말소소송을 법원에 제기했다.

여주지원은 "황씨의 영업을 이씨의 영업으로 일반인이 오인하기에 충분하다고 할 것이며 이로 인해 이씨에게 손해가 발생할 염려가 있다"며 상호 말소등기절차를 이행하도록 판결했다.

■상호보호 법적근거

상호는 상인의 개성을 표시하고 그 동일성을 식별하기 위해 사용하는 명칭으로 그 상인의 명성과 신용이 드러나게 한다. 이렇듯 상호는 재산적 가치가 있으므로 타인의 상호 남용을 제한해 그 경제적 이익을 법적으로 보호하고 있다.

특히 오랫동안 사용해오던 상호를 다른 사람이 도용했을 때는 등기말소청구소송을 통해 상호사용폐지를 청구할 수 있도록 법적 장치를 마련해놓고 있다.

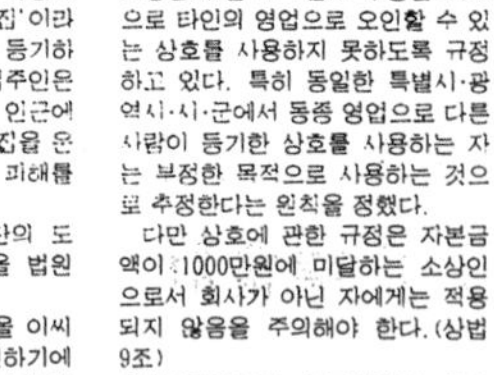

상법 23조(주체를 오인시킬 상호 사용금지)는 누구든지 부정한 목적으로 타인의 영업으로 오인할 수 있는 상호를 사용하지 못하도록 규정하고 있다. 특히 동일한 특별시·광역시·시·군에서 동종 영업으로 다른 사람이 등기한 상호를 사용하는 자는 부정한 목적으로 사용하는 것으로 추정한다는 원칙을 정했다.

다만 상호에 관한 규정은 자본금액이 1000만원에 미달하는 소상인으로서 회사가 아닌 자에게는 적용되지 않음을 주의해야 한다.(상법 9조)

◇법률구조공단 무료상담실=국번없이 132(www.klac.or.kr)

매일경제 2001년 10월 19일 금요일

으로 추정한다(상 23 Ⅳ). 이는 미등기상호의 경우와 달리 부정목적에 대한 입증책임이 부정사용자에게 전환됨으로써 배타성의 주장이 용이하게 된다는 것을 의미한다.

(6) 등기배척권

상호를 등기하면 타인이 동일한 특별시·광역시·시·군에서 동종영업의 상호로 등기하지 못한다(상 22). 등기가 배척되는 상호는 등기된 상호와 동일한 상호이며 확연히 구별할 수 없는 유사상호는 포함되지 않는다(상등 30).

(7) 상호의 양도

상호는 등기와 관계 없이 경제적 가치가 있는 일종의 무체재산권으로 볼 수 있기 때문에 그 양도성이 인정된다. 그러나 영업과 분리하여 상호만의 양도를 인정하게 되면 동일상호의 배후에 동일영업의 존재를 예상하는 일반공중의 이익을 보호할 수 없게 된다. 상법은 상호의 양도는 원칙적으로 영업과 함께 하는 경우에 한하여 인정한다(상 25 Ⅰ). 즉 상호만의 양도는 원칙적으로 금지한다. 다만 예외적으로 영업을 폐지한 때에 한하여 상호권만의 양도를 인정한다(상 25 Ⅰ 전단).

(8) 상호폐지의 의제

상호를 등기한 자가 정당한 사유 없이 2년간 상호를 사용하지 아니하는 때에는 이를 폐지한 것으로 본다(상 26). 이 규정은 타인의 상호선정의 자유를 도모하기 위한 것이다.

5. 기업회계

(1) 상업장부의 기능과 의의

1) 기업의 구성부분과 그 가치는 끊임없이 변화하기 때문에 상인이 상업장부를 통하여 재산상태를 명확하게 하는 것은 영업성과의 평가와 장래의 영업계획의 수립을 위하여 필요하다. 특히 회사의 경우 상업장부는 사원에 대한 이익배당의 기초를 제공할 뿐만 아니라 사원이 유한책임을 지는 물적회사(주식회사와 유한회사)에 있어서는 회사채권자 및 회사와 거래관계에 있는 일반공중의 이익을 위하여 필요하다. 그러므로 주식회사의 대차대조표는 공고하여야 한다(상 449 Ⅲ).

2) 상업장부란 상인이 영업상의 재산상태 및 손익의 상황을 명확히 하기 위하여 법률상의 의무로서 작성하는 장부이다. 즉 상인은 회계장부와 대차대조표를 작성하여야 한다(상 29 Ⅰ, 30 Ⅱ). 상업장부는 상인이 작성하는 장부이므로(상 29 Ⅰ) 상인이 아닌 자(상호보험회사·협동조합 등)가 작성하는 장부는 상업장부가 아니고, 소상인은 상인이지만 이들이 작성하는 장부는 상업장부가 아니다(상 9 참조). 그리고 영업과 재산상태를 파악하기 위하여 작성하는 것이 아닌 주식회사의 주주명부(상 352)·사채원부(상 488)·총회의 의사록(상 373) 그리고 중개인의 일기장(상 97 Ⅰ) 등은 상업장부가 아니다.

(2) 상업장부의 작성·보존·제출의무

1) 작성의무

(가) 상인은 상업장부를 작성할 의무가 있다(상 29 Ⅰ)(상법 제9조에 의하여 소상인은 제외). 이는 상인이 자기명의로 작성한다는 의미로서, 작성행위 자체는 사용인에게 맡겨도 무방하다. 회사의 경우는 업무집행사원·이사 또는 청산인이 이를 작성하여야 한다. 상업장부의 형식·장정·기재방법 등에 관하여는 상법에 특별한 규정이 있는 경우가 아니면 일반적으로 공정하고 타당한

회계관행에 의한다(상 29 Ⅱ).

(나) 상법에서는 회계장부에는 거래와 기타 영업상의 재산에 영향이 있는 사항을 기재할 것을 요구하고 있다(상 30 Ⅰ). 대차대조표에 관하여는 상인은 영업을 개시할 때와 매년 1회 이상 일정한 시기에 작성하고, 회사는 성립한 때(상 172)와 매 결산기에 회계장부에 의하여 작성하고, 작성자가 기명날인 또는 서명하도록 하고 있다(상 30 Ⅱ).

2) 작성기준

(가) 상업장부는 공정하고 타당한 회계관행에 따라 마련된 기업회계기준에 따라 작성하여야 한다. '기업회계기준'이란 기업이 회계처리 및 재무제표 작성시 준수해야 할 통일된 기준으로서, 특히 주식회사의 계산에 관하여는 상법에 우선하여 적용한다. 동 기준은 '주식회사의 외부감사에 관한 법률' 제13조의 규정에 의하여 동법의 적용을 받는 주식회사의 회계와 감사인의 감사에 통일성과 객관성을 부여하기 위하여 회계처리 및 보고에 관한 기준을 정한 것인데, 동 기준 제133조에서는 외부감사 대상회사 이외의 기업의 회계처리에도 적용되도록 규정하여 모든 기업의 회계처리의 기준이 되고 있다.

(나) 그런데 자본시장의 세계화 추세에 따라 '국제적으로 통일된 회계기준의 제정'을 위하여 '국제회계기준위원회'(IASB)가 탄생하여 "국제회계기준"(IFRS, International Financial Reporting Standards)을 마련하였다. 우리나라도 국제회계기준을 도입하여 2011년 이후에는 주권상장법인 등과 주권비상장법인에 따라 각각 다른 회계기준을 적용하게 되었다. 주권상장법인, 은행, 투자매매업자, 보험회사, 신용카드업자 등은 '한국채택 국제회계기준'을 적용하여 재무제표 등을 작성하여야 하고(외감 13 Ⅰ (1) 및 Ⅲ, 외감시 7의 2 Ⅰ), 주권비상장법인은 '일반기업회계기준'을 적용하여 재무제표 등을 작성하여야 하는데(외감 13 Ⅰ (2) 및 Ⅲ), 국제회계기준을 선택하여 이에 따라 작성할 수도 있다(기업회계기준서 제1001호 2.1). '한국채택 국제회계기준'은 금융위원회가 증권선물위원회의 심의를 거쳐서 국제회계기준위원회의 국제회계기준을

채택하여 정한 회계처리기준이며, 그리고 '일반기업회계기준'은 한국회계기준원의 회계기준위원회가 2009년에 제정하여 2011년 1월 1일 이후 최초로 개시하는 회계연도부터 적용하고 있다.

3) 보존의무

상인은 상업장부 및 영업에 관한 중요한 서류를 장부폐쇄의 날로부터 10년간 보존하여야 한다(상 33 Ⅱ 본). 다만 전표 또는 이와 유사한 서류는 5년간 이를 보존하여야 한다(동조 동항 단). 상업장부와 서류 등은 마이크로필름 기타의 전산처리조직에 의하여 보존할 수 있다(상 33 Ⅲ).

4) 제출의무

상업장부는 영업에 관한 중요한 증거자료가 되므로 법원은 신청에 의하여 또는 직권으로 소송당사자에게 상업장부 또는 그 일부분의 제출을 명할 수 있다(상 32). 상업장부의 제출의무를 지는 자는 상업장부의 보존의무를 지는 자로서 장부의 소지인이다.

5) 작성의무의 위반

개인상인의 경우는 작성의무를 위반하더라도 사법상의 책임을 지지 않는다. 또한 상법상의 제재도 없다. 그러므로 불완전법규라고 할 수 있다. 회사의 경우도 작성의무를 위반한 경우는 회사 자체는 사법상의 책임을 지지 않는다. 그러나 주식회사나 유한회사의 이사가 작성의무를 해태한 때에는 법령위반의 행위로서 회사에 대하여, 또한 악의 또는 중대한 과실로 인한 임무해태로 볼 수 있는 때는 제3자에 대하여도 손해배상책임을 진다(상 399, 401, 567). 회사가 상업장부에 기재할 사항을 기재하지 않거나 부실기재를 한 때에는 업무집행사원·이사·감사·검사인·청산인·지배인 등에 대하여 500만원 이하의 과태료의 제재가 따른다(상 635 Ⅰ (9)).

(3) 자산평가의 원칙

종래에는 상법에 회계장부에 기재할 자산의 평가방법에 관한 규정(구상 31)이 있었다. 그러나 지속적으로 발전하는 기업회계기준과의 괴리가 날로 커짐으로써 변화하는 회계관행에 신속하게 대응할 수 없게 되어 상법상의 평가방법에 관한 규정을 삭제하였다.

6. 기업의 공시

(1) 서 설

1) 상인은 기업에 관한 중요한 사항을 공시함으로써 거래의 원활·안전 및 신속과 확실성을 높일 수 있고, 기업의 기초와 책임관계의 내용을 충실히 공시함으로써 그 자신의 신용을 유지할 수 있으며, 그 내용이 불량한 기업은 자연도태될 수 있고, 공시한 사항에 관하여 제 3 자에게 대항할 수 있다. 즉 상업등기제도는 일반공중과 상인 자신의 이익을 위하여 필요한 제도이다. 특히 회사는 등기에 의하여 성립할 뿐만 아니라, 다수의 이해관계인이 관여하고 있으므로 회사의 자본금·회사대표·합병·해산 기타 대외적으로 중요한 다수의 사항이 등기사항으로 되어 있다.

2) 상업등기란 상법 및 기타 법령에 따라 상인에 관한 일정한 사항을 등기부에 기록하는 것 또는 그 기록 자체를 말한다(상등 2 (1)). 그러나 선박등기(상 743; 선 8)는 상법의 규정에 의한 등기이긴 하지만, 그 성질이 부동산등기와 같기 때문에 특별법에 따라 별도의 등기부에 하도록 되어 있으므로 상업등기가 아니다. 상업등기부에는 상호등기부·무능력자등기부·법정대리인등기부·지배인등기부·합명회사등기부·합자회사등기부·주식회사등기부·유한회사등기부·외국회사등기부 등 9가지가 있다(상등 5 I).

3) 상법에서는 상업등기의 실체적 법률관계와 약간의 절차사항에 관하여 규정하고 있을 뿐이고, 상세한 등기절차에 관하여는 상업등기법 제 3 장 및 상업등기규칙(대법원규칙 2007. 12. 24, 제2129호)에서 규정하고 있다.

(2) 등기사항

1) 등기사항이란 상법의 규정에 의하여 상업등기부에 등기하도록 정하여진 사항을 말한다. 즉 상업등기는 법정사항에 한하여 등기가 인정된다. 등기사항에는 상인이 반드시 등기를 하여야 되는 절대적 등기사항과 등기를 할 수 있는 권리가 있을 뿐이고 의무는 없는 상대적 등기사항이 있다. 후자의 예로는 영업양수인의 채무불인수의 등기(상 42 Ⅱ 전단; 상등 34), 개인상인의 상호등기(상등 30) 등이 있다. 상대적 등기사항이라도 일단 등기를 한 때에는 절대적 등기사항과 마찬가지로 그 변경이나 소멸이 있는 경우에는 당사자는 지체없이 변경 또는 소멸등기를 하여야 한다(상 40).

2) 회사의 설립 및 합병등기는 법률관계의 창설을 위한 것을 창설적 등기사항이며, 지배인의 선임 및 해임등기는 이미 유효하게 형성된 법률관계의 선언을 위한 것으로 선언적 등기사항이라 하고, 지배인의 해임등기 및 사원의 퇴사등기 등은 면책적 등기사항이라고 한다.

(3) 상업등기의 효력

상업등기는 거래관계에 있어서 중요한 사항을 공시하기 위한 제도이므로 등기뿐만 아니라 공고를 함으로써 그 본래의 효력이 생기는 것이지만, 1995년의 개정상법에 의하여 공고제도가 폐지되었으므로 모든 등기사항은 등기만에 의하여 일정한 효력이 생긴다.

1) 일반적 효력

㈎ 등기 전의 효력

등기할 사항(예컨대 지배인의 해임·회사의 해산·사원의 퇴사·대표권의 상실 등)은 이를 등기하지 아니하면 선의의 제 3 자에게 대항하지 못한다(상 37 Ⅰ). 등기의 부존재가 당사자나 등기공무원의 과실에 의한 때도 같다. 이를 소극적 공시원칙이라 한다. 그러나 제 3 자는 사실에 따라 당사자(예컨대 지배인을 선임한 영업주 등)에게 대항할 수 있다. 이와 같은 내용의 상법 제37조 제 1 항은 제 3 자를 위한 규정이므로 제 3 자는 선택권을 갖는다. 예컨대 사실상 해임되었으나 그 등기가 되지 않은 지배인과 거래한 제 3 자는 해임의 사정을 몰랐다는 이유로 영업주에 대하여 거래의 이행을 청구하거나 그 거래가 불리한 때에는 그 지배인이 사실상 해임되어 대리권이 없다는 이유로 계약의 무효를 주장할 수 있다.

(나) 등기 후의 효력

(a) 일정한 사항이 성립 또는 존재하는 경우에 이를 등기한 때에는 대항력이 확장되어 사실상 선의의 제 3 자라도 악의가 의제되어 등기사항으로써 대항할 수 있게 된다. 이러한 효력을 적극적 공시원칙이라 한다. 그렇지만 등기한 후라도 제 3 자가 정당한 사유로 인하여 알지 못한 선의의 제 3 자에 대하여는 그 사항으로 대항하지 못한다(상 37 Ⅱ).

(b) 정당한 사유란 교통두절이나 등기부의 소실 등의 객관적 장애 등으로 제 3 자의 등기부의 열람이 불가능하였거나 현저히 곤란하게 하는 특별한 사정이 있었던 경우를 말하고 주관적 사유(장기여행·질병 등)를 포함하지 않는다. 정당한 사유로 인하여 등기부를 열람하지 못한 데 대한 입증책임은 제 3 자에게 있다. 등기한 후라도 등기한 사항이 사실과 다른 때에는 그 효력이 생기지 않는다.

2) 제 3 자에 대한 효력

(a) 상업등기의 제 3 자에 대한 효력은 거래관계에만 미치며 단순한 부당이득 및 불법행위로서 거래와 관련이 없는 사항 또는 청구권에는 적용되지 않는다. 예컨대 합명회사에 속하는 자동차에 부상한 사람에 대하여 퇴사등기 전이라도 사실상 퇴사한 사원은 책임을 지지 않는다. 상업등기의 효력은 소송관계에 있어서도 적용되며, 면책적 등기사항(지배인의 해임 · 사원의 퇴사 등)뿐만 아니라 선언적 등기사항(지배인의 선임·사원의 입사 등)에도 적용된다.

(b) 등기사항인 이상 절대적 등기사항뿐만 아니라 상대적 등기사항에도 적용되며, 새로 생긴 사항이나 기존의 사항을 변경 또는 소멸케 하는 사항의 경우도 같다. 특히 기존의 사항을 변경·소멸케 하는 사항은

기존의 사항이 등기되어 있지 않는 경우에도 적용된다.

3) 특수적 효력

상업등기에는 상호양도의 등기, 설립등기, 합병등기 등과 같이 등기에 의하여 특별한 효력이 생기는 경우가 있는데, 이를 상업등기의 창설적 효력(創設的 效力)이라고 한다.

4) 공 신 력

(가) 상업등기는 객관적 사실의 존재를 전제로 하여 확보적 효력만이 있기 때문에 그 기초인 사실이 존재하지 않거나 등기가 사실과 다르게 된 경우에는 아무런 효력이 발생하지 않는다. 즉 공신력(公信力)은 없다. 그 때문에 일반공중은 상업등기를 전적으로 신뢰할 수 없게 된다. 그리하여 상법은 고의 또는 과실로 인하여 사실과 상위한 사항을 등기한 자는 그 상위를 제 3 자에게 대항하지 못한다고 규정하고 있다(상 39).

(나) 즉 상업등기의 공신력을 제한적으로 인정하여 등기신청인의 고의 또는 과실이 있는 경우에 한하여 외관법리에 따라 선의의 제 3 자의 신뢰를 보호하고 있다. 즉 고의 또는 과실로 부실등기를 한 자는 부실등기에 관하여 자기의 고의 또는 과실이 없다는 것이나 제 3 자의 악의를 입증하지 못하는 한 선의의 제 3 자에 대하여 그 상위로 대항하지 못한다.

7. 영업(기업)양도

(1) 영업의 의의

1) 영업은 단순한 물건이나 권리의 집합체가 아니라 그보다 더 큰 경제적 가치가 있으므로 한 번 성립한 영업이 영업목적이나 영업주의 변경에 의하여 해체된다면 영업당사자에게 불이익이 될 뿐만 아니라, 특히 대규모 영업인 경우에는 사회적으로 실업의 사태를 유발하여 국민경제적으로도 커다란 손실이 아닐 수 없다. 그리하여 상법은 영업을 해체

하기보다 양도의 대상으로 규정하여 기업의 유지를 가능케 하고 있다.

2) 영업은 상법의 대상이라고 할 수 있으나, 상법에는 영업의 개념에 관한 규정이 존재하지 않는다. 주관적 의미에서 영업이란 상인의 영업상의 모든 활동을 말하지만, 이는 영업의 종류에 따라 달라질 수 있다. 그래서 영업양도에 있어서 영업개념은 객관적 의미에서 파악되게 된다. 객관적 의미에서 영업이란 인적·물적 시설에 의하여 경제적 목적을 추구하는 조직적 일체로서의 영업재산의 총체를 말한다. 그러므로 영업의 구성요소는 영업활동을 통하여 얻어진 재산적 가치 있는 사실관계를 포함한 영업재산이라고 할 수 있다. 이것은 단순한 영업용 재산과는 다르다.

(2) 영업양도

1) 영업양도의 의의

㈎ 영업양도의 의의에 관하여는 영업의 구성요소 중 어디에 중점이 있는가에 따라 여러 가지의 설이 있으나, 일정한 영업목적에 의하여 조직화된 유기적 일체로서의 기능적 재산의 이전을 목적으로 하는 영업재산양도설이 통설이다.

㈏ 영업양도의 법적 성질은 양도가 유상일 때에는 매매(민 563) 또는 교환(민 596)과 동일한 성질이 있으며 무상인 때에는 증여와 유사하지만, 양도인이 사실관계에 대하여 부작위의무를 지는 점(상 41)에서는 순수한 매매나 교환 또는 증여라 할 수 없고 복잡한 내용을 가진 혼합계약이라고 할 수 있다.

2) 영업양도의 절차

개인상인의 영업양도에 있어서는 의사결정을 위하여 별다른 절차가 필요 없으나, 주식회사와 유한회사에 있어서는 해산의 전후를 불문하고 주식회사는 주주총회, 유한회사는 사원총회의 특별결의가 있어야 한다(상 374 Ⅰ (1), 576 Ⅰ). 다른 회사의 영업 전부를 양수하는 때에도 같다(상 374 Ⅰ (3), 576 Ⅰ). 그리고 주식회사의 경우는 회사의 영업에 중대한 영향을 미치는 다른 회사의 영업일부를 양수하는 경우에도 주주총회의 특별결의가 있어야 한다(상 I 374 (3)).

3) 영업양도의 효과

(가) 당사자간의 효과

(a) 영업양도의 당사자간의 효과로서는 양도인은 적극적 의무로서 영업재산의 이전의무를, 소극적 의무로서 경업피지의무를 부담한다. 즉 양도인은 계약에 따라 영업에 속하는 모든 재산을 양수인에게 이전하여야 한다. 그러나 특약으로 영업의 동일성을 해하지 않는 범위 내에서 일부 재산의 이전을 제외할 수 있다. 이 점이 회사의 합병과 다른 점이다.

(b) 영업양도는 양도인으로 하여금 동산·부동산·권리 등의 영업재산뿐만 아니라 사실관계를 이용하게 하는 데 목적이 있으므로 양도인이 동종의 영업을 재개한다는 것은 영업양도의 취지에 어긋난다고 할 수 있다. 그리하여 상법은 영업양도의 실효를 거둘 수 있도록 양도인에 대하여 경업피지의무를 과하고 있다.

(c) 즉 영업양도에 있어서 다른 약정이 없으면 양도인은 동일한 특별시·광역시·시·군과 인접 특별시·광역시·시·군에서 10년간 동종영업을 하지 못한다(상 41 I). 그리고 양도인의 다른 약정은 동일한 특별시·광역시·시·군과, 인접 특별시·광역시·시·군에 한하여 20년을 초과하지 않는 범위 내에서 효력이 있다(상 41 II). 이 기간은 최대치를 규정한 것이기 때문에 이 기간을 초과한 계약은 그 초과부분을 무효로 한다.

(나) 제 3 자에 대한 관계

영업양도의 경우에는 제 3 자에 대한 대항요건을 구비하여야 하지만 양도인의 영업으로 인한 채권자나 채무자로서는 상호의 속용으로 인하여 영업주체의 교체를 모르는 경우가 많으므로 이들 제 3 자의 보호를 위하여 상법은 다음과 같은 규정을 두고 있다.

(a) 양수인의 책임

aa) 양수인이 양도인의 상호를 속용하는 경우에는 양도인의 영업으로 인한 제 3 자의 채권에 대하여 양수인도 변제할 책임이 있다(상 42 I). 그리하여 양수인과 양도인 사이에 채무인수를 위한 계약이 없었거나 무효인 경우도 양수인은 양수한 재산과는 관계 없이 자기의 전재산으로써 책임을 진다. 그 이유는 동일한 상호를 사용하는 경우에는 채권자가 영업주의 교체를 모르거나, 안 경우라도 대외적으로 양수인이 양도인의 전 영업을 양수한 것으로 인식되어 채무인수의 외관이 있기 때문이다. 민법의 일반원칙에 의하면 채무인수의 합의와 채권자의 승낙이 없는 한 양도인만이 채무자가 되는 데(민454) 반하여, 상법은 채권자의 보호를 위하여 예외를 인정한 것이다.

bb) 양수인이 구 채권자에 대하여 책임을 면하려면 양수인이 양도인의 영업상의 채무를 인수하지 않을 것을 약정하고 이를 지체없이 등기하거나(상42 Ⅱ 전), 양도인과 양수인이 지체없이 양도인의 채무에 대하여 책임을 지지 않는다는 뜻을 제 3 자에 대하여 통지하여야 한다(상42 Ⅱ 後).

(b) 양도인의 책임　　영업양도의 경우에 제 3 자의 채권에 대하여 양도인은 영업양도 또는 채무인수의 광고 또는 통지 후 2년 내에는 양수인과 부진정연대채무관계에서 연대책임을 지지만 2년이 경과하면 양도인의 책임은 소멸한다(상45). 이 경우에 2년은 제척기간(除斥期間)이다. 이것은 영업상의 채무를 특정한 영업상의 채무라기보다는 영업 그 자체의 채무로 인정하여 영업의 양수인을 주채무자로 본 것이다. 그러나 이 규정은 양수인이 양도인의 채무에 대하여 책임을 지는 경우에만 적용되며, 채무를 인수하지 않고 이를 등기나 통지한 때(상42 Ⅱ)와 상호를 속용하지 않고 채무인수를 광고하지 않은 때에는 종래의 양도인의 책임에는 아무런 변동이 생기지 않는다.

상법상 경업금지 위반…위자료 지급

서울고법, 음식점 양도후 근처에 음식점내

자신이 운영하던 음식점을 양도한 후 근처에서 동종의 음식점을 운영한 경우 이는 상법상 「경업금지」규정을 위반한 것으로서 위자료를 지급해야 한다는 판결이 나왔다.

서울고법민사12부(재판장 김인수부장판사)는 지난달21일 대만인과 홍콩인등 화교들을 상대로 한 중국음식점을 인수한 박모씨(서울서대문구북아현동)가 자신에게 음식점을 양도한 후 인근에 동종의 중국음식점을 낸 김모씨(서울서대문구홍제동)등 2명을 상대로 낸 영업금지등청구소송(97나4038) 항소심에서 이같이 판시, 『김씨등은 경업금지 위반으로 박씨가 입은 정신적 손해금으로 1천만원을 지급하라』며 원고 일부승소 판결을 내렸다.

法律新聞 1997年11月3日

(c) 양수인에 대한 변제의 효과

양수인이 양도인의 상호를 속용하는 경우에 양도인의 영업으로 인한 채권에 대하여 채무자가 선의이

구수한 된장찌개… 씁쓸한 법정다툼…

음식점 넘긴 아저씨, 근처에서 같은메뉴 장사
법원 "競業금지 의무 어겼다" 조카 손 들어줘

'솥단지 시위'를 벌일 만큼 극심한 음식점 불황이 친척 관계인 식당주인 사이에 '음식 메뉴' 소송을 불러일으켰다.

다니던 직장이 어려워져 창업을 고민하던 이모(43)씨가 외종숙 전모(45)씨로부터 서울 양천구 M식당을 인수한 것은 지난해 3월. 된장, 순두부, 김치찌개 등 찌개 메뉴를 전문으로 하던 식당이었다. 8000만원에 메뉴와 주방장, 상호, 조리시설, 단골손님 명단 등 가게와 관련된 일체를 넘겨 받았다. 첫 두어 달은 잘되는 날 하루 매출이 150만원에 이를 정도로 벌이가 쏠쏠했다.

하지만 두 달 후 M음식점과 길 하나를 두고 7~8m 떨어진 곳에 4층 건물을 소유하고 있던 전 주인 전씨가 1·2층에 B음식점을 냈다. 전씨는 "편의점 등 다른 업종에 임대하려 했으나 불황 탓에 입주를 원하는 사람이 없어 직접 음식점을 차렸다"며 "이씨에게 피해를 주지 않으려 메뉴를 달리해 삼겹살과 쌈밥을 주 메뉴로 했다"고 말했다.

하지만 전씨의 개업 후 이씨 가게는 하향곡선을 그리기 시작했고, 지난해 말쯤에는 하루 매출액이 140만원선에서 70만원선으로 반토막이 났다. 불황 탓으로 돌리기에는 타격이 너무 컸다. 그러던 중 이씨는 한 손님으로부터 B음식점의 된장찌개가 맛있다는 소리를 들었다. 이씨는 전씨를 찾아가 "식당을 넘긴 후 같은 메뉴를 파는 것은 도의상 있을 수 없다"며 찌개를 팔지 말 것을 요청했다. 그러나 전씨는 "장사가 안 돼 해장국 등 아침 메뉴를 추가했을 뿐, 같은 메뉴를 판 사실이 없다"고 주장했고, 두 사람의 공방은 끝내 법정으로까지 이어졌다.

서울 남부지법 민사12부(재판장 이원규)는 17일 "전씨 식당의 영수증 등을 볼 때 일부 메뉴가 겹친다"며 전씨 식당이 찌개류를 판 사실을 인정했다. "상법상 '경업(競業)금지의 의무'를 가진 전씨는 영업양도일로부터 10년이 되는 2013년 2월까지 이씨 식당의 판매음식을 메뉴로 음식점 영업이나 임대를 할 수 없다"는 판결이다. 이성훈기자 (블로그)inout.chosun.com

조선일보 2004년 12월 18일

며 중대한 과실 없이 양수인에게 변제한 때에는 실제로 채권양수를 하지 않은 때에도 그 변제의 효력이 있다(상43). 이는 양수인이 양도인의 상호를 계속 사용하여 채무자로서는 외관상 기업의 교체를 알 수 없기 때문에 양수인에게 변제한 채무자를 보호하기 위하여 둔 규정이다. 그러나 양수인이 상호를 속용하지 않고 채권이 이전되지 않은 경우에 양수인에게 변제한 채무자는 보호를 받지 못한다. 이 경우는 외관에 대한 신뢰를 보호할 여지가 없기 때문이다.

제 2 장 회　　사

1. 법　　인

(1) 법인(法人)이란 자연인이 아니지만 법률상 법인격이 인정되는 것으로 권리의무의 주체가 될 수 있는 일정한 조직을 구비한 단체를 말한다. 현행법에 의하면 일정한 목적과 조직을 갖춘 사람의 단체(사단법인)와 일정한 목적을 위하여 제공된 재산의 실체(재단법인)에 대하여 법인격을 인정하고 있다.

(2) 법인은 그 성질·목적에 따라 크게는 공법인과 사법인으로 구분된다. 공법인이란 특정한 공공의 목적을 위해서 특별한 법률에 의해서 설립한 법인이라고 할 수 있다. 지방자치단체와 같이 법인격을 갖는 공공단체를 공법인이라 말하기도 한다. 이와 같은 공법인 이외의 법인은 사법인으로서, 사법인은 영리추구를 목적으로 하는지 여부에 따라 영리법인과 비영리법인으로 구분할 수 있다.

(3) 영리법인은 법인의 활동에 의하여 얻은 이익을 그 구성원들에게 분배하는 것을 목적으로 하는 사단법인으로서, 상법상의 각종의 회사가 여기에 속한다. 그리고 비영리법인이란 학술·종교·자선·기타 영리 아닌 사업을 목적으로 하는 사단법인 또는 재단법인을 말한다. 비영리법인이라 하더라도 그 사업의 목적을 달성하기 위하여 필요한 범위 내에서 영리행위를 할 수 없는 것은 아니다. 민법에서는 비영리법인을 그 구성요소에 따라 사단법인과 재단법인으로 구분하고 있다.

(4) 사단법인은 일정한 목적을 위하여 결합한 사람들의 단체 즉 사

단을 그 실체로 하는 법인이고, 재단법인은 일정한 목적을 위하여 제공된 재산 즉 재단이 그 실체를 이루는 것이다. 전자는 단체의 의사에 따라서 자율적으로 활동을 하는 데 대하여, 후자는 설립자의 의사에 따라서 타율적으로 운영된다는 점에 차이가 있다.

(5) 우리 나라 법에 의하여 설립된 법인을 내국법인, 내국법인이 아닌 법인을 외국법인이라 하여 그 설립준거법에 따라 구분하기도 한다.

(6) 법인격 있는 사단과 법인격 없는 사단으로 구분하는 방식도 있다. 단체의 실질은 사단임에도 불구하고 법인격이 없어서 법인격 즉 권리능력을 갖지 못한 단체를 권리능력 없는 사단 또는 법인격 없는 사단이라고 한다. 우리 민법에 의하면 법인의 설립은 법률에서 정하는 일정한 요건을 갖추어야만 인정되므로 사단의 실체를 띠고 있더라도 그 요건을 모두 갖추지 못하여 법인격을 취득하지 못한 것이 이른바 권리능력 없는 사단인 것이다. 즉 비영리적 사업을 목적으로 하는 사단이 주무관청의 허가를 얻지 못하였거나 또는 허가를 얻지 못하고 있는 동안의 사단이 여기에 속한다. 특히 종중(宗中)과 교회 중에 여기에 속하는 것이 많다.

(7) 이러한 사단에 대하여는 어떠한 법을 적용할 것인가하는 문제가 있다. 민법에는 재산귀속관계를 총유로 한다는 규정이 있으며(민 275), 부동산등기법에서는 부동산등기에 관하여 권리능력 없는 사단도 그 사단의 명의로 등기할 수 있다는 규정이 있다(부등 26 참조). 대체로 권리능력 없는 사단에 대한 법규범의 적용은 민법의 사단법인에 관한 규정을 준용하여 규율하여야 한다는 것이 통설이다.

2. 회사의 의의

상법에서 회사라 함은 상행위 기타 영리를 목적으로 하여 설립된 법인으로 상법 제 3 편(회사)의 규정에 따라 설립된 것을 말한다(상 169).

(1) 영 리 성

영리를 목적으로 한다는 것은 회사가 영리사업을 하여 이익을 얻는 것(이익의 귀속주체가 되는 것)만으로는 불충분하고, 사업에서 생긴 이익을 사원에게 귀속시키려는 의도가 있는 것을 말한다. 그러므로 단순히 단체의 내부활동을 통하여 그 구성원에게 경제적 이익을 주는 것을 목적으로 하는 상호회사(보험 70 참조)·협동조합·거래소 등은 회사가 아니며, 또한 재단법인이나 공법인이 공공의 목적을 위하여 그 수단으로서 영리사업을 하더라도 회사라고 할 수 없다.

(2) 사 단 성

1) 상법상의 회사는 모두 영리를 목적으로 하여 설립된 사단(社團)이다. 사단이란 공동목적을 위한 복수인의 단체로서 구성원의 단순한 집합체(조합)가 아니라 통일적인 결합체임을 뜻한다. 즉 사단은 단체의 조직적 일체성이 강한 단체라고 할 수 있다. 회사 중에 주식회사와 유한회사는 사단성이 농후하지만, 합명회사와 합자회사는 조합성이 강한 회사이다. 그리하여 합명회사와 합자회사의 내부관계에 대하여는 민법의 조합에 관한 규정을 준용하고 있다(상 195, 269).

2) 회사는 사단이므로 원칙적으로 2명 이상의 구성원이 있어야 하며 이들을 사원(社員)이라 한다. 복수사원의 존재는 합명회사와 합자회사의 성립요건(상 178, 268)일 뿐만 아니라 존속요건(상 227 (3), 269)이라고 할 수 있다. 즉 합명회사와 합자회사의 경우는 1명에 의한 회사의 설립이나 사원이 1명뿐인 회사의 존립은 인정되지 않는다. 그러나 2001년의 상법개정에 의하여 주식회사와 유한회사는 1명에 의한 회사의 설립이 가능하게 되었고(상 288, 543), 유한회사의 해산사유 중 「사원이 1명이 된 때」를 삭제하였으므로(상 609) 사원 1명회사는 설립시뿐만 아니라 존속중에도 그 성립이 인정된다.

3) 그 이유는 주식회사와 유한회사는 사단법인성이 강하여 회사의 재산과 사원의 재산이 법률적으로나 경제적으로 완전히 분리되어 회사재산만이 회사채무에 대하여 책임재산이 되기 때문에, 사원이 1명이 된 때에도 특별히 회사채권자의 이익이 침해되지 않기 때문이다.

(3) 법 인 성

1) 상법상의 모든 회사는 법인(法人)이다(상 169). 법인이란 법에 의하여 권리능력이 인정된 단체이다. 이는 단체에 관한 법률관계를 단순화하고 회사의 책임재산을 단체의 재산으로 제한하기 위한 법적 기술에 의해 만들어진 개념이다. 법인격은 단체에 대한 권리·의무의 귀속을 명확하게 하기 위하여 단체의 구성원과 업무집행자가 변동되더라도 그것을 단일체로서 영속시키고, 거래관계에서 생기는 법률관계를 단체 그 자체에 귀속시키고, 특히 물적회사의 경우에 단체의 재산과 그 구성원의 재산을 분리시키기 위하여 인정하는 것이다.

2) 물적회사(物的會社)(주식회사·유한회사)의 경우에는 사원이 회사채무에 대하여 아무런 책임을 지지 않고 오직 회사만이 책임을 지며, 그 기관이 법정되어 있으므로 법인성이 뚜렷하지만, 인적회사(人的會社)(합명회사·합자회사)의 경우는 사원이 회사채무에 대하여 무한책임을 지고, 회사의 기관구성이 불비하며, 사원 상호간과 사원과 제 3 자 사이의 관계까지도 규제의 대상이 되므로 법인성이 희박하다.

회사의 법인격을 인정한(상 169) 본래의 입법취지에 반하여 법인격이 남용되는 경우에는 입법적인 조치(설립요건의 강화, 설립무효·취소·부존재 등)와 행정적 또는 사법적 조치(회사의 해산명령: 상 176)에 의하여 그 예방과 시정이 가능하다. 그러나 회사의 설립무효·취소·부존재를 비롯하여 회사의 해산명령 등은 회사의 법인격을 전면적으로 소멸시킴으로써 기업의 해체를 초래한다. 이에 비하여 영·미의 판례법으로부터 형성된 법인격부인의 법리(法人格否認의 法理)와 독일의 실체책임의 이론(實體責任의 理論)(투시이론(透視理論)이라고도 한다)은 회사의 법인격을 전면적으로 부정하지 않고, 회사의 특정한 법률관계에 한하여 법인격을 부인하여 그 법인의 배후에 있는 실체를 법인과 동일한 인격으로 인정하여 법률 문제를 해결하려는 이론이다. 즉 개인기업의 지배사원이나 모회사가 유한 책임제도를 남용하는 경우에 그 개인기업이나 자회사의 법인격을 부정하여 양자를 동일한 인격체로 인정하는 법리이다. 법인격부인의 법리는 특히 회사채권자인 거래상대방을 보호하기 위한 법리이므로 회사나 주주는 이 법리를 주장하지 못한다.

3. 회사의 종류

상법에서는 합명회사 · 합자회사 · 유한책임회사 · 주식회사 · 유한회사 등 5종류의 회사만을 인정하고 있다(상 170). 이러한 구별의 법적 기준은 회사의 구성원인 사원의 책임의 한계와 태양에 있는 것이다. 즉 회사의 종류는 회사의 채무에 대한 사원의 책임이 일정액을 한도로 하는 유한책임인가 또는 무한책임인가 하는 점과, 회사채권자에 대한 직접책임인가 또는 회사재산만이 책임을 지는 간접책임인가에 따라 구별된다.

(1) 합명회사

합명회사(合名會社)란 회사채권자에 대하여 직접 · 연대 · 무한의 책임을 지는 무한책임사원(無限責任社員)으로 구성되는 회사를 말한다. 그리하여 원칙적으로 모든 사원은 회사의 업무집행과 회사대표에 관하여 권리와 의무를 갖는다(상 200, 207). 이는 인적 결합이 강한 소수인의 공동기업에 적합한 회사로서 지분을 자유로이 양도하지 못하며, 모든 사원의 재산총액과 개인적 능력이 직접 회사의 신용의 기초가 된다. 그러므로 합명회사는 재산과 노력의 공동체라고 할 수 있다.

(2) 합자회사

합자회사(合資會社)는 회사채무에 대하여 직접책임을 지는 무한책임사원과 그렇지 아니한 유한책임사원으로 구성되는 이원적인 조직의 회사이다. 이는 합명회사의 형태에 자본적 결합성이 가미된 중간형태이지만 실질적으로는 합명회사와 유사하다. 그리하여 합자회사에 관하여 특별한 규정이 없을 때에는 합명회사의 규정을 준용한다(상 269). 유한책임사원은 자본적으로만 참가하므로 업무집행권과 회사대표권이 없다.

(3) 유한책임회사

유한책임회사는 개정상법(2011)에 의하여 새로이 도입된 회사형태이다(상 287의 2~45). 이는 내부적으로는 조합적 성질이 있으며 광범위한 사적자치가 인정된다는 점에서 인적회사와 유사하다. 그러나 모든 사원이 유한책임을 진다는 점에서 주식회사, 유한회사와 함께 물적회사라고 할 수 있다. 따라서 유한책임회사의 사원은 주주나 유한회사의 사원과 같이 출자는 금전 기타 재산만이 인정되고, 정관의 작성후 설립등기를 하는 때까지 출자의 전부를 이행하여야 한다.

(4) 주식회사

주식회사란 법인성이 뚜렷한 회사로서 주식으로 세분화된 일정한 자본금을 가지고 사원(주주)은 주식인수가액을 한도로 하여 출자의무를 부담할 뿐 회사의 채무에 대하여는 책임을 지지 않는 회사를 말한다. 주주는 소유주식을 아무런 제한 없이 자유로이 양도할 수 있어 투하자본의 회수가 용이하다. 따라서 주식은 널리 투자의 대상이 된다. 그리하여 주식회사제도는 대자본의 형성을 가능하게 한다. 즉 주식회사는 거액의 고정자본을 필요로 하고 계속적인 자금조달이 필요한 대규모적인 사업의 경영에 적합한 형태이다.

(5) 유한회사

유한회사(有限會社)는 주식회사의 경우와 같이 모든 사원이 출자액을 한도로 유한책임을 지는 회사이다. 이는 비교적 소수인에 의한 중소 규모의 기업경영에 적합한 회사로서 법규의 엄격성과 복잡성이 완화되고 있다. 주식회사와 달리 비공중성·비공개성을 특징으로 한다. 또한 사원의 개성이 다소 중시되어 지분의 양도가 제한된다는 점과 특별한 경우에 사원이 자본금의 전보책임(塡補責任)을 지는 점은(상 550, 593) 주식회사와 다르다.

4. 회사의 능력

(1) 권리능력

상법상의 모든 회사는 법인이므로(상 169) 자연인과 같은 일반적 권리능력이 있다. 그러므로 회사 그 자체가 회사재산의 소유자이며 권리·의무의 주체가 된다. 그러나 회사의 권리능력은 자연인과 다른 성질에 의하여 제한을 받으며 또한 법인격은 법률정책적으로 인정되는 것이므로 필요에 따라 법률에 의한 제한을 받는다. 정관소정의 목적에 의하여 제한되느냐 하는 문제에 대하여는 찬반양론이 있다.

1) 성질에 의한 제한

(가) 법인인 회사는 그 성질상 자연인에게 특유한 자연(천연)적 성질을 전제로 하는 신체·생명에 대한 권리·의무의 주체가 될 수 없고, 친족법상 또는 상속법상의 권리·의무의 주체도 될 수 없다. 그렇다고 회사의 권리능력이 재산권에 관한 거래에만 한정되는 것은 아니며 회사는 인격권으로서 상호권과 명예권을 갖는다.

(나) 회사는 이사(理事)가 될 수 있는가에 대하여는 제한 없이 인정하는 설과, 업무집행을 담당하지 않는 이사는 될 수 있다는 긍정설도 있다. 법인실재설에 의하면 법인인 회사는 행위능력이 있으나 행위능력은 기관을 통해서만 인정되고 회사 자체는 완전한 행위능력이 없으므로 업

무집행과 관계 없이 주식회사 이사회의 구성원으로서 개성이 요구되는 이사가 될 수 없다는 것이 다수설이다.

2) 법률에 의한 제한

회사는 다른 회사의 무한책임사원이 되지 못한다(상 173). 각기 고유한 목적을 가진 회사가 타 회사의 기업경영에 대하여 무한책임을 지는 것은 기업유지와 회사채권자의 지위를 위태롭게 할 수 있으므로 정책적으로 제한하고 있는 것이다.

3) 목적에 의한 제한

회사의 권리능력이 정관소정의 목적(目的)에 의하여 제한을 받느냐 하는 문제에 관하여 상법에는 아무런 규정이 없으며 학설에는 양 설이 있다.

㈎ 제 한 설

제한설에 따르면 비영리사단법인은 정관소정의 목적범위 내에서 권리와 의무의 주체가 된다는 민법의 규정(민 34)이 회사에도 유추적용된다고 한다. 그 결과 회사의 대표기관이 그 범위를 초월하여 한 행위는 회사의 행위로 인정할 수 없으므로 회사는 행위의 상대방에 대하여 책임을 지지 않는다고 한다. 이 설은 거래의 안전보다도 특히 주주와 채권자의 보호에 중점을 두고 있다. 판례는 제한설의 입장이지만 목적의 범위를 넓게 해석함으로써 거래의 안전을 도모하고 있다(대 68. 5. 21, 68 다 461; 대 88. 1. 19, 86 다카 1384).

㈏ 제한부정설

통설인 제한부정설에 따르면 회사는 법인으로서 완전한 권리능력이 있으므로 성질이나 법률에 의한 제한 외에 다른 제한을 받을 이론적 근거가 없어 해산·파산의 경우(상 245, 269, 542, 613; 회생파산 328)를 제외하고 정상적으로 존속하는 동안은 어떠한 행위도 할 수 있다고 한다. 그러므로 회사는 그 본래의 목적인 영리의 목적범위 내에서 광범위한 권리능력을 갖는다고 한다. 즉 정관소정의 목적인 사업은 다만 대내적으로 대표기관의 권한을 제한하는 의미밖에 없다는 것이다. 제한부정설은 회사와 거래관계에 있는 제 3 자를 보호함으로써 거래의 안전을 도모하는 데 중점을 두고 있다.

엉뚱한 분야라도 돈만 된다면?

사업목적 추가 회사 늘어

도시가스 회사가 축산업에 진출하고, 도자기 업체는 맛김을 만든다. 그런가 하면 셋톱박스 제조업체는 여행업에 나설 참이다.

12월 결산법인들이 3월 주주총회 시즌을 전후해 본업과 무관해 보이는 사업목적을 대대적으로 정관(定款)에 추가하고 있다.

이유는 여러 가지. 본업만으론 지속적인 수익을 장담할 수 없어서, 또는 유휴 부동산을 활용하기 위해서다. 일부 회사는 사원복지시설에서 이익이 생기자, 아예 사업목적에다 이를 추가했다. 그러나 구체적인 사업계획이나 실현 가능성도 없이 막연하게 '주총 때 일단 넣어놓고 보자'는 경우도 적지 않다.

가스 회사에서 축산업 합금 만들다 주유소…

서울도시가스는 최근 축산업·문틀제조업 등 7개 사업을 추가하겠다고 밝혔다. 박근원 재경팀장은 "작년 캐나다에서 목재사업을 시작하는 등 회사수익을 장기적으로 높여줄 분야로 진출하기 위해 여러 사업을 정관에 추가했다"고 말했다.

셋톱박스를 만드는 AP우주통신은 무려 21가지의 사업목적 변경을 공시했다. 고철·비철의 수집·판매부터 항공기 취급업, 여행 관련 서비스 및 알선업, 의약제조 및 도·소매업, 분양대행서비스업까지 무차별 확장 '포부'를 밝혔다.

김용삼 IR팀장은 "정관에 넣었다고 당장 집행한다는 뜻은 아니다"면서 "미래의 사업다각화에 대비해 주총에서 미리 승인받을 필요가 있어 변경공시를 냈다"고 말했다.

현대미포조선도 화물운송업 등 12가지 사업목적을 추가했고, 합금제조업체인 영풍은 주유소와 충전소 사업을 정관에 추가했다. 모두 사업다각화를 이유로 내세웠다.

노는 땅 활용하거나 뜻밖 수입에 추가도

유휴 공간을 활용하려는 경우도 있다. 행남자기는 부산공장 부지의 일부 여유공간을 활용해 맛김 제조에 나선다. 이미 납품처도 확보했다.

대우종합기계는 유휴 부동산에 체육시설을 지어 수익사업을 하려고 '체육시설업의 설치와 회원모집'을 사업목적에 추가했고, 컴퓨터 제조업체인 제이씨현도 부수입을 목적으로 남는 창고 공간을 임대하기 위해 창고업을 추가했다.

화학회사들의 변신도 눈에 띈다. 가령 KCI는 계면활성제의 원료가 되는 유채꽃을 아예 재배해 씨와 기름·산출물 등을 판매하기 위해 '농작물 재배 및 가공판매업'을 추가했다.

코스닥등록 의류업체인 오브제는 음식점업을 하겠다고 공시했다. 그러나 본격적인 진출은 아니고, 본사 1층 로비에 손님접대용으로 마련한 커피숍에서 수익이 생기자 세금문제 등을 우려해 사업목적에 추가한 경우다.

반면 철강회사인 INI스틸은 지난 2000년 초 강원산업과 합병하면서 정관에 포함됐던 '연탄제조 및 판매업'을 정관에서 삭제하고, 제약회사인 유한양행은 자동차 제조 및 판매, 문방구류 제조 및 매매, 수산물 가공 및 매매 항목을 사업목적에서 없앨 계획이다.

윤정호기자 jhyoon@chosun.com

朝鮮경제 2004년 3월 3일 수요일

(2) 회사의 의사능력·행위능력

1) 회사는 법인으로서 권리능력이 있지만 자연인과 같은 육체적 조건을 구비하고 있지 못하므로 의사능력이나 행위능력은 자연인으로 구성된 기관에 의하여 갖게 된다. 통설인 법인실재설(法人實在說)에 따르면 회사의 기관은 법인의 기관이며 기관이 하는 행위는 법률상 당연히

회사의 행위가 된다고 한다.

2) 법인실재설에 의하면 회사의 행위가 불법행위인 때에는 회사의 불법행위가 된다. 그 결과 기관의 구성원이 업무를 집행함에 있어서 고의 또는 과실로 인하여 타인에게 손해를 가한 경우 곧바로 회사 자신의 불법행위로 된다. 이 경우에 회사는 손해를 가한 사원과 연대하여 배상할 책임이 있다(상 210, 269, 389 Ⅲ, 567)〔대 80. 1. 15, 79 다 1230〕. 즉 양자는 부진정연대채무(不眞正連帶債務)를 진다.

제 3 장 주식회사의 설립

1. 설립의 특색

인적회사의 경우 정관의 작성에 의하여 사원 및 출자액이 확정되기 때문에 정관을 작성하고 등기를 함으로써 회사가 설립되지만, 주식회사는 개성이 없는 다수의 주주가 단순히 자본적으로만 결합되기 때문에 그 실체의 형성(정관의 작성 · 사원의 단계적인 확정 · 기관의 선임)과 법인격의 취득을 위하여 복잡한 설립절차를 밟아야 한다. 왜냐하면 그렇지 않은 경우에 준칙주의를 악용함으로써 발기인들에 의해 부정이 행하여지기 쉽고, 설립 자체가 사기의 목적으로 남용되어 이해관계인의 이익을 해할 우려가 있기 때문이다. 그리하여 상법은 회사설립의 건전화를 위하여 설립경과에 대한 조사와 공시를 요구하고 있으며 발기인의 책임을 강행법규로써 엄격하게 규정하고 있다. 즉 주식회사의 설립은 엄격준칙주의(嚴格準則主義)에 의한다.

2. 설립의 방법

설립의 방법에는 두 가지가 있다. 첫째는 회사설립시에 발행하는 주식의 총수를 발기인이 모두 인수하여 회사를 설립하는 발기설립이고, 둘째는 회사설립시에 발행하는 주식의 총수 중에서 발기인은 일부만을 인수하고 잔여부분에 대해서는 주주를 모집하는 모집설립의 방법이다. 종래에는 대부분의 주식회사의 설립이 실질적으로는 발기설립임에도 불구

《발기설립과 모집설립의 차이》

	발 기 설 립	모 집 설 립
주식의 인수	주식은 전부 발행인들이 인수한다(상 295 I).	주식의 일부를 발기인이 인수하고, 남은 부분을 인수할 주주를 모집한다(상 301).
주식의 납입	발기인이 지정한 납입은행 기타 금융기관과 납입장소에 하여야 한다(상 295 I 후단).	주식청약서에 기재한 은행 기타 금융기관과 납입장소에 하여야 한다(상 305 Ⅱ, 302 Ⅱ (9)).
납입의 해태	일반원칙(채무불이행)에 의한다.	실권절차가 있다(상 307).
창립총회	불필요하다.	필요하다(상 308~316).
이사·감사의 선임	발기인의 의결권의 과반수로 선임한다(상 296 I).	창립총회에서 출석한 주식인수인의 의결권의 3분의 2 이상이며, 인수된 주식의 총수의 과반수에 해당하는 다수로 선임한다(상 309, 312).
설립경과의 조사	① 변태설립사항은 검사인·공증인·감정인이 조사·감정의 결과를 법원에 보고하고, 법원은 이를 변경할 수 있다(상 299, 299의 2, 300). ② 주식납입과 현물출자의 이행 기타 사항은 이사와 감사가 조사하여 발기인에게 보고하여야 한다(상 298 I).	① 변태설립사항은 검사인·공증인·감정인이 조사·감정의 결과를 창립총회에 보고하고 창립총회는 이를 변경할 수 있다(상 310, 314). ② 주식총수에 대한 인수·납입과 현물출자의 이행의 정확 여부는 이사와 감사가 조사하여 창립총회에 보고하여야 한다(상 313 I).
설립 전의 원시정관의 변경	발기인 전원의 동의와 공증인의 인증이 필요하다.	창립총회의 결의만으로 가능하다.
설립중의 회사의 구성원	발기인	발기인과 주식인수인

하고 법원이 선임한 검사인의 검사로 인한 회사설립의 지연을 피하기 위하여 복잡한 모집설립의 형식을 택하고 있었다. 그러나 1995년의 상법 개정으로 발기설립의 경우에 법원의 설립경과조사제도(구상 298)가 폐지되고 모집설립의 경우와 마찬가지로 정관에 변태설립사항이 없는 한 이사·감사가 설립경과조사를 하면 되므로(상 298) 구태여 모집설립의 방법을 택할 필요가 없게 되었다.

3. 발 기 인

(1) 의 의

발기인(發起人)이란 실질적으로는 회사설립의 기획자이며 설립사무의 담당자를 말하지만, 법률적으로는 발기인으로서 정관에 기명날인 또는 서명한 자를 말한다. 그러므로 정관에 기명날인 또는 서명한 자는 실제로 회사의 설립사무에 직접 참여하지 않더라도 발기인이며, 반대로 실제로는 설립에 참여하고 있지만 정관에 기명날인 또는 서명하지 않은 자는 발기인이 아니다. 그러나 후자의 경우 자기를 발기인으로 오인케 한 자는 유사발기인으로서 발기인과 동일한 책임을 진다(상 327). 또한 발기인은 정관에 기명날인 또는 서명함과 동시에 적어도 1주 이상의 주식을 인수하여야 한다(상 293). 발기인은 1명이라도 무방하다(상 288). 발기인의 자격에는 제한이 없으므로 자연인은 물론이고 법인도 발기인이 될 수 있다.

(2) 발기인의 권한

발기인은 법인인 회사의 설립 자체를 위한 행위(정관의 작성·사원의 확정 등)와 설립을 위하여 필요한 행위(설립사무소·창립총회 회의장의 임대·주식청약서의 인쇄 등)만을 할 수 있고, 개업준비행위(점포·기계·공장의 구입, 영업의 양수 등)는 예외적으로 법정의 요건(상 290(3), 299, 310)을 구비한 경우에만 할 수 있다.

(3) 발기인조합

1) 발기인이 2명 이상인 경우에 발기인간에는 발기인조합이 성립된다. 이는 민법상의 조합이다. 발기인조합은 정관이 작성되면 발기인으로서 정관에 기명날인 또는 서명한 자가 조합원이 된다. 발기인조합의 설립행위가 일정한 단계에 이르게 되면 설립중의 회사가 성립하는데 발기인조합과 설립중의 회사는 형식적으로 별개의 존재이다. 왜냐하면 발기인조합은 조합계약에 의하여 형성되지만 설립중의 회사는 사단적 계약에 의하여 이루어지기 때문이다.

2) 발기인조합의 행위는 회사설립사무에 속하는 한 설립중의 회사의 행위로서 의미가 있다. 즉 발기인이 정관을 작성하고 주식을 인수하는 것은 조합계약의 이행행위인 동시에 설립중의 회사의 기관에 의한 설립행위가 된다. 그러므로 발기인은 설립중의 회사가 창립되면 발기인조합의 조합원인 지위와 설립중의 회사의 기관인 지위를 병유한다.

(4) 설립중의 회사

1) 설립중의 회사는 회사설립을 목적으로 하는 권리능력 없는 사단으로서 동일성설에 의하면 앞으로 성립될 회사의 전신이지만 양자는 법인격의 유무에 차이가 있을 뿐 실질적으로 동일한 존재라고 할 수 있다. 왜냐하면 설립중의 회사의 주식인수인·이사·감사·창립총회는 설립 후의 회사의 주주·이사·감사·주주총회와 다를 바 없기 때문이다. 그러므로 설립중의 회사에 대하여는 등기를 전제로 주식회사에 관한 상법의 규정이 적용된다고 할 것이다.

2) 설립중의 회사는 발기인이 정관을 작성하여 공증인의 인증을 받고 또 각 발기인이 1주 이상을 인수한 때에 창립된다.

4. 정 관

(1) 의 의

1) 정관(定款)이란 회사가 제정한 자치법규(自治法規)로서 실질적으로는 회사의 조직 및 활동에 관한 단체법상의 근본규칙을 말하고, 형식적으로는 근본규칙을 기재한 서면을 말한다. 그러나 회사의 설립 후에 이루어지는 정관의 변경이란 정관규정의 실질에 대한 변경을 말하는 것이며, 서면인 정관의 변경에 의하여 효력이 생기는 것은 아니다.

2) 정관은 회사의 자치법규로서 그 내용이 법령의 강행법규에 반하지 않는 한 발기인뿐만 아니라 회사의 주주 및 기관을 구속하는 효력이 있다. 그러나 제 3 자에 대하여는 효력이 미치지 못한다.

3) 정관의 규정은 원칙적으로 단체법의 원칙에 따라 객관적으로 해석하여야 하며 일반적인 의사표시나 계약의 해석원칙은 적용될 수 없다고 본다.

(2) 정관의 기재사항

정관의 기재사항에는 정관에 기재하여야 되는 최소한도의 사항으로서 그 중 하나라도 기재되지 않거나 그 기재가 위법한 때에는 정관과 더불어 회사의 설립 자체가 무효가 될 수 있는 절대적 기재사항, 기재를 하지 않아도 정관의 효력에는 영향이 없으나 상법에 의하여 정관에 기재하여야 법적인 효력이 생기는 상대적 기재사항, 그리고 정관에 기재해야만 그 효력이 인정되는 것은 아니지만 정관에 기재하면 특별한 효력이 생기는 임의적 기재사항이 있다.

《정관의 기재사항》

절대적 기재사항 (상 289 I)	상대적 기재사항 [변태설립사항](상 290)	임의적 기재사항
1. 목적 2. 상호 3. 회사가 발행할 주식의 총수 4. 1주의 금액 5. 회사의 설립시에 발행하는 주식의 총수 6. 본점의 소재지 7. 회사가 공고하는 방법 8. 발기인의 성명·주민등록번호 및 주소	1. 발기인이 받을 특별이익과 이를 받을 자의 성명 2. 현물출자를 하는 자의 성명과 그 목적인 재산의 종류, 수량, 가격과 이에 대하여 부여할 주식의 종류와 수 3. 회사성립 후에 양수할 것을 약정한 재산의 종류, 수량, 가격과 그 양도인의 성명 4. 회사가 부담할 설립비용과 발기인이 받은 보수액	1. 지점의 소재지 2. 주식의 명의개서 절차 3. 주권의 종류 4. 이사·감사의 인원수, 자격 5. 배당금의 지급기간 등 6. 기타 필요한 사항

5. 설립에 관한 책임

(1) 서 설

주식회사의 설립절차는 복잡하기 때문에 과오나 부정이 생기기 쉽고 또 처음부터 사기의 목적으로 회사를 설립하는 경우도 적지 않다. 더욱이 자본단체인 주식회사의 불건전한 설립은 다수의 이해관계인에게 손해를 끼칠 염려가 많다. 그래서 상법에서는 설립에 관한 준칙주의의 결함을 보완하여 설립관여자(발기인 · 이사 · 감사 · 검사인 · 유사발기인 · 납입금보관자 등)에 대하여 엄중한 민사책임을 지우고 있을 뿐만 아니라 형사책임과 과태료의 제재에 관한 규정을 두고 있다(상 622 I, 625 (1), 629, 628).

(2) 발기인의 책임

발기인은 발기인조합의 집행기관이며 동시에 설립중의 회사의 기관

《주식회사의 설립절차》

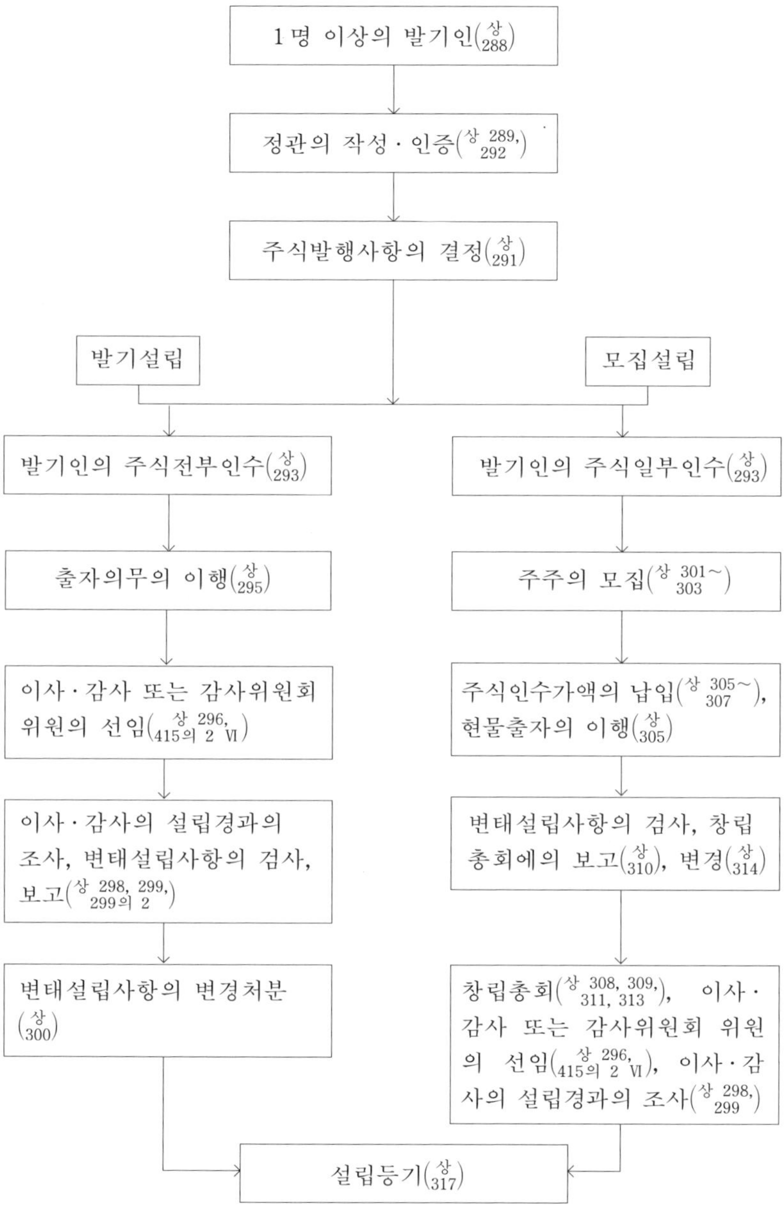
1명 이상의 발기인(상 288)
정관의 작성 · 인증(상 289, 292)
주식발행사항의 결정(상 291)
발기설립
모집설립
발기인의 주식전부인수(상 293)
출자의무의 이행(상 295)
이사 · 감사 또는 감사위원회 위원의 선임(상 296, 415의 2 Ⅵ)
이사 · 감사의 설립경과의 조사, 변태설립사항의 검사, 보고(상 298, 299, 299의 2)
변태설립사항의 변경처분(상 300)
발기인의 주식일부인수(상 293)
주주의 모집(상 301~303)
주식인수가액의 납입(상 305~307), 현물출자의 이행(상 305)
변태설립사항의 검사, 창립총회에의 보고(상 310), 변경(상 314)
창립총회(상 308, 309, 311, 313), 이사 · 감사 또는 감사위원회 위원의 선임(상 296, 415의 2 Ⅵ), 이사 · 감사의 설립경과의 조사(상 298, 299)
설립등기(상 317)

이므로 회사설립에 관하여 엄중한 책임을 진다. 즉 발기인은 형벌로서 특별배임죄와 그 미수죄(상 622 Ⅰ, 624), 회사재산을 위태롭게 하는 죄(상 625), 부실문서행사죄(상 627), 납입가장죄(상 628 Ⅰ), 주식의 초과발행죄(상 629), 독직죄(상 630) 등에 의해서 처벌된다. 그 밖에도 설립등기를 해태하거나 설립에 대한 조사 또는 검사를 방해한 때, 주식청약서를 작성하지 않거나 주식청약서에 부실기재를 한 때, 또 권리주를 양도한 경우, 그리고 회사성립 전에 회사명의로 영업을 한 때에는 과태료의 제재를 받는다(상 635 Ⅰ (1)·(3)·(16), 635 Ⅱ, 636). 발기인의 민사책임은 회사가 성립한 경우와 회사가 불성립한 경우로 나누어 설명할 수 있다.

1) 회사가 성립한 경우

(가) 자본금충실의 책임

회사의 설립시에 발행한 주식으로서 회사가 성립한 후에 아직 인수되지 아니한 주식이 있거나(예: 주식청약서를 위조하여 인수를 가장한 경우, 가설인 또는 승낙 없이 타인명의로 주식을 인수한 자의 불명 또는 사망의 경우) 주식인수의 청약이 취소된 때에는(예: 무능력에 의한 취소의 경우, 채무자회생 및 파산에 관한 법률상의 부인권행사의 경우(회생파산 391 이하 참조)) 발기인이 이를 공동으로 인수한 것으로 보고(상 321 Ⅰ)(인수담보책임), 또한 회사의 성립 후 아직 납입을 완료하지 아니한 주식(발기인이 인수한 주식을 포함)이 있는 때에는 발기인으로 하여금 연대하여 납입할 의무를 지우고 있는데(상 321 Ⅱ)(납입담보책임), 이러한 발기인의 인수 또는 납입의 담보책임을 자본금충실의 책임이라 한다. 이 책임은 무과실연대책임이고 근소한 인수 또는 납입의 흠결에 의하여 회사설립이 무효가 되는 것을 방지하기 위하여 인정한 법정의 특별책임이다.

(나) 손해배상책임

(a) 회사에 대한 책임 발기인이 회사의 설립에 관하여 그 임무를 해태한 때에는 회사에 대하여 연대하여 손해를 배상할 책임이 있다(상 322 Ⅰ). 이 책임은 일단 회사가 성립하면 이후 설립이 무효가 된 경우에도 지지만 회사불성립의 경우에는 지지 않는다. 손해배상의 범위는 상당인과관계가 있는 모든 손해에 미친다. 이 책임은 과실책임으로서 발기인

전원의 무과실연대책임인 자본금충실의 책임과 다르다. 이는 설립중의 회사의 기관으로서 선량한 관리자의 주의의무를 다하지 않은 데 대하여 법이 특별히 인정한 책임이다.

(b) 제 3 자에 대한 책임　　회사의 설립에 관하여 악의 또는 중대한 과실로 인하여 그 임무를 해태한 발기인은 제 3 자에 대하여도 연대하여 손해배상책임을 진다(상 322 Ⅱ). 발기인은 불법행위의 경우가 아니면 제 3 자에 대하여 책임을 지지 않는 것이지만 법은 제 3 자의 보호를 강화하기 위하여 발기인에게 악의 또는 중대한 과실이 있는 경우에 한하여 직접책임을 인정하고 있다. 이것은 이사의 제 3 자에 대한 손해배상책임(상 401)과 같은 취지의 것이다. 발기인의 제 3 자에 대한 책임은 법이 인정한 특별책임이므로 발기인의 행위가 동시에 불법행위의 요건을 갖춘 때에는 상법상의 청구권(322 Ⅱ)과 불법행위책임에 의한 청구권의 경합을 인정하는 것이 다수설이다.

2) 회사가 불성립한 경우

(가) 회사의 설립이 설립등기에 이르지 못하고 좌절된 경우를 회사의 불성립이라 하는데, 이 경우에 발기인은 회사의 설립에 관한 행위에 대하여 연대책임을 지는 동시에 설립에 관하여 지급한 비용을 부담한다(상 326 Ⅰ·Ⅱ). 회사불성립의 경우는 설립중의 회사가 처음부터 소급하여 존재하지 않은 것이 되어, 발기인 이외에는 형식적으로나 실질적으로 다른 권리·의무의 귀속주체가 존재하지 않기 때문에 주식인수인 등 제 3 자의 이익을 보호하기 위하여 정책적으로 인정한 무과실연대책임이다.

(나) 회사불성립의 경우에는 발기인은 임무해태로 인한 책임은 지지 않는다. 책임을 지지 아니하는 것은 회사불성립의 경우에만 한정되며 회사의 성립 후 설립무효의 판결이 확정된 경우나 설립등기 후에 영업의 인가를 얻지 못한 때에는 회사가 성립한 경우와 같은 책임을 지게 된다.

(3) 기타 설립관여자(이사·감사·검사인·유사발기인)의 책임

1) 이사와 감사의 책임

회사의 성립 전에 선임된 이사와 감사는 발기설립의 경우에 설립경과를 조사하여 발기인에게 보고할 의무를 지고(상 298), 모집설립의 경우에 창립총회에서 설립경과에 관한 조사·보고의무를 지므로(상 313) 그 임무를 해태한 때에는 회사 또는 제 3 자에 대하여도 손해배상책임을 진다. 이 경우 발기인에게도 책임이 있는 때에는 이사·감사·발기인은 연대하여 손해를 배상할 책임이 있다(상 323). 이사·감사의 제 3 자에 대한 손해배상책임은 발기인의 경우(상 322 Ⅱ)와 마찬가지로 악의 또는 중대한 과실이 있는 때에만 진다고 봄이 타당하다.

2) 유사발기인의 책임

발기인은 아니지만 주식청약서 기타 주식모집에 관한 서면(사업설명서, 주식모집광고 등)에 성명과 회사의 설립을 찬조한다는 뜻의 기재를 승낙한 자는 유사발기인으로서 발기인과 동일한 책임이 있다(상 327). 이는 금반언의 원리(禁反言의 原理)에 따라 인정한 책임이다.

이젠 클릭 한번에 법인 손쉽게 만든다

중기청, 온라인 설립지원 확대

온라인으로도 모든 유형의 법인회사 설립이 가능해졌다. 중소기업청은 그동안 자본금 10억원 미만 주식회사 발기 설립만 지원하던 '온라인 법인설립시스템(www.startbiz.go.kr)'을 통해 1일부터 합명·합자·유한·유한책임회사 법인설립까지 지원한다고 지난달 30일 밝혔다.

이 시스템은 온라인상에서 원스톱으로 법인회사를 손쉽게 창업할 수 있도록 중소기업청의 온라인 법인설립시스템과 4대 사회보험 정보연계센터 시스템(www.4insure.or.kr)을 연계시켜 구축한 것이다. △개인 기본정보입력 △법인등록면허세 납부 △법인설립등기 △사업자등록 △4대 사회보험 신고를 마치면 자택에서도 편리하게 법인 설립을 마칠 수 있다.

이에 따라 그간 기관별로 요구하는 정관, 총회의사록 등 8종의 동일·중복 서류 제출이 없어지고 2주가 걸리던 설립기간도 4일 이내로 획기적으로 단축된다. 그동안 법인회사를 설립하려면 은행, 시·군·구청, 등기소, 세무서, 4대 사회보험센터 등 여러 기관을 방문해야 하는 불편함이 있었다. 이번 온라인 법인 설립 시스템은 대법원, 행정자치부, 보건복지부, 국세청 등 관련부처와의 긴밀한 협업으로 이뤄졌다.

중기청에 따르면 작년 기준 신설법인은 7만5574개로 이 중 합명·합자·유한·유한책임회사는 5118개에 이른다. 기존 주식회사의 온라인 법인 설립건수는 작년 3021건, 올해 4000여 건으로 늘고 있는 추세다.

조한필 기자

매일경제 2014년 12월 1일 월요일

제 4 장 주식 · 주주 · 주권

제 1 관 주 식

1. 주식의 의의

주식회사의 주주가 회사에 대하여 갖는 지분을 주식(株式)이라고 한다. 주식이라고 할 때에는 다음과 같은 두 가지의 의미가 있다.

(1) 자본금의 구성부분

1) 주식은 자본금의 구성부분이다. 주식회사의 자본금은 상법에 다른 규정(상 343 Ⅰ 단, 345 Ⅰ)이 있는 경우 외에는 액면주식을 발행한 경우에 발행주식의 액면총액을 말하는데(상 451 Ⅰ), 이 자본금이 비율적 단위로 세분화된 것을 주식이라고 한다. 이와 같이 회사의 자본금이 일정한 비율적 단위로 세분되고 있는 이유는 대중의 주식회사에의 참여를 끌어내 대자본의 형성을 용이하게 하기 위해서이다.

2) 액면주식 1주의 금액은 100원 이상 균일하여야 한다(상 329 Ⅱ·Ⅲ). 상법은 주권에 주식의 수뿐만 아니라 1주의 금액이 기재된 액면주식의 발행을 인정하고 있다.

3) 개정상법(2011)에서는 무액면주식(無額面株式)제도를 도입하였다(상 329 Ⅰ, 291(3)). 따라서 회사는 액면주식 또는 무액면주식을 발행할 수 있게 되었다.

무액면주식의 이점은 i) 권면액이 없으므로 권면액을 기준으로 한 할인발행의 제한(상 330)이라는 문제가 없으므로 자금조달이 편리하고, ii) 액면을 기준으로 한 배당률의 논쟁을 피할 수 있으며, iii) 구주권의 효력에 영향을 미치지 않으면서 자본금감소와 주식분할이 용이하고, iv) 액면초과금에 관한 문제가 없다는 점 등이다.

4) 주식불가분의 원칙에 의하여 1개의 주식을 분할하여 수명에게 소유시키지는 못하지만 주식을 수명이 공유하는 것은 가능하다.

(2) 사원의 지위(사원권)

주식은 회사에 대한 권리·의무의 기초인 사원의 지위 또는 자격을 의미한다. 즉 사원권(社員權)을 뜻한다. 그러므로 주주는 재산권적 성질의 권리인 이익배당청구권과 잔여재산분배청구권 등의 자익권(自益權)과 인격권적 내용의 의결권과 지배권 등의 공익권(共益權)을 갖는다. 사원권은 주식과 분리하여 따로 양도·입질·압류 등의 처분의 대상으로 할 수 없고 주식을 양도하면 주주의 권리는 모두 양수인에게 이전한다.

2. 주식의 종류

(1) 총 설

회사가 발행하는 주식의 내용은 동일하여야 하지만 상법은 주주평등의 원칙의 예외로서 이익배당이나 잔여재산의 분배 또는 주주총회에서의 의결권 등에 관하여 내용이 다른 종류의 주식을 발행할 수 있다(상 344 I). 즉 우선주식·보통주식·후배주식·혼합주식과 의결권 없는 주식·의결권제한주식 등을 발행할 수 있다. 그리고 특별한 성질의 주식인 상환주식·전환주식 등의 발행을 인정하고 있다. 이는 기업이 필요로 하는 자금의 조달을 용이하게 하고 회사지배권을 보호할 수 있는 방안의 다

《보통주의 예》

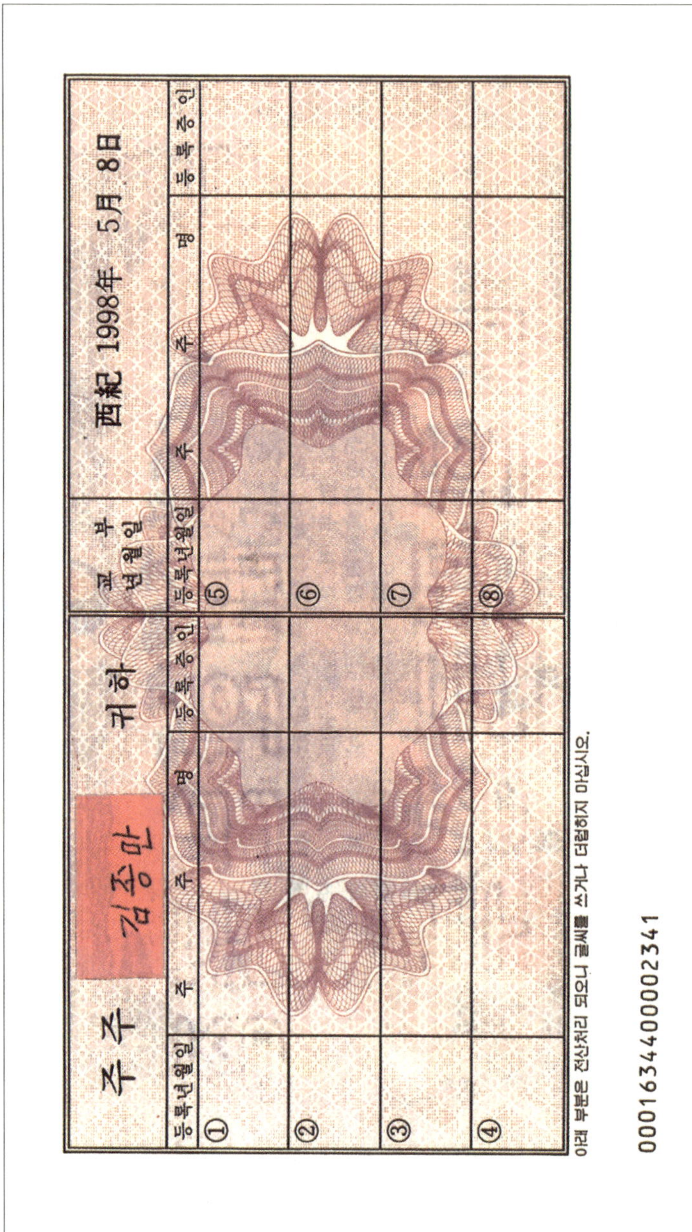
주 주 김종만 귀하
교부년월일
西紀 1998年 5月 8日
등록년월일
주 주 명
등록증인
①
②
③
④
⑤
⑥
⑦
⑧
아래 부분은 전산처리 되오니 글씨를 쓰거나 더럽히지 마십시오.
0001634400002341

양화를 도모하기 위한 것이다.

- [주식의 종류] (상344 Ⅰ)
  - 재산적 내용이 다른 주식
    - 보통주식
    - 우선주식
    - 후배주식
    - 혼합주식
  - 의결권의 내용이 다른 주식
    - 의결권 없는 주식
    - 의결권제한주식
  - 상환 또는 전환이 가능한 주식
    - 상환주식
    - 전환주식

(2) 종류주식

1) 재산적 내용이 다른 주식

(가) 의　　의

상법은 기업의 자금조달을 용이하게 하기 위하여 주주평등의 원칙의 예외로 주주권의 재산적 내용에 있어서 서로 다른 취급을 받는 종류주식의 발행을 인정하고 있다(상344 Ⅰ). 즉 재산적 권리의 내용이 각기 다른 주식이다.

(나) 발　　행

(a) 정관의 규정　　회사가 이익의 배당, 잔여재산의 분배에 관하여 내용이 다른 종류의 주식을 발행하려면 정관에 각 종류의 주식의 내용과 수를 정하여야 한다(상344 Ⅱ). 또한 이러한 주식을 발행하는 경우에는 정관으로 당해 종류의 주주에게 교부하는 배당재산의 종류, 배당재산의 가액의 결정방법, 이익을 배당하는 조건 등 이익배당에 관한 내용을 정하여야 한다(상344의2 Ⅰ). 잔여재산의 분배에 관하여 내용이 다른 종류의 주식을 발행하는 경우에는 정관으로 잔여재산의 종류, 잔여재산의 가액의 결정방법 기타 잔여재산분배에 관한 내용을 정하여야 한다(상344의2 Ⅱ). 이 경우에 「배당재산의 가액의 결정방법」 또는 「잔여재산의 가액의 결정방법」이란 특정사업부문의 수익을 기준으로 하는 것을 말한다. 즉 회사의

특정사업부문의 실적에 따라 배당을 하거나 잔여재산을 분배하고 기타의 주식에 대하여는 회사의 모든 사업부문을 기준으로 하여 배당이나 잔여재산을 분배하는 것이다.

(b) 공 시 정관에 종류주식의 발행에 관한 규정을 둔 때에는 주식청약서·신주인수권증서·신주인수권증권에도 그 내용을 적어야 하며(상 302 Ⅱ (4), 420의 2 Ⅱ (3), 516의 2 Ⅱ (3)), 등기를 하여야 한다(상 317 Ⅱ (3)). 또한 주주명부와 주권에도 주식의 종류와 수 등을 적어야 한다(상 352 Ⅰ (2), 356 (6)).

(c) 특수한 정함과 종류주주총회 회사가 정관의 규정에 의하여 이사회의 결의로 종류주식을 발행하는 때에는 주식의 인수, 주식의 병합·분할·소각 또는 회사의 합병·분할로 인한 주식의 배정에 관하여 정관에 다른 정함이 없는 경우에도 주식의 종류에 따라 특수하게 정할 수 있다(상 344 Ⅲ). 그러나 특수한 정함에 의하여 어느 종류의 주주에게 손해를 미치게 될 때에는 이사회의 결의 이외에 종류주주총회의 결의가 있어야 한다(상 435, 436).

㈐ 주식의 종류

재산적 내용이 다른 종류주식에는 보통주·우선주·후배주·혼합주 등이 있다.

(a) 보 통 주 회사가 종류주식을 발행하고 있는 경우에 이익이나 이자의 배당 또는 잔여재산의 분배에 관하여 표준이 되는 주식을 보통주라 한다. 보통주보다 유리한 취급을 받는 주식을 우선주라 하고 반대로 불리한 취급을 받는 주식을 후배주라 한다.

(b) 우 선 주

aa) 의 의 우선주란 이익의 배당, 잔여재산분배의 전부 또는 그 일부에 대하여 다른 주식보다 우선적 지위가 인정되는 주식이다.

bb) 유 형

㈀ 참가적·비참가적 우선주 우선주 중에는 정관에서 정한 소정의 우선적 배당을 받고 잔여미처분이익이 있을 때에는 잔여이익에

대하여도 보통주와 더불어 일정한 비율에 의한 배당에 참가할 수 있는 참가적 우선주와, 소정의 배당만 받고 잔여이익은 모두 보통주에 배당하는 비참가적 우선주가 있다.

(ㄴ) 누적적 · 비누적적 우선주 특정연도의 배당액이 정관에서 정한 우선배당률에 미달하는 때에 후년도의 이익에 대하여 그 부족액에 대한 우선적인 배당추징권을 주는 주식을 누적적 우선주라고 하고, 이익이 없거나 소액일 때에는 고유의 배당을 받지 못하고 우선배당권이 소멸되어 후년도의 이익에 대한 배당추징권이 없는 것을 비누적적 우선주라고 한다.

(c) 후 배 주 보통주식에 대하여 소정의 배당을 한 다음에 잔여미처분이익이 있는 경우에 배당을 받는 주식이다. 그러므로 열후주(劣後株)라고도 한다. 후배주는 보통주보다 이익배당에 있어서 후순위에 있으므로 후배주의 보통주에 대한 관계는 보통주의 우선주에 대한 관계와 같은 것이다.

(d) 혼 합 주 혼합주는 이익배당과 잔여재산분배에 있어서 전자에 대하여 우선적 취급을 하면 후자에 대하여는 열후한 취급을 받고, 반대로 후자에 대하여 우선적 취급을 하면 전자는 열후한 취급을 받는 주식이다. 즉 우선주와 후배주가 결합된 주식이라고 할 수 있다.

2) 의결권 등의 내용이 다른 주식

(가) 의 의

개정상법에 의하여 회사는 주주총회에서의 의결권 등에 관하여 내용이 다른 종류주식을 발행할 수 있다(상 344 I). 이 경우에는 정관으로 각종의 주식의 내용과 수를 정하여야 한다(상 344 II).

(나) 종 류

주주총회에서의 의결권의 내용 등을 달리 정할 수 있는 주식은 다음과 같다.

(a) 의결권 없는 주식 종래에는 배당우선주에 한하여 의결권

없는 주식으로 발행할 수 있었으나 개정상법에 의하면 보통주도 의결권 없는 주식으로 발행할 수 있게 되었다. 그러나 정관으로 주식의 내용과 수를 정하여야 한다(상 344 Ⅱ). 이 주식은 주주총회의 모든 결의에 있어서 의결권을 행사할 수 없다. 그러나 종류주주총회에서는 의결권을 행사할 수 있다.

(b) 의결권제한주식　　이는 주주총회의 결의사항 중 정관으로 정하는 일부사항에 대하여 의결권이 없는 주식을 말한다(상 344의 3 Ⅰ). 의결권제한주식을 가진 주주가 의결권을 행사할 수 있는 사항으로는 영업양도·합병승인·이사의 선임·해임, 이익처분 등을 예상할 수 있다. 예컨대 투자자에게 이익처분안에 대해서만 의결권을 인정한다든가 이사의 선임·해임의 경우에만 의결권을 인정하는 경우를 들 수 있다.

(c) 정관에 의한 의결권행사 등　　(a)와 (b)의 주식을 발행하는 경우에는 정관으로 의결권을 행사할 수 있는 사항, 의결권행사 또는 부활의 조건을 정한 때에는 그 조건 등을 정하여야 한다(상 344의 3 Ⅰ). 이 경우에 「의결권의 행사 또는 부활의 조건」이란 우선주에 대하여 의결권을 배제 또는 제한한 경우에 우선배당을 할 수 없는 때에는 의결권을 행사할 수 있게 하는 것이다. 즉 우선배당을 할 수 없는 것이 의결권행사의 조건이 되는 것이다.

㈐ 발행한도

위 ㈎와 ㈏의 종류주식의 총수는 발행주식 총수의 4분의 1을 초과하지 못한다. 의결권이 없거나 제한되는 종류의 주식이 위 제한을 초과하여 발행된 때에는 회사는 지체없이 위 제한을 초과하지 않도록 하기 위하여 필요한 조치를 취하여야 한다(상 344의 3 Ⅱ). 즉 의결권 있는 주식을 발행하거나 초과부분의 해소를 위한 조치를 취하여야 한다.

㈑ 의결권이 인정되는 경우

(a) 의결권 없는 주식　　의결권 없는 주식을 소유하는 주주도 다음과 같은 경우에는 의결권이 인정된다.

aa) 종류주주총회의 경우 정관의 변경이나 합병에 의하여 의결권 없는 주식에 대하여 손해를 미치게 될 때에는 이 종류의 주식을 가진 주주로 구성된 총회(종류주 주총회)의 결의가 있어야 한다(상 435, 436). 즉 의결권 없는 주식을 가진 주주도 종류주주총회에서는 의결권이 있다.

bb) 주식의 양도를 제한하는 정관변경의 경우 회사가 정관의 변경에 의하여 주식의 양도를 제한하는 때에는(상 335 I 단) 의결권 없는 주식의 주주도 의결권을 행사할 수 있다. 왜냐하면 주식의 양도제한은 의결권 없는 주식의 주주에게도 예외적인 경우에 속하고 이들의 이해관계에 중대한 영향을 미치기 때문이다.

cc) 창립총회의 경우 창립총회(상 309)에서는 의결권 없는 주식의 인수인도 의결권을 행사한다.

dd) 회사분할의 경우 회사분할계획서 · 분할합병계약서의 승인결의(상 530의 3 I)에서는 의결권 없는 주식의 주주도 의결권을 행사한다(동조 III).

ee) 총주주의 동의가 필요한 경우 총주주의 동의를 요하는 이사 · 감사의 책임면제(상 400, 415)나 주주의 일치에 의한 결의가 필요한 유한회사로의 조직변경(상 604)의 경우에는 의결권 없는 주식을 가진 주주의 동의도 필요하다.

(b) 의결권제한주식 이러한 주식을 가진 주주도 정관으로 정한 일부사항을 제외한 주주총회의 결의사항에 대하여는 의결권을 행사할 수 있다.

(마) 의결권 이외의 주주권

(a) 의결권 없는 주식을 가진 주주도 의결권을 제외한 기타의 주주권은 다른 주주와 마찬가지로 행사할 수 있다고 본다. 의결권이 없다고 하여 총회에 출석하여 의견을 진술하거나 토의에 참가할 수도 없다는 설도 있으나, 이는 인정된다고 본다. 또한 결의취소의 소(상 376)뿐만 아니라 결의의 무효 및 부존재의 소도 제기할 수 있다고 할 것이다.

(b) 상법 제363조 제 8 항에서는 의결권 없는 주주에 대하여는 총회

의 소집통지에 관한 규정을 적용하지 않는다고 규정하고 있으나, 이는 회사가 통지의무를 면한다는 것을 의미할 뿐이고 이로써 총회참석권과 결의취소권도 없다는 것은 무리한 확대해석이라고 할 수 있다. 그러므로 의결권 없는 주식을 소유하는 소수주주도 임시주주총회의 소집을 청구할 수 있다고 본다.

(c) 의결권 없는 주식의 주주도 신주인수권이 있으며(상 418 I), 단독으로 또는 의결권이 있는 주주와 함께 소수주주권인 대표소송(상 403)을 제기할 수 있고 유지청구권(상 402)을 행사할 수 있다. 그리고 주식매수청구권(상 374의 2 I, 522의 3)도 있다고 본다. 그러므로 정관의 정함에 의하더라도 의결권과 총회소집통지를 받을 권리 이외의 주주권을 박탈하거나 제한하지 못한다.

(바) 발행주식총수 · 의결권수의 계산

총회의 결의에 관하여는 상법 제344조의 3 제 1 항과 제369조 제 2 항 및 동조 제 3 항의 의결권 없는 주식의 수는 발행주식의 총수에 산입하지 않는다(상 371 I). 그리고 총회의 결의에 관하여 상법 제368조 제 4 항의 규정에 의하여 행사할 수 없는 상법 제409조 제 2 항과 제 3 항의 규정에 의하여 그 비율을 초과하는 주식으로서 행사할 수 없는 주식의 의결권 수는 출석한 주주의 의결권의 주에 산입하지 않는다(상 371 II).

3) 상환이 가능한 종류주식

(가) 이익소각이 가능한 주식

회사는 정관이 정하는 바에 따라 이익으로써 소각할 수 있는 종류의 주식을 발행할 수 있다. 이 경우 회사는 정관으로 상환가액, 상환기간, 상환의 방법과 상환할 주식의 수를 정하여야 한다(상 345 I). 회사는 상환대상인 주식의 취득일부터 2주 전에 그 사실을 그 주식의 주주 및 주주명부에 기재된 권리자에게 따로 통지하여야 한다. 다만 통지는 공고로 갈음할 수 있다(동조 II).

㈏ **상환청구가 가능한 주식**

회사는 정관이 정하는 바에 따라 주주가 회사에 대하여 상환을 청구할 수 있는 종류의 주식을 발행할 수 있다. 이 경우 회사는 정관으로 주주가 회사에 대하여 상환을 청구할 수 있다는 뜻, 상환가액, 상환청구기간, 상환의 방법을 정하여야 한다(상 345 Ⅲ).

㈐ **상환의 대가**

회사는 1)과 2)에 의한 주식의 취득의 대가로 현금 이외에 유가증권(다만 다른 종류의 주식은 제외한다) 기타 자산을 교부할 수 있다. 다만 취득의 대가로 유가증권(다만 다른 종류의 주식은 제외한다) 기타의 자산을 교부하는 경우에는 그 자산의 장부가액이 제462조에서 정한 배당가능이익을 초과하여서는 아니 된다(상 345 Ⅳ).

㈑ **발행가능주식**

위의 1) 및 2)의 주식은 제344조의 종류주식(다만 상환과 전환에 관한 것은 제외한다)에 한하여 발행할 수 있다(상 345 Ⅴ).

㈒ **상환의 효과**

(a) 상환주식을 상환하면 상환주식은 소멸하므로, 회사가 발행한 주식의 총수와 각종 주식의 내용과 수에 관하여 변경등기를 하여야 한다(상 317 Ⅱ (3), 183). 회사의 발행예정주식도 변경등기를 하여야 한다는 설도 있으나, 이는 필요가 없다고 본다. 그리고 상환주식은 이익으로 상환하므로 회사의 자본금은 감소하지 않기 때문에 채권자보호절차는 필요 없다. 상환의 결과 회사의 자본금은 발행주식총수의 액면총액이라는 원칙(상 451 Ⅰ)에 대한 예외적인 현상이 생길 수 있다.

(b) 회사는 상환한 부분에 대하여 신주의 재발행이 가능하다는 소수설도 있으나, 상환주식은 물론이고 우선주나 보통주로도 재발행하지 못한다고 본다. 왜냐하면 그 부분에 대한 주식의 발행권한이 이미 행사되었으므로 재발행을 인정하게 되면 무제한으로 신주의 발행권한을 인정하는 것이 되기 때문이다.

4) 전환이 가능한 종류주식

(가) 전환청구를 할 수 있는 주식

(a) 의 의 이는 전환주식(轉換株式)으로서 회사가 종류주식을 발행한 경우에 주주가 인수한 주식을 다른 종류의 주식으로 전환을 청구할 수 있는 권리가 부여된 주식을 말한다(상 346 I 전).

(b) 효 용 전환주식은 예컨대 회사의 사업이 불량할 때에는 비참가적·비누적적 우선주나 의결권 없는 주식을 발행하고, 사업이 양호할 때에는 보통주로 전환할 수 있도록 함으로써 주주의 모집을 통한 자금조달을 용이하게 하는 제도이다.

(c) 발행의 조건

aa) 정관의 규정 전환주식을 발행하려면 정관으로 전환을 청구할 수 있다는 뜻과 전환조건, 전환을 청구할 수 있는 기간, 전환으로 인하여 발행할 주식의 내용과 수를 정하여야 한다(상 346 I). 이 경우에 정관의 정함은 원시정관뿐만 아니라 정관의 변경에 의하여도 할 수 있다. 그러나 정관변경으로 인하여 어느 종류의 주주에게 손해를 미치게 될 때에는 주주총회의 특별결의 외에 그 종류의 주주들의 종류주주총회의 승인이 있어야 한다(상 435).

bb) 발행사항의 공시 전환주식의 발행에 관한 사항은 주식청약서 또는 신주인수권증서에도 이를 공시하여야 하며(상 347), 주권과 주주명부에도 전환주식의 발행사항을 적어야 한다(상 352 III).

cc) 신주식의 보류 회사가 발행할 종류주식 중 주식의 전환에 의하여 발행할 주식의 수는 전환청구기간 또는 전환의 기간 내에는 그 발행을 보류하여야 한다(상 346 IV). 이 경우에 보류는 전환청구기간 내에만 하면 되고 전환주식의 발행에 관한 정관변경의 경우나 이사회가 그 발행을 결정할 때에는 하지 않아도 된다.

dd) 신주의 발행가액 전환에 의하여 발행하는 신주의 발행가액은 전환 전의 주식의 발행가액으로 한다(상 348). 이것은 신주의 액면미달

발행을 방지하여 회사의 자본충실을 도모하기 위한 것이다.

(d) 전환청구의 절차 전환청구자는 청구서 2통에 전환하고자 하는 주식의 종류와 수 및 청구연월일을 기재하고 기명날인 또는 서명한 후 주권을 첨부하여 회사에 제출하여야 한다(상 349 Ⅰ·Ⅱ). 전환청구는 청구기간 내에는 언제든지 할 수 있다. 청구기간 내이면 주주명부의 폐쇄기간중에도 전환청구를 할 수 있다.

(e) 전환의 효과

aa) 전환의 효력발생시기 주식의 전환은 주주가 전환을 청구한 때에는 주주의 일방적 의사표시인 적법한 전환청구를 한 때에, 회사가 전환을 청구한 때에는 상법 제346조 제 3 항의 기간이 만료한 때에 그 효력이 생긴다(상 350 Ⅰ). 즉 전환권은 형성권이다. 그 결과 구전환주식은 소멸하고 전환 후의 신주식발행의 효력이 생긴다. 그러므로 의결권 없는 주식을 보통주로 전환한 주주는 의결권을 행사할 수 있게 된다. 그러나 계산의 편의상 전환에 의하여 발행된 주식의 이익배당에 있어서는 주주가 전환을 청구를 한 때 또는 회사가 정한 상법 제346조 제 3 항 제 2 호의 기간이 만료한 때가 속하는 영업연도말에 전환된 것으로 본다(상 350 Ⅲ 전).

bb) 의결권행사 및 물상대위 주주명부의 폐쇄기간(상 354 Ⅰ)중에 전환된 주식의 주주는 그 기간중의 총회의 결의에 관하여는 전환된 주식에 의한 의결권을 행사하지 못한다(상 350 Ⅱ). 그러나 전환 전의 주식이 소정의 배당을 받은 의결권 없는 주식이 아니라면 전환 전의 주식에 의한 의결권을 행사할 수 있다고 본다. 전환주식을 목적으로 하는 질권은 전환에 의하여 발행되는 신주식에 존재하게 되고(상 339), 전환주식의 등록질권자는 회사에 대하여 신주권의 교부를 청구할 수 있다(상 340 Ⅲ).

cc) 전환후의 재발행 전환주식이 전환되면 그 부분에 대하여는 어떠한 주식이든 재발행을 할 수 없다는 소수설도 있다. 그러나 전환의 결과 발행되는 주식의 수는 그 주식의 미발행주식수를 그만큼 감소시키지만 이는 다른 종류의 주식으로의 교체에 불과하므로, 전환에 의하여 소멸된 주식의 수는 전환권이 해제된 상태로 그 수만큼 미발행분이 부활한다. 이 경우에 전환권이 있는 주식으로 부활한다는 설도 있으나, 정관에 아무런 규정이 없는 한 전환주식으로 부활하지 않는다고 본다.

dd) 자본금의 증감 전환의 결과 자본금의 증가는 인정되지만 자본금이 감소되는 전환은 인정되지 않는다. 즉 구주식의 발행가액(예컨대 액면 5,000원인 주식에 5,000원의 프레미엄을 붙인 때) 중에서 자본준비금으로 적립되었던 금액(예: 5,000원)을 자본금으로 전입하여 신주 2주를 발행하는 것은 가능하지만, 구주식의 액면가액이 10,000원인 주식을 액면으로 발행한 경우에 신주 1주의 액면가액을 5,000원으로 하고 5,000원의 프레미엄을 붙여 발행하는 것은 이미 자본금에 계입된 5,000원을 다시 자본준비금으로 돌려야 하고 그만큼 자본금이 감소되므로 별도의 자본금감소의 절차가 없이는 인정되지 않는다.

(f) 변경등기 주식의 전환으로 인하여 회사의 발행주식총수가 변경되는 경우도 있고, 구주의 종류에 속하는 주식의 수는 감소하고 신주의 종류에 속하는 주식의 수는 증가하게 되어 전환에 의하여 회사의 자본금이 증가하는 경우도 있으므로 변경등기를 하여야 한다. 변경등기는 주식의 전환을 청구한 때 또는 상법 제346조 제 3 항 제 2 호의 기간이 끝난 날이 속하는 달의 마지막 날부터 2주 내에 본점소재지에서 하여야 한다(상 351).

(나) 회사가 전환청구를 할 수 있는 주식

(a) 의 의 회사가 종류주식을 발행하는 경우에는 정관으로 일정한 사유가 발생할 때 회사가 주주의 인수 주식을 다른 종류의 주식으로 전환할 수 있음을 정할 수 있다. 이 경우에는 전환의 사유, 전환의 조건, 전환의 기간과 전환으로 인하여 발행할 주식의 수와 내용을 정하여야 한다(상 346 Ⅱ).

(b) 이사회의 통지 이사회는 전환을 할 주식, 2주 이상의 일정한 기간 내에 그 주권을 회사에 제출하여야 한다는 뜻, 그 기간 내에 주권을 제출하지 아니할 때에는 그 주권이 무효로 된다는 뜻을 그 주식의

주주 및 주주명부에 적힌 권리자에게 따로 통지하여야 한다. 다만 통지는 공고로 갈음할 수 있다. 위 기간은 2주 이상이어야 한다(상 346Ⅲ).

(c) 신주식의 보류 전환으로 인하여 주식을 발행하여 교부하는 경우에는 상법 제344조 제 2 항의 규정에 의한 종류주식의 수 중 새로 발행할 주식의 수는 전환의 기간 내에는 그 발행을 유보하여야 한다(상 346Ⅳ).

(d) 전환의 효력발생 주식의 전환은 주주가 전환을 청구한 때에, 회사가 주식의 전환을 한 때에는 상법 제346조 제 3 항 제 2 호의 기간이 끝난 때에 그 효력이 발생한다(상 350Ⅰ).

(e) 변경등기 회사에 의한 주식의 전환으로 인한 변경등기는 전환을 청구한 날 상법 제346조 제 3 항 제 2 호의 기간이 끝난 날이 속하는 달의 마지막 날부터 2주 내에 본점소재지에서 하여야 한다(상 351).

제 2 관 주 주

1. 주주의 의의

(1) 주주(株主)란 회사의 설립 또는 신주발행의 경우에 주식을 원시취득하거나 합병 · 상속 · 양수 등에 의하여 주식을 승계취득함으로써 주식이 표창하는 권리 · 의무의 주체가 된 자를 말한다. 주주인가 아닌가는 실질적 법률관계에 의하여 정하여지며 명의의 여하를 불문한다 [대 78. 7. 11, 78 다 805; 대 80. 9. 19, 80 마 396]. 그러므로 가설인의 명의를 이용하거나 승낙을 얻지 아니하고 타인의 명의를 이용하여 주식을 인수하는 경우에는 그 배후인이 납입의 책임을 지고(상 332Ⅰ) 주주가 되며, 타인의 승낙을 얻어 그 명의로 주식을 인수하여 그 대금을 납입한 때에는 명의차용자가 실질상의 주식인수인으로서 주주가 되고 단순한 명의대여자는 주주가 될 수 없다.

(2) 주주의 지위는 사망, 주식의 양도, 주식의 소각, 단주의 처리, 회사의 해산에 의하여 상실된다. 또한 주식인수인은 실권절차에 의하여 그 지위를 상실하기도 한다(상 307).

(3) 일정한 주식을 여러 명이 공유하는 경우에 그 여러 명을 공유주주(共有株主)라고 한다. 공유는 주권이 발행되기 전에도 가능하고 회사는 정관으로도 주식의 공유를 제한할 수 없다. 여러 명이 공동으로 주식을 인수한 경우에는 연대하여 납입책임을 진다(상 333 I). 공유주식에 대한 권리는 공동으로 행사할 수 없다. 공유주식에 의하여 권리를 행사하려면 공유주주 중에서 권리를 행사할 주주 1인을 정하여야 한다(상 333 II).

2. 주주의 종류

주주는 경제적으로 대주주 · 소수주주 · 투자주주 · 투기주주 · 기업가 주주로 구분할 수 있지만, 법률적으로는 회사가 종류주식을 발행한 경우에 주주가 소유하는 주식의 종류에 따라 보통주주 · 우선주주 · 후배주주 · 혼합주주 · 상환주주 · 의결권 없는 주주 · 의결권 제한주주 등으로 구분할 수 있다. 또 주주가 법인인 때에는 법인주주라고 한다.

> 실질주주(實質株主)란 주식인수의 명의와 관계 없이 실질적으로 납입한 자나 주식의 양수 후 명의개서를 하지 않은 자를 일컫기도 하지만, 회사에 대한 관계에 있어서 법률적으로 의미가 있는 실질주주란 자본시장과 금융투자업에 관한 법률(이하 자금법이라 한다)상의 실질주주를 말한다(동법 315, 316). 한국예탁결제원(이하 예탁결제원이라 한다)은 예탁받은 주식을 발행회사의 주주명부에 자기 명의로 명의개서를 할 수 있다(자금 314). 이 경우에 예탁결제원에 주식을 예탁한 예탁자나 예탁자인 증권회사의 고객을 실질주주라고 한다.

3. 주주평등의 원칙

(1) 의 의

1) 주주는 회사로부터 그가 가지고 있는 주식의 수에 따라 평등한 취급을 받아야 한다는 원칙을 주식의 귀속자를 중심으로 표현하여 주주평등의 원칙이라고 한다. 이는 구체적으로 표현하면 각 주식에 대한 평등취급의 원칙이라고 할 수 있다. 이와 같은 점에서 각 사원이 1명 1표의 의결권을 갖는(민 73 I) 비영리사단법인과 다르다. 이 원칙은 주주의 중요한 권리(이익배당청구권 · 잔여재산분배청구권 · 신주인수권 · 의결권 등)에 관하여 적용된다.

2) 주주평등의 원칙은 동일한 내용의 주식에 대하여는 동일한 취급을 하여야 된다는 원칙이므로, 동일한 종류의 주식에 대하여 신주인수권(상 418), 주식의 병합 · 소각(상 440, 343), 주권불소지(상 358의 2) 등에 관해 소유주식의 비율에 따라 다른 취급을 하는 것은 인정되지 않는다.

(2) 적용범위

주주평등의 원칙은 회사와 주주 또는 주식인수인 간에만 적용되며 주주와 제 3 자간에는 적용되지 않는다. 주주간에도 이 원칙이 적용되는가 하는 문제에 대하여 영향력 있는 주주는 다른 주주에 대하여 충실의무를 진다는 설에서는 충실의무의 근거 중의 하나로 주주평등의 원칙을 들기도 한다.

(3) 예 외

이 원칙에 대한 예외는 법이 인정하는 경우에만 가능하며 정관의 규정, 주주총회 또는 이사회의 결의로는 인정되지 않는다. 주식내용의 평등에 대한 예외로는 이익배당 · 잔여재산분배에 관한 종류주식(우선주 · 후배주 · 혼합주 등)(상 344의 2), 의결권의 배제 · 제한에 관한 종류주식(상 344의 3), 상환주식(상 345), 전환주식(상 346) 등이 있고, 주식의 평등취급에 대한 예외에는 감사의 선임(상 409 Ⅱ), 소수주주권(상 366, 467 Ⅰ, 385 Ⅱ, 466 Ⅰ, 402, 403, 520), 제 3 자의 신주인수권(상 418), 단수의 전환사채 및 신주인수권부사채(상 513의 2 Ⅰ 단, 516의 11), 단주의 처리(상 443, 461 Ⅱ 2문, 462의 2 Ⅲ) 등이 있다.

(4) 위반의 효과

이 원칙은 강행법적 성격의 기본원칙이므로 이에 위배되는 정관의 규정, 주주총회 또는 이사회의 결의는 물론이고 대표이사의 업무집행도 회사의 선의·악의를 불문하고 모두 무효라고 할 수 있다. 그러나 불이익을 받는 주주의 동의가 있는 때에는 그 무효가 치유된다고 할 것이다.

4. 주주의 권리

(1) 의 의

주주의 권리에는 주주의 경제적 이익의 확보를 위한 재산적 권리인 자익권과 업무집행에 대한 행정적 권리인 공익권이 있다. 자익권과 공익권은 모두 주주의 권리이지만, 그 행위의 효과가 전자의 경우는 직접 주주에게 귀속되고 후자의 경우는 직접 회사에 귀속된다는 점에 차이가 있다. 이러한 권리는 단체법상의 권리로서 보통의 채권과는 그 성질이 다르므로 그것이 구체화된 것(주주총회에서 이익배당률이 확정된 후의 배당금지급청구권)이 아니면 재산적 내용을 가진 것이라도 주주의 자격과 분리하여 양도·입질·압류할 수 없으며 시효에 걸리지도 않는다.

(2) 자 익 권

자익권(自益權)이란 주식회사의 투자자인 주주의 재산적 이익을 위하여 인정한 모든 개인적 권리를 말한다. 여기에는 이익배당청구권(상 462)·잔여재산분배청구권(상 538)·신주인수권(상 418)·전환사채인수권(상 513의 2 Ⅰ)·신주인수권부사채의 인수권(상 516의 11, 513의 2) · 주권교부청구권(상 355 Ⅰ) · 주권전환청구권(상 357 Ⅱ) · 명의개서청구권(상 337) · 주권의 불소지신고권(상 358의 2) · 주권불소지신고를 한 주주의 주권발행 · 반환청구권(상 358의 2 Ⅳ) · 결의반대주주의 주식매수청구권(상 374의 2, 530의 11 Ⅱ, 522의 3)이 있는데, 이상의 권리는 1주를 소유하는 주주라도 행사할 수 있는 단독주주권이다.

(3) 공 익 권

공익권(共益權)이란 주주가 자기의 이익뿐만 아니라 회사의 이익을 위하여 행사하는 권리로서 회사에 있어서 그 발생이 예상되는 병폐적 현상의 예방과 사후구제를 위하여 인정한 권리를 말한다. 여기에는 단독주주권인 공익권과 소수주주권인 공익권이 있다.

1) 단독주주권

1주를 소유하는 주주라도 행사할 수 있는 단독주주권인 공익권에는 의결권(상 369 Ⅰ) · 설립무효판결청구권(상 328) · 합병무효판결청구권(상 529) · 총회결의취소판결청구권(상 376) · 총회결의무효 또는 부존재판결청구권(상 380) · 자본금감소무효판결청구권(상 445) · 신주발행유지청구권(상 424) · 신주발행무효판결청구권(상 429) · 불공정한 전환사채 또는 신주인수권부사채발행의 유지청구권(상 516 Ⅰ, 424, 516의 11) · 정관 등의 열람권(상 396 Ⅱ) · 재무제표 및 그 부속명세서 · 영업보고서 · 감사보고서의 열람권(상 448 Ⅱ) 등이 있다.

2) 소수주주권

공익권 중에는 i) 주식총수의 100분의 3 이상에 해당하는 주식을 가진 주주에게만 인정되는 소수주주권으로서 총회소집청구권(상 366), 주주제안권(상 363의 2), 집중투표청구권(상 382의 2), 회사의 업무와 재산상태의 검사청구권(상 467 Ⅰ), 이사 · 감사의 해임청구권(상 385 Ⅱ, 415), 청산인의 해임청구권(상 539 Ⅱ), 회계장부열람권(상 466) 등이 있고, ii) 주식총수의 100분의 1 이상에 해당하는 주식을 가진 주주의 소수주주권은 이사의 위법행위에 대한 유지청구권(상 402), 대표소송(상 324, 403, 467의 2 Ⅳ) 등이 있고, iii) 주식총수의 100분의 10 이상을 소유하여야 하는 소수주주권으로는 회사의 해산청구권(상 520 I)이 있다.

개정상법(2009)에 의하면 상장회사의 경우에는 소수주주의 지주율은 완화되었다. 그러나 비상장회사와는 달리 소정 비율의 주식을 6월 전부터 계속하여 소유한 주주에게만 권리행사를 인정하고 있다(상 542의 6). 이러한 주식의 보유기간을 정한 것은 권리의 남용을 위하여 일시적으로 주주가 된 자의 권리행사를 할 수 없도록 함으로써 회사의 이익을 보호하기 위한 것이라고 할 수 있다. 이 경우에 6월의 보유기간은 청구한 때로부터 역산하여 6월을 말한다고 본다. 그리고 6월 전부터 어느 시점에서든 발행소정의 주식을 소유하였어야 한다. 그러므로 권리의 행사시에 필요한 소정의 지주

少數주주 대표소송 첫승소

의미·파장

퇴임 후에도 不實경영 면책안돼

기업 경영관행 투명성 높아질듯

제일은행 소수(少數) 주주 52명이 주주대표 소송에서 처음 승소함으로써 앞으로 기업체 부실경영에 대한 경영진의 책임을 묻는 소액주주들의 유사 소송이 뒤따를 것으로 보인다。또한 제일은행을 비롯한 금융계는 물론、부실경영의 책임을 둘러싼 논란이 벌어질 가능성이 있는 다른 많은 기업들에도 큰 파장을 던져주고 있다。

◆판결 의미=법조계에서는 이번 판결을 그동안 경영에서 철저히 소외당했던 소수주주들의 권리를 법적으로 보장한 것이라고 평가하고 있다。

전직 은행장 등 제일은행 경영진 4명에게 한보철강 부실 대출의 책임을 물어 4백억원의 손해배상을 인정함으로써 부실경영에 대한 책임이 퇴임 후에도 면책될 수 없음을 분명히 한 것이다。이번 소송을 대리한 참여연대측도 『이번 판결로 그동안 경영진의 불법행위를 보고도 않아서 당할 수밖에 없었던 소액주주들이 경영진에 대항할 수 있는 방안을 마련했다』고 평가했다。

특히 이번 판결에 따라 앞으로 주주들이 사전에 경영권 남용을 견제하고 투명경영을 촉구、부실을 예방할 수 있게 됐다고 볼 수 있다。이철수(李喆洙) 전 은행장 등 제일은행 임원들의 경우 한보철강에 대한 신용도 및 회수가능성 조사를 소홀히 한 채 거액 대출을 해준 것이 회사에 대해 민사상 불법행위를 한 것으로 인정됐다。

◆판결 파장=이번 판결로 우리나라의 기업 경영 관행에 많은 변화가 있으리라는 시각이 제기되고 있다。또한 앞으로 경영진이 대주주나 정부등의 부당한 간섭에 대해서는 확실히 금을 그을수 있는 계기가 마련된 것으로 평가되고 있다。특히 퇴출 금융기관의 경우 부실경영진이나 대주주에게 민사적 책임을 물을수 있는 길이 트였다고 볼 수 있다。

한 증권사 임원은 『감독기관으로서는 부실을 만들어낸 금융기관 경영진에게 자신있게 책임을 물을 수 있는 초석이 마련된 셈』이라고 평가했다。동방페레그린증권의 장영(張泳) 사장은 『앞으로 비정상적인 대출이 사라지는 등 금융기관 경영 투명성에는 큰 진전이 있을 듯 하다』며 『외부 압력이 들어온다고 해도 적극적으로 방어할 수 있게 될 것』이라고 말했다。

그러나 이런 성과에도 불구하고 참여연대의 이번 승소가 비슷한 소송을 계속 이끌어 내기는 쉽지 않을 것이라는 시각도 있다。

대유증권의 김경신(金鏡信) 이사는 『이번에 승소한 주주는 한푼도 받지 못하기 때문에 시민단체가 앞장서지 않는 한 일반주주들이 비슷한 소송을 제기하리라고는 보기 어렵다』고 말했다。

〈李昌源·cwlee@chosun.com／崔治기자·pot@chosun.com〉

주주대표소송

키워드

기업 경영진이나 이사진의 불법-부당 행위로 기업이 손해를 보았을 때 주주가 경영진을 상대로 제기하는 손해배상 소송. 경영진의 전횡을 방지하기 위해 소액주주의 권한을 강화한 제도로 승소시 배상액은 전액 회사로 귀속된다. 기업의 경영 투명성 강화를 위해 지난 5월 전체 발행주식의 0.01% 이상 지분을 확보할 경우 소송을 낼 수 있도록 개정했다.

조 선 일 보 1998年 7月 25日

율에 상당하는 주식의 수를 6월 전부터 보유하여야 된다는 의미가 아니다. i) 6월 전부터 발행주식총수의 1,000분의 15 이상을 소유하는 주주가 행사할 수 있는 소수주주권은 ① 총회소집청구권(상 366), ② 회사의 업무와 재산상태의 검사청구권(상 467 Ⅰ)이고(상 542의 6 Ⅰ), ii) 6월 전부터 발행주식총수의 1,000분의 10(대통령령이 정하는 법인은 1,000분의 5) 이상을 소유하는 주주가 행사할 수 있는 소수주주권은 총회의제제안권이며(상 542의 6 Ⅱ), iii) 6월 전부터 발행주식총수의 10,000분의 10(대통령령이 정하는 법인은 10,000분의 5) 이상을 소유하는 주주가 행사할 수 있는 소수주주권은 회계장부열람권(상 466)이고(상 542의 6 Ⅳ), iv) 6월 전부터 발행주식총수의 10,000분의 50(대통령령이 정하는 법인은 10,000분의 25) 이상을 소유하는 주주가 행사할 수 있는 소수주주권은 ① 청산인의 해임청구권(상 539 Ⅱ), ② 이사 · 감사의 해임청구권(상 385 Ⅱ, 415)이고(상 542의 6 Ⅲ), v) 6월 전부터 발행주식총수의 10,000분의 1 이상을 소유하는 주주가 행사할 수 있는 소수주주권은 대표소송제기권(상 324, 403, 467의 2 Ⅳ)이며(상 542의 6 Ⅵ), vi) 6월 전부터 발행주식총수의 10만분의 50(대통령령이 정하는 법인은 10만분의 25) 이상을 소유하는 주주가 행사할 수 있는 소수주주권은 이사의 위법행위에 대한 유지청구권(상 402)이다(상 542의 6 Ⅴ).

(4) 권리의 행사

주주가 회사에 대하여 주주의 권리를 행사하려면 주주명부상의 주주이면 되고 주권을 제시할 필요가 없다. 공유주주인 경우는 그 중 권리를 행사할 주주 1인을 정하여야 한다(상 333 Ⅱ). 그러므로 권리행사자를 정하지 않은 때에는 공유주식에 의한 주주권을 행사할 수 없게 된다. 그러나 권리행사자를 정하지 않은 경우라도 특별한 사정이 있는 때에는 공유주주 중에 1인의 권리행사를 인정하여야 된다고 본다. 주주는 그의 의결권을 대리행사하게 하거나(상 368 Ⅱ) 통일하지 않고 행사할 수 있다(상 368의 2).

자금법에 의하여 예탁결제원에 예탁한 주식에 대하여 예탁자 또는 투자자의 신청이 있으면 예탁결제원은 주주권을 행사할 수 있다(자금 314 Ⅰ). 그리고 실질주주가 직접 주주권을 행사할 수도 있다. 즉 실질주주는 예탁주식의 공유자(자금 315 Ⅰ)로서 실질주주명부(자금 316 Ⅰ)에 의하여 각자 공유지분에 따라 주주의 권리를 행사할 수 있다. 그러나 예탁결제원의 명의로 명의개서된 주식을 소유하고 있는 주주가 주주총회 회일의 5일 전까지 예탁결제원에 그 의결권의 직접행사 또는 불행사의 뜻을 표시하지 아니하는 경우에는 예탁결제원은 그 의결권을 행사할 수 있다(자금 314 V). 실질주주가 행사할 수 있는 권리는 실질주주의 이해관계에 중대한 영향을 미치는 의결권·신주인수권·이익배당청구권에 한한다. 그러므로 실질주주는 주주명부의 기재 및 주권불소지의 신고를 비롯한 주권에 관한 권리는 행사하지 못한다.

제 3 관 주권과 주주명부

1. 주권의 의의

(1) 주권(株券)이란 사원권을 표창하는 유가증권이다. 주식의 양도에는 주권을 교부하여야 한다(상 336 I). 주권은 사원권적 유가증권이다. 사원권은 주권을 발행하여 교부한 때에 비로소 발생하는 것이 아니라 이미 회사의 설립등기시나 신주발행의 경우는 납입기일의 다음 날로부터(상 423 I) 사원권이 성립한다.

(2) 주권은 비설권증권(非設權證券)이며, 증권상의 권리가 원인관계(주주권의 성립)의 존부에 의하여 그 효력이 좌우되는 요인증권(要因證券)이고, 주주권의 내용이 주권에 기재된 문언에 따라 결정되지 않는 비문언증권(非文言證券)이다. 그리고 주권은 요식증권(要式證券)이지만(상 356) 법정기재사항이라도 본질적인 것이 아닌 것은(예컨대 회사의 성립연월일) 기재하지 않더라도 무효가 되지 않는 점에서 요식증권성이 엄격하지 않고[대 96. 1. 26, 94 다 24039], 주권은 권리의 행사가 계속적이므로 비상환증권(非相換證券)이다.

2. 주권의 기재사항

주권에는 소정의 사항을 기재하고 대표이사가 기명날인 또는 서명하여야 한다(상 356). 주주의 성명도 기재하여야 한다. 이 밖에도 주권에는 주식의 수와 주권의 발행연월일을 기재한다. 주권에는 인지를 첩부하여야 되지만(인지세법 3 I (9)), 인지의 유무는 주권의 효력에는 영향이 없다. 주권은 요식증권이지만 법정기재사항 중에 본질적인 기재사항이 아닌 ii), iii), v)의 기재에 흠결이 있더라도 주권은 무효가 되지 않는다. 그리고 주권의 기재사항(회사의 상호, 발행예정주식총수)에 변경이 있는 경우에도 주권의 효력에 영향을 미치지 않는다.

3. 주권의 발행

(1) 발행시기

회사는 그 성립 후 또는 신주의 납입기일 후 지체없이 주권을 발행하여야 한다(상 355 I). 「지체없이」란 회사성립 후 또는 신주의 납입기일 후 6월 내라는 설도 있으나, 6월 내라도 지체없이 발행하지 않은 때에는 손해배상책임과 과태료의 제재를 면하지 못한다. 그러므로 회사의 성립 전이나 신주의 납입기일 전에는 주권을 발행하지 못한다(상 355 II). 이에 위반하여 발행한 주권은 무효이며, 발행자에 대하여 손해배상을 청구할 수 있고(동조 III), 그 위반에 대하여는 과태료의 제재가 있다(상 635 I (19)).

(2) 주권의 효력발생시기

주권의 효력은 회사가 주권을 작성하여 회사의 의사에 의하여 주주에게 교부한 때(발송의 경우는 주권이 주주 또는 그 대리인의 주소나 영업소에 도달한 때)에 발생한다는 교부시설(交

付時說)이 통설이며 판례의 입장이다(대 77.4.12, 76 다 2766). 즉 회사가 주권을 작성하였더라도 주주에게 교부되기 전의 주권은 회사의 소유에 속하는 단순한 지편에 불과하므로 선의취득이나 주주의 채권자에 의한 압류가 인정되지 않는다고 한다. 교부 전에 주권을 상실한 경우에는 주권의 재발행을 위하여 제권판결을 받을 필요도 없다. 이 설에 의하면 주권이 주주에게 교부되기 전에 도난·분실된 경우에는 선의취득이 인정되지 않으므로 주주는 보호할 수 있으나 거래의 안전을 해하게 된다. 그러나 주권의 선의취득자는 회사에 대하여 손해배상을 청구함으로써 보호된다.

(3) 주식의 전자등록부에의 등록

개정상법(2011)에 의하면 회사는 주권을 발행하는 대신 정관에 정하는 바에 따라 공인된 전자등록기관의 전자등록부에 주식을 등록할 수 있는데 이 경우에 전자등록부는 상법 제352조의 주주명부로 본다(상 356의 2 I). 전자문서로 주주명부(이하 전자주주명부라 한다)를 작성할 수 있다. 전자등록부에 등록은 회사가 성립한 날 또는 주금을 납입한 후 지체 없이 하여야 한다(동조 II). 전자등록부에 등록된 주식의 양도 또는 입질은 전자등록부에 등록하여야 효력이 발생한다(상 356의 2 II). 전자등록부에 주식을 등록한 자는 그 등록된 주식을 적법하게 소유한 것으로 추정하고, 이러한 전자등록부를 선의·무중과실로 신뢰하고 전자등록부에 의한 등록에 의하여 권리를 취득한 자는 그 권리를 적법하게 취득한다(상 356의 2 III).

4. 주권의 불소지제도

(1) 서 설

주식을 소유하는 주주는 회사에 주권의 불소지를 신고할 수 있다(상 358의 2). 이러한 주권불소지제도는 정관의 규정에 의해서만 배제 또는 제한할 수 있다. 상법에서 주권불소지제도를 도입한 이유는 주식의 양도가 주권의 교부만으로 가능하게 되어(상 336 Ⅰ) 제 3 자의 선의취득이 용이하게 되었기 때문이다.

《주권불소지제도》

	절 차	비 고
1	주주의 신고(상 358의 2 Ⅰ)	기발행주권의 제출(상 358의 2 Ⅲ)
2	주주명부와 복본에 불발행의 기재(상 358의 2 Ⅱ 전)	기발행제출주권의 무효
	임치의 경우 주주명부에 기재불요	명의개서대리인에게 임치(상 358의 2 Ⅲ)
3	불발행의 통지(상 358의 2 Ⅱ 후)	또는 임치의 통지
4	발행 또는 반환의 청구(상 358의 2 Ⅳ)	

(2) 신고권자

주주는 정관에 다른 규정이 있는 경우를 제외하고는 그 주식에 대하여 주권불소지의 뜻을 회사에 신고할 수 있다(상 358의 2 Ⅰ). 신고는 주주명부상의 주주만 할 수 있고 주식의 양수인이라도 명의개서를 하지 않았거나 주주명부의 폐쇄로 인하여 명의개서를 할 수 없는 자는 신고할 수 없다. 그러나 주주는 주주명부의 폐쇄기간 중에도 불소지의 신고를 할 수 있다. 예탁결제원에 예탁된 주식에 대한 불소지의 신고는 예탁결제원이 한다(자금 314 Ⅲ).

(3) 신고의 방법

주권이 발행되지 않은 경우에는 주주는 회사에 주권의 불소지를 신고하기만 하면 되지만(상 358의 2 Ⅰ), 주권이 발행된 경우는 이를 회사에 제출하여야만 주권의 불소지를 신고할 수 있다(상 358의 2 Ⅲ). 즉 주권의 제출은 신고를 위한 효력요건이다.

■주식무권화 추진현황

'주권불소지'통해 60%는 사실상 무권화

김현수 기자

삼성전자가 주식 액면 분할과 동시에 무권화를 추진하기로 함에 따라 무권화가 실제 가능한지 여부가 관심사다.

무권화의 정확한 용어는 주식불발행제도다.

주주로서의 권리가 명시돼 있는 주식을 발행하지 않고도 주권행사나 매매가 가능토록 하는 것이다.

결론적으로 말하면 현행 법규에는 무권화에 대한 명확한 해답이 없다.

그러나 학계와 증권계, 그리고 기업들은 물론 정부도 무권화가 바람직하다는 입장이다. 특히 액면분할제도와 관련해 기업들의 비용부담을 덜어주려면 무권화가 필요하다는 지적이 나오고 있다.

현재 무권화를 위한 전단계로 주권 불소지 신고제도가 시행되고 있고 이에 따라 사실상 무권화돼 있는 규모가 전체 발행주식의 60%가량에 달한다.

주권 불소지제도는 주주가 주권 실물을 보관하지 않겠다는 의사를 밝힐 경우 해당 주권을 폐기하는 것을 말한다.

지난 9월 말 현재 증권예탁원에 예탁된 주식은 전체 발행주식의 74%이고 이 가운데 83%가 불소지 신고된 주식이다.

주권 발행에 드는 비용(1매당 636원)을 줄이고 실제로 무권화가 상당히 돼 있다는 점을 감안하면 전면 무권화가 어렵지 않다는 판단이 가능하다. 그러나 실제로 시행하는데 있어서는 걸림돌도 없지는 않다.

우선 주주명부에 등재돼 있지만 소재파악이 불가능한 주주들의 주권 처리문제이다.

또 전면 무권화는 전면 실명화와 마찬가지 개념이어서 정책적 의지도 필요하다.

정부가 무권화가 바람직하지만 우선은 주권 불소지제도를 확대하는 등 단계적인 추진계획을 밝힌 것도 이 때문이다.

매일경제 1997년 10월 16일 목요일

(4) 회사의 조치

1) 주권불소지의 신고가 있는 때에는 회사는 지체없이 주권을 발행하지 아니한다는 뜻을 주주명부와 복본에 기재하고 그 사실을 주주에게 통지하여야 한다(상 358의 2 Ⅱ). 회사가 주권불발행의 뜻을 주주명부와 그 복본에 기재한 때에는 그 주권을 발행할 수 없고, 주권불소지의 신고와 더불어 회사에 제출된 주권은 이를 무효로 하거나 명의개서대리인에게 임치하여야 한다(상 358의 2 Ⅲ).

2) 회사가 제출된 주권을 명의개서대리인에게 임치하지 않고 주주명부와 복본에 주권불발행의 기재를 한 때에는 그 주권은 무효가 된다. 그러므로 제출된 주권이 이후 유통되어도 그 주권의 선의취득은 인정되지 않는다. 다만 회사는 유효한 주권으로 신뢰하고 취득한 제 3 자에 대하여 손해배상책임을 질 뿐이다. 그러나 주권불소지의 신고와 더불어 제출된 주권이 주주명부에 주권불발행의 기재를 하기 전에 유통된 때에는 선의취득이 인정되고 주권불소지를 신고한 주주의 채권자에 의한 압류도 가능하게 된다.

3) 회사가 제출된 주권을 명의개서대리인에게 임치한 때에는 상법에는 아무런 규정이 없으나 주주에게 통지를 하여야 될 것이다. 임치한 주권은 유효한 주권이므로 임치중인 주권이 유통된 때에는 선의취득이 가능하게 된다. 이 점이 주권을 무효화한 경우와 다르다. 그러므로 임치중인 주권의 유통으로 인한 주주의 손해에 대하여는 회사는 무과실책임을 진다고 할 것이다.

(5) 주권의 발행 · 반환의 청구

주권의 불소지를 신고한 주주는 언제든지 회사에 대하여 주권의 발행 또는 반환을 청구할 수 있다(상 358의 2 Ⅳ). 주주의 발행 · 반환청구권은 정관에 의하여 배제하거나 제한하지 못한다. 왜냐하면 주식을 양도하거나 질권의 목적으로 하려면 주권을 교부하여야 하므로(상 336 Ⅰ, 338 Ⅰ) 이를 배제 또는 제한하는 것은 주식의 자유양도성(상 335 Ⅰ)과 입질(상 338)을 배제 또는 제한하는 결과가 될 것이기 때문이다. 그리하여 주권의 발행 또는 반환의 청구는 주주명부의 폐쇄기간중에도 할 수 있으며 회사와 주주간에 주권불발행의 합의를 한 경우에도 가능하다.

5. 주권의 상실과 재발행

(1) 주권이 도난 · 분실 · 멸실 등에 의하여 상실된 경우에도 주주의 지위가 반드시 소멸되지는 않는다. 즉 주주가 주권을 상실한 경우에도 그 주권의 취득자가 명의개서를 하지 않는 동안은 회사에 대한 권리의 행사는 계속 가능하지만 양도나 입질 등의 처분을 할 수 없게 된다(상 336 Ⅰ, 338 Ⅰ). 그리고 주식의 양수인이 명의개서를 하기 전에 주권을 상실한 때에는 명의개서를 할 수 없게 된다. 또한 주권이 도난 · 분실된

경우는 제 3 자의 선의취득에 의하여 주주의 지위를 상실할 우려가 있다(다만 주권이 멸실되어 물리적으로 존재하지 않게 된 때에는 이러한 염려는 없다).

(2) 그러므로 주권의 재발행이 요청되지만 회사가 상실의 사실을 확인하지 않고 주권을 재발행하면 경우에 따라서는 동일한 주식에 대하여 복수의 주권이 유통될 위험이 있다. 그리하여 상법은 민사소송법에 의한 공시최고절차(민소 475 이하)에 따라 상실한 주권을 무효로 하는 제권판결을 얻은 다음에 회사에 대하여 그 주권의 재발행을 청구할 수 있도록 하고 있다(상 360 Ⅱ). 회사가 주권을 상실한 경우도 같다〔대 81. 9. 8, 81 다 141〕.

97카공 95호
공 시 최 고
신청인 최 성 순
강릉시 옥천동152 9통 3반
말미기재 증서의 소지인은 1997년 9 월29일10시까지 이 법원에 권리의 신고나 청구를 하고 그 증서를 제출하시기 바랍니다. 만약 이를 게을리하면 권리를 상실하여 증서의 무효가 선고될수 있습니다.
1997년 5 월12일
춘천지방법원 강릉지원
판사 **남 기 주**
증서의 중요한 취지
종류 : 100주권
회수 : 17회
기호 : 마
번호 : 3254
매수 : 1 매
발행일 :
1988년 5 월 4 일
1주의금액 : 500, 000원
최종명의인 : 최성순

6. 주주명부

(1) 의 의

1) 주주명부란 주주 및 주권에 관한 사항을 명확하게 하기 위하여 작성하여야 되는 장부이다. 주주명부는 주식의 이전이 회사와는 무관하게 이루어지므로 회사가 주주를 확인할 수 있도록 하기 위하여 고안된 상법상의 특유한 제도이다. 주식의 경우는 주주명부에 의하여 권리행사자를 획일적으로 확정할 수 있으므로 회사의 사무처리를 위하여 편리하고 주주는 권리를 행사할 때마다 주권을 제시할 필요가 없게 된다.

2) 회사는 정관의 규정에 따라 전자문서로 전자주주명부를 작성할 수 있다(상 352의 2 Ⅰ). 전자주주명부에는 상법 제352조 제 1 항의 기재사항 외에 전자우편주소를 적어야 한다(동조 Ⅱ). 이 경우에 전자주주명부의 비치,

공시 및 열람의 방법은 대통령령으로 정한다(동조 Ⅲ).

(2) 공 시

1) 이사는 주주명부를 작성하여 본점에 비치하여야 한다(상 396 Ⅰ 1문). 명의개서대리인을 둔 때에는(상 337 Ⅱ) 명의개서대리인의 영업소에만 주주명부를 비치할 수 있으며, 본점에도 비치하는 때에는 명의개서대리인의 영업소에는 그 복본을 비치할 수 있다(상 396 Ⅰ 2문). 복본에 한 명의개서는 주주명부에 한 명의개서와 동일한 효력이 있다(상 337 Ⅱ 2문).

2) 주주와 회사채권자는 영업시간 내에는 언제든지 주주명부의 열람 또는 등사를 청구할 수 있다(상 396 Ⅱ). 그러나 그 청구가 부당한 목적을 위한 것으로서 권리의 남용으로 인정되는 경우에는 회사는 목적의 부당함을 증명하고 청구를 거절할 수 있다고 할 것이다[대 97. 3. 19, 97 그 7(결정)].

(3) 효 력

1) 주주명부에 명의개서를 한 자는 주주로 추정되어 실질적인 권리

"정치적 목적 주주명부 열람은 안돼"

법원, 시민단체 회원의 '삼성생명 열람'신청 기각

주주라도 정치적 목적이 있다면 회사의 주주명부를 열람할 수 없다는 법원의 판단이 나왔다.

서울중앙지법 민사합의50부(재판장 이동명)는 삼성생명 주식 10주를 가진 경제개혁연대 소속 신모씨가 삼성생명을 상대로 낸 주주명부열람 및 등사가처분 신청을 기각했다고 14일 밝혔다. 신씨는 "삼성그룹 이건희 회장과 삼성 에버랜드가 삼성생명 지분을 확보하기 위해 임직원 명의로 차명 보유하고 있던 주식을 실명으로 전환했다는 의혹이 있다"며 가처분 신청을 제기했었다.

법원은 그러나 "신씨는 주주로서의 권리를 확보·행사하려는 것이 아니라 다른 정치적 목적 등으로 주주명부 열람 등을 신청한 경우에 해당한다. 제도의 취지에 맞지 않다"면서 기각 사유를 밝혔다.

상법상 모든 주주들은 회사의 주주명부를 열람·등사 신청할 수 있지만, 보통 주주총회를 앞두고 의결권 행사를 위한 주주 모집의 목적으로 신청돼왔다. 이에 따라 시민단체들이 소액의 주식을 갖고 회사의 경영에 개입하려는 활동들이 위축될 것으로 보인다.

류정 기자 well@chosun.com

조선일보 2008년 4월 15일 화요일

를 증명하지 않고도 권리를 행사할 수 있다. 즉 명의개서에도 자격수여적 효력이 있다. 다만 회사는 실질적 권리가 없다는 것을 증명하여 그 권리행사를 거절할 수 있다. 그러나 명의개서 전의 주식양수인을 주주로 취급할 수 없고, 증명을 함이 없이 실질적 권리의 상실을 이유로 양도인의 권리행사를 거절할 수 없다[대 85. 3. 26, 84 다카 2082].

2) 회사는 주주명부에 기재된 자를 주주로 취급함으로써 그 책임을 면한다. 그러나 회사가 주주명부상의 주주가 진정한 주주가 아님을 알았고 그것을 용이하게 증명할 수 있었던 경우나 중대한 과실에 의하여 진정한 주주가 아니라는 것을 알지 못한 때에는 면책되지 않는다(어 40 Ⅲ 참조).

3) 주식의 양수인은 주주명부에 명의개서를 함으로써 회사에 대항할 수 있다(상 337). 즉 주주인 자격에서 권리를 행사할 수 있게 된다. 주식을 질권의 목적으로 한 경우에 질권설정자의 청구에 따라 질권자의 성명과 주소를 주주명부에 덧붙여 쓰고 그 성명을 주권에 적은 경우에는 질권자는 회사로부터 이익배당, 잔여재산의 분배 또는 상법 제339조에 따른 금전의 지급을 받아 다른 채권자에 우선하여 자기채권의 변제에 충당할 수 있다(상 340 Ⅰ). 회사의 주주 또는 질권자에 대한 통지 또는 최고는 주주명부에 기재한 주소 또는 그들이 통지한 주소로 하면 된다(상 353 Ⅰ). 이 경우에 통지 또는 최고는 보통 그 도달할 시기에 도달한 것으로 본다(상 353 Ⅱ, 304 Ⅱ).

7. 주주명부의 폐쇄와 기준일

기명주식의 경우에 의결권을 행사하거나 이익배당을 받을 자는 주주명부상의 주주이다. 그러나 주식은 항상 유통하기 때문에 권리자를 확정한다는 것은 용이한 일이 아니다. 그리하여 상법은 권리행사자의 확정을 위하여 주주명부의 폐쇄제도 및 기준일제도를 두고 있다.

(1) 주주명부의 폐쇄

1) 의 의

회사가 주주 또는 질권자로서 권리를 행사할 자를 확정하기 위하여 일정기간 주주명부의 기재변경을 정지하는 제도를 주주명부의 폐쇄라 한다.

2) 폐쇄기간

폐쇄기간은 3월을 초과하지 못한다(상 354 Ⅱ). 그러므로 폐쇄의 날 이후 권리행사일까지의 기간이 3월을 초과하는 때에는 그 초과하는 기간의 폐쇄는 무효이며, 폐쇄의 시기가 분명하지 않은 때에는 그 전부가 무효라고 본다. 폐쇄기간을 정한 때에는 그 기간의 2주간 전에 이를 공고하여야 한다. 공고를 하지 않았거나 공고의 일수가 부족한 때에는 그 폐쇄의 효력이 없다. 정관으로 폐쇄기간을 정한 때에는 공고는 필요 없다(상 354 Ⅳ 단).

3) 폐쇄의 효과

기준일 및 주주명부 폐쇄기간 설정 공고

상법 제354조 및 회사 정관 제30조에 의거하여 2012년 10월 5일 현재 주주명부에 기재되어 있는 주주에게 의결권을 부여하며, 권리주주 확정을 위해 2012년 10월 8일 주식의 명의개서, 질권의 설정 이전의 등록 및 그 변경과 말소, 신탁재산의 표시 및 말소 등 주주명부의 기재사항변경을 정지함을 공고합니다.

2012년 9월 18일

서울특별시 중구 다동길 43번지

신영오딧세이10증권투자회사D-1호[채권혼합]

법인이사 신영자산운용㈜

명의개서대리인 한국예탁결제원

폐쇄기간중에는 명의개서를 비롯하여 질권의 등록(상 340)도 할 수 없으며, 신탁재산의 표시나 말소도 할 수 없다(신 3 Ⅱ). 그러나 권리의 변경과 무관한 사항(예: 주주의 주소변경, 개명, 법인의 대표자변경, 주권의 불소지신고(상 358의 2 Ⅰ), 불소지신고주식에 대한 주권발행의 청구(상 358의 2 Ⅳ))은 기재의 변경이 가능하다. 주주명부가 폐쇄되면 폐쇄개시의 시기에 주주명부상의 주주가 권리행사자로 확정된다.

(2) 기 준 일

1) 회사는 일정한 날을 정하여 그 날에 주주명부에 기재되어 있는 주주 또는 질권자를 권리행사자로서 일률적으로 확정할 수 있는데(상354 I) 그 날을 기준일 또는 등록일이라 한다. 기준일은 주식의 자유양도성을 사실상 제약하지 않는 이점이 있다. 기준일은 정관으로 미리 결산일로 정할 수 있으나 이 경우에도 필요에 따라 이사회 또는 대표이사가 기준일을 정할 수 있다. 기준일은 주주 또는 질권자로서 권리를 행사할 날(의결권의 경우에는 주주총회의 회일, 이익배당청구권의 경우에는 배당결의일)에 앞선 3월 내의 날로 정하여야 한다(상354 Ⅲ). 이를 초과하는 기준일의 설정은 무효이다.

2) 이사회가 기준일을 정한 경우에는 회사는 기준일과 그 설정의 목적을 기준일의 2주간 전에 공고하여야 한다(상354 Ⅳ). 정관으로 기준일을 지정한 때에는 공고할 필요가 없다(상354 Ⅳ 단).

(3) 주주명부의 폐쇄와 기준일의 병용

회사는 주주명부의 폐쇄와 기준일을 병용할 수 있다. 전자는 장기간에 걸쳐 주식의 양도를 간접적으로 제한하는 결과를 초래하며, 후자는 회사의 사무처리에 있어서 번잡을 면할 수 없게 한다. 그리하여 실제에 있어서는 결산일을 이익배당의 기준일로 하고 배당을 받을 자와 정기총회에서 의결권을 행사할 자를 일치시키기 위하여 결산일의 익일부터 정기총회의 종결시까지 주주명부를 폐쇄하는 경우도 있다.

8. 주주명부와 실질주주명부

(1) 상장회사의 주식이 예탁결제원에 예탁된 경우에는 그 예탁주식의 발행회사의 주주명부에는 예탁결제원이 주주로 기재된다. 즉 예탁주

식의 실질주주는 주주명부에 기재되지 않는다. 그리하여 예탁주식의 발행회사가 의결권 등의 주주권의 행사자를 확정하기 위하여 주주명부를 폐쇄하거나 기준일을 정한 때에는 예탁결제원에 이를 지체없이 통지하여야 하며, 예탁결제원은 폐쇄기간의 초일 또는 기준일의 실질주주의 성명과 주소, 공유지분에 상당하는 주식의 종류와 수를 발행회사 또는 명의개서대리인에게 통지하여야 한다(자금 315 Ⅲ).

(2) 이 경우 예탁결제원은 예탁계좌부에 의하여 실질주주인 예탁자와 그들의 소유주식을 알 수 있으나 증권회사를 통하여 예탁한 고객에 대하여는 알 수 없으므로 예탁자에 대하여 실질주주에 관한 사항의 통보를 요청할 수 있고, 이 경우 예탁자는 지체없이 통보하여야 한다(자금 315 Ⅳ).

주주명부 폐쇄기간 15일로 단축 방침

앞으로는 12월 결산법인 주식을 1월에 사도 권리를 행사하는 데 큰 불편이 없어질 전망이다.

증권예탁결제원은 1일, 주권 발행회사 정관상 1개월 또는 주주총회일까지로 돼 있는 주주명부 폐쇄기간을 15일로 단축할 수 있도록 하고, 12월 결산법인부터 정관을 바꾸도록 지원할 방침이라고 밝혔다. 예탁결제원은 장기적으로는 기업의 주주명부 폐쇄기간을 완전히 없앨 방침이라고 밝혔다.

지금까지는 12월 결산법인의 경우 연말에 주주명부가 폐쇄된 후 1~2개월 동안은 주식을 사도 명부에 등재할 수 없었다. 이 때문에 주식을 저당잡히고 돈을 빌리는 경우 등 권리행사가 필요할 때도 사실상 행사가 힘들었었다. 또 기업들도 이 기간에 유상증자 등이 쉬워져, 1, 2월을 기준으로 유상증자를 결정하는 기업도 늘어날 전망이다.

최흡기자 (블로그)pot.chosun.com

조 선 일 보 2005년 11월

(3) 예탁결제원이 실질주주에 관한 사항을 발행회사 또는 명의개서대리인에게 통지를 하면 발행회사 또는 명의개서대리인은 실질주주명부를 작성하여야 하는데(자금 316 Ⅰ), 이 실질주주명부에의 기재는 주주명부에의 기재와 동일한 효력을 갖는다(동조 Ⅱ). 그 결과 실질주주는 주주권을 행사할 수 있게 된다.

제 4 관 주식의 양도

1. 서 설

(1) 서 설

주식회사에 있어서는 기업의 유지와 채권자보호를 위하여 자본금에 관한 원칙이 준수되어야 하기 때문에 인적회사와 같은 퇴사제도가 인정되지 않는다. 주식의 유상소각에 의한 자본금감소나 이익소각(상 343), 또는 상환주식의 상환(상 345) 및 회사의 해산으로 잔여재산을 분배하는 경우(상 538)가 아닌 한 투하자금은 주식의 양도를 통하여 회수할 수 있을 뿐이다.

(2) 의 의

1) 주식의 양도란 사원의 지위인 주식을 법률행위에 의하여 이전하는 것이다. 이 경우에 양수인은 주식을 승계취득한다. 주식의 양도는 주권의 교부에 의하여 그 효력이 생긴다(상 336 I). 주식의 양도는 그 원인행위인 매매·증여 등의 채권계약의 이행행위로서 하는 이전행위이다. 따라서 주주의 회사에 대한 자익권과 공익권은 주식의 양도에 의하여 일괄하여 양수인에게 이전된다.

2) 주식의 양도는 주주가 투하자금을 회수할 수 있는 유일한 방법이므로 주식양도자유의 원칙은 주식회사의 중요한 특성 중의 하나라고 할 수 있다. 그러나 1995년의 개정상법은 주식의 양도는 정관에 의하여 이사회의 승인을 받도록 할 수 있게 하였다(상 335 I 단).

2. 주식양도의 제한

주식의 양도는 주주의 주식매수청구가 인정되는 특별한 경우(합병 · 영업양도)를 제외하고는 주주가 투하자본을 회수할 수 있는 유일한 방법이므로 원칙적으로 그 자유가 보장되어야 한다. 그러나 한편 그 양도를 제한하여야 할 필요성이 있으므로 상법에서는 정관에 의하여 주식의 양도를 제한할 수 있도록 하였으며(상 335 I 단) 그 밖에 계약에 의한 양도의 제한도 가능하다고 본다. 특히 상법과 특별법에 의하여 주식의 양도가 제한된다.

(1) 정관에 의한 제한

1) 의 의

(가) 주식의 양도는 정관으로 그 발행하는 주식의 양도에 관하여 이사회(이사가 1명인 회사는 주주총회)의 승인을 얻도록 할 수 있다(상 335 I 단, 383 Ⅳ). 주식의 양도제한은 정관에서 정함으로써만 가능하다. 원시정관뿐만 아니라 정관의 변경에 의해서도 가능하다. 정관에 의하지 않는 주식의 양도제한은 무효이다. 정관에 의하더라도 주식의 양도를 완전히 금지하거나 사실상 불가능하게 할 수는 없으며, 양도의 승인도 이사회 이외의 주주총회의 결의나 대표이사가 한다고 정하는 것도 인정되지 않는다.

(나) 회사의 정관에 주식의 양도를 제한하는 규정이 있는 때에는 이를 주권과 주식청약서에 기재하여야 하며(상 356 (6)의 2, 302 Ⅱ (5)의 2) 등기를 하여야 한다(상 317 Ⅱ (3)의 2). 또한 전환사채와 신주인수권부사채의 청약서 · 채권 및 사채원부, 그리고 신주인수권증권에도 이를 기재하여야 한다(상 514 I (5), 516의 4 (4), 516의 5 Ⅱ (5)).

(다) 주주 1명인 회사의 주주가 이사회(또는 주주총회)의 승인을 받지 않고 주식을 양도한 경우에는 회사에 대하여 효력이 있다고 할 것이다. 왜냐하면 상법 제335조 제 1 항 단서의 규정은 주식양도인 이외의 주주

를 보호하기 위한 규정이라고 할 수 있는데 주주 1명인 회사의 경우에는 다른 주주가 존재하지 않기 때문이다. 주식의 양도제한규정은 주식을 매매나 증여, 경매 등에 의하여 양수한 경우에만 적용되며, 상속·합병과 같은 포괄승계의 경우에는 적용되지 않는다.

2) 양도의 승인청구

(가) 양도의 제한이 있는 주식을 양도하고자 하는 주주는 회사에 대하여 양도의 상대방 및 양도하려는 주식의 종류와 수를 기재하여 서면으로 양도의 승인을 청구할 수 있다(상 335의 2 I). 또한 양도의 제한이 있는 주식의 양수인도 주식의 종류와 수를 기재한 서면으로 그 취득의 승인을 청구할 수 있다(상 335의 7 I).

(나) 양도승인의 청구는 서면에 의한 요식행위이다. 승인을 청구하는 서면에는 양도의 상대방을 기재하여야 하고 양도의 상대방은 다수라도 관계가 없으나 반드시 특정하여야 한다. 상대방이 여러 명인 경우에 이들이 주식을 공동으로 양수하는 경우가 아니면 각 상대방의 성명과 양도하려는 주식의 종류와 수를 기재하여야 한다. 양도의 승인이 있는 때에는 그 청구의 서면에 기재된 종류 및 수의 주식에 대해서만 유효한 양도를 할 수 있다.

(다) 청구의 상대방은 회사이다. 즉 주식의 양도를 승인하는 기관은 이사회(또는 주주총회)이지만 그 결정의 주체는 회사이므로 청구는 회사에 대하여 하여야 한다. 주주는 주주명부의 폐쇄기간중이라도 양도의 승인을 청구할 수 있지만 명의개서는 폐쇄기간의 종료 이후에만 가능하다.

(라) 회사는 승인청구가 있는 날로부터 1월 이내에 주주 또는 주식의 양수인에게 그 승인 여부를 서면으로 통지하여야 한다(상 335의 2 II, 335의 7 II). 위 기간 내에 주주 또는 주식의 양수인에게 거부의 통지를 하지 아니한 때에는 주식의 양도에 관하여 이사회(또는 주주총회)의 승인이 있는 것으로 본다(상 335의 2 III, 335의 7 II).

3) 양도상대방의 지정청구

(가) 회사로부터 양도승인 거부의 통지를 받은 주주나 주식의 양수인은 통지를 받은 날부터 20일 내에 회사에 대하여 양도의 상대방을 지정하여 줄 것을 청구할 수 있다(상 335의 2 Ⅳ, 335의 7 Ⅱ). 회사는 이러한 청구가 있은 날부터 2주 내에 이사회(또는 주주총회)의 결의로 상대방을 지정하고 주주 또는 주식의 양수인 및 지정된 상대방에게 서면으로 이를 통지하여야 한다(상 335의 3 Ⅰ, 335의 7 Ⅱ).

(나) 이사회(또는 주주총회)가 상대방을 지정한 때에는 그 뜻을 상대방지정의 청구가 있은 날로부터 2주 내에 주주 및 지정된 상대방에게 서면으로 통지하여야 한다. 주주에게는 지정된 상대방의 성명과 주소를 기재하여 통지를 하고 지정된 상대방에게는 주주의 성명과 주소, 양도할 주식의 종류와 수를 통지하여야 한다.

4) 지정통지의 해태

회사가 소정의 기간 내에 주주 또는 주식의 양수인에게 상대방지정의 통지를 하지 아니한 때에는 주식의 양도에 관하여 이사회(또는 주주총회)의 승

《양도제한주식의 환가》

	절 차	
1	양도인 또는 양수인의 승인청구(상 335의 2 Ⅰ, 335의 7 Ⅰ)	양도인의 경우 상대방 및 양도주식의 종류와 수 기재 양수인의 경우 양수주식의 종류와 수 기재
2	승인거부의 경우(거부통지 후 20일 이내)	
	상대방의 지정청구(상 335의 2 Ⅳ, 335의 7 Ⅱ)	
3	상대방지정의 경우 상대방의 선매권(상 335의 4 Ⅰ) 지정통지·선매권행사 해태의 경우 양도승인 의제(상 335의 3 Ⅱ, 335의 4 Ⅱ)	주식매수의 청구(상 335의 2 Ⅳ, 335의 7 Ⅱ, 335의 6)

인이 있는 것으로 본다(상 335의 3 Ⅱ, 335의 7 Ⅱ). 즉 주주가 이사회(또는 주주총회)의 양도승인 거부의 통지를 받고 회사에 대하여 양도상대방의 지정을 청구하였는데도 회사가 양도상대방의 지정청구를 받은 날로부터 2주 내에 그 지정의 통지를 하지 아니한 때에는 회사가 당초에 주주가 양도승인을 청구하였던 상대방에 대한 양도를 승인한 것으로 본다.

5) 지정상대방의 양도청구

지정상대방은 지정통지를 받은 날부터 10일 이내에 지정청구를 한 주주 또는 주식의 양수인에 대하여 서면으로 그 주식의 양도를 청구할 수 있다(상 335의 4, 335의 7 Ⅱ). 이를 지정된 자의 매도청구권이라고 한다. 그러나 피지정자가 소정의 기간 내에 주주에 대하여 매도청구를 하지 아니한 때에는 주식의 양도에 관하여 이사회의 승인이 있는 것으로 본다(상 335의 4 Ⅱ). 주식의 매수가액은 주주 또는 주식의 양수인과 지정상대방간의 협의로 결정한다(상 335의 5 Ⅰ, 335의 7 Ⅱ). 그러나 지정된 자의 매도청구를 받은 날로부터 30일 이내에 협의가 이루어지지 아니한 때에는 법원에 매수가액의 산정을 청구할 수 있다(상 335의 5 Ⅱ, 335의 7 Ⅱ, 374의 2 Ⅳ).

6) 주식의 매수청구

회사의 정관에 의하여 주식의 양도를 제한한 경우(상 335 Ⅰ 단)에 양도인인 주주가 소정의 절차에 따라 회사에 양도의 승인을 청구하였으나(상 335의 2 Ⅰ) 회사가 양도승인을 거부한 때에는 회사에 대하여 양수인의 지정을 청구하거나 그 주식의 매수를 청구할 수 있다(상 335의 2 Ⅳ).

7) 이사회의 승인 없는 주식양도의 효력

정관에 의하여 주식의 양도를 제한하고 있는 경우에 이사회(또는 주주총회)의 승인이 없이 한 주식의 양도는 회사에 대한 관계에 있어서는 효력이 없다(상 335 Ⅱ 단, 383 Ⅳ). 그러나 당사자간에는 유효하다.

(2) 계약에 의한 제한

1) 회사의 정관에 주식의 양도를 제한하는 규정이 없거나 있는 경

우에도 회사와 주주, 주주 상호간 및 제 3 자와 주주간의 개별적인 계약에 의하여 주식의 양도를 제한하는 것은 가능하다고 본다. 그러나 회사와 주주간의 양도제한에 관한 계약의 내용이 사실상 주식의 양도를 금지하거나 정관으로 주식의 양도를 제한한 경우보다 현저하게 제한하는 것인 때에는 그 계약은 무효라고 할 것이다.

2) 주주 상호간, 제 3 자와 주주간의 주식의 양도를 제한하는 계약은 당사자간에 채권적 효력밖에 없다. 즉 주주 상호간 또는 제 3 자와 주주간의 계약에 반하여 주주가 주식을 양도한 경우에는 그 양도는 유효하고, 양도인은 다만 손해배상의무나 위약금의 지급의무를 질 뿐이다.

(3) 상법에 의한 제한

1) 권리주의 양도제한

권리주란 회사의 성립 전 또는 신주발행의 효력발생 전의 주식의 인수로 인한 권리를 말한다. 즉 주식인수인의 지위를 말한다. 권리주의 양도는 당사자간에 있어서는 유효하지만, 회사에 대하여 효력이 없다(상 319, 425). 회사에 대하여 그 효력을 주장하지 못하고 회사도 그 양도를 승인할 수 없다.

2) 주권발행 전의 주식의 양도제한

㈎ 회사의 성립 후 또는 신주발행의 효력발생 후라도 주권발행 전에 한 주식의 양도는 회사에 대하여 효력이 없다(상 335 Ⅱ 본). 이 경우는 권리주가 아니고 주식인수인이 주주의 지위를 취득한 후이므로 주식의 양도가 보장되어야 하지만 주권발행 전이므로 사무처리의 번잡을 피하기 위한 이유와, 회사에 대하여 주식양도의 효력을 주장하려면 주주명부에 명의개서가 되어야 하는데 주권발행 전에는 주주명부를 작성할 수 없기 때문에 명의개서가 불가능하고 주식의 양도는 원칙적으로 주권의 교부로 하여야 되므로(상 336 Ⅰ) 주권발행 전의 양도를 제한하는 것이다.

㈏ 회사의 성립 후 또는 신주의 납입기일 후 6월이 경과되기까지

회사가 주권을 발행하지 않은 경우에는 주식의 양도는 회사에 대하여 효력이 있다(상 335 Ⅲ). 즉 6월이 경과되기 전에 주권 없이 한 주식의 양도도 6월이 경과됨으로써 하자가 치유되어 회사에 대하여도 유효한 양도가 된다는 것이 다수설이다. 그 이유로 6월이 경과되기 전에 양도한 경우라도 6월이 경과하도록 주권을 발행하지 않은 때에는 6월이 경과한 후 양도절차만 반복하면 될 것인데 양도당사자를 번거롭게 할 필요가 없기 때문이라고 한다.

(다) 회사가 그 성립 후 또는 신주의 납입기일 후 6월이 경과하도록 주권을 발행하지 않은 때에는 이후 주권 없이 당사자간에 의사표시만으로 한 주식의 양도는 회사에 대하여 효력이 있다(상 335 Ⅲ 단)[대 88. 10. 11, 87 누 481; 대 91. 8. 13, 91 다 14093; 대 96. 6. 25, 96 다 12726].

3) 자기주식의 취득

(가) 총 설

종래에는 회사가 발행한 주식을 회사가 취득하는 것을 원칙적으로 금지하였고 예외적인 경우에만 허용하였다(구상 341). 종래에 자기주식의 취득을 금지한 것은 이를 허용하게 되면 여러 가지의 폐해가 생길 수 있으므로 이를 예방하기 위한 정책적 목적에 의한 것이었다. 그 예상되는 폐해는 다음과 같다.

(a) 자본금충실의 도모 회사가 자본금이나 법정준비금으로 자기주식을 유상으로 취득하게 되면 자본을 자본금감소의 절차(상 438, 439)를 거침이 없이 환급하는 결과가 되므로 기업의 유지와 회사채권자의 지위를 불안정하게 할 수 있다.

(b) 투기행위의 예방 자기주식의 취득을 인정하면 이사 등에 의한 주가의 조작 등에 의하여 투기행위를 할 우려가 있다. 그리고 회사가 합병이나 신주발행을 유리하게 하기 위하여 자기주식을 고가로 매입하였다가 이후 다시 매도하여 주가가 하락하게 되면 일반투자자의 이익을 해할 수 있다. 또한 주가상승에 영향을 미치는 정보를 미리 알고 이것이 공시되기 전에 자기주식을 매수하였다가 주가가 상승한 다음에 매도하는 등의 투기행위를 가능케 할 염려가 있다.

(c) 주주평등원칙의 준수 회사가 일부의 주주로부터 자기주식을 취득하거나 주주들로부터 각기 다른 가격으로 자기주식을 취득하게 되면 (예: 영향력있는 주주로부터 고가로 매입하는 경우), 기회의 불평등과 대가의 불공정으로 인하여 주주평등의 원칙에 반하게 된다.

(d) 불공정한 회사지배의 방지

aa) 회사지배를 위한 악용 자기주식의 취득을 인정하게 되면 회사는 자기주식에 대하여는 의결권이 없지만(상 369 II), 회사가 자기의 계산으로 타인의 명의로 취득한 자기주식은 타인의 주식과 구별이 명확하지 않으므로 그에 의한 의결권행사로 회사지배권의 유지를 위하여 악용될 수 있다. 또한 자기주식은 총회의 결의에 있어서 발행주식총수에 산입하지 않고(상 371 I) 의결권도 없으므로 회사가 자기주식을 취득한 이후에는 이전보다 주주들의 영향력이 상대적으로 증대되어 회사지배에 필요한 주식수가 감소되므로 회사의 지배가 용이해진다.

bb) 매수경쟁의 불공정 회사의 경영권을 장악하기 위하여 주식을 매수하려는 경쟁이 있는 경우에, 회사의 경영권을 장악하고 있는 주주는 회사로 하여금 회사의 자금으로 자기주식을 취득토록 함으로써 유리한 지위에 있게 되어 불공정한 결과가 초래될 수도 있다.

(e) 재단화의 방지 자기주식의 취득을 인정하게 되면 주식회사가 재단화될 염려가 있다. 그러나 개정상법(2011)은 자기주식의 취득을 원칙적으로 허용하면서 다만 그 절차 · 방법 및 취득재원만을 규제하고 있을 뿐이다.

(나) 경제적 효용

회사는 여러 가지의 목적으로 자기주식을 취득하는 경우가 있다. 예컨대, 주식의 가치인 주식의 시장가격을 상승시키기 위한 목적으로 취득한다. 즉 회사가 자기주식을 취득함으로써 시장에서 유통되는 주식의 수가 감소하고, 자기주식에 대하여는 의결권이 없고 이익배당도 하지 않으므로 주식의 가치를 상승시킨다. 한편 주가가 혼미상태인 경우에 주가의 대책으로 자기주식을 취득하기도 한다.

(다) 자기주식취득의 의의

(a) 상법 제341조에 의하면 자기주식의 취득이란 형식적으로 회사가 자기의 명의와 계산으로 자기주식을 취득하는 것이라고 하였다. 그러나

자기주식의 취득이란 경제적으로 동일한 결과가 생기는 경우로서 회사가 제 3 자의 명의로 자기의 계산으로 자기주식을 취득하는 때도 포함한다. 그러므로 이사가 회사의 계산으로 회사의 주식을 취득하는 것도 자기주식의 취득이 된다.

(b) 더 나아가 회사가 자기주식을 제 3 자로 하여금 회사의 전도금·대여금·보증금·담보의 제공으로 취득케 하는 경우도 자기주식의 취득으로 보아야 한다. 또한 회사가 제 3 자로 하여금 그 회사의 자회사나 모회사의 계산으로 자기의 주식을 취득케 하는 경우도 자기의 계산에 의한 자기주식의 취득으로 보아야 한다.

4) 자기주식의 취득규제

(가) 취득방법

회사는 i) 거래소의 시세있는 주식의 경우에는 거래소에서 취득하는 방법, ii) 상법 제345조 제 1 항의 상환주식의 경우를 제외하고, 각 주주가 가진 주식수에 따라 균등한 조건으로 취득하는 것으로서 대통령령이 정하는 방법에 의하여 자기의 명의와 계산으로 자기의 주식을 취득할 수 있다(상 341 I 본).

(나) 재원규제

자기주식의 취득가액의 총액은 직전 결산기의 대차대조표상의 순자산액에서 상법 제462조 제 1 항 각호의 금액을 뺀 금액을 초과하지 못한다(상 341 I 단). 그러므로 회사는 해당 영업연도의 결산기에 대차대조표상의 순자산액이 상법 제462조 제 1 항 각호의 금액의 합계액에 미치지 못할 우려가 있는 경우에는 자기주식의 매수를 하여서는 아니 된다(동조 Ⅲ). 이에 반하여 회사가 자기주식을 취득한 경우 이사는 회사에 대하여 연대하여 그 미치지 못한 금액을 배상할 책임이 있다. 그러나 상법 제341조 제 3 항의 우려가 없다고 판단함에 있어 주의를 게을리하지 아니하였음을 증명한 때에는 그 책임을 면한다(동조 Ⅳ, 462의 3 Ⅳ 단).

(다) 취득절차

자기주식을 취득하고자 하는 회사는 미리 주주총회의 결의로 i) 취득할 수 있는 주식의 종류 및 수, ii) 취득가액의 총액의 한도, iii) 1년을 초과하지 않는 범위에서 자기주식을 취득할 수 있는 기간을 결정하여야 한다. 다만 이사회의 결의로 이익배당을 할 수 있다고 정관에서 정하고 있는 경우에는 이사회의 결의로 주주총회의 결의를 갈음할 수 있다(상 341 Ⅱ).

5) 특정목적에 의한 자기주식의 취득

회사는 i) 회사의 합병 또는 다른 회사의 영업전부의 양수로 인한 때, ii) 회사의 권리를 실행함에 있어서 그 목적의 달성을 위하여 필요한 때, iii) 단주의 처리를 위하여 필요한 때, iv) 주주가 주식매수청구권을 행사한 때 등에는 상법 제341조의 규정에 의하지 않고 자기의 주식을 취득할 수 있다(상 341의 2).

(가) 합병 · 영업양수의 경우

(a) 합병 또는 다른 회사의 영업 전부를 양수하는 경우에 소멸회사가 존속회사의 주식을 소유하고 있는 때에는 존속회사는 그 자기주식을 취득할 수 있고, 영업 전부를 양수하는 회사는 양도회사가 소유하는 자기주식을 취득할 수 있다(상 341의 2 (1)).

(b) 이 경우에 자기주식의 취득을 인정하는 이유는 합병과 같은 포괄승계나 영업 전부를 양수하는 때에 유독 자기주식만을 제외시키는 것은 무의미하고 그 취득에 의한 폐해가 생길 염려가 없기 때문이다.

(나) 권리의 실행을 위한 경우

회사의 권리를 실행함에 있어 그 목적을 달성하기 위하여 필요한 때에는 자기주식의 취득을 인정한다(상 341의 2 (2)). 이 경우에 강제집행이나 소송상의 화해 또는 대물변제에 의한 자기주식의 취득은 채무자에게 다른 재산이 없고 이를 회사가 증명한 경우에만 인정된다[대 77. 3. 8, 76 다 1292].

(다) 단주처리의 경우

단주의 처리를 위하여 필요한 때에는 자기주식의 취득이 인정된다(상 341의 2 (3)).

(라) 주주가 주식매수청구권을 행사하는 경우

주주가 상법 제335조의 7, 제374조의 2 제 1 항, 제522조의 3, 제530조의 11 제 2 항에 의하여 주식매수를 청구하는 때에는 자기주식의 취득이 인정된다(상 341의 2 (4)).

6) 해석에 의한 자기주식의 취득

자기주식은 그 폐해의 염려가 없는 경우로서 해석에 의하여 취득이 인정되는 경우가 있다.

(가) 무상취득

(a) 회사는 증여·유증 등에 의하여 자기주식을 무상으로 취득할 수 있다. 이 경우는 회사의 자본적 기초를 위태롭게 하거나 회사채권자와 주주의 이익을 해한다고 할 수 없기 때문이다[대 96. 6. 25, 96 다 16919].

(b) 타인의 계산에 의한 자기주식의 취득도 무상취득의 경우와 마찬가지로 허용된다는 것이 판례의 입장이다.

> 판례는 「상법 제341조, 제341조의 2, 제342조의 2 또는 증권거래법 등에서 명시적으로 자기주식의 취득을 허용하는 경우 외에, 회사가 자기주식을 무상으로 취득하는 경우 또는 타인의 계산으로 자기주식을 취득하는 경우 등과 같이, 회사의 자본적 기초를 위태롭게 하거나 주주 등의 이익을 해한다고 할 수 없는 것이 유형적으로 명백한 경우에도 자기주식의 취득이 예외적으로 허용된다」고 하였다[대 2003. 5. 16, 2001 다 44109].

(나) 매수위탁에 의한 취득

위탁매매인인 증권회사 등이 매수위탁의 실행으로서 위탁자의 계산으로 자기주식을 취득할 수 있다. 이 경우는 자기의 명의로 타인의 계산으로 자기주식을 취득하기 때문이다.

(다) **신탁에 의한 취득**

회사가 자기주식을 신탁재산으로 받는 때에는 회사의 자산에는 영향을 미치지 않고 위탁자의 계산으로 취득하게 되므로 자기주식의 취득이 인정된다.

(라) **자기채권의 담보를 위한 점유**

회사가 질권설정계약을 체결하지 않고 채무변제의 확보를 위하여 담보로 자기주식을 단순히 점유하는 것은 가능하다.

7) 자기주식의 지위

(가) **사원권의 휴지**

(a) 공 익 권 상법에는 자기주식은 의결권이 없다는 규정(상 369 Ⅱ)만이 있을 뿐이고, 다른 공익권과 자익권에 대하여는 아무런 규정이 없으나 의결권뿐만 아니라 기타 모든 사원권도 행사할 수 없다는 것이 통설이다.

(b) 자 익 권

aa) 무상주교부

(ㄱ) **긍 정 설** 상법에는 명문의 규정은 없으나 회사가 준비금의 자본금전입에 의하여 무상주를 교부하는 경우에는 예외적으로 자기주식도 그 교부의 대상이 되어야 할 것이다.

(ㄴ) **부 정 설** 무상주의 교부를 반대하는 학설의 입장을 보면, i) 자기주식의 보유는 비정상적이고 극히 예외적이며 일시적인 것에 불과하므로 정상적인 주주에게 인정되는 비례적 이익을 자기주식에까지 인정할 것은 아니라고 하거나, ii) 회사가 무상주를 교부받지 못하여 일실하는 이익은 그것을 처분하여 주주들에게 귀속시키는 것이 바람직하기 때문이라고 하며 준비금의 자본금전입은 잉여금의 처분이므로 이익배당과 같이 인정되어서는 안 된다고 한다.

그러나 i)의 이유는 타당하지 못하다. 왜냐하면 개정상법(2011)에 의하면 회사의 자기주식의 취득을 원칙적으로 자유화하여(상 341 Ⅰ) 회사는 배당가능한 이익의 한도 내에서 자기주식을 취득하여 장기간 보유할 수 있으므로, 자기주식의 취득이 비정상적이고 예외적이며 일시적으로 인정된다고 할 수 없기 때문이다.

또한 ii)의 이유도 합당하지 못하다. 준비금의 자본금전입은 단순한 잉여금의 처분으로 보아서는 안 된다. 준비금의 자본금전입은 잉여금을 재원으로 하는 임의준비금으로 할 수 없고 법정준비금으로만 가능하기 때문이다. 또한 통설과 판례는 자기주식의 무상취득을 인정하는데 회사의 자기주식에 대한 무상주의 교부는 회사로서는 무상취득과 다를 바 없고 무상주의 교부는 주식의 분할이라고 할 수 있기 때문이다. 회사의 자기주식에 대하여는 무상주를 교부할 수 없다면 배당가능한 이익의 한도 안에서 자기주식의 취득을 인정하여 기업매수에 대비토록 한 개정상법(2011)의 입법취지에도 어긋난다.

bb) 신주인수권 신주발행의 경우에 자기주식을 소유한 회사는 자기주식의 가치를 유지할 필요가 있으므로 신주인수권을 갖는다는 설도 있지만, 회사가 신주인수권의 행사를 위하여 자기자금으로 납입을 하게 되면, 회사의 자본금충실을 해하게 될 것이므로 자기주식에 대하여는 신주인수권이 인정되지 않는다.

cc) 이익배당 · 잔여재산분배청구권

(ㄱ) 자기주식에 대하여 i) 이익배당이 가능하다는 설과, ii) 이익배당청구권과 잔여재산분배청구권이 인정된다는 설이 있다. iii) 그러나 회사는 이익배당이나 잔여재산의 분배에 관한 의안을 작성함에 있어서 미리 자기주식은 제외시킴으로써 그만큼 더 기타의 주주들에게 이익이나 잔여재산이 귀속되게 하여야 한다는 것이 통설이며 타당하다.

(ㄴ) 이익배당을 인정하게 되면 이것이 다시 다음 해의 배당가능한 이익으로 계상되어 회사의 수익력에 대한 주주의 판단을 흐리게 할 수 있고, 잔여재산의 분배를 인정하면 소멸회사가 이를 받아 끊임없이 잔여재산분배를 반복하여야 되기 때문이다.

(나) 회계처리

자기주식은 대차대조표상 기타 유동자산으로 기재된다. 그러나 주식의 소각을 위하여 취득한 경우에는 자본금에서 차감하는 형식으로 기재한다.

8) 자기주식의 처분

(가) 총 설

개정상법은 회사가 적법하게 취득 또는 매수한 자기주식을 무제한으로 보유할 수 있도록 한 반면에 처분에 대하여는 규제를 강화하였다. 종래에는 자기주식의 처분방법에 대하여 특별히 규제하는 규정이 없었고 회사의 대표이사가 경영판단에 따라 처리하였다. 그 이유는 종래에 회사의 자기주식의 취득은 원칙적으로 금지하였고 예외적인 경우에만 제한적으로 허용되었으므로 자기주식의 대량적인 보유와 처분은 예상할 수 없었기 때문이다.

(나) 이사회의 결의

개정상법(2011)에 의하면 자기주식의 대량의 보유와 처분이 예상되므로 그 처분에 있어서 기존주주와의 사이에 이해관계의 조정이 필요하므로 정관에 규정이 없으면 자기주식의 처분은 이사회가 결정하도록 하였다(상 342). 즉 이사회가 처분할 주식의 종류와 수, 처분할 주식의 처분가액과 납입기일 및 처분방법을 정하여야 한다.

9) 자기주식의 소각

회사가 보유하는 자기주식의 소각은 이사회의 결의만으로 할 수 있으며 이 경우에는 자본금감소에 관한 규정은 적용되지 않는다(상 343 I 단). 회사가 보유하는 자기주식의 소각절차는 완화되었다. 그 이유는 개정상법(2011)에 의하면 회사의 자기주식의 취득을 목적의 여하를 묻지 않고 할 수 있고 이 경우에는 재원규제와 절차규제를 받음으로 소각단계에서는 엄격한 규제를 할 필요가 없기 때문이라고 할 수 있다. 그리고 자기주식의 소각은 주주 및 채권자의 이익을 해하지 않기 때문이다.

10) 취득규제위반의 효과

(가) 취득행위의 효과

취득규제의 규정(상 341)에 위반한 자기주식 취득행위의 효과에 관하여는 무효설·상대적 무효설·유효설이 있다.

(a) 무 효 설 종래에 자기주식의 취득금지에 위반한 자기주식의 취득은 무효라고 하는 것이 다수설이고 판례의 입장이었다(대 64. 11. 12, 64 마 719; 대 2003. 5. 16, 2001 다 44109). 구상법 제341조는 회사와 회사채권자 및 주주 그리고 일반투자자 등의 이익을 보호한다는 정책적 이유로 법정된 강행법규였다. 그리하여 이 규정에 위반한 취득행위는 양도인의 선의·악의를 불문하고 무효라고 하였다. 개정상법(2011)에 의하면 자기주식의 취득을 원칙적으로 허용하고 있다. 그러나 자기주식의 취득을 위한 절차와 방법 및 취득재원 등에 대하여 엄격하게 규제를 하고 있으므로 이러한 규제를 위반한 자기주식의 취득은 무효라고 함이 타당하다.

(b) 상대적 무효설 이는 기본적으로 무효설의 입장이면서 거래의 안전을 위하여 예외가 인정되어야 한다는 것이다. 이 설은 다시 세 가지의 입장으로 갈린다.

aa) 제 설 i) 타인의 명의로 회사의 계산으로 취득하는 경우에는 양도인에게 악의가 없는 한 유효하다는 설과, ii) 양도인은 선의·악의를 불문하고 무효를 주장하지 못하고, 회사·회사채권자·주주도 양도인에게 악의가 없는 한 무효를 주장하지 못한다는 설이 있다. 또한 iii) 자기주식의 취득은 양도인의 선의·악의를 묻지 않고 무효이지만 선의의 제 3 자(전득자·압류채권자 등)에게는 대항하지 못한다는 설도 있다.

bb) 제설의 검토 i)설에 의하면 회사가 타인명의로 자기주식을 취득한 경우는 양도인의 악의를 증명한다는 것이 곤란하므로 타인명의에 의한 자기주식의 취득은 사실상 모두 유효하게 된다는 문제가 있고, ii)설에 의하면 회사·회사채권자·주주도 양도인의 악의를 증명하지 못하는 한 무효를 주장할 수 없게 되어 회사를 비롯한 다수 이해관계자의 이익을 해할 우려가 있다. iii)설은 주식의 전득자나 압류채권자를 보호한다는 점에 장점이 없는 것은 아니나 기술한 바와 같이 무효설이 타당하다고 본다.

(c) 유 효 설　　이는 종래의 자기주식의 취득금지규정을 명령적 규정에 불과하다고 보아 그 취득행위 자체는 유효하고 이사의 손해배상책임이 생길 뿐이라고 한다. 이 설은 타인명의로 자기주식을 취득한 경우에는 거래의 안전을 도모할 수 있다는 장점이 있지만 모든 취득행위를 유효라고 보는 것은 자기주식의 취득을 규제하는 입법취지에 어긋난다고 할 수 있다.

(나) 이사의 손해배상책임

취득규제규정에 위반한 자기주식의 취득으로 인하여 회사에 손해가 있는 때에는 이사는 연대하여 손해배상의 책임이 있고(상 399), 더욱이 악의 또는 중대한 과실이 있는 때에는 제 3 자(주주 또는 회사채권자 등)에 대하여도 연대하여 손해배상책임을 진다(상 401). 감사 또는 소수주주권자는 이사에 대하여 그 취득행위의 유지를 청구할 수 있고(상 402), 취득행위로 인하여 발생한 손해에 대하여 대표소송에 의하여 이사의 책임을 추궁할 수 있다(상 403).

(다) 형벌의 제재

자기주식의 취득규제의 규정에 위반한 이사 등의 행위에 대하여는 형벌의 제재가 있다(상 625(2)).

II) 자회사에 의한 모회사주식의 취득금지

(가) 모 · 자회사의 기준

(a) 상법은 자회사에 의한 모회사주식의 취득을 금지하고 있는데, 모회사를 실질적인 지배종속관계가 아니라 소유주식의 수만을 기준으로 하여 법정하고 있다. 자회사는 자기회사의 발행주식총수의 100분의 50을 초과하는 주식을 가진 회사(이하 모회사라 한다)의 주식을 취득할 수 없다(상 342의 2 I). 즉 다른 회사(B)가 발행한 주식총수의 100분의 50을 초과하는 주식을 가진 회사(A)를 B의 모회사(母會社)라 하고 B는 A의 자회사(子會社)라

한다. 또한 B가 또 다른 회사(C)가 발행한 주식총수의 100분의 50을 초과하여 소유하는 경우에 C는 B의 자회사인 동시에 A의 자회사가 된다(상 342의 2 Ⅲ). 즉 C는 A의 손자인 지위에서 또한 A의 자회사로 의제된다. 그리하여 C는 B의 주식뿐만 아니라 A의 주식도 취득하지 못한다.

(b) 상법은 다른 회사의 발행주식총수의 100분의 50을 초과하는 주식을 1개회사가 단독으로 소유하는 경우뿐만 아니라 모회사 및 자회사가 가지고 있는 경우에도 그 다른 회사는 그 모회사의 자회사로 본다(상 342의 2 Ⅲ). 즉 모회사(A)와 자회사(B)가 소유하는 다른 회사(C)의 주식의 합계가 그 다른 회사(C)의 발행주식총수의 100분의 50을 초과하는 경우는 다른 회사(C)는 그 모회사(A)의 자회사로 보아 C는 A의 주식을 취득하지 못한다.

(나) 취득금지의 예외

자회사는 원칙적으로 모회사의 주식을 취득할 수 없으나 다음의 경우에 예외적 취득이 인정된다. i) 주식의 포괄적 교환, 주식의 포괄적 이전, 회사의 합병 또는 다른 회사의 영업 전부를 양수한 때, ii) 회사의 권리를 실행함에 있어 그 목적을 달성하기 위하여 필요한 때에는 담보권의 실행에 의하여 모회사의 주식을 취득할 수 있다(상 342의 2 Ⅰ). 이 밖에도 명문의 규정은 없으나 자회사에 의한 모회사주식의 무상취득은 가능하다고 본다. 왜냐하면 이 경우는 자본공동화의 우려가 없고 의결권이 인정되지 않으므로(상 369 Ⅲ) 폐해가 야기될 염려가 없기 때문이다.

(다) 모회사주식의 처분

자회사가 예외적으로 취득한 모회사의 주식은 취득한 날로부터 6월 이내에 처분하여야 한다(상 342의 2 Ⅱ). 무상취득의 경우도 같다. 이사가 6월 이내에 처분하지 않는 경우는 벌금형의 제재를 받는다(상 625의 2).

(라) 모회사주식의 지위

자회사가 예외적으로 취득한 모회사의 주식에 대하여는 의결권뿐만 아니라 기타의 공익권과 자익권도 인정되지 않는다.

(마) 취득금지위반의 효과

자회사에 의한 모회사주식의 취득은 무효로 봄이 타당하다. 그러나 양도인은 그 무효를 주장하지 못한다고 할 것이다. 자회사가 취득금지를 위반한 경우에 이사의 책임은 자기주식의 취득규제를 위반한 경우와 같다. 자회사가 취득금지에 위반하여 모회사의 주식을 취득한 때에는 이사는 2천만원 이하의 벌금형의 제재만을 받는다(상 625의 2).

3. 주식의 양도방법

(1) 주권발행 전의 양도

1) 주권이 발행되기 전이라도 당사자간에 있어서는 의사표시만으로 유효하게 주식을 양도할 수 있다. 다만 회사성립 후 또는 신주의 납입기일 후 6월이 경과하기 전에 회사가 주권을 발행하지 않아서 주권 없이 한 양도는 회사에 대하여 효력이 없다. 그러나 회사가 회사성립 후 또는 신주의 납입기일 후 6월이 경과하여도 주권을 발행하지 않아서 주권 없이 한 양도는 당사자간에 있어서뿐만 아니라 회사에 대하여도 그 효력이 있다(상 335 Ⅲ 단)[대 88. 10. 11, 87 누 481].

2) 6개월이 경과한 후 주권을 발행하지 않은 경우에는 주식양도는 당사자 사이의 의사표시만으로 성립된다. 그러므로 양도인과 양수인이 회사에 대하여 주식의 양도사실을 신고하는 경우는 물론이고 양수인이 단독으로 양도를 증명하는 양도계약서 등을 제시하고 명의개서를 청구하면 회사는 양도사실에 관한 반증을 할 수 없는 한 명의개서를 거절할 수 없다.

(2) 주권발행 후의 양도

주권발행 후에 주식의 양도는 주권의 교부에 의한다(상 336 I). 즉 주식의 양도는 양도의 의사표시와 주권의 교부에 의하여 그 효력(이전적 효력)이 생긴다[대 93. 12. 28, 93 다 8719]. 주권의 교부는 현실의 인도를 원칙으로 하지만 간이인도(민 188 Ⅱ), 점유개정(민 189) 및 반환청구권의 양도(민 190)에 의하여도 할 수 있다. 주권의 교부는 주식양도의 유효요건이며 대항요건은 아니다. 따라서 주권의 불소지를 신고한 주주(상 358 의 2 Ⅰ)가 주식을 양도하려면 회사에 대하여 주권의 발행이나 임치한 주권의 반환을 청구하여(상 358 의 2 Ⅳ) 주권을 교부하여야 한다.

(3) 주권대체결제제도

1) 주식회사가 거대화하여 그 자본이 방대해지고 한편 대중투자자가 증대함에 따라 소액면의 주권이 많이 발행되고, 또 증권거래소에서의 거래량이 많아짐에 따라 수수되는 증권의 수도 엄청나게 늘어난다. 그리하여 증권을 움직이지 않고 증권에 표창된 권리를 이전시킬 수 있도록 하기 위한 제도가 유가증권의 대체결제제도(株券對替決濟制度)이다. 대체결제업무를 전담하는 기관으로 한국증권대체결제주식회사가 있었으나 1993년 12월 24일에 개정된 증권거래법에 의하여 그 명칭이 증권예탁원으로 변경되었다. 이후 2007년의 자본시장과 금융투자업에 관한 법률에 의하여 한국예탁결제원이 되었다.

2) 증권의 대체결제란 증권소유자가 그 소유증권을 먼저 증권회사에 예탁하고 증권회사는 다시 이것을 예탁결제원에 예탁한다. 이 경우에 증권소유자는 증권회사의 고객계좌부에, 증권회사는 예탁결제원의 예탁자계좌부에 각기 자기구좌를 개설하고 증권의 이전이나 담보권의 설정은 장부상의 기재만으로 하는 것을 말한다. 이에 의하여 증권은 실제 움직이지 않고 장부상으로만 이동한다. 유가증권은 그 권리를 이전하기 위해서는 당사자간의 합의뿐만 아니라 증권의 교부가 있어야 하지만 대체결제의 경우는 증권의 교부가 있는 것과 동일한 효력을 인정한다(자금 311 Ⅱ).

3) 예컨대 A증권회사의 고객 갑이 B증권회사의 고객 을에게 X회사의 주식 1,000주를 양도하는 경우에 A의 고객계좌부에 있는 갑의 계좌로부터 1,000주를 말소하는 기재를 하고 증권예탁원은 A의 청구에 의하여 예탁자계좌부에서 1,000주를 말소하고 B의 예탁자계좌부에는 1,000주가 증가된 것으로 기재한다. 그리고 B는 고객계좌부의 을의 계좌에 1,000주가 증가된 것으로 기재한다.

4) 예탁자의 고객이나 그 질권자는 예탁자에 대하여, 예탁자는 예탁결제원에 대하여 언제든지 공유지분에 해당하는 예탁증권의 반환을 청구할 수 있다. 이 경우 질권의 목적으로 되어 있는 예탁증권에 대하여는 질권자의 동의가 있어야 한다(자금 312 II).

《주권대체결제의 법률관계》

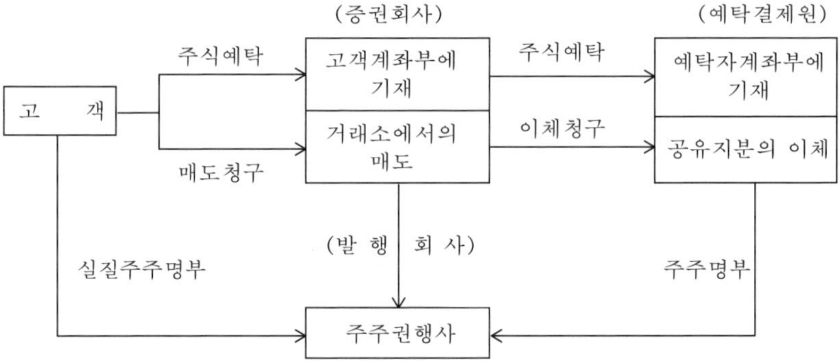

제 5 관 주식의 담보

1. 서 설

주식은 기업자금의 융통을 위하여 담보로 제공되는 경우가 많다. 즉 주식은 양도의 대상이 됨과 동시에 질권의 목적이 될 수 있다(상 338). 주식의 담보화는 원칙적으로 자유이지만 주식양도에 관한 상법과 정관의 규정에 의하여 제한이 되고 자기주식의 질취는 일정한 범위 내에서만 가능하다. 권리주와 주권발행 전의 주식의 입질과 양도담보는 당사자간에서만 유효하고 회사에 대하여는 효력이 없다. 또한 주권의 발행 전이라도 회사가 회사의 성립 후 또는 신주의 납입기일 후 6월이 경과하였으나 주권을 발행하지 않는 때에는(상 335 Ⅲ 단) 주식의 입질은 회사에 대하여도 효력이 있다.

2. 자기주식의 질취제한

(1) 회사는 발행주식총수의 20분의 1을 초과하지 않는 범위 내에서 자기주식의 질취(質取)를 할 수 있다(상 341의 3 본). 이러한 제한의 이유는 회사의 자산상태가 악화된 경우에는 담보가치의 하락으로 회사에 이중으로 손해가 발생하는 것을 최소화시키는 데 있다. 자회사가 모회사의 주식을 질취하는 때에는 질취제한규정이 적용되지 않는다는 설과 모회사가 자회사의 주식을 전부 소유하는 경우에만 적용된다는 설이 있으나, 자회사가 모회사의 주식을 질취하는 경우에도 적용된다고 본다. 왜냐하면 자회사에 의한 모회사주식의 취득금지규정의 탈법수단으로 악용될 여지가 있기 때문이다. 자기주식의 취득과 동시되는 매도담보나 등록양

도담보는 발행주식총수의 20분의 1을 초과하지 않는 경우에도 이를 하지 못한다.

(2) 예외적으로 회사의 합병 또는 다른 회사의 영업전부를 양수하는 경우, 회사의 권리를 실행함에 있어서 그 목적을 달성하기 위하여 필요한 때에는 제한 없이 자기주식의 질취가 인정된다(상 341의 3 단). 예컨대 담보제공의무(민 432)가 있는 채무자가 자기주식 이외에 다른 담보를 갖고 있지 않는 때나 무담보채권을 갖고 있는 회사가 채무자의 자력이 악화되어 담보를 확보하고자 할 때, 채무자가 자기주식 이외에 다른 재산이 없거나 부족한 때 등이다. 이 경우에도 회사는 상당한 시기에 질권을 처분하여야 한다(상 342).

(3) 질취제한에 관한 규정(상 341의 3 본)에 위반하여 회사가 자기주식을 질취한 때에 그 효과에 대하여는 i) 제한을 초과한 주식의 질취도 유효하다는 유효설과, ii) 선의의 질권설정자에 대하여는 무효를 주장할 수 없다는 상대적 무효설이 있으나, iii) 자기주식의 질취는 자기주식취득의 규제규정의 탈법수단으로 악용될 수 있는 소지가 많기 때문에 그 제한을 초과하는 질취의 무효설이 타당하다.

(4) 질취제한의 위반으로 인하여 회사에 손해가 있는 때에는 이사는 회사에 대하여 연대하여 손해배상책임이 있고(상 399), 악의 또는 중대한 과실이 있는 때에는 제 3 자에 대하여도 연대하여 손해배상책임을 진다(상 401). 그리고 질취의 제한규정에 위반한 이사 등에 대하여는 형벌의 제재가 있다(상 625 (2)).

(5) 질취한 자기주식에 대한 공익권은 질권설정자인 주주가 행사한다. 다만 회사에게는 우선변제권(민 329)과 전질권(민 336)이 있으며 물상대위가 인정된다(상 339, 461 Ⅷ).

3. 주식의 입질

(1) 총 설

입질의 방법에는 약식질과 등록질이 있다. 약식질은 단기금융이나 비밀을 요하는 경우에 이용되고, 등록질은 장기금융을 위한 제도이지만 질권설정자의 신용과 체면에 영향을 미치므로 실제에 있어서는 양도담보의 방법이 주로 이용되고 있다.

(2) 방 법

1) 약식질(略式質)은 질권설정의 합의와 주권의 교부에 의하여 그 효력이 발생하고 제 3 자에 대한 대항요건으로는 주권을 계속 점유하고 있어야 한다(상 338 Ⅰ·Ⅱ).

2) 등록질(登錄質)은 질권설정자인 주주의 청구에 의하여 질권자의 성명과 주소를 주주명부에 덧붙여 쓰고 그 성명을 주권에 적는 방법의 입질이다. 등록질의 질권자는 회사로부터 이익배당, 잔여재산의 분배 또는 상법 제339에 따른 금전의 지급을 받아 다른 채권자에 우선하여 자기채권의 변제에 충당할 수 있다(상 340 Ⅰ). 질권의 등록은 질권설정자만이 회사 또는 명의개서대리인에 대하여 할 수 있다. 회사는 정당한 사유 없이 질권의 등록을 거절할 수 없으나 주주명부의 폐쇄기간중에는 그 등록이나 말소를 할 수 없다. 등록질의 경우에도 제 3 자에 대한 대항요건으로서 주권을 계속하여 점유하고 있어야 한다(상 338 Ⅱ).

3) 실제에 있어서는 양도담보의 방법이 많이 이용된다. 이것은 주식의 단순한 입질보다 당사자간의 질권설정의 합의와 함께 주권을 교부하고 채무의 변제가 없는 때에는 채권자가 주식을 처분할 수 있는 주식의 처분승낙서를 첨부하여 채권자에게 교부하는 것이다. 주식의 경우에 담보의 목적으로 주권을 담보권자에게 교부하고 담보권자가 이를 계속

점유하는 방법에 의하는 약식양도담보와, 담보권자가 주주명부에 명의개서를 하는 등록양도담보의 방법이 있다.

(4) 예탁주식의 입질

증권예탁원에 예탁된 상장회사의 주식에 대한 질권 또는 양도담보의 설정은 예탁자계좌부 또는 고객계좌부상의 담보권설정자의 계좌로부터 담보권자의 계좌로 대체하는 기재에 의하여 그 효력이 생긴다(자금 311 Ⅱ).

4. 담보의 효력

(1) 유치권 등

질권자는 주권을 유치할 수 있을 뿐만 아니라(민 355, 335), 변제기에 변제를 하지 아니하면 환가하여 우선변제를 받는 우선변제권(민 329)도 있다. 또한 질권자는 전질권(민 336)이 있다. 양도담보의 경우도 같다.

(2) 물상대위권

1) 주식의 소각 · 병합 · 분할 · 전환 · 준비금의 자본금전입에 의한 무상주발행 · 신주발행의 무효 · 회사의 합병 · 조직변경 · 해산으로 인하여 종전의 주주가 받을 금전이나 주식에 대하여도 종전의 주식을 목적으로 하는 질권을 행사할 수 있다(상 339, 461 Ⅶ, 432 Ⅲ, 530 Ⅳ, 601 Ⅰ). 약식질의 경우에 질권의 설정은 회사와는 아무런 관계가 없기 때문에 질권의 물상대위(物上代位)가 인정된 주식(또는 지분) 또는 금전에 대하여 그 권리를 행사하려면 회사로부터 그 교부 또는 지급이 있기 전에 압류를 하여야 한다(민 355, 342).

2) 등록질의 경우에 질권자는 회사에 대한 관계에 있어서 질권자로서의 자격이 추정되므로 주식의 교부나 지급 전에 압류나 자기의 권리

를 증명하지 않고도 권리를 행사할 수 있으며, 회사도 질권자에게 지급 기타의 급부를 함으로써 악의 또는 중대한 과실이 없는 한 면책된다. 회사는 질권자의 권리행사를 위하여 질권자에 대하여도 통지를 하여야 한다(상 440, 431 Ⅱ, 343 Ⅱ).

(3) 이익배당청구권

등록질의 경우에는 질권자는 회사로부터 이익배당을 받아 다른 채권자에 우선하여 자기채권의 변제에 충당할 수 있다(상 340 Ⅰ). 그러나 피담보채권의 변제기가 도래하지 않은 때에는 회사에 대하여 그 금액의 공탁을 청구할 수 있다(상 340 Ⅱ; 민 353 Ⅲ). 이러한 권리는 등록양도담보의 경우에도 인정된다. 그런데 약식질 또는 약식양도담보의 경우에도 이익배당금에 대하여 담보의 효력이 미치는가에 대하여는 부정설과 긍정설이 있다.

(4) 주식배당청구권

주식배당에 대하여는 상법은 등록질의 경우에 질권자의 주권교부청구권을 인정하고 있는데(상 462의 2 Ⅵ, 340 Ⅲ), 등록양도담보의 경우도 같다. 약식질과 약식양도담보의 경우에도 주식배당의 성질을 이익배당으로 보든 주식분할로 보든 관계 없이 담보의 효력이 미친다고 본다.

(5) 잔여재산분배청구권

등록질의 경우에는 잔여재산분배금에 대하여도 담보의 효력이 미친다(상 340 Ⅰ), 등록양도담보의 경우도 같다고 할 것이다. 또한 약식질과 약식양도담보의 경우에도 잔여재산분배금은 주식의 변형물이고 대위물이라고 할 수 있으므로 당연히 담보의 효력이 미친다고 할 것이다.

(6) 신주인수권

주주의 신주인수권에도 담보의 효력이 미치는가에 대하여는 등록질의 경우에도 아무런 규정이 없다. 그리하여 이에 관하여는 긍정설과 부정설이 있다.

《담보의 효력》

권 리	등 록 질	약 식 질
유치권 · 우선변제권 · 전질권	○	○
물상대위권	○	○
이익배당청구권	○	○(×)
주식배당청구권	○	○(×)
잔여재산분배청구권	○	○
신주	×(○)	×(○)

○ : 법정 또는 긍정설, × : 부정설, ( ) : 괄호 안은 소수설.

(7) 공 익 권

공익권은 입질방법의 여하에 불구하고 질권설정자가 행사하며, 질권자는 행사하지 못한다〔대 92. 5. 12, 90 다 8862〕. 왜냐하면 담보의 효력은 주식의 재산적 권리에만 미치기 때문이다. 등록양도담보의 경우에는 담보권자의 명의로 명의개서를 하므로 공익권도 담보권자가 행사하게 된다. 단순한 양도담보의 경우에도 회사는 담보권자를 주주로 취급하여야 한다는 설도 있고, 이것이 판례의 입장이기도 하

> **주식담보 고리대출**
> **강남지역중심 성행**
>
> 강남지역 증권가를 중심으로 일부 사금융업자들이 증권사 직원과 투자자들을 대상으로 주식을 담보로 한 연 25~35%의 고리 대출 영업을 공공연하게 펼치고 있는 것으로 알려졌다.
>
> 26일 증권감독원에 따르면 최근 고액 투자자들이 많은 강남지역 증권사 점포의 직원들 앞으로 주식매입자금을 투자자에게 빌려준다는 사금융업체의 안내문이 배달됐다.
>
> 안내문은 주식투자자들에게 융자로 매입한 주식을 담보로 맡긴다는 조건아래 15일에 1%의 이율로 위탁증거금의 5배까지 신용대출을 해주며 보유주식을 담보로 제공할 경우 15일에 1.5%의 금리조건으로 보유주식 대용가격의 1백%까지 빌려준다고 밝히고 있다.
>
> 안내문은 특히 수년간 증권 보험 은행 등 금융계의 임·직원들을 대상으로 해온 이같은 서비스를 일반 투자자들에게도 확대하는 것이라며 적극적인 이용을 부추기고 있다는 것이다.
>
> 한국경제신문 1997년8월27일

나(대 93. 12. 28, 93 다 8719), 이 경우에는 주주명부상의 주주인 담보설정자가 의결권을 행사하여야 된다고 본다.

제 6 관 주식의 소각·병합·분할

1. 주식의 소각

(1) 주식의 소각이란 회사의 존속중에 특정한 주식을 절대적으로 소각시키는 것이다. 주식의 소각은 회사의 규모를 축소하기 위한 경우나 장기간의 결손으로 불가능하였던 이익배당을 가능하게 하기 위한 경우에 하게 되며 이익소각은 앞으로 해산될 회사의 청산을 간단하게 하기 위한 경우 등에 하게 된다.

(2) 주식의 소각은 주주의 의사에 의하는가, 회사의 일방적 행위에 의하는가에 따라 임의소각과 강제소각으로 구분할 수 있다. 그러나 어떠한 방법에 의하든 회사는 주주평등의 원칙에 의하여야 한다. 임의소각은 회사가 주주의 동의를 얻어서 자기주식을 취득(상 341 I)한 후 이를 소멸시키는 것을 말한다. 강제소각은 회사의 일방적 행위(추첨·안분비례 등)에 의하여 주주의 동의 없이 소멸시키는 것이다. 그리고 소각은 그 대가의 유무에 따라 유상소각과 무상소각으로 구분된다.

(3) 주식은 자본금 감소에 관한 규정에 의하여서만 소각할 수 있다. 다만 이사회의 결의에 의하여 회사가 보유하는 자기주식을 소각하는 경우에는 그러하지 아니하다(상 343 I 단). 이 경우에는 상법 제440조와 제441조의 규정을 준용한다(동조 II).

2. 주식의 병합

(1) 주식의 병합이란 수개의 주식을 합하여 그보다 적은 수의 주식으로 하는 것을 말한다(예: 2주를 1주로 하는 경우). 주식의 병합은 자본금감소의 경우(상 439 I), 합병시 당사회사의 재산상태가 다를 때, 예컨대 해산회사의 주식 2주에 대하여 존속회사의 주식 1주를 배정하여야 하는 경우에 해산회사의 주식을 병합하는 경우나, 유한책임의 원칙이나 주주평등의 원칙에 위배됨이 없이 1주의 권면액을 인상하는 경우(액면이 5,000원인 신주와 구주를 병합하여 10,000원으로 하는 경우)에 하게 된다. 그러므로 주권의 병합과는 다르다.

(2) 주식을 병합하는 경우에는 회사는 1월 이상의 기간을 정하여 그 뜻과 그 기간 내에 주권을 회사에 제출할 것을 공고하고, 주주명부에 기재된 주주와 등록질권자에 대하여 각별로 통지를 하여야 한다(상 440).

(3) 병합의 결과 회사가 발행한 주식총수는 감소되고, 주주의 권리는 단주에 의하여 소멸되지 않는 한 병합 후의 신주식에 존속하게 된다. 그리고 구주식을 목적으로 하는 질권은 병합으로 인하여 주주가 받을 신주식과 금전에 존속하게 된다(상 339). 주식병합의 결과 회사의 발행주식총수가 변경되므로(상 317 II (3)) 변경등기를 하여야 한다(상 317 II, 183).

3. 주식의 분할

(1) 주식의 분할이란 회사의 자본금이나 자산은 변경시킴이 없이 주식을 세분화하여 발행주식총수를 증가시키는 절차이다. 분할에 의하여 발행되는 주식은 각 주주가 갖는 지주수에 따라 주주에게 배분되므로 주주의 실질적인 지위에는 아무런 변동이 생기지 않는다. 주식의 분할은 주가가 지나치게 높아져서 그 유통성이 둔화되는 경우에 유통주식

수를 증가시킴으로써 주식의 시장성을 도모하려는 경우와 이익배당액의 조정 및 신주의 발행이나 합병의 준비를 위한 경우에 한다. 상법에 의하면 액면주식의 경우 1주의 금액을 100원 이상으로 할 수 있으므로 주주총회의 특별결의에 의하여 주식은 100원 이상으로 분할할 수 있다(상 329의 2 Ⅱ).

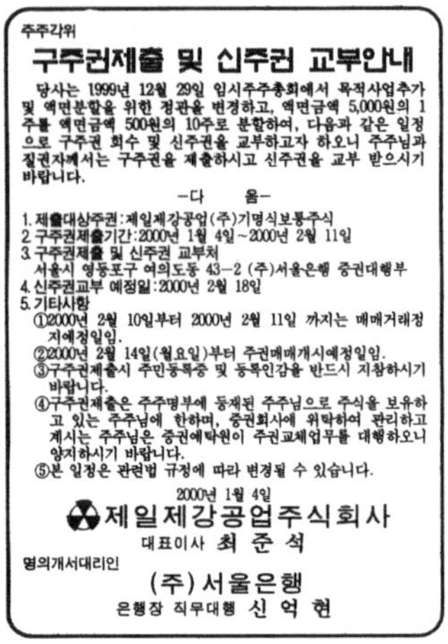

주주각위

구주권제출 및 신주권 교부안내

당사는 1999년 12월 29일 임시주주총회에서 목적사업추가 및 액면분할을 위한 정관을 변경하고, 액면금액 5,000원의 1주를 액면금액 500원의 10주로 분할하여, 다음과 같은 일정으로 구주권 회수 및 신주권을 교부하고자 하오니 주주님과 질권자께서는 구주권을 제출하시고 신주권을 교부 받으시기 바랍니다.

-다 음-

1. 제출대상주권: 제일제강공업(주)기명식보통주식
2. 구주권제출기간: 2000년 1월 4일~2000년 2월 11일
3. 구주권제출 및 신주권 교부처
   서울시 영등포구 여의도동 43-2 (주)서울은행 증권대행부
4. 신주권교부 예정일: 2000년 2월 18일
5. 기타사항
   ①2000년 2월 10일부터 2000년 2월 11일 까지는 매매거래정지예정일임.
   ②2000년 2월 14일(월요일)부터 주권매매개시예정일임.
   ③구주권제출시 주민등록증 및 등록인감을 반드시 지참하시기 바랍니다.
   ④구주권제출은 주주명부에 등재된 주주님으로 주식을 보유하고 있는 주주님에 한하며, 증권회사에 위탁하여 관리하고 계시는 주주님은 증권예탁원이 주권교체업무를 대행하오니 양지하시기 바랍니다.
   ⑤본 일정은 관련법 규정에 따라 변경될 수 있습니다.

2000년 1월 4일

제일제강공업주식회사

대표이사 최 준 석

명의개서대리인

(주)서울은행

은행장 직무대행 신 억 현

(2) 그리고 주권제출의 최고, 신주권의 교부 등 그 절차 및 효력에 관하여는 주식병합에 관한 규정(상 440~443)을 준용한다(상 329의 2 Ⅲ). 주식분할의 효력이 생기면 회사의 발행주식총수가 증가한다. 그리고 구주식에 대한 질권은 물상대위에 의하여 신주식에 대하여 행사할 수 있다(상 339).

(3) 주식분할의 결과 주식총수가 변경되므로(상 317 Ⅱ (3)) 변경등기를 하여야 한다(상 317 Ⅲ, 183).

제 5 장 주식회사의 기관

1. 서 설

(1) 주식회사는 법인이므로(상 169) 독자적인 권리능력을 갖는다. 그러나 회사 자체는 직접 활동할 수 없으므로 자연인으로 구성되는 일정한 조직인 기관을 필요로 하게 된다. 즉 주식회사는 회사의 의사를 결정하고 그에 따라 행동하며, 결정된 의사를 대외적으로 표시하기 위하여 일정한 기관이 있어야 한다. 주식회사의 기관은 3권분립의 원칙에 의하여 회사의 대내적 의사결정기관으로서 주주총회와 이사회, 대표기관이며 업무집행기관으로서 대표이사, 그리고 감독기관으로서 감사 등의 필요적 기관으로 분화되며, 또한 필요에 따라 임시기관으로서 검사인을 선임할 수 있다.

(2) 우리 상법은 영미법상의 이사회제도(board of directors)를 도입하였기 때문에 회사의 의사결정기관이 주주총회와 이사회로 이분화되었다고 할 수 있다. 1984년의 개정상법은 이사회의 업무감독권을 법정함과(상 393 Ⅱ) 동시에 감사에게 업무감사권을 다시 부여하고(상 412) 업무감사를 위하여 필요한 권한을 인정하여 감사의 지위를 강화하였다. 그러나 개정상법(1999. 12)에 의하여 정관으로 감사위원회를 두기로 한 때에는 감사를 둘 수 없다(상 415의 2 Ⅰ). 또한 직전사업연도 말의 자산총액이 100억원 이상인 주식회사는 매 사업연도개시일로부터 4월 이내에 외부감사인을 선임하여야 한다(외감 2, 4; 동시행령 2).

(3) 개정상법(2011)은 이사회의 감독기능을 강화하고 회사의 업무집행의 효율성을 제고하기 위하여 이사회의 업무집행기능을 분리하여

《주식회사의 기관구성》

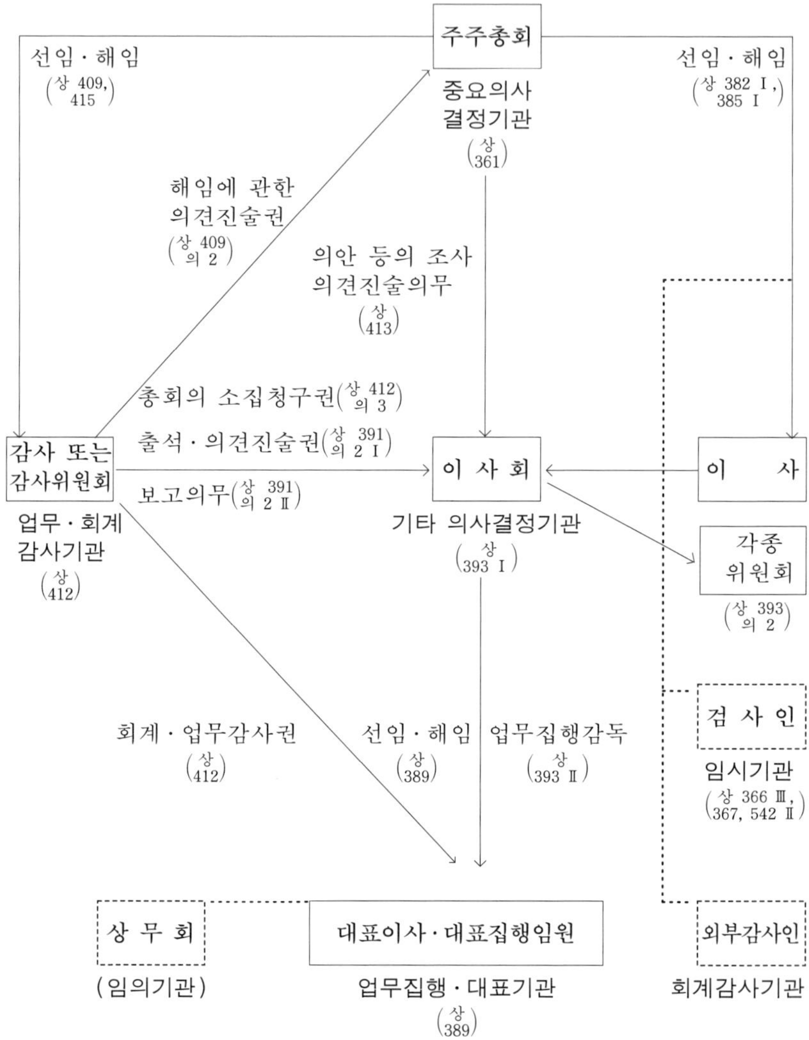
주주총회
중요의사 결정기관 (상 361)
선임·해임 (상 409, 415)
선임·해임 (상 382 Ⅰ, 385 Ⅰ)
해임에 관한 의견진술권 (상 409의 2)
의안 등의 조사 의견진술의무 (상 413)
총회의 소집청구권(상 412의 3)
출석·의견진술권(상 391의 2 Ⅰ)
보고의무(상 391의 2 Ⅱ)
감사 또는 감사위원회
업무·회계 감사기관 (상 412)
이 사 회
기타 의사결정기관 (상 393 Ⅰ)
이 사
각종 위원회 (상 393의 2)
검 사 인
임시기관 (상 366 Ⅲ, 367, 542 Ⅱ)
회계·업무감사권 (상 412)
선임·해임 (상 389)
업무집행감독 (상 393 Ⅱ)
상 무 회
(임의기관)
대표이사·대표집행임원
업무집행·대표기관 (상 389)
외부감사인
회계감사기관

이를 전담할 집행기관인 집행임원을 둘 수 있도록 하고, 그 도입여부는 개별 회사가 자율적으로 선택할 수 있게 하였다(상 408의 2 내지 408의 9)(229면 이하 참조).

2. 주주총회

(1) 서 설

1) 주주총회란 회사의 기본조직과 경영에 관한 중요사항에 관하여 주주들이 의사를 표시함으로써 회사의 의사를 결정하는 필요적 기관이다. 주주총회는 회의체로서 상설의 기관은 아니며 정기적으로 또는 필요에 따라 소집에 의하여 개최된다. 주주총회는 회사의 청산중에도 존속한다. 주주총회의 구성원에 관하여 의결권 없는 주주는 제외된다는 설도 있으나, 이들은 회사가 의결권이 없거나 제한된 종류주식을 발행한 경우에 정관에서 정한 의결권행사 또는 부활의 조건이 성취되었을 때에는 의결권을 행사할 수 있는 것이므로 주주총회의 구성원에서 제외된다고 할 수 없다.

2) 주주총회는 상법 또는 정관에 정하는 사항에 한하여 결의할 수 있는 기관이다(상 361). 그 결과 상법과 정관에 정함이 없는 다른 사항에 대하여는 주주총회가 결의를 하더라도 그것은 무효인 결의로서 이사 및 주주에 대하여 아무런 구속력을 갖지 못한다[대 91. 5. 28, 90 다 20084].

3) 1984년의 개정상법은 이사회의 권한을 크게 강화하였고, 1995년의 개정상법도 종래에 주주총회의 권한이었던 이사에 대한 경업의 승인권을 이사회의 권한으로 함으로써 주주총회의 권한은 더 축소되었다. 그러나 주주총회는 주식회사의 기본적 구조에 대한 결정권한과 실질적으로 회사를 지배하고 감독하는 이사와 감사에 대한 선임·해임의 권한이 있으며, 또 정관에 의하여 그 권한을 강화할 수 있으므로(상 361 참조) 아직도 중요한 기관임에는 틀림없다.

4) 개정상법(2009. 5)에 의하면 자본금 총액이 10억원 미만의 회사는 1명 또는 2명의 이사를 선임할 수 있는데(상 383 I 단) 이사가 1명 또는 2명인 회사의 경우는 이사회가 존재하지 않으므로 이사회의 중요한 법정권한은 모두 주주총회의 권한이 되었다(상 383 IV). 그 결과 이러한 회사의 경우는 주주총회가 최고의 기관이라고 할 수 있다.

(2) 주주총회의 결의사항

1) 주주총회가 회사의 의사를 결정할 수 있는 법정 결의사항은 주주총회의 전속적인 권한이라고 할 수 있으며, 주주총회의 결의나 정관에 의하여도 다른 기관이나 제 3 자에게 위임하지 못한다. 상법에서 법정하고 있는 주주총회의 결의사항으로는 다음과 같은 것이 있으며 특별법으로 정해진 사항도 있다(회생파산 260). 또한 정관의 규정에 의하여 주주총회의 권한을 더 확대할 수 있다.

2) 개정상법(2009. 5)에 의하면 자본금 총액이 10억원 미만인 회사는 1명 또는 2명의 이사를 선임할 수 있는데(상 383 I 단), 이사가 1명 또는 2명인 회사의 경우는 위의 주주총회의 권한(169면 표 참조) 이외에 다음 같은 사항이 주주총회의 권한에 속한다. i) 주식의 양도제한에 관한 규정, 즉 주식의 양도제한, 양도제한주식의 양도승인, 양도제한주식 양수인에 대한 양도승인(상 383 IV, 335 I 단 · II, 335의 2 I · III, 335의 3 I · II, 335의 7 I), ii) 이사의 경업승인과 개입권의 행사(상 383 IV, 397 I · II), iii) 이사의 자기거래의 승인(상 383 IV, 398), iv) 신주발행사항의 결정(상 383 IV, 416 본), v) 준비금의 자본금전입(상 383 IV, 461 I 본 · III), vi) 중간배당(상 383 IV, 462의 3 I), vii) 사채의 모집(상 383 IV, 469), viii) 전환사채 발행사항의 결정(상 383 IV, 513 II 본), ix) 신주인수권부사채 발행사항의 결정(상 383 IV, 516의 2 II 본) 등이다.

3) 주주총회의 결의사항은 그 중요도에 따라 특별결의사항 · 보통결의사항 · 특수결의사항이 있으며, 이외에 정관의 규정에 의하여 주주총회의 결의에 의하도록 한 사항이 있다. 주주 1인회사의 주주총회는 어떠한 결의사항이든 주주 1명의 결정만으로 결의가 유효하게 성립한다.

《주주총회의 권한》

결의의 종류	결 의 사 항	결 의 요 건
특별결의	정관의 변경(상 433) 영업 전부·중요한 일부의 양도·영업에 중대한 영향을 미치는 다른 회사의 영업전부·일부의 양수 등(상 374 Ⅰ) 이사 또는 감사의 해임(상 385 Ⅰ, 415) 자본금의 감소(상 438), 사후설립(상 375) 임의해산(상 518), 회사의 계속(상 519) 주식의 할인발행(상 417 Ⅰ) 제 3 자에 대한 전환사채·신주인수권부사채의 발행(상 513 Ⅲ, 516의 2 Ⅳ) 신설합병의 경우 설립위원의 선임(상 175)·합병계약서의 승인(상 522 Ⅲ)·회사분할계획서·회사분할합병계약서의 승인(상 530의 3 Ⅰ·Ⅱ) 주식교환계약서의 승인(상 360의 3 Ⅱ) 주식이전계획서의 승인(상 360의 16 Ⅱ) 휴면회사의 계속(상 520의 2 Ⅲ) 임·직원의 주식매입선택권(상 340의 2 Ⅰ)	출석한 주주의 의결권의 3분의 2 이상의 수와 발행주식총수의 3분의 1 이상의 수(상 434)
보통결의	이사·감사·청산인의 선임 및 그 보수의 결정(상 382, 384, 389, 409 Ⅰ, 415, 542 Ⅱ) 재무제표의 승인(상 449 Ⅰ), 주식배당(상 462의 2) 배당금지급시기의 특정(상 464의 2 단) 청산회사 재무제표의 승인(상 533) 검사인의 선임(상 366 Ⅲ, 367, 542 Ⅱ) 총회의 연기 또는 속행의 결정(상 392) 청산인의 청산종료의 승인(상 540 Ⅰ) 청산인의 해임(상 539 Ⅱ)	출석한 주주의 의결권의 과반수와 발행주식총수의 4분의 1 이상의 수(상 368 Ⅰ)
특수결의	이사 또는 감사의 회사에 대한 책임의 면제(상 400), 유한회사로의 조직변경(상 604)	발행주식총수의 전부를 소유하는 총주주의 동의

(3) 결의반대주주의 주식매수청구권

1) 의 의

회사경영의 기반에 관한 중요한 사항이나 회사의 기본조직을 변경하는 영업양도 등이나 합병을 위한 주주총회의 특별결의가 있는 경우에 결의에 반대하는 주주가 있음에도 결의가 이루어진 때에는 소수주주를 보호하기 위한 장치가 필요하다. 그리하여 상법에서는 총회의 다수결에 의한 결의에 반대하는 주주에게 주식매수청구권을 인정하고 있다. 즉 회사가 영업양도 등이나 합병에 관하여 이사회의 결의가 있는 때에 이에 반대하는 주주는 회사에 대하여 자기의 소유주식을 매수할 것을 청구할 수 있는 권리를 갖는다(상 374의 2 Ⅰ, 522 Ⅲ). 이러한 권리는 형성권이다. 이는 다수파주주의 횡포로부터 소수주주를 보호하는 데에 그 목적이 있다.

2) 주식매수청구권이 인정되는 경우

i) 영업양도의 전부 또는 중요한 일부의 양도(상 374 Ⅰ (1)), ii) 영업 전부의 임대 또는 경영위임, 타인과 영업의 손익 전부를 같이하는 계약 또는 이에 준할 계약의 체결, 변경 또는 해약(동 (2)), iii) 다른 회사의 영업 전부의 양수(동 (3)), iv) 합병승인결의(상 522 Ⅰ), v) 분할합병계약서의 승인결의(상 530의 11 Ⅱ) 등이다. 간이합병의 경우는 주식매수청구권이 있으나(상 522의 3 Ⅱ) 소규모합병의 경우는 이를 인정하지 않는다(상 527의 3). 2015년의 개정상법에 의하면 간이영업양도, 양수, 임대 등의 경우에도 이에 반대하는 주주는 주식매수청구권을 갖는다(상 374의 3).

3) 주식매수청구권자

주식매수를 청구할 수 있는 주주는 회사에 대하여 주주의 권리를 행사할 수 있는 자이어야 한다. 따라서 명의개서를 하지 않은 주식의 양수인은 이 권리를 행사할 수 없다. 의결권이 없거나 제한되는 주식을 소유하는 주주도 주식매수청구권자에 포함된다(상 374의 2 Ⅰ).

4) 주식매수청구의 절차

회사는 영업양도 등과 합병결의를 위하여 주주총회를 소집하는 경우에, 그 통지를 함에 있어서는 주주로 하여금 서면에 의한 반대의사표시를 할 수 있도록 주식매수청구권의 내용 및 행사방법을 명시하여야 한다(상374 Ⅱ). 결의사항에 반대하는 주주는 주주총회 전에 당해 법인에 대하여 서면으로 그 결의에 반대하는 의사를 통지하여야 한다. 반대의 통지를 한 경우에 한하여 주주는 총회의 결의일로부터 20일 이내에 주식의 종류와 수를 기재한 서면으로 회사에 대하여 자기가 소유하고 있는 주식의 매수를 청구할 수 있다(상374의2 Ⅰ). 이 기간은 제척기간이다.

5) 주식매수청구의 효과

(가) 매수의무

반대주주의 청구에 대하여 해당회사는 매수청구기간이 종료하는 날부터 2개월 이내에 당해 주식을 매수하여야 한다(상374의2 Ⅱ). 주식매수청구권은 형성권으로서 매수청구에 의하여 당해 회사와의 매매계약이 성립하고 회사의 승낙의 의사표시를 필요로 하지 않는다. 그러나 2월의 주식대금지급기간 동안은 이행지체가 되지 않고 대금지급과 주권의 교부는 동시이행의 관계에 있게 된다.

(나) 매수가액

(a) 매수가액은 회사와 주주간의 협의에 의하여 정할 수 있으나(상374의2 Ⅲ), 매수청구기간이 종료하는 날부터 30일 이내에 협의가 이루어지지 아니한 경우에는 회사 또는 주식의 매수를 청구한 주주는 법원에 대하여 매수가액의 결정을 청구할 수 있다(상374의2 Ⅳ).

(b) 비상장회사의 주식의 평가는 시장가격이 존재하지 않으므로 어떻게 하여야 할 것인가 하는 문제가 있다. 만약에 그 업종과 규모가 동일하거나 유사한 상장회사가 있는 때에는 그 회사주식의 일정기간 동안의 시장가격을 기준으로 할 수 있을 것이다. 이것도 불가능할 때에는 주식의 투자가치와 자산가치를 기준으로 하여야 할 것이다.

6) 주식매수청구의 실효

회사가 영업양도 등이나 합병의 결의를 철회하는 결의를 하고 그 절차를 중단한 경우와, 주주와 회사간의 매수가액의 협의가 좌절되어 매수청구를 한 때로부터 30일 내에 법원에 대하여 매수가액의 결정을 청구(상 374의 2 Ⅳ)하지 않은 경우에는 주식매수청구는 실효한다.

7) 주식매수청구와 하자결의의 소

(가) 주식매수청구를 한 주주는 영업양도 등이나 합병결의를 반대하는 입장이므로 매수청구의 원인인 결의의 취소, 무효, 부존재의 소를 제기할 수 있는가 하는 문제가 있다. 이에는 주식매수청구권은 결의가 유효하다는 것을 전제로 하는 권리이므로 결의취소의 소권과 주식매수청구권을 택일적으로 행사하여야 하며 주식매수를 청구한 때에는 결의취소의 소권은 포기하여야 한다는 설과 주식매수청구권의 행사에는 그 기간의 제한이 있기 때문에 양자의 병존적 행사를 인정하고 결의하자의 판결이 확정될 때까지 가격결정의 절차가 중지된다는 설이 있다.

(나) 전자인 택일설에 의하면 주식매수청구권이 결의의 유효성을 전제로 한다고 하나, 주식매수청구권을 행사한다고 하여 결의의 하자가 치유되는 것은 아니고 결의하자의 소권을 포기한 것으로 볼 수 있는 근거도 없으므로 부당하다고 할 것이다. 그러므로 후자인 병존설이 타당하다고 본다. 그러나 후자의 경우에 주식매수청구를 한 때에는 가격결정의 절차가 중지된다는 것은 그 이유가 모호하다. 그러므로 매수주식의 대금이 지급되기 전에 결의하자의 판결이 확정된 때에는 주식매수청구는 실효하며 판결 전에 매수주식의 대금이 지급된 때에는 원고는 주주의 지위를 상실하므로 결의하자의 소는 소의 이익이 소멸하여 각하된다고 하는 입장이 타당하다.

'매수청구권' 기업합병 발목

주가 큰폭 하락…소수주주 권리행사 가능성 커져

박봉권 기자

구조조정 차원에서 기업들이 합병 및 일부 사업부문의 양도를 시도하고 있지만 소수주주들의 매수청구권 행사로 상당한 어려움을 겪을 것으로 우려된다.

증시가 지속적인 침체상태에 빠지면서 이미 제시한 매수청구권 가격에 비해 현 주가가 큰 폭으로 떨어지고 있어 합병 등에 반대하는 소수주주들이 매수청구권을 행사할 가능성이 크게 높아지고 있기 때문이다.

소수주주들이 매수청구권을 행사할 경우 매수청구가격으로 주식을 되사줘야하는 기업으로서는 상당한 부담을 느낄 수밖에 없다. 최악의 경우 주식매수자금을 확보하지 못해 합병 등이 무산될 수도 있다.

올 들어 이미 아남전자와 거평이 소수주주들의 매수청구권 행사로 계열회사 흡수합병을 포기한 바 있다.

현 주가가 매수청구권 가격과 현격한 차이를 보이고 있는 합병공시 기업들은 합병성사에 상당한 어려움을 겪을 것으로 보인다.

거평 및 거평제철화학을 흡수합병하겠다고 공시한 대한중석의 경우 매수청구권가격(5,308원)에 비해 25일 종가(3,830원)가 28%나 하락한 상태다.

피흡수합병회사인 거평은 매수청구권가격(4,843원)에 비해 25일 종가(2,350원)가 반토막났고 거평제철화학 주가도 매수청구권가격에 비해 24%나 떨어진 상태다. 결국 피흡수합병사의 매수청구권도 떠안아야 하는 대한중석이 합병을 성사시킬 수 있을지 시장의 관심이다.

라이신 사업을 독일의 BASF사에 양도하기로 한 대상도 매수청구권에 비해 주가가 약 23% 하락한 상태로 주가관리가 필요한 것으로 지적됐다.

이밖에 신원JMC를 흡수합병하는 신원의 25일 주가가 매수청구권가격(5,257원)에 비해 27% 떨어진 상태고 신원JMC의 경우 매수청구가격(1만215원)과의 격차가 40% 이상 벌어져 있다.

또 신원인더스트리를 흡수합병하는 광명전기와 신원인더스트리의 주가도 매수청구권가격에 비해 각각 35%, 46% 못미치는 것으로 나타났다.

계열회사에 영업양도를 결의한 경기화학도 매수청구권가격보다 현 주가가 46% 이상 떨어졌고 계열회사의 영업을 양수하기로 결의한 엘렉스컴퓨터도 22%대로 벌어졌다.

현대알루미늄과 신대한을 흡수합병하는 고려산업개발의 경우 12%의 차이가 나고 있다.

따라서 증권계 일각에서는 합병이나 영업양수도 공시만 보고 무조건적으로 해당기업의 주식을 매수하는 뇌동매매는 자칫 손실을 불러올 수 있기 때문에 주의할 것을 강조하고 있다.

반면 대성전선은 매수청구권 가격(2만2,383원)보다 25일 종가(2만5,100원)가 12% 이상 높은 상태로 매수청구권이 행사된 주식이 3,036주에 불과해 합병에는 별다른 문제가 없을 것으로 보인다.

스웨덴 볼보사에 중장비사업 일부를 양도하기로 한 삼성중공업도 매수청구권 가격과 25일 종가가 별다른 차이가 없어 매수청구권 행사가 많지 않을 것으로 보인다.

◇'주식매수청구권'이란=합병 영업양수도 등 주주총회에서의 특별결의 사항에 대하여 반대의견을 갖는 주주가 해당회사에 대해 자기가 보유한 주식을 공정한 가격으로 매수해 줄 것을 청구할 수 있는 권리. 매수가격은 합병 영업양수도 이사회 결의일 전 60일 동안의 가격을 평균해서 산출.

매일경제 1998년 4월 28일 화요일

(4) 주주총회의 소집

1) 소집권자

(가) 이 사 회

총회의 소집결정은 원칙적으로 이사회의 권한에 속한다(상 362). 이사가 1명 또는 2명인 회사의 경우(상 383 I 단)는 각 이사(대표이사가 있으면 대표이사)가 총회의 소집을 결정한다(상 383 VI, 362). 이사회(또는 이사)는 소집의 결정뿐만 아니라 대표이사(또는 이사)가 소집통지를 함에 있어서 필요한 사항을 결의하여야 한다. 즉 이사회의 결의로 총회의 소집과 그 일시·장소·의안 등을 결정하고, 이에 따라 대표이사가 소집한다. 이사회의 결의 없이 대표이사가 소집한 총회의 결의나, 이사회의 결의는 있었으나 대표이사가 아닌 이사가 소집한 총회의 결의는 취소사유가 존재하는 것으로 본다. 그러나 이사회의 결의도 없고 소집권한도 없는 이사 또는 감사가 소집한 총회의 결의는 부존재로 보아야 한다〔대 73.6.29, 72 다 2611; 대 78.9.26, 78 다 1219〕. 이사회의 결의가 없었더라도 주주 1명인 회사의 1명 주주나 전주주가 출석하여 총회의 개최에 동의하여 한 결의는 유효하다는 것이 통설이며 판례의 입장이다〔대 79.6.26, 78 다 1794(전원출석총회); 대 77.2.8, 74 다 1754; 대 93.6.11, 93 다 8702; 대 96.10.11, 96 다 24309〕.

(나) 소수주주

(a) 발행주식총수의 100분의 3 이상에 해당하는 주식을 가진 소수주주는 회의의 목적사항과 소집의 이유를 적은 서면 또는 전자문서를 이사회 또는 이사가 1명 또는 2명인 회사(상 383 I 단)의 이사에 제출하여 임시총회의 소집을 청구할 수 있다(상 366 I, 383 VI). 이것은 다수결의 남용을 방지하고 소수주주의 이익을 보호하기 위한 것이다.

(b) 소수주주의 청구에도 불구하고 회사가 이사회의 결의로 지체없이 총회의 소집절차(이사회 개최 · 명의개서의 정지 · 소집통지 · 공고 등)를 밟지 않는 때에는 청구한 소수주주는 법원의 허가를 얻어 총회를 소집할 수 있다. 이 경우 주주총회의 의장은 법원이 이해관계인의 청구나 직권으로 선임할 수 있다(상 366 II). 소수주주의 청구 또는 소집에 의하여 개최된 총회에서는 법원의 허가를 받은 의제나 소집통지의 내용에 구애됨이 없이 회사의 업무와 재산상태의 조사를 위하여 검사인을 선임할 수 있다(상 366 III).

(다) 감사 등

감사 또는 정관으로 감사위원회를 설치한 경우에 그 위원은 회의의 목적사항과 소집의 이유를 기재한 서면을 이사회 또는 이사가 1명 또는 2명인 회사(상 383 I 단)의 이사에 제출하여 임시총회의 소집을 청구할 수 있다(상 412의 3 I, 383 VI, 415의 2 VII). 감사의 청구가 있은 후 지체없이 회사가 총회소집의 절차를 밟지 아니하는 때에는 청구한 감사는 법원의 허가를 얻어 총회를 소집할 수 있다(상 412의 3 II).

㈑ **법원의 명령**

법원이 소수주주(발행주식총수의 100분의 3 이상에 해당하는 주식을 가진 주주)의 청구에 의하여 검사인을 선임한 경우(상 467 Ⅰ)에 회사의 업무와 재산상태를 조사한 결과에 대한 보고에 의하여 필요하다고 인정한 때(상 467 Ⅱ)에는 대표이사에게 총회의 소집을 명할 수 있다(상 467 Ⅲ).

2) 소집의 시기

주주총회는 소집의 시기를 표준으로 하여 매년 일정한 시기에 소집되는 총회를 정기총회라 한다. 정기총회는 매년 1회 일정한 시기에 소집하여야 하며(상 365 Ⅰ), 연 2회 이상 결산기를 정한 때에는 매 기에 소집하여야 한다(상 365 Ⅱ). 이사 또는 청산인이 정기총회의 소집을 하지 않는 때에는 과태료의 제재를 받는다(상 635 Ⅰ ㉒). 정기총회에서는 주로 재무제표를 승인하지만(상 449 Ⅰ), 정기총회에서도 이사의 선임·해임 기타 필요한 사항을 결의할 수 있다. 필요 있는 경우에 소집되는 총회를 임시총회라 한다(상 365 Ⅲ). 임시총회의 소집이 강제되는 경우는 법원의 명령에 의한 때(상 467 Ⅲ), 흡수합병의 보고총회(상 526 Ⅰ)의 경우 등이 있으며, 그 밖에도 소수주주의 청구 또는 소집에 의하여 개최된다(상 366 Ⅰ·Ⅱ).

> 주주제위
> **제14기 정기주주총회 소집공고**
> 회사정관 제19조에 의거 제14기 정기주주총회를 다음과 같이 개최하오니 참석하여 주시기 바랍니다
> -다 음-
> 1. 일시 : 2014년 3월 31일(월) 오전10시
> 2. 장소 : 경기도 광주시 초월읍 산수리 79 본사회의실
> 3. 회의목적사항
> 가. 보고사항 : 영업보고
> 나. 부의안건
> 제1호 의안 : 제14기 재무상태표, 손익계산서 및 이익잉여금처분계산서(안) 승인의 건
> 제2호 의안 : 이사 선임의 건
> 제3호 의안 : 이사보수한도 승인의 건
> 제4호 의안 : 감사보수한도 승인의 건
> 2014년 3월 15일
> **경기도 광주시 초월읍 산수리 79**
> **주식회사 알엔씨**
> **대표이사 박 기 철**

3) 소집절차

㈎ 총회를 소집함에는 주주의 출석을 용이하게 하기 위하여 회일의 2주 전에 각 주주에게 서면으로 통지를 발송하거나 각 주주의 동의를 받아 전자문서로 통지를 발송하여야 하며(상 363 Ⅰ), 통지에는 회의의 목적

사항을 기재하여야 한다(상 363 Ⅱ). 주주총회는 원칙적으로 회의의 목적사항으로 통지한 것 이외에는 결의할 수 없다(대 79. 3. 27, 79 다 19). 특히 중요한 의안(정관변경 · 자본금감소 · 합병계약의 승인 등)에 대하여는 그 요령도 기재하여야 한다(상 433 Ⅱ, 438 Ⅱ, 522 Ⅱ).

(나) 통지의 대상이 되는 주주는 주주명부상의 주주를 말한다. 회사는 주주명부에 기재된 주주의 주소에 통지하면 면책된다. 소집의 통지는 2주간(자본금 10억원 미만인 회사는 10일) 전에 발송만 하면 된다. 2주간이란 통지의 발송일과 회일 사이에 적어도 2주간(자본금 10억원 미만인 회사는 10일)을 필요로 함을 말한다(예컨대 10월 25일에 총회를 개최하려면 10월 10일까지는 통지를 발송하여야 한다). 이 기간은 정관으로 연장할 수 있을 뿐이며 단축하지 못한다. 다만 총주주의 동의가 있는 경우는 예외이다. 통지는 서면으로 하여야 하며 구두 · 전화 등에 의한 통지는 적법한 통지로 볼 수 없다.

오늘 '수퍼 주총 데이'

10대 그룹 소속 상장사 89% 몰려
"소액주주 참석 막는거냐" 지적

14일 삼성전자, 현대차, LG화학 등 국내 주요 기업들이 일제히 주주총회를 연다. 올해도 주요 기업들의 주총이 같은 날 집중되는 '수퍼 주총 데이'가 재현되자, 소액 주주들의 주총 참석을 제한하는 권리 침해가 아니냐는 지적이 나오고 있다.

이번 주총 시즌에선 이사 보수 한도 상향과 자격 시비가 불거진 사외이사 선임 건이 주요 이슈가 될 전망이다.

한국예탁결제원은 "코스피 상장법인 95개, 코스닥 상장법인 20개, 코넥스 상장법인 1개 등 총 114곳이 14일 주총을 연다"고 13일 밝혔다. 특히 10대 그룹 소속 12월 결산 상장사 35개 가운데 31개(89%)가 14일 주총을 연다.

이처럼 대부분 상장사가 같은 날 주총을 열게 되면서 두 곳 이상의 주식을 갖고 있는 소액 주주들은 주총에 참석하기 위해 어느 한 곳을 선택해야 할 상황이다.

현행 제도상 주총에 참석하지 않더라도 인터넷을 통해 의결권을 행사할 수 있도록 한 전자투표제가 도입돼 있지만, 의무사항이 아니기 때문에 이를 도입한 상장사는 1761곳 중 45곳(2.6%)에 머물고 있다.

이인열 기자

조선경제 2014년 3월 14일 금요일

(다) 개정상법(2009)에 의하면 상장회사의 경우는 대통령령이 정하는 수(100분의 1) 이하의 주식을 가진 주주에 대하여는 정관이 정하는 바에 따라 회의일의 2주 전에 총회를 소집하는 뜻과 회의의 목적사항을 2개 이상의 일간신문에 각각 2회 이상 공고하거나 대통령령으로 정하는 바에 따라 전자적 방법으로 공고함으로써 서면통지(상 363 I)에 갈음할 수 있다(상 542의 4 I). 상장회사가 상법 제363조 제1항의 소집통지, 또는 상법 제363조 제3항의 공고를 하는 경우에는 대통령령이 정하는 사항을 통지 또는 공고하여야 한다. 회의의 목적사항이 이사·감사의 선임에 관한 사항인 경우에는 이사·감사 후보자의 성명·약력·추천인 그 밖에 대통령령이 정하는 후보자에 관한 사항을 통지 또는 공고하여야 한다(동조 II).

(라) 회사는 3년간 소재불명인 주주에게는 소집통지를 생략할 수 있다. 즉 총회소집의 통지가 주주명부상의 주주의 주소에 계속 3년간 도달하지 아니한 때에는 회사는 당해 주주에게 총회의 소집을 통지하지 아니할 수 있다(상 363 I 단).

(마) 주주 1명인 회사의 주주가 출석한 경우나 회사의 전주주가 총회를 개최할 것에 동의하여 출석한 전원출석총회의 경우에는 소집통지를 하지 않은 때에도 총회는 유효하게 성립한다고 보는 것이 통설이며 판례의 입장이다[대 79. 6. 26, 78 다 1794; 대 96. 10. 11, 96 다 24309]. 전원출석총회란 주주 전원이 출석한 경우뿐만 아니라 주주를 대리하는 자가 출석한 때도 포함한다고 본다[대 93. 2. 26, 92 다 48727].

(바) 개정상법(2009. 5)에 의하면 자본금 10억원 미만인 회사는 주주 전원의 동의가 있을 경우에는 소집절차 없이 주주총회를 개최할 수 있고, 서면에 의한 결의로써 주주총회의 결의를 갈음할 수 있다. 결의의 목적사항에 대하여 주주 전원이 서면으로 동의를 한 때에는 서면에 의한 결의가 있는 것으로 본다(상 363 IV). 서면에 의한 결의는 주주총회의 결의와 같은 효력이 있다(동조 V).

(사) 회사가 총회소집의 통지나 공고를 해태하거나 적법하게 하지 않

은 때에는 결의취소의 사유가 되며(상 376 I), 소집통지를 일부주주에게만 한 때에는 결의부존재의 사유가 된다[대 78. 11. 14, 78 다 1268]. 그리고 이사 또는 청산인은 과태료의 제재를 받는다(상 635 I (2)).

(아) 상법 제363조 제 1 항부터 제 4 항까지의 규정은 의결권 없는 주주에게는 적용하지 않는다(상 363 Ⅶ 본). 다만 통지서에 적은 회의의 목적사항에 상법 제360조의 5, 제360조의 22, 제374조의 2, 제522조의 3 또는 제530조의 11에 따라 반대주주의 주식매수청구권이 인정되는 사항이 포함된 경우에는 그러하지 아니한다(동조 동항 단).

(5) 주주의 의결권

1) 서 설

(가) 의 의

의결권이란 주주가 주주총회에 출석하여 의사결정을 위한 결의의 표결에 참가할 수 있는 권리를 말한다. 주주는 주주총회의 권한에 속하는 사항에 대하여 의결권에 의하여 찬부의 의사를 표시함으로써 회사의 경영에 대한 참가권을 갖는다고 할 수 있다. 주주는 의결권이 있으므로

> **'인터넷 주총' 국내 첫선**
>
> **코스닥기업 '새한필'**
>
> 코스닥 등록기업 새한필이 인터넷 주주총회를 개최하기로 했다. 미국 등 선진국에서는 이미 흔한 인터넷 주총이 국내에서 열리기는 이번이 처음.
>
> 새한필은 10일 "사명변경, 사업목적(전자상거래 및 인터넷 관련사업) 추가 등 주총안건을 처리하는데 보다 많은 주주들이 참여할 수 있도록 인터넷을 활용하기로 했다"고 밝혔다.
>
> 이에 따라 새한필 주주들은 28일 오전 11시 서울 수유동 아카데미하우스에서 열리는 임시주총에 직접 참여하거나, 15일부터 26일까지 인터넷(www.proxyvote.co.kr)을 통해 찬반의사를 표시할 수 있게 됐다.
>
> 새한필은 올 4월 코스닥시장에 등록한 의류 수출업체로 이번 주총에 참여할 주주는 대략 1만5000명 가량. 정주병 새한필 사장은 "인터넷 주총은 경영진과 대주주가 미리 짜놓은 각본에 따라 일사천리로 진행하던 주총에서 벗어나 소액주주의 참여를 보장하기 위한 것"이라고 말했다.
>
> 인터넷 주주총회는 미국에선 97년 48개사, 작년에는 1000개 이상의 기업들이 실시할 정도로 보편화돼 있다.
>
> 〈정경준기자〉 news91@donga.com
>
> 2000년 8월11일 금요일 동아일보

당연히 총회참가권과 의견진술권을 갖지만, 의결권이 없는 경우(상 368 Ⅲ, 369 Ⅲ) 라고 하여 참가권도 없는 것은 아니다. 즉 총회의 의사결정을 위한 의결권과 총회에 참가할 수 있는 권리인 참가권은 다른 것이다.

(나) 성 질

의결권은 주주의 가장 중요한 공익권이며 고유권으로서 법률에 다른 규정이 있는 경우가 아니면 정관 또는 주주총회의 결의로도 이를 박탈하거나 제한하지 못한다.

(다) 의결권의 수

모든 주주는 1주마다 1개의 의결권을 갖는다(상 369 Ⅰ). 이 1주 1의결권의 원칙은 강행규정이므로 법이 특별히 인정한 예외의 경우를 제외하고는 정관 또는 주주총회의 결의로도 이에 반하는 규정을 하지 못한다. 그러므로 총회결의의 결과가 가부동수인 때에는 의안은 부결된 것이고, 의장에게 그 결정을 일임하지 못하며 추첨에 의하여 결정할 수도 없다. 예외적으로 상법에 의하여 의결권이 제한되는 경우로는 특별이해관계인이 소유하는 주식(상 368 Ⅲ)·의결권 없는 주식·의결권이 제한되는 주식(상 344의 3 Ⅰ)·회사의 자기주식(상 369 Ⅱ)·상호소유주식(상 369 Ⅲ)·감사의 선임(상 409 Ⅱ) 등이 있다.

2) 의결권의 행사

(가) 주주의 의결권행사

주주는 의결권을 자기의사에 의하여 자유로이 행사할 수 있다. 즉 의결권의 행사는 민법상의 의사표시와 다를 바 없다. 의결권은 주권의 발행과 관계 없이 행사할 수 있다. 의결권은 주주 자신이 직접 행사하거나 자기의 대리인으로 하여금 행사하게 할 수 있다. 주식을 소유한 주주는 총회 당시에 주주명부상의 주주임이 확인되면 주권을 제시할 필요 없이 의결권을 행사할 수 있다. 그러므로 주식의 양수인이라도 주주명부에 명의개서를 하지 않으면 의결권을 행사할 수 없다[대 96. 12. 23, 96 다 32768·32775]. 공유주식에 의한 의결권 행사는 공유주주 중에서 권리를 행사할 주주 1명을 정하여야 한다(상 333 Ⅱ).

KTB 초다수의결권 도입 추진

KTB네트웍스가 경영권 안정을 꾀하기 위해 초다수의결권제도 도입을 추진하면서 소액투자자들에게 반발을 사는 등 논란이 일고 있다.

KTB네트웍스는 오는 24일 주주총회를 열고 "이사를 해임하고자 하는 때는 주주총회에서 출석한 의결권의 100분의 90 이상의 수와 총 발행 주식의 100분의 70 이상의 수가 찬성한 경우에만 가능하다는 내용의 정관변경의 건을 상정해 처리할 계획"이라고 20일 밝혔다.

회사측은 "지난 2000년 D사의 적대적 인수·합병(M&A) 시도를 방어하는 과정에서 1000억원 상당의 출혈이 있었다"며 "이번 정관 변경은 이 같은 불필요한 손실을 방지하기 위한 것"이라고 설명했다. 하지만 한 개인투자자는 "초다수의결권제도가 도입되면 보통주의 의결권 가치가 떨어지게 되어 사실상 우선주처럼 변한다"며 반발했다.

매일경제 2006년 3월 21일 화요일

(나) 서면결의

개정상법(2009. 5)에 의하면 자본금의 총액이 10억원 미만의 회사는 서면에 의한 결의로써 주주총회의 결의에 갈음할 수 있다. 결의의 목적사항에 대하여 주주전원이 서면으로 동의를 한 때에는 서면에 의한 결의가 있는 것으로 본다(상 363 Ⅳ). 이 경우에 서면결의는 주주총회의 결의로 보고(동조 Ⅴ), 주주총회에 관한 규정은 서면에 의한 결의에 준용한다(동조 Ⅵ).

(다) 의결권의 대리행사

(a) 주주는 의결권을 대리인으로 하여금 행사하게 할 수 있다. 의결권의 대리행사에 관한 규정(상 368 Ⅱ)은 강행규정으로서 정관으로도 의결권의 대리행사를 금지하지 못한다. 회사는 회사와 아무런 관계가 없고 이해관계가 상반될 수 있는 제 3 자의 참가를 막기 위하여 정관으로 대리인을 내국인 또는 주주로 제한하거나 이사·감사의 대리행사를 금지할 수 있다.

(b) 의결권을 대리행사하려면 대리권을 증명하는 서면을 총회에 제출하여야 한다(상 368 Ⅱ). 이 규정은 강행규정으로서 정관으로 이 요건을 완화하거나 가중할 수 없다. 대리권은 총회마다 개별적으로 수여되어야 한다는 소수설도 있으나, 수개의 총회에 관한 대리권을 일괄하여 수여할 수 있다는 것이 다수설이고 판례의 입장이다[대 69. 7. 8, 69 다 688].

㈑ **의결권의 불통일행사**

(a) 주주는 복수의 주식을 소유하는 경우에 그 의결권을 찬부 중 하나의 방향으로 통일적으로 행사할 수 있을 뿐 아니라, 불통일행사(不統一行使)(주주가 소유주식의 일부에 대하여만 의결권을 행사하거나, 소유주식의 일부는 의안에 대하여 찬성하고 일부는 반대로 행사하는 경우 등)도 가능하다. 주주가 의결권을 불통일로 행사하려면 회일의 3일 전에 회사에 대하여 서면 또는 전자문서로 그 뜻과 이유를 통지하여야 한다(상 368의 2 Ⅰ 후). 통지는 총회 때마다 하여야 한다는 설도 있으나 포괄적으로 하여도 된다고 할 것이다. 통지는 회일의 3일 전에 회사에 도달되어야 한다. 주주가 통지를 하지 않았거나 적법한 통지를 하지 않고 의결권을 불통일로 행사한 때에는 결의방법이 법령에 위반하는 경우로서 결의취소의 원인이 된다.

"주총 방해株主 참석저지 정당"

서울지법

주주총회에 실력저지하기 위해 참석하는 '1주 주주'의 주주총회 참석을 회사는 저지할 수 있고 이는 적법한 공권력 행사로 볼 수 있다는 판결이 나왔다.

서울지법 민사합의21부(부장판사 홍기종)는 김 모씨 등 합병 전 국민은행 노조원과 소액주주 등 50명이 국민은행을 상대로 "주택은행과의 합병은 무효"라며 제기한 합병철회 등 청구소송에서 원고패소 판결했다고 18일 밝혔다.

재판부는 판결문에서 "1주 주주들의 의결권은 대표자 1명이 주총에 참석해 '의결권 불통일(대표자가 위임받은 의결권을 주주들의 찬반 비율대로 나눠 행사하는 것)' 행사를 하면 충분하다"며 "노조원 수천 명을 주총장에 입장시키려는 것은 주총을 실력저지하겠다는 의도가 보이므로 회사가 경찰력을 동원해 노조원 입장을 막은 것은 불가피하고 적법한 조치"라고 밝혔다.

재판부는 또 "주총 표결 방법에 대해 관련법령과 회사정관에 별다른 규정이 없는 이상 특정 안건에 대해 참석주주들의 이의가 없다면 의장이 박수로 통과시키는 것도 적법한 표결 방법으로 볼 수 있다"고 밝혔다.

유용하기자

매일경제 2003년 12월 19일 금요일

(b) 통지가 없었는데도 회사가 임의로 불통일행사를 인정하는 것은 주주평등의 원칙에 어긋난다. 불통일행사의 이유는 회사가 판단할 수 있을 정도로 기재하면 되고 불통일행사를 통지하였더라도 의결권을 통일적으로 행사하는 것은 무방하다. 회사는 주주가 주식의 신탁을 인수하였거나 기타 타인을 위하여 주식을 가지고 있는 경우 외에는 의결권의 불통일행사를 거부할 수 있다(상 368의 2 Ⅱ).

㈒ **서면에 의한 의결권행사**

주주는 정관의 규정에 따라 총회에 출석하지 아니하고 서면에 의하여 의결권을 행사할 수 있다(상 368의 3 I). 그러므로 회사는 소집통지서에 서면에 의한 의결권행사에 필요한 서면과 참고자료를 첨부하여야 한다(동조 II).

㈓ **전자적 방법에 의한 의결권 행사**

개정상법(2009. 5)에 의하면 회사는 이사회의 결의로 주주가 총회에 출석하지 아니하고 전자적 방법으로 의결권을 행사할 수 있다(상 368의 4 I).

3) 의결권행사의 제한

㈎ **특별이해관계인의 소유주식**

(a) 총회의 결의에 관하여 특별한 이해관계가 있는 자는 의결권을 행사하지 못한다(상 368 III). 즉 총회의 결의에 관하여 특별한 이해관계가 있는 자는 총회에 출석하여 토의에 참가할 수는 있으나 의결권은 행사하지 못한다. 이는 개인적 이해관계를 위한 의결권의 행사를 예방하고 결의의 공정을 기하기 위한 제한이다.

(b) 상법 제368조 제 3 항에서 말하는 특별한 이해관계란 특정한 주주가 사원인 지위와는 관계 없이 개인적으로 갖는 이해관계로 보는 것이 통설이다. 예컨대 재무제표의 승인 후 2년 내에 책임추궁의 결의를 하는 경우나 책임면제결의(상 400, 415)를 하는 경우에 당사자인 이사·감사가 주주인 때에는 특별한 이해관계인으로서 의결권을 행사하지 못한다. 또한 상법 제374조에서 열거하고 있는 계약의 상대방이 주주인 경우, 그리고 이사·감사의 보수 및 공로금·퇴직위로금을 정함에 있어서 당사자인 이사·감사가 주주인 경우도 같다.

(c) 이사의 선임 및 해임결의에 있어서 그 대상이 되는 자가 주주인 경우에는 주주의 기본적 권리인 회사지배권이 인정되어야 할 것이므로 특별이해관계인이라고 할 수 없다는 것이 통설이다. 그러므로 주주가 이사가 되어 회사의 경영권을 확보하는 것이나 방어하는 것은 주주의 권

世智園

주주총회 전자투표 원년

워런 버핏의 회사 '버크셔 해서웨이' 주주총회는 한마디로 축제다. 매년 3만여 명이 북적댄다. 지난해엔 버핏이 애창곡 '마이웨이'로 흥을 돋웠고 2013년에는 가수 싸이의 강남스타일에 맞춰 주총장에서 말춤 판이 벌어지기도 했다.

본격적인 주총 시즌이다. 축제 분위기는 남의 나라 얘기다. 숨바꼭질과 꼼수가 횡행한다. 우리나라 주총 문화는 1991년 '섀도보팅' 도입으로 큰 변화를 맞았다. 다른 나라에는 없는 제도다. 주주 100명 중 40명이 주총에 참석해 찬성 7 대 반대 3으로 표결했다고 치자. 나머지 60명도 찬반 7대3으로 투표했다고 간주해주는 제도다. '과반수 이상 참석해야' 하는 부담이 사라졌다. 그순간 소액주주들은 귀찮은 존재가 돼 버렸다. 주총 참여를 독려하는 선물도 사라졌다.

상장회사 65% 정도는 오는 20일 또는 27일 한꺼번에 주총을 개최한다. 소액주주 관심과 참여를 분산시키는 고전적 전술이다. 대만에선 이런 얄미운 전술을 막으려고 특정 날짜에 주총을 여는 기업 숫자를 선착순 100개사로 제한했다. 예외는 하나다. 전자투표를 도입한 회사는 어떤 날짜에 주총을 열어도 무방하다.

애초 우리 정부는 섀도보팅을 올해부터 폐지하려 했다. 기업들이 반발하자 예외를 하나 뒀다. 전자투표를 도입하면 2017년까지 섀도보팅을 유지하도록 허용해준 것이다. 이 덕분에 상장기업 20%인 360여 개사가 올해 전자투표를 도입했다. 주총에서 전자투표를 할 수 있도록 2009년 상법을 개정했고 2010년부터는 한국예탁결제원이 전자투표 시스템도 운용 중이다. 그럼에도 국내 상장기업은 그동안 냉담했다. 지난해까지 전자투표를 실시한 회사는 한 곳도 없다. 소액주주를 경영동반자로 인정하지 않는 탓이다. 대주주 의견에 딴지를 거는 존재 정도로 여기는 것 같다.

올해는 주총 전자투표 원년이라지만 여전히 기대 밖이다. 상장회사들은 '억지 춘향'이고 소액주주들은 무관심하다. 지난주 3개사가 전자투표를 했는데 참여주주는 10명씩도 안된다. 버크셔 해서웨이처럼 소액주주를 들뜨게 하면서 회사 홍보까지 하는 '주총 축제'는 시기상조인 모양이다.

최경선 논설위원

매일경제 2015년 3월 3일 화요일

리라고 할 수 있기 때문이다. 합병의 경우는 대등가치관계에서 출발하는 채권계약과는 그 성질이 다르므로 합병결의에 있어서 주주인 상대방회사도 의결권을 행사할 수 있다고 본다. 재무제표의 승인결의(상 449)에 있어서 주주인 이사 및 감사는 특별이해관계인이라고 할 수 없다는 것이 통설이다.

(d) 특별이해관계인은 의결권을 직접 행사할 수 없을 뿐만 아니라, 대리인으로 하여금 행사시키지 못하며, 타인의 의결권을 타인의 대리인으로서도 행사하지 못한다.

(나) 모자관계 없는 회사간의 상호소유주식

상법은 모자관계 없는 회사간의 주식의 상호소유는 이를 금지하지 않고 의결권의 행사만을 제한하고 있다. 즉 회사, 모회사 및 자회사 또는 자회사가 다른 회사의 발행주식총수의 10분의 1을 초과하는 주식을 가지고 있는 경우에, 그 다른 회사가 가지고 있는 회사 또는 모회사의 주식은 의결권이 없다(상 369 Ⅲ). 그러나 자익권의 행사는 제한되지 않는다는 것이 통설이다.

(다) 자기주식

회사가 자기주식을 취득한 때에 그 주식은 의결권이 없다(상 369 Ⅱ). 또한 자회사가 모회사의 주식을 예외적으로 취득한 경우에도 같다.

(라) 기 타

주주명부의 폐쇄기간(상 354 Ⅰ)중에 전환된 주식의 주주는 그 기간중의 총회의 결의에 관하여는 의결권을 행사하지 못하고(상 350 Ⅱ), 감사선임에 있어서 의결권 없는 주식을 제외한 발행주식총수의 100분의 3을 초과하는 수의 주식을 가진 주주는 그 초과하는 주식에 관하여 그 의결권을 행사하지 못한다(상 409 Ⅱ).

(6) 주주의 제안권

1) 의의 및 입법취지

(가) 상법에 의하면 의결권 없는 주식을 제외한 발행주식총수의 100분의 3 이상에 해당하는 주식을 가진 주주는 이사에게 주주총회일의 6주 전에 서면 또는 전자문서로 일정한 사항을 주주총회의 목적사항으로 할 것을 제안할 수 있다(상 363의 2 I, 383 VI). 이러한 제안권에 의하여 주주는 총회의 소집을 청구하거나 직접 총회를 소집하지 않고도 자기가 원하는 사항을 총회의 의제로 할 수 있게 된 것이다. 이를 인정한 것은 총회의 활성화를 도모하기 위한 것이다.

(나) 종래에 총회의 의제는 총회의 소집권자인 이사회가 결정하였고 총회의 회의장에서는 새로운 의제나 의안을 추가할 수 없었다. 그리하여 주주는 총회의 의안을 상정 또는 제안할 기회를 갖지 못하였고 그로 인하여 회사의 대주주나 이들에 의해 선임된 경영진 이외의 주주는 사실상 총회에서 아무런 영향력을 발휘할 수 없었고 그로 인하여 일반 투자자의 무관심을 심화시켰으며 회사의 경영에 대해서도 극도의 소외감을 조장시켜 왔다.

2) 제안권자

(가) 총회의제의 제안권을 행사할 수 있는 주주는 의결권 없는 주식을 제외한 발행주식총수의 100분 3 이상에 해당하는 주식을 가진 자이다(상 363의 2 I). 즉 총회의 목적사항의 제안권은 소수주주권이다. 이러한 지주요건은 총회의 종결시까지 유지되어야 한다.

(나) 상법에서는 「의결권 없는 주식을 제외한 발행주식총수의 100분의 3 이상」이라고 규정하고 있어서 의결권 없는 주식은 발행주식총수에 산입하지 않는다. 그러나 의결권 없는 주식도 의결권이 부활된 경우에는 이를 포함시켜야 한다고 본다. 또한 의결권 없는 주식이 의결권이 있는 주식으로 전환된 때에는 발행주식총수에 산입된다고 할 것이다.

(다) 의결권이 없는 자기주식이나 의결권행사에 관하여는 아무런 규정이 없지만 자회사가 예외적으로 취득한 모회사의 주식은 발행주식총수에 포함되지 않는다. 더 나아가 모자관계 없는 회사간의 주식의 상호소유의 경우에 예컨대 A가 B의 주식을 발행주식총수의 10%를 초과하여 소유하는 경우에 B가 소유하는 10% 이하의 A의 주식은 의결권이 없는데(상 369 Ⅲ) 이 주식도 발행주식총수에서 제외시켜야 할 것이다.

상장회사의 경우는 6월 전부터 계속하여 의결권 없는 주식을 제외한 발행주식총수의 1,000분의 10(대통령령으로 정하는 상장회사의 경우에는 1,000분의 5) 이상의 주식을 대통령령이 정하는 바에 의하여 보유한 자가 제안권자이다(상 542의 6 Ⅱ).

3) 의제제안권의 내용

소정의 요건을 갖춘 주주는 일정한 절차에 따라 일정한 사항을 총회의 목적사항으로 할 것을 제안할 수 있다. 즉 이사회가 결정한 의제와 다른 사항을 의제로 추가할 것을 청구할 수 있다. 이 경우에 주주가 제안한 사항에 대하여는 그 의안도 제출할 수 있다. 총회의 목적사항으로 제안할 수 있는 사항은 총회의 권한에 속하는 사항(상 361)에 한한다.

4) 제안권행사의 효과

주주가 적법한 절차에 따라 총회의 의제를 제안한 때에는 회사는 이를 총회의 의제로 채택하여야 하고, 이를 총회소집의 통지에 기재할 것을 청구할 수 있다(상 363의 2 Ⅱ). 그리고 제안한 주주의 요청이 있는 때에는 총회에서 그 제안을 설명할 수 있는 기회를 주어야 한다(상 363의 2 Ⅲ). 그러므로 정당한 사유 없이 설명의 기회를 주지 않은 때에는 결의취소의 사유가 된다. 그렇다고 제안한 주주에게 설명의무가 있는 것은 아니다. 그러므로 제안한 주주가 총회에 결석하였더라도 그 의안을 심의의 대상에서 제외시킬 수 없다고 할 것이다.

5) 부당한 제안거절의 효과

법령 또는 정관에 위반하는 경우를 제외하고 적법한 주주의 의제의 제안에 대하여 정당한 사유 없이 이를 의제로 채택하지 않은 때에는 소집절차와 소집방법의 법령위반으로 결의취소의 사유가 된다.

(7) 주주총회결의의 하자

주식회사의 의사결정인 주주총회의 결의에 하자(瑕疵)가 있으면 당연히 그 결의는 무효가 되어야 하지만, 주식회사에는 다수의 이해관계자가 있으며, 일단 결의가 성립하면 그것을 전제로 하여 법률관계가 전개되기 때문에 주주총회의 결의에 하자가 있더라도 그 하자의 주장을 일반원칙에 따라 무제한으로 인정하게 되면 법률관계에 혼란이 생기고 다른 법률관계에 대하여 법적 안정성을 해하는 결과가 초래될 수 있다.

《결의의 하자에 관한 제소(諸訴)의 이동(異同)》

상법에서는 결의에 관한 하자의 내용에 따라 네 가지의 소에 관하여 법정하고 있다. 즉 ① 결의취소의 소, ② 결의무효확인의 소, ③ 결의부존재확인의 소, ④ 부당결의의 취소·변경의 소 등이다. 이들 소의 이동(異同)은 다음과 같은 기준에 의하여 설명할 수 있다.

1. 소의 원인 결의하자에 관한 각종의 소는 소의 원인은 각기 다르다. 그런데 1995년의 개정상법에 의하여 종래에 결의무효의 원인이었던 결의내용의 정관위반은 결의취소의 원인이 되었다(상 376 Ⅰ).

2. 소의 성질 ①과 ④는 형성의 소이다. 그러므로 소에 의하지 않고는 결의의 하자를 주장할 수 없다. ②와 ③에 대하여는 그 성질에 관하여 형성소송설과 확인소송설이 대립하고 있는데 판례는 후자의 입장이다.

3. 소의 당사자 모든 결의하자의 소에 있어서 피고는 회사이다. 그러나 원고는 각기 다르다. ①의 경우에는 주주·이사·감사만이 원고가 될 수 있으며, ②와 ③의 경우는 소의 이익이 있는 한 누구든지 원고가 될 수 있다. 그리고 ④의 경우는 특별이해관계인인 주주가 원고가 된다.

4. 제소기간 ①과 ④는 결의의 날로부터 2월 내에 소를 제기하여야 하고, ②와 ③은 소의 이익이 있는 한 언제든지 제기할 수 있다.

5. 소의 절차 모든 결의하자의 소에 있어서 소의 전속관할과 소의 절차(소제기의 공고, 병합심리, 제소주주의 담보제공의무, 등기)는 동일하다.

6. 법원의 재량기각 법원은 ①의 경우에 결의의 내용, 회사의 현안과 제반사정을 참작하여 그 취소가 부적당하다고 인정되는 때에는 그 청구

《제소(諸訴)의 차이점》

소의 종류 / 기 준	취소의 소(상 376~379)	무효확인의 소(상 380)	부존재확인의 소(상 380)	부당결의취소·변경의 소(상 381)
소의 원인	형식적 하자 소집절차·결의방법의 법령위반·현저한불공정·정관의위반	실질적 하자 결의내용의 법령 위반	중대한 형식적 하자 소집절차·결의방법의 중대한 하자	결의가 현저하게 부당한 경우
소의 성질	형성의 소	형성소송설 확인소송설	형성소송설 확인소송설	형성의 소
제소권자	주주·이사·감사	소의 이익이 있는 자	소의 이익이 있는 자	특별이해관계인 주주
피 고	회 사			
제소기간	결의일로부터 2월	×	×	결의일로부터 2월
소의 절차	전속관할·소제기의 공고·병합심리·제소주주의 담보제공의무·등기—동일			
법원의 재량기각	○(상 379)	×	×	×
판결의 대세적 효력	○	○	○	○
판결의 소급효	○	○	○	○
패소원고의 책임	악의 또는 중과실의 경우 연대책임—동일			

○ : 있다, × : 없다.

를 기각할 수 있다(상 379). 그러나 ②, ③, ④에는 이 규정이 준용되지 않는다.

7. 판결의 효력 결의하자에 관한 모든 소에 있어서 원고승소의 경우에는 판결의 대세적 효력이 있고 원고패소의 경우에 패소원고에게 악의 또는 중대한 과실이 있는 때에는 회사에 대하여 연대하여 손해배상책임을 지는 것은 동일하다. ①, ②, ③의 경우에 상법 제190조는 본문만 준용하므로 소급효가 인정된다. ④의 경우도 1998년의 개정에 의하여 동일하게

찬·반 표결절차 없이 진행

제일은행 주주총회결의 취소 판결

서울지법 소수주주발언권무시 총회꾼 동원하는 관행에 제동

주주들에게 찬성, 반대의 의사를 묻지 않은채 아무런 표결절차도 없이 주주총회를 진행함으로써 소수주주들의 권익을 침해했던 제일은행의 주주총회결의를 취소한다는 법원의 판결이 나왔다.

이번 판결은 그간 주총에서 소수주주들의 발언권을 무시하고 총회꾼들이 동원돼 일방적으로 의안을 통과시키던 그간의 관행에 제동을 건 것으로, 소수주주도 대주주에 대항해 주총결의 취소소송을 낼 수 있다는 상법상(제376조)의 권리를 실현시킨 것으로 의미있는 판결로 받아들여지고 있다.

서울지법 민사합의22부(재판장 서회석부장판사)는 12일 제일은행의 소수주주들을 대리한 이내염씨(참여연대)가 제일은행을 상대로 낸 주주총회결의취소청구소송(97가합32890)에서 『피고회사의 주주총회의 결의방법이 법령 또는 정관에 위반하거나 현저하게 불공정한 때에 해당한다』며 『3월7일자 주주총회에서 한 결의를 각 취소한다』고 판결했다.

재판부는 판결문에서 『이사건 주주총회는 정족수 산정의 기초가 되는 출석주식수가 정확하게 계산되지 않았고, 토의과정을 전혀 거치지 않아 주주의 확정적인 찬부의 태도가 분명하게 표출되었다고 볼 수 없는등 주주들에게 찬성, 반대의사를 확인하는 절차를 거치지 않은 점 등의 중대한 하자가 있다고 할 것』이라며 『따라서 이사건 결의는 그 결의방법이 법령 또는 정관에 위배하거나 현저하게 불공정한 때에 해당하므로 이사건 주주총회의 각 결의를 취소한다』고 밝혔다.

재판부는 이어 피고은행이 하자가 경미하고 결의취소에 따른 피고은행의 불이익이 크다는 점을 들어 기각해 달라는 주장에 대해 『비록 결의취소의 효과가 발생하면 피고은행 등에 미치는 영향이 크다고 하더라도 피고가 경영상의 잘못을 지적하는 소수주주들의 발언권을 충분히 보장하지 않으면서 기존의 잘못된 주주총회관행에 따라 의사진행을 소홀히 해 중대한 결의사항을 표결없이 졸속처리한데 따른 결과이므로 피고 주장은 부적당하다』고 밝혔다.

참여연대는 제일은행이 한보철강에 무담보로 자금을 빌려주는등 방만한 경영을 함으로써 은행을 부실의 늪으로 빠뜨리는등 소수주주의 권리를 해했다며 제일은행 소수주주 1백여명의 위임을 받아 주총에서 따지려고 하자 제일은행측이 발언권도 주지않고 의결정족수의 확인조차 없이 일방적인 의사진행을 통해 의안을 처리하자 이사건 소송을 냈었다.

〈공병문 기자〉

法律新聞 1997年12月22日

되었다.

3. 이사 · 이사회 · 대표이사

(1) 서 설

주식회사의 업무집행기관은 대표이사이다. 이사는 주주임을 요하지 않는다. 상법은 주주총회의 권한을 축소하면서, 이사들의 회사경영에 관한 사항의 결정을 신중하게 하고 그 책임의 소재를 명확하게 함과 동시에 기업경영의 합리화를 도모하기 위하여 이사회제도(board of directors)를 채용하였다. 이사회는 회의체기관이므로 상법은 주주총회와 이사회의 결의에 따라 그 집행에 관한 세부적인 사항을 정하고 회사의 업무를 집행하며 회사를 대표하는 대표이사를 두고 있다.

(2) 이　　사

1) 이사의 의의

이사(理事)는 주식회사의 업무집행의 의사결정기관인 이사회의 구성원으로서 업무집행의 의사결정에 참여할 뿐이며, 대표이사가 아니면 회사의 활동과 관련하여 회사의 기관인 지위를 갖지 못한다. 다만 각 이사는 회사법상의 소제기권이 있을 뿐이다(상 328, 376, 429, 445, 529).

2) 사외이사

(가) 사외이사(社外理事)란 전문적인 지식과 능력을 갖추고 경영실무를 담당하지 않으면서 업무집행기관으로부터 독립적인 지위에서 이사회의 구성원으로서 활동하는 이사라고 할 수 있다. 즉 사외이사란 회사의 경영과 업무집행에는 직접 참여하지 않고 비상근으로서 이사회에 출석하여 회사의 경영에 대한 의사결정에 참가하는 이사라고 할 수 있다. 이에 비하여 사내이사란 상근으로 회사의 경영과 업무집행을 담당하고 있는 이사를 말한다. 사외이사는 이사회의 구성원으로서 상법상 이사에게 인정된 권한을 가지며 의무와 책임을 부담한다.

"사외이사 활동할때 대주주 눈치본다"

상장기업 383社 조사

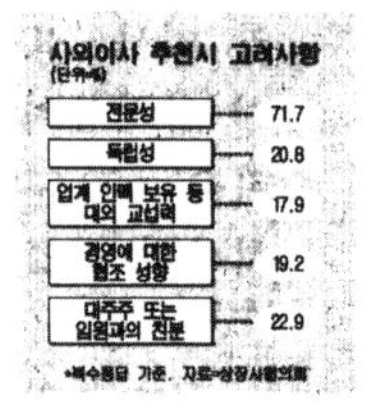

상장기업들은 사외이사를 선임할 때 전문성을 최우선으로 고려하는 것으로 나타났다. 또 사외이사 활동에 대한 불만으로는 대주주와 경영진으로부터 독립성이 떨어지는 점을 꼽았다.

상장사협의회가 최근 383개 상장기업을 대상으로 한 설문조사(복수응답 기준) 결과에 따르면 상장사들은 사외이사를 선임할 때 최우선적으로 고려하는 사항에 대한 질문에서 답변 기업 중 269개(71.7%)가 전문성을 꼽았다.

다음으로 대주주 또는 임원과 친분이 22.9%로 많았고 독립성을 최우선으로 꼽은 비율은 20.8%에 불과했다.

이 밖에 업계 인맥 보유 등 대외교섭력(17.9%)과 경영에 대한 협조성향(19.2%) 등도 고려사항으로 지적됐다.

사외이사 독립성을 저해하는 요인으로는 대주주나 경영진과 친분관계가 45.0%로 가장 많았고 경영진이나 사외이사 제도에 대한 인식 부족도 39.5%로 다수를 차지했다.

상장기업들이 사외이사 제도를 운영하면서 겪은 애로사항을 묻는 주관식 설문에서는 경영진이나 대주주로부터 독립이 필요하다는 답변이 9개사로 가장 많았다.

다음으로 사외이사의 경영이해도가 떨어진다는 불만(3개사), 사외이사 필요성을 못느끼고 비용만 발생한다(3개사), 회사에 상근하지 않아 이사회 개최나 보고에 어려움을 초래(3개사) 등도 주요한 불만사항이었다.

사외이사 활동에 대한 만족도를 묻는 설문에서는 아주 만족스럽다가 11.7%, 비교적 만족스럽다가 41.9%로 만족한다는 응답이 53.6%로 나타나 절반 정도 기업만 사외이사에 대해 만족하고 있는 것으로 파악됐다.

상장사협의회 관계자는 "사외이사제도가 하루빨리 정착하기 위해서는 신속한 의사결정 확보와 함께 독립성을 보장함으로써 회사경영이 효율적으로 이뤄질 수 제도적 보완이 필요하다"고 말했다.

우리나라 사외이사 보수는 선진국에 비해 크게 낮은 것으로 나타났다.　　노영우기자

매일경제　2003년 12월 8일 월요일

(나) **상장회사의 특례**

(a) 사외이사의 원수　　개정상법(2009)에 의하면 상장회사는 자산규모 등을 고려하여 대통령령이 정하는 경우를 제외하고는 이사 총수의 4분의 1 이상을 사외이사로 하여야 한다. 다만, 대통령령이 정하는 상장회사의 사외이사는 3명 이상으로 하되, 이사 총수의 과반수가 되도록 하여야 한다(상 542의8 I).

(b) 자　　격　　상장회사의 사외이사는 상법 제382조 제3항뿐만 아니라 다음 각 호의 어느 하나에 해당되지 않아야 하며, 이에 해당하게 된 경우에는 그 직을 상실한다. i) 미성년자, 피한정후견인 또는 피성년후견인, ii) 파산선고를 받은 자로서 복권되지 아니한 자, iii) 금고 이상의 형을 선고받고 그 집행이 끝나거나 집행이 면제된 후 2년을 지나지 아니한 자, iv) 대통령령이 별도로 정하는 법률을 위반하여 해임되거나 면직된 후 2년이 지나지 아니한 자, v) 상장회사의 주주로서 의결권 없는 주식을 제외한 발행주식총수를 기준으로 본인 및 대통령령이 정하는 그의 특수관계인이 소유하는 주식의 수가 가장 많은 경우 그 본인(이하 "최대주주"라 한다) 및 그의 특수관계인, vi) 누구의 명의로 하든지 자기의 계산으로 의결권 없는 주식을 제외한 발행주식총수의 100분의 10 이상의 주식을 소유하거나 이사·집행임원·감사의 선임과 해임 등 회사의 주요 경영사항에 대하여 사실상의 영향력을 행사하는 주주(이하 "주요주주"라 한다) 및 그의 배우자와 직계존비속, vii) 그 밖에 사외이사로서의 직무를 충실하게 수행하기 곤란하거나 회사의 경영에 영향을 미칠 수 있는 자로서 대통령령이 정하는 자 등이다(동조 II).

(c) 결원의 경우　　상장회사는 사외이사의 사임·사망 등의 사유로 인하여 사외이사의 수가 상법 제542조의8 제1항의 이사회의 구성요건에 미달하게 된 때에는 그 사유가 발생한 후 처음으로 소집되는 주주총회에서 그 요건에 합치되도록 사외이사를 선임하여야 한다(동조 III).

(d) 사외이사 후보의 추천　　상법 제542조의8 제1항 단서에서 규정하는 상장회사는 사외이사 후보를 추천하기 위하여 상법 제393조의2의 위원회(이하 "사외이사후보추천위원회"라 한다)를 설치하여야 한다. 이 경우 사외이사후보추천위원회는 사외이사가 총 위원의 2분의 1 이상이 되도록 구성하여야 한다(동조 IV). 상법 제542조의8 제1항 단서에서 규정하는 상장회사의 경우 주주총회에서 사외이사를 선임하려는 때에는 사외이사후보추천위원회의 추천을 받은 자 중에서 선임하여야 한다. 이 경우 상장회사의 사외이사후보추천위원회가 사외이사 후보를 추천할 때에는 상법 제363조의 2 제1항, 542조의 6 제1항·제2항의 권리를 행사할 수 있는 요건을 갖춘 주주가 주주총회일(정기주

주총회의 경우 직전연도의 정기주주총회일에 해당하는 당해 연도의 해당일)의 6주 전에 추천한 사외이사 후보를 포함시켜야 한다(동조 V).

3) 이사의 선임

(가) 선임기관

이사는 주주총회에서 선임하며(상 382 I), 선임의 법적 성질은 일방적인 단체법상의 기관행위라고 할 수 있다. 즉 이사의 선임은 주주총회의 전속권한이므로 정관의 규정 또는 주주총회의 특별결의로도 제3자나 타 기관에 위임하지 못한다. 이사의 선임은 보통결의(출석한 주주의 의결권의 과반수와 발행주식총수의 4분의 1 이상의 수로 하는 결의)에 의하며(상 368 I) 결의의 요건은 정관으로 가중할 수 있을 뿐이며 완화하지 못한다. 설립시의 이사는 발기설립의 경우에는 발기인이 갖는 의결권의 과반수로 선임하고(상 296 I), 모집설립인 때에는 창립총회에서 선임한다(상 312).

(나) 집중투표제도

(a) 1998년의 상법개정에 의하여 이사회제도의 개선방안으로 이사선임에 있어서 집중투표제도(集中投票制度)가 도입되었다. 이는 주주총회의 이사선임에 있어서 회사의 소수파주주들로 하여금 그들의 이익을 대표할 수 있는 자가 이사로 선임될 수 있도록 하는 미국법에서 발전된 제도이다. 이는 회사가 수인의 이사를 동시에 선임하는 경우에 모든 주주에게 그들이 소유하는 주식마다 선임될 이사의 원수와 동수의 의결권을 부여하고, 주주는 그에게 부여된 의결권의 전부를 특정후보 1명 또는 여러 명에게 집중적으로 행사할 수도 있고, 2명 이상의 여러 명의 후보에게 분산

> **16개 상장사 외국인 23명 임원선임**
>
> 윤재오 기자
>
> 올해 주총에서 12월 결산법인 가운데 16개 상장사가 모두 23명의 외국인을 신임임원으로 선임한 것으로 나타났다.
>
> 2일 증권거래소가 외국인 신임임원 현황을 분석한 결과 이사는 4개사 5명, 사외이사는 14개사 18명(중복 2명), 감사는 1개사 2명을 선임했다.
>
> 국적별로는 일본이 12명으로 가장 많았고 미국 7명, 사우디아라비아 3명, 프랑스 3명, 스위스 1명의 순이다.
>
> 한라공조는 토마스 웨버 씨와 케네스 밀러 씨를 이사, 파울 맥고나글 씨와 다비드 로멘 씨를 사외이사로 모두 4명의 미국인을 신임 임원으로 선임했다.
>
> 일본 도멘과 합작법인인 한국포리올은 감사 2명, 이사 1명, 사외이사 1명 등 4명의 일본인을 새 임원으로 영입했다.
>
> 하이트맥주와 코오롱은 각각 1명의 외국인 이사를 새로 선임했고 쌍용정유는 3명의 사우디아라비아인을 사외이사로 선출했다.
>
> 호텔신라는 일본인 사외이사 2명을, 주택은행과 국민은행도 외국인 사외이사를 각각 1명씩 새로 선임했다.
>
> 이 밖에 삼아알미늄 세방전지 근화제약 대한펄프 메디슨 한국안전유리 한국유리도 외국인 사외이사를 영입했다.
>
> 매일경제 1999년 4월 3일 토요일

하여 투표함으로써 투표결과 최고득표자로부터 순차적으로 선임하는 방법이다(상 382의2 Ⅲ·Ⅳ).

(b) 정관에 의하여 집중투표를 배제하지 않은 경우에 2명 이상의 이사를 선임하는 총회의 소집이 있는 때에는 의결권 있는 발행주식총수의 100분의 3 이상에 해당하는 주식을 가진 주주는 회사에 대하여 이사의 선임을 집중투표에 의할 것을 청구할 수 있다(상 382의2 Ⅰ). 즉 집중투표의 청구권은 정관에 다른 정함이 없는 경우에 한하여 인정되는 일종의 소수주주권이라고 할 것이다. 집중투표를 청구할 수 있는 소수주주의 지주요건은 그 청구시로부터 선임결의를 할 때까지는 유지되어야 한다. 집중투표의 청구는 회일의 7일 전까지 서면 또는 전자문서로 하여야 한다(상 382의2 Ⅱ).

(c) 집중투표에 의하여 이사의 선임결의를 하는 경우에 총회의 의장은 결의에 앞서 집중투표의 청구가 있다는 취지를 알려야 한다(상 382의2 Ⅴ). 그리고 집중투표를 청구한 주주가 제출한 서면은 총회의 종결시까지 본점에 비치하여야 하고 주주가 열람할 수 있도록 하여야 한다(상 382의2 Ⅵ). 이러한 의무는 적법한 집중투표의 청구가 있다는 것을 주주에게 알리기 위한 것이다.

> (d) 상장회사의 특례 　개정상법(2009)에 의하면 대통령령이 정하는 상장회사의 의결권 없는 주식을 제외한 발행주식총수의 100분의 1 이상에 해당하는 주식을 보유한 자는 상법 제382조의2 제 1 항에 따른 집중투표 청구권을 행사할 수 있다(상 542의7 Ⅱ). 상장회사가 정관에서 집중투표를 배제하고자 하거나 그 배제된 정관을 변경하고자 하는 경우에는 의결권 없는 주식을 제외한 발행주식총수의 100분의 3을 초과하는 수의 주식을 가진 주주는 그 초과하는 주식에 관하여 의결권을 행사하지 못한다. 다만, 정관에서 이보다 낮은 비율을 정할 수 있다(동조 Ⅲ). 그리고 상장회사가 집중투표의 배제 여부에 관한 정관의 변경을 주주총회의 목적사항으로 하고자 하는 경우에는 그 밖의 사항의 정관 변경에 관한 다른 의안과 별도로 상정하여 의결하여야 한다(동조 Ⅳ). 집중투표의 청구는 주주총회일(정기주주총회의 경우에는 직전연도의 정기주주총회일에 해당하는 당해연도의 해당일) 6주 전까지 이사에게 서면 또는 전자문서로 하여야 한다(동조 Ⅰ).

올 상장사 60%가 채택반대

'집중투표제' 빛못보나

소액주주 권리보호장치 활용못해

"집중투표제는 소액주주들이 자신들의 이익을 대변하는 이사를 선임해 경영에 참여하는 길을 터줍니다. 그러나 이번 주총에서 배제되면 다시는 채택하기 힘들어집니다."

26일 오전 서울 대한재보험빌딩 강당에서 열린 대한해운 주총장. 대한투신 양해만(楊海晩) 펀드매니저가 집중투표제의 중요성을 주총장에 모인 투자자들에게 극구 강조했다.

그러나 단 19만주(참석주주 중 5.7%)만이 집중투표제 실시에 표를 던져 앞으로 집중투표제 도입은 거의 불가능해졌다. 주총 참여 주식수 3분의2 이상, 전체 주식수 3분의1 이상 절대다수의 찬성을 얻어야 하기 때문. 소액주주 권리를 보장하기 위해 도입된 집중투표제가 시행돼 보지도 못하고 사장돼 가고 있는 것이다.

◆집중투표제란=올 주총부터 새로 도입된 제도. 지금까지는 주총에서 회사임원을 뽑을 때 주주 한 사람이 후보 각각에 대해서만 투표가 가능했다. 이것은 소액주주에게는 불리하다. 하지만 집중투표제는 예컨대 10명의 이사를 뽑을 때 9명에게는 투표하지 않는 대신, 1명에게만 10번 투표할 수 있다. 이 경우 소액주주 지분율이 5%라 해도 단결만 하면 1명의 임원을 선출할 수 있다.

◆상장사 중 3분의2가 올해 폐기할 듯=경영자 입장에서 집중투표제는 눈엣가시. 회사 임원 중 소액주주 편이 생겨 지속적으로 경영감시를 하게 되기 때문. 그래서 상장사들은 소액주주들이 아직 집중투표제에 관심이 없는 올해 앞다퉈 정관을 개정, 집중투표제를 폐기할 태세다. 26일까지 이미 미래와 사람, 현대자동차, 기아자판 등 25개사가 집중투표제를 배제했다. 25일까지 증권거래소에 주총안건을 신고한 274개사 중 66%(181개사)가 집중투표제를 없앨 계획이다.

◆기관투자가 연대가 변수=대주주 전횡이 계속되면 기업가치가 떨어지기 때문에 투신사를 비롯한 기관투자가는 '집중투표제 배제'를 반대하고 있으나 지금까지 백전백패. <崔洽·pot@chosun.com/韓允宰기자·yoonjae1@chosun.com>

조선일보 1999년 2월 27일 토요일 42판

㈐ 이사와 회사의 관계

이사와 회사의 관계는 위임이다(상 382 Ⅱ). 그러므로 이사는 회사에 대하여 선량한 관리자의 주의로써 업무를 집행하여야 할 의무를 진다(상 382 Ⅱ; 민 681).

4) 이사의 원수·임기

㈎ 이사는 3명 이상이어야 한다(상 383 Ⅰ 본). 상법은 이사회제도를 도입하였기 때문에 회의체의 운영을 위하여 그 인원수의 최저한을 3명으로 한 것이다. 즉 이사 수의 최고한에 대한 제한은 없고 최저한이 3명이므로 정관으로 3명 이상의 인원수를 정할 수 있다. 그러나 자본금 총액이 10억원 미만인 회사는 이사를 3명 미만(1명 또는 2명)으로 선임할 수 있다(상 383 Ⅰ 단).

(나) 이사의 임기는 3년을 초과하지 못하지만(상 383 Ⅱ), 정관으로 그 임기중의 최종의 결산기에 관한 정기주주총회의 종결시까지 연장할 수 있다(상 383 Ⅲ). 임기중의 최종의 결산기란 임기중에 도래한 최종의 결산기로서 당해결산기가 임기중에 도래한 경우를 말한다(예컨대 1월 31일이 결산기이고 3월 31일이 정기총회인 경우에 임기가 1월 31일과 3월 31일 사이에서 종료하는 때에 그 임기를 정관으로 3월 31일까지연장할 수 있는 것이다). 재선은 가능하다.

5) 이사의 자격

(가) 이사는 인적 신뢰관계를 기초로 하여 선임되는 자이므로 자연인이어야 하며, 법인은 이사가 될 수 없다. 이에 반하여 법인은 발기인이 될 수 있다고 하여 이사도 될 수 있다는 설이 있으나, 발기인은 회사의 설립만을 위한 일시적인 기관에 불과하므로 발기인과 이사의 지위를 동시하는 것은 타당하지 못하다. 이사는 업무를 담당하지 않더라도 이사회의 구성원으로서 중요한 업무집행에 대한 의사결정에 참여하며 업무집행을 감독하는 지위에 있으므로 그 능력과 개성이 요구되므로 법인은 업무를 담당하지 않는 이사도 될 수 없다고 할 것이다. 감사는 직무의 성질상 회사 및 자회사의 이사가 될 수 없다(상 411).

(나) 주주가 아닌 자도 이사가 될 수 있다. 그리하여 판례에는 대표이사가 주식을 모두 양도하였다 하여 바로 회사를 대표할 권한을 상실하는 것은 아니라고 한 것이 있다[대 63. 8. 31, 63 다 254]. 그러나 정관에 의하여 이사의 자격을 주주 등으로 제한할 수 있다(한국인 · 주거지 · 성별 · 연령 등).

(다) 회사는 회사의 상무에 종사하지 않는 사외이사를 선임할 수 있는데 주권비상장법인의 경우는 그 선임이 강제되지 않는다. 그러나 정관으로 감사위원회를 설치하는 회사는 그 위원의 3분의 2 이상은 사외이사이어야 한다(상 415의 2 Ⅱ).

(라) 상법에 의하여 사외이사가 될 수 없는 자는 다음과 같다(상 382 Ⅲ). i) 회사의 상무에 종사하는 이사 · 집행임원 및 피용자 또는 최근 2년 이내에 회사의 상무에 종사한 이사 · 감사 · 집행임원 및 피용자이었던 자, ii) 최대주주가 자연인인 경우 본인과 그 배우자 및 직계존 · 비속, iii) 최

대주주가 법인인 경우 그 법인의 이사·감사·집행임원 및 피용자, iv) 이사·감사·집행임원의 배우자 및 직계존·비속, v) 회사의 모회사 또는 자회사의 이사·감사·집행임원 및 피용자, vi) 회사와 거래관계 등 중요한 이해관계에 있는 법인의 이사·감사·집행임원 및 피용자, vii) 회사의 이사·집행임원 및 피용자가 이사·집행임원으로 있는 다른 회사의 이사·감사·집행임원 및 피용자는 사외이사로 선임될 수 없다.

6) 이사의 종임

㈎ 이사는 위임의 일반적 법정종료사유에 의하여 종임한다(민 690). 즉 이사의 사망·파산·성년후견개시의 심판에 의하여 종임하게 된다. 그리고 이사는 언제든지 일방적 의사표시에 의하여 사임할 수 있다(민 689). 이사나 대표이사직의 사임은 단독행위로서 회사에 대한 일방적 의사표시에 의하여 곧바로 그 효력이 발생하고 회사(주주총회나 이사회)의 승낙을 요하지 아니하며 변경등기가 없더라도 즉시 그 자격을 상실한다[서고 80.5.23, 79 나 2290]. 이 밖에 이사는 임기의 만료, 정관소정의 자격상실, 회사의 해산, 총회의 해임결의, 소수주주의 청구에 의한 법원의 해임판결 등에 의하여 종임한다.

㈏ 주주총회는 언제든지 중대한 사유가 없는 경우에도 특별결의로써 이사를 해임할 수 있다(상 385 Ⅰ). 해임결의는 단체법상의 행위로서 상대방에 대한 고지에 의하여 효력이 생긴다. 그러나 해임등기를 하기 전에는 선의의 제 3 자에게 대항하지 못한다. 회사가 정당한 사유 없이 임기만료 전에 주주총회의 결의로 이사를 해임한 때에는 그 이사는 회사에 대하여 해임으로 인한 손해의 배상을 청구할 수 있다(상 385 Ⅰ 단).

㈐ 이사가 그 직무에 관하여 부정행위 또는 법령이나 정관에 위반한 중대한 사실이 있는데도 주주총회에서 그 해임을 부결한 때에는 발행주식총수의 100분의 3 이상에 해당하는 주식을 가진 주주는 총회의 결의가 있은 날로부터 1월 내에 그 이사의 해임을 본점소재지의 지방법원에 청구할 수 있다(상 385 Ⅱ·Ⅲ).

개정상법(2009)에 의하면 상장회사의 경우는 6월 전부터 계속하여 10,000분의 50(대통령령으로 정하는 상장회사의 경우에는 1만분의 25) 이상에 해당하는 주식을 보유하는 소수주주가 이사의 해임청구를 할 수 있다(상 542의 6 Ⅲ).

(라) 이는 형성의 소로서 해임판결에 의하여 해임의 효과가 생긴다. 이 경우에 누가 피고인가에 대하여는 회사라는 설과 이사라는 설도 있으나, 이사와 회사를 공동피고로 볼 것이다. 의결권 없는 주식을 소유하는 주주는 해임청구를 할 수 있는 소수주주에서 제외된다는 설도 있으나, 의결권의 유무를 따질 필요 없이 모든 소수주주에게 인정되는 권리라고 할 것이다.

(마) 이사가 종임한 경우는 등기사항에 변경이 생기므로 변경등기를 하여야 한다(상 317 Ⅲ, 183).

(바) 이사의 종임으로 인하여 법률 또는 정관에서 정한 이사의 원수를 결하게 된 때에는 임기의 만료 또는 사임으로 인하여 퇴임한 이사에 한하여 새 이사가 취임할 때까지 이사의 권리·의무가 있다(상 386 Ⅰ)[대 64. 4. 28, 63 다 518; 대 91. 12. 27, 91 다 4409]. 퇴임한 이사가 계속하여 집무한다는 것이 불가능하거나(질병·부재), 부적당한 때에는 회사의 본점소재지의 법원은 이해관계인(주주·이사·회사의 사용인·채권자 등)의 청구에 의하여 일시 이사의 직무를 행할 자(가 이사)를 선임할 수 있다(상 386 Ⅱ).

7) 이사의 보수

(가) 이사와 회사와의 관계는 위임이므로(상 382 Ⅱ) 이사는 특별한 약정이 없으면 보수를 청구할 수 없는 것이 원칙이다(민 686 Ⅰ). 그러나 대표이사나 업무를 집행하는 이사는 특별한 약정에 의하여 보수를 받는 것이 통례로 되어 있다.

판례에는 「정관이나 주주총회의 결의 또는 주무부장관의 승인에 의한 보수액의 결정이 없었다고 하더라도 주주총회의 결의에 의하여 상무이사로 선임되고 그 임무를 수행한 자에 관하여는 보수지급의 특약이 있었다고 볼 것이다」고 한 것이 있다[대 64. 3. 31, 63 다 715].

(나) 보수란 그 명칭이나 형식과는 관계 없이 이사의 직무집행의 대가로 지급되는 금전이나 현물급여를 모두 포함한다. 그러므로 퇴직금이나 퇴직위로금도 재임중의 직무집행에 대한 대가로 지급하는 것이므로 보수에 속한다(대 77. 11. 22, 77 다 1742).

(다) 이사의 보수는 그 액을 정관에서 정하지 않은 때에는 주주총회의 결의로 정한다(상 388). 이 규정은 회사의 이익을 보호하기 위한 정책적 규정으로 본다. 그러므로 주주총회의 결의가 없는 한 보수청구권을 행사할 수 없다(대 92. 12. 22, 92 다 28228).

(3) 이 사 회

1) 서 설

이사회는 상법 또는 정관에서 정하고 있는 주주총회의 권한 이외의 사항에 관하여 회사의 의사를 결정하는 기관이다. 그러므로 상법은 의사결정기관을 이원화하였다고 볼 수 있다. 또한 이사회는 이사 전원으로 구성되는 법정의 회의체로서 주식회사의 필요적 기관이다. 우리 상법상의 이사회는 영미법상의 board of directors와 유사한 기관이다. 특히 1984년과 1995년의 개정상법에 의하여 이사회는 더욱 강력한 기관이 되었다. 이사는 3명 이상이어야 하지만 자본금 총액이 10억원 미만인 회사는 이사를 1명 또는 2명만 선임할 수 있는데(상 383 I 단) 이러한 회사에는 이사회가 존재하지 않는다.

2) 소 집

(가) 소집권자

(a) 이사회의 소집은 각 이사가 하는 것을 원칙으로 하지만 이사회의 결의로 회의를 소집할 이사를 정한 때에는 다른 이사의 소집권은 배제된다(상 390 I). 실제에 있어서는 정관이나 이사회 규칙에 의하여 대표이사 또는 이사회의 회장을 의장이며 소집권자로 지정하는 것이 보통이다. 그러나 소집권자 이외의 다른 이사는 소집권자인 이사에게 이사회의 소집

을 요구할 수 있다(상 390 Ⅱ 전). 만일 소집권자가 정당한 사유 없이 소집청구를 거절한 경우에는 그 이사회의 소집을 요구한 이사가 이사회를 소집할 수 있다(상 390 Ⅱ 후)[대 75. 2. 13, 74 마 595; 대 76. 2. 10, 74 다 2255].

(b) 감사는 필요한 때에는 회의의 목적사항과 소집이유를 기재한 서면을 이사(소집권자가 있는 경우에는 소집권자)에게 제출하여 이사회의 소집을 청구할 수 있다(상 412의 3 Ⅰ). 청구가 있었음에도 불구하고 이사(소집권자)가 지체 없이 이사회를 소집하지 않은 경우에는 그 청구를 한 감사가 이사회를 소집할 수 있다(동조 Ⅱ).

(c) 개정상법(2011)에 의하면 회사가 집행임원을 둔 경우에 집행임원은 필요하면 회의의 목적사항과 소집이유를 서면에 적어 이사(소집권자가 있는 경우에는 소집권자인 이사)에게 제출하여 이사회 소집을 청구할 수 있다(상 408의 7 Ⅰ). 이 경우에 청구를 한 후 이사가 지체 없이 이사회 소집의 절차를 밟지 아니하면 소집을 청구한 집행임원은 법원의 허가를 받아 이사회를 소집할 수 있다. 이 경우 이사회 의장은 법원이 이해관계자의 청구에 의하여 또는 직권으로 선임할 수 있다(동조 Ⅱ).

(나) 소집절차

회의를 소집함에는 소집권자가 회일의 1주간 전에 각 이사 및 감사에 대하여 통지를 발송하여야 한다. 이 기간은 정관으로 단축할 수 있다(상 390 Ⅲ). 통지는 그 방법에 제한이 없으므로 서면, 기타의 방법으로도 가능하지만 회의의 목적사항도 통지하여야 한다고 본다. 회의개최에 관하여 사전에 이사 및 감사 전원의 동의가 있는 때에는 소집절차 없이 언제든지 회의할 수 있다(상 390 Ⅳ). 동의는 사전에 있어야 하지만 명시뿐만 아니라 묵시로도 가능하다고 본다. 그러나 정관이나 이사회규칙으로 이사회의 정례회일이 정해져 있는 때에는 소집절차가 필요하지 않다.

3) 결 의

(가) 결의요건

(a) 이사회의 결의는 이사 과반수의 출석과 출석이사의 과반수로 한

다(상 391 I)(직무집행정지중의 이사는 제외되며 직무대행자 및 이사로서 권리 · 의무가 있는 퇴임이사는 산입된다). 이사회의 정족수는 회의의 개회시는 물론이고 회의의 종료시까지 유지되어야 한다. 그러나 회사의 기회 등의 이용이나 이사 등과 회사간의 거래에 대한 이사회의 승인결의와 감사위원회의 위원의 해임에 관한 이사회의 결의는 이사 3분의 2 이상의 수로써 하여야 한다(상 397의 2 I, 398, 415의 2 Ⅲ).

(b) 이사회의 결의요건은 정관으로 가중할 수 있을 뿐이며 완화하지 못한다(상 391 I 단). 결의요건의 가중은 정관으로 모든 결의에 대하여뿐만 아니라 일정한 결의사항에 관하여도 할 수 있다. 이사 전원의 일치에 의하여만 결의가 가능하다고 정할 수도 있다고 본다.

(c) 회의의 결과 가부동수인 경우에 정관으로 의장에게 결정권을 인정할 수 있다는 설도 있으나 이는 결과적으로 결의요건을 완화시키는 것이 되고 이사회의 결의에 있어서 각 이사 1명 1의결권의 원칙에도 반하므로 인정되지 않는다고 본다.

에버랜드 CB발행 절차상 문제

삼성에버랜드가 지난 96년 10월말 사모 전환사채(CB) 96억원 상당을 전환가액 7700원에 발행하는 안건을 의결한 이사회가 의결정족수에 미달된 채 열렸다고 검찰이 밝혔다.

신상규 서울지검 3차장은 3일 "당시 이사회 구성원 17명 중 9명이 회의에 참석해 자금조달의 필요성 등을 명분으로 CB 발행안을 의결한 것으로 기록돼 있지만 실제론 8명이 참석했고 한 명은 직접 참석하지 않았던 것으로 조사됐다"고 밝혔다.

신 차장은 "주주의 권리행사는 위임이 가능하나 이사회는 그렇지 않고, 이사회에서의 언행은 상법상 일신전속적인 것으로 대리가 불가능하게 돼 있다"며 "따라서 회의에 불참한 이사에 대해서는 의결권이 인정되지 않는다"고 강조했다.

삼성에버랜드는 지난 96년 10월 30일 CB발행을 결의하는 이사회를 연 데 이어 12월 3일 이사회를 열어 제일제당을 제외한 나머지 주주 계열사들이 실권한 CB 125만4000여주를 재용 씨 남매에게 배정키로 의결했다.

삼성 측은 이에 대해 "당시 이사회는 과반수가 참석해 정상적으로 의결한 사안이며 고발 초기 거론됐다 별 문제가 되지 않는 것으로 정리된 것으로 알고 있다"고 말했다.

김은표기자

매일경제 2003년 12월 4일 목요일

(나) **결의방법**

(a) 이사회는 적법하게 개최된 회의에서 결의를 하여야 하고 서면결의는 인정되지 않으며, 이사들은 개인적인 개성과 신뢰관계에 의하여 선임된 자이므로 의결권을 대리로 행사시키지 못한다. 왜냐하면 이사회제도는 이사들이 전문적인 의견을 교환하고 토의함으로써 업무집행을 위한 합리적인 결정을 하는 기관이기 때문이다.

> 판례도 「이사회는 주주총회의 경우와는 달리 원칙적으로 소집권 있는 이사가 다른 이사 전원에 대하여 이사회의 소집통지를 하여야 하고, 이사 자신이 이사회에 출석하여 결의에 참가하여야 하며, 대리인에 의한 출석은

인정되지 않고, 따라서 이사 개인이 타인에게 출석과 의결권을 위임할 수도 없는 것이니 이에 위배된 이사회의 결의는 무효이다」라고 한 것이 있다 [대 82. 7. 13, 80 다 2441].

(b) 이사회는 정관에서 달리 정하는 경우를 제외하고 이사의 전부 또는 일부가 직접 회의에 출석하지 아니하고 모든 이사가 음성을 동시에 송수신하는 원격통신수단에 의하여 결의에 참가하는 것을 허용할 수 있다. 이 경우 당해 이사는 이사회에 직접 출석한 것으로 본다(상 391 Ⅱ).

(c) 이사회의 결의에 있어서 의안에 대하여 특별한 이해관계가 있는 이사는 의결권을 행사하지 못한다(상 391 Ⅲ, 368 Ⅲ). 특별이해관계가 있는 이사는 이사회에서 의결권을 행사할 수는 없으나, 의사정족수 산정의 기초가 되는 이사의 수에는 포함되고 다만 의결성립에 필요한 출석이사에는 산입되지 않는다(상 391 Ⅲ, 371 Ⅱ). 특별한 이해관계가 있는 이사의 범위는 주주총회의 경우와 마찬가지로 해석에 의할 수밖에 없는데, 예컨대 이사와 회사간에 거래를 승인하는 이사의 결의에 있어서 그 당사자인 이사는 의결권을 행사할 수 없다고 할 것이다.

(d) 대표이사의 선임과 해임의 경우도 주주총회에서 이사를 선임하거나 해임하는 경우와 마찬가지로 당해 이사는 특별이해관계인이 아니라고 본다.

(다) 결의의 하자

(a) 이사회의 결의내용 · 소집절차 · 결의방법 등에 하자가 있는 경우와 결의의 부존재에 관하여 상법은 주주총회의 경우(상 376 이하, 380, 381)와 달리 아무런 규정도 두지 않고 있다. 그러므로 이사회결의에 하자가 있는 때에는 민법의 일반원칙에 의하여 그 무효를 주장할 수 있다. 즉 이사회의 결의에 하자가 있는 경우에는 이해관계인은 그 무효를 언제든지 항변이나 결의무효확인의 소로 주장할 수 있다 [대 82. 7. 13, 80 다 2441].

판례는 「명목상으로만 이사인 자에게 소집통지 없이 한 이사회의 결의는 그 이사가 소집통지를 받고 참석하였다 하더라도 그 결과에 영향이 없었을 것이라고 하여 유효하다」고 하였다(대 92.4.14, 90 다카 22698).

(b) 상법에는 무효인 이사회의 결의에 의하여 한 대표이사의 행위의 효력에 관하여도 아무런 규정이 없다. 그러나 이것은 회사 내부의 문제로서 그치는 사항(대표이사 또는 지배인의 선임·해임)과 거래의 안전과 관계되는 사항(사채의 발행·제 3 자와의 거래행위)을 구별하여, 전자의 경우는 그 효력을 인정할 수 없으며, 후자의 경우는 그 행위의 효력에 영향이 없다고 할 것이다.

4) 이사회의 권한

(가) 이사회는 상법이나 정관에서 주주총회의 권한으로 규정한 이외의 업무집행사항에 대하여 회사의 의사를 결정하는 기관이다(상 393). 이사회의 법정권한은 대표이사의 선임과 공동대표의 결정(상 389 I 본·II), 신주의 발행(상 416), 사채의 발행(상 469), 중요한 자산의 처분 및 양도, 대규모 자산의 차입 및 지배인의 선임 또는 해임(상 393 I), 주주총회의 소집결정(상 362), 이사에 대한 경업의 승인(상 397 I), 이사와 회사간의 거래의 승인(상 398), 이사회소집권자의 특정(상 390 I), 준비금의 자본금전입(상 461 I), 전환사채의 발행(상 513 II), 신주인수권부사채의 발행(상 516의 2 II 본), 신주인수권의 양도성의 결정(상 416 (5)), 재무제표의 사전승인(상 447), 중간배당의 결정(상 462의 3 I), 영업보고서의 승인(상 447의 2 I), 이사의 업무감독권(상 393 II), 지점의 설치·이전·폐지(상 393 I)·양도제한주식의 양도승인·상대방의 지정(상 335의 2, 335의 3, 335의 7), 간이합병의 승인(상 527의 2 I), 소규모합병의 승인(상 527의 3 I), 간이주식교환의 승인(상 360의 9 I), 소규모주식교환의 승인(상 360의 10 I) 등이다.

(나) 법률 또는 정관에 주주총회나 이사회의 권한으로 정해져 있지 않은 사항이라도 예컨대 사업계획, 중요한 규칙의 개폐, 중요한 재산의 취득과 처분, 영업의 중요하지 않은 일부의 양도, 임원의 인사에 관한 사항, 중요한 투자 및 융자에 관한 사항 등 일상업무에 속하지 않는 중요한 업무집행사항은 이사회의 권한에 속한다고 본다. 다만 이사회는 이

러한 사항의 결정을 대표이사에게 위임할 수 있다[대 97. 6. 13, 96 다 48282].

㈐ 이사가 1명 또는 2명인 경우(상 383 I 단)

(a) 이 경우에는 상법 제302조 제 2 항 제 5 호의 2, 제317조 제 2 항 제 3 호의 2, 제355조 제 1 항 단서, 제 2 항, 제335조의 2 제 1 항 · 제 3 항, 제335조의 3 제 1 항 · 제 2 항, 제335조의 7 제 1 항, 제340조의 3 제 1 항 제 5 호, 제356조 제 6 호의 2, 제397조의 2 제 1 항, 제398조, 제416조 본문, 제461조 제 1 항 본문 · 제 3 항, 제462조의 3 제 1 항, 제464조의 2 제 1 항, 제469조, 제513조 제 2 항 본문 및 제516조의 2 제 2 항 본문(준용되는 경우를 포함한다) 중 "이사회"는 이를 각각 "주주총회"로 보며, 제522조의 3 제 1 항 중 "이사회의 결의가 있는 때"는 "제363조 제 1 항의 규정에 의한 주주총회의 소집통지가 있는 때"로 본다(상 383 IV). 이사가 1명 또는 2명인 경우에는 이사회가 존재하지 않으므로 위의 사항에 대한 결정을 주주총회의 결의에 의하도록 한 것이다.

(b) 이 경우에는 이사회가 존재하지 않으므로 다음의 규정들은 적용하지 않는다(상 383 V). 즉 상법 제341조 제 2 항 단서, 제390조 내지 제392조, 제393조 제 2 항부터 제 4 항까지, 제399조 제 2 항, 제408조의 2 제 3 항 · 제 4 항, 제408조의 3 제 2 항, 제408조의 4 제 2 호, 제408조의 5 제 1 항, 제408조의 6, 제408조의 7, 제412조의 4, 제449조의 2, 제462조 제 2 항 단서, 제526조 제 3 항, 제527조 제 4 항, 제527조의 2, 제527조의 3 제 1 항 및 제527조의 5 제 2 항의 규정 등이다.

(c) 이 경우에는 각 이사(정관의 규정에 의하여 대표이사를 정한 경우에는 그 대표이사)가 회사를 대표하며, 상법 제343조 제 1 항 단서, 제346조 제 3 항, 제362조, 제363조의 2 제 3 항, 제366조 제 1 항, 제368조의 4 제 1 항, 제393조 제 1 항, 제412조의 3 제 1 항 및 제462조의 3 제 1 항에 규정된 이사회의 기능을 담당한다(상 383 VI).

㈑ 이사회는 정관이 정한 바에 따라 2명 이상의 이사로 구성되는 위원회를 설치할 수 있다(상 393의 2 I · III). 이사회는 i) 주주총회의 승인을 요하는 사항의 제안, ii) 대표이사의 선임 및 해임, iii) 위원회의 설치와 그 위원

의 선임 및 해임, iv) 정관에서 정하는 사항 등을 제외한 사항에 대한 권한을 위원회에 위임할 수 있다(동조 Ⅱ). 위원회는 결의된 사항을 각 이사에게 통지하여야 하며, 이를 통지받은 각 이사는 이사회의 소집을 요구할 수 있으며, 이사회는 위원회가 결의한 사항에 대하여 다시 결의할 수 있다(동조 Ⅳ). 그러나 감사위원회의 결의에 대하여 이사회는 다시 결의를 할 수 없다(상 415의 2 Ⅵ).

(4) 대표이사

1) 서 설

이사회는 법정의 회의체로서 회의에 의해서만 그 기능이 가능하므로 직접 업무집행을 담당하거나 회사를 대표한다는 것은 사실상 곤란하고 경영의 능률을 기대할 수 없게 된다. 그리하여 상법은 이사회가 그 구성원 중에서 1명 또는 여러 명의 대표이사를 선임하여(상 389 Ⅰ) 이들로 하여금 회사의 업무집행과 회사를 대표하게 하고 있다. 즉 대표이사는 대외적으로 회사를 대표하고 대내적으로 업무집행을 담당하는 필요적 상설기관이며 독립기관이다.

2) 선임·종임

(가) 대표이사의 선임은 원칙적으로 이사회의 권한이지만 대표이사는 회사의 대표기관이므로 정관을 통해 주주총회의 권한으로 할 수 있다(상 389 Ⅰ 단). 그러나 이사가 1명 또는 2명인 회사의 경우는 각 이사가 회사를 대표한다(상 383 Ⅵ).

(나) 상법은 이사회가 이사 중에서 1명 또는 여러 명의 대표이사를 선임하여 그들로 하여금 회사를 대표하도록 규정하고 있다(상 389 Ⅰ 본). 회사는 이사 전원을 대표이사로 선임하는 것도 무방하다고 본다(상시 27 참조). 이사회는 대표이사의 대표권의 남용을 방지하고 신중한 대표권의 행사를 위하여 여러 명의 대표이사가 공동으로만 회사를 대표하게 할 수 있다(상 389 Ⅱ). 대표이사의 자격에는 제한이 없고, 대표이사의 성명·주민등록번호 및

주소 등은 등기사항이다(상 317 Ⅱ (9)·Ⅲ, 318).

(다) 대표이사의 자격은 이사임을 전제로 하기 때문에 이사의 임기의 만료·해임·사임 등의 원인에 의하여 이사의 자격이 종임됨으로써 당연히 대표이사의 지위도 상실한다. 그러므로 대표이사의 임기는 이사의 임기를 초과하지 못한다.

(라) 대표이사는 해임 또는 사임에 의하여 종임한다. 대표이사의 선임기관은 언제든지 대표이사를 해임(대표권의 박탈)할 수 있으며 이 경우에 해임의 효력은 이사 해임의 경우와 마찬가지로 피해임자에 대한 고지에 의하여 생긴다고 본다. 대표이사도 언제든지 사임할 수 있다(상 382 Ⅱ; 민 689 Ⅰ). 그러나 대표이사가 회사에 불리한 시기에 사임하여 회사에 손해가 생긴 때에는 그것을 배상하여야 한다(민 689 Ⅱ).

(마) 대표이사의 종임에 의하여 대표이사가 없게 된 경우 또는 정관에서 정한 인원수를 결한 경우에는 임기의 만료 또는 사임으로 인하여 퇴임한 대표이사에게 새로 선임된 대표이사가 취임할 때까지 대표이사의 권리·의무가 있다(이사의 자격까지 종임되는 때에도 같다). 결원의 경우 법원은 필요하다고 인정하는 때에는 이사·감사 기타 이해관계인의 청구에 의하여 일시적으로 대표이사의 직무를 행할 자를 선임할 수 있다(상 389 Ⅲ, 386).

3) 대표이사의 권한

대표이사는 주주총회와 이사회가 결의한 사항을 집행하고, 그 업무집행을 위하여 필요한 때에는 대외적으로 회사를 대표하는 기관이다. 대표이사는 상법과 정관에 의해 주주총회와 이사회의 권한으로 정해진 것 이외의 중요하지 않은 업무집행사항에 대하여 일임을 받은 경우 그에 대한 권한도 갖는다. 또한 기타 업무집행을 위하여 필요한 세부사항에 대하여 의사결정을 할 수 있는 권한을 가진다고 본다. 왜냐하면 대표이사는 회사의 영업에 관하여 재판상 또는 재판 외의 모든 행위를 할 수 있는 대표권이 있으므로 업무집행에 필요한 세부사항에 대한 결정권한의 위임이 대표이사의 선임결의에 포함된 것으로 추정되기 때문이다.

(가) 업무집행권

대표이사는 대내적으로뿐만 아니라 대외적으로 회사의 업무를 집행할 권한이 있다. 회사의 업무 중에서 특히 대외적인 업무집행을 위하여 대표이사에게 대표권을 인정해 주고 있는 것이다. 대표이사가 여러 명인 경우는 각자가 단독으로 회사의 업무를 집행한다. 대규모회사에 있어서는 업무집행의 실행을 위하여 상무회를 두는 경우가 많다. 또한 정관으로 회사대표권을 제외한 업무집행만을 위하여 업무담당이사(사장 · 부사장 · 전무 · 상무 등)를 두어 이들이 상업사용인의 지위를 겸하게 하기도 한다. 대표이사의 대내적인 업무집행권은 정관소정의 회사의 목적범위 내로 제한된다.

(나) 대 표 권

(a) 대표이사는 회사의 영업에 관하여 재판상 또는 재판 외의 모든 행위를 할 수 있는 권한이 있으며, 이러한 권한에 대한 제한으로 선의의 제 3 자에게 대항하지 못한다(상 389 Ⅲ, 209). 대표이사의 대표권의 범위는 회사의 권리능력의 범위와 일치한다. 이들의 대외적인 대표권은 원칙적으로 제한불가성을 띠며 대표이사는 회사의 명의로써 할 수 있는 모든 행위를 유효하게 할 수 있다.

(b) 대표이사는 회사의 영업에 관하여 모든 재판상의 행위도 할 수 있지만, 이사와 회사간의 소송에 있어서는 소송의 공정한 수행을 위하여 감사가 회사를 대표한다(상 394). 이러한 제한은 회사의 이익을 보호하기 위한 것이다.

(c) 감사위원회의 위원이 소의 당사자인 경우에는 감사위원회 또는 이사는 법원에 회사를 대표할 자를 선임하여 줄 것을 신청하여야 한다(상 394 Ⅱ).

4) 하자 있는 결의와 대표이사의 행위

(가) 주주총회의 결의에 하자가 있는 경우

주주총회의 결의사항 중 정관변경 · 자본금감소 · 이사의 선임에 관한 결의에 하자가 있으면 이에 기한 대표이사의 행위는 무효이다. 그러나 거래행위인 매매나 임대차 등은 정관에 의하여 주주총회의 결의사항인 경우에 그 결의에 하자가 있어도 유효하다고 본다. 다만 회사의 영업양도는 거래행위에 속하지만, 주주총회의 특별결의는 영업양도의 효력요건이므로 이러한 절차를 거치지 않은 영업양도는 무효이다.

(나) 이사회의 결의에 하자가 있는 경우

(a) 대표이사·지배인의 선임, 회사와 이사간의 거래의 승인(상 398), 준비금의 자본금전입(상 461)에 관한 이사회의 결의에 하자가 있는 때에는 회사의 이익만이 문제가 되므로 대표이사의 행위는 무효이지만, 일반적인 거래행위를 비롯한 사채발행을 위한 결의에 하자가 있는 경우는 상대방에게 악의 또는 중과실이 없는 한 거래의 안전을 위하여 유효하다고 본다[대 78.6.27, 78 다 389; 대 63.8.31, 63 다 254]. 그런데 판례는 상대방이 악의가 없는 경우에만 유효하다고 하고 상대방의 악의는 회사가 입증하여야 한다고 하였다[대 93.6.25, 93 다 13391; 대 94.10.28, 94 다 39253; 대 96.1.26, 94 다 42754]. 이후의 판례는 이사회의 결의를 요하는 거래행위에 대하여 이사회의 결의가 없거나 무효인 것을 상대방이 알거나 알 수 있었다면 거래행위는 무효라고 한 바 있다[대 95.4.11, 94 다 33903].

(b) 신주발행의 결의에 하자가 있는 경우도 거래의 안전을 위하여 신주발행은 유효하다는 설도 있다. 그러나 신주발행은 단순한 업무집행행위가 아니라 조직법상의 행위이므로 이사회의 결의는 신주발행의 유효요건이라고 할 수 있으며 그 결의에 하자가 있으면 신주발행은 무효라고 본다. 대표이사의 선임결의가 무효인 경우에 그 대표이사가 한 행위의 효력이 문제가 되는데 이 경우에도 거래행위는 유효하다고 본다(상 395 유추).

5) 표현대표이사

(가) 서 설

주식회사를 대표하는 자는 대표이사이다. 그러나 실제에 있어서 사장·부사장·전무·상무 등의 명칭을 가진 이사의 전부 또는 일부가 대표이사인 경우가 많으며, 그들이 대표이사가 아닌 경우라도 위와 같은 명칭을 가진 이사는 제3자로 하여금 대표권이 있는 것으로 믿게끔 만든다. 그리하여 상법은 외관을 신뢰한 제3자를 보호하고 거래의 안전을 도모하기 위하여 특칙을 두고 있다(대 88.10.11, 86 다카 2936). 즉 사장·부사장·전무·상무 기타 회사를 대표할 권한이 있는 것으로 인정될 만한 명칭을 사용한 이사가 한 행위에 대하여는 그 이사가 회사를 대표할 권한이 없는 경우에도 회사는 선의의 제3자에 대하여 대표이사의 행위와 마찬가지로 그 책임을 진다(상 395).

(나) 적용요건

표현대표이사(表見代表理事)제도는 일방에 있어서 회사측에 귀책사유가 있고 타방에 있어서는 회사측이 만든 외관을 신뢰한 제3자가 있을 때 회사가 책임을 지도록 하는 데 목적이 있으므로 상법 제395조는 다음과 같은 요건이 구비된 경우에 적용된다.

(a) 외관의 존재

aa) 회사를 대표할 권한이 있는 자로 보이는 외관이 존재하여야 한다. 외관이란 대표권이 존재하는 것과 같은 명칭을 말한다. 명칭에는 상법에서 예시하고 있는 사장·부사장·전무·상무를 비롯하여 총재·부총재·은행장 등 일반적인 통념에 의하여 회사를 대표할 권한이 있는 것으로 보이는 명칭은 모두 포함된다. 상법 제395조는 이사가 아닌 사용인(영업부장·경리부장 등)이 그러한 명칭을 사용한 때(대 85.6.11, 84 다카 963)나, 이사직을 해임한 후에 그러한 명칭을 사용하는 때에도 유추적용될 수 있을 것이다.

bb) 공동대표이사 중의 1명이 단독으로 회사를 대표하는 행위를 한 경우에도 상법 제395조가 적용되느냐 하는 문제가 있다. 공동대표이사 중의 1명이 회사를 대표할 권한이 있는 것으로 보이는 명칭(사장·부사장·전무 등)을 사용하여 제3자가 대표권이 있다고 신뢰하고 거래한 경우에는 동조가 유추적용된다고 본다.

(b) 외관에 대한 귀책사유

aa) 외관에 대하여 회사의 귀책사유가 있어야 한다. 그러므로 표현대표이사의 명칭을 임의로 사용한 때에는 본조가 적용될 수 없다(대 75. 5. 27, 74 다 1366; 대 77. 5. 10, 76 다 878). 외관에 대한 회사의 귀책사유는 회사가 그러한 명칭을 적극적으로 부여하였거나 그 사용을 허용한 경우, 그리고 회사가 그러한 명칭을 사용하는 것을 알면서 소극적으로 묵인한 경우도 포함한다(대 85. 6. 11, 84 다카 963).

판례도 「주주총회를 소집·개최함이 없이 의사록만을 작성한 주주총회결의로 대표자로 선임된 자의 행위에 대하여 상법 제395조에 따라 회사에게 그 책임을 물으려면 의사록 작성으로 대표자격의 외관이 현출된 데 대하여 회사에게 귀책사유가 있음이 인정되어야만 할 것이다」고 하였다(대 92. 8. 18, 91 다 14369; 대 94. 12. 27, 94 다 7621).

bb) 회사가 그 사용을 허용 또는 묵인한 경우란 진정한 대표이사나 이사 전원 또는 과반수의 이사가 적극적 또는 묵시적으로 허용한 경우를 말한다.

판례도 「회사가 표현대표를 허용하였다고 하기 위하여는 진정한 대표이사가 이를 허용하거나 이사 전원이 아닐지라도 적어도 이사회의 결의의 성립을 위하여 회사의 정관에서 정한 이사의 수, 그와 같은 정관의 규정이 없다면 최소한 이사전원의 과반수의 이사가 적극적 묵시적으로 표시한 경우이어야 한다」고 한다(대 92. 9. 22, 91 다 5365).

(c) 외관에 대한 제 3 자의 신뢰 상법 제395조에 의하여 회사가 책임을 져야 할 상대방은 선의의 제 3 자이다. 제 3 자란 표현대표이사의 법률행위의 직접적인 상대방뿐만 아니라 표현대표이사가 사용한 명칭의 표시를 신뢰한 제 3 자도 포함한다. 여기서 선의란 표현대표이사가 회사를 대표할 권한이 없다는 것을 알지 못한 것을 뜻한다. 그러므로 회사가 책임을 지지 않으려면 제 3 자의 악의를 입증하여야 한다(대 71. 12. 28, 71 다 2141). 제 3 자가 중대한 과실로 인하여 대표권의 흠결을 알지 못한 때에는 제 3 자

가 악의인 경우에 준하여 회사는 책임을 지지 않지만, 제 3 자가 선의인 이상 과실이 있더라도 회사는 책임을 진다고 할 것이다〔대 73. 2. 28, 72 다 1907〕.

(5) 이사의 의무

1) 선관의무

회사와 이사의 관계에 대하여는 위임에 관한 규정이 준용되므로(상 382 Ⅱ), 이사는 회사의 업무를 집행함에 있어서 선량한 관리자의 주의의무를 진다(민 681). 이 경우에 주의의무는 이사의 지위에 있는 자에게 요구되는 상당한 정도의 주의를 하여야 하는 의무이다. 이사회는 업무집행의 감독기관이므로 그 구성원인 이사는 대표이사의 업무집행을 감독할 감시의무가 있으며 이러한 감시의무의 수행을 위하여 선량한 관리자의 주의의무를 진다고 할 것이다〔대 85. 6. 25, 84 다카 1954〕. 대표이사도 다른 대표이사의 업무에 대한 감시의무가 있고, 업무담당이사 및 기타 사용인에 대하여 감독의무를 진다.

《이사의 선관의무와 경영판단의 법칙》

이사와 회사의 관계는 위임이므로 이사는 회사에 대하여 선관의무를 진다. 그렇다고 회사에 손해가 생긴 때에 항상 선관의무의 위반으로 이사가 책임을 진다고 한다면, 이는 이사에게는 가혹한 결과가 초래된다고 할 것이다. 왜냐하면 경쟁이 치열하고 수시로 경제환경이 변화하는 시대의 기업영업에 있어서 항상 정확하고 손해 없는 경영판단만을 기대할 수는 없는 것이기 때문이다. 그리하여 미국에서는 판례법으로 경영판단의 법칙(經營判斷의 法則; business judgement rule)이 발전하기에 이르렀다. 이는 이사가 그 권한의 범위 내에서 객관적인 정보에 따라 제반사정을 고려하여 합리적인 경영상의 결정을 한 때에는 단순히 그 판단이 잘못되었다는 이유만으로는 책임을 지지 않는다는 것이다. 즉 경영판단에 대한 법원의 관여를 배제하려는 법칙이다. 우리의 경우에도 회사에 손해가 있다고 하여 단순히 경영판단이 잘못되었다는 이유로 이사에게 임무해태로 인한 책임을 지울 수는 없다고 본다. 그러나 그 판단이 잘못된 정보에 의하는 등 비합리적인 결정에 의하여 이루어졌을 때에는 예외라고 할 것이다.

2) 충실의무

(가) 1998년의 개정상법에 의하여 「이사는 법령과 정관의 규정에 따라 회사를 위하여 직무를 충실하게 수행하여야 한다」는 규정이 신설되었다(상 382의 3). 선관의무와 충실의무는 어떠한 관계에 있는가 하는 것이 문제가 된다. 충실의무는 선관의무와 다른 의무라는 입장에서는 예컨대 상법 397조의 이사의 경업피지의무와 제398조의 이사의 자기거래제한에 관한 규정을 충실의무에 관한 규정이라고 한다. 즉 이에 의하면 영미에서 회사와 이사간에는 신뢰관계(fiduciary relation)가 존재하므로, 이사는 그 지위를 이용하여 자기 또는 제 3 자의 이익을 도모할 목적으로 회사의 이익을 해하여서는 안 된다는 충실의무를 선관의무와 다른 의무로 인정해야 한다는 것이다. 그 근거는 i) 민법상으로 수임인은 무보수임이 원칙이고(민 686), ii) 상법은 영미법상의 이사회제도를 도입하여 이사회의 권한이 확대되었기 때문에 그에 상응하는 의무가 요구되며 기업이 거대화·국제화·공개화되었기 때문이라고 한다.

(나) i)에서는 수임인이 자연인인 단순한 위임의 경우를 근거로 삼고 있으나 오늘날 회사의 이사는 당연히 보수청구권이 있다는 것이 통설이므로 이사는 회사의 이익을 우선시켜야 할 의무가 있으며, ii) 선관의무는 이사회의 권한이 확대되면 그만큼 그 내용도 강화된다고 해석하여 운영할 수 있는 것이고, 이와 같은 맥락에서 기업의 거대화·국제화에 따라 이사는 그에 상응하는 선관의무를 지는 것이므로 충실의무는 선관의무와 다른 것이 아니라고 본다. 왜냐하면 선관의무의 내용은 통일적으로 정형화되는 것이 아니라 기업의 종류와 규모, 종업원의 수, 경기상황 등과 각 이사의 특별한 직무에 따라 다른 것이기 때문이다. 그러므로 충실의무는 선관의무와 동질적인 의미로 보거나 선관의무를 구체화한 표현으로 이해하여야 할 것이다.

판례도 「악의 또는 중과실로 임무를 해태한 행위라 함은 이사의 충실의무 또는 선관의무위반행위로서 위법성이 있는 것을 말한다」고 하였다 (대 85. 11. 12, 84 다카 2490).

(다) 이사는 선관의무와 충실의무를 지고 영업비밀유지의무를 진다 (상 382의 3, 382의 4).

3) 경업피지의무

(가) 의 의

(a) 이사는 이사회(이사가 1명 또는 2명인 회사는 주주총회)(이하 또는 주주총회라 한다)의 승인 없이 자기 또는 제 3 자의 계산으로 회사의 영업부류에 속한 거래를 하거나 동종영업을 목적으로 하는 다른 회사의 무한책임사원이나 이사가 되지 못한다(상 397 I, 383 Ⅳ). 이것은 이사가 영업상의 지식과 비밀을 이용하여 회사의 이익을 희생시키면서 자기 또는 제 3 자의 이익을 추구하는 것을 방지하기 위하여 이사의 선관의무를 구체화한 규정이다(대 90. 11. 2, 90 마 745).

(b) 경업피지의무를 지는 이사는 임기중인 이사와 후임이사가 취임할 때까지 이사의 권리의무가 있는 퇴임이사를 포함한다. 그러나 이사는 영업목적이 다른 회사의 무한책임사원이나 이사는 될 수 있다는 점이 상업사용인의 경우(상 17 I)와 다르다.

(나) 적용요건

(a) 영업부류에 속한 거래　　영업부류에 속한 거래란 회사의 사업과 시장에서 경합관계가 생겨 회사와 이사간에 이익이 충돌될 수 있는 거래를 말한다. 이사는 이러한 거래를 자기 또는 제 3 자의 계산으로 하지 못한다. 여기서 자기 또는 제 3 자의 계산이란 거래의 경제적 효과가 자기 또는 제 3 자에게 귀속되는 것을 의미한다.

(b) 겸 직　　이사는 동종영업을 목적으로 하는 다른 회사의 무한책임사원이나 이사가 되지 못한다. 이는 영업의 목적과 관계 없이 겸직을 제한하는 상업사용인의 경우(상 17 I)와 다르고, 대리상·합명회사의 사원·합자회사의 무한책임사원의 경우(상 89 I, 198 I, 269)와 같다.

판례는 「회사의 승인이 없이 동회사와 동종영업을 목적으로 하는 회사를 설립하고 그 회사의 이사 겸 대표이사가 되어 영업준비작업을 하고 있다면 영업활동을 개시하기 전에 그 회사의 이사 및 대표이사직을 사임하였다고 하더라도 이는 상법 제397조 제 1 항 소정의 경업금지의무를 위반한 행위에 속한다」고 하였다[대 93. 4. 9, 92 다 53583].

(c) 이사회의 승인　　이사회의 승인은 사전에 함을 원칙으로 하지만 사후의 추인도 가능하다. 그러나 승인 없이 한 거래나 다른 회사에의 취임으로 인한 손해배상책임은 면하지 못한다. 경업적 거래의 승인을 얻고자 하는 이사는 이사회에 그 거래에 관한 중요한 사항을, 그리고 동종영업의 다른 회사에 겸직을 하고자 할 때에는 그 회사에 관한 중요한 사항을 개시(開示)하여야 할 것이다. 경업적 거래의 경우 동일한 조건으로 계속적 거래를 하고자 하는 경우에는 포괄적인 승인도 가능하다고 본다. 경업의 승인을 구하는 이사는 이사회의 경업승인결의에서 그의 의결권을 행사하지 못한다(상 368 Ⅳ, 391 Ⅱ). 왜냐하면 당해 이사는 이사회의 결의에 관하여 특별이해관계인이라고 할 수 있기 때문이다.

(다) 의무위반의 효과

(a) 회사는 이사가 경업피지의무를 위반한 경우에 그 이사를 해임할 수 있으며(상 385), 소수주주는 이사해임의 소를 제기할 수 있고(상 385 Ⅱ), 손해배상책임을 지울 수 있다(상 399). 또한 회사는 주주총회의 결의로 개입권을 행사할 수 있다(상 397 Ⅱ). 다만 개입권과 손해배상청구 중 한 가지를 선택한 이후에는 그 선택을 철회하지 못한다고 본다(민 382 Ⅱ). 그러나 동종영업의 다른 회사의 무한책임사원이나 이사의 취임제한에 위반한 경우는 손해배상청구를 할 수 있을 뿐이다.

(b) 이사가 이사회(또는 주주총회)의 승인이 없이 자기 또는 제 3 자의 계산으로 회사의 영업부류에 속한 거래를 한 경우, 회사는 이사회(또는 주주총회)의 결의로 그 이사의 거래가 자기의 계산으로 한 것인 때에는 이를 회사의 계산으로 한 것으로 볼 수 있고 제 3 자의 계산으로 한 것인 때에는 그 이

사에 대하여 이로 인한 이득의 양도를 청구할 수 있는데(상 397 Ⅱ) 이를 회사의 개입권(介入權) 또는 탈취권이라 한다. 이러한 권리는 이사가 의무를 위반함으로써 생긴 손해는 회사가 배상청구를 할 수 있지만 그 손해액의 입증이 곤란하여 회사의 이익을 충분히 보호할 수 없다는 점과 고객관계의 유지를 고려하여 인정한 것이다.

(c) 개입권은 이사에 대한 회사의 일방적 의사표시에 의하여 그 효과가 생기는 형성권이다. 즉 개입권은 이사회의 결의를 거쳐 당해 이사에게 통지를 함으로써 그 효력이 생긴다. 개입권행사의 효과는 회사와 이사간의 관계에만 미치고 이사와 제 3 자간의 법률관계를 변경시키거나 회사가 제 3 자에 대하여 거래의 당사자가 되는 것은 아니다. 즉 제 3 자에 대하여는 여전히 이사가 당사자인 지위를 유지한다.

(d) 회사가 개입권을 행사하면 이사는 그 거래의 경제적 효과를 전부 회사에 귀속시켜야 할 의무를 지므로, 이사는 회사에 그 거래로 인하여 취득한 권리를 이전하고 금전 기타의 물건을 인도하여야 한다. 회사도 거래로 인하여 이사가 부담한 채무를 변제하고 그 밖에 지출한 비용을 상환하여야 한다.

(e) 개입권은 거래가 있은 날로부터 1 년을 경과하면 소멸한다(상 397 Ⅲ). 이 기간은 제척기간이며 시효기간이 아니다.

4) 회사와 이사 등과의 거래제한

(가) 의 의

(a) 이사는 이사회(이사가 1명 또는 2명인 회사는 주주총회)의 승인 없이 자기 또는 제 3 자의 계산으로 회사와 거래를 할 수 없다(상 398 전, 383 Ⅳ). 이 규정은 직접 이사가 거래의 상대방으로서 또는 상대방의 대리인이나 대표자로서 회사와 거래를 하는 경우에 자기의 지위와 경영상의 기밀을 이용하여 회사의 이익을 희생시키고 자기 또는 제 3 자의 이익을 추구하는 것을 방지하기 위한 것이다.

(b) 제한되는 거래에는 원칙적으로 회사의 이익을 해할 염려가 있는

모든 재산적 거래(이사에 의한 회사재산의 양수, 이사에 의한 자기재산의 회사에 대한 양도, 이사의 채무의 회사에 의한 인수, 회사의 채권을 이사의 채권으로 한 경개 등)로서 이사와 회사간의 직접거래뿐만 아니라 간접거래(회사가 이사 개인의 채무를 보증하는 행위)[대 84.12.11, 84 다카 1591; 대 69.11.11, 69 다 1374], 이사가 2개 회사의 대표이사를 겸임하는 경우 양 회사의 거래를 포함한다[대 96.5.28, 95 다 12101 · 12118]. 어음행위도 제한을 받는 거래에 포함된다고 하는 것이 다수설이며 판례의 입장이다[대 66.9.6, 66 다 1146].

(c) 개정상법(2011)에 의하면 이사회의 승인을 요하는 거래는 회사와 이사 간의 거래뿐만 아니라 회사와 이사의 배우자 등과의 거래를 포함한다. 즉, i) 이사 · 주요주주(상 542의 8 Ⅱ (6)), ii) 이사의 배우자 · 직계존비속, 배우자의 직계존비속, iii) i) 및 ii)의 자가 단독으로 또는 공동으로 의결권 있는 발행주식총수의 100분의 50 이상의 주식을 가진 회사 및 그 자회사, iv) i) 및 ii)의 자가 iii)의 회사와 합하여 의결권 있는 발행주식총수의 100분의 50 이상의 주식을 가진 회사는 거래의 조건이 공정하고 사전에 이사회의 승인이 있어야 자기 또는 제 3 자의 계산으로 회사와 거래를 할 수 있다. 이 경우에 이사회의 승인은 이사 3분의 2 이상의 수로써 하여야 한다(상 398).

(d) 이사가 장래 또는 현재에 회사의 이익이 될 수 있는 직무를 수행하는 과정에서 알게 되거나 회사의 정보를 이용한 사업기회나, 회사가 수행하고 있거나 수행할 사업과 밀접한 관계가 있는 사업기회를 제 3 자로 하여금 이용하도록 하여 회사와 거래를 하는 경우에는 이사회의 승인을 받아야 한다(상 397의 2 Ⅰ). 이 경우에 이사회의 승인은 이사 3분의 2 이상의 수로써 하여야 한다.

(e) 행위의 성질상 회사에 불이익이 생길 염려가 없는 경우로서 예컨대 기존채무의 조건을 회사에 유리하게 변경하는 행위, 무이자 · 무담보로 회사에 대부하는 행위, 채무의 이행행위(이사가 회사에 대하여 약속어음을 발행하거나 배서하는 행위), 쌍방의 채무가 변제기에 있는 경우 채권 · 채무를 상계하는 행위, 보통거래약관에 의한 거래(보험계약 · 예금계약 · 운송계약 등), 회사가 부담 없이 무상증여를 받는 계약 등은 제한을 받는 거래에 포함되지 않는다.

(나) 승인의 방법과 시기

(a) 자기거래의 승인은 이사회(또는 주주총회)의 결의에 의하여야 하지만 정관에 의하여 주주총회의 결의사항으로 할 수 있다. 승인결의의 경우에 거래의 당사자인 이사는 특별이해관계인으로서 의결권을 행사하지 못한다(상 391 Ⅱ, 368 Ⅲ). 자기거래의 승인은 이사회의 결의사항이므로(상 398 전) 1명인 주주가 이사인 경우나 총주주의 동의가 있는 경우에도 회사채권자의 이익을 고려하여 이사회의 결의가 필요하다는 설도 있으나, 이러한 경우의 자기거래는 이사회의 승인이 없더라도 유효하다고 할 것이다[대 92. 9. 14, 92 도 1564].

(b) 자기거래의 승인은 직접거래의 경우나 간접거래의 경우에도 이익충돌행위의 당사자인 이사가 요구하여야 하며, 거래마다 개별적으로 하여야 하고 사전승인이어야 된다고 본다. 즉 사후의 추인은 인정되지 않는다. 그러나 추인을 인정하는 것이 판례의 입장이다[대 92. 2. 11, 91 다 42685].

(다) 승인 없는 거래의 효력

(a) 이사가 이사회(또는 주주총회)의 승인 없이 자기거래를 한 경우에 그 효력에 관하여는 무효설과 상대적 무효설이 있다. 즉 먼저 자기거래의 제한은 회사의 이익보호를 위한 것으로서 이사회의 승인은 자기거래의 효력요건이므로 이사회의 승인이 없는 자기거래는 이사와 회사의 관계에 있어서는 물론이고[대 92. 2. 11, 91 다 42685], 제 3 자와의 관계에 있어서도 무효라는 설이 있다[대 80. 7. 22, 80 다 341·342].

(b) 그에 반해 이사회의 승인 없는 자기거래는 회사와 이사간에는 무효이지만, 제 3 자에 대하여는 그가 악의라는 것을 입증하지 못하는 한 무효를 주장할 수 없다는 상대적 무효설도 있다. 상법 제398조는 회사의 이익보호를 위한 강행법규이고, 이사회의 승인을 요하는 거래는 회사의 이익을 해할 염려가 있는 거래에 한정되므로 승인 없는 자기거래는 무효라고 하는 것이 타당하다.

(c) 이사회(또는 주주총회)의 승인 없이 자기거래를 한 이사와 그 거래에서 회사를 대표한 이사는 회사에 대하여 손해배상책임을 진다(상 399). 자기거

래에 대하여 이사회의 승인을 얻은 경우에도 자기거래를 함에 있어서 이사의 선관의무의 위반으로 회사에 손해가 생긴 때에는 이사는 손해배상책임을 면하지 못한다(상 399 I)〔대 89. 1. 31, 87 누 760〕.

5) 상장회사와 특별이해관계자의 거래

(가) **금지되는 행위** 개정상법(2009)에 의하면 상장회사는 i) 주요주주 및 그 특수관계인, ii) 이사(제401조의 2 제 1 항 각 호의 어느 하나에 해당하는 자를 포함한다. 이하 이 조에서 같다) 및 집행임원, iii) 감사 등을 상대방으로 하거나 그를 위하여 신용공여를 하여서는 아니된다(상 542의 9 I). 이 경우에 신용공여란 금전 등 경제적 가치가 있는 재산의 대여, 채무이행의 보증, 자금지원적 성격의 증권의 매입, 그 밖에 거래상의 신용위험을 수반하는 직접적·간접적 거래로서 대통령령이 정하는 거래를 말한다.

(나) **예 외** 상장회사는 다음 각 호의 하나에 해당하는 신용공여는 이를 할 수 있다. i) 복리후생을 위한 이사·집행임원 또는 감사에 대한 금전대여 등으로서 대통령령이 정하는 신용공여, ii) 다른 법령에서 허용하는 신용공여, iii) 그 밖에 상장회사의 경영건전성을 해할 우려가 없는 금전대여 등으로서 대통령령이 정하는 신용공여 등이다(동조 II).

(다) **이사회의 승인을 요하는 행위** 대통령령이 정하는 상장회사는 최대주주, 그의 특수관계인 및 해당 상장회사의 특수관계인으로서 대통령령이 정하는 자를 상대방으로 하거나 그를 위하여 다음 각 호의 어느 하나에 해당하는 거래(제 1 항에 따라 금지되는 거래를 제외한다)를 하고자 하는 경우에는 이사회의 승인을 받아야 한다. i) 단일 거래규모가 대통령령이 정하는 규모 이상인 거래, ii) 해당 사업연도 중에 특정인과 해당 거래를 포함한 거래총액이 대통령령이 정하는 규모 이상이 되는 경우의 해당 거래 등이다(동조 III). 이 경우에 이사회의 승인 결의 후 처음으로 소집되는 정기주주총회에 해당 거래의 목적·상대방 그 밖에 대통령령이 정하는 사항을 보고하여야 한다(동조 IV). 그러나 상장회사의 영위 업종에 따른 일상적인 거래로서 i) 약관에 따라 정형화된 거래로서 대통령령이 정하는 거래, ii) 이사회에서 거래총액을 승인하고 그 승인된 금액의 범위 안에서 이행하는 거래의 어느 하나에 해당하는 거래는 이사회의 승인을 받지 아니하고 할 수 있으며, 제 2 호에 해당하는 거래에 대하여는 그 거래내용을 주주총회에 보고하지 아니할 수 있다(상 542의 9 V).

6) 감사에 대한 보고의무

(가) 이사는 회사에 현저하게 손해를 미칠 염려가 있는 사실을 발견한 때에는 즉시 감사에게 이를 보고하여야 한다(상 412의 2). 감사는 이사에 대하여 영업에 관한 보고를 요구할 권한과, 회사의 업무와 재산상태에 대한 조사권을 가지며(상 412 Ⅱ), 이사회의 출석권과 의견진술권(상 391의 2 Ⅰ)이 있음에도 불구하고 감사에 대한 이사의 보고의무를 법정한 것은 감사의 감사를 촉구함으로써 회사의 손해를 가급적 미연에 방지하기 위한 것이다.

(나) 보고의무를 지는 이사는 대표이사뿐만 아니라 손해발생의 사실과 무관하더라도 그러한 사실을 발견한 이사를 모두 포함한다. 이사가 보고의무를 위반한 때에는 그로 인하여 생긴 회사의 손해를 배상할 책임을 면하지 못한다(상 399 Ⅰ).

7) 보고받은 감사의 의무

감사가 보고받은 사실이 이사의 위법행위로 인한 때에는 그 이사에 대하여 그 행위의 유지를 청구할 수 있고(상 402), 경우에 따라서는 감사는 주주총회의 소집을 청구할 수 있다고 할 것이다. 감사가 보고를 받고 적

"이사회 승인없는 매매계약 무효"

韓重사옥 선고 의미와 전망 **공권력의 강제조치 17년만에 원상회복**

許承虎·金正勳기자

28일 오후 대법원은 한국중공업 영동사옥 및 부지의 소유권이 현대산업개발에 있다고 최종 판결, 현대산업개발과 한국중공업이 8년여동안 벌여온 소유권분쟁이 일단락됐다.

문제의 사옥은 서울 삼성동 강남요지에 위치, 부지 9천7백60평에 연건평 1만6천평(지상16층 지하2층)규모로 장부가액은 1백25억원에 불과하지만 시가로는 3천억원에 이르는 노른자위 부동산이다.

▼사건 전말=사건의 발단은 지난 79년 5월 정부의 중화학투자조정조치. 정부가 현대양행그룹 鄭仁永회장(현 한라그룹회장)에게 주력기업인 현대양행을 제외한 나머지 계열사를 현대그룹에 넘기도록 일방적으로 결정한데서 비롯됐다.

이에 발맞춰 은행들이 현대양행그룹에 대출을 전면 중단, 그룹전체가 부도위기에 몰리자 鄭仁永회장은 그해 9월 친형인 현대그룹 鄭周永회장에게 일괄양도키로 합의했다. 계열사인 한라건설(현 현대산업개발) 소유로 돼있던 이 사건 건물과 부지도 물론 양도대상이었다. 그러나 계열사들을 현대에 넘기는 도중 鄭회장은 이 건물과 부지를 현대양행(현 한국중공업)에 양도하는 매매계약서를 작성, 소유권을 이전했다. 자신이 계속 소유할 현대양행 밑으로 부동산을 옮겨놓은 것이었다. 당시 매각대금은 불과 82억원. 현대측은 6공으로 바뀐 지난 88년 매매계약서가 허위로 작성되고 이사회 결의가 생략되는 등 적법한 거래요건을 갖추지 못했다며 소유권이전 등기말소 청구소송을 냈다.

▼의미=이번 재판은 3천억원대의 재산권이 달린 분쟁이라는 측면도 있지만 지난 79년 공권력을 동원한 강제적인 중화학공업투자조정조치의 정당성 문제가 함께 걸려 판결결과가 초미의 관심사였다.

이번 재판에서 법원은 79년 당시 정부의 일방적인 투자조정조치가 정당했는지에 대해서는 정면으로 판단하지 않았지만 적어도 민간기업의 사주가 이사회결의없이 임의로 재산을 처분한데 대해서는 제동을 걸었다는 점에서 경제계는 매우 의미있는 판결로 받아들이고 있다.

현대 또 임대료 반환訴…韓重민영화 차질

▼전망=패소한 한중은 鄭仁永회장을 상대로 별건 소송을 제기할 방침이다. 또 현재 한중 현대산업개발 현대중공업이 서로 4건의 소송을 진행하고 있어 관계사들의 분쟁은 소송만도 5건이나 얽힐 전망. 따라서 정부가 추진하고 있는 한중민영화는 당분간 거의 불가능한 상태다.

동아일보 1996년 5월 29일 수요일

절한 감사를 통하여 필요한 조치를 취한 때에는 회사에 대하여 손해배상책임을 지지 않는다고 본다. 그러나 감사가 그 직무상 알고 있어야 하는 사실임에도 불구하고 이를 알지 못한 때에는 그로 인한 회사의 손해를 배상할 책임을 면하지 못한다(상 414 I).

(6) 이사의 책임

1) 서 설

이사와 회사의 관계에는 민법의 위임에 관한 규정을 준용하므로(상 382 II), 이사가 선량한 관리자의 주의의무를 위반한 때에는 채무불이행에 의한 책임을 진다. 그리고 이사의 행위가 불법행위의 성립요건을 충족하게 되면 회사 또는 제 3 자에 대하여 손해배상책임을 진다. 그러나 이것만으로는 불충분하여 상법에서는 이사의 책임에 관하여 특별한 규정을 두고 있다.

2) 회사에 대한 책임

(가) 손해배상책임

(a) 법령 · 정관의 위반

aa) 이사가 고의 또는 과실로 인하여 법령 또는 정관에 위반한 행위를 하거나 그 임무를 게을리한 때에는 그 이사는 회사에 대하여 연대하여 손해를 배상할 책임이 있다(상 399 I). 법령에 위반된 행위라 함은 상법의 규정에 어긋나는 위법이익배당안의 제출(상 462 I 참조), 경업피지에 위반한 거래(상 397 I), 이사회(또는 주주총회)의 승인 없는 이사의 자기거래(상 398), 자기주식의 취득(상 341), 주주의 권리행사와 관련한 이익공여(상 467의 2) 등을 예로 들 수 있다. 법령 또는 정관에 위반한 이사의 행위가 이사회의 결의에 의한 것인 때에는 그 결의에 찬성한 이사도 연대책임을 지며, 결의에 참가한 이사로서 이의를 한 기재가 의사록에 없는 자는 결의에 찬성한 것으로 추정한다(상 399 II · III).

bb) 법령 또는 정관의 위반 또는 임무의 해태로 인한 이사의 손해배상책임은 개정상법(2011)에 의하면 고의 또는 과실로 인한 경우에 지는 과실책임이며, 과실의 증명책임은 책임을 주장하는 자가 진다.

(b) 임무의 해태

aa) 임무해태에 의한 손해배상책임은 위임계약의 불이행에 의한 책임으로서 과실책임이다. 임무해태에 대한 입증책임은 일반원칙에 따라 이사의 책임을 주장하는 자에게 있다.

bb) 이사는 자기뿐만 아니라 다른 이사와 대표이사의 임무해태로 인한 회사의 손해에 대하여도 책임을 진다. 업무집행을 담당하지 않는 이사도 같다. 그리하여 판례에는 회사의 업무에 관여하지 않은 이사도 다른 이사의 임무해태에 대하여 책임을 진다는 것[대 69. 1. 28, 68 다 305]과 대표이사를 비롯한 업무담당이사의 업무집행에 대한 평이사의 감시의무위반을 이유로 손해배상책임을 인정한 것이 있다[대 85. 6. 25, 84 다카 1954]. 또한 이사의 행위가 이사회 또는 주주총회의 결의에 의한 경우도 책임을 면하지 못한다[대 89. 10. 13, 89 도 1012 참조]. 그러나 이사는 자기의 과실에 대해서만 책임을 지고 기타 이행보조자의 행위에 대하여는 그 감독에 과실이 있는 경우가 아니면 책임을 지지 않는다.

(나) 자본금충실의 책임

이사는 신주발행의 경우에 설립시의 발기인의 책임과 같은 자본충실의 책임(資本充實의 責任)을 진다. 그 결과 신주의 발행으로 인한 변경등기가 있은 후에 아직 인수하지 아니한 주식이 있거나 주식인수의 청약이 취소된 때에는 이사가 이를 공동으로 인수한 것으로 본다(상 428). 자본충실의 책임은 무과실책임으로서 회사채권자의 보호를 위하여 법정한 특별책임이다.

(다) 책임의 추궁

이사의 회사에 대한 손해배상책임과 자본충실의 책임은 회사가 추궁하여야 하지만 소수주주도 대표소송에 의하여 이를 추궁할 수 있다(상 403).

㈑ 책임의 소멸

이사의 손해배상책임은 그것이 이행되거나, 소멸시효의 완성과 같은 일반 소멸사유와 상법상의 특별한 소멸사유인 책임해제와 책임면제에 의하여 소멸된다. 그러나 이사의 자본금충실책임은 그 이행과 소멸시효의 완성에 의해서만 소멸한다. 이사의 회사에 대한 채무불이행책임은 일반원칙에 따라서 10년의 시효의 완성으로 소멸한다(민 162)〔대 69. 1. 28, 68 다 305〕. 자본충실책임도 같다(상 428 Ⅱ).

㈒ 책임의 해제

이사의 책임은 정기주주총회에서 재무제표의 승인을 한 후 2년 내에 다른 결의(책임해제유보, 승인결의의 철회, 책임추궁을 위한 결의)가 없으면 부정행위가 없는 한 해제된다(상 450). 해제에 의한 책임소멸은 상법 규정에 의한 법정효과이며, 이 효

불법경영으로 회사 손실입힌 대표이사

주총 결정이라도 면책 안돼

이사회 또는 주주총회 결정에 따라 집행한 업무라도 불법적인 것이었다면 이를 거부하지 못하고 실행한 대표이사는 법적 책임을 져야 한다는 대법원 판결이 나왔다.

이는 현재 대표이사 제도에서 대표이사는 어떠한 경우에도 불법 경영에 대한 책임을 면할 수 없다고 사법부가 강조한 것이어서 주목된다.

이와 관련해 법무부는 지난 3일 집행임원이 경영상 모든 책임을 지도록 하는 집행임원제를 확정했다.

▶1월 9일자 A1면 참조

따라서 새 제도에서의 집행임원 역시 이사회 결정 등을 이유로 면책되기 힘들 것으로 보인다.

대법원2부(주심 배기원 대법관)는 12일 특경가법상 배임 혐의로 기소된 부산 C극장 대표이사 박 모씨(52)에게 징역 2년6월에 집행유예 3년을 선고한 원심을 확정했다.

박씨와 형제들은 93년 선친에게서 C극장 주식 3만주를 상속받았다. 이들은 상속세 80억원을 내기 위해 극장 주식 모두를 부산 B극장 대표 연모씨(53)에게 넘기기로 했다. 이때 빚이 많은 회사 사정으로 주식을 전부 넘기지 못할 경우에 대비해 연씨에게 극장 건물을 담보로 제공해 회사에 81억원 상당의 손해를 끼친 혐의로 기소됐다.

재판부는 판결문에서 "C극장이 피고인 가족이 모든 주식을 소유한 1인주주 회사라고 해도 법인 부동산을 개인 거래에 담보로 제공한 것은 대표이사의 임무를 위반한 것"이라고 밝혔다. 재판부는 "당시 주식 매매가 사실상 회사를 양도하는 것이었지만 주식회사와 주주는 별개 인격으로 구분되는 만큼 배임죄가 맞다"고 설명했다.

재판부는 이와 함께 "회사를 위해 성실하게 직무를 수행할 의무가 있는 대표이사가 주주 또는 회사채권자에게 손해가 될 행위를 했다면 이사회 또는 주총의 결의를 이유로 배임행위가 정당화될 수 없다"고 강조했다.

이범준기자

매일경제 2006년 1월 13일 금요일

과는 재무제표의 승인 당시에 불확정한 책임이라도 재무제표로부터 알 수 있는 사항에 대하여 포괄적으로 미친다. 해제의 효과는 승인 후 2년의 경과로 생기는데 이 경우 2년은 시효기간이 아니고 제척기간이다. 그러나 이사의 자본충실책임은 이로 인하여 해제되지 않는다.

㈓ 책임의 면제

이사의 책임은 총주주의 동의로써 면제된다(상 400 Ⅰ). 이 경우에 총주주의 동의는 반드시 주주총회를 개최하여 결의를 하여야 할 필요는 없다. 즉 총주주의 동의는 개별적 동의라도 무방하다. 면제되는 책임은 위임관계로 인한 채무불이행책임을 말하고 불법행위책임은 제외된다. 그리하여 판례는 사실상의 1명의 유일한 주주라 하더라도 이사의 회사에 대한 불법행위책임은 면제할 수 없다고 한 바 있다[대 96. 4. 9, 95 다 56316]. 이사의 자본금충실책임은 총주주의 동의로도 면제되지 않는다.

㈔ 책임의 감경

개정상법(2011)에 의하면 회사는 정관의 규정으로 상법 제399조의 규정에 의한 이사의 회사에 대한 책임을 이사의 최근 1년간의 보수액(상여금 및 주식매수선택권의 행사로 인한 이익 등을 포함)의 6배(사외이사의 경우는 3배)를 초과하는 금액에 대하여 면제할 수 있다. 다만 이사가 고의 또는 중대한 과실로 손해를 발생시킨 경우와 상법 제397조, 제397조의 2 및 제398조의 위반으로 인한 책임은 그러하지 아니하다(상 400 Ⅱ).

3) 제 3 자에 대한 책임

㈎ 서 설

이사가 그의 임무를 고의 또는 중대한 과실로 인하여 게을리한 때에는 그 이사는 제 3 자에 대하여도 연대하여 손해를 배상할 책임이 있다(상 401 Ⅰ). 이사의 행위에 대하여는 회사가 책임을 지는 것이 원칙이고, 불법행위로 인한 경우가 아니면 이사가 직접 제 3 자에 대하여 책임을 질 이유가 없는 것이다. 그럼에도 불구하고 이러한 책임을 인정하는 이유는 회사가 배상능력이 없는 경우에 특히 개인기업과 같은 주식회사의 채권자와 거래상대방을 보호하기 위하여 경영자의 개인재산을 회사의 책임재산으로 확대시키기 위한 것이다.

(나) **책임의 성질**

이 책임은 제 3 자의 보호를 위하여 특별히 인정한 법정책임(法定責任)이라는 것이 다수설이다. 이는 불법행위책임과 다른 책임이므로 이사의 행위가 제 3 자에 대하여 불법행위의 요건을 구비하는 때에는 그 경합을 인정한다. 이사의 제 3 자에 대한 책임은 그 이행과 소멸시효의 완성에 의하여 소멸되고 책임의 해제나 면제는 인정되지 않는다. 소멸시효는 법정책임설에 의하면 10년이고, 불법행위특칙설과 특수한 불법행위책임설에 의하면 3 년이라고 할 수 있다(민 766 참조).

(다) **책임의 원인**

(a) 이사는 고의 또는 중대한 과실로 인하여 그 임무를 게을리하여 제 3 자에게 손해가 생긴 때에 배상책임을 진다. 고의 또는 중대한 과실은 회사에 대한 임무해태에 관하여 존재하면 되고, 제 3 자에 대한 권리침해 또는 위법성을 필요로 하지 않는다. 이사의 행위가 이사회 또는 주주총회의 결의에 의한 경우도 같다[대 89. 10. 13, 89 도 1012 참조]. 고의는 임무해태를 안 경우이고, 중대한 과실은 현저한 부주의로 알지 못한 경우를 말한다[대 85. 11. 12, 84 다카 2490]. 이사의 임무해태에 관한 고의 또는 중대한 과실에 대한 증명책임은 제 3 자에게 있다. 이사가 경과실로 임무를 게을리한 경우에는 회사에 대해서만 책임을 지고, 제 3 자에 대하여는 불법행위의 요건이 구비되지 않는 한 책임을 면한다.

(b) 이사가 책임을 지는 행위로는 예컨대 주식청약서 · 사채청약서 · 신주인수권증서 · 신주인수권증권 · 재무제표 기타의 서류에 허위의 기재를 하거나 허위의 등기 또는 공고를 한 때, 무리한 회사사업의 확대, 지급능력을 외면한 어음행위, 회사재산의 횡령 · 착복, 대표이사 및 이사의 상호 감시의무의 해태 등이라고 할 수 있다.

(라) **책임의 범위**

이사가 지는 책임의 범위에 관하여 판례는 직접손해에 대해서만 책임을 진다고 하지만(대 93. 1. 26, 91 다 36093), 이사는 제 3 자의 직접손해뿐만 아니라 임무해태행위와 상당인과관계가 있는 간접손해(회사재산의 감소 등)에 대하여도 책임을 진다고 본다. 전자는 이사의 행위로 인하여 제 3 자가 직접 개인적으로 받은 손해를 말하고, 후자는 이사의 행위로 인하여 회사에 손해가 생긴 결과 제 3 자에게 생긴 손해이다.

(마) **책임을 지는 이사의 범위**

제 3 자에 대하여 책임을 지는 이사는 고의 또는 중대한 과실로 임무를 게을리한 이사이다. 이 경우 대표권의 유무는 문제가 되지 않는다. 그리하여 그 행위가 이사회의 결의에 의한 때에는 그 결의에 찬성한 이사도 책임을 진다(상 401 Ⅱ, 399 Ⅱ). 이 경우에 결의에 참가한 이사로서 이의를 한 기재가 의사록에 없는 자는 그 결의에 찬성한 것으로 추정한다(상 401 Ⅱ, 399 Ⅲ). 더 나아가 그 행위가 이사회의 결의에 의한 것이 아니더라도 이사는 다른 이사의 행위에 대하여 감시의무가 있기 때문에 이사가 고의 또는 중대한 과실로 인하여 이를 게을리한 때에는 제 3 자에 대하여 책임을 진다.

(바) **제 3 자의 범위**

(a) 상법 제401조에 의하여 이사가 책임을 지는 제 3 자는 회사와 책임을 지는 이사 이외의 자를 말하는데, 제 3 자에는 주주도 포함되는가 하는 문제에 대하여 직접손해를 입은 주주가 포함된다는 점에는 이론이 없으나 간접손해를 입은 주주도 포함되는가에 대하여는 제한설과 제한부정설이 있다.

(b) 제한설(주주제외설)에 의하면 회사가 입은 손해로 인하여 주주가 간접적으로 손해를 받은 경우는 회사가 배상을 받음으로써 주주의 손해는 간접적으로 보상되는 것이므로 주주는 이러한 경우 제 3 자에 포함될 수 없다고 한다. 왜냐하면 이 경우에도 주주를 제 3 자에 포함시킨다면 주주가 회사채권자에 우선하여 변제를 받는 불합리한 결과가 생기며, 주

주의 간접손해는 대표소송 등으로 구제될 수 있기 때문이라고 한다.

> 판례도 「주주가 대표이사의 고의 또는 중대한 과실로 인한 임무해태 행위로 직접손해를 입은 경우에는 이사와 회사에 대하여 상법 제401조, 제389조 제 3 항, 제210조에 의하여 손해배상을 청구할 수 있으나, 대표이사가 회사재산을 횡령하여 회사재산이 감소함으로써 회사가 손해를 입고 결과적으로 주주의 경제적 이익이 침해되는 손해와 같은 간접적인 손해는 상법 제401조 제 1 항에서 말하는 손해의 개념에 포함되지 아니하므로 이에 대하여는 위 법조항에 의한 손해배상을 청구할 수 없다」고 하여 간접손해는 제외된다는 입장이다(대 93. 1. 26, 91 다 36093).

(c) 제한부정설에 의하면 주주는 직접손해의 경우는 물론이고 간접손해의 경우에도 제 3 자에 포함된다고 본다.

제한설에 의하면 간접손해의 경우는 대표소송 등의 방법으로 주주의 손해는 구제될 수 있다고 하지만, 대표소송은 소수주주권자만이 할 수 있고(상 403) 또한 담보제공 등의 요건으로 인하여 실제에 있어서 그 책임의 추궁이 용이하지 않으므로 간접손해의 경우에도 회사뿐만 아니라 주주도 직접 이사로부터 손해를 보상받도록 하여야 할 것이며, 이러한 해석이 이사의 책임을 강화하려는 상법 제401조의 취지에도 맞는다고 본다.

(7) 사실상 이사의 책임

1) 1998년의 개정상법에 의하면 이사가 아니면서 회사에 대한 영향력을 이용하여 이사에게 업무집행을 지시하거나 이사의 이름으로 직접 회사의 업무를 집행한 자는 그 지시하거나 집행한 업무에 관하여 회사와 제 3 자에 대하여 회사의 이사와 동일한 책임을 지고, 소수주주권자는 그 책임의 추궁을 위하여 대표소송을 제기할 수 있게 되었다(상 401의 2 I). 그리고 이사가 아니면서 명예회장·회장·사장·부사장·전무·상무 기타 회사의 업무를 집행할 권한이 있는 것으로 인정될 만한 명칭을 사용한 자가 회사의 업무를 집행한 때에는 집행한 업무에 관하여 회사와 이사

에 대하여 이사와 동일한 책임을 지고 역시 소수주주권자는 대표소송으로 그 책임을 추궁할 수 있다(상 401의 2 I). 또한 이들과 더불어 이사도 책임이 있는 때에는 그들과 연대하여 책임을 진다(상 401의 2 II).

2) 상법은 자기의 영향력을 이용하여 이사에게 업무집행을 지시한 자와 이사의 이름으로 직접 회사의 업무를 집행한 자, 그리고 이사가 아니면서 일정한 명칭을 사용한 자를 사실상 이사로 인정하여 그 책임을 지도록 하였다. 이러한 규정은 종래에 재벌들이 배후에서 강력한 영향력을 행사하고 있으면서도 책임은 지지 않는 기업풍토를 시정하는 데에 입법취지가 있다.

(8) 이사의 업무집행에 대한 주주의 감독

1) 서 설

주주는 회사의 업무집행에 관하여 다만 주주총회에서 의결권을 행사함으로써 간접적으로 참여하게 된다. 그러므로 주주는 이사의 행위를 직접적으로 감독할 수 없다. 법령 또는 정관에 위반한 이사의 행위는 회사가 사전에 중지시켜야 하고 이사의 책임은 회사가 추궁하여야 하지만 이사간의 특수관계로 인하여 그것을 기대할 수 없는 경우가 많으므로 상법은 감사 또는 소수주주권자에게 회사의 기관인 지위에서 회사를 위하여 이사에 대한 회사의 권리를 행사하게 하고 있다.

2) 유지청구권

이사가 법령 또는 정관에 위반하는 행위를 할 때에 회사를 위하여 이사에 대하여 그 행위를 중지하라고 청구할 수 있는 권리를 유지청구권(留止請求權)이라고 한다. 상법 제402조에서는 이사가 법령 또는 정관에 위반한 행위를 하여 이로 인하여 회사에 회복할 수 없는 손해가 생길 염려가 있는 경우에는 감사 또는 발행주식총수의 100분의 1 이상에 해당하는 주식을 가진 주주는 회사를 위하여 이사에 대하여 그 행위를 유지할 것을 청구할 수 있게 하였다.

개정상법(2009)에 의하면 상장회사의 경우에는 6월 전부터 계속하여 발행주식총수의 10만분의 50(대통령령으로 정하는 상장회사의 경우는 10만분의 25) 이상에 해당하는 주식을 대통령령이 정하는 바에 의하여 보유하는 소수주주가 유지의 청구를 할 수 있다(상 542의 6 Ⅴ).

3) 대표소송

㈎ 의 의

주주가 회사를 위하여 이사의 회사에 대한 책임을 추궁하는 소송을 대표소송이라고 한다. 대표소송에 관한 규정(상 403~406)은 발기인·감사·청산인·불공정한 가액의 신주인수인·회사로부터 이익공여를 받은 자 등의 책임에 대하여도 준용된다(상 324, 415, 542 Ⅰ, 424의 2 Ⅱ, 467의 2 Ⅳ). 대표소송은 주주에게 회사의 대표기관인 지위에서 타인인 회사의 이익을 위하여 주주가 원고가 되어 이사 또는 감사를 피고로 하는 소송을 제기하여 판결을 받을 수 있는 정당한 당사자로서 소송수행권을 인정한 것이기 때문에 소위 제 3 자의 소송담당(또는 소송신탁이라고도 함)의 경우에 속한다.

동방페레그린 주주들 前-現임원에 손배청구

동방페레그린증권 전-현직 임원들이 경영을 잘못해 회사에 재산 손실을 끼친 혐의로 주주들로부터 「손해배상」 청구를 당했다.

홍콩 페레그린사는 최근 동방페레그린증권 장영 감사에게 신××前(전)회장, 김×× 前전무, 김×× 前이사를 상대로 「대표소송」을 제기해 줄 것을 요청했다.

동방페레그린의 44% 대주주인 홍콩 페레그린사는 요청서에서 『올해 연초 미도파 M&A를 시도하면서 신명수 회장 등이 회사에 2백억원의 재산손실을 끼쳤다』고 밝혔다.

대표소송이란 상법에 규정된 주주권 보장책의 하나. 불법행위를 한 임원을 상대로 소수의 주주들이 전체 주주들을 대표해 법정소송을 제기하는 것을 말한다.

상법에 따르면 주주들은 먼저 감사에게 경영실책을 저지른 이사진을 상대로 대표소송을 제기해 줄 것을 요청한 뒤, 30일 이내에 고소조치가 없으면 직접 법원에 소송을 낼 수 있다. 이와 관련, 장영 감사는 『페레그린사의 요청에 따라 조사를 실시한 결과 전-현직 임원들 상당수가 관련된 사실이 드러났으나, 아직 대표소송을 제기할 계획은 없다』고 밝혔다. 동방페레그린은 올연초 미도파에 대한 M&A(인수합병)를 시도하면서 불법 주식매매를 저질러 증권감독원으로부터 기관경고를 받았으며, 이에 앞서 김×× 전무 등은 문책성 사표를 제출했다.

그러나 홍콩 페레그린사는 『김×× 전무 등이 사표를 제출한 것은 별도의 문제며, 미도파 M&A 과정에서 발생한 회사측의 금전적 피해도 배상하는 것이 마땅하다』고 주장하고 있다.

한편 52% 대주주인 대한종합금융도 최근 동방페레그린증권의 이×× 사장 등 5명의 현직 임원들이 불법행위를 저질러 막대한 재산손실을 끼쳤다며 대표소송을 제기해 줄 것을 회사측에 요구했다.

"미도파 M&A시도 회사에 200억 손해 대표소송 제기"

홍콩페레그린-대한종금

대한종금의 송석상 부사장은 『전직 임원들 뿐만 아니라, 현직 임원들도 미도파 불법 주식매매에 관련된 사실이 드러나 대표소송에 착수했다』며 『곧 임시주총을 열어 관련 임원들은 해임할 방침』이라고 말했다.

대한종금은 지난달 신동방그룹(회장 신××) 등 국내 주주들로부터 지분을 모두 넘겨받아 1대주주로 부상했으나, 홍콩 페레그린사의 입장을 대변하고 있는 현 이사진이 주총소집을 거부, 경영권을 아직 행사하지 못하고 있다.

이에따라 대한종금은 임원진 교체를 위한 임시주총 소집권 소송을 최근 서울지방법원에 제기했으며, 빠르면 이번 주말쯤 그 판결이 나올 것으로 예상되고 있다. <宋洋民기자>

조|선|일|보| 1997년 10월28일

㈏ 소의 당사자

(a) 대표소송은 유지청구권의 경우와 마찬가지로 발행주식총수의 100분의 1 이상의 주식을 가진 소수주주권자만이 제기할 수 있다. 소의 제기 후 주주의 보유주식이 감소하더라도 1주라도 보유하면 제소의 효

력이 유지된다(상 403 V).

개정상법(2009)에 의하면 상장회사의 경우에는 6월 전부터 계속하여 발행주식총수의 10,000분의 1 이상에 해당하는 주식을 대통령령이 정하는 바에 의하여 보유하는 때에는 대표소송을 제기할 수 있다(상 542의 6 Ⅵ).

(b) 피고는 이사이며 퇴임한 이사라도 재임중의 행위에 의하여 책임이 있는 자를 포함한다. 또한 감사·발기인·청산인의 책임에 대하여도 대표소송이 인정되므로(상 415, 324, 542, 403~406) 이들도 피고가 된다. 대표소송은 주주가 서면으로 먼저 회사에 대하여 이사의 책임을 추궁하는 소의 제기를 청구하였는데도(상 403 Ⅰ·Ⅱ), 회사가 청구를 받은 날로부터 30일 내에 소를 제기하지 아니한 때에 비로소 주주가 직접 소를 제기하는 것이다(상 403 Ⅲ). 회사가 소수주주의 청구에 의하여 소를 제기하는 경우에는 감사가 회사를 대표한다(상 394 2문).

㈐ **책임의 범위**

대표소송에 의하여 추궁할 수 있는 책임의 범위에 대하여는 상법 제399조의 회사에 대한 손해배상책임과 상법 제428조의 자본금충실의 책임으로 한정하는 소수설도 있으나, 통설은 회사의 이익과 관련되는 한 계약에 의한 채무불이행 등 일반거래로 인한 채무도 포함된다고 본다. 이사가 퇴임한 경우라도 그의 재임중에 부담한 채무나 책임에 대하여 대표소송을 제기할 수 있다. 상법에서는 특히 불공정가액에 의한 주식인수인의 회사에 대한 공정한 발행가액과의 차액지급책임(상 424의 2 Ⅰ)과 공여이익의 회사에 대한 반환책임(상 467의 2 Ⅲ)에 대하여도 주주의 대표소송을 인정하고 있다(상 424의 2 Ⅱ, 467의 2 Ⅳ).

㈑ **주주의 담보제공의무**

소수주주권자가 소를 제기한 경우에 피고인 이사는 주주가 악의임을 소명하고 주주로 하여금 상당한 담보를 제공할 것을 법원에 청구할 수 있다(상 403 Ⅴ, 176 Ⅲ·Ⅳ). 이 경우에 악의란 원고인 주주가 피고인 이사를 해할 것을 안 경우인데, 악의는 이사에 대한 악의를 말한다.

㈑ **판결의 효과**

(a) 소수주주의 대표소송은 제 3 자의 소송담당의 경우이므로 원고인 주주가 받은 판결은 원래의 이익주체인 회사에 대하여 그 효력이 미치며(민소 204 Ⅲ), 또한 반사적으로 그 효력은 다른 주주에게도 미치게 되므로 다른 주주는 똑같은 주장을 할 수 없게 된다. 대표소송의 원고인 주주는 자신의 개인적인 이익을 위하여 소송을 제기한 것이 아니라 회사의 이익을 위하여 회사를 대신하여 소를 제기한 것이기 때문에 피고인 이사로부터 보상받지 못한 소송비용 이외에 소송으로 인한 실비액의 범위에서 상당한 금액의 지급을 회사에 대하여 청구할 수 있다(상 405 Ⅰ).

(b) 패소한 때에는 악의인 경우가 아니면 회사에 대하여 손해를 배상할 책임이 없다(상 405 Ⅱ). 악의란 회사에 손해를 끼칠 목적 내지 회사를 해하려는 고의가 있는 것을 말한다.

4. 집행임원·대표집행임원

(1) 총 설

1) 주식회사의 업무집행에 대한 중요한 사항은 이사회의 결의가 있어야 하고(상 393 Ⅰ), 이사회는 이사의 직무의 집행을 감독한다(동조 Ⅱ). 그리고 회사의 대표이사가 회사의 대표권과 대내적인 업무집행권을 갖고 있으며 기타 이사들은 업무담당이사로 회사의 업무를 집행한다. 그리하여 이사회의 감독기능을 기대할 수 없었다. 개정상법(2011)은 이사회의 감독기능을 강화하고 회사의 업무집행의 효율성을 제고하기 위하여 이사회의 업무집행기능을 분리하여 이를 전담할 집행기관인 집행임원제도를 도입하였다. 그러나 이 제도의 도입은 개별 회사가 자율적으로 선택할 수 있다.

2) 집행임원이나 대표집행임원은 회사의 기관으로서 집행임원제도를 도입하지 않은 회사의 업무담당이사나 대표이사와 유사하지만 이사가 아니라도 될 수 있다는 점이 다르다. 집행임원제도가 법정되기 전에도 일부 대기업에서는 경영임원을 선임한 바 있으나 이들은 회사의 법정기관이 아니라 회사의 자치적인 직제에 기한 회사의 사용인에 불과하였다. 즉 회사의 법정기관인 집행임원과 다른 것이었다.

(2) 집행임원의 선임·해임

1) 선 임

집행임원과 대표집행임원의 선임·해임은 이사회의 결의에 의한다(상 408의 2 Ⅲ). 이와 같이 이사회의 권한으로 한 것은 회사의 업무집행을 담당하는 집행임원의 선임은 회사의 업무집행기관의 선임으로 회사를 위한 중요한 결정사항이기 때문이다. 그리고 이사회의 효과적인 업무집행에 대한 감독을 가능하게 하고, 업무집행임원의 신속한 교체를 할 수 있도록 한 것이다. 집행임원이 있는 회사의 이사는 업무집행을 할 수 없으나 이사가 집행임원을 겸직함으로써 회사의 업무를 집행할 수 있다. 그러나 사외이사·감사·감사위원은 집행임원이 될 수 없다.

2) 해 임

집행임원의 해임도 이사회의 결의에 의한다(상 408의 2 Ⅲ). 이는 이사의 해임이 주주총회의 특별결의에 의하는 것과 다르고, 집행임원이 없는 회사의 대표이사의 대표권이나 업무집행이사의 업무집행권의 박탈이 이사회의 권한에 속하는 것과 같다고 할 수 있다.

(3) 집행임원의 원수·임기

1) 원 수

회사는 1명 또는 여러 명의 집행임원을 선임할 수 있다. 집행임원이 여러 명인 때에는 이사회는 집행임원의 직무분담 및 지휘·명령관계 기타 집행임원의 상호관계에 관한 사항을 정하여야 한다(상 408의 2 Ⅲ (5)).

2) 임 기

집행임원의 임기는 정관에 달리 정한 바가 없으면 2년을 초과하지 못한다(상 408의 3 Ⅰ). 임기는 정관으로 그 임기중의 최종의 결산기에 관한 정기주주총회가 종결한 후 최초로 소집하는 이사회의 종결시까지로 할 수 있다(동조 Ⅱ). 집행임원의 임기를 이사의 임기(3년)보다 단기로 한 것은 집행임원의 평가에 따라 이사회가 집행임원을 교체할 수 있는 기회를 주기 위한 것이다.

(4) 집행임원 설치회사의 이사회의 권한

집행임원 설치회사의 이사회는 다음의 사항에 대한 권한을 갖는다. i) 집행임원 및 대표집행임원의 선임·해임, ii) 집행임원의 업무집행에 대한 감독, iii) 집행임원과 회사와의 소에서 회사를 대표할 자의 선임, iv) 집행임원에 대하여 업무집행에 관한 의사결정의 위임(다만 본법에서 이사회 권한사항으로 정한 경우는 제외한다), v) 집행임원이 여러 명인 경우 집행임원의 직무분담 및 지휘·명령관계 기타 집행임원의 상호관계에 관한 사항, vi) 정관 또는 주주총회의 승인이 없는 경우 집행임원의 보수결정 등이다(상 408의 2 Ⅲ). 이사회는 정관의 규정이 없으면 이사회의 결의로 이사회의장을 선임하여야 한다(상 408의 2 Ⅳ). 이상의 이사회의 법정권한은 그 결정을 집행임원이나 대표집행임원에게 위임하지 못한다(상 408의 2 Ⅲ (4)).

(5) 집행임원의 권한·의무

1) 집행임원의 권한

(가) 업무집행권

집행임원은 회사의 업무집행의 권한이 있다(상 408의 4 (1)). 집행임원 설치회사의 업무집행은 집행임원의 전속권에 속하여 집행임원은 회사의 업무집행기관으로서 당연히 업무집행권이 있으므로 업무집행권이 없는 집행임원은 존재할 수 없다. 여러 명의 집행임원이 있는 경우에도 각자가 업무집행권이 있으므로 혼란이 야기될 우려가 있으므로 이사회는 집행임원의 직무분담 및 지휘·명령관계 기타 집행임원의 상호관계에 관한 사항의 결정권한을 갖는다(상 408의 2 Ⅲ (5)).

㈏ **의사결정권**

(a) 집행임원은 정관 또는 이사회의 결의에 의하여 위임받은 업무집행에 관한 의사결정을 할 수 있다(상 408의 4 (2)). 그러나 이사회의 전속권한(상 408의 2 Ⅲ)은 집행임원에게 위임할 수 없다(상 408의 2 Ⅲ (4)). 이러한 이치는 주주총회의 전속권한은 이사회에 위임할 수 없는 것과 같다.

(b) 집행임원이 다수인 경우에 결정사항을 신중하게 결정하기 위한 집행임원회를 설치할 수 있는지에 관하여 상법에는 아무런 규정이 없다. 그렇다고 이를 금지하려는 취지는 아니라고 본다. 이사회가 집행임원회의 설치를 결의한 때에는 문제가 없으나 집행임원들이 설치한 때에는 대표집행임원을 위한 자문기관으로서 종래의 상무회와 같은 역할을 하는 것은 무방하다. 그러나 집행임원회의 결정이 이사회가 정한 집행임원의 직무분담 및 지휘·명령관계 기타 집행임원의 상호관계에 관한 사항에 반하는 것은 허용되지 않으며 집행임원회의 결의에 의한 업무집행이라고 하여 집행임원의 책임에는 영향을 미치지 않는다.

㈐ **이사회소집청구권**

집행임원은 필요한 때에는 회의의 목적사항과 소집이유를 기재한 서면을 이사(소집권자가 있는 경우에는 소집권자)에게 제출하여 이사회의 소집을 청구할 수 있다(상 408의 7 Ⅰ). 청구에도 불구하고 지체없이 이사회소집의 절차를 밟지 아니하는 때에는 청구한 집행임원이 법원의 허가를 얻어 이사회를 소집할 수 있다. 이 경우에 이사회 의장은 법원이 이해관계자의 청구에 의하여 또는 직권으로 선임할 수 있다(동조 Ⅱ). 이러한 이사회소집청구권을 인정하는 것은 집행임원이 업무집행을 함에 있어서 합병이나 회사분할 등을 위하여 주주총회의 결의가 필요한 경우에 총회의 소집권자인 이사회의 결의가 필요하기 때문이다.

2) 집행임원의 의무

㈎ **적극적 보고의무**

집행임원은 3개월에 1회 이상 업무의 집행상황을 이사회에 보고하여야 한다(상 408의 6 I). 이는 이사회가 적절한 시기에 효과적인 감독을 할 수 있도록 하기 위한 것이다.

㈏ **수동적 보고의무**

집행임원은 이 외에도 이사회의 요구가 있는 때에는 언제든지 이사회에 출석하여 요구한 사항을 보고하여야 한다(동조 II). 이사는 대표집행임원으로 하여금 다른 집행임원 또는 피용자의 업무에 관하여 이사회에 보고할 것을 요구할 수 있다(동조 III).

㈐ **감사 등에 대한 보고의무**

집행임원은 회사에 현저하게 손해를 미칠 염려가 있는 때에는 즉시 감사 또는 감사위원회에 보고하여야 한다(상 408의 9, 412의 2).

㈑ **기타의 의무**

회사와 집행임원과의 관계에는 위임에 관한 규정을 준용하므로(상 408의 2 II) 집행임원은 선관주의 의무를 지고(민 681), 충실의무 · 비밀유지의무 · 정관 등의 비치공시의무 · 경업금지의무 · 회사와의 자기거래의 승인요구의무를 진다(상 408의 9, 382의 3 내지 382의 4, 396 내지 398).

㈒ **준용규정**

집행임원에 대하여는 상법 제400조, 제401조의 2, 제402조, 제403조 내지 제408조, 제412조 및 제412조의 2의 규정이 준용된다(상 408의 9).

(6) 대표집행임원

1) 선임 · 해임

2명 이상의 집행임원이 선임된 경우에는 이사회의 결의로 집행임원 중에서 회사를 대표할 대표집행임원을 선임하여야 한다. 다만 집행임원이 1명인 경우에는 그 집행임원이 대표집행임원이 된다(상 408의 5 Ⅰ). 대표집행임원에 대하여 상법에 다른 규정이 없으면 주식회사의 대표이사에 관한 규정을 준용한다(동조 Ⅱ). 대표집행임원의 성명·주민등록번호 및 주소는 등기를 하여야 한다(상 317 Ⅱ (9)). 대표집행임원은 종래의 대표이사와 같은 회사의 대표기관이다. 그러므로 집행임원의 설치회사는 대표이사를 둘 수 없다(상 408의 2 Ⅰ). 대표집행임원은 이사회의 결의로 해임된다.

2) 원 수

(가) 대표집행임원의 원수에 대한 제한은 없다. 그러므로 집행임원의 전부를 대표집행임원으로 선임할 수도 있다. 왜냐하면 집행임원은 각자가 업무집행권이 있으므로 대외적인 업무집행을 위하여 대표권이 필요하기 때문이다. 법률 또는 정관에 정한 대표집행임원의 원수를 결한 경우에는 임기의 만료 또는 사임으로 인하여 퇴임한 대표집행임원은 새로 선임된 대표집행임원이 취임할 때까지 대표집행임원의 권리의무가 있다(상 408의 5 Ⅱ, 389 Ⅲ, 386 Ⅰ).

(나) 법률 또는 정관에 정한 대표집행임원의 원수를 결한 경우에 필요하다고 인정할 때에는 법원은 이사·감사 기타의 이해관계인의 청구에 의하여 일시대표집행임원의 직무를 행할 자를 선임할 수 있다(상 408의 5 Ⅱ, 389 Ⅲ, 386 Ⅱ).

3) 공동대표

회사는 이사회의 결의로 여러 명의 대표집행임원이 공동으로 회사를 대표할 것을 정할 수 있다(상 408의 5 Ⅱ, 389 Ⅱ). 공동대표집행임원을 정한 때에는 그 규정을 등기하여야 한다(상 317 Ⅱ (10)). 이 경우에 제 3 자의 회사에 대한 의사표시는 공동대표의 권한 있는 공동대표집행위원의 1명에 대하여 함으로써 그 효력이 생긴다(상 408의 5 Ⅱ, 389 Ⅲ, 208 Ⅱ).

4) 권 한

대표집행임원은 회사의 영업에 관하여 재판상 또는 재판 외의 모든 행위를 할 권한이 있고 그 권한에 대한 제한은 선의의 제 3 자에게 대항하지 못한다(상 408의 5 Ⅱ, 389 Ⅲ, 209). 대표집행임원의 대표권의 범위는 집행임원이 없는 회사의 대표이사의 대표권과 같다(210면 이하 참조).

5) 표현대표집행임원

대표집행임원은 이사회의 결의에 의하여 선임되고 그 성명 등이 등기된 자를 말하므로 그 범위가 명확하지만 대표집행으로 선임되지 않은 집행임원이 사장·부사장·전무·상무 등과 같은 명칭을 사용하는 경우에는 제 3 자가 이들이 회사를 대표할 권한이 있다고 생각하는 경우가 많다. 그러므로 회사는 이들의 행위에 대하여도 책임을 지도록 하였다(상 408의 5 Ⅲ, 395). 이를 표현대표집행임원제도라고 한다. 이는 집행임원제도를 채용하지 않은 회사의 표현대표이사와 같은 제도라고 할 수 있다(상세한 설명은 212면 이하 참조).

(7) 집행임원의 책임

1) 회사에 대한 책임

(가) 집행임원이 고의 또는 과실로 법령 또는 정관에 위반한 행위를 하거나 그 임무를 게을리한 때에는 그 집행임원은 회사에 대하여 손해를 배상할 책임이 있다(상 408의 8 Ⅰ). 이러한 집행임원의 책임은 총주주의 동의가 없으면 면제되지 않는다(상 408의 9, 400). 그러나 이 책임은 과실책임으로서 과실의 입증책임이 전환된다는 점에서 종래의 이사의 책임보다 완화되었다고 할 수 있다.

(나) 집행임원의 책임은 정관에 의하여 경감할 수 있다(상 408의 9, 400 Ⅱ 본). 즉 회사에 대한 집행임원의 책임을 집행임원의 최근 1년간의 보수액(상여금 및 주식매수선택권의 행사로 인한 이익 등 포함)의 6배(사외이사의 경우는 3배)를 초과하는 금액에 대하여 면제할 수 있다. 다만 집행임원이 고의 또는 중대한 과실로 손해를 발생시킨 경우와 상법 제397조 및 제398조에 해당하는 경우에는 예외이다. 그리고 회사는 집행임원의 책임을 대표소송에 의하여 추궁할 수 있다(상 408의 9, 403).

2) 제 3 자에 대한 책임

집행임원이 악의 또는 중대한 과실로 인하여 그 임무를 게을리한 때에는 그 집행임원은 제 3 자에 대하여 손해를 배상할 책임이 있다(상 408의 8 Ⅱ)

(222면 이하 참조). 즉 집행임원은 업무집행에 관하여 악의 또는 중대한 과실로 인하여 제 3 자에게 생긴 손해에 대하여 책임을 진다. 집행임원을 두지 않은 경우에 이사가 이사회의 결의에 기한 행위로 인하여 제 3 자에 대하여 책임을 질 때에는 그 결의에 찬성한 이사도 책임을 진다(상 399 Ⅱ). 그러나 집행임원회가 존재하지 않는 집행임원을 둔 회사의 경우는 그에 상응하는 규정이 없다는 점에서 이사의 책임에 비하여 집행임원의 책임은 완화되었다고 할 수 있다.

3) 연대책임

집행임원이 회사 또는 제 3 자에 대하여 손해를 배상할 책임이 있는 경우에 다른 집행임원, 이사 또는 감사도 그 책임이 있는 때에는 다른 집행임원, 이사 또는 감사와 연대하여 배상할 책임이 있다(상 408 의 8 Ⅲ).

5. 감사 · 감사위원회 · 준법지원인 · 외부감사인 · 검사인

(1) 감 사

1) 서 설

(가) 감사(監事)는 회계 및 업무의 감사를 임무로 하는 주식회사의 필요적 상설기관이다. 1984년의 개정상법은 감사의 지위를 강화하여 감독의 실효를 거둘 수 있도록 각종의 장치를 마련하였다. 즉 감사에게 회계감사권뿐만 아니라 업무감사권도 인정하고 감사를 효과적으로 수행할 수 있도록 임기의 연장과 더불어 각종의 권리와 업무에 관한 규정을 보완하였다.

(나) 1995년의 개정상법에 의하여 감사의 지위는 더욱 강화되었다. 즉 i) 감사의 임기가 2 년에서 3 년으로 연장되었으며(상 410), ii) 감사해임의 경우에 당해 감사에게 주주총회에서 해임에 관하여 의견을 진술할 수 있는 권리를 인정하였다(상 409 의 2). 더 나아가 iii) 감사는 총회소집청구권을

갖게 되었으며(상 412의 3), iv) 이사가 회사에 현저하게 손해를 미칠 염려가 있는 사실을 발견한 때에는 즉시 감사에게 보고토록 의무화함으로써(상 412의 2) 감사는 이사로부터 보고를 받을 수 있는 권리를 갖게 되었다. 또한 v) 감사는 이사회소집을 청구할 수 있다(상 412의 4). 그리고 vi) 모회사의 감사는 자회사의 조사권을 행사할 수 있게 되었다(상 412의 5).

2) 선임 · 종임

(가) 감사는 주주총회에서 선임한다(상 409 Ⅰ). 감사로 선임된 자는 주주총회의 선임결의뿐만 아니라 회사와 임용계약을 체결함으로써 감사의 지위를 취득한다[대 95. 2. 28, 94 다 31440]. 상장회사가 주주총회에서 감사를 선임하고자 하는 경우에는 상법 제542조의 4 제 2 항 제 2 문의 규정에 따라 통지 또는 공고된 후보자 중에서 선임하여야 한다(상 542의 5). 그러나 자본금 총액이 10억원 미만인 회사의 경우에는 감사를 선임하지 않을 수 있다(상 409 Ⅳ).

(나) 감사의 수는 1명이라도 된다. 감사는 중립적인 지위에서 공정한 감사를 하여야 하므로 감사의 선임에 있어서 의결권 없는 주식을 제외한 발행주식총수의 100분의 3을 초과하는 수의 주식을 가진 주주는 그 초과하는 주식에 대하여 그 의결권을 행사하지 못한다(상 409 Ⅱ). 이러한 의결권의 제한비율은 정관으로 더욱 낮게 정할 수 있다(상 409 Ⅲ). 감사선임의 결의는 출석주주가 행사할 수 있는 의결권의 과반수로 하여야 한다. 상장회사의 경우는 감사의 해임의 경우에도 선임의 경우와 같이 3% 이상을 소유하는 주주는 의결권을 행사하지 못한다(상 542의 12 Ⅲ).

(다) 감사와 회사와의 관계에 대하여는 위임에 관한 규정이 준용된다(상 415, 382 Ⅱ). 감사의 성명과 주민등록번호는 등기사항이다(상 317 Ⅱ (8)). 감사는 위임관계의 종료에 의하여 종임되고(민 690, 689) 주주총회의 특별결의에 의하여 해임(상 415, 385)됨으로써 종임하는 것은 이사의 경우와 같지만(상 415, 385), 회사의 해산 후에도 청산회사의 감사를 위하여 종임하지 않는 점이 다르다.

(라) 감사의 임기는 취임 후 3년 내의 최종의 결산기에 관한 정기총회의 종결시까지로 한다(상 410). 임기의 기산점은 취임시이다. 감사의 임기

는 최종의 결산기에 관한 정기총회의 종결시까지로 하므로 취임의 시기에 따라 감사의 임기는 3년보다 다소 장기가 되거나 단기가 될 수 있다.

(마) 감사의 자격에는 제한이 없지만 회사 및 자회사의 이사 또는 지배인 기타의 사용인은 감사가 될 수 없다(상 411). 감사의 보수에 대하여는 이사에 관한 규정을 준용한다(상 415, 388). 즉 감사의 보수는 정관 또는 주주총회의 결의로 이사의 보수와 구분하여 정하여진다.

(바) 대통령령이 정하는 상장회사는 주주총회 결의에 의하여 회사에 상근하면서 감사업무를 수행하는 감사(이하 "상근감사"라고 한다)를 1명 이상 두어야 한다. 다만, 감사위원회를 설치한 경우에는 그러하지 아니하다(상 542의 10 Ⅰ). 그러나 다음 각 호의 어느 하나에 해당하는 자는 상장회사의 상근감사가 되지 못하며, 이에 해당하게 되는 경우에는 그 직을 상실한다. i) 상법 제542조의 8 제2항 제1호부터 제4호 및 제6호에 해당하는 자, ii) 주요주주, iii) 회사의 상무(常務)에 종사하는 이사·집행임원 및 피용자 또는 최근 2년 이내에 회사의 상무에 종사한 이사·집행임원 및 피용자. 다만, 감사위원회 위원으로 재임중이거나 재임하였던 이사는 제외한다. iv) 위 i), iii) 이외에 회사의 경영에 영향을 미칠 수 있는 자로서 대통령령이 정하는 자 등이다(상 542의 10 Ⅱ).

3) 감사의 권리·의무

(가) 감사의 권한에는 회계 및 업무감사권(상 412 Ⅰ) 영업보고요구권과 업무·재산조사권(상 412 Ⅱ), 자회사에 대한 업무보고요구권과 조사권(상 412의 5), 이사회출석권·의견진술권(상 391의 2 Ⅰ), 감사의 해임에 관한 의견진술권(상 409의 2), 유지청구권(상 402), 총회소집청구권(상 412의 3 Ⅰ), 이사회소집청구권(상 412의 4), 이사로부터 보고를 받을 권한(상 412 Ⅱ), 회사대표권(상 394, 403), 각종의 소권(상 328, 376, 429, 445, 529) 등이 있다.

(나) 감사의 의무에는 감사록의 작성의무(상 413의 2 Ⅰ), 이사회에 대한 보고의무(상 391의 2 Ⅱ), 주주총회에 대한 조사·보고의무(상 413), 감사보고서의 제출의무(상 447의 4 Ⅰ), 주의의무(상 415, 382 Ⅱ) 등이 있다.

4) 감사의 책임

(가) 회사에 대한 책임

감사가 그 임무를 게을리한 때에는 그 감사는 회사에 대하여 연대하여 손해를 배상할 책임이 있다(상 414 I). 감사의 책임도 총주주의 동의로만 면제될 수 있으나 불법행위책임은 주주 1명인 회사의 주주가 면제의 의사표시를 하여도 면제할 수 없다[대 96. 4. 9, 95 다 56316]. 감사의 책임추궁을 위하여 이사의 경우와 같이 대표소송이 인정된다(상 415, 400, 403~406).

(나) 제 3 자에 대한 책임

감사가 직무를 수행함에 있어서 악의 또는 중대한 과실이 있는 때에는 제 3 자에 대하여도 연대하여 손해를 배상할 책임이 있다(상 414 II).

> 판례는 「감사가 회계감사 등의 필요성을 인식하고 있었고 또 어음용지의 수량과 발행매수 등 간단한 조사만으로도 쉽게 발견할 수 있었을 부정행위에 대하여 아무런 조사도 하지 아니하였다면 이는 감사로서의 임무를 중대한 과실로 해태한 것이 되어 부정행위로 발행된 어음을 취득함으로써 손해를 입은 어음소지인들에 대하여 연대배상책임이 있다」고 하였다[대 88. 10. 25, 87 다카 1370].

한국경제신문
1997년8월4일 월요일

회계사배상책임보험 1천60명과 일괄계약

쌍용화재·삼성화재

쌍용화재는 3일 공인회계사가 업무수행중 과실을 범해 제3자에게 피해를 입혔을 경우 손해를 보상해주는 「공인회계사 배상책임보험」을 개발, 삼성화재와 공동으로 한국공인회계사협회와 보험계약을 체결했다고 밝혔다.

이상품은 올7월부터 공인회계사의 보험가입이 의무화됨에 따라 개발된 것으로 쌍용과 삼성은 한국공인회계사협회에 등록된 회원 1천60명에 대해 일괄 계약을 체결했다.

공인회계사 1인당 보상한도액은 3천만원이며 보험료는 1인당 9만원씩 모두 9천5백40만원이다.

이보험은 공인회계사의 업무수행하자로 인해 제3자에게 피해를 입혔을때 발생하는 배상책임을 보상해주는 것이다. 이에앞서 LG화재가 7월하순 세무사배상책임보험을 내놓는등 전문직업 종사자를 위한 배상책임보험분야가 새로운 시장으로 부각될 전망이다.

〈문희수 기자〉

(2) 감사위원회

1) 서 설

회사는 정관이 정한 바에 따라 감사에 갈음하여 상법 제393조의 2의 규정에 의한 위원회로서 감사위원회를 설치할 수 있으며, 감사위원회를 설치한 경우에는 감사를 둘 수 없다(상 415의 2 I).

2) 원 수

감사위원회는 3명 이상의 이사로 구성되며(동조 II 본), 감사위원회 위원의 3분의 2는 사외이사이어야 한다(동조 II 단).

3) 대 표 자

감사위원회는 그 결의로 위원회를 대표할 자를 선정하여야 한다. 이 경우 수인의 위원이 공동으로 위원회를 대표할 것을 정할 수 있다(동조 IV).

4) 위원의 해임

감사위원회 위원의 해임은 이사회의 결의로 할 수 있으나, 이사 총수의 3분의 2 이상의 결의로 하여야 한다(동조 III).

5) 준용규정

감사위원회에 대하여 감사에 관한 규정을 준용한다(동조 VII).

6) 상장회사의 특례

(가) **감사위원회의 설치·구성요건** 대통령령이 정하는 상장회사는 감사위원회를 설치하여야 한다(상 542의 11 I). 상장회사의 감사위원회는 상법 제415조의 2 제 2 항의 요건 이외에 i) 위원 중 1명 이상은 대통령령이 정하는 회계 또는 재무전문가이어야 하고, ii) 감사위원회의 대표는 사외이사이어야 한다(동조 II). 대통령령이 정하는 상장회사의 사내이사인 감사위원회의 위원은 상법 제542조의 10 제 2 항 각 호의 어느 하나에 해당되어서는 아니된다(동조 III). 대통령령이 정하는 상장회사는 사외이사의 사임·사망 등의 사유로 인하여 사외이사의 수가 상법 제415조의 2 제 2 항의 감사위원회의 구성요건에 미달하게 된 때에는 그 사유가 발생한 후 처음으로 소집되는 주주총회에서 상법 제415조의 2 제 2 항의 요건에 합치되도록 하여야 한다(동조 IV).

(나) **위원의 선임·해임** 상법 제393조의 2에 불구하고 제542조의 12 제 1 항에서 규정하는 상장회사의 감사위원회 위원을 선임하거나 해임하는 권한은 주주총회에 있다(상 542의 12 I). 상법 제542조의 11 제 1 항에서 규정하는 상장회사는 주주총회에서 이사를 선임한 후 선임된 이사 중에서 감사위원회 위원을 선임하여야 한다(동조 II). 이 경우에 최대주주와 그 특수관계인 그 밖에 대통령령이 정하는 자가 소유하는 상장회사의 의결권 있는 주식의 합계가 해당 회사의 의결권 없는 주식을 제외한 발행주식총수의 100분의 3을 초과하는 경우 그 주주는 그 초과하는 주식에 관하여 감사 또는 사외이사가 아닌 감사위원회 위원의 선임 또는 해임에 있어서는 의결권을 행사하지 못한다. 다만, 정관에서 이보다 낮은 비율을 정할 수 있다(동조 III).

대통령령이 정하는 상장회사의 의결권 없는 주식을 제외한 발행주식총수의 100분의 3을 초과하는 수의 주식을 가진 주주는 그 초과하는 주식에 관하여 사외이사인 감사위원회 위원의 선임에 있어서는 의결권을 행사하지 못한다. 다만 정관에서 이보다 낮은 비율을 정할 수 있다(동조 Ⅳ).

(3) 준법지원인

1) 총 설

개정상법(2011)에 의하면 자산 규모 등을 고려하여 대통령령으로 정하는 상장회사는 법령을 준수하고 회사경영을 적정하게 하기 위하여 임직원이 그 직무를 수행할 때 따라야 할 준법통제에 관한 기준 및 절차(이하 "준법통제기준"이라 한다)를 마련하여야 하고(상 542의 13 Ⅰ), 상장회사는 준법통제기준의 준수에 관한 업무를 담당하는 사람(이하 "준법지원인"이라 한다)을 1명 이상 두어야 한다(동조 Ⅱ).

2) 임면·자격·임기

대통령령으로 정하는 상장회사는 준법지원인을 임면하려면 이사회의 결의를 거쳐야 한다(상 542의 13 Ⅳ). 준법지원인은 다음 각 호의 사람 중에서 임명하여야 한다. i) 변호사 자격이 있는 사람, ii) 「고등교육법」 제 2 조에 따른 학교의 법률학 조교수 이상의 직에 5년 이상 근무한 사람, iii) 그 밖에 법률적 지식과 경험이 풍부한 사람으로서 대통령령으로 정하는 사람 등이다(동조 Ⅴ). 준법지원인의 임기는 3년으로 하고, 준법지원인은 상근으로 한다(동조 Ⅵ). 다른 법률의 규정이 준법지원인의 임기를 제 6 항보다 단기로 정하고 있는 경우에는 제 6 항을 다른 법률에 우선하여 적용한다(동조 Ⅺ 단).

3) 의 무

준법지원인은 선량한 관리자의 주의로 그 직무를 수행하여야 한다(동조 Ⅶ). 준법지원인은 준법통제기준의 준수여부를 점검하고 그 결과를 이사회에 보고하여야 한다(동조 Ⅲ). 준법지원인은 재임중 뿐만 아니라 퇴임후에도 직무상 알게 된 회사의 영업상 비밀을 누설하여서는 아니 된다(동조 Ⅷ).

4) 상장회사의 의무

대통령령으로 정하는 상장회사는 준법지원인이 그 직무를 독립적으로 수행할 수 있도록 하여야 하고, 회사의 임직원은 준법지원인이 그 직무를 수행할 때 자료나 정보의 제출을 요구하는 경우 이에 성실하게 응하여야 한다(동조 IX). 회사는 준법지원인이었던 사람에 대하여 그 직무수행과 관련된 사유로 부당한 인사상의 불이익을 주어서는 아니 된다(동조 X).

5) 적용법규 등

준법지원인에 관하여 다른 법률에 특별한 규정이 있는 경우를 제외하고는 이 법에서 정하는 바에 따른다(동조 XI 본). 준법통제기준과 준법지원인에 관하여 필요한 사항은 대통령령으로 정한다(동조 XII).

(4) 외부감사인

주식회사의 외부감사에 관한 법률(1980. 12. 31, 법 3297호, 개정 2010. 5. 17)에 의하면 자산총액이 일정한 기준액(100억원) 이상인 주식회사는 독립된 외부의 감사인(監査人)에 의한 회계감사를 받아야 한다(외감 2 본). 이것은 대규모의 회사에 있어서는 주주·채권자·종업원·일반공중 등 다수의 이해관계인이 존재

"회계법인 부실감사 배상해야"

서울지법 판결 분식결산 따른 투자자손해 일부 책임

백순기 기자

회계법인이 기업의 '분식결산' 사실을 적발하지 못해 금융기관이 거액을 대출하게 만들었다면 회계법인에 일부 배상책임이 있다는 판결이 나왔다.

서울지법 민사27부(재판장 김남태 부장판사)는 28일 A종금이 "회계감사를 믿고 빌려준 22억여 원이 회사의 부도 등으로 고스란히 부실채권이 됐다"며 B회계법인을 상대로 낸 손해배상청구 소송에서 "회계법인측은 13억5000만원을 배상하라"며 원고 일부승소 판결을 내렸다.

재판부는 판결문에서 "회계법인은 감사대상인 회사 재무제표의 모든 항목에 대해 충분한 증거자료를 수집 조사할 의무가 있다"고 밝혔다.

재판부는 이어 "회계법인측은 시간과 비용 등에 제약이 있는데다 표본감사를 통해 감사를 하기 때문에 분식결산 등 회사측 부정행위를 적발하는 것이 사실상 불가능하다고 주장한다"며 "그러나 이 사건처럼 실제 재무제표와 분식결산된 재무상태간 큰 차이가 있는데도 불구하고 단 한 건의 부실기재사실을 밝혀내지 못한데는 회계법인측 과실이 크다"고 덧붙였다.

재판부는 다만 "원고측이 감사보고서만을 믿고 회사의 신용상태나 거래정보 등을 계속 분석하지 않는 등 종합금융회사로서 사후관리에 소홀한 점이 인정되는 만큼 피해액의 40%를 책임져야 한다"고 밝혔다.

A종금은 지난 94년 B회계법인의 감사보고서를 토대로 물적담보없이 2개 회사와 40억원의 어음거래계약을 체결했다.

A종금은 이들 회사가 97년 1월 부도 후 회사정리절차를 신청해 대출금 22억6000만원을 못받게 되자 `회계법인을 상대로 소송을 냈다.

매일경제 1999년 6월 29일 화요일

하며 그 재무관계도 복잡하기 때문에 회사에 대하여 종래의 감사에 의한 감사 외에 독립된 회계전문가인 외부감사인(이하 "감사인"이라 한다)의 감사를 받도록 하여 회계처리의 적정을 도모하기 위한 것이다(외감 1).

(5) 검 사 인

1) 검사인은 회사의 설립시에 변태설립사항과 현물출자의 이행 및 존속중의 회사의 업무와 재산상태의 조사를 임무로 하는 주식회사의 임시기관이다. 검사인은 그 성질상 자연인에 한하며 회사의 이사·감사 및 지배인 기타 사용인은 검사인이 될 수 없다.

2) 주주총회에서 검사인을 선임하는 경우는 i) 회사의 업무와 재산상태를 조사하게 하기 위한 때(상 366 Ⅲ), ii) 이사 또는 청산인이 제출한 서류와 감사의 보고서에 대한 조사의 경우(상 367, 542 Ⅱ) 등이 있다. 그리고 법원이 선임하는 경우는 i) 설립시에 변태설립사항의 조사를 위한 때(상 298 Ⅳ, 310), ii) 현물출자에 의한 신주발행의 경우(상 422), iii) 소수주주권사의 청구가 있는 때(상 467), iv) 신주의 할인발행을 위한 때(상 417 Ⅲ), v) 회사 또는 소수주주가 주주총회의 소집절차나 결의방법의 적법성의 조사를 위하여 총회전에 법원에 검사인의 선임을 청구한 때(상 367 Ⅱ) 등이 있다.

3) 검사인의 책임에 관하여는 아무런 규정이 없지만 위임의 일반원칙에 따라 선량한 관리자의 주의의무를 지므로(민 681), 의무위반의 경우에는 채무불이행의 책임을 지고 제 3 자에 대하여는 불법행위에 의한 책임을 진다(민 750).

제 6 장 자금조달방법

1. 신주의 발행

(1) 서 설

1) 주식회사의 자금조달방법은 크게 나누어 두 가지가 있는데, 하나는 신주를 발행하여 자기자본을 증가시키는 것이고, 다른 하나는 사채의 발행이나 금전의 차입 등을 통하여 타인자본을 조달하는 것이다. 그러나 타인자본은 일정한 이자를 지급하여야 하며, 약정한 기한이 도래되면 변제를 하여야 되므로 타인자본의 비율이 너무 클 때에는 기업의 재무구조가 취약하게 된다.

2) 반면에 신주의 발행에 의하여 조달한 자기자본은 회사가 주식을 소각하지 않는 한 반환에 대한 부담이 없고 이익배당의 비율도 배당가능한 이익의 다소에 따라 좌우되며 이익이 전혀 없거나 결손이 생긴 때에는 배당을 하지 않아도 된다는 이점이 있다.

3) 신주의 발행이란 수권자본의 범위 내에서 이미 주식을 발행하고 남은 미발행주식 중에서 주식을 발행하여 회사의 자본금을 증가시키는 것을 말한다. 상법은 정관에서 정한 일정한 범위 내에서 이사회의 결의만으로 신속하게 자금을 조달할 수 있는 영미의 수권자본제도를 도입하였다. 그 결과 회사의 정관에는 회사가 발행할 주식의 총수(발행예정 주식총수)와 회사설립시에 발행하는 주식의 총수를 기재하여야 하고(상 289 I (3)·(5)), 나머지 부분에 대하여는 설립 후에 이사회의 결의만으로 자금의 수요에 따라 신주를 발행할 수 있게 되었다.

4) 일반적으로 신주의 발행이라고 할 때에는 회사가 실질적인 자본금의 증가를 위하여 주식을 발행하는 경우를 말하고 상법 제416조 이하의 신주의 발행에 관한 규정은 통상의 신주발행을 위한 것이다. 특수한 신주발행은 전환주식 또는 전환사채의 전환(상 346 이하, 513 이하), 신주인수권부사채권자의 신주인수권의 행사(상 516의 8), 준비금의 자본금전입(상 461 Ⅱ), 주식배당(상 462의 2), 주식병합(상 440 이하), 주식의 분할, 흡수합병(상 523) 등의 경우에 신주를 발행하는 것을 말한다.

(2) 신주인수권

1) 서　　설

(가) 신주인수권이란 회사가 성립한 후 신주를 발행하는 경우에 그 신주의 인수를 우선적으로 청구할 수 있는 권리를 말한다. 회사가 신주를 발행하는 경우에 직접적인 영향을 받는 이해관계자는 기존주주라고 할 수 있다.

(나) 그러나 회사가 광범위한 자본시장을 상대로 신속하게 거액의 자금을 조달하려면 주주뿐만 아니라 제 3 자에게도 신주인수권을 부여할 수 있어야 한다. 그리하여 상법은 예외적으로 제 3 자에게 신주인수권을 부여할 수 있는 길을 열어 놓고 있다(상 418, 420(5)).

2) 주주의 신주인수권

(가) 주주의 신주인수권이란 주주가 소유주식의 수에 비례하여 우선적으로 신주의 배정을 받을 수 있는 권리이다(상 418 Ⅰ). 주주의 신주인수권은 추상적 신주인수권과 구체적 신주인수권으로 구별할 수 있는데, 전자는 법률의 규정에 의하여 주주의 자격에서 갖는 권리이며, 후자는 신주발행의 경우에 이사회의 결의로 주주가 취득한 권리를 말한다. 구체적 신주인수권은 신주발행의 결의에 의하여 일정한 신주의 우선적 배정을 받는 권리로서 채권적 권리라고 할 수 있다. 구체적 신주인수권은 추상적 신주인수권과는 달리 주식과 별개의 독립된 권리로서 정관변경이나 주주

총회 또는 이사회의 결의로 박탈하지 못한다.

(나) 주주가 신주인수권이 있음에도 이를 무시하고 회사가 신주를 발행하려고 하는 때에는 주주는 신주발행유지청구권을 행사할 수 있고(상 424), 신주가 발행된 때에는 신주발행은 무효라고 할 것이다.

3) 제 3 자의 신주인수권

(가) 제 3 자의 신주인수권이란 주주 이외의 자가 신주발행의 경우에 일정한 신주에 대하여 우선적 배정을 받는 권리를 말한다. 제 3 자의 신주인수권은 정관에 정하는 바에 따라 일정한 제 3 자와 회사와의 계약에 의하여 생기게 된다. 즉 제 3 자의 신주인수권은 회사와의 계약에 의한 권리이다. 그러나 제 3 자에 대한 신주인수권의 부여는 신기술의 도입, 재무구조의 개선 등 회사의 목적을 달성하기 위하여 필요한 경우에만 할 수 있다(상 418 Ⅱ 단).

(나) 제 3 자에게 신주인수권을 부여하는 경우에는 기존주주의 이해관계에 중대한 영향을 미치게 되므로 정관에 이에 관한 정함이 있어야 한다(상 418 Ⅱ). 그리고 주식청약서에도 그 뜻을 기재하여야 한다(상 420 (5)). 이 경우에 제 3 자란 주주 이외의 자를 말하지만 주주라도 주주의 자격과 관계 없이 신주인수권을 부여받는 자를 포함된다.

(다) 회사가 제 3 자의 신주인수권을 무시한 때에는 회사는 채무불이행에 의한 손해배상책임을 질 뿐이고 신주발행은 유효하다.

4) 이사 · 감사 · 피용자의 주식매수선택권

(가) 의 의

주식매수선택권(株式買受選擇權)이란 회사가 정관이 정한 바에 따라 제434조의 규정에 의한 주주총회의 결의로 회사의 설립 · 경영과 기술혁신 등에 기여하였거나 기여할 수 있는 회사의 이사 · 감사 또는 피용자(이하 "임·직원"이라 한다)에게 미리 정한 가액으로 신주를 인수하거나 자기의 주식을 매수할 수 있도록 부여한 권리를 말한다(상 340의 2 Ⅰ). 이 제도는 기업의 임·직원의 보상제도의 일종으로서 당해 기업의 이사 · 감사 · 피용자에게 주식을 가격이나 수량 또는 기한 등에 있어서 유리한 조건으로 매수할 수 있는 권리를 주는 것이다.

1997년4월11일 금요일　한국경제신문

웹인터내셔날
두인전자
택산전자

스톡옵션제 첫 실시

증권거래법 개정후 처음…직원74명에 스톡옵션 부여

웹인터내셔날 두인전자 택산전자 등 3개사가 개정 증권거래법에 따라 스톡옵션제(주식매입선택권제)를 처음으로 실시했다. 또 스톡옵션제를 채택하기위해 정관을 변경한 상장법인 또는 등록법인은 모두 20개사로 집계됐다.

10일 증권감독원은 웹인터내셔날 등 3개사가 유상증자시 주식을 살 수 있는 신주인수권을 교부하는 방식으로 모두 74명의 직원에게 스톡옵션을 부여했다고 발표했다.

코스닥등록법인인 웹인터내셔날은 선택권행사가격 6천5백원에 40명의 직원에게 총 2만3천7백50주(지분 6.60%)를 부여했으며 두인전자는 3만1천5백원에 9만주(4.89%)의 신주인수권을 스톡옵션으로 발행했다.

또 코스닥에 등록되지 않은 택산전자는 선택권행사가격 1만원에 총 4만주(19.5%)를 임직원 4명에게 1만주씩 집중부여하는 특이한 방식으로 스톡옵션제를 실시했다.

선택권행사기간은 웹인터내셔날이 2000년 3월11일부터 7년간, 두인전자가 2000년 4월4일부터 4년간, 택산전자는 2000년3월29일부터 7년간이다.

스톡옵션제를 실시하기위한 전단계로 정관을 변경한 회사는 델슨전자등 코스닥등록기업 8개사와 보래양조등 상장법인 12개사등 모두 20개사여서 스톡옵션제는 점차 크게 확산될 것으로 보인다.

<최명수 기자>

㈏ 입법취지

이 제도는 기업이 전문경영인이나 전문기술보유자 등을 고용하고자 하는 경우에, 실제로 많은 자금의 부담이 없이도 기업과 당해 임·직원의 이해관계를 일치시켜서 주인의식을 고취하고 성취의욕에 대한 동기를 부여하기 위한 것이다.

㈐ 부여절차

(a) 정관의 규정　　주식매수선택권(이하 선택권이라 한다)을 임·직원에게 부여하려면 정관에 이에 관한 규정이 있어야 한다. 즉 정관에 소정의 사항을 기재하여야 한다(상 340의 3 I).

(b) 주주총회의 특별결의　　회사의 임·직원에게 선택권을 부여하려면 정관의 규정 이외에 주주총회의 특별결의가 있어야 한다(상 340의 2 I). 이 결의에서는 소정의 사항을 결정하여야 한다(상 340의 3 II).

㈑ 주식매수선택권자

선택권을 갖는 자는 회사의 설립과 경영·기술혁신 등에 기여하였거나 기여할 능력을 갖춘 당해회사의 이사·집행임원·감사·피용자이다(상 340의 2 I). 한편 회사는 정관의 정함에 따라 이사회의 결의로 선택권의 부여를 취소할 수 있다(상 340의 3 Ⅰ(5)).

㈐ **부여방법**

회사는 다음과 같은 방법으로 임·직원에게 선택권을 부여할 수 있다. 즉 i) 선택권의 행사가격으로 새로이 주식을 발행하여 교부하는 방법, ii) 자기주식을 교부하는 방법, iii) 선택권의 행사가격과 시가와의 차액(행사가격이 시가보다 낮은 경우의 차액)을 현금 또는 자기주식으로 교부하는 방법 등이 이에 해당한다(상 340의 2 Ⅰ).

㈑ **부여한도**

회사가 선택권을 부여할 수 있는 주식은 회사의 발행주식총수의 100분의 10을 초과할 수 없다(상 340의 2 Ⅲ).

㈒ **선택권의 양도와 상속**

선택권은 이를 양도할 수 없다(상 340의 4 Ⅱ 본). 그러나 선택권자가 사망한 경우에는 그 상속인이 선택권을 행사할 수 있다(상 340의 4 Ⅱ 단).

근로자도 스톡옵션 혜택

내일부터, 우리사주조합 통해 20%할인

지금까지 기업 임원들에게만 주어졌던 스톡옵션 혜택을 10월부터는 일반 근로자들도 받을 수 있게 된다.

노동부는 개정 근로자복지법에 따라 10월 1일부터 근로자가 우리사주조합을 통해 최대 20%까지 할인된 가격으로 자사 주식을 취득할 수 있는 '스톡옵션형 우리사주제도'가 시행된다고 29일 밝혔다.

스톡옵션 취득범위는 회사 발행주식 총수 중 20% 이내, 근로자 1인당 연간 600만원으로 한도를 뒀다.

기존 우리사주는 기업공개나 유상증자가 있을 때만 취득이 가능했지만 스톡옵션형 우리사주는 시기에 상관없이 받을 수 있다. 또 1년 동안 의무예탁을 한 뒤 처분할 수 있도록 했다.

할인율은 20%로 결정됐다. 당초 노사정위원회 안에서는 30%로 정해졌지만 재경부와 금융감독위원회 등 경제부처가 기존주주 권리를 과도하게 침해할 수 있다는 이유로 반대하는 바람에 지난 16일 관련부처 차관회의에서 20%로 최종 결정됐다.

우리사주를 취득하는 데 어려움이 있는 비상장 법인의 자회사나 손자회사 근로자는 지주회사의 우리사주조합에 가입하면 주식을 받을 수 있다. 이에 따라 유상증자가 증시 상황이 좋을 때 이뤄진다는 점 때문에 우리사주를 취득한 뒤 주가가 떨어져 도리어 근로자가 손해를 볼 수 있는 기존 우리사주제의 단점을 줄일 수 있을 것으로 보인다.

노동부 관계자는 "우리사주 매수선택권 제도 시행이 근로자의 재산 형성을 돕고 애사심과 생산성을 높여 노사 안정에 크게 기여할 것으로 기대한다"고 말했다. 한편 지난해 말 현재 우리사주조합은 2259개가 설립된 가운데 776개 조합 22만9000명이 3억800만주(1인당 평균 1341주)를 보유하고 있다. 시가로는 3조3000억원(1인당 평균 1460만원)에 달한다. 김기철기자

매일경제 2005년 9월 30일 금요일

(아) 선택권의 행사

(a) 행사기간 선택권은 이에 관한 주주총회결의일로부터 2년 이상 재임 또는 재직하여야 행사할 수 있다(상 340의 4 I).

(b) 행사가액 선택권의 행사가액은 i) 신주를 발행하는 경우에는 선택권의 부여일을 기준으로 한 주식의 실질가액과 주식의 권면액 중 높은 금액, ii) 자기의 주식을 양도하는 경우에는 주식매수선택권의 부여일을 기준으로 한 주식의 실질가액 이상이어야 한다(상 340의 2 Ⅳ).

(c) 행사의 효과 회사는 선택권의 행사에 따라 이사·감사·피용자가 그 대금을 납입기일까지 납입한 경우에는 지체없이 신주 또는 자기주식을 교부하여야 하며, 선택권의 행사가격과 시가와의 차액을 현금으로 교부하는 경우에는 신속하게 이를 교부하여야 한다. 선택권을 주주명부의 폐쇄기간중이나 기준일 이후에 행사한 때에는 신주교부방식의 경우에는 신주의 인수가액을 납입한 날에(상 340의 5, 516의 10), 그리고 자기주식 교부방식의 경우에는 그 대금을 지급한 날에 주주가 된다고 할 것이다. 그러나 그 주주명부의 폐쇄기간 중이나 기준일 이후에는 주주총회의 결의에 관하여 의결권을 행사할 수 없다(상 350 Ⅱ). 그리고 선택권의 행사로 인한 변경등기는 선택권을 행사한 날이 속하는 달의 말일부터 2주간 내에 본점소재지에서 이를 하여야 한다(상 340의 5, 351).

5) 상장회사의 주식매수선택권

(가) 상장회사는 상법 제340조의 2 제 1 항 본문에도 불구하고 대통령령이 정하는 관계회사의 이사·집행임원·감사 또는 피용자(대통령령이 정하는 자를 제외한다. 이하 이 조에서 같다)에게 주식매수선택권을 부여할 수 있다(상 542의 3 I). 상장회사는 상법 제340조의 2 제 3 항에도 불구하고 발행주식총수의 100분의 20의 범위 안에서 대통령령으로 정하는 한도까지 주식매수선택권을 부여할 수 있다(동조 Ⅱ).

(나) 상장회사는 상법 제340조의 2 제 1 항 본문에도 불구하고 정관이 정하는 바에 따라 발행주식총수의 100분의 10의 범위 안에서 대통령령이 정하는 한도까지 이사회가 제340조의 3 제 2 항 각 호의 사항을 결의함으로써 제 1 항의 규정에 따른 해당회사의 집행임원·감사 또는 피용자 및 그

관계회사의 이사·집행임원·감사 또는 피용자에게 주식매수선택권을 부여할 수 있다. 이 경우 그 부여일 이후 처음으로 소집되는 주주총회의 승인을 받아야 한다(동조 Ⅲ).

㈐ 상법 제340조의 4 제 1 항에도 불구하고 상장회사의 주식매수선택권을 부여받은 자는 대통령령이 정하는 경우를 제외하고는 주식매수선택권을 부여하기로 하는 주주총회 또는 이사회의 결의일로부터 2년 이상 재임 또는 재직하여야 주식매수선택권을 행사할 수 있다(동조 Ⅳ). 기타 상장회사의 주식매수선택권에 관하여 필요한 사항은 대통령령으로 정한다(동조 Ⅴ).

(3) 신주인수권의 양도

1) 서 설

신주발행은 발행예정주식의 범위 내에서 이사회의 결의만으로 결정이 되는데 그 때마다 주주들에게 구체적인 신주인수권이 생기며 이 권리는 추상적 신주인수권과 달리 독립된 채권적 권리로서 그 성질상 주식과 분리하여 양도할 수 있다. 상법은 주주에 한하여 신주인수권의 양도를 인정함과 동시에 그 요건과 방식에 관하여 규정하고 있다(상 416(5)·(6), 420의 2~420의 5). 제 3 자의 신주인수권의 양도에 대하여는 아무런 규정을 두지 않았다.

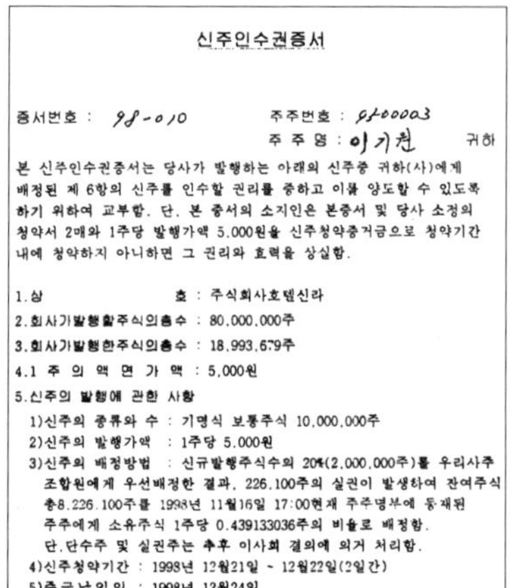

신주인수권증서

증서번호 : 98-010 주주번호 : 98000003

주 주 명 : 이기원 귀하

본 신주인수권증서는 당사가 발행하는 아래의 신주중 귀하(사)에게 배정된 제 6항의 신주를 인수할 권리를 증하고 이를 양도할 수 있도록 하기 위하여 교부함. 단. 본 증서의 소지인은 본증서 및 당사 소정의 청약서 2매와 1주당 발행가액 5.000원을 신주청약증거금으로 청약기간 내에 청약하지 아니하면 그 권리와 효력을 상실함.

1.상 호 : 주식회사호텔신라
2.회사가발행할주식의총수 : 80.000.000주
3.회사가발행한주식의총수 : 18.993.679주
4.1 주 의 액 면 가 액 : 5,000원
5.신주의 발행에 관한 사항
1)신주의 종류와 수 : 기명식 보통주식 10.000.000주
2)신주의 발행가액 : 1주당 5.000원
3)신주의 배정방법 : 신규발행주식수의 20%(2.000.000주)를 우리사주조합원에게 우선배정한 결과, 226.100주의 실권이 발생하여 잔여주식 총8.226.100주를 1998년 11월16일 17:00현재 주주명부에 등재된 주주에게 소유주식 1주당 0.439133036주의 비율로 배정함. 단.단수주 및 실권주는 추후 이사회 결의에 의거 처리함.
4)신주청약기간 : 1998년 12월21일 ~ 12월22일(2일간)
5)주금납입일 : 1998년 12월24일
6)청약취급처
상업은행 광희동지점/외환은행 퇴계로지점
7)명의개서 대리인 : 서울 영등포구 여의도동 43-2
서울은행 증권대행부
6.신주인수권의 목적인 신주의 종류와 수

기명식 보통주식	壹百七拾五주 (175주)

7.신주발행 결의 년월일 : 1998년 10월 30일
8.신주인수권증서의 매매 및 매매의 중개를 할 증권회사:삼성증권(주)

1998년 1998.12.6

주 식 회 사 호 텔 신 라
대 표 이 사 이 길

2) 양도의 요건

주주의 신주인수권의 양도는 정관의 규정이나 정관으로 주주총회에서 결정하기로 정한 경우가 아닌 한 이사회의 결의에 의하여 인정할 수 있다(상 416(5)). 그러므로 정관이나 이사회의 결

의로 신주인수권의 양도에 관하여 아무것도 정해 놓지 않은 경우나 그 양도를 금지한 때에는 신주인수권을 양도하더라도 회사에 대하여 효력이 없다. 즉 권리주양도의 효력과 같다고 본다.

그러나 판례는「신주인수권의 양도성을 제한할 필요성은 주로 회사측의 신주발행사무의 편의를 위한 것에서 비롯된 것으로 볼 수 있고 또 상법이 주권발행전 주식의 양도는 회사에 대하여 효력이 없다고 엄격하게 규정한 것과는 달리 신주인수권의 양도에 대하여는 정관이나 이사회의 결의를 통하여 자유롭게 결정할 수 있도록 한 점에 비추어 보면 회사가 정관이나 이사회의 결의로 신주인수권의 양도에 관한 사항을 결정하지 아니하였다 하여 신주인수권의 양도가 전혀 허용되지 아니하는 것은 아니고 회사가 그와 같은 양도를 승낙한 경우에는 회사에 대하여도 효력이 있다」고 하였다 (대 95. 5. 23, 94 다 36421).

3) 양도의 방법

(가) 정관 또는 이사회의 결의로 신주인수권의 양도를 인정한 때에는 (상 416(5)) 회사는 신주인수권증서를 발행하여야 하며(상 420의 2 I), 신주인수권의 양도는 신주인수권증서의 교부에 의해서만 가능하게 된다(상 420의 3 I). 신주인수권증서는 신주인수권을 표창하는 유가증권이다.

(나) 신주인수권증서는 기명식으로 발행한 경우에도 교부로써 양도할 수 있다(상 420의 3 I). 즉 주식의 경우(상 336 I)와 같다. 그러므로 증서의 점유자는 적법한 소지인으로 추정되며, 이러한 소지인으로부터 악의 또는 중대한 과실이 없이 신주인수권증서를 양수한 경우는 선의취득이 인정된다 (상 420의 3 II, 336 II; 수 21).

(다) 2011년 개정상법에 의하여 회사는 신주인수권증서를 발행하는 대신 정관의 규정으로 전자등록기관의 전자등록부에 신주인수권을 등록할 수 있다(상 420의 4). 이 경우 주식의 전자등록에 관한 규정을 준용한다.

(4) 신주발행의 절차

1) 신주발행 및 발행사항의 결정

(가) 발행예정주식의 범위 내에서의 신주발행은 이사회(이사가 1명 또는 2명인 회사는 주주총회)에서 결정한다(상 416 본, 383 Ⅳ). 그러나 특수한 신주발행에 관하여 상법에 다른 규정이 있거나 정관으로 주주총회에서 결정하기로 한 경우에는 예외이다(상 416 단).

(나) 이사회(또는 주주총회)는 소정의 신주발행사항을 정하여야 한다(상 416 본, 383 Ⅳ).

2) 기타 신주발행의 절차

신주발행 및 그 발행사항을 결정한 다음의 신주발행의 절차는 다음과 같다.

(가) 신주배정일의 지정·공고

(a) 신주발행의 결의에 의하여 주주가 신주인수권을 갖는 때에는 회사는 일정한 날(배정일)을 정하여 그 날에 주주명부에 기재된 주주가 그가 가진 주식수에 따라서 주주의 배정을 받을 권리를 가진다는 뜻과 신주인수권을 양도할 수 있을 경우에는 그 뜻을 그 날(배정일)의 2주간 전에 공고하여야 한다(상 418 Ⅲ 본). 주주 외의 자에게 신주를 배정하는 경우 회사는 상법 제416조 제1호 내지 제4호에서 정하는 사항을 그 납입기일의 2주간 전에 주주에게 통지하거나 이를 공고하여야 한다(상 418 Ⅳ).

주주여러분께

신주발행공고

상법 제416조에 의거 1999년 3월 8일에 개최한 당사 이사회에서 아래와 같이 신주발행을 결의하였기에 공고합니다.

1. 신주의 종류와 수: 기명식 보통주 660,000주
2. 신주의 발행방법: 전액시가발행
3. 신주의 발행가액: 할인율 30%로 하여 상장법인 재무관리 규정에 의하여 산출되는 가액으로 함(단, 100원 미만은 절상함)
4. 신주의 배정방법: 신주의 20%는 우리사주조합원에게 우선 배정하고 잔여주식은 1999년 3월 29일 17시 현재 주주명부에 등재된 주주에게 소유주식 1주당 0.24주의 비율로 배정하며, 우리사주조합원 및 우선청약주주의 청약미달 잔여주식과 단수주는 일반에게 공개 모집함.
5. 주주확정일(신주배정기준일): 1999년 3월 29일
6. 청약증거금: 1주당 발행가액 전액
7. 청약기간
   ① 구주주 및 우리사주 청약: 1999년 4월 27일~1999년 4월 28일(2일간)
   ② 일반공모: 1999년 5월 4일~1999년 5월 6일(2일간)
8. 주금납입일: 1999년 5월 13일
9. 청약취급처
   ① 증권회사에 주권을 예탁하고 있는 주주: 거래증권회사 본점 및 지점
   ② 본인이 주권을 소유하고 있는 주주: 대신증권(주) 본·지점
10. 신주의 청약방법: 실명확인증표를 제시하고 신주배정통지서를 첨부하여 소정의 주식청약증서에 필요한 사항을 기입한 후 청약증거금과 함께 청약취급처에 청약함.
11. 기 타
   ① 청약증거금은 주금납입일에 주금으로 대체되며 무이자로 함.
   ② 추후 신주의 발행가액이 확정되면 이를 증권시장지에 공시하고 매일경제신문에 공고함으로써 개별통지에 갈음함.

신주배정기준일 및 주식명의개서 정지공고

상법 제354조에 의거 상기 신주발행에 따른 권리주주 확정을 위하여 아래와 같이 주식의 명의개서, 질권의 등록 및 말소, 신탁재산의 표시 또는 말소 등 주주명부의 기재사항 변경을 정지하오니 양지하시기 바랍니다.

-아 래-

1. 주주확정일(신주의 배정기준일): 1999년 3월 29일
2. 명의개서 정지기간: 1999년 3월 30일~1999년 4월 12일

1999년 3월 13일

경기도 안산시 신길동 1228번지(전화: 0345-4907-021)

서울식품공업(주)

대표이사 서 성 훈

명의개서대리인

증 권 예 탁 원

사장 김 동 관

(b) 배정일의 지정·공고는 이사회의 결의로 준비금의 자본금전입을 결의하는 경우에도 하여야 한다(상 461 Ⅲ). 그러나 정관에 의하여 주주총회가 준비금의 자본금전입의 결의를 하는 경우는 예외이다(상 461 Ⅳ). 이사가 배정일의 지정·공고를 해태한 때에는 손해배상책

임을 질 뿐이며(상 401), 신주발행의 무효원인이 되지 않는다. 다만 신주발행의 효력이 생기기 전에는 그 발행의 유지를 청구할 수 있다.

(나) 신주인수권자에 대한 최고

회사는 일정한 기일의 2주 전에 신주인수권자에게 그 자가 인수권을 가지는 신주의 종류와 수 및 그 기일까지 주식인수의 청약을 하지 아니하면 그 권리를 잃는다는 뜻(실권예고부 최고), 그리고 신주인수권의 양도를 인정한 때에는 그 뜻과 주주의 청구가 있는 때에만 신주인수권증서를 발행한다는 것과 그 청구기간도 통지를 하여야 한다(상 419 Ⅰ·Ⅱ).

(다) 주주의 모집

실권한 주식과 신주인수권의 대상이 되지 않는 주식에 대하여는 주주를 모집할 수 있다. 이 경우에는 모집설립에 관한 규정이 준용된다(상 425 Ⅰ). 그리고 납입장소에 관한 상법 제305조 2항의 규정은 신주인수권증서를 발행하는 경우에 이를 준용한다(상 425 Ⅱ).

(라) 주식인수의 청약

(a) 주식청약서에 의한 청약 현물출자의 경우를 제외하고 주식인수의 청약을 하고자 하는 자는 주식청약서 2통에 인수할 주식의 종류와 수 및 주소 기타 소정의 사항을 기재하고 기명날인 또는 서명하여야 한다(상 425, 302 Ⅰ). 신주를 인수한 자는 신주의 발행으로 인한 변경등기를 한 날로부터 1년이 경과한 후 또는 신주에 의한 주주의 권리를 행사한 다음에는 주식청약서의 요건의 흠결을 이유로 하여 그 인수의 무효를 주장하거나 사기·강박·착오를 이유로 하여 그 인수의 취소를 주장하지 못한다(상 427).

(b) 신주인수권증서에 의한 청약 신주인수권증서를 발행한 경우에는 주식의 청약은 이에 의하여 하여야 한다(상 420의 5 Ⅰ 2문). 이 경우에도 신주인수권증서에 인수할 주식의 종류 및 수와 주소를 기재하고 기명날인 또는 서명하여야 한다(상 420의 5 Ⅰ 2문). 신주인수권증서를 상실한 자는 주식청약서에 의하여 주식의 청약을 할 수 있다(상 420의 5 Ⅱ). 신주인수권증서에 의한

청약과 주식청약서에 의한 청약이 중복되는 때에는 후자의 청약은 효력을 잃는다(상 420의 5 II).

(마) 신주의 배정과 인수

신주인수의 청약에 대하여 대표이사는 신주를 배정하며, 배정에 의하여 주식인수의 청약자는 주식인수인이 된다. 배정은 총액인수주의에 의하는 설립의 경우와 달리 신주발행예정주식의 전부에 대한 청약이 없더라도 할 수 있다. 회사는 신주인수권이 있는 자의 청약에 대하여는 배정의무를 지지만 기타의 자에 대하여는 자유로이 배정할 수 있다.

(바) 현물출자의 검사

신주발행의 경우에는 현물출자에 관한 사항 중 정관에 정함이 없는 것은 원칙적으로 이사회가 결정하기 때문에(상 416 (4)) 그 결정이 부당하게 될 우려가 있다. 그러므로 이사는 현물출자에 관한 사항을 조사하게 하기 위하여 검사인의 선임을 법원에 청구하여야 한다(상 422 I). 그러나 검사인의 조사는 공인된 감정인의 감정으로 갈음할 수 있다(상 422 I 후, 299의 2). 그러나 다음 중 어느 하나에 해당할 경우에는 상법 제422조 제 1 항은 적용하지 않는다(동조 II).

i) 상법 제290조 제 2 호의 재산총액이 자본금의 5분의 1을 초과하지 않고 대통령령에서 정한 금액을 초과하지 않은 경우, ii) 제290조 제 2 호의 재산이 거래소의 시세 있는 유가증권인 경우 정관에 기재된 가격이 대통령령에서 정한 방법으로 산정된 시세를 초과하지 않는 경우, iii) 변제기가 도래한 회사에 대한 금전채권을 출자의 목적으로 하는 경우로서 그 가액이 회사장부에 기재된 가액을 초과하지 않는 경우, iv) 기타 대통령령에서 정하는 경우 등이다.

(사) 출자의 이행

신주인수인은 납입기일에 그 인수한 각 주식에 대하여 인수가액의 전액을 납입하여야 한다(상 421 I). 이 경우에 신주인수인은 회사의 동의없이 납입채무와 회사에 대한 채권으로 상계할 수 없다(동조 II). 그리고 현물출자자는 납입기일에 출자의 목적인 재산을 인도하고 등기·등록 기타 권리의 설정 또는 이전을 필요로 할 경우에는 그에 필요한 서류를 완비하여 교부하여야 한다(상 425, 305Ⅲ, 295Ⅱ). 그 밖에 납입장소, 납입금보관자 등의 변경, 납입금보관자의 증명과 책임 등에 관하여는 모집설립에 관한 규정을 준용한다(상 425, 305Ⅱ, 306, 318).

(아) **신주발행의 효력발생시기**

이사회가 정한 납입기일의 다음날에 납입 또는 현물출자의 이행을 한 범위 내에서 신주발행의 효력이 생기며 신주인수인은 납입기일의 다음날로부터 주주로서의 권리·의무가 있다(상 423Ⅰ본). 그러나 신주인수권의 행사에 의하여 발행된 주식에 대한 이익배당에 관하여는 정관이 정하는 바에 따라 그 납입기일이 속하는 영업연도의 직전 영업연도 말에 신주가 발행된 것으로 할 수 있다(상 423Ⅰ후, 350Ⅲ). 회사의 설립시와는 달리 신

《신주발행의 절차》

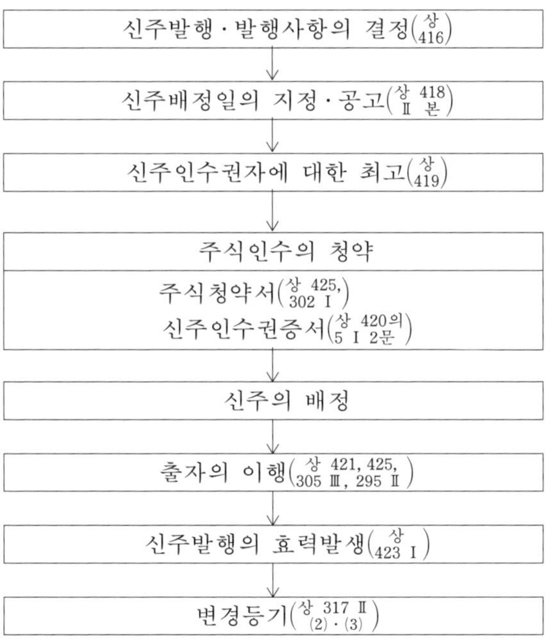

주발행예정주식의 전부에 대한 납입 또는 이행이 없더라도 자금조달의 편의를 위하여 납입 또는 이행이 있는 한도 내에서 그 효력을 인정하고 있다.

신주발행의 효력이 생기게 되면 회사의 발행주식의 총수 및 자본금의 총액 등의 등기사항(상 317 Ⅱ(2)·(3))이 변경되므로 회사는 납입기일로부터 본점소재지에서는 2주간 내, 지점소재지에서는 3주간 내에 변경의 등기를 하여야 한다(상 317 Ⅳ, 183).

㈑ 실권주·단주의 처리

(a) 실권주(失權株)란 신주인수권이 있는 주주 또는 신주인수권증서의 취득자가 청약기일까지 청약을 하지 않아서 신주인수권을 상실한(상 419 Ⅲ) 주식과, 청약을 하였으나 납입기일에 납입 또는 현물출자의 이행을 하지 않아서 주식인수인의 권리를 상실한(상 423 Ⅱ) 주식을 말한다. 실권주는 납입기일이 종료한 때에 확정된다.

(제 3 종우편물 (가) 급인가) 매일경제

실권株 처리방법 "각양각색"

大株主·임원 持分확대·財테크

「황금알」 사원보너스보상·福祉위해 배정도

유상증자에서 발생한 실권주 처리방법이 각양각색이다. 유상증자를 실시한 기업중 상당수가 일반인을 대상으로 실권주를 공모하는 주주우선공모제도를 채택하고 있는 가운데 아직도 몇몇 기업은 대주주지분확대, 財테크, 임직원복리후생 등의 목적으로 실권주를 특정인에게 배정하고 있다.

증권감독원은 앞으로 실권주 공모금액이 액면가로 1천억원이 넘는 기업의 실권주 공모에는 일반인만 참여할 수 있도록 하고 청약한도는 2천만원이내로 제한키로 했다.

대형 失權株 공모

證監院 시행세칙 개정

(b) 실권주가 있더라도 신주발행의 효력은 인수와 납입이 있는 범위 내에서 발생하므로 실권한 주식에 대하여 특별한 처리를 하지 않아도 되고

이사는 실권주에 대하여 인수담보책임이나 납입담보책임을 지지 않는다. 그러나 회사는 실권한 주식에 대하여 주주를 다시 모집할 수도 있다. 최근에 많은 회사들은 관행상 실권주를 이사회의 결의에 의하여 처리하고 있고 이를 긍정하는 설도 있다. 그리하여 실권주는 이사회의 결의에 의하여 대주주의 지분을 확대하거나 2세경영자에게 주식을 소유시키거나 유가증권의 매매차익의 획득을 가능케 하기 위하여 특정인에게 인수시키거나 임원들에 대한 공로주 또는 중견간부들의 보너스로 배정하거나 사원의 복지를 위하여 사우회 등에 배정하기도 한다. 실권주의 처리는 임원·중견간부·종업원 등 사전에 일정한 기준을 정하여 하여야 된다고 본다.

(c) 신주발행의 경우에 발생하는 단주(端株)의 처리에 대하여는 아무런 규정이 없다. 신주발행의 경우에 단주에 대하여는 발행된 신주가 거래소의 시세 있는 주식인 경우에는 거래소를 통하여 매각하고 거래소의 시세 없는 주식인 경우에는 공정한 가격으로 매각하여 주식의 발행가액과 매각가액과의 차액이 있는 때에는 이를 단주의 주주에게 분배하여야 될 것이다.

3) 신주의 액면미달발행

(가) 회사가 주식을 액면미달로 발행하는 경우에는 회사채권자의 이익을 해할 우려가 있다. 그러므로 상법은 이를 원칙적으로 금지하고 있다(상 330 본). 그러나 이 원칙만을 고집하게 되면 그 회사가 발행한 주식의 주가가 액면 이하로 거래되는 때에는 신주발행에 의한 자금조달을 할 수 없게 될 것이다. 그리하여 상법은 일정한 요건을 갖춘 주식의 액면미달발행만을 예외적으로 인정하고 있다(상 417).

(나) 신주의 할인발행은 i) 회사가 성립한 날로부터 2년이 경과한 후에만 할 수 있다(상 417 I). 즉 회사의 기초가 어느 정도 안정된 경우에만 인정된다. ii) 주주총회의 특별결의가 있어야 하며(상 417 I), 이 결의에서는 주식의 최저발행가액을 정하여야 하고(상 417 II), iii) 법원의 인가를 얻어야 한

다(상 417 Ⅰ). iv) 신주는 법원의 인가를 얻은 날로부터 1월 내에 발행하여야 한다.

4) 신주발행과 이사의 책임

(가) 주식의 발행으로 인한 변경등기가 있은 후에 인수하지 아니한 주식이 있거나 주식인수의 청약이 취소된 때에는 이사가 이를 공동으로 인수한 것으로 본다(상 428 Ⅰ). 이것은 회사설립시에 발기인이 지는 자본금충실의 책임(상 321 Ⅰ)과 같지만, 설립시에 인수는 되었으나 납입하지 않은 주식에 대하여 발기인이 납입책임만을 지는 것과 같은 이사의 납입담보책임은 신주발행의 경우에는 존재하지 않는다. 왜냐하면 신주의 인수인이 납입을 하지 않는 때에는 인수인인 지위마저도 상실하기 때문이다(상 423 Ⅱ). 그리하여 신주발행의 경우에는 이사는 다만 인수하지 않은 주식이나 인수가 취소된 주식에 대하여 공동인수가 의제되어(상 428 Ⅰ), 모든 이사가 공동인수인으로서 연대하여 납입할 책임을 진다(상 333 Ⅰ).

(나) 이사의 인수담보책임은 회사의 자본금충실과 법률관계의 안정을 도모하기 위한 법정의 특별책임으로서 무과실책임이다. 이사가 인수담보책임을 지는 경우에도 별도로 회사에 손해가 생긴 때에는 회사는 이사에 대하여 그 손해의 배상을 청구할 수 있다(상 428 Ⅱ). 이것은 과실책임이다.

(5) 신주발행의 하자 및 불공정

1) 신주발행의 유지

(가) 서 설

(a) 신주발행은 원칙적으로 이사회의 권한에 속하며 주주들은 직접 관여하지 않기 때문에 신주발행이 불공정하게 되는 경우에는 주주의 이익을 해할 우려가 있다. 그리하여 상법은 주주에게 신주발행의 유지청구권을 인정하고 있다.

(b) 회사가 법령 또는 정관에 위반하거나 현저하게 불공정한 방법에

의하여 주식을 발행함으로써 주주가 불이익을 받을 염려가 있는 때에는 그 주주는 회사에 대하여 그 발행을 유지할 것을 청구할 수 있다(상 424). 일반적인 이사의 위법행위에 대한 유지청구권(상 402)은 소수주주권인 데 비하여, 이는 주주는 누구라도 할 수 있는 단독주주권이다.

(나) 유지청구의 원인

신주발행의 유지청구를 할 수 있는 원인에는 i) 이사회의 결의가 없거나 위법한 경우, ii) 법정요건에 반하는 신주의 할인발행의 경우(상 417), iii) 현물출자에 대한 검사의 해태(상 422), iv) 정관의 발행예정주식총수를 초과하는 신주발행 또는 정관의 정함이 없는 종류의 주식을 발행하는 경우, v) 신주발행이 현저하게 불공정한 경우 등이 있다.

(다) 청구권자

신주발행의 유지청구는 신주를 발행함으로써 직접 불이익을 받을 염려가 있는 주주만이 할 수 있다. 제 3 자는 신주인수권이 있어도 청구할 수 없다. 의결권의 유무는 문제가 되지 않는다. 불이익을 받을 염려가 있는 주주는 재판 외의 방법으로 그 발행의 유지를 청구할 수 있고, 필요에 따라 신주발행유지의 소를 제기할 수 있으며, 이 소를 본안으로 하여 신주발행유지의 가처분을 신청할 수 있다(민집 300 이하). 신주발행의 유지는 사전적인 구제방법이므로 신주발행의 효력이 발생하기 전인 신주의 납입기일까지만 할 수 있다.

(라) 유지청구와 신주발행의 효력

신주발행유지의 가처분에 위반한 신주발행이라도 법률관계의 안정을 위하여 그 자체에는 영향을 미치지 않고 다만 이사의 책임이 생길 뿐이라는 유효설도 있으나, 유지의 가처분을 무시한 신주발행은 무효로 보는 것이 타당하다. 그러나 재판외의 방법에 의한 유지청구를 무시한 경우에는 다만 이사의 책임이 생길 뿐이라는 것이 통설이다.

2) 신주발행의 무효

(가) 서 설

신주발행의 무효는 새로 발행되는 주식의 전부를 무효로 하는 것으로서 개별적인 신주인수의 무효와는 구별된다. 신주발행에 대하여 무효의 원인이 있는 경우에 그 무효의 주장을 일반원칙에 따라 누구든지 언제라도 아무런 제한 없이 할 수 있게 되면 신주발행이 유효함을 전제로 하여 진전된 모든 법률관계의 안정을 해할 뿐만 아니라 법률관계의 획일성도 기대할 수 없게 된다. 그리하여 상법은 설립무효의 소와 같은 취지에서 신주발행의 무효는 소에 의하여만 주장할 수 있도록 하였다. 이 소는 형성의 소이다.

(나) 무효원인

(a) 신주발행이 법령 또는 정관을 위반한 경우에 신주발행의 효력이 생기기 전에는 신주발행의 유지청구를 인정하더라도 특별히 법률관계의 혼란이 야기될 염려는 없지만, 신주발행의 효력이 생긴 다음에는 법령 또는 정관을 위반한 경우라도 그 경중을 가리지 않고 모두 무효사유로 하게 되면 법률관계의 혼란이 야기되고 거래의 안전을 해할 염려가 크다. 그러므로 신주발행의 무효는 가급적 회피하는 것이 바람직한 것이다.

(b) 다음의 경우에 신주발행이 무효로 된다. 즉 이사회의 결의 없는 신주발행의 효력에 관하여는 신주발행을 회사의 업무집행에 준하는 것으로 취급하고 거래의 안전을 중시하여 유효하다는 유효설과, 상법은 자본금증가의 권한을 이사회에 부여한 대신 수권자본제의 내재적 한계로서 이사회의 결의라는 절차적 신중을 요구하고 있으므로 이사회의 결의 없는 신주발행은 무효라는 무효설이 있다.

(c) 신주발행은 이사회의 권한이지만 거래법상의 행위인 사채발행과는 달리 중요한 회사의 조직법상의 행위로서 이사회의 결의는 신주발행을 위한 유효요건이라고 할 수 있고 대표이사의 개인적 결정에 의한 신주발행을 유효로 보게 되면 주주의 지위를 불안정하게 할 염려가 있으므로 무효로 함이 타당하다.

(d) 기타 무효원인에는 발행예정주식총수의 초과발행, 주주의 신주인수권의 무시, 현물출자에 관하여 검사인을 선임하지 않은 경우, 전환주식·전환사채 또는 신주인수권부사채를 가진 자의 권리행사에 대비하여 유보한 주식의 수를 제외한 잔여미발행주식을 초과하여 주식을 발행한 경우, 정관에서 발행을 예정하지 않은 종류의 주식을 발행한 경우, 소정의 요건을 갖추지 않고 주식을 액면미달로 발행한 경우, 신주발행유지의 가처분 또는 판결을 무시하고 신주를 발행한 경우, 현저하게 불공정한 신주발행의 경우 등이 있다.

(다) 무효의 소

(a) 신주발행의 무효는 신주를 발행한 날로부터 6월 내에 소만으로 이를 주장할 수 있다(상 429). 제소권자는 주주(구주 또는 신주의 주주를 모두 포함함), 이사 또는 감사에 한하고, 피고는 회사이다. 이사가 소를 제기한 때에는 감사가 회사를 대표한다(상 394 1문). 소의 절차, 청구의 기각, 패소원고의 책임, 등기 등은 설립무효의 소의 경우와 같고(상 430, 186~189, 191, 192), 제소주주의 담보제공의무는 주주총회결의취소의 소에 관한 규정을 준용한다(상 430, 377).

(b) 신주발행의 무효판결은 형성판결로서 신주발행은 무효가 되며 제 3 자에 대하여도 그 효력이 미친다(상 430, 190 본). 그러나 신주발행은 장래에 대하여 그 효력을 잃는다(상 431 I). 즉 법률관계의 안정을 위하여 판결의 소급효는 인정되지 않는다. 그러므로 판결이 확정될 때까지 한 행위, 예컨대 이익배당·의결권의 행사 등의 행위는 무효판결에 의하여 영향을 받지 않는다. 무효판결이 확정되면 이 때로부터 신주의 주주는 그 지위를 상실하고 주권도 무효가 된다.

(c) 무효판결의 확정에 의하여 신주는 무효가 되므로 그만큼 회사의 발행주식총수와 자본금이 감소하게 되고, 또 회사의 발행예정주식총수 중에 미발행부분이 부활하게 되므로 등기의 경정을 하여야 한다(상 317 II (2)·(3)). 무효판결이 확정된 때에는 회사는 지체없이 그 뜻과 3월 이상의 일정한 기간 내에 신주의 주권을 회사에 제출할 것을 공고하고, 주주명부에 기재된

주주와 질권자에 대하여는 각별로 그 통지를 하여야 한다(상 431 Ⅱ). 그리고 회사는 신주의 주주에 대하여 그 납입한 금액을 반환하여야 한다(상 432 Ⅰ). 현물출자자에 대하여는 그 평가액(상 416 (4))을 금전으로 반환하여야 한다.

3) 신주발행의 부존재

신주발행의 절차가 전혀 존재하지 않았고 다만 신주발행의 변경등기만 있는 등 그 하자의 정도가 신주발행무효에 비하여 현저한 때에는, 신주발행의 부존재를 일반원칙에 따라 언제든지 누구든지 어떠한 방법으로든 주장할 수 있으며, 필요한 경우에는 신주발행부존재의 소를 제기할 수 있다. 즉 신주발행의 무효의 소와는 달리 반드시 소에 의하여 부존재를 주장하여야 할 필요도 없고, 신주발행의 부존재확인의 소의 판결은 그 효력이 신주발행의 무효의 판결과는 달리 당연히 그 소급효가 제한되지 않는다.

4) 신주의 불공정가액에 의한 발행

신주의 발행가액이 불공정하면 회사는 공정한 가액으로 발행한 경우에 얻을 수 있는 이익(차액)을 상실하게 된다. 이 경우에 이사는 회사에 대하여 임무의 해태로 인한 손해배상의 책임을 지지만(상 399 Ⅰ) 주식인수인은 회사가 정한 가액에 의하여 주식을 인수하므로 아무런 책임을 질 이유가 없는 것이다. 그러나 신주의 인수인이 이사와 통모하여 현저하게 불공정한 발행가액으로 주식을 인수한 때에는 회사에 대하여 공정한 발행가액과의 차액에 상당한 금액을 지급할 의무가 있다(상 424의 2 Ⅰ).

2. 사채의 발행

(1) 서 설

1) 주식회사는 기업규모의 확대, 설비의 개선, 구채의 상환 및 운영자금의 확보 등을 위하여 거액의 자금을 필요로 한다. 이 경우에 금전차

입의 방법도 생각할 수 있지만 이것은 장기에 걸치는 거액의 자금조달을 위하여는 적합하지 못하다. 그러므로 신주의 발행이나 사채의 모집에 의존할 수밖에 없다. 전자는 자기자본의 형태로 자금을 조달할 수 있는 장점이 있지만, 반면에 기업의 영속적인 확대를 초래하고 또 주식의 수가 증가하기 때문에 기존주주에 대한 이익배당과 지배권에 대하여도 영향을 미치게 된다.

2) 사채(社債)를 모집하게 되면 주주에게 직접적인 영향을 미치지 않으면서 타인자본의 형태로 장기에 걸쳐 거액의 자금을 일시에 조달할 수 있다. 사채의 발행과 금전차입은 소비대차적인 채권이라는 점에서는 같지만 사채의 경우는 채권이 발행된다는 점이 다르다. 사채는 주식과 달리 당해 연도에 이익이 있든 없든 간에 확정률의 이자의 지급을 보장받고, 또 원금의 상환기일이 확정되어 있기 때문에 주식에 비하여 투자의 대상으로 안전성이 있으므로 자금조달수단으로 널리 이용되고 있다.

3) 사채는 회사가 일반투자자로부터 비교적 장기에 걸치는 거액의 자금을 집단적으로 조달하기 위하여 채권발행의 형식으로 부담한 채무이다. 일반적으로 사채라고 할 때에는 주식회사가 발행하는 것만을 말하며 상법은 주식회사의 사채발행에 대해서만 특별규정을 두고 있다. 상법상의 사채에 관한 규정은 무담보사채에 관한 것으로서 사채에 관한 일반적 규정이라고 할 수 있으므로 담보부사채에 대하여도 담보부사채신탁법에 특별한 규정이 없는 때에는 상법의 규정이 적용된다.

4) 사채계약의 성질에 대해서는 사채권의 매매라고 하는 채권매매설이 있으나, 매출발행의 경우는 채권의 매매이고 그 외에는 소비대차에 유사한 무명계약이라고 할 것이다.

5) 개정상법(2011)에 의하여 종래의 사채발행에 관한 제한 제도가 모두 삭제되었다. 즉 사채총액의 제한(구상 470 I), 재모집의 제한(구상 471), 각 사채금액의 제한(구상 472), 액면초과발행의 제한규정(구상 473) 등이 삭제되었다.

《사채와 주식의 차이점》

기 준	사 채	주 식
1. 출자자의 지위	채권자	사원
2. 출자의 과실	이자지급	이익배당
3. 출자의 회수	만기상환 · 양도	양도 · 주식매수청구
4. 출자납입의 방법	분할납입	전액납입
5. 자본의 구성	타인자본	자기자본
6. 액면미달발행	가능	제한
7. 납입에 대한 상계	가능	불가능
8. 액면의 의의	채권의 금액	자본금의 구성부분

(2) 사채발행의 방법

1) 상법은 회사가 직접 일반 공중으로부터 사채를 모집하는 경우에 관하여 규정하고 있다. 이 방법은 회사가 직접 절차를 밟아 모집하므로 중개자에 대한 수수료를 절약할 수 있는 이점이 있지만, 반면에 발행사무의 처리를 위하여 많은 인원이 필요하고 사채의 모집업무가 전문화되어 가고 있기 때문에 회사가 사채를 직접모집하는 경우는 극히 드물다. 실제에 있어서는 중개자를 개입시켜서 사채를 위탁모집한다.

2) 일반적으로 위탁모집의 사채관리회사는 무담보사채의 경우에는 은행 · 신탁회사 또는 증권회사이며, 담보부사채의 경우에는 담보의 신탁업자이다. 사채관리회사는 사채모집의 모든 절차를 진행할 뿐만 아니라, 무담보사채의 사채관리회사는 전채권자를 위하여 사채를 상환받는 데 필요한 행위를 할 수 있는 모든 권한이 있으며, 담보부사채의 경우에는 신탁계약에 다른 정함이 없으면 신탁업자가 채권의 발행 · 사채의 상환 · 이자의 지급에 관하여 모든 행위를 할 수 있는 권한을 갖는다(담사 18).

(3) 사채발행의 절차

1) 발행의 결정

사채는 이사회(이사가 1명 또는 2명인 회사는 주주총회)의 결의에 의하여 발행할 수 있다(상 469 Ⅰ, 383 Ⅳ). 그러나 정관에 의하여 주주총회의 권한으로 할 수도 있다. 또한 이사회 또는 주주총회는 사채발행의 결정뿐만 아니라 그 발행사항(사채총액·종류·각 사채의 금액·이율·상환방법·기한 등)도 정하여야 한다. 그러나 정관에 정함이 있는 경우 이사회는 1년을 초과하지 않는 기간 내에 발행할 사채의 금액을 정하여 대표이사에게 사채의 발행을 위임할 수 있다(상 469 Ⅳ). 이사회의 결의 없이 대표이사가 발행한 사채도 유효하다. 왜냐하면 사채발행은 회사와 제 3 자간의 거래행위이기 때문이다.

2) 사채의 청약

사채의 모집에 응모하고자 하는 자는 사채청약서(社債請約書) 2통에 사채의 수와 주소를 기재하고 기명날인 또는 서명하여야 한다(상 474 Ⅰ, 476 Ⅱ). 사채청약서에 의하지 않은 청약은 효력이 없다. 사채청약서에는 법정기재사항(상 474 Ⅱ) 이외에 임의적 기재사항으로서 청약기간·청약증거금·납입기일·납입취급은행 또는 사채관리회사를 기재할 수 있다. 청약에 대하여 기채회사 또는 사채관리회사가 사채를 배정한 때에는 사채계약이 성립한다.

3) 납 입

사채의 모집이 완료한 때에는 이사 또는 사채관리회사는 지체없이 인수인에 대하여 각 사채의 금액 또는 제 1 회의 납입을 시켜야 한다(상 476 Ⅰ).

(4) 사채의 유통과 상환

1) 사채의 유통

(가) 채권의 발행

(a) 사채에 대하여는 그 유통의 원활을 위하여 채권(債券)이 발행된

《사채권의 예》

가나다株式會社第 1 回社債券

일천만 일천만

金壹阡萬원整

W 10,000,000

제 1 회

라 00000 호

발행일 : 1990년 6월 30일

상환일 : 1993년 6월 30일

주식회사 갑을은행은 이 사채의 원리금 지급을 보증합니다.

주식회사 갑을은행이 이 사채를 보증하는 기간은 1990년 6월 30일로부터 1993년 6월 30일까지이며 사채권자에 대하여는 원금은 원금상환기일, 이자는 이자지급기일후 각각 3월까지 지급을 청구한 경우에 한하여 보증의 책임을 집니다. 이 기간내에 지급청구를 하지 아니한 경우에는 보증의 효력이 상실됩니다.

1990년 6월 30일

이 사채는 1990년 5월 30일 주식회사 갑을은행과 가나다 주식회사간에 체결된 가나다 주식회사 제1회 사채의 원리금지급 보증계약 제4조의 조건에 따라 발행된 사채입니다.

1990년 6월 30일

견양

보증기관 주식회사갑을은행
은행장 김 이 박

발행회사 가나다 株式會社
대표이사 홍 길 동

보증 보증

차 000000000 다

가나다株式會社	가나다株式會社	가나다株式會社	가나다株式會社
제 1 회사채권 라 00000호 이자지급교부표 ⑫ 지급일 1993년 6월 30일	제 1 회사채권 라 00000호 이자지급교부표 ⑪ 지급일 1993년 3월 30일	제 1 회사채권 라 00000호 이자지급교부표 ⑩ 지급일 1992년 12월 30일	제 1 회사채권 라 00000호 이자지급교부표 ⑨ 지급일 1992년 9월 30일
가나다株式會社 제 1 회사채권 라 00000호 이자지급교부표 ⑧ 지급일 1992년 6월 30일	가나다株式會社 제 1 회사채권 라 00000호 이자지급교부표 ⑦ 지급일 1992년 3월 30일	가나다株式會社 제 1 회사채권 라 00000호 이자지급교부표 ⑥ 지급일 1991년 12월 30일	가나다株式會社 제 1 회사채권 라 00000호 이자지급교부표 ⑤ 지급일 1991년 9월 30일
가나다株式會社 제 1 회사채권 라 00000호 이자지급교부표 ④ 지급일 1991년 6월 30일	가나다株式會社 제 1 회사채권 라 00000호 이자지급교부표 ③ 지급일 1991년 3월 30일	가나다株式會社 제 1 회사채권 라 00000호 이자지급교부표 ② 지급일 1990년 12월 30일	가나다株式會社 제 1 회사채권 라 00000호 이자지급교부표 ① 지급일 1990년 9월 30일

법 적 기 재 사 항

1 이 사채는 사채원금 2,000,000,000원을 일시에 발행합니다.
2 각 사채의 금액 및 권종은 100,000원권, 1,000,000원권, 5,000,000원권, 10,000,000원권의 4종이며 분할 및 병합은 인정하지 아니합니다.
3 각 사채의 납입금은 각 사채권면금액의 98.4%입니다.
4 이 사채는 인수매출에 의한 할인발행으로서 이율은 사채발행일로부터 1년까지는 년11%로 하고, 제2,3차년에는 한국은행이 정한 시중은행의 1년만기 정기예금 최고이자율의 1.3배로 합니다. 다만, 한국은행이 정한 시중은행의 1년만기 정기예금 최고이자율이 변동될 경우에는 그 변동된 날로부터 일할계산합니다.
5 이 사채의 원금은 1993년 6월 30일 일시에 상환합니다. 다만, 상환기일이 은행휴업일인 때에는 그 다음영업일로 합니다.
6 이 사채의 이자는 발행일로부터 상환기일의 전일까지 계산하며, 아래의 기일에 매3개월분의 이자를 후급합니다. 다만, 이자지급기일이 은행휴업일인 때에는 그 다음영업일로 하고 이자지급기일 이후의 이자는 계산하지 아니합니다.
1990년 9월 30일, 1990년 12월 30일, 1991년 3월 30일,
1991년 6월 30일, 1991년 9월 30일, 1991년 12월 30일,
1992년 3월 30일, 1992년 6월 30일, 1992년 9월 30일,
1992년 12월 30일, 1993년 3월 30일, 1993년 6월 30일
7 이 사채는 서울특별시 중구 남대문로2가100-10 주식회사 갑을은행이 보증하고, 서울특별시 중구 명동1가10-1 ○○증권주식회사외 2개사가 공동인수 매출한 무기명식 이권부 보증사채입니다.
8 원리금의 지급장소는 서울특별시 중구 남대문로2가100-10 주식회사 갑을은행 종로지점 및 해당지역 직할시와 각 도청소재지 모점입니다.

보 증 내 용

1. 이 사채의 보증총액은 2,740,000,000원이며, 사채원금은 2,000,000,000원이며 이자총액은 740,000,000원입니다. 다만, 사채발행일 이후 한국은행이 정한 시중은행의 1년만기 정기예금 최고이자율에 변동이 있을시의 이자보증금액은 사채보증계약서 제4조7항의 규정에 의하여 산출된 이자율을 적용하여 계산한 금액으로 합니다.
2. 주식회사 갑을은행이 이 사채를 보증하는 기간은 1990년 6월 30일로부터 1993년 6월 30일까지이며 원금은 원금상환기일, 이자는 이자지급기일후 각각 3월까지 지급을 청구한 경우에 한하여 보증의 책임을 집니다. 이 기간내에 지급청구를 하지 아니한 경우에는 보증의 효력이 상실됩니다.
3. 주식회사 갑을은행은 이 사채가 가나다주식회사 제1회 사채임을 확인하고 기명날인합니다. 이 확인이 없는 사채권에 대하여는 주식회사 갑을은행은 보증의 책임을 지지 아니합니다.

가나다株式會社
제1회사채권
라 00000 호
원금지급교부표
지급일 1993년 6월 30일

이자지급은 이자지급
교부표부 사채권을
제출하는 청구인에게
지급합니다.

이자지급은 이자지급
교부표부 사채권을
제출하는 청구인에게
지급합니다.

이자지급은 이자지급
교부표부 사채권을
제출하는 청구인에게
지급합니다.

이자지급은 이자지급
교부표부 사채권을
제출하는 청구인에게
지급합니다.

이자지급은 이자지급
교부표부 사채권을
제출하는 청구인에게
지급합니다.

이자지급은 이자지급
교부표부 사채권을
제출하는 청구인에게
지급합니다.

이자지급은 이자지급
교부표부 사채권을
제출하는 청구인에게
지급합니다.

이자지급은 이자지급
교부표부 사채권을
제출하는 청구인에게
지급합니다.

이자지급은 이자지급
교부표부 사채권을
제출하는 청구인에게
지급합니다.

이자지급은 이자지급
교부표부 사채권을
제출하는 청구인에게
지급합니다.

이자지급은 이자지급
교부표부 사채권을
제출하는 청구인에게
지급합니다.

이자지급은 이자지급
교부표부 사채권을
제출하는 청구인에게
지급합니다.

다. 채권은 사채계약상의 권리를 표창하는 유가증권으로서 요인증권이다. 그리고 채권은 일정한 금액의 지급을 목적으로 하는 채권적 유가증권의 일종이다. 또한 요식증권으로서 채권에는 법정사항을 기재하고 대표이사가 기명날인 또는 서명하여야 한다(상 478 Ⅱ).

(b) 회사는 상법 제478조 제 1 항의 채권(債券)을 발행하는 대신 정관에서 정하는 바에 따라 전자등록기관의 전자등록부에 채권(債權)을 등록할 수 있다. 이 경우 상법 제356조의 2 제 2 항부터 제 4 항까지의 규정을 준용한다(상 478 Ⅲ).

(나) 발행의 시기

채권은 사채금액의 납입이 완료한 후가 아니면 이를 발행하지 못한다(상 478 Ⅰ). 그러므로 사채권자는 사채금액의 납입 후에만 채권발행청구권이 있다. 이 규정에 위반하여 채권을 발행한 때에는 과태료의 제재를 받는다(상 635 Ⅰ (28)).

(다) 채권의 형식

채권은 기명식과 무기명식으로 발행할 수 있으며 두 가지 방법을 병행하는 때에는 상호전환권이 인정된다(상 480 본). 일반적으로 무기명식이 많이 이용된다.

(라) 선의취득

채권도 금전의 지급을 목적으로 하는 유가증권이므로 상법 제65조에 의하여, 특히 무기명채권에 대하여는 민법 제514조와 제524조가 준용되어 선의취득이 인정된다. 기명사채도 금전채권적 유가증권이기는 하지만 기명사채에는 법률상 당연한 지시증권성이 인정되지 않고 자격수여적 효력도 없으므로 선의취득은 인정되지 않는다고 본다.

(마) 채권의 상실

채권을 상실한 때에는 공시최고의 신청을 할 수 있으며(민소 475 이하), 제권판결을 얻지 못하면 채권의 재발행을 청구할 수 없다고 본다(상 360 Ⅱ 참조).

(바) 사채의 양도

(a) 기명사채의 양도는 의사표시와 채권의 교부로써 할 수 있다. 채권의 교부는 단순한 대항요건이 아니라 효력발생요건이다(통설). 기명사채의 이전은 취득자의 성명과 주소를 사채원부에 기재하고 그 성명을 채권에 기재하지 아니하면 회사 기타의 제 3 자에게 대항하지 못한다(상 479 I). 사채에 대하여는 자기사채의 취득금지에 관한 규정이 없을 뿐만 아니라 자기주식의 경우와 같은 위험이 없기 때문에 자기사채의 취득이 가능하다.

(b) 무기명사채의 양도는 그 채권을 양수인에게 교부함으로써 양도의 효력이 생긴다(민 523).

(사) 사채의 입질

(a) 기명사채는 지명채권이므로 당사자간의 의사표시에 의하여 질권의 설정이 가능하지만(민 346) 채권이 발행된 때에는 채권을 채권자에게 교부함으로써 질권설정의 효력이 생긴다(민 347). 회사 기타 제 3 자에게 대항하기 위하여는 민법 제450조의 규정에 의하여 회사에 질권설정의 사실을 통지하거나 회사가 이를 승낙하여야 한다(민 349).

(b) 무기명사채는 그 채권을 채권자에게 교부함으로써 질권설정의 효력이 생긴다(민 351). 질권자가 회사 기타의 제 3 자에게 대항하려면 채권을 계속 점유하여야 한다. 등록사채의 경우는 채권이 발행되지 않으므로 양도의 경우와 마찬가지로 입질의 경우도 채권의 교부를 필요로 하지 않는다.

2) 이자지급과 상환

(가) 사채의 이자지급

(a) 사채의 이자액은 사채계약에서 정한 이율에 의하여 결정된다. 이율은 중요한 발행요건이므로 사채청약서·채권·사채원부에 그 기재를 하여야 한다(상 474 II (7), 478 II (2), 488 (3)). 또한 이자의 지급기한 및 방법도 사채계약에서 정하여진다. 무기명채권에는 이권(利券)이 첨부되는 것이 보통이고,

이 경우에 이자의 지급은 이 이권과 상환으로 하며 채권 자체의 제시는 필요 없다. 이권은 각 이자지급기에 있어서의 이자지급청구권을 표창하는 유가증권이며 독립하여 유통의 대상이 된다. 그러나 사채를 할인발행하는 경우에는 미리 이자의 합계액을 공제한 금액으로 발행하고 상환은 사채의 권면액으로 하므로 이권이 발행되지 않는다.

(b) 사채의 이자지급청구권과 이권소지인의 공제액지급청구권은 5년간 행사하지 아니하면 소멸시효가 완성한다(상 487 Ⅲ).

(나) 사채의 상환

(a) 서 설 사채의 상환이란 발행회사가 사채권자에게 채무를 변제하여 사채의 법률관계를 종료시키는 것을 말한다. 상환은 권면액을 상환하는 것을 원칙으로 하지만, 상환금액이 권면액을 초과할 것을 정하였을 때에는 그 초과액은 각 사채에 대하여 동률이어야 한다. 회사가 이권 있는 무기명사채를 상환하는 경우에 이권이 흠결된 때에는 이권의 권면액에 상당한 금액을 사채상환액에서 공제하여 상환한다(상 486 Ⅰ).

(b) 방 법 사채의 상환과 그 방법에 대하여는 특별한 규정은 없으나 실제에 있어서 발행일로부터 일정한 거치기간을 정하고, 이 기간의 경과 후 매년 정기적으로 일정액 또는 그 이상을 추첨의 방법으로 상환하고 미리 정하여진 최종기간까지는 사채 전부의 상환을 완료한다는 뜻을 정한 경우가 많다. 사채관리회사가 있는 경우에는 사채관리회사가 사채권자를 위하여 사채의 상환을 받는 데 필요한 모든 재판상 또는 재판 외의 행위를 할 권한이 있다(상 484 Ⅰ). 사채는 발행회사가 자기의 사채를 매입하여 소각하기도 한다. 이 경우에 사채의 법률관계는 채권의 파훼로 인한 발행회사의 사채권방기에 의하여 종료하므로 사채의 상환과 동일한 효과가 생긴다.

(c) 소멸시효 사채의 상환청구권과 사채권자의 사채관리회사에 대한 상환액지급청구권은 10년간 행사하지 아니하면 소멸시효가 완성한다(상 487 Ⅰ·Ⅱ).

㈐ 사채관리회사

회사는 사채를 발행하는 경우에 사채관리회사를 정하여 변제의 수령, 채권의 보전 기타 사채의 관리를 위탁할 수 있다(상 480의 2).

(5) 사채권자집회

1) 의 의

사채의 발행은 일반공중으로부터 거액의 장기자금을 집단적으로 차입하는 방법으로서 차입총액이 동일한 금액으로 구분되는데, 이는 각 사채권자의 지위 및 권리의 내용에 양적인 차이를 두기 위한 것이다. 또한 모든 사채권자의 이해관계는 공통성이 있기 때문에 자연적으로 이익단체가 구성될 뿐만 아니라, 회사가 각 사채권자를 개별적으로 상대한다는 것은 불편하기 때문에 법은 사채권자의 권리확보와 회사의 편의를 위하여 사채권자집회를 법률상의 회의체로서 인정하고 있다. 사채권자집회는 사채권자의 이해관계에 영향을 미치는 사항에 대하여 결의를 하여 동일한 종류의 사채권자의 집약된 의사를 결정하는 임시적인 회의체이다.

2) 성 질

사채권자집회는 회사의 기관이 아니고 회사 외의 회의체이다. 사채권자와 발행회사는 채권자와 채무자로서 서로 대립되는 관계에 있기 때문이다.

3) 소 집

사채권자집회의 소집권자는 사채의 발행회사 또는 사채관리회사이다(상 491 I). 그리고 사채의 종류별로 당해종류의 사채총액의 10분의 1 이상에 해당하는 사채를 가진 사채권자가 회의목적인 사항과 소집의 이유를 기재한 서면 또는 전자문서를 위의 양 회사에 제출하여 사채권자집회의 소집을 청구할 수 있다(상 491 I·II). 이러한 청구를 받고도 소집의 절차를 밟지 아니할 때에는 청구한 사채권자가 법원의 허가를 얻어 직접 소집할 수 있다(상 491 III). 무기명사채권자는 채권을 공탁하여야만 위의 권리를 행사할 수 있다(상 491 Ⅳ). 소집에 관하여는 주주총회의 소집절차에 관한 규정을 준용한다(상 491의 2 Ⅰ, 363 Ⅰ·Ⅱ). 회사가 무기명식의 채권을 발행한 경우에는 회일의 3주(자본금 총액이 10억원 미만인 회사의 2주) 전에 사채권자집회를 소집하는 뜻과 회의의 목적사항을 공고하여야 한다(상 491의 2 Ⅱ).

4) 권 한(결의사항)

사채권자집회는 상법에서 규정하고 있는 사항 및 사채권자의 이해에 관한 사항에 관하여 결의할 수 있다(상 490). 이와 같이 그 권한을 제한하는 이유는 다수결의 남용으로부터 개개의 사채권자의 이익을 보호하기 위한 것이다. 사채권자집회의 법정된 결의사항은 사채관리회사의 사임 및 해임·사채관리회사의 사무승계자의 선정·사채발행회사의 대표자의 출석요구·사채권자집회의 대표자의 선임·결의의 집행자선정·대표자 및 집행자의 해임·위임사항의 변경·자본금감소의 경우에 이의제기(상 481, 482, 483 Ⅰ, 494, 500 Ⅰ, 501 단, 504, 439 Ⅲ) 등이다.

5) 결 의

의결권은 미상환액을 기준으로 사채권자가 가지는 해당 종류의 사채 금액의 합계액에 따라 의결권을 가진다(상 492 Ⅰ). 결의방법은 원칙적으로 주주총회의 특별결의의 기준에 준하여 발행사채총수의 과반수에 해당하는 사채를 가진 사채권자의 출석으로 그 의결권의 3분의 2 이상의 다수로써 하여야 하나(상 495 Ⅰ, 434), 보통결의(출석한 사채권자의 의결권의 과반수로 하는 경우)로 할 수 있는 사항도 있다(상 495 Ⅱ, 481~483, 494). 그러나 특별결의를 원칙으로 한다. 기타 대리인의 의결권행사, 특별이해관계인과 자기사채의 의결권, 정족수, 의결권수의 계산, 연기 또는 속행의 결의, 의사록의 작성 등에 관하여는 주주총회에 관한 규정을 준용한다(상 510 Ⅰ, 368 Ⅲ·Ⅳ, 369 Ⅱ, 371~373). 사채권자집회의 결의는 법원의 인가를 얻어야 그 효력이 생긴다(상 498 Ⅰ). 그러나 사채권자 전원의 동의가 있으면 법원의 인가를 받지 않아도 그 효력이 생긴다(상 498 Ⅰ 단).

6) 대표자와 결의의 집행

(가) 사채권자는 지역적으로 분산되어 있기 때문에 사채권자집회를

자주 개최한다는 것이 곤란하고 무기명사채의 경우는 사실상 그 소집이 용이하지 않은 경우가 많으므로 상법은 대표자를 선임케 하여 그들이 총사채권자의 의사를 결정토록 하는 대표자제도를 인정하고 있다. 즉 사채권자집회는 당해 종류의 사채총액의 500분의 1 이상을 가진 사채권자 중에서 1 명 또는 여러 명의 대표자를 선임하여 그 결의할 사항의 결정을 위임할 수 있다(상 500 I). 여러 명의 대표자를 선임한 때에는 그 결정은 그 과반수로 한다(동조 II).

(나) 집행을 필요로 하는 집회의 결의에는 그것을 집행할 자를 필요로 한다. 그 집행은 사채권자집회에서 선임한 집행자가 하며(집행자의 자격에는 제한이 없다), 집행자를 선임하지 않은 때에는 사채관리회사가 하고, 또 사채관리회사가 없을 때에는 대표자가 집행한다(상 501). 집행의 경우에 집행자 또는 대표자가 여러 명이거나 사채관리회사가 2 개 이상인 때에는 그 행위는 공동으로 하여야 한다(상 502, 485 I).

(6) 특수사채

1) 전환사채

(가) 서 설

전환사채(轉換社債)란 사채권자에게 일정한 조건에 따라 사채를 주식으로 전환할 수 있는 권리를 인정한 사채를 말한다. 그러므로 전환사채권자는 전환권을 행사하면 주주가 된다. 전환사채는 그 발행 이후 전환권을 행사하기 전까지는 채권적 유가증권이라고 할 수 있고 전환권을 행사하면 사원권적 유가증권이 된다. 주식의 발행이 불가능하거나 불리한 경우에 회사가 전환사채를 발행하면 자금조달이 가능하게 되며, 유리한 조건으로 발행할 수 있고, 전환권의 행사가 있을 때에는 자동적으로 회사의 고정부담이 경감되어 유리하다.

(나) 전환사채의 발행

(a) 서 설 전환사채는 단순한 사채에 그치지 않고 전환권을

행사하면 사채권자가 주주로 바뀌는 사채이기 때문에 구주주들의 지위에 직접적인 영향을 미치게 된다.

(b) 발행의 결정

aa) 전환사채의 인수권을 주주에게 부여하는 경우에는 정관의 규정이 있거나 정관에 의하여 주주총회에서 결정하기로 한 경우가 아니면 원칙적으로 이사회(이사가 1명 또는 2명인 회사는 주주총회)가 전환사채의 발행을 결정하고 그 발행사항을 정하여야 한다(상 513 Ⅱ, 383 Ⅳ).

bb) 이사회(또는 주주총회)의 적법한 결의가 없거나 결의에 위반하여 대표이사가 전환사채를 발행한 때라도 주주에게 그 인수권을 부여한 때에는 거래의 안전을 위하여 유효하다고 본다. 정관으로 전환사채의 발행과 발행사항의 결정을 주주총회의 결의에 의하도록 한 경우에는 특별한 정함이 없는 한 보통결의로 하여도 무방하다.

cc) 회사가 주주 이외의 자에 대하여 전환사채를 발행하는 경우에는 그 발행할 수 있는 전환사채의 액, 전환의 조건, 전환으로 인하여 발행할 주식의 내용과 전환을 청구할 수 있는 기간에 관하여 정관에 규정이 없으면 주주총회의 특별결의(상 434)로써 이를 정하여야 한다(상 513 Ⅲ). 이러한 결의를 위한 주주총회의 소집통지와 공고에는 전환사채의 발행에 관한 의안의 요령을 기재하여야 한다(상 513 Ⅳ).

dd) 주주 이외의 자에 대한 전환사채의 발행은 신기술의 도입, 재무구조의 개선 등 회사의 경영상 목적을 달성하기 위하여 필요한 경우에만 정관이 정하는 바에 따라 할 수 있다(상 513 Ⅲ 후, 418 Ⅱ).

(c) 발행절차의 하자 회사가 주주총회의 적법한 특별결의가 없거나 결의에 현저하게 위반하여 주주 이외의 자에게 전환사채를 발행한 때에는 무효라고 본다. 이 경우에도 거래의 안전만을 고려한다면 유효하다고 할 것이지만, 주주 이외의 자만이 전환권을 행사함으로써 주주의 지위를 위태롭게 할 우려가 있을 뿐만 아니라 이는 정관의 규정에 의해서만 제 3 자에게 신주인수권을 부여할 수 있도록 한 상법 제418조 제 2

항의 잠탈행위를 허용하는 결과가 될 것이므로 무효라고 본다. 전환사채의 발행의 무효에 관하여는 신주발행의 경우(상 429)와 같은 특별한 규정이 없으나 신주발행에 관한 규정의 유추적용이 가능하다고 본다[대 2004. 6. 25, 2000 다 37326].

(d) 주주에 대한 최고 주주가 전환사채의 인수권을 갖는 경우에 그 발행사항이 결정된 때에는 각 주주에 대하여 그 인수권을 가지는 전환사채의 액, 발행가액, 전환의 조건, 전환으로 인하여 발행할 주식의 내용, 전환을 청구할 수 있는 기간과 일정한 기일까지 전환사채의 청약을 하지 아니하면 그 권리를 잃는다는 뜻을 그 일정한 기일의 2주간 전에 통지 또는 공고하여야 한다(상 513의 3 Ⅰ·Ⅱ, 419 Ⅱ·Ⅲ). 이 규정에 위반한 전환사채의 발행은 무효라고 본다.

(e) 주주의 인수권 전환사채의 인수권이 있는 주주는 소유주식의 수에 따라서 전환사채의 배정을 받을 권리가 있다. 그러나 각 전환사채의 금액 중 최저액에 미달하는 단수에 대하여는 그러하지 아니하다

한국경제신문 1997. 1. 17.

사모전환사채란

기업이 특정인수인과 협의해 발행

전환기간·가격등에 아무런 제한없어

사모전환사채는 공모전환사채와달리 일반인들을 대상으로한 공모절차를 거치지 않는다는 점이 특징이다.

공모전환사채는 증권회사를 통해 일반인들을 대상으로 청약을 받는 절차를 거친다. 이때 발행회사는 전환가격을 기준가의 90%이상. 전환기간을 발행일로부터 6개월이 지난후 가능토록 한 재정경제원의 「사채발행조건등에 관한 기준」을 지켜야 한다.

그러나 사모전환사채는 발행기업이 특정인(일반법인 및 개인)과 직접 협의를 통해 발행된다. 따라서 일반투자자들은 사모전환사채를 살 수 없다. 또 전환가격이나 전환기간 등에 대한 어떠한 제약도 없다. 기준가의 90% 이하로 발행할 수 있을 뿐만 아니라 발행즉시 주식으로 전환할 수도 있다. <金南局기자>

액면 5천만원짜리 전환사채.

전환사채 경영권 방어 이용사례

보유상황 알수없어 지분조정 가능

발행조건 악화시켜 청약포기 유도

한화종금이 사모전환사채를 발행하는 방식으로 경영권방어에 나섬에 따라 전환사채(CB)가 주목을 받고 있다.

주식은 5%이상 보유시 보고해야 하는 의무가 있지만 CB는 주식으로 전환되기 전에는 아무도 보유상황을 알수없기 때문에 경영권방어나 탈취를 위한 유력한 방법으로 이용된다.

지난해 데이콤의 경영권을 둘러싸고 LG와 동양그룹간의 분쟁이 있었을때 LG가 보유한 전환사채가 문제됐던 것도 같은 맥락이다. M&A에 일가견이 있는 것으로 평가받고 있는 한솔그룹 동부그룹계열사들의 전환사채를 통한 재테크는 증권가에 정평이 나 있다.

전환사채를 경영권방어에 활용하는 구체적인 방법으로는 사채의 발행조건을 크게 악화시키는 것이 대표적이다.

예를 들어 동신제약은 지난해 8월 표면이율 0%. 만기보장수익률 0%의 조건으로 40억원의 전환사채를 발행했다. 이는 돈을 빌리고 이자를 물지 않겠다는 것과 마찬가지여서 누구나 청약을 포기하게 되는데 이 물량을 대주주가 인수해 지분율을 높이는 식이다. <白侊曄기자>

(상 513의 2 I). 회사의 자기주식에 대하여는 전환사채의 인수권이 인정되지 않는다. 인수권이 있는 주주에 대한 실권예고부의 최고에도 불구하고 일정한 기일까지 전환사채인수의 청약을 하지 않은 때에는 주주는 그 권리를 잃는다(상 513의 3 II, 419 IV).

(f) 불공정발행 전환사채의 경우에도 신주발행의 경우(상 424)와 마찬가지로 회사가 법령 또는 정관에 위반하거나 현저하게 불공정한 방법에 의하여 전환사채를 발행함으로써 주주가 불이익을 받을 염려가 있는 때에는 그 주주는 회사에 대하여 전환사채의 발행을 유지할 것을 청구할 수 있다(상 516 I, 424). 이사와 통모하여 현저하게 불공정한 발행가액으로 전환사채를 인수한 자는 회사에 대하여 공정한 발행가액과의 차액에 상당한 금액을 지급할 의무가 있다(상 516 I, 424의 2 I).

(다) 전환사채의 전환

(a) 전환권의 성질 회사는 사채권자의 일방적 의사표시에 의한 적법한 전환의 청구가 있으면 신주를 발행하여야 한다. 즉 전환권은 사채권자의 지위를 주주로 변경시키는 효력을 생기게 하는 일종의 형성권이다.

(b) 전환의 청구

aa) 전환사채의 사채권자가 전환을 청구하려면 청구서 2통에 채권을 첨부하여 회사에 제출하여야 하는데(상 515 I), 이 청구서에는 전환하고자 하는 사채와 청구의 연월일을 기재하고 기명날인 또는 서명하여야 한다(상 515 II). 주주명부의 폐쇄기간중에도 그 전환을 청구할 수 있다.

bb) 회사가 상법 제478조 제 3 항에 따라 채권(債券)을 발행하는 대신 전자등록부에 채권(債權)을 등록한 경우에는 그 채권을 증명할 수 있는 자료를 첨부하여 회사에 제출하여야 한다(상 515 I 단).

(c) 전환의 효력

aa) 전환사채의 전환권은 형성권이므로 전환의 청구가 있는 때에 그 효력이 생긴다(상 516 II, 350 I). 그 결과 사채권자는 주주가 된다. 이익이나 이자의 배당에 관해서는 편의상 그 청구를 한 때가 속하는 영업연도 말에 전환된 것으로 본다(상 516 Ⅱ, 350 Ⅲ 전). 그러나 정관에 의하여 주주에 대한 이익배당에 관하여는 그 청구를 한 때가 속하는 영업연도의 직전 영업연도말에 전환된 것으로 할 수 있다(상 516 Ⅱ, 350 Ⅲ 후).

bb) 회사에 제출된 채권은 그 효력을 상실하고, 전환사채를 목적으로 하는 채권자에 대하여는 전환에 의하여 주주가 받을 주식에 대하여 물상대위가 인정된다(상 516 Ⅱ, 339). 전환에 의하여 신주발행과 같은 결과가 되어 회사의 발행주식총수가 증가하며 자본금도 그만큼 증가하게 된다.

cc) 전환사채는 그 전환에 의하여 등기사항에 변경이 생기므로 전환을 청구한 날이 속하는 달의 말일부터 2주 내에 본점소재지에서 변경의 등기를 하여야 한다(상 516 Ⅱ, 351).

2) 신주인수권부사채

(가) 서 설

(a) 신주인수권부사채란 사채권자에게 사채의 발행 이후 회사가 신주를 발행하는 경우에 미리 확정한 가액에 따라 신주인수권을 부여하는 것으로서 신종사채의 일종이다.

(b) 이는 사채권자가 한편으로 일정한 이자를 받고 또한 신주인수권이 존속하는 동안 주가가 미리 확정된 발행가액을 상회하는 경우에 신주인수권을 행사할 수 있으며, 신주발행의 경우에 인수자금이 없는 때에는 사채를 양도하거나, 사채는 보유하고 신주인수권을 양도할 수 있는 이점이 있다. 이 사채는 사채와 신주인수권이 분리된다는 점에서는 전환사채와 다르다. 그러나 신주발행의 시기와 사채의 상환시기가 사실상 일치하는 때에는 경제적으로는 전환사채와 다를 바 없는 것이다.

(나) 종 류

신주인수권부사채에는 채권과 신주인수권을 함께 표창하는 채권을 발행하여 양자를 분리하여 양도할 수 없는 비분리형과, 양자를 분리하여 각각 채권을 표창하는 채권과 신주인수권을 표창하는 신주인수권증권을 발행하여 따로 양도할 수 있는 분리형이 있다(상 516의 6 Ⅰ). 회사는 양자 중에 택일하여 발행할 수 있다.

(다) 발 행

(a) 신주인수권부사채의 인수권을 주주에게만 주는 경우에는 정관에 이에 관한 규정이 있거나 정관의 규정에 의하여 주주총회가 결정하기로 한 경우가 아니면 이사회(이사가 1명 또는 2명인 회사는 주주총회)가 그 발행을 결정하고 그 발행사항도 정한다(상 516의 2 Ⅱ, 383 Ⅳ).

(b) 주주 이외의 자에 대하여 발행하는 경우에는 그 발행할 수 있는 신주인수권부사채의 액, 신주인수권의 내용과 신주인수권을 행사할 수 있는 기간에 관하여 정관에 규정이 없으면 주주총회의 특별결의(상 434)로써 이를 정하여야 한다(상 516의 2 Ⅳ). 이를 위한 주주총회의 소집통지와 공고에는 신주인수권부사채의 발행에 관한 의안의 요령도 기재하여야 한다(상 516의 2 Ⅴ, 513 Ⅳ).

(c) 주주 이외의 자에 대한 신주인수권부사채의 발행은 신기술의 도입, 재무구조의 개선 등 회사의 경영상 목적을 달성하기 위하여 필요한 경우에만 정관이 정하는 바에 따라 할 수 있다(상 516의 2 Ⅳ 후, 418 Ⅱ).

(라) 신주의 발행가액

사채권자의 신주인수권의 행사로 인하여 발행할 주식의 발행가액의 합계액은 각 신주인수권부사채의 금액을 초과하지 못한다(상 516의 2 Ⅲ). 즉 신주인수권의 행사에 의하여 발행하는 신주의 발행가액의 총액은 신주인수권부사채의 총액을 초과하지 못한다.

(마) 주주에 대한 최고

주주가 신주인수권부사채의 인수권을 갖는 경우에 그 발행사항이 결정된 때에는 각 주주에 대하여 인수권을 가지는 신주인수권부사채의 액, 발행가액, 신주인수권의 내용, 신주인수권을 행사할 수 있는 기간과 일정한 기일까지 신주인수권부사채의 청약을 하지 아니하면 그 권리를 잃는다는 뜻을 일정한 기일의 2주간 전에 통지 또는 공고하여야 한다.

이 경우 상법 제516조의 2 제 2 항 제 4 호 또는 제 5 호에 규정한 사항의 정함이 있는 때에는 그 내용도 통지하여야 한다(상 516의 3 Ⅰ·Ⅱ, 419 Ⅱ~Ⅳ).

(바) **불공정발행**

신주인수권부사채의 경우에도 전환사채의 경우와 마찬가지로 그 발행의 유지 및 불공정한 가액으로 발행한 경우에 그 차액의 지급의무에 관한 규정이 준용된다(상 516의 11, 516 Ⅰ). 신주인수권부사채를 발행한 경우에는 그 납입이 완료한 날로부터 2주 내에 본점소재지에서 소정의 사항(상 516의 7 Ⅰ)을 등기를 하여야 한다(상 516의 8 Ⅱ, 514의 2 Ⅰ·Ⅳ).

(사) **신주인수권의 양도**

신주인수권이 비분리형의 경우에는 신주인수권은 채권의 교부에 의하여 사채권과 함께 양도한다. 회사가 신주인수권증권(新株引受權證券)을 발행한 경우는 신주인수권의 양도는 채권과 별도로 주권의 경우와 마찬가지로 신주인수권증권의 교부에 의한다(상 516의 6 Ⅰ). 신주인수권증권은 신주인수권을 표창하는 유가증권이며 여기에는 법정사항을 기재하고 이사가 기명날인 또는 서명하여야 한다(상 516의 5 Ⅱ). 신주인수권증권의 점유자는 자격수여적 효력에 의하여 적법한 소지인으로 추정되고(상 516의 6 Ⅱ, 336 Ⅱ; 어 16 Ⅰ), 이러한 점유자로부터 악의 또는 중대한 과실이 없이 신주인수권증권을 취득한 때에는 선의취득이 인정된다(상 516의 6 Ⅱ; 수 21).

《신주인수권증권(상 516의 5)과 신주인수권증서(상 420의 2)》

양자는 모두 신주인수권을 표창한다는 점에서 같지만, 전자는 일반적으로 그 존속기간이 장기간에 걸치므로 그 상실의 경우에 주권의 경우와 같은 재발행절차가 필요하지만(상 516의 6 Ⅱ, 360), 후자는 그 존속기간이 단기이므로 그 상실의 경우에 간단한 구제조치가 인정된다(상 420의 4 Ⅱ). 또한 전자의 경우는 신주인수권자의 개별적인 청구에 따라 신주가 발행되는 데 비하여, 후자의 경우는 회사의 구체적인 신주발행의 경우에 인정되는 우선적인 신주배정 청구권이라는 점이 다르다.

(아) 신주인수권의 행사

(a) 방 법 신주인수권을 행사하려는 자는 청구서 2통을 회사에 제출하고 신주인수권증권이 발행된 때에는 이를 첨부하고 발행하지 아니한 때에는 채권을 제시하여야 한다(상 516의 9 Ⅰ·Ⅱ). 이 경우에 제출된 신주인수권증권은 회사가 인수하고, 비분리형의 경우에 회사에 제시된 채권은 신주인수권의 행사가 있었다는 기재를 하고 다시 제시자에게 반환한다. 주주명부의 폐쇄기간중에도 신주인수권을 행사할 수 있으나 그 기간중의 총회의 결의에 관하여는 의결권을 행사할 수 없다(상 516의 10, 350 Ⅱ).

(b) 납 입 신주인수권을 행사하는 경우에 신주의 발행가액은 전액을 납입하여야 하며(상 516의 9 Ⅰ), 납입은 채권 또는 신주인수권증권에 기재한 은행 기타 금융기관의 납입장소에서 하여야 한다(상 516의 9 Ⅲ). 그러나 신주인수권부사채의 상환에 갈음하여 그 발행가액으로 신주에 대한 납입이 있는 것으로 본다는 뜻의 정함이 있는 때에는(상 516의 2 Ⅱ (5)) 사채권자는 사채의 상환금에 의한 대용납입이 가능하다. 이의 법적 성질은 상계라고 할 것이다. 이 밖에 납입에 관하여는 납입금보관자의 변경(상 306) 및 납입금보관자의 증명과 책임(상 318)에 관한 규정이 준용된다(상 516의 9 Ⅳ).

(c) 효 력

aa) 신주인수권을 행사한 자는 신주의 발행가액의 전액을 납입한 때에 주주가 된다(상 516의 10 전). 그리고 주금을 대용납입(代用納入)한 경우에는(상 516의 2 Ⅱ (5)) 신주인수권의 행사를 위한 청구서에 신주인수권증권(분리형의 경우)이나 채권을 첨부하여 회사에 제출한 때에 주주가 된다(상 516의 9 Ⅰ·Ⅱ 참조). 이익배당에 관하여 주주로 보는 시기는 그 납입을 한 때가 속하는 영업연도 말로 한다(상 516의 10 後, 350 Ⅲ 전). 그러나 정관으로는 그 청구를 한 때가 속하는 영업연도의 직전 영업연도 말로 할 수 있다(상 516의 10 後, 360 Ⅲ 후).

bb) 전환사채의 경우는 사채를 목적으로 하는 질권은 전환에 의하여 발행되는 주식에 물상대위가 인정되지만(상 516 Ⅱ, 339), 신주인수권부사채의 경우는 원칙적으로 신주인수권의 행사로 사채가 소멸하는 것이 아니므

초다수결의제·황금낙하산제…

경영권 방어장치 잇단 도입

상장사들이 적대적 인수·합병(M&A)을 막기 위해 초다수결의제와 황금낙하산제 도입을 늘리는 등 경영권 방어에 적극 나서고 있다.

10일 한국상장사협의회 조사에 따르면 올해 적대적 M&A에 대비해 초다수결의제를 정관에 명시한 기업은 작년 9개사에서 올해 21개사로, 황금낙하산제를 도입한 상장사는 작년 3개에서 11개사로 늘었다.

또 의결권 대리 행사자를 주주나 주주의 법정대리인으로 제한한 회사는 72개사로 42개사나 증가했다.

초다수결의제는 이사 선임과 해임 등의 결의요건을 상법상 규정보다 크게 강화하는 방식이며 황금낙하산제는 적대적 M&A로 인해 최고경영자(CEO) 등 경영진이 임기 전에 사임할 경우 거액 퇴직금이나 스톡옵션을 지급토록 해 M&A를 어렵게 하는 제도다.

비티아이의 경우 발행주식 총수의 5분의 4 이상이 찬성해야 이사를 선임 또는 해임할 수 있으며 케이티비네트워크는 출석주주의 90%와 발행주식총수의 70% 이상이 찬성해야 이사의 해임이 가능하도록 규정했다.

마니커와 신일산업, 아인스, 알앤엘바이오 등은 M&A로 기존 경영진을 사임시킬 때는 대표이사와 이사에게 각각 30억원 이상과 이사 20억원 이상을 지급하도록 규정하고 있다.

매일경제　2006년　7월 11일 화요일

로 신주인수권의 행사로 발행되는 주식에 대한 물상대위란 문제가 되지 않는다. 그러나 사채의 상환금으로 신주의 발행가액을 대용납입하는 경우는 예외라고 본다.

(d) 등　　기　　신주인수권의 행사에 의하여 등기사항이 변경된 때에는(발행주식총수의 증가, 대용납입에 의한 신주인수권부사채의 총액의 감소 등) 소정기간 내에 본점소재지에서 변경등기를 하여야 한다(상 516의 11, 351).

3) 담보부사채

사채에 물상담보권이 붙어 있는 것을 담보부사채(擔保附社債)라 한다. 사채를 발행하는 경우에 각 사채권자에 대하여 담보를 제공한다는 것은 실제로 곤란할 뿐만 아니라, 모든 사채권자가 개별적으로 담보권을 향유하여 이를 행사한다면 번잡한 법률관계를 초래하게 되고, 사채는 유통증권이므로 그것이 이전할 때마다 담보권도 이전하여야 되는 복잡한 법률관계가 야기될 것이다. 그리하여 우리 나라에서도 영국의 신탁법리를 이용하여 모든 사채권자가 공동의 담보권을 향유할 수 있도록 담보부사채신탁법을 제정(62. 1. 10, 법 991호)하였으며, 일반적으로 담보부사채라고 할 때에는 이 법에 의하여 발행된 사채를 말한다.

동양제과 부동산담보 社債 발행

총 118억 규모

김헌수 기자

동양제과가 보유하고 있는 부동산을 담보로 맡기고 회사채를 발행한다.

동양제과는 25일 서울 강남구 도곡동 소재 토지와 건물 등 평가액 161억원짜리 부동산을 부동산신탁에 제공하고 회사채 118억원어치를 발행한다고 밝혔다.

발행조건은 3년 만기에 발행수익률은 22.5%, 연리 18%다.

이번에 동양제과가 발행하는 회사채는 주간사회사인 동양증권이 전액 인수해 일반인에게 판매한다.

자산담보부 사채가 발행되는 것은 지난 90년 이후 8년만이다.

자산담보부 사채는 회사가 담보물을 신탁회사에 맡긴 뒤 담보력 범위에서 발행하는 사채를 말하는 것으로 보증사채와 마찬가지 효력을 지녀 만약 회사가 부도를 내더라도 원리금을 보장받는다.

발행사로서는 만기 때 원리금을 상환하면 담보물을 돌려받고 발행 비용도 보증사채에 비해 저렴해 유리하다.

매일경제 1998년 2월 26일 목요일

4) 기 타

개정상법(2011)에 의하면 회사는 이사회의 결의로 이익배당에 참가할 수 있는 이익참가부사채와 주식으로 교환청구권이 인정되는 교환사채를 발행할 수 있다(상 469 Ⅱ). 그리고 회사는 유가증권이나 통화 기타 대통령령에서 정하는 자산이나 지표 등의 변동과 연계하여 미리 정하여진 방법에 따라 이익을 얻거나 손실을 회피하기 위한 계약상의 권리를 결합한 지표등연계사채를 발행할 수 있다(상 469 Ⅱ (3)).

제 7 장 회사의 회계

주주가 주식회사의 투자자가 되는 목적은 회사의 이익에 참가하는 데 있다. 즉 주식회사는 주주의 이윤추구를 위한 수단에 불과한 것이다. 그러므로 주식회사의 모든 재무관계는 주주의 이해관계를 위하여 중요한 의의를 갖는다. 또한 주주는 회사의 채무에 대하여 직접 아무런 책임을 지지 않기 때문에 회사의 채무를 위한 유일한 담보는 회사의 재산뿐이다. 그리하여 주식회사에 있어서는 회사재산의 확보를 위하여 자본금의 확정 및 유지의 원칙이 강조되고 있다. 또한 주식회사의 재무관계는 새로이 주주 또는 사채권자가 되고자 하는 일반공중의 관심사가 아닐 수 없다. 그리하여 상법은 그 중요성을 고려하여 회사의 계산이란 독립된 절을 두어 상세하게 규정하고 있다.

1. 재무제표

(1) 서 설

1) 주식회사의 이사는 매 결산기에 재무제표와 그 부속명세서를 작성하여야 한다(상447). 재무제표는 대차대조표, 손익계산서, 기타 회사의 재무상태와 경영성과를 표시하는 것으로서 대통령령에서 정하는 서류이다(상447 I). 그리고 대통령령에서 정하는 회사의 이사는 연결재무제표를 작성하여야 한다(상447 II).

2) 주식회사는 상인으로서 상업장부를 작성하여야 한다(상29 I). 그러

나 상업장부 중에 대차대조표는 재무제표에도 포함되므로 결국 회계장부만을 추가로 작성하여야 하지만 회계장부에 의하지 않고는 대차대조표를 작성할 수 없다는 점에서 보면 주식회사의 경우에 상업장부의 작성의무는 특별한 의미가 없다.

재무제표와 상업장부와의 관계는 대차대조표는 양자에 있어서 모두 공통이고, 회계장부는 상업장부이지만 재무제표는 아니며, 손익계산서와 이익잉여금처분계산서 또는 결손금처리계산서는 재무제표이지만 상업장부는 아니다. 양자는 모두 재산 또는 영업의 상태를 직접 또는 간접으로 표시하는 것을 목적으로 하는 점에서 같지만 형식적인 차이점은 재무제표는 감사에게 제출의무가 있다는 점이다. 또한 개인상인의 경우에 상업장부는 후일의 분쟁에 대비하기 위하여 그 작성과 보존이 요청되는 것이며, 재무제표는 기업의 모든 이해관계인의 이익을 보호하고 조정함을 목적으로 작성이 요구되는 것이다.

(2) 종 류

1) 대차대조표

(가) 의 의

대차대조표(貸借對照表)란 일정한 시점에 있어서의 기업의 재무상태를 명시하기 위하여 작성하는 서류이다. 즉 대차대조표는 영업의 정태를 명시한 것으로서 역사적인 성격을 띤다. 여기서 재무상태란 「자산=부채+자본」의 관계에서 자산·부채·자본의 상태를 말한다.

(나) 종 류

대차대조표는 그 작성의 시기와 목적에 따라서 통상대차대조표와 비상대차대조표로 구분할 수 있다. 전자에는 영업의 계속을 전제로 하여 작성하는 개업대차대조표와 매 결산시에 작성하는 결산대차대조표가 있고, 후자에는 청산·파산·합병 등의 경우에 작성하는 대차대조표 등이 있다(상 247 I, 256 I, 269, 522의 2 I, 533 I, 597, 613; 회생파산 483).

㈐ 작성방법

대차대조표의 작성 방법에는 유도법(誘導法)과 재산목록법(財産目錄法)이 있다. 유도법은 복식부기의 원리에 따라 거래사실을 회계장부에 계속적으로 기록하여 대차대조표를 유도하는 형식으로 작성하는 것이고, 재산목록법은 일정시점에서 기업이 소유하고 있는 자산·부채를 실지로 조사하여 이것을 기초로 하여 대차대조표를 작성하는 방법이다. 그러므로 후자의 방법은 자산·부채의 현재가액을 나타내기 위하여 작성하는 청산대차대조표와 파산대차대조표의 경우에만 이용된다. 기타의 경우에는 1984년의 개정상법이 재산목록을 상업장부와 재무제표에서 제외시켰고(상 29 Ⅰ, 447), 대차대조표는 회계장부에 의하여 작성토록 하였으므로(상 30 Ⅱ) 대차대조표는 유도법에 의하여 작성하여야 한다.

㈑ 작성형식

대차대조표의 형식에는 계정식과 보고식이 있다. 계정식은 「자산＝부채＋자본」의 등식에 따라서 자산의 항목 및 금액과 부채·자본의 항목 및 금액을 좌우 양 난에 대조 표시하여 쌍방의 합계가 평균을 이루도록 하는 것이며, 보고식은 자산·부채·자본에 대한 각각의 항목과 금액을 위로부터 아래로 순차적으로 기재하는 형식을 취한다. 일반기업회계처리기준에서는 보고식과 계정식의 대차대조표에 관하여 표준양식을 정하고 있으며(기업회계처리기준 11 Ⅱ), 대차대조표의 작성기준을 열거하고 있다(동 기준 12).

2) 손익계산서

㈎ 손익계산서는 일정 기간 동안 기업의 경영성과에 대한 정보를 제공하는 재무보고서이다. 손익계산서는 당해 회계기간의 경영성과를 나타낼 뿐만 아니라 기업의 미래현금흐름과 수익창출능력 등의 예측에 유용한 정보를 제공한다.

㈏ 일반기업회계기준에서는 손익계산서의 표준양식을 정하고 있다(동 기준 별지 제 2 호 서식).

3) 이익잉여금처분계산서와 결손금처리계산서

(개) 전자는 이익이 발생한 경우에 이익잉여금의 처분사항을 명확히 보고하기 위하여 이월이익잉여금의 총변동사항을 표시하는 서류이다(기업회계처리 기준 79 I). 즉 이익잉여금처분계산서는 당기말미처분이익잉여금과 임의적립금이입액 및 이익잉여금처분액을 기재하고 차기이월이익잉여금을 표시한 것이다. 일반기업회계기준에서는 이익잉여금처분계산서의 표준양식을 정하고 있다(동 기준 79 II, 별지 제 7 호 서식).

(내) 후자는 결손이 생긴 경우에 작성하여야 하는 서류로서 당기의 미처분결손금의 처리내용을 기재한 것이다. 일반기업회계기준에서는 결손금처리계산서의 표준양식을 정하고 있다(동 기준 79 II, 별지 제 8 호 서식).

4) 재무제표의 부속명세서

이는 대차대조표와 손익계산서의 중요한 항목에 관한 내역명세서를 기재한 것을 말한다. 부속명세서는 명료성의 원칙 및 완전공개의 원칙에 따라 회계내용을 적절한 방법으로 충분히 공시하는 한편 재무제표의 비교를 가능하게 한다. 일반기업회계기준에서는 재무제표 부속명세서로서 해당사항이 있는 경우에 반드시 작성하여야 되는 것과 필요에 따라 작성하는 것으로 구분하여 열거하고 있다(기업회계처리 기준 92).

(3) 재무제표 등의 제출·공시·승인

1) 제 출

이사는 재무제표와 그 부속명세서를 작성하여 이사회의 승인(상 447)을 얻은 다음에 정기총회회일의 6주간 전에 감사의 감사를 위하여 제출하여야 한다(상 447의 3). 또한 이사는 재무제표를 주주총회의 승인을 얻기 위하여 제출하여야 한다(상 449 I).

2) 공 시

이사는 정기총회회일의 1주간 전부터 재무제표(상 447), 영업보고서 및 감사보고서를 본점에 5년간, 그 등본을 지점에 3년간 비치하여야 한다

(상 448 Ⅰ). 이 경우에 주주와 회사채권자는 영업시간 내에 언제든지 위의 서류를 열람할 수 있으며 회사가 정한 비용을 지급하고 그 서류의 등본이나 초본의 교부를 청구할 수 있다(상 448 Ⅱ). 이러한 공시에 의하여 총회 전에 주주에게 필요한 자료를 제공하고 회사채권자에게는 결산에 관한 정보를 제공하게 된다. 특히 주주총회가 재무제표를 승인한 때에는 이사는 지체없이 대차대조표를 공고하여야 한다(상 449 Ⅲ).

3) 승 인

이사는 재무제표(상 447)를 정기총회에 제출하여 승인을 얻어야 한다(상 449 Ⅰ). 이 경우에 승인은 주주총회의 보통결의에 의하며 주주총회는 승인을 거부하거나 수정하여 승인을 할 수 있다고 본다. 그런데 이사회의 승인을 얻지 않은 재무제표를 주주총회에서 승인한 때에는 승인결의에 취소의 사유가 있는 것으로 본다. 그러나 회사는 정관으로 상법 제447조에서 규정한 각 서류가 법령 및 정관에 따라 회사의 재무상태 및 경영성과를 정확하게 표시하고 있음을 증명하는 외부감사인의 의견이 있고, 감사(감사위원회설치회사의 경우에는 감사위원) 전원의 동의가 있는 경우에는 재무제표의 승인은 주주총회의 결의에 갈음하여 이사회의 결의로 할 수 있다(상 449의2 Ⅰ). 이 경우에 이사회가 승인을 결정한 때에는 이사는 상법 제447조 각호의 서류의 내용을 주주총회에 보고하여야 한다(동조 Ⅱ).

第33期 決算公告

貸借對照表

(1998年12月31日 現在) (單位: 원)

計定科目	金額	計定科目	金額
資産		負債	
Ⅰ 流動資産	138,898,075,864	Ⅰ 流動負債	130,846,464,664
(1) 當座資産	131,457,484,013	1. 買入債務	36,649,575,051
1. 現金과預金	16,279,983,774	2. 短期借入金	70,832,138,286
2. 有價證券	803,041,000	3. 未支給金	8,957,066,123
3. 賣出債權	89,042,218,653	4. 先受金	5,154,201,424
貸損充當金	△1,210,118,843	5. 預受金	157,324,450
4. 短期貸與金	19,451,824,273	6. 未支給費用	7,090,354,897
5. 未受金	264,027,080	7. 流動性長期負債	392,676,118
貸損充當金	△2,642,421	8. 賃貸保證金	1,297,340,300
6. 未受收益	4,375,461,001	9. 工事損失充當金	315,788,015
7. 先給金	522,878,963	Ⅱ 固定負債	12,649,999,244
貸損充當金	△5,212,552	1. 長期借入金	2,588,600,000
8. 先給費用	1,936,023,085	2. 金融리스未支給金	523,313,145
(2) 在庫資産	7,440,591,851	3. 退職給與充當金	10,561,543,799
1. 在工品	1,839,239,024	國民年金轉換金	△1,023,457,700
2. 部品	3,519,756,785	負債總計	143,496,463,908
3. 原材料	1,087,286,069		
4. 貯藏品	994,309,973	資本	
Ⅱ 固定資産	67,669,123,610	Ⅰ 資本金	10,400,000,000
(1) 投資資産	29,549,365,992	1. 普通株資本金	10,400,000,000
1. 長期性預金	2,175,056,574	Ⅱ 資本剩餘金	27,888,106,428
2. 特定現金과預金	2,869,619,450	(1) 資本準備金	10,200,000,000
3. 團體退職保險預置金	4,948,172,856	1. 株式發行超過金	10,200,000,000
4. 投資有價證券	4,853,573,472	(2) 再評價積立金	17,688,106,428
5. 保證金	638,974,748	Ⅲ 利益剩餘金	24,782,629,138
6. 不渡어음	14,784,826,245	1. 利益準備金	5,000,000,000
貸損充當金	△1,940,558,323	2. 企業合理化積立金	1,327,000,000
7. 投資不動産	480,749,780	3. 技術開發準備金	7,300,000,000
8. 其他의投資資産	738,949,190	4. 任意積立金	7,550,000,000
(2) 有形資産	38,115,110,942	5. 企業發展積立金	3,000,000,000
1. 土地	21,345,426,423	6. 財務構造改善積立金	600,000,000
2. 建物	15,669,284,628	7. 次期移越利益剩餘金	5,629,138
減價償却累計額	△2,313,542,033	(當期純損失:	
3. 構築物	982,443,079	2,705,764,473원)	
減價償却累計額	△697,755,899	資本總計	63,070,735,566
4. 機械裝置	7,466,907,642		
減價償却累計額	△5,735,453,419		
5. 車輛運搬具	422,616,934		
減價償却累計額	△375,934,730		
6. 工具와器具	3,332,407,220		
減價償却累計額	△2,824,403,836		
7. 備品	4,372,169,281		
減價償却累計額	△3,588,741,459		
8. 建設中인資産	59,687,111		
(3) 無形資産	4,436,096		
1. 工業所有權	4,436,096		
(4) 移延資産	210,580		
1. 新株發行費	210,580		
資産總計	206,567,199,474	負債와資本總計	206,567,199,474

上記와 如히 公告함.

1999年 3月 23日

東洋에레베이터株式會社

代表理事 琴秉鎬

DONGYANG DONGYANG DONGYANG DONGYANG DONGYANG DONGYANG

監査意見: 위 貸借對照表를 包含한 第33期 財務諸表는 企業會計基準에 따라 適正하게 作成되었습니다.

三和會計法人 代表理事 公認會計士 申瓚秀

4) 승인의 효과

(가) 재무제표에 대한 주주총회의 승인이 있으면 그 연도의 재무제표

는 확정된다. 정기총회가 재무제표의 승인을 한 후 2년 내에 다른 결의(책임해제를 부정하는 결의, 승인결의를 철회하는 결의, 책임추궁의 소를 제기하는 결의 등)가 없으면 회사가 이사와 감사의 책임을 해제한 것으로 본다. 이 경우에 2년은 제척기간이라는 것이 통설이다.

(나) 그러나 부정행위가 있는 때에는 해제되지 않는다(상 450). 이 경우에 부정행위는 손해배상책임이 부정행위로 발생한 것뿐만 아니라 총회의 승인을 구함에 있어서 부정한 수단을 이용한 경우를 포함한다고 본다. 그리고 총회가 승인한 서류에 기재되지 않은 사항에 대한 책임은 해제되지 않는다. 그러므로 이사·감사가 책임해제를 주장하려면 승인결의가 있었다는 것뿐만 아니라 그 서류에 책임사유가 기재되었다는 사실을 입증하여야 한다[대 69. 1. 28, 68 다 305].

(다) 주주총회의 승인에 의하여 주주는 회사에 대하여 구체적인 배당금지급청구권을 취득하게 된다. 이사는 지체없이 대차대조표를 공고하여야 할 의무가 있다(상 449 Ⅲ).

(4) 회계의 원칙

1) 회사의 회계는 상법과 대통령령에 규정한 것을 제외하고는 일반적으로 공정·타당한 회계관행에 의한다(상 446 의 2). 이는 종래에 상법의 회계규정과 공정·타당한 회계관행을 고려한 기업회계기준과의 괴리로 인하여 발생하는 문제점을 시정하고 기업회계의 통일을 기하기 위하여 회계기준은 일반기업회계기준을 따르도록 하였다. 따라서 종래의 자산평가와 이연자산에 관한 상법규정(구상 452조, 453조, 453조의 2, 454조, 455조, 456조, 457조, 457조의 2)은 모두 삭제되었다.

2) 상장회사가 i) 유상증자를 하고자 하는 경우, ii) 배당을 하고자 하는 경우, iii) 대통령령이 정하는 해외증권을 발행하고자 하는 경우, iv) 그 밖에 상장회사의 재무처리와 관련한 것으로서 대통령령이 정하는 행위를 하고자 하는 경우 중 어느 하나에 해당하는 행위를 하고자 하는 경우에는 대통령령이 정하는 요건, 방법 등의 기준에 따라야 한다(상 542 의 19).

(5) 영업보고서

1) 영업보고서는 재무제표와 달리 영업의 상황을 문장의 형식으로 기재하여 보고하는 서류이다. 이것은 경리와 직접적인 관계가 없다고 하나, 영업보고서에는 오히려 계수로 표시되는 재무제표에 관한 설명이 중요한 내용을 차지하여야 하고 기타 계수로만 표시할 수 없는 영업에 관한 중요한 상황이 포함되어야 할 것이므로 경리관계와 무관하지 않다. 영업보고서에는 소정의 사항(상시령 17)을 기재하여야 한다(상 447의 2 II).

2) 이사는 매 결산기에 영업보고서를 작성하여 이사회의 승인을 얻어야 한다(상 447의 2 I). 이사는 이사회의 승인을 얻은 영업보고서를 주주총회에 보고하여야 한다(상 449 II). 즉 영업보고서는 주주총회에는 제출하여 보고만 하면 된다. 영업보고서도 정기총회회일의 1주간 전부터 재무제표와 마찬가지로 비치하여야 한다(상 448 I).

2. 준 비 금

(1) 서 설

주식회사의 재산적 기초가 되는 것은 회사의 자본금이다. 그리고 회사는 자본금에 상당하는 재산을 항상 보유하고 있어야 한다. 회사의 재산이 자본금에 미달될 때에는 이익이 존재하지 않지만, 반면에 자본금을 초과하는 부분이 모두 이익은 아니다. 왜냐하면 회사는 법률 또는 정관의 규정이나 주주총회의 결의로 재산이 자본금을 초과하는 금액 중에서 일정한 금액을 회사에 유보하여야 되기 때문이다. 이 때에 유보된 금액을 준비금이라고 한다. 그러므로 회사의 재산이 자본금과 준비금을 초과할 때에 그 초과부분을 이익이라고 할 수 있다.

(2) 준비금의 종류

준비금에는 법률의 규정에 의하여 적립하는 것과 회사가 자치적으로 정관이나 주주총회의 결의에 의하여 적립하는 것이 있는데, 전자를 법정준비금이라 하고 후자를 임의준비금이라고 한다. 또한 본래의 준비금이 아닌 비밀준비금을 적립하는 경우도 있다.

1) 법정준비금

법정준비금은 법률의 규정에 의하여 그 적립이 강제된 것으로서 자본금의 결손전보와 기업의 유지·발전 및 회사채권자의 보호 등을 위하여 그 적립이 요구되는 것이다. 법정준비금은 그 재원의 성질에 따라 이익준비금과 자본준비금으로 구분된다.

㈎ 이익준비금

매 결산기의 이익을 재원으로 하여 그 일부를 적립하는 준비금으로서 손실의 전보와 영업상태의 악화 등에 대비하기 위한 준비금이다. 즉 회사는 손익거래에서 생긴 잉여금을 재원으로 하여 자본금의 2분의 1이 될 때까지 매 결산기의 이익배당액의 10분의 1 이상의 금액을 이익준비금으로 적립하여야 한다. 그러나 주식배당의 경우는 그러하지 않다(상 458). 회사가 정관의 규정으로 자본금의 2분의 1 이상을 적립하기로 정한 경우에 그 초과액은 법정준비금이 아니라 손실의 전보를 위한 임의준비금이라고 할 수 있다.

㈏ 자본준비금

자본거래에서 생긴 잉여금을 재원으로 적립하는 준비금을 자본준비금이라고 한다. 즉 주주의 출자의 일부이거나 기타 자본금에 준하는 성질의 특수재원을 적립하는 것을 말한다. 이러한 재원은 그 성질상 주주에게 이익으로 배당할 수 없는 것이기 때문에 그 적립한도를 정함이 없이 회사는 그 금액을 모두 자본준비금으로 적립시키고 있다(상 459). 회사는 자본거래에서 발생한 잉여금을 대통령령이 정하는 바에 따라 자본준비금으로 적립하여야 한다(상 459 I). 그리고 무액면주식을 발행하는 경우 주식의 발행가액중 자본금으로 계상하지 않는 금액은 자본준비금으로 계상하여야 한다(상 451 II). 합병 또는 상법 제530조의 2의 규정에 의한 분할 또는 분할합병의 경우 소멸 또는 분할되는 회사의 이익준비금 기타 법정준비금은 합병·분할·분할합병 후 존속 또는 설립되는 회사가 이를 승계할 수 있다(상 459 II).

㈐ 법정준비금의 용도

(a) 결손의 전보　　법정준비금은 원칙적으로 자본금의 결손전보에 충당하는 경우 외에는 처분하지 못한다(상 460). 개정상법에서는 결손의 전보를 위한 법정준비금의 사용순위에 관한 규정(구상 460 II)을 삭제하였다. 이는 이익준비금과 자본준비금을 어느 것이든 신축적으로 사용할 수 있게 한 것이다.

(b) 자본금전입　　법정준비금은 자본금으로 전입이 인정된다. 법정준비금은 정도의 차이는 있지만 주주에 대한 이익배당을 제약하는 점에서는 자본금과 같다고 할 수 있다. 그러므로 이것을 자본금에 전입하더라도 특별히 이익배당에 영향을 미치지 않고, 회사채권자에게는 준비금이 보다 구속력이 강한 자본금으로 대체되므로 오히려 유리하게 된다. 그리하여 상법은 회사가 준비금의 전부 또는 일부를 자본금에 전입하는 것을 허용하고 있다(상 461 I).

㈑ 법정준비금의 감소

개정상법(2011)에 의하면 회사는 적립된 자본준비금 또는 이익준비금이 자본금의 1.5배를 초과하는 경우에 주주총회의 결의에 의하여 그 초과한 금액범위 내에서 자본준비금 및 이익준비금을 감액할 수 있다(상 461의 2). 종래에는 적립된 준비금의 규모가 과도한 경우에 이를 주주에게 분배하려면 자본금전입과 복잡한 자본금감소절차를 거쳐야 하였다. 그리하여 개정상법은 자본금의 1.5배를 초과하는 법정준비금은 채권자보호절차 없이 주주총회의 보통결의만으로 사용할 수 있게 하였다.

2) 임의준비금

㈎ 의 의

회사가 정관 또는 주주총회의 결의로 이익준비금을 적립한 다음에 잔여잉여금을 재원으로 하여 적립하는 것을 임의준비금이라 한다.

㈏ 적립의 목적·종류

적립의 목적은 별도적립금과 같이 특정되지 않은 것도 있지만 사업확장, 주식소각, 사채의 상환, 종업원의 복지시설의 설치 등을 위한 준비금과 같이 특정되는 것도 있다. 임의준비금은 그 적립의 목적에 따라 결손전보준비금·배당평균준비금·상각준비금·시설준비금·사채상환준비금·가격변동준비금·퇴직급여준비금 등의 명칭이 붙여진다.

㈐ 사 용

적립의 목적이 특정되지 않은 임의준비금은 정기주주총회의 결의에 의하여 필요에 따라 그 사용이 가능하다. 정관 또는 주주총회의 결의로 특정한 목적을 위하여 적립한 임의준비금은 이사회의 결의에 의하여 특정된 목적을 위하여 사용할 수 있다. 그리고 그 사용목적의 변경은 정관의 변경 또는 주주총회의 결의가 있어야 한다. 임의준비금 중에 결손전보준비금은 결손의 경우에 당연히 법정준비금에 앞서 그 전보를 위한 사용이 가능하지만 별도적립금이나 사용목적이 특정된 적립금도 주주총회의 결의로 결손전보를 위하여 사용할 수 있다고 본다.

㈑ 적립한도

임의준비금의 적립한도에 대하여는 특별한 규정이 없으나 당해연도 이익의 전액을 임의준비금으로 적립할 수는 없다고 본다. 왜냐하면 주주에 대한 이익배당이 완전히 배제되어서는 안 되기 때문이다.

3) 비밀준비금

대차대조표에는 준비금의 명목으로 계상하지 않지만 실질적으로 준비금의 성질을 갖는 것으로서 적극재산을 실가 이하로 평가하거나 또는 채무를 실가 이상으로 평가한 경우에 실가와의 차액을 비밀준비금이라고 한다. 이것은 회사의 재산적 기초를 튼튼히 하고 신용을 높이는 장점이 있지만, 반면에 회사의 재산상태를 정확하게 판단할 수 없게 할 뿐만 아니라 회사의 손익계산을 불명확하게 하여 주주의 이익배당청구권을 침해하고 탈세의 수단으로 남용될 우려가 있다.

(3) 준비금의 자본금전입

1) 서 설

㈎ 준비금의 자본금전입이란 준비금을 풀어서 자본금으로 전입하여 자본금을 증가시키는 것을 말한다. 즉 준비금은 자본금으로의 전입이 인정된다(상 461). 이를 인정하는 이유는 법정준비금이 과다하게 적립된 경우에 자본금과의 불균형을 시정할 수 있도록 하기 위한 것이다.

㈏ 준비금을 자본금에 전입하게 되면 새로운 출자가 없이 신주가 발행된다는 점에서 주식배당이나 주식분할의 경우와 유사한 효과가 생기게 된다. 법정준비금을 자본금에 전입하면 그 전입으로 인하여 증자된 만큼 회사재산을 유지하여야 하므로 회사재산의 사내유보가 그만큼 증가하게 되고 따라서 회사의 신용도 높아지게 된다. 주가가 높은 경우에 준비금을 자본금에 전입하여 신주를 발행하게 되면 주가를 인하시키는 효과가 생기고, 또한 유통주식수가 증가됨으로써 주식의 시장성을 회복 또는 강화시키는 효과를 기대할 수 있다. 준비금의 자본금전입에 의한 무상주교부는 주식분할이나 주식배당과 유사하지만 그 성질은 전자에 가깝다고 할 것이다.

㈐ 준비금의 자본금전입과 주식배당은 모두 명목상으로만 자본금의 증가를 가져오며 주주가 무상으로 주식을 취득한다는 점에서 유사하지만, 전자의 재원은 배당이 불가능한 법정준비금이고 후자의 재원은 배당가능이익이라는 점에서 차이가 있다. 또한 주식배당의 경우에는 배당가능한 이익을 배당하지 않고 자본금을 증가시킨다는 점과 소극적으로는 회사재산도 증가시킨다는 점에서 준비금의 자본금전입과는 구별된다고

할 것이다.

2) 자본금전입의 대상

(가) 자본금전입이 가능한 준비금은 법정준비금만을 지칭한다는 것이 통설이다. 그러므로 자본준비금인 자산재평가적립금과 주권상장법인의 재무구조개선적립금도 자본금전입이 인정된다.

(나) 임의준비금은 그 적립과 처분을 정관이나 주주총회의 결의로만 할 수 있기 때문에 직접 자본금전입을 할 수 없으나 간접적인 자본금전입은 가능하다고 본다. 첫째로 임의준비금은 배당가능한 이익으로 환원시켜서 주주총회의 결의에 의하여 주식배당을 함으로써(상 462의 2) 자본금으로의 전환이 가능하고, 둘째로 이익준비금의 적립한도(상 458)가 남아 있는 경우에 주주총회의 결의로 임의준비금을 이익준비금으로 전환시킨 다음 이를 자본금에 전입시키는 방법이 있다. 비밀준비금은 대차대조표에 나타나지 않으므로 자본금전입이 불가능하다.

12월법인 15社 내년초 자산재평가

대구銀 1,004억·현대조선 1,000억 차액예상

설진훈 기자

국제결제은행(BIS)이 요구하는 자기자본비율(8% 이상)을 맞추기에 비상이 걸린 은행권을 중심으로 자산재평가에 나서는 기업들이 크게 늘고 있다.

증권거래소에 따르면 24일까지 내년 자산재평가 계획을 확정 공시한 12월 결산 상장기업은 모두 15개사로 집계됐다.

이들 기업은 모두 내년 1월1일을 기준일로 자산을 시가로 재평가해 이르면 내년 상반기 결산 때부터 차액을 재무제표에 반영하게 된다.

이들 가운데 은행은 조흥 제일 한일 상업 부산 충북 대구 전북 제주 강원 등 10개사고 일반 제조업체는 한진해운 무학주정 현대미포조선 대성산업 한진 등 5개사다.

▶본지 12월17일자 19면 참조

현대미포조선은 울산 염포동 조선수리공장 등 장부가 953억원어치의 자산을 재평가할 계획인데 약 1,000원의 차액이 발생할 것으로 내다보고 있다. 이에 따라 올 6월말 461%에 달했던 부채비율이 내년에는 150% 수준까지 떨어질 것으로 전망된다.

대성산업은 서울 신도림동 연탄공장 용지 등 재평가 대상자산의 장부가가 291억원에 불과하나 땅값이 많이 올라 1,000억원 이상의 차액을 예상하고 있다. 지난 8월 흡수합병된 계열사 대성자원의 자산은 이번 재평가 대상에서 제외됐다.

한진은 인천·부산 컨테이너 야적장과 선박 등을 재평가해 400억원의 차액을 기대하고 있다.

대구은행은 대구본사 건물과 용지 등을 재평가하는데 차액이 장부가(399억원)의 2.5배인 1,004억원에 달할 것으로 추산했다. 이럴 경우 BIS비율이 약 0.97%포인트 상승할 것으로 보인다.

강원은행은 장부가 81억원어치의 자산을 재평가하는데 차액을 170억원으로 예상했다. 이에 따라 BIS비율이 1%포인트 가까이 높아지게 됐다.

이밖에 전북과 제주은행도 내년 재평가에서 각각 270억원과 200억원선의 차액을 거둬 BIS비율이 각각 1.2%와 2%포인트 높아질 것으로 전망된다.

매일경제 1997년 12월 26일 금요일

(다) 법정준비금인 자본준비금과 이익준비금은 어느 것이든 순서에 제한 없이 자본금전입이 가능하다고 본다. 그런데 이익준비금으로 전입하는 경우에는 그만큼 다시 일정한 한도까지 이익준비금을 적립하여야 하므로 주주에 대한 이익배당에 영향을 미치게 된다. 자본금에 전입할 수 있는 법정준비금의 한도에 대하여는 아무런 제한이 없고 그 전부 또는 일부의 자본금전입이 가능하다(상 461 I).

3) 자본금전입의 절차

(가) 자본금전입의 결정

준비금의 자본금전입은 정관에 다른 정함이 없으면 이사회(이사가 1명 또는 2명인 회사는 주주총회)의 결의에 의한다(상 461 Ⅰ, 383 Ⅳ). 이 결의에서는 법정준비금 중에 어느 준비금을 어느 정도 전입할 것인가를 정하여야 한다.

(나) 자본금전입의 시기

준비금을 자본금에 전입할 수 있는 시기에 관하여는 아무런 규정이 없으므로 영업연도의 중간에도 할 수 있다. 그 결과 영업연도 말에 가서는 손해의 발생이 예상되는 경우에도 전년도의 대차대조표에 준비금이 존재하는 한 이를 자본금에 전입하는 경우가 발생할 수 있다.

(다) 무상신주의 발행

준비금을 자본금에 전입하는 결의가 있는 때에는 주주에 대하여 그가 가진 주식의 수에 따라 무상으로 신주를 발행하여야 한다(상 461 Ⅱ 1문).

(라) 신주배정일의 지정 · 공고

준비금의 자본금전입에 관한 이사회(또는 주주총회)의 결의가 있는 때에는 회사는 일정한 날을 정하여 그 날에 주주명부에 기재된 주주가 무상신주의 주주가 된다는 뜻을 그 날의 2주간 전에 공고하여야 한다. 그러나 그 날이 주주명부의 폐쇄기간(상 354 Ⅰ)중인 때에는 그 기간의 초일의 2주간 전에 이를 공고하여야 한다(상 461 Ⅲ, 383 Ⅳ).

(마) 종류주식에 대한 무상주의 교부

무상주의 교부는 주식의 분할에 가깝다고 할 수 있으므로 종래의 주주의 권리는 그 동일한 지위가 유지되어야 하고 무상주의 교부에 의하여 각 종류주주의 지위가 변동되어서는 안 된다고 본다. 그러므로 종류주식을 발행한 경우에는 무상주도 주주들이 종래에 소유하는 주식의 종류에 따라 교부하여야 된다고 본다.

4) 자본금전입의 효과

(가) 효력의 발생시기

이사회의 결의에 의하여 준비금을 자본금에 전입하여 신주를 발행하는 경우에는 신주의 배정일에, 정관에 의하여 주주총회에서 준비금의 자본금전입을 결의한 때에는 그 결의가 있은 때로부터 그 날의 주주명부상의 주주가 신주의 주주가 된다(상 461 Ⅲ·Ⅳ). 그러나 신주에 대한 이익배당에 관하여는 신주의 배정일 또는 정관이 정하는 바에 의하여 주주총회의 결의가 있은 때가 속하는 영업연도의 직전 영업연도 말에 신주가 발행된 것으로 할 수 있다(상 461 Ⅵ, 350 Ⅲ 2문).

(나) 주주에 대한 통지·공고

준비금의 자본금전입에 의하여 발행되는 신주의 주주가 확정된 때에는 이사는 지체없이 신주를 받은 주주와 주주명부에 기재된 질권자에 대하여 그 주주가 받은 주식의 종류와 수를 통지하고, 무기명주권을 발행한 경우에는 준비금의 자본금전입에 관한 결의 내용을 공고하여야 한다(상 461 Ⅴ). 준비금이 자본금으로 전입되면 회사의 자본금과 회사가 발행한 주식의 수도 증가하게 되므로 변경등기를 하여야 한다(상 183, 317 Ⅱ (2)·(3)).

5) 위법한 자본금전입

회사가 위법인 자본금전입의 결의에 의하여 신주를 발행하려는 때에는 주주는 통상의 신주발행의 경우와 마찬가지로 신주발행의 유지를 청구할 수 있고(상 424), 신주발행 이후에는 신주발행의 무효를 주장할 수 있다(상 429). 즉 주주·이사 또는 감사는 신주를 발행한 날로부터 6월 내에 소만으로 그 무효를 주장할 수 있다. 그러나 위법인 준비금의 자본금전입만이 있고 신주를 발행하지 않은 경우에는 누구든지 언제라도 소급적인 무효를 주장할 수 있다고 본다.

3. 이익배당

이익배당이란 회사가 경영활동을 통하여 얻은 이익을 주주총회의 결의로 주주에게 분배하는 것을 말한다. 주주의 이익에 대한 참여는 잔여재산의 분배로도 가능하지만 대부분의 주식회사는 정기적으로 결산을 하여 이익을 배당한다. 이익배당청구권은 주주의 자익권 중에서 가장 중요한 권리이다. 그러나 정관 또는 주주총회의 결의로 이익의 사내유보 등을 위하여 주주의 이익배당청구권을 제한하거나 일시적으로 박탈할 수 있다고 본다.

(1) 이익배당의 요건

㈎ 배당가능이익의 존재

주식회사에서는 이익이 없는 배당이란 생각할 수 없다. 즉 배당이 가능한 이익이 있어야 한다. 그것은 대차대조표의 순자산액으로부터 i) 자본금의 액, ii) 결산기까지 적립된 자본준비금과 이익준비금의 합계액, iii) 결산기에 적립하여야 할 이익준비금의 액, iv) 대통령령이 정하는 미실현이익 등을 공제한 차액을 말한다(상 462 I). 정관 또는 주주총회의 결의로 임의준비금을 적립하기로 한 때에는 이것을 공제한 후의 잔액이 배당가능한 이익이 된다.

㈏ 주주총회 또는 이사회의 승인

(a) 재무제표 중에 이익잉여금처분계산서에 기재된 이익처분안은 일반적으로 주주총회의 결의로 재무제표를 승인함으로써 확정되지만(상 449 I), 주주총회는 이익처분에 관하여 다른 결의를 할 수 있다. 주주는 주주총회에서 재무제표를 승인하면 회사에 대하여 배당금지급청구권을 갖는다. 주주는 채권자의 지위에 있게 되므로 배당가능이익이 존재하는 한 배당결의는 주주총회의 결의로 철회하지 못한다.

(b) 개정상법(2011)에 의하면 회사는 정관에 의하여 이사회의 결의로 재무제표를 승인할 수 있다. 다만 이 경우에는 상법 제447조에서 규정한 각 서류가 법령 및 정관에 따라 회사의 재무상태 및 경영성과를 적정하게 표시하고 있다는 외부감사인의 의견이 있고, 감사(감사위원회설치회사의 경우에는 감사위원) 전원의 동의가 있어야 한다(상 449의 2 I). 재무제표를 이사회가 승인한 경우에는 이사는 상법 제447조 각 호의 서류의 내용을 주주총회에 보고하여야 한다(동조 II). 이익배당은 상법 제449조의 2 제 1 항에 의하여 재무제표를 이사회가 승인하는 경우에는 이사회의 결의로 정한다(상 462 II).

㈐ **이익배당에 관한 원칙**

(a) 주식수에 대한 비례배당 이익배당은 주주평등의 원칙에 의하여 각 주주가 가진 주식의 수에 따라 지급하여야 한다(상 464 본). 자기주식에 대하여도 이익배당이 가능하다는 소수설도 있으나 이는 인정되지 않는다고 본다.

(b) 동종의 주식 회사가 종류주식을 발행한 경우 동종주식 사이에는 주주평등의 원칙에 의하여 배당액의 차등이 인정되지 않는다. 그러므로 차등배당은 불리한 배당을 받게 되는 주주 전원의 동의가 있는 경우에만 가능하다.

판례는 「주주총회의 결의에 의하여 대주주와 소주주에게 차등배당을 하기로 한 것은 대주주가 스스로 배당받을 권리를 포기하거나 양도하는 것과 마찬가지여서 상법 제464조에 위반되지 않는다」고 하였다[대 80. 8. 26, 80 다 1263].

불리한 배당을 받게 될 모든 대주주가 동의하지 않은 주주총회의 차등배당의 결의는 주주평등의 원칙에 위배된다고 본다.

(c) 종류주식 회사가 여러 종류의 주식을 발행한 때에는(상 344 I) 주식의 종류에 따라 이익배당에 관하여 다르게 정할 수 있다(상 464 단). 예컨대 우선주에 대해서는 정관의 규정에 따라 이익배당을 하고 나서 잔여이익이 있을 때에 보통주에 대하여 이익배당을 할 수도 있다.

(d) 출자일수비례배당(일할배당) 이익배당은 주주평등의 원칙에 따라서 하여야 한다. 신·구주간의 실질적 평등을 도모하기 위하여 주주의 출자가 이익발생에 기여한 정도에 따라 신주에 대하여는 신주발행의 효력이 발생한 날로부터 결산기까지의 일수를 계산하여 배당하기도 한다. 그러나 회사가 그 기여도를 감안하여 신주에 대하여도 동액의 배당을 하는 것은 자유이다.

(e) 배 당 률 각 주식에 대한 배당률은 정관에 다른 정함이 없는 한 주식의 액면을 기준으로 한다.

(2) 배당금지급청구권

1) 주주는 추상적(일반적) 이익배당청구권을 갖지만 주주총회의 재무제표의 승인결의나 이익배당에 관한 주주총회 또는 이사회의 결의가 있으면 주식과는 분리된 구체적인 배당금지급청구권을 갖게 된다. 이는 독립된 채권으로서 주주의 지위와 관계 없이 양도·압류·입질할 수 있다. 회사는 상법 제462조 제 2 항의 주주총회 또는 이사회의 결의가 있은 후 1월 이내에 이익배당금을 지급하여야 한다(상 464의 2 I 본). 그러나 이 기간은 위 주주총회 또는 이사회의 결의에서 자금사정에 따라 연장 또는 단축할 수 있다(상 464의 2 I 단). 배당금지급청구권은 5년간 행사하지 않으면 소멸한다(상 464의 2 II).

2) 배당금지급청구권을 갖는 주주는 원칙적으로 이익처분안의 승인결의 당시에 주주명부상의 주주이다. 주식을 양수한 자가 명의개서를 하기 전에 회사가 이익배당을 할 경우 배당금지급청구권은 양도인에게 귀속한다는 설도 있으나, 당사자간에는 양수인에게 귀속한다고 보아야 할 것이다.

(3) 위법배당

1) 의 의

협의의 위법배당이란 회사가 상법 제462조 제 1 항에 반하여 배당가능한 이익이 없음에도 불구하고 이익배당을 하거나, 배당가능한 이익이 있더라도 그 액을 초과하여 이익배당을 한 경우를 말한다.

2) 반환청구

위법배당은 무효이므로 회사는 주주의 선의·악의를 불문하고 주주에 대하여 부당이득의 반환을 청구할 수 있다(민 741). 회사채권자도 주주에 대하여 위법배당금을 회사에 반환할 것을 청구할 수 있다(상 462 Ⅲ). 위법배당의 반환은 회사에 대하여 하여야 한다. 이 경우에도 주주는 선의·악의를 불문하고 반환의무를 진다고 본다.

3) 이사·감사의 책임

이익잉여금처분계산서를 제출한 이사와 재무제표의 승인결의에서 찬성한 이사 및 위법배당안을 포함한 이익잉여금처분계산서에 대하여 허위의 감사보고를 한 감사는 회사에 대하여 위법배당으로 인한 손해를 연대하여 배상할 책임이 있다(상 399, 414 Ⅰ). 이사·감사의 악의 또는 중대한 과실로 인한 임무해태로 인하여 제 3 자에게 손해가 발생한 때에는 제 3 자(위법배당으로 인하여 채권을 회수할 수 없게 된 회사채권자, 허위의 배당안을 믿고 주식을 매수한 자 등)에 대하여도 연대하여 손해를 배상할 책임이 있다(상 401, 414 Ⅱ).

4) 벌 칙

법령 또는 정관의 규정에 위반하여 이익을 배당한 때에는 위법배당죄가 성립한다(상 625 (3)). 이는 배당가능한 이익이 없는데도 배당을 하였거나 그 한도를 초과하여 배당한 경우뿐만 아니라 주주총회의 결의가 없이 배당한 경우에도 성립한다.

(4) 중간배당

1) 의의·성질

중간배당이란 영업연도를 1년으로 하여 연 1회의 결산기를 정한 회사가 정관에 의하여 이사회(이사가 1명 또는 2명인 회사는 주주총회)의 결의로 영업연도중 1회에 한하여 일정한 날을 정하여 그 날의 주주에 대하여 이익배당을 하는 것을 말한다(상 462의 3 I, 383 IV). 중간배당은 직전 결산기의 대차대조표상의 순재산액에서 소정의 금액을 공제한 배당가능한 이익으로 하는 것으로 전년도에 발생한 이익의 일부를 후불하는 것이다. 즉 영업연도가 개시된 때로부터 중간배당을 하는 때까지 생긴 당기이익이 아니다.

2) 입법취지

중간배당제도를 도입한 취지는 주식은 투하자본의 회수기간이 상대적으로 길고, 배당수익률이 공금리의 수준보다 훨씬 낮아 배당수익을 기대하는 투자관행의 정착에 부정적 영향을 미쳤으므로 이를 개선하여야 할 필요성이 있기 때문이라고 한다.

3) 중간배당의 요건

중간배당의 요건은 i) 영엽연도를 1년으로 하는 회사로서, ii) 정관에 중간배당을 한다는 정함이 있어야 하고, iii) 영엽연도 중간에 일정한 날에 주주에 대하여 이익배당을 하여야 하고, iv) 영엽연도중 1회에 한하여 중간배당을 할 수 있고, v) 결산기의 대차대조표상의 순재산액이 상법 제462조 1항 각호의 금액의 합계액에 달하지 아니할 우려가 없어야 한다.

4) 중간배당의 한도액

회사의 자본유지를 위하여 중간배당의 한도액은 직전 결산기의 대차대조표의 순재산액에서 다음 금액을 공제한 금액이다. i) 직전 결산기의 자본금의 액, ii) 직전 결산기까지 적립된 자본준비금과 이익준비금, iii) 직전 결산기의 주주총회에서 이익으로 배당하거나 지급하기로 정한 금액, iv) 상법 제462조의 3 제1항의 배당에 따라 당해 결산기에 적립하여야 할 이익준비금 등이다(상 462의 3 II).

5) 중간배당의 제한과 이사의 책임

회사는 당해 결산기의 대차대조표상의 순재산액이 상법 제462조 제1항 각호 금액의 합계액에 달하지 아니할 우려가 있는 때에는 중간배당을 하지 못한다(상 462의 3 III). 그리고 당해 결산기 대차대조표상의 순재산액이 상법 제462조 제1항 각호의 금액의 합계액에 미치지 못함에도 불구하고 중간배당을 한 경우 이사는 회사에 대하여 연대하여 그 차액을, 배당액이 그 차액보다 적을 경우에는 배당액을 배상할 책임이 있다. 다만 이사가 상법 제462조의 3 제 3 항의 우려가 없다고 판단함에 있어 주의를 게을리하지 아니하였음을 증명한 때에는 그러하지 아니한다(상 462의 3 Ⅳ).

KT 중간배당위해 주주명부 폐쇄

KT는 27일 이사회를 열고 중간배당을 위해 다음달 30일자로 주주명부 폐쇄를 결의했다고 밝혔다.

KT는 지난해 11월 올해 총 6500억원을 주주 환원에 사용할 계획이라고 밝힌 바 있다. 그 중 정기배당으로 4200억원 이상을 이미 지급했으며, 지난 2월 외국인 한도가 소진돼 자사주 소각이 불가능해짐에 따라 나머지 금액으로 중간배당을 실시할 예정이다.

중간배당 규모는 주당 1000원가량이 될 것으로 예상된다.

KT는 정기배당 2000원과 중간배당 예상금액을 고려하면 올해 배당수익률은 8%대가 될 것이라고 설명했다.

서정수 KT 재무관리실장(CFO·최고재무책임자)은 "KT의 미래 영업 현금흐름 창출도 증가될 것으로 예상돼 이익의 주주환원 차원에서 중간배당을 시행한다"고 밝혔다.

KT는 주주명부 폐쇄 이후 오는 7월 중 중간배당 이사회 결의를 통해 배당금액과 지급 일자를 최종 확정할 예정이다.

고재만기자

매일경제 2004년 5월 28일 금요일

=아리삭펀드가 주식 50만주(5.00%)

4. 주식배당

(1) 서 설

1) 주식배당이란 이익배당을 금전에 갈음하여 새로이 발행되는 주식으로 하는 것을 말한다. 주식배당의 법적 성질에 관하여는 이익배당설과 주식분할설이 있다. 어느 설을 따르느냐에 따라 자기주식에 대한 주식배당의 가부, 출자일수비례배당(일할배당)의 문제, 세법상의 취급 등에서 차이가 생기게 된다.

2) 이익배당설은 주식배당을 이익배당의 일종으로 본다. 그 근거는 i) 배당가능이익의 존재를 전제로 하며, ii) 주식배당도 주주총회에서의 이익의 처분에 의하여 하고, iii) 이익의 전부를 주식으로 배당할 수는 없다는 점 등이다(상 462의 2 Ⅰ 단). 주식분할설은 준비금의 자본금전입에 의한 신주의 무상교부와 같이 주식배당을 이익의 자본금전입에 의한 주식의 분할

이라고 한다. 형식적으로 주식배당의 절차는 금전배당과 같고 실질적으로 배당가능한 이익만으로 할 수 있다는 점에서 이익배당설이 타당하다고 본다.

3) 이익배당설은 자기주식에 대한 주식배당 문제를 놓고 다시 둘로 나뉜다. 다수설에 따르면 자기주식에 대하여는 이익배당을 할 수 없으므로 주식배당도 할 수 없게 된다. 그러나 이익배당이 가능하다는 소수설에 의하면 주식배당은 가능하게 된다. 한편 주식분할설에 의하면 당연히 자기주식에 대한 주식배당이 인정된다.

4) 종류주식을 발행한 경우에 회사가 주식배당을 할 때에는 그 종류의 주식으로 할 수 있다(상 462의 2 Ⅱ 後).

(2) 주식배당의 장점·단점

1) 주식배당의 이점은 i) 회사의 사업을 위하여 필요한 자금의 사내유보를 가능하게 하고, ii) 재무제표상으로는 이익배당이 가능하지만 배당할 자금이 없는 경우에 금전을 차입하는 번거로움을 피할 수 있으며, iii) 회사채권자로서는 자본금의 증가로 회사의 담보력이 커져서 유리하고, iv) 주주의 경우도 주가가 액면을 상회하는 때에는 주식배당을 액면으로 하기 때문에 현금배당을 받는 경우보다 유리하며, v) 주식의 유통량을 증가시킴으로써 주식의 시장성이 강화되고, vi) 자본금의 증가로 회사의 대외적인 신용도가 높아진다는 점 등이다.

2) 한편 주식배당은 경우에 따라 주식수의 증가로 배당률이 저하되고 주가가 하락할 우려가 있으며 아울러 주식의 현금화를 곤란하게 할 수 있다. 또한 분식결산에 의한 이익으로 주식을 배당함으로써 회사의 자본금충실을 해하고 주가의 변동에 따라 투기의 목적으로 주식배당제도가 악용될 수 있으며 회사에 대하여는 배당압력을 가중시킬 수 있다.

(3) 주식배당의 요건

1) 배당가능이익의 존재

주식배당은 이익배당으로서 주주에게 배당할 수 있는 금액에 상당하는 신주를 발행하는 것이므로 당해연도에 발생한 배당가능한 이익이 있거나 이월이익잉여금 또는 임의준비금이 있어야 한다. 주식배당은 이익배당총액의 2분의 1에 상당하는 금액을 초과하여 하지 못한다(상 462의 2 Ⅰ 단). 이것은 현금배당을 완전히 제거할 수 없게 함과 동시에 주식의 남발을 제한하기 위한 것이라고 본다. 그러므로 총주주의 동의가 없는 한 주주총회의 결의가 있더라도 이익배당총액의 2분의 1을 초과하여 주식배당을 하지 못한다.

2) 주주총회의 결의

회사가 이익배당액의 2분의 1을 초과하지 않는 범위 내에서 주식배당을 하려면 주주총회의 보통결의가 있어야 한다(상 462의 2 Ⅰ). 주식배당의 경우도 신주를 발행하지만 통상의 신주발행(상 416)이나 법정준비금의 자본금 전입의 경우(상 461 Ⅰ 본)와 달리 주주총회의 결의에 의하도록 한 것은, 이익잉여금처분안의 승인은 주주총회의 고유권한에 속할 뿐만 아니라(상 449 Ⅰ) 배당가능한 이익을 배당하지 않고 자본금으로 전환시키는 것이므로 주주의 이익배당청구권에 중대한 영향을 미치기 때문이다.

3) 수권주식의 존재

주식배당을 하는 경우에도 발행예정주식총수 중에 미발행주식이 있는 범위 내에서만 신주를 발행할 수 있다. 그러므로 이를 초과하는 때에는 정관의 변경으로(상 433) 회사의 발행예정주식총수를 증가시켜야 한다. 주식배당은 주식의 권면액으로 한다(상 462의 2 Ⅱ).

(4) 주식배당의 효과

1) 신주의 효력발생시기

주식배당을 받는 주주는 주식배당의 결의를 한 주주총회가 종결한 때로부터 신주의 주주가 된다(상 462의 2 Ⅳ 1문). 그러나 신주에 대한 이익배당에 관하여는 정관이 정하는 바에 의하여 그 주주총회가 종결한 때가 속하는 영업연도의 직전영업연도 말에 신주가 발행된 것으로 할 수 있다(상 462의 2 Ⅳ 2문).

2) 자본금의 증가

주식배당을 하게 되면 회사가 발행한 주식의 수가 증가하고, 따라서 회사의 자본금도 그만큼 증가하기 때문에 주주총회의 종결시로부터 일정한 기간 내에 변경등기를 하여야 한다(상 183, 317 Ⅱ (2)·(3)).

3) 위법주식배당의 효과

주식배당의 요건을 위반한 경우는 신주발행의 무효(상 429)를 주장할 수 있고, 주식배당이 있기 전에는 신주발행의 유지(상 424)를 청구할 수 있다고 본다. 또한 위법주식배당으로 인하여 손해가 있는 때에는 이사·감사는

12월법인 주식배당 잇따라

한국주강 10%·태평양물산 4% 실시 결의

위정환 기자

상장사인 한국주강이 연말에 10%의 주식배당을 실시하는 것을 비롯해 주식배당을 실시하겠다고 발표하는 상장사들이 잇따르고 있다.

산업용 주물강과 주철제품을 생산하는 한국주강은 11일 연말 결산기에 주당 1,000원의 현금배당과 함께 10%(주당 0.1주)의 주식배당을 실시하기로 결의했다고 밝혔다.

하경식 한국주강 상무는 "올해 영업실적이 호조를 보인 데다 투자자들에게 보답하는 차원에서 높은 배당을 실시키로 결정했다."고 설명했다.

한국주강은 올해 매출액이 전년도보다 95% 늘어난 750억원에 달하고 당기순이익도 28억원(전년대비 55% 증가)을 기록할 것으로 보고 있다.

봉제업체인 태평양물산도 올 결산기에 주주들에게 주당 0.04주(4%)를 배당하기로 결의했다.

또 무학주정은 올 결산기에 주당 100원의 현금 배당과 함께 0.025주(2.5%)의 주식배당을 실시한다고 발표했다.

이에 앞서 지난 달 28일 제약회사인 녹십자도 보통주의 경우 현금 12%와 함께 3%의 주식배당을 실시키로 결의한 바 있다.

증권거래소 관계자는 "증시 침체로 상장사들의 주가가 하락세를 면치 못하자 기업들이 홍보효과를 위해 주식배당 실시를 조기에 발표하고 있다."고 설명했다.

이 관계자는 그러나 연말에는 상장회사들이 대체로 영업실적이 부진해 주식이나 현금배당을 실시하는 기업 수가 크게 줄어들 것으로 전망했다.

주식 배당을 실시하려는 상장회사는 결산기 15일 전까지 주식배당 규모를 증권거래소를 통해 공시하도록 증권거래법에 명시되어 있다. 한편 지난해 주식배당을 실시한 상장사는 83개였다.

매일경제 1997년 12월 12일 금요일

손해배상책임을 지고(상 399, 414), 형벌의 제재를 받는다(상 625(3)).

5. 현물배당

개정상법(2011)에 의하면 회사는 정관으로 금전 이외의 재산으로 배당을 할 수 있게 된다(상 462의4 I). 정관으로 현물배당을 결정한 회사는 주주가 배당되는 재산 대신 금전의 교부를 회사에 청구할 수 있도록 한 경우에는 그 금액 및 청구할 수 있는 기간, 일정 수 미만의 주식을 보유한 주주에 대해서는 재산 대신 금전을 교부하기로 한 경우에는 그 일정 수 및 금액을 정할 수 있다(동조 II).

6. 주주의 경리검사권

주주는 주주총회에서 의결권을 행사함으로써 중요한 사항의 결정에 참여할 뿐만 아니라 대표소송제기권(상 403)·유지청구권(상 402)·이사의 해임청구권(상 385 II) 등의 소수주주권에 의하여 직접 이사의 업무집행을 시정하고 또한 자기의 이익을 보호할 수 있다. 그러나 이러한 권리를 유효하게 행사하려면 회사의 업무와 재산에 대하여 정확한 지식이 있어야 한다. 그리하여 상법은 정기주주총회에 제출할 서류를 공시하여 주주 및 회사채권자가 열람할 수 있도록 하였고(상 448), 또한 소수주주권으로서 회계장부 및 서류를 열람할 수 있는 권리를 인정하고 있다(상 446 I). 그러나 이와 같은 것들은 열람권에 불과하고 주주는 직접 업무 및 재산상태를 조사할 수 없기 때문에, 상법은 소수주주권자의 청구에 의하여 법원이 선임한 검사인에 의한 업무와 재산상태의 조사를 할 수 있게 하였다(상 467 I).

(1) 재무제표 등의 열람권

이사는 정기총회회일의 1주간 전부터 상법 제447조에 열거한 재무제표와 부속명세서, 영업보고서 및 감사보고서를 본점에 그리고 그 등본을 지점에 비치하여야 한다(상 448 I). 주주와 회사채권자는 영업시간 내에 언제든지 재무제표와 그 부속명세서·영업보고서·감사보고서를 열람할 수 있으며, 회사가 정한 비용을 지급하고 그 서류의 등본이나 초본의 교부를 청구할 수 있다(상 448 II).

(2) 회계장부열람권

주주가 이사 및 감사의 책임을 추궁하거나 그의 권리를 확보 또는 행사하려면 이사가 열람을 위하여 작성한 재무제표와 그 부속명세서의 열람만으로는 불충분하기 때문에, 상법은 위 서류의 기초자료인 회계장부의 열람권을 소수주주권자에게 인정하고 있다.

1) 청구권자

회계장부의 열람 또는 등사를 청구할 수 있는 자는 발행주식총수의 100분의 3 이상에 해당하는 주식을 가진 주주이다(상 466 I). 청구권자의 범위를 소수주주권자로 제한하고 있는 것은 회계장부의 내용이 회사의 기밀에 속하는 사항이 많기 때문에 그 남용을 방지하기 위한 것이다.

개정상법(2009)에 의하면 상장회사의 경우에는 6월 전부터 계속하여 발행주식총수의 10,000분의 10(대통령령으로 정하는 상장회사의 경우에는 10,000분의 5) 이상에 해당하는 주식을 소유하거나 주주권행사에 관한 위임장을 취득하였거나, 인 이상의 주주의 주주권을 공동행사하는 자는 회계장부열람권을 갖는다(상 542의 6 IV).

2) 열람의 대상

주주의 열람·등사의 대상이 되는 것은 회계의 장부 및 서류이다. 청구는 이유를 붙인 서면으로 하여야 하며 구두에 의한 청구는 그 효력이 없다. 열람 및 등사는 반드시 주주가 직접 할 필요는 없으므로 공인

회계사 또는 변호사 등의 보조자를 이용할 수 있다.

3) 청구의 거부

회사는 주주의 적법한 청구가 있는 때에는 그 청구가 부당함을 증명하지 아니하면 이를 거부하지 못한다(상 466 Ⅱ). 청구가 부당한 경우란 청구의 목적이 i) 주주의 권리행사와 무관한 때, ii) 회사 및 다수주주의 이익을 해하기 위한 때, iii) 청구자가 회사와 경쟁관계에 있어서 회사의 이익을 해할 우려가 있는 때 등이라고 할 수 있다. 그러므로 회사가 소수주주권자의 적법한 청구를 상당한 이유 없이 거부하는 때에는 그 주주는 열람청구의 소를 제기할 수 있고, 은닉·인멸 등의 우려가 있는 때에는 가처분의 신청으로 회계의 장부와 서류를 보전시킬 수 있다.

판례는 「상법 제391조의 3 제 3 항, 제466조 제 1 항에서 규정하고 있는 주주의 이사회의 의사록 또는 회계의 장부와 서류 등에 대한 열람·등사청구가 있는 경우, 회사는 그 청구가 부당함을 증명하여 이를 거부할 수 있는바, 주주의 열람·등사권 행사가 부당한 것인지 여부는 그 행사에 이르게 된 경위, 행사의 목적, 악의성 유무 등 제반 사정을 종합적으로 고려하여 판단하여야 할 것이고, 특히 주주의 이와 같은 열람·등사권의 행사가 회사업무의 운영 또는 주주 공동의 이익을 해치거나 주주가 회사의 경쟁자로서 그 취득한 정보를 경업에 이용할 우려가 있거나, 또는 회사에 지나치게 불리한 시기를 택하여 행사하는 경우 등에는 정당한 목적을 결하여 부당한 것이라고 보아야 한다」고 하였다[대 2004. 12. 24, 2003 마 1575].

(3) 업무와 재산상태의 검사권

주주의 경리검사권은 모두 회사의 계산관계에 국한된다. 그러나 주주가 업무집행에 관한 감독권을 효과적으로 행사하려면 회사의 업무와 재무상태에 관하여 상세하게 알아야 할 것이다. 그리하여 상법은 회사의 업무와 재무상태의 검사를 위한 규정을 두고 있다(상 467).

1) 청구권자

검사를 위하여 법원에 검사인의 선임을 청구할 수 있는 자는 발행주식총수의 100분의 3 이상을 가진 소수주주권자에 한한다(상 467 I).

개정상법(2009)에 의하면 상장회사의 경우에는 6개월 전부터 계속하여 발행주식총수의 1,000분의 15 이상에 해당하는 주식을 소유하는 주주가 청구권자이다(상 542의 6 I).

2) 청구의 방법

소수주주권자가 법원에 검사인의 선임을 청구하려면 회사의 업무집행에 관하여 부정행위 또는 법령이나 정관에 위반한 중대한 사실이 있음을 의심할 사유가 있어야 하며 주주는 그러한 사유가 있음을 증명하여야 한다.

판례는 「검사인의 선임청구의 사유인 업무집행에 관한 부정행위 또는 법령이나 정관에 위반한 중대한 사실에 대하여는 그 내용을 구체적으로 명확히 적시하여야 하고 단순히 결산보고서의 내용이 실지 재산상태와 일치하는지 여부에 의심이 간다는 정도의 막연한 것으로 그 사유를 삼을 수는 없는 것이고, 또 회사가 사임한 이사에 대한 퇴임등기를 태만히 하고 후임자를 보선하지 않고 있다 하여도 그것만으로는 중대한 사실에 해당한다고 할 수 없고 (중략) 대여금 또는 외상매입대금을 변제하지 않고 있다거나 위 대여금을 회사장부에 기장하지 않았다는 사정만으로는 업무집행에 관하여 부정행위가 있다고 할 수 없다」고 한다(대 85. 7. 31, 85 마 214(결정)).

3) 검사인의 선임

검사는 그 남용을 방지하기 위하여 청구한 주주가 직접 하는 것이 아니라 법원이 선임한 검사인이 하므로, 법원은 적법한 청구가 있으면 검사인을 선임하여야 한다. 그리고 검사인은 그 조사결과를 법원에 보고하여야 한다(상 467 II). 법원은 검사인의 조사결과에 대한 보고를 받고(상 467 II) 필요하다고 인정된 때에는 대표이사에게 주주총회의 소집을 명할 수 있다(상 467 III).

7. 이익공여의 금지

(1) 서 설

상법은 주주의 권리행사와 관련하여 재산상의 이익을 공여하는 것을 금지하는 규정을 두고 있다. 이 제도의 목적은 종래에 대회사의 주주총회에서 회사의 부실경영이나 부정행위 등의 은폐, 분식결산서류의 승인 등을 비롯하여 이사·감사 등의 선임을 둘러싸고 소위 총회꾼들에게 금품 기타의 재산상의 이익을 공여하여 온 부조리를 제거하여 회사의 이익을 보호하고, 주주의 정당한 권리행사의 방해요인을 제거하여 주주총회의 운영을 정상화시키는 데 있다.

'총회꾼 수사' 확대
日 경제계 초긴장 상태

22일 「총회꾼」에게 불법적인 돈을 주었다는 혐의로 일본의 거대기업 미쓰비시(三菱)자동차 간부들이 전격 체포되자 일본 경제계는 커다란 충격을 받고있다. 각 기업들은 그동안 관행처럼 계속돼 온 불법적인 「총회꾼 대책」에 대해 사법당국이「발본색원(拔本塞源)」의 의지를 천명한 것으로 받아들이며 초긴장상태에 빠지고 있다.

그렇지 않아도 올초부터 총회꾼에게의 불법적인 이익공여가 연이어 적발돼 기업으로서는 불안한 나날의 연속이었다. 3월 아지노모도(味素)사가 처음 적발된 이후 노무라(野村)증권 사건이 이어졌으며 20일에는 중견 백화점 마쓰사카야(松坂屋)도 같은 이유로 적발됐다. 일련의 사건으로 구속된 각사의 간부는 23일 현재 모두 48명. 노무라 사건과 관련해서는 소위 4대증권사의 최고경영자가 모두 구속되거나 교체되는 등 지각변동이 일어났다.

노무라증권 사건이 터지자 일본 기업들은 자숙의 자세를 보여왔다. 총회꾼과의 결별을 선언하며 총회꾼이 발행하는 인쇄물의 정기구독을 중단하는등 실질적인 조치도 취했다. 그러나 이번「미쓰비시 사건」은 기업들이 이같은 구습과의 단절을 선언하는 과정에서 또다시 터진 것이어서 그만큼 파장이 큰 것이다. 또한 총회꾼 대책에 관한 사정(査正)이 증권계뿐만 아니라 모든 기업에 확대되는 것을 의미하는 것이어서 충격도 크다.

현재 일본에는 700여명의 총회꾼이 활동하고 있는 것으로 알려지고 있다. 82년부터 총회꾼에게의 이익공여를 처벌해왔기 때문에 그전보다는 대폭 줄어든 숫자이다. 하지만 폭력단과 우익단체와 손을 잡는등 총회꾼의 수법은 더욱 전문화 악질화하고 있다. 총회꾼들은 기업들이 돈을 주지않으면 약점을 폭로하거나 폭언을 하며 총회를 방해한다. 약점이 없더라도 「시끄러우면」 기업운영에 타격을 받는 일본의 기업풍토상 기업은 총회꾼들의 「봉」일 수밖에 없다. 이때문에 경제계 내에서는 「총회꾼 대책」에 대한 사법당국의 수사확대가 이처럼 잘못된 기업풍토를 바로잡을 수 있는 계기가 될 수 있다며 긍정적으로 받아들이는 분위기도 엿보인다.

• 도쿄=김철훈특파원

한국일보 1997年 10月24日

(2) 이익공여의 당사자

1) 회사는 누구에게든지 주주의 권리행사와 관련하여 재산상의 이익을 공여할 수 없다(상의 467 2 I). 그러므로 회사 이외의 자인 이사나 사용인 등이 자기의 계산으로 이익을 공여하는 것은 여기에 포함되지 않는다. 회사의 이익공여인가의 판단은 형식적인 명의보다 실질적으로 회사의 계산으로 하였는가에 따라 결정된다.

2) 이익공여의 상대방에는 제한이 없다. 그러므로 그 회사의 주주뿐만 아니라 주주와 특별한 관계에 있는 자(친족, 자회사 등)나 주주가 지정한 자로서 주주에 대하여 영향력이 있는 자를 포함한다.

(3) 재산상의 이익공여

1) 재산상의 이익이란 금전 기타의 경제적 이익으로서 금전과 물건의 제공뿐만 아니라 서비스나 정보의 제공 및 회사에 대한 채무의 면제, 신용의 공여도 포함된다. 또한 대가의 유무는 문제가 되지 않는다.

2) 회사의 이익공여는 주주의 권리행사와 관련이 있는 경우에 금지된다. 이 경우에 주주의 권리는 모든 주주권으로서 자익권과 공익권을 모두 포함한다. 그러나 주주이지만 그 주주자격과 관계가 없는 제 3 자적 권리의 행사는 제외된다. 주주의 권리행사와 관련하여라는 것은 주주의 권리행사에 영향을 주는 것을 의미한다. 권리행사는 주주권의 적극적인 행사뿐만 아니라 소극적인 불행사의 경우를 포함한다.

(4) 이익공여의 추정

1) 상법은 특히 회사가 특정한 주주에 대하여 무상으로 재산상의 이익을 공여한 경우와 이익공여가 유상이라도 회사가 얻은 이익이 공여한 이익에 비하여 현저하게 적은 경우에는 주주의 권리행사와 관련하여 공여한 것으로 추정한다고 규정하고 있다(상 467의 2 II). 이러한 법률상의 추정은 이익공여의 상대방이 그 이익을 받을 당시에 그 회사의 주주인 경우에 인정된다.

2) 이러한 추정에 의하여 주주의 권리행사와 관련한 이익의 공여라는 점에 대한 입증책임이 전환되어 이사에 대한 손해배상청구나 이익의 공여를 받는 주주에 대한 반환청구가 용이하게 된다. 주주 이외의 자에게 이익을 무상으로 공여한 때에는 법률상의 추정은 인정되지 않으므로 그 책임을 추궁하는 자가 주주의 권리행사와 관련된 이익공여라는 것을 입증하여야 한다.

(5) 금지위반의 효과

1) 이익의 반환의무

회사가 이익공여금지에 위반하여 재산상의 이익을 공여한 때에는 그 이익을 공여받은 자는 그것을 회사에 반환하여야 한다(상 467의 2 Ⅲ 1문). 이러한 상대방의 반환의무는 부당이득의 특칙으로서 이 규정의 취지는 이익공여 전의 상태로 원상회복을 도모하는 데 있다. 이익공여가 위법인 경우에 상대방이 회사에 대하여 대가를 지급한 때에는 회사는 그 대가를 반환하여야 한다(상 467의 2 Ⅲ 2문). 이러한 회사의 반환의무는 형평의 원칙에 의한 법정의무로서 상대방의 반환의무와는 동시이행의 관계에 있다고 본다.

2) 이사·감사의 손해배상책임

이사가 이익공여금지규정에 위반하여 이익을 공여한 때에는 법령의 위반으로서 이사는 회사에 대하여 손해배상책임을 진다(상 399 Ⅰ). 이익공여가 이사회의 결의에 의한 때에는 그 결의에 찬성한 이사도 같다(상 399 Ⅱ). 이익공여가 이사회의 결의에 의한 것이 아니라도 다른 이사들이 금지된 이익공여에 대하여 감시의무를 해태한 때에는 손해배상책임을 져야 할 것이다(상 399 Ⅰ, 382 Ⅱ; 민 681). 감사가 이사의 이익공여에 대하여 그 임무를 해태한 때에는 회사에 대하여 손해배상책임을 진다(상 414 Ⅰ).

3) 벌 칙

주식회사의 이사, 집행임원, 감사위원회 위원, 감사나 제386조 2항, 제407조 1항 또는 제415조의 직무대행자·지배인 기타 사용인이 주주의 권리행사와 관련하여 회사의 계산으로 재산상의 이익을 공여한 때에는 1년 이하의 징역 또는 3백만원 이하의 벌금에 처하며(상 634의 2 Ⅰ), 이익을 수수하거나 제 3 자에게 이를 공여하게 한 자도 동일한 형사책임을 진다(상 634의 2 Ⅱ).

제 8 장 기업의 구조변경

1. 정관의 변경

(1) 서 설

1) 정관변경의 의의

회사의 정관은 경제사정이나 회사의 내부사정에 따라 변경의 필요성이 생기므로 상법은 그 변경을 인정한다. 정관의 변경이란 회사의 조직과 활동에 관한 근본규칙인 실질적 의의의 정관을 변경하는 것을 말한다. 정관의 변경이라 할 때에는 현존하는 규정의 삭제·변경뿐만 아니라 새로운 규정의 추가를 비롯하여 내용의 변경인 자구의 정정 및 구두점의 변경도 포함한다.

외국인 M&A시도 대비 상장사 정관고치기 분주

스톡옵션제등 도입 '우호지분'증대 노려

상장회사들이 외국인의 적대적 인수합병(M&A)에 대비, 경영권 방어전략의 근거를 정관에 서둘러 마련하고 있다.

세원중공업은 27일 열리는 정기 주주총회에서 임직원들에게 주식매입선택권(스톡옵션)을 부여할 수 있는 조항을 정관에 신설한다.

일정기간 내에 정해진 가격으로 자기회사 주식을 살 수 있는 권리를 보너스 형태로 주는 스톡옵션제는 우호지분을 늘릴 수 있어 간접적인 M&A 방어수단으로 꼽힌다.

세원중공업의 계열사인 세원화성도 스톡옵션제를 도입한다.

지난해 초 경영권 분쟁에서 막다른 골목까지 몰렸던 한화종금이 발행했던 사모(私募)전환사채(CB)와 신주인수권부사채(BW) 등 주식관련 사채도 유효한 방어전략이다.

세원화성이 27일 주총에서 정관에 CB와 BW 발행근거를 신설키로 한 것을 비롯, 대구종금 한솔종금 영남종금도 임시주총을 열어 발행근거를 새로 만들거나 한도를 늘릴 방침이다.

삼양종금은 2일 이미 각각 5백억원으로 돼 있는 CB와 BW 발행한도를 1천억원씩으로 늘렸다.

사모 방식으로 발행돼 기존 최대주주의 우호세력의 손에 들어간 주식관련 사채는 M&A가 본격화하면 주식으로 바꿀 수 있어 경영권을 지키는 방패가 된다.

한길종금 LG종금 ㈜대동 등은 금융기관 '자사주펀드'에 가입, 경영권 안정을 꾀하고 있으며 합판제조업체인 이건산업은 임시주총을 열어 대주주의 지분 추가 취득을 승인했다. <정경준기자>

동아일보 1998년 2월 9일 월요일

2) 정관변경의 범위

정관변경의 범위에는 특별한 제한이 없다. 그러므로 선량한 풍속 기타 사회질서 및 강행법규에 반하지 않으며 주식회사의 본질(유한책임·주주평등의 원칙·자본에 관한 3원칙)에 위배되지 않고 주주의 고유권을 침해하지 않는 범위 내에서는 어떠한 사항이라도 변경할 수 있다.

(2) 정관변경의 절차

1) 주주총회의 결의

정관의 변경은 주주총회의 특별결의에 의하여야 한다(상 433 I, 434), 즉 정관변경의 결의는 출석한 주주의 의결권의 3분의 2 이상의 수와 발행주식총수의 3분의 1 이상의 수로써 하여야 한다. 이러한 결의요건은 정관으로 완화할 수는 없으나 가중은 가능하다고 본다. 정관변경을 위한 총회소집의 통지와 공고에는 의안의 요령을 기재하여야 한다(상 433 II). 즉 정관변경의 내용을 구체적으로 표시하여야 한다(상호변경의 경우에는 신상호, 목적변경의 경우에는 추가 또는 삭제되는 업종, 이사의 보수를 변경하는 경우는 그 액). 그러므로 단순히 「정관변경의 건」 또는 「정관 제○조 변경의 건」이라고만 기재한 때에는 결의취소의 소의 원인이 된다.

2) 종류주주총회

회사가 종류의 주식을 발행하고 있는 경우에 정관변경이 어느 종류의 주주에게 손해를 미치게 될 때에는 주주총회의 결의 외에 그 종류의 주주총회의 결의가 있어야 한다(상 435 I). 그러므로 종류주주총회의 결의가 없거나 성립되지 않은 때에는 정관변경은 무효라고 할 수 있다.

> 판례는 「상법 제435조 제 1 항은 "회사가 수종의 주식을 발행한 경우에 정관을 변경함으로써 어느 종류의 주주에게 손해를 미치게 될 때에는 주주총회의 결의 외에 그 종류의 주주의 총회의 결의가 있어야 한다"고 규정하고 있는바, 위 규정의 취지는 주식회사가 보통주 이외의 수종의 주식을 발행하고 있는 경우에 보통주를 가진 다수의 주주들이 일방적으로 어느 종류의 주식을 가진 소수주주들에게 손해를 미치는 내용으로 정관을 변경할 수 있게 할 경우에 그 종류의 주식을 가진 소수주주들이 부당한 불이익을 받게 되는 결과를 방지하기 위한 것이므로, 여기서의 '어느 종류의 주주에게 손해를 미치게 될 때'라 함에는, 어느 종류의 주주에게 직접적으로 불이익을 가져오는 경우는 물론이고, 외견상 형식적으로는 평등한 것이라고 하더라도 실질적으로는 불이익한 결과를 가져오는 경우도 포함되며, 나아가 어느 종류의 주주의 지위가 정관의 변경에 따라 유리한 면이 있으면서 불이익한 면을 수반하는 경우도 이에 해당된다」고 하면서 「상법 제435조

제 1 항의 문언에 비추어 보면, 어느 종류 주주에게 손해를 미치는 내용으로 정관을 변경함에 있어서 그 정관변경에 관한 주주총회의 결의 외에 추가로 요구되는 종류주주총회의 결의는 정관변경이라는 법률효과가 발생하기 위한 하나의 특별요건이라고 할 것이므로, 그와 같은 내용의 정관변경에 관하여 종류주주총회의 결의가 아직 이루어지지 않았다면 그러한 정관변경의 효력이 아직 발생하지 않는 데에 그칠 뿐이고, 그러한 정관변경을 결의한 주주총회결의 자체의 효력에는 아무런 하자가 없다고 할 것이다」고 하였다(대 2006. 1. 27, 2004 다 44575, 44582).

(3) 정관변경의 효력

1) 정관변경의 효력은 주주총회의 결의와 동시에 발생하며 원시정관의 경우와 달리 공증인의 인증은 필요 없다. 그러므로 정관변경의 결의에 따르는 정관서면의 경정은 사후적 절차에 불과하므로 정관변경의 효력발생을 위한 요건이 아니다(대 78. 12. 26, 78 누 167). 정관변경의 결의가 조건부인 때에는 조건의 성취 또는 기한의 도래에 의하여 정관변경의 효력이 생긴다.

2) 정관변경은 등기사항이 아니지만 정관변경의 결과 등기사항에 변경이 생긴 때에는 본점소재지에서는 2주간 내, 지점소재지에서는 3주간 내에 변경등기를 하여야 한다(상 317 Ⅲ, 183).

(4) 발행예정주식총수의 변경

발행예정주식총수는 정관변경의 절차에 따라 그 증가뿐만 아니라 감소도 가능하다.

1) 증 가

회사는 발행예정주식총수 중에 미발행주식이 남아 있어도 발행예정주식총수를 변경할 수 있다.

2) 감 소

발행예정주식총수의 증가는 주주의 보호를 위하여 제한하고 있는 것이지만 그 감소는 자유로이 정관변경으로 가능하다. 그러나 회사가 발행한 주식총수 이하로 감소시키지는 못한다. 감소의 경우에도 회사는 변경등기를 하여야 한다(상 317 Ⅱ (1)·Ⅲ, 183).

(5) 주금액의 변경

주금액의 변경과 관련하여 1주의 금액은 정관의 절대적 기재사항이기 때문에(상 289 Ⅰ (4)) 그 변경에는 정관의 변경이 필요하다.

1) 인　　상

주금액의 인상은 주주에게 추가출자를 요구하게 되므로 이는 주주유한책임의 원칙에 반한다고 할 수 있다. 그러므로 주금액의 인상은 총주주의 동의로써만 인정된다고 본다. 주금액의 인상은 추가출자를 요할 때에는 출자의무의 이행절차가 종료한 때에, 추가출자가 없이 주금액을 인상하는 경우에는 주식병합의 절차가 종료한 때에 정관변경의 효력이 생긴다(상 440, 441).

2) 인　　하

주금액의 인하는 첫째로 주식의 분할에 의하여 가능하다(예컨대 1주의 액면이 10,000원인

분기배당 30개社
중간배당 17개社
주식소각 14개社

'주주중시' 정관변경 바람

올해부터 도입되는 분기배당제를 위해 정관을 변경하는 상장사가 30개사에 이르는 것으로 나타났다. 분기배당제란 매년 3·6·9·12월 최대 4번까지 배당을 할 수 있게 하는 제도로, 지난해 11월 증권거래법이 개정돼 올해부터 도입됐다.

17일 증권거래소에 따르면 12월 결산법인 중 분기배당제 실시를 위해 정관을 변경했거나 변경할 예정인 상장사는 한창 새한미디어 청호컴넷 등 30개사에 이르는 것으로 파악됐다. 또 중간배당을 실시할 수 있도록 정관을 변경했거나 변경할 예정인 상장사가 동국제강 등 17개사, 주식소각제도를 도입했거나 도입할 예정인 상장사가 기아특수강 등 14개사로 나타났다.

● 분기·중간배당 도입회사

구분	업체명
분기배당	한창, 새한미디어, SIMPAC, 세림제지, 대교, 코오롱건설, INI스틸, CJ, 금강고려화학, WOSCOM, 현대자동차, 동양기전, 청호전자통신, 퍼시스, 현대모비스, 청호컴넷, 대호에이엘, 중외제약, 기아자동차, 신성이엔지, 한진해운, 서울도시가스, 신흥, 금호석유화학, S-Oil, 현대미포조선, 현대중공업, 다우기술, 동원금융지주, 미래와사람
중간배당	고제, KG케미칼, 회성전전, 대원제약, 연합철강공업, SK텔레콤, 태평양, 무학주정, 태양금속공업, 금호전기, 케이아이씨, 동국제강, 한일시멘트, 한일건설, 삼광유리공업, 한라공조, 동양제철화학

거래소는 "최근 주주중시경영의 중요성이 강조됨에 따라 주주에게 고액 배당을 하거나 주식 소각으로 주가 안정성을 꾀하려는 기업이 늘고 있는 추세"라고 분석했다. 단 주식소각제도 도입회사 수가 전년(39개사)에 비해 감소한 것은 주식소각이 가능한 기업은 이미 대부분 도입을 완료했기 때문이라고 설명했다.

한편 올해 주주총회에서 상호 변경을 결의했거나 결의할 예정인 상장사는 지난해 8개사에서 16개사로 크게 늘었으며, 액면분할을 결의하거나 결의할 예정인 상장사도 지난해 6개사에서 7개사로 증가했다. 반면 주식매수선택권제(스톡옵션)를 채택했거나 채택할 예정인 상장사는 지난해보다 11개사가 줄어 4개사에 그쳤다. /최진주기자

한국일보 2004년 3월 18일 목요일

(주식을 2주로 분할하여 액면을 5,000원으로 하는 것이다). 주식의 분할은 특별히 주주나 회사채권의 이익을 해하지 않으므로 그 결정은 이사회의 결의로 가능하지만 1주의 금액은 정관의 절대적 기재사항이므로(상 289 I (4)) 정관의 변경을 위하여 주주총회의 특별결의가 필요하다(상 329의2 I). 분할 후의 1주의 금액은 100원 미만으로 하지 못한다(동조 II). 그러나 단순히 액면만을 인하하는 경우에는 회사의 자본금이 그만큼 감소하므로 자본금감소의 절차를 밟아야 한다.

2. 자본금의 감소

(1) 서 설

1) 회사의 자본금을 일정한 방법에 의하여 감소시키는 것을 자본금의 감소라 한다. 상법에 의하면 설립 후의 회사의 자본금은 정관의 기재사항이 아니므로 정관을 변경할 필요가 없다. 실질적인 자본금감소는 법률상의 자본금감소와 더불어 실질적으로 회사의 자본금을 감소하는 것으로 감소액을 실제로 주주에게 반환하는 경우를 말한다(과잉재산의 반환, 영업규모의 축소, 합병의 경우에 당사회사의 자산상태의 조정 등을 위하여 실행된다). 명의상의 자본금감소는 주주에게 현실로 반환하는 것이 없이 계산상으로만 자본금을 감소하는 것이다.

2) 자본금의 감소는 주주와 회사채권자에게 중대한 영향을 미치는 사항이므로 일정한 절차에 의해서만 가능하다. 그러나 파산회사나 청산회사의 경우에도 그 목적에 반하지 않는 한 자본금의 감소를 할 수 있다고 본다.

(2) 자본금감소의 방법

1) 주금액의 감소

(가) 자본금의 감소는 정관을 변경하여 1주의 금액을 낮게 정하는 방법으로 할 수 있다. 그러나 주금액은 최저액이 법정되어 있기 때문에(상 329의2 II)

이 방법은 주금액이 100원 이상인 경우에만 가능하다.

(나) 이러한 주금액의 감소에 의한 자본금감소의 경우는 주식의 수에는 변동이 생기지 않는 점이 주식의 소각과 병합에 의한 자본금감소의 경우와 다르다. 그 방법은 주주가 이미 납입한 주금액의 일부를 각 주주에게 반환하고 나머지 잔액을 새로운 주금액으로 하는 것으로서 실질적인 자본금감소의 전형적인 방법이고, 주금액 중 주주가 이미 납입한 부분의 일부를 주주의 손실에서 주금액으로부터 감액하여 나머지 납입액을 주금액으로 하는 것이다(예컨대 1만원 중에서 3천원을 제하고 7천원을 주금액으로 한다). 이것은 명의상의 자본금감소의 방법으로 이용된다.

2) 주식수의 감소

(가) 주식의 소각

(a) 의 의 　주식의 소각이란 회사가 일정한 주식을 절대적으로 소멸시키는 행위를 말한다. 주식의 소각은 당해 주식의 사원권이 전부 절대적으로 소멸된다는 점에서 사원권이 소멸됨이 없이 그 내용이 변경되는 데 불과한 주금액의 감소나 주식의 병합과 다르다. 또한 주식의 소각은 주주의 소유주식 중의 일부만이 소멸되는 점에서 회사가 발행한 모든 주식의 내용이 변경되는 주금액의 감소나 주식의 병합과 차이가 있다.

(b) 소각의 태양 　주주의 의사와 관계 없이 주식을 소멸시키는 경우를 강제소각이라 하고, 회사가 주주의 동의로써 특정한 주식을 양수하여 소멸시키는 경우를 임의소각이라고 하며, 대가를 지급하는가 않는가에 따라 유상소각과 무상소각으로 구분된다.

(c) 소각과 주주평등의 원칙 　주식을 소각하는 방법으로 자본금감소를 하는 때에는 주주평등의 원칙에 따라서 하여야 한다.

aa) 강제소각을 하는 경우에는 소각될 주식은 안분비례나 추첨에 의하여 정하게 되는데 전자는 주주평등의 원칙에 의하여 하는 것이지만, 후자의 경우에는 기회는 평등하게 주어지나 그 결과는 불평등하게 나타난다. 이는 부득이한 결과로서 일반적으로 추첨에 의한 강제소각은 인정된다고 할 것이다.

bb) 주식을 임의소각하는 경우에도 주주평등의 원칙이 준수되어야 한다. 즉 소각의 조건이 확정된 때에는 추첨에 의하여, 그 조건이 확정되지 않은 때에는 경쟁입찰의 방법에 의하여 주주들에게 평등한 기회가 주어져야 할 것이다. 그러나 주주평등원칙의 위반은 불이익을 받는 주주의 동의가 있으면 치유된다고 본다.

㈏ 주식의 병합

(a) 주식의 병합은 수개의 주식을 합하여 그보다 적은 수의 주식으로 바꾸는 회사의 행위를 말한다(예컨대 5,000원주 2주를 병합하여 5,000원주 1주로 하는 경우이다). 이 경우에 회사는 1월 이상의 기간을 정하여 그 뜻과 그 기간 내에 주권을 회사에 제출할 것을 공고하고 주주명부에 기재된 주주와 질권자에 대하여는 각별로 그 통지를 하여야 한다(상 440).

(b) 병합에 적당하지 아니한 수의 주식이 있는 때에는 그 병합에 적당하지 아니한 부분에 대하여 발행한 신주를 경매하여 각 주수에 따라 그 대금을 종전의 주주에게 지급하여야 한다(상 443 I 본). 그러나 거래소의 시세 있는 주식은 거래소를 통하여 매각하고, 거래소의 시세 없는 주식은 법원의 허가를 받아 경매 외의 방법으로 매각할 수 있다(상 443 I 단). 자본금의 감소는 주금액 및 주식수의 감소를 병용하는 방법으로도 할 수 있다.

(3) 자본금감소의 절차

자본금의 감소는 주주의 지위를 소멸시키거나 약화시키는 결과를 가져오고, 회사채권자에게는 담보재산이 감소되는 결과를 초래하므로 주주와 회사채권자의 보호를 위한 절차가 필요하다.

1) 주주총회의 특별결의

자본금감소는 주주의 이해관계에 중대한 영향을 미치므로 정관변경의 경우와 마찬가지로 주주총회의 특별결의가 있어야 한다(상 438 I, 434). 이 결의에서는 자본금감소의 방법도 정하여야 한다(상 439 Ⅰ). 금액을 감소시키는 방법으로 자본금감소를 할 때에는 자본금감소의 결의 외에 정관변경의 결의도 필요하지만 양 결의는 동시에 하여도 될 것이다. 그리고 자본금감소를 위한 총회소집의 통지와 공고에는 의안의 요령을 기재하여야 한다(상 438 Ⅲ). 그러나 결손의 전보를 위한 자본금의 감소는 주주총회의 보통결의(상 368 Ⅰ)에 의한다(상 438 Ⅱ).

2) 종류주주총회의 결의

회사가 종류의 주식을 발행하고 있는 경우에(상 344) 어느 종류의 주주에게 손해를 미치게 될 때에는 주주총회의 결의 외에 그 종류주주총회의 결의가 있어야 한다(상 435).

3) 채권자보호절차

(가) 자본금감소는 채권자를 위한 담보액이 감소되는 결과를 초래하므로 회사는 자본금감소의 결의일로부터 2주간 내에 회사채권자에 대하여 자본금감소에 이의가 있으면 일정한 기간(2월 이상) 내에 이의를 제출할 것을 공고하고, 알고 있는 채권자에 대하여는 각별로 최고하여야 한다(상 439 Ⅱ, 232 Ⅰ). 사채권자가 이의를 함에는 사채권자집회의 결의가 있어야 한다(상 439 Ⅲ).

> **자본감소에 따른 채권자 이의 및 주권제출공고**
>
> 당 회사는 2012년 2월 15일 임시주주총회에서 자본의 총액 금 100,000,000원 중 금 36,000,000원을 감소하여 금 64,000,000원으로 감소하기로 하였습니다. 그 방법으로 발행주식총수 20,000주 중 7,200주를 본 회사가 주주와의 매매계약에 의하여 1주당 금 5,000원으로 유상매입하여 임의소각하고, 발행주식 총수를 12,800주로 감소하기로 결의하였으므로 이에 공고하오니 본 자본감소에 참여하는 주주께서는 구주권을 이 공고게재 익일부터 1월 이내에 회사에 제출하시고, 자본감소에 이의가 있는 채권자는 이 공고게재 익일부터 1월이내에 당사에 이의를 제출하여 주시기 바랍니다.
>
> 2012년 2월 17일
>
> **주식회사 신성일렉스**
> 경기도 안산시 단원구 원시동 785-6
> 대 표 이 사 주 영 철

(나) 이의제출기간 내에 이의를 제출하지 않은 자는 자본금감소를 승인한 것으로 보며, 이의를 제출한 채권자에게는 변제하거나 또는 상당한 담보를 제공하거나 이를 목적으로 하여 상당한 재산을 신탁회사에 신탁하여야 한다(상 439 Ⅱ, 232 Ⅱ·Ⅲ). 이러한 절차를 이행하지 않은 때에는 이의제출채권자는 자본금감소무효의 소를 제기할 수 있다.

(다) 결손의 전보를 위한 자본금감소의 경우에는 채권자보호절차(상 232)는 필요가 없다(상 439 Ⅱ).

(4) 자본금감소의 효력발생

1) 발생시기

자본금감소의 효력은 병합·강제소각의 경우에는 채권자보호절차(상 439 Ⅱ, 232)가 종료하고 공고 또는 통지에서 정한 주권제출기간이 만료한 때에, 임의소각의 경우에는 회사가 소각을 위하여 취득한 주식을 소멸시킨 때에 생긴다(상 440, 441, 341, 342, 343 Ⅱ). 주금액감소의 경우에 관하여는 특별한 규정이 존재하지 않으나 회사의 의사표시가 모든 주주에게 도달한 때(상 304 Ⅱ 참조)에 자본금감소의 효력이 생긴다.

2) 등 기

자본금이 감소하면 등기사항에 변경(발행주식총수의 감소 또는 주금액의 감소)이 생기므로 자본금감소의 효력이 생긴 때로부터 본점소재지에서는 2주간 내, 지점소재지에서는 3주간 내에 변경등기를 하여야 한다(상 317 Ⅲ, 183).

(5) 자본금감소의 효과

자본금감소에 의하여 회사가 발생한 주식수가 감소한 경우에도 회사의 발행예정주식총수는 감소하지 않으나 소멸된 주식수만큼 주식을 재발행하지 못한다고 한다.

(6) 자본금감소의 무효

1) 서 설

자본금감소는 주주 및 채권자 등 이해관계인에게 중대한 영향을 미치게 되므로 그 내용이나 절차에 하자가 있는 경우에는 당연히 무효가 되어야 할 것이지만, 상법은 법률관계의 안정과 자본금감소의 효력의 획일적인 처리를 위하여 자본금감소의 무효는 소만으로 주장할 수 있도록 하고 제소권자와 제소기간을 제한하고 있으며 판결의 대세적 효력과 소급효를 인정하고 있다.

2) 무효의 원인

자본금감소는 그 내용 또는 절차에 하자가 있는 때에 무효가 된다. 예컨대 i) 자본금감소에 관한 주주총회의 결의가 없었다든가, 그 결의의 내용 및 절차에 하자가 있는 경우, ii) 채권자보호절차를 밟지 않은 경우, iii) 자본금감소의 방법이 주주평등의 원칙에 반하는 경우, iv) 이의제출채권자를 위한 조치를 취하지 않은 경우, v) 종류주주총회를 개최하지 않은 경우 등에 그러하다.

3) 자본금감소 무효의 소

(가) 제소권자

자본금감소 무효의 소는 주주·이사·감사·청산인·파산관재인 또는 자본금감소를 승인하지 아니한 이의채권자에 한하여 제기할 수 있다(상 445). 주주에는 자본금감소에 의하여 소유주식의 전부가 소각되어 주주의 지위를 상실한 자도 포함한다. 자본금감소를 승인하지 아니한 이의채권자도 제소권이 있으나 회사가 변제하였거나 상당한 담보를 제공 또는 상당한 재산을 신탁한 때에는 제소권이 없다. 또한 이의제출기간이 경과한 후에 채권자가 된 자도 같다. 채권자는 채권자보호절차의 흠결이 있는 때에만 이를 이유로 무효의 소를 제기할 수 있을 뿐이다.

(나) 제소기간

자본금감소 무효의 소는 자본금감소로 인한 변경등기가 있은 날로부터 6월 내에만 제기할 수 있다(상 445). 소를 제기할 수 있는 시기는 자본금감소의 효력이 발생한 때이며 변경등기가 있는 때가 아니다.

(다) 판결의 효과

판결의 확정에 의하여 자본금감소는 무효가 된다. 판결의 효과는 제 3 자에게도 미치는 대세적 효력이 있다(상 446, 190 본). 판결의 소급효는 인정되지 않는다. 자본금감소 무효의 판결이 확정된 때에는 본점과 지점의 소재지에서 등기를 하여야 한다(상 446, 192). 원고가 패소한 때에는 악의 또는 중대한 과실이 있는 경우에 회사에 대하여 연대하여 손해배상책임이 있다(상 446, 191).

3. 조직변경

(1) 서 설

1) 합리적인 기업형태의 선택은 영리목적의 달성을 위하여 중요한 문제가 아닐 수 없다. 그리고 기업 내부의 사정변화나 기업 외부의 경제적 환경의 변화, 법률의 개정 등이 있는 때에는 기업형태의 변경이 필요하게 된다. 이를 위한 제도가 회사의 조직변경제도이다. 조직변경(組織變更)이란 회사가 그 인격의 동일성을 유지하면서 조직을 변경하여 다른 종류의 회사가 되는 것을 말한다.

2) 회사의 조직변경은 그 성격이 유사한 인적회사간(합명회사·합자회사)과 물적회사간(주식회사·유한회사)에만 가능하며[대 85.11.12, 85 누 69], 인적회사와 물적회사간에는 인정되지 않는다(상 242, 286, 604, 607). 이와 같은 제한은 인적회사와 물적회사는 그 사원의 책임과 회사의 조직이 전혀 다르기 때문에 조직변경을 허용하는 경우에는 복잡한 절차가 필요할 것이므로 이로 인해 생길 수 있는 번잡을 피하기 위한 것이다.

(2) 각종 회사의 조직변경

1) 주식회사 → 유한회사

(가) 주식회사를 유한회사로 조직을 변경하려면 총주주의 일치에 의한 주주총회의 결의가 있어야 한다(상 604 I). 그 이유는 주식회사를 유한회사로 그 조직을 변경함으로써 지분의 양도제한(상 556 I)을 비롯한 중요한 법적 지위에 변경이 생기고 추가출자의무(상 550)를 지는 경우도 있기 때문이다. 또한 총회의 결의에서는 정관 기타 조직변경에 필요한 사항도 정하여야 한다(상 604 Ⅲ). 그리고 채권자보호를 위한 절차를 밟아야 하지만(상 608, 232),

이를 위반하더라도 조직변경이 무효가 되지는 않는다. 사채를 발행한 경우는 그 상환이 완료되었어야 한다(상 604 I 단). 이것은 유한회사는 사채를 발행할 수 없기 때문이다.

(나) 조직변경의 경우에 주식회사는 해산등기, 유한회사는 설립등기를 하여야 한다(상 606). 그리하여 조직변경의 효력은 회사의 법률형태가 변경되므로 회사설립의 경우에 준하여 변경 후의 회사가 설립등기를 한 때에 생긴다고 본다. 회사는 조직변경 후에도 권리·의무의 주체로서 동일성이 유지되므로 권리·의무의 이전이 생기지 않는다. 종래의 주식을 목적으로 하는 질권은 유한회사의 지분 또는 금전에 존재하게 된다(상 604 Ⅳ, 601 I, 399). 조직변경의 무효에 대하여는 설립무효의 소(상 328)에 관한 규정을 유추적용하여야 된다는 것이 통설이다.

조직변경공고

본 회사는 1997년 10월 13일 임시주주총회에서 주주 전원일치에 의하여 유한회사로 조직을 변경(변경된 상호: 애경소재유한회사)하기로 결의 하였으므로, 이 조직 변경에 이의가 있는 채권자는 이 공고 게재일로부터 2개월이내에 본 회사에 이의를 제출하시기 바랍니다.

1997년 10월 16일
서울시 구로구 구로동 82
애 경 소 재 주 식 회 사
대표이사 주 상 길

2) 유한회사 → 주식회사

유한회사를 주식회사로 조직을 변경하려면 총사원의 일치에 의한 사원총회의 결의가 있어야 하지만(상 607 I), 정관으로는 그 결의를 상법 제585조의 사원총회의 결의로 할 수 있다(동조 I 단). 그리고 채권자보호를 위한 절차를 밟아야 한다(상 608, 232). 그리고 법원의 인가가 있어야 한다(상 607 Ⅲ). 조직변경에 의하여 발행하는 주식의 발행가액의 총액은 회사에 현존하는 순재산액을 초과하지 못한다(상 607 Ⅱ). 조직변경의 효력은 설립등기를 한 때에 생긴다. 회사는 조직변경 후에도 인격의 동일성이 유지되므로 권리·의무의 이전이 생기지 않는다. 조직변경의 무효에 대하여는 설립무효의 소(상 328)에 관한 규정이 유추적용된다고 본다.

3) 주식회사 ⇄ 유한책임회사

주식회사는 주주총회에서 총주주의 동의에 의한 결의로 그 조직을 변경하여 유한책임회사로 할 수 있다(상 287의 43 Ⅰ). 또한 유한책임회사는 총사원의 동의에 의하여 주식회사로 변경할 수 있다(동조 Ⅱ). 유한책임회사의 조직의 변경에 관하여는 상법 제232조 및 제604조부터 제607조까지의 규정을 준용한다(상 287의 44).

4. 회사의 합병

(1) 서 설

1) 필 요 성

회사의 합병은 당사회사의 일부 또는 전부가 경제적으로나 법률적으로 독립성을 잃고 합체가 되어 단일회사가 되는 가장 완전한 기업합동형태이다. 합병의 경제적 목적은 경쟁력의 강화를 위한 기업규모의 확장, 영업비의 절약 등을 위한 경영합리화, 경영이 부진한 회사의 정리, 경쟁의 회피, 원료공급원의 확보, 시장의 확대 등을 들 수 있다.

2) 의 의

회사의 합병이란 법정된 절차에 따라서 하는 회사간의 행위로서 당사자인 회사의 일부 또는 전부가 해산하고, 그 재산이 포괄적으로 존속회사 또는 신설회사에 이전됨과 동시에 그 사원이 존속회사 또는 신설회사의 사원이 되는 효과를 가져오는 것을 말한다. 개정상법(2012)에 의하여 존속회사는 소멸회사의 주주에게 합병의 대가로 모회사의 주식을 취득하여 지급할 수 있게 되었다. 즉 삼각합병이 가능하게 되었다.

《합병과 영업양도》

합병과 영업양도는 경제적으로는 동일한 목적(기업의 집중·합동)을 위한 제도이다. 주식회사의 경우 주주총회의 특별결의가 필요하다는 점(상 522 Ⅲ, 374)과 1995년의 개정상법에 의하여 반대주주의 주식매수청구권이 인정된다는 점(상 522의 3, 374의 2)은 같지만, 양자는 다음과 같은 차이가 있다.

기 준	합 병	영 업 양 도
행위의 성질	단체법상의 행위	개인법적 거래행위
당사자	회사	회사·개인상인·비상인(양수인의 경우)
방식	법정절차	특별한 방식 불요
재산의 이전	포괄승계	특정승계
사원의 지위	해산회사 사원의 존속·신설회사로의 수용	불변
사용인의 수용	동의 불요	동의 필요
회사의 존폐	해산회사의 소멸	양도회사의 존속
채무의 이전	당연이전(채권자보호절차)	채무인수에 의한 이전(채권자보호규정)
무효의 주장	소의 방법으로 제한	일반원칙

3) 성 질

합병은 복수의 회사를 단일회사로 하는 회사법상의 행위이며 그 행위의 효과로서 권리·의무의 포괄승계와 사원의 수용을 가져오게 된다. 합병의 성질은 복수의 회사가 사단법상의 특별한 계약에 의하여 합체가 되어 단일회사가 되는 것이라는 인격합일설(人格合一說)이 통설이다. 이에 의하면 해산회사는 합병에 의하여 존속회사 또는 신설회사에 통합되고 그 결과 회사재산이 이전된다고 한다.

(2) 합병의 방법

합병의 방법에는 첫째로 당사회사 중에서 한 회사가 존속하고 다른 회사는 해산하여 그 사원 및 재산이 존속회사에 포괄적으로 승계되는 흡수합병과, 둘째로는 모든 당사회사가 해산하고 새로이 신회사를 설립하여 해산회사의 사원 및 재산을 신회사에 포괄적으로 승계시키는 신설합병이 있다. 그러나 실제에 있어서는 주로 그 절차가 간단하고 비용이 적게 드는 흡수합병의 방법이 이용된다.

(3) 합병의 자유와 제한

1) 회사는 원칙적으로 상법상의 어떠한 종류의 회사와도 합병할 수 있다(상 174 I). 그러므로 합명회사와 주식회사가 합병할 수도 있지만 실제로는 동종의 회사간에 합병을 하며, 특히 주식회사간에 합병하는 것이 보통이다. 또한 목적이 다른 회사와도 합병할 수 있으며, 해산 후의 회사도 존립중의 회사를 존속회사로 하는 경우에는 합병을 할 수 있다(상 174 Ⅲ). 그러나 법원의 해산명령에 의하여 해산한 회사나 설립무효판결 후의 회사, 설립중의 회사나 파산회사는 합병의 당사자가 될 수 없다.

2) 합병의 경우에 당사회사의 일방 또는 쌍방이 주식회사, 유한회사 또는 유한책임회사인 때에는 합병 후 존속하는 회사 또는 합병으로 인하여 설립되는 회사는 주식회사, 유한회사 또는 유한책임회사이어야 한다(상 174 Ⅱ). 사채의 상환을 완료하지 않은 주식회사가 합병의 당사자인 때에는 존속회사나 신설회사를 유한회사로 하지 못한다(상 600 Ⅱ). 이러한 제한은 사채를 부담하는 유한회사의 성립을 예방하기 위한 것이다. 유한회사가 주식회사와 합병하여 존속하는 회사나 신설회사를 주식회사로 하는 때에는 법원의 인가가 있어야 한다(상 600 I).

3) 상장회사는 다른 회사와 합병하고자 하는 경우에는 대통령령으로 정하는 요건, 방법 등의 기준에 따라야 한다(자금 165의 4 (1)).

(4) 합병의 절차

회사의 합병은 당사회사의 사원뿐만 아니라 채권자의 이해관계에 중대한 영향을 미치게 되므로 상법에서는 그 절차에 관하여 엄격히 규정하고 있다. 주식회사에서 합병과 자본금감소가 병행되는 경우에는 양자에 모두 특별결의와 채권자보호절차가 필요하기 때문에 자본금감소절차를 합병절차에 흡수시켜 진행할 수 있다고 본다.

1) 합병계약

합병을 함에는 먼저 당사회사 사이에 합병계약을 체결하여 합병조건·존속회사 또는 신설회사의 정관의 내용 기타 합병에 필요한 사항을 정하여야 한다. 합병계약의 체결은 회사의 대표기관의 권한에 속한다. 합병계약은 다수설에 의하면 주주총회나 유한회사의 사원총회의 결의를 정지조건으로 하는 합병의 예약 또는 본계약이라고 할 수 있고 이 경우에 계약은 단체법상의 채권계약이라고 한다.

2) 합병계약서 등의 공시

주식회사의 경우에 이사는 제522조 1항의 주주총회 회일의 2주간 전부터 합병을 한 날 이후 6월이 경과하는 날까지 각 회사의 동항 각호의 서류를 본점에 비치하여야 한다(상 522의 2 Ⅰ). 주주 및 회사채권자는 영업시간 내에는 언제든지 위 제1항의 서류의 열람을 청구하거나 회사가 정한 비용을 지급하고 그 등본 또는 초본의 교부를 청구할 수 있다(상 522의 2 Ⅱ).

3) 합병의 결의

합병은 당사회사의 사원들에게는 그들의 이해관계에 중대한 영향을 미치므로 합병계약이 체결되면 각 당사회사의 합병결의가 있어야 한다. 주식회사의 경우는 주주총회의 특별결의가 있어야 한다(상 522 Ⅲ). 그리고 합병으로 인하여 어느 종류의 주주에게 손해를 미치게 될 경우에는 그 종류주주총회의 결의도 있어야 한다(상 436).

(가) 간이합병의 경우

흡수합병의 경우에 소멸회사의 총주주의 동의가 있거나 소멸회사의 발행주식총수의 100분의 90 이상을 존속회사가 소유하고 있는 간이합병의 경우에는 소멸회사의 주주총회의 승인을 이사회의 승인으로 갈음할 수 있다(상 527의 2 Ⅰ).

(나) 소규모합병의 경우

(a) 소규모합병의 경우에 합병 후 존속회사가 합병으로 인하여 발행

하는 신주 및 이전하는 자기주식의 총수가 그 회사의 발행예정주식총수의 100분의 10을 초과하지 아니하고, 합병으로 인하여 소멸회사의 주주에게 지급할 금액이 존속하는 회사의 최종대차대조표상으로 현존하는 순자산액의 100분의 5를 초과하지 않는 때에는 존속회사의 주주총회의 승인은 이를 이사회의 승인으로 갈음할 수 있다(상 527의 3 I).

(b) 소규모합병을 하는 경우에 존속회사는 합병한 날로부터 2주 내에 소멸하는 회사의 상호 및 본점의 소재지, 합병을 할 날, 주주총회의 승인을 얻지 않고 합병을 한다는 뜻을 공고하거나 또는 주주에게 통지하여야 한다.

(c) 존속회사의 발행주식총수의 100분의 20 이상에 해당하는 주식을 소유한 주주가 그 공고 또는 통지를 한 날로부터 2주간 내에 회사에 대하여 서면으로 소규모합병에 반대하는 의사를 통지한 때에는 소규모합병의 방법으로 합병을 하지 못한다(상 527의 3 Ⅳ).

㈐ 유한회사의 경우

유한회사의 경우는 사원총회의 특별결의가 있어야 한다(상 598).

4) 결의의 효과

회사의 합병은 합병계약과 합병결의를 필요로 한다. 합병계약이 체결되었더라도 합병결의가 부결되면 정지조건이 성취되지 못하여 합병계약은 효력을 상실한다.

5) 회사채권자의 보호절차

㈎ 필 요 성

복수의 회사가 합병을 하게 되면 회사채권자의 이해관계에 대하여 중대한 영향을 미치게 된다. 예컨대 재산상태가 크게 다른 회사간에 합병을 하는 경우에 재산상태가 양호한 회사의 채권자는 합병으로 인하여 손해를 보게 될 위험이 있으므로 회사의 종류를 가림이 없이 상법은 합병 성립의 요건으로 채권자보호절차를 법정하고 있다(상 232 I, 269, 530 Ⅱ, 603).

(나) **이의제출의 공고·최고**

(a) 합병결의는 회사의 내부절차이므로 회사채권자는 그 내용을 알 수 없기 때문에 합명회사·합자회사·유한회사·유한책임회사는 합병을 결의한 날로부터 2주 내에 채권자에 대하여 이의가 있으면 일정한 기간(1월 이상) 내에 이의를 제출할 것을 공고하고, 또 알고 있는 채권자에 대하여는 각별로 이를 최고하여야 한다(상 232 Ⅰ, 269, 603, 287의 44).

> **합병공고 및 채권자 이의신청 공고**
>
> (주)에스비워터(이하"갑"이라 한다)와 (주)그린솔루션(이하"을"이라 한다)은 상법 제527조의 3(소규모합병) 및 제527조의 2(간이합병)의 절차에 따라 각각 2012년 09월 17일 이사회에서 "갑"이 "을"을 흡수합병하여 그 권리의무를 승계하고 "을"은 해산하기로 결의하였으므로, 이 합병에 이의가 있는 채권자 및 이해관계인은 본 공고게재일 익일부터 1개월 이내에 합병 당사회사에 이의를 제출하여 주시기 바랍니다.
>
> 2012년 9월 18일
>
> (갑) **주식회사 에스비워터**
> 대표이사 이 민 희
> 서울시 강서구 염창동 240-21
> 우림블루나인 비즈니스센터 비동 705호
>
> (을) **주식회사 그린솔루션**
> 대표이사 최 민 준
> 강원도 삼척시 교동 515-1
> 소방방재산업지원센터 306호

(b) 주식회사는 상법 제522조의 주주총회의 승인결의가 있은 날로부터, 간이합병(상 527의 2) 및 소규모합병(상 527의 3)의 경우에는 이사회의 승인결의가 있은 날로부터 2주간 내에 채권자에 대하여 합병에 이유가 있으면 일정기간 내에 이를 제출할 것을 관보로 공고하고, 또 알고 있는 채권자에 대하여는 각별로 이를 최고하여야 한다. 그러나 주식회사의 경우는 관보 외에 정관에서 정하는 방법으로 공고를 한 때에는 그 최고를 하지 아니할 수 있다(상 527의 5 Ⅰ).

(다) **이의에 대한 조치**

이의제출기간 내에 이의를 제출하지 않은 채권자는 합병을 승인한 것으로 보며, 이의를 제출한 채권자에게는 변제하든가 상당한 담보를 제공하거나 이를 목적으로 하여 상당한 재산을 신탁회사에 신탁하여야 한다(상 232 Ⅱ·Ⅲ, 269, 603). 그러나 주식회사의 경우는 이러한 절차에 관한 규정이 적용되지 않는다(상 530 Ⅱ 참조).

6) 합병에 관한 서류의 사후공시

주식회사의 경우에 이사는 채권자이의절차(상 527의 5)의 경과, 합병을 한 날, 합병으로 인하여 소멸하는 회사로부터 승계한 재산의 가액과 채무액 기타 합병에 관한 사항을 기재한 서면을 합병을 한 날로부터 6월간 본점에 비치하여야 한다(상 527의 6 Ⅰ). 그리고 주주 및 회사채권자는 영업시간 내에는 언제든지 그 서면의 열람을 청구하거나 회사가 정한 비용을 지급하고 등본 또는 초본의 교부를 청구할 수 있다(상 527의 6 Ⅱ, 522의 2 Ⅱ).

7) 합병반대주주의 주식매수청구권

(가) 의 의

합병에 관하여 이사회의 결의가 있는 때에 이에 반대하는 주주가 회사에 대하여 자기의 소유주식을 매수할 것을 청구할 수 있는 권리를 주식매수청구권이라 한다(상 374의 2 Ⅰ, 522의 Ⅲ). 이는 형성권이다. 이는 다수파주주의 횡포로부터 소수주주를 보호하는 데 그 목적이 있다.

(나) 청구의 방법

합병결의사항에 관하여 이사회의 결의(이사가 1명 또는 2명인 회사는 주주총회의 소집통지)가 있는 때에 그 결의에 반대하는 주주(의결권이 없거나 제한되는 주주를 포함한다)는 주주총회 전에 회사에 대하여 서면으로 그 결의에 반대하는 의사를 통지한 경우에는 그 총회의 결의일로부터 20일 이내에 주식의 종류와 수를 기재한 서면으로 회사에 대하여 자기가 소유하고 있는 주식의 매수를 청구할 수 있다(상 522의 3 Ⅰ, 383 Ⅳ).

(다) 간이합병의 경우

(a) 간이합병의 경우에 소멸회사는 주주총회의 승인을 얻지 않고 합병을 한다는 뜻을 공고하거나 또는 주주에게 통지를 한 때(상 527의 2 Ⅱ 본)에는 공고 또는 통지를 한 날로부터 2주 내에 회사에 대하여 서면으로 합병에 반대하는 의사를 통지한 주주는 그 기간이 경과한 날로부터 20일 이내에 주식의 종류와 수를 기재한 서면으로 회사에 대하여 자기가 소유하고 있는 주식의 매수를 청구할 수 있다(상 522의 3 Ⅱ).

(b) 주주의 매수청구가 있는 때에 회사가 매수하여야 할 기간과 매수가격에 관하여는 상법 제374조의 2 제 2 항 내지 제 4 항을 준용한다. 그러나 간이합병의 경우에도 총주주의 동의가 있는 때에는 주식매수청구권에 관한 규정이 적용될 여지가 없다(상 527의 2 Ⅱ 단).

㈑ 소규모합병의 경우

소규모합병을 하는 경우에는 주식매수청구권이 인정되지 않는다(상 527의 3 Ⅴ).

8) 창립총회 또는 보고총회의 소집

신설합병의 경우에 설립위원은 모든 절차(상 527 Ⅰ, 232, 530 Ⅲ, 440, 444, 530 Ⅳ, 339, 340 Ⅲ)가 끝난 다음 창립총회를 소집하여야 하며(상 527, 603), 흡수합병의 경우에 존속하는 주식회사나 유한회사는 합병에 관한 보고총회를 소집하고 합병에 관한 사항을 보고하여야 한다(상 526 Ⅰ, 603). 그러나 주식회사의 주주총회나 창립총회에 대한 보고는 이사회의 공고로써 갈음할 수 있다(상 526 Ⅲ, 527 Ⅳ). 동 규정은 유한회사에는 이사회가 존재하지 않으므로 준용될 여지는 없다.

합병보고공고

1999년 11월 25일 개최된 임시주주총회 및 1999년 12월 31일 개최된 이사회에서 (주)씨지아이와의 합병에 대한 승인을 득한 후 합병에 필요한 절차를 마쳤기에 상법 제526조에 의거 주주총회에 갈음하여 합병에 관한 경과를 아래와 같이 보고합니다.

-아 래-

1. 합병내용
   1) 합병비율
      주식회사 씨디스:주식회사 씨지아이=1:1
      (주식회사 씨디스 액면가 10,000원
      주식회사 씨지아이 액면가 10,000원)
   2) 증자 자본금:300만원
   3) 발행신주의 종류와 주식수:보통주 30,000주
   4) 합병기일:1999년 12월 31일
2. 합병진행결과
   1) 1999년 11월 6일:합병결의 이사회
   2) 1999년 11월 6일:합병계약 체결
   3) 1999년 11월 8일:합병승인임시주총소집을 위한 이사회 결의
   4) 1999년 11월25일:합병승인 임시주주총회
   5) 1999년 11월27일:합병공고(합병공고 및 채권자 이의제출공고 최고)
   6) 1999년 12월27일:채권자 이의 제출 만료
   7) 1999년 12월31일:합병기일 현재 (주)씨디스는 (주)씨지아이의 자산, 부채 및 권리, 의무일체를 승계함.

상법 제526조에 의거 당사 이사회에서 합병보고총회를 신문공고로 갈음하기로 결의함.

2000년 1월3일

서울시 강남구 논현동 247-10번지

주식회사 씨디스

대표이사 권현창

9) 합병등기

주식회사와 유한회사에 있어서는 흡수합병의 경우에 보고총회의 종료일, 신설합병의 경우에는 창립총회의 종료일로부터 본점소재지에서는 2주 내, 지점소재지에서는 3주 내에 변경등기, 해산등기 또는 설립등기를 하여야 한다(상 528 Ⅰ, 602).

10) 합병의 효력

회사의 합병은 변경등기나 설립등기에 의하여 그 효력이 생긴다(상 234, 269, 530 Ⅱ, 603). 즉 등기의 창설적 효력에 의하여 합병의 효력이 생긴다.

(5) 합병의 효과

합병등기에 의하여 합병의 효력이 생기고 합병의 효과로서 당사회사의 전부 또는 일부 회사의 소멸과 신회사의 성립 또는 존속회사의 정관이 변경되고, 소멸회사의 권리·의무가 존속회사나 신설회사에 포괄적

으로 이전하게 된다(상 235).

1) 회사의 소멸·설립

흡수합병의 경우에는 당사회사의 일부가 소멸하고, 신설합병의 경우는 모든 당사회사가 소멸한다(상 227 (4), 269, 517 (1), 609 I (1)). 합병은 회사의 해산사유이지만(상 227 (4), 269, 517 (1), 609 I (1)) 이는 형식적인 것에 불과하고, 회사는 합병에 의하여 청산절차를 거치지 않고 당연히 소멸한다. 또 합병의 효과로서 흡수합병의 경우에 존속회사는 정관을 변경하게 되고 신설합병인 때에는 신설회사가 설립된다.

2) 사원의 수용

합병에 의하여 소멸회사의 사원은 단주로 인하여 제외되거나 합병교부금만을 받은 경우, 그리고 주식매수청구권을 행사한 경우 등이 아닌 한 존속회사나 신설회사의 사원이 된다.

3) 권리·의무의 승계

존속회사 또는 신설회사는 합병에 의하여 소멸한 회사의 권리·의무를 포괄적으로 승계한다(상 235, 269, 530 II, 603). 그러나 제 3 자에 대하여 이전의 대항요건을 필요로 하는 권리는 그 절차를 밟아야 한다(기명채권·선박 등). 기명주식은 주주권을 행사하려면 회사에 대한 대항요건으로서 명의개서를 하여야 한다. 동산 또는 채권은 제 3 자에 대하여 대항요건을 갖추지 않고도 대항할 수 있다. 또한 근로계약상의 지위도 원칙적으로 승계한다[대 94. 3. 8, 93 다 1589]. 피용자가 합병 후 존속회사에 계속 고용되고 있는 경우에는 신원보증계약도 존속한다[대 94. 11. 11, 94 다 30669].

4) 이사·감사의 임기

합병 후 존속하는 회사의 이사 및 감사로서 합병 전에 취임한 자는 합병계약서에 다른 정함이 있는 경우를 제외하고는 합병 후 최초로 도래하는 결산기의 정기총회가 종료할 때에 퇴임한다(상 527의 4 I).

(6) 합병의 무효

1) 서 설

합병이 법정된 요건을 갖추지 못한 때에는 합병은 당연히 무효가 되어야 할 것이다. 그러나 합병은 복잡한 절차를 필요로 하는 회사법상의 행위이므로 그 무효를 일반원칙에 맡기는 경우에는 법률관계의 안정을 위태롭게 할 수 있다. 그리하여 상법은 법률관계의 안정과 획일적인 확정을 위하여 설립무효의 소와 같은 합병무효의 소에 관하여 규정하고 있다. 합병결의에 취소 또는 무효원인이 있는 경우는 합병등기 전에는 결의취소의 소와 결의무효의 주장이 가능하지만 합병등기 후에는 합병무효의 소에 흡수되어 합병무효의 소만이 인정된다고 본다〔대 93. 5. 27, 92 누 14908〕.

2) 무효의 원인

합병무효의 원인은 다음과 같다. i) 합병에 관한 제한규정(상 174 Ⅱ, 600 Ⅰ·Ⅱ)을 위반한 때, ii) 합병계약서의 법정요건의 흠결 또는 전혀 합병계약서를 작성하지 않은 때, iii) 합병결의에 무효나 취소의 원인이 있을 때, iv) 채권자보호에 관한 절차를 이행하지 않은 때, v) 합병 후에 창립총회나 보고총회를 소집하지 않거나 이사회의 공고를 하지 않은 때, vi) 종류주주총회가 없는 때, vii) 파산한 회사가 존립중의 회사로 흡수합병된 때, viii) 신설합병의 경우에 설립위원에 의한 정관의 작성이 없을 때, ix) 합병에 필요한 인가 또는 허가를 받지 않은 때, x) 주식매수청구권에 관한 규정을 위반한 때 등을 들 수 있다. 그리고 xi) 합병비율이 불공정한 경우도 합병무효의 원인이 된다고 할 것이다〔인천지 86. 8. 29, 85 가합 1526〕.

3) 합병무효의 소

(가) 제소기간

합병의 무효는 소만으로 주장할 수 있다. 합병무효의 소는 존속회사 또는 신설회사에 대하여 합병의 등기가 있는 날로부터 6 월 내에 제기하여야 한다(상 236, 529, 603).

(나) 제소권자

원고는 물적회사(주식회사·유한회사)의 경우에는 각 회사의 사원(주주)·이사·감사·청산인·파산관재인 또는 합병을 승인하지 않은 회사채권자이다(상 529 Ⅰ, 603). 각 회사란 합병계약의 당사회사 및 신설회사를 말한다고 본다.

(다) 피 고

합병무효의 소에 있어서 소멸회사에 합병무효의 원인이 있는 경우에도 피고는 존속회사 또는 신설회사이다. 왜냐하면 합병의 효력이 생긴 이후에는 소멸회사는 법인격을 상실하기 때문이다.

(라) 소송절차

합병무효의 소에 대하여는 설립무효의 소에 관한 규정을 준용한다. 그리하여 소의 심리중에 원인이 된 하자가 보완되고 회사의 현황과 제반사정을 참작하여 합병의 무효가 부적당하다고 인정한 때에는 법원은 그 청구를 기각할 수 있다(상 240, 186~189, 269, 530 Ⅱ, 603).

(마) 무효판결의 효력

합병무효의 판결은 법률관계의 획일적인 확정을 위하여 제 3 자에 대하여도 그 효력이 있지만 판결확정 전에 생긴 회사와 사원 및 제 3 자 간의 권리·의무에는 영향을 미치지 아니한다(상 240, 190, 269, 530 Ⅱ, 603). 이러한 범위 내에서 합병무효판결의 소급효를 인정하지 않음으로써 거래의 안전을 도모하고 있다.

(바) 판결확정의 효과

(a) 합병무효의 판결이 확정되면 회사는 합병 전의 상태로 환원하여 소멸회사는 부활하고 신설회사는 소멸한다. 그 결과 소멸회사가 합병 당시에 소유하였던 재산으로서 존속회사나 신설회사에 현존하는 것은 부활한 소멸회사에 귀속한다. 존속회사 또는 신설회사가 합병 후에 취득한 재산은 합병당사회사의 공유가 되고 또한 합병 후에 부담한 채무는 연대채무가 된다(상 239 Ⅰ·Ⅱ, 269, 530, 603).

(b) 소멸회사의 부활에 의하여 합병 전의 소멸회사의 주주는 부활한

상장-非상장 계열사 잇단 합병

고려산업개발—현대알루
동양화학—이양화학
OB맥주—두산경월
두산기계—두산전자

설진훈 기자

고려산업개발이 알루미늄새시를 생산하는 비상장 계열사 현대알루미늄과 이 기업의 자회사인 신대한을 흡수합병하는 방안을 추진중이다.

또 동양화학은 자회사인 이양화학을, OB맥주는 소주생산업체인 두산경월을, 두산기계는 전자부품 생산업체인 두산전자를 각각 흡수합병할 계획이다.

25일 증권감독원에 따르면 지난달 두산경월 이양화학 두산전자, 이달에는 현대알루미늄 신대한 등 모두 5개 비상장사가 각각 계열 상장사와 합병하기 위해 증감원에 등록절차를 거쳤다. 증감원에 등록절차를 거친 것은 내부적으로 합병방침을 사실상 확정한 것으로 볼 수 있다.

이달 개정된 증권거래법에는 비상장기업이 상장회사와 합병하려면 합병승인 주주총회 소집일 3개월전까지 증감원에 등록하도록 규정돼 있다.

이전까지는 등록기한이 주총 6개월 이전이었으나 당국이 기업의 구조조정을 촉진하기 위해 법령을 개정해 합병절차를 대폭 간소화했다.

따라서 이들 기업은 이르면 4~5월부터 계열 상장사와 합병할 수 있다. 현대알루미늄은 건축용 알루미늄새시 제조와 창호설치 공사를 주업으로 하는 업체로 현대상선과 현대자동차가 각각 32.9%와 29.5%의 지분을 갖고 있다. 자본금 152억원에 96년 매출액이 1,116억원에 달하는 대기업이나 순이익이 4억원에 그치는 등 수익성은 비교적 부진한 편이다.

신대한은 전선과 통신부품을 생산하는 매출액 100억원 규모의 중소기업으로 지난해 9월 현대알루미늄에 인수됐다.

현대알루미늄과 신대한은 모두 주택 건설관련 기자재 생산업체여서 그룹 구조조정 차원에서 아파트 공사를 주력으로 하는 고려산업개발에 흡수통합키로 한 것으로 알려졌다.

이양화학은 이산화염소 등 공업용 화학제품을 생산하는 중소기업으로 모기업인 동양화학이 지분 100%를 소유하고 있다.

자본금은 32억원이며 96년중 233억원의 매출액과 12억원의 순이익을 올렸다.

두산전자는 인쇄회로용 동박적층판 등 전자부품을 생산하는 기업으로 지난해 1~6월(결산기 6월로 변경) 매출액 987억원, 순이익 38억원을 올렸다.

두산경월은 소주생산업체로 96년 매출액 1,291억원, 순이익은 5억원을 기록했다.

◇ 합병추진 비상장사 재무지표

<단위=억원>

구 분	현대알루미늄	신대한	이양화학	두산전자	두산경월
자산총계	1,116	89	210	1,538	1,291
부채총계	940	79	150	1,283	1,238
자본총계	176	10	60	255	53
매 출 액	1,165	99	233	987	1,191
경상이익	4.0	2.1	14.9	41.2	6.8
순 이 익	4.0	2.1	12.1	38.6	5.0

※ 두산전자는 97년 6월, 나머지는 96년 12월 결산실적.

매일경제 1998년 2월 26일 목요일

소멸회사의 주주가 되지만 합병시에 주식을 병합한 때에는 병합 후의 지위에 따라 정해진다. 즉 병합으로 인한 단주에 대하여 그 대가의 지급을 받은 주주는 부활한 소멸회사의 주주가 될 수 없고 단주를 취득한 자가 주주가 된다. 또한 합병 전의 소멸회사의 이사·감사는 부활한 소멸회사의 선임절차를 거치지 않는 한 그 지위가 당연히 부활하지는 않는다. 그러므로 합병무효의 판결이 확정된 때에는 존속회사 또는 신설회사의 이사·감사가 부활한 소멸회사의 이사·감사가 선임될 때까지 이사·감사로서 권리·의무를 갖는다고 할 것이다.

(c) 합병무효의 판결이 확정된 때에는 본점 및 지점의 소재지에서 존속회사는 변경등기, 신설회사는 해산등기, 소멸회사는 회복을 위한 등기를 하여야 한다(상 238, 269, 530 Ⅱ, 603).

(d) 원고가 패소한 경우에는 그 판결의 기판력은 다른 제소권자에게 미치지 않는다. 원고는 악의 또는 중대한 과실이 있는 때에만 회사에 대하여 연대하여 손해를 배상할 책임이 있다(상 240, 191, 269, 520 Ⅱ, 603).

5. 주식교환 · 주식이전

(1) 서 설

1) 회사의 구조조정을 위한 지주회사의 설립을 용이하게 하기 위하여 2001년의 상법개정에 의하여 주식교환 및 주식이전제도를 도입하였다(상 360의 2~23). 그리하여 회사가 자회사주식의 전부를 소유하는 완전모자회사관계의 형성이 가능하게 된 것이다.

2) 주식교환이나 주식이전에 의하면 주주총회의 특별결의를 비롯한 소정의 절차를 이행함으로써 강제적으로 완전자회사로 하는 것이 가능하게 된다. 즉 법정절차의 이행에 의하여 완전자회사로 되는 회사(이하 B회사라 한다)의 주식의 전부가 완전모회사로 되는 회사(이하 A회사라 한다)에 이전하고, B회사의 주주에게는 A회사의 주식을 배정하는 것이다. 상법에서는 주식교환(상 360의 2~14)과 주식이전(상 360의 15~23)을 별도의 조문으로 분리하여 규정하고 있으나, 양자의 차이는 완전자회사가 되는 회사의 주식을 취득하는 회사(완전모회사가 되는 회사)가 기존의 회사인가 아니면 신설된 회사인가에 있다고 할 것이다.

(2) 주식교환

1) 서 설

(가) 의 의

주식의 교환이란 기존의 회사가 소정의 법정절차에 의하여 B회사의 주주가 가진 주식을 모두 A회사에 이전하고, B회사의 주주는 A회사가 주식교환을 위하여 발행하는 신주의 배정을 받아 그 회사의 주주가 됨으로써 완전모자회사의 관계를 형성하는 행위이다.

(나) 법적 성질

주식교환의 법적 성질은 완전모회사를 형성하는 조직법 내지 단체법상의 행위라고 할 것이다.

2) 주식교환의 절차

(가) 서 설

첫째로 각 당사회사는 각기 이사회의 승인을 얻어 주식교환계약을 체결한다. 이후 각 회사는 주식교환계약서 등을 비치하여야 하고(상 360의 4), 주주총회의 특별결의에 의한 승인결의가 있어야 한다(상 360의 3 Ⅰ·Ⅱ). 이 경우 주식교환에 반대하는 주주는 주식매수청구권을 행사할 수 있다(상 360의 5). 이후 주권제출절차(상 360의 8 Ⅰ)를 거쳐, 주식교환을 할 날에 B회사의 주주의 주식에는 A회사의 주식이 배정되어 주식교환의 효력이 생기게 된다. B회사는 주주의 구성이 다르게 될 뿐 그 재산에는 변경이 생기지 않는다. A회사는 B회사의 주식을 취득하여 자산이 증가한다. 따라서 자회사 및 모회사의 채권자는 주식교환에 의하여 불리한 지위에 있게 되는 것은 아니므로 채권자보호절차는 필요 없다.

《주식의 교환과정》

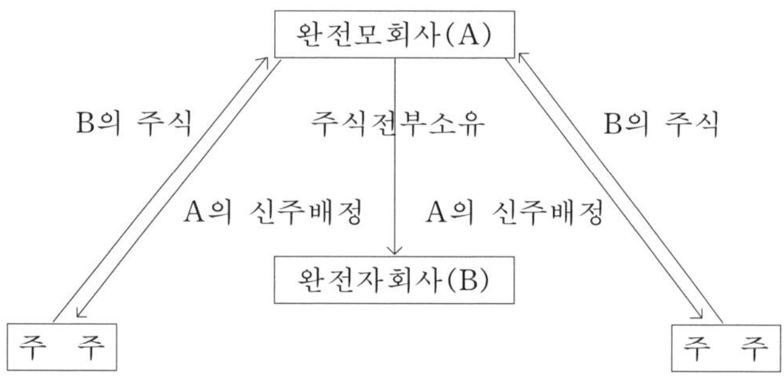

(나) 주식교환계약서의 작성

주식교환의 당사회사간에 주식교환계약이 체결되면 법정기재사항을 기재한 주식교환계약서를 작성하여야 한다(상 360의 3 Ⅲ).

(다) 사전공시

이사는 상법 제360조의 3 제 1 항의 주주총회의 회일의 2주 전부터 주식교환의 날 이후 6월이 경과하는 날까지 i) 주식교환계약서, ii) 완전모회사가 되는 회사가 주식교환을 위하여 신주를 발행하거나 자기주식을 이전하는 경우에는 완전자회사가 되는 회사의 주주에 대한 신주의 배정 또는 자기주식의 이전에 관하여 그 이유를 기재한 서면, iii) 상법 제360조의 3 제 1 항의 주주총회의 회일(간이주식교환의 경우는 공고 또는 통지의 날(상 360의 10 Ⅳ))의 이전 6월 내의 날에 작성한 주식교환을 하는 각 회사의 대차대조표와 손익계산서 또는 최종의 대차대조표 및 손익계산서를 본점에 비치하여야 한다(상 360의 4 Ⅰ). 주주는 영업시간 내에 서류의 열람 또는 등사를 청구할 수 있다(상 360의 4 Ⅱ, 391의 3 Ⅲ).

㈑ 주주총회의 결의

주식교환을 하고자 하는 회사는 주식교환계획서를 작성하여 주주총회의 특별결의에 의한 승인을 얻어야 한다(상 360의 3 Ⅰ·Ⅱ). 주주총회의 소집을 위한 통지와 공고(상 363)에는 i) 주식교환계약서의 주요내용, ii) 주식교환을 반대하는 주주의 주식매수청구권의 내용 및 행사방법, iii) 일방회사의 정관에 주식의 양도에 관하여 이사회의 승인을 요한다는 뜻의 규정이 있고 다른 회사의 정관에 그 규정이 없는 경우 그 뜻을 기재하여야 한다(상 360의 3 Ⅳ). 그런데 회사가 종류주식을 발행한 경우에 주식교환으로 인하여 어느 종류의 주주에게 손해를 미치게 되는 때에는 상법 제435조의 규정에 의하여 그 종류주식의 주주총회의 결의가 있어야 한다(상 436).

㈒ 주식매수청구권

주식교환에 관한 주주총회의 승인사항에 관하여 이사회의 결의가 있는 때에 그 결의에 반대하는 주주(의결권이 없거나 제한되는 주주를 포함)가 주식교환계약서의 승인을 위한 주주총회 전에 회사에 대하여 서면으로 주식교환에 반대하는 의사를 통지한 경우에는, 그 총회의 결의일로부터 20일 이내에 주식의 종류와 수를 기재한 서면으로 회사에 대하여 자기가 소유하고 있는 주식의 매수를 청구할 수 있다(상 360의 5 Ⅰ).

(바) **주권의 실효절차**

주식의 포괄적 교환에 의하여 B회사는 상법 제360조의 3 제 1 항의 규정에 의한 결의를 한 때에는 그 뜻, 주식교환의 날의 전날까지 주권을 회사에 제출할 것과 주식교환의 날에 주권이 무효가 된다는 뜻을 그 날의 1월 전에 공고하고, 주주명부에 기재된 질권자에 대하여 따로 따로 그 통지를 하여야 한다(상 360의 8 Ⅰ).

(사) **사후공시**

이사는 주식교환의 날부터 6월간 i) 주식교환의 날, ii) 주식교환의 날에 B회사에 현존하는 순자산액, iii) 주식교환으로 인하여 완전모회사에 이전한 완전자회사의 주식의 수, iv) 그 밖에 주식교환에 관한 사항을 기재한 서면을 본점에 비치하여야 한다(상 360의 12 Ⅰ).

(아) **완전모회사의 이사·감사의 임기**

A회사의 이사 및 감사로서 주식교환 전에 취임한 자는 주식교환계약서에 다른 정함이 있는 경우를 제외하고는 주식교환 후 최초로 도래하는 결산기에 관한 정기총회가 종료하는 때에 퇴임한다(상 360의 13). 주식의 교환에 의하여 A회사가 B회사의 주주에게 신주를 배정함으로써 주식교환의 날에는 완전모회사의 주주의 구성이 달라지므로 가급적 빠른 시일내에 주식교환 전의 이사와 감사들이 새로이 모회사의 주주가 된 B회사의 주주들의 신임을 물어야 할 필요가 있게 된다.

(자) **단주처리 등에 관한 규정의 준용**

주식교환의 경우에 A회사와 B회사의 주식교환비율에 따라서는 주식의 병합이 필요하게 된다. 예컨대 B회사의 주식 3주에 대하여 A회사의 주식 1주를 배정하는 때에는 B회사의 주식 10주를 소유하는 주주는 A회사 주식 3주를 받고 1주의 단주에 대하여는 A회사가 이를 경매하여 그 대금을 B회사의 주주에게 교부하여야 한다. 그러나 거래소의 시세 있는 주식은 거래소를 통하여 매각하고 거래소의 시세 없는 주식은 법원의 허가를 받아 경매 이외의 방법으로 매각할 수 있다(상 360의 11 Ⅰ, 443). 그리고 B회사의 주식에 대하여 질권이 설정된 경우에는 주주명부에 질권자의 기재가 있는 경우 주식교환에 의하여 A회사의 신주가 배정된 때에는 그 신주에 대하여 질권을 행사할 수 있고(상 360의 11 Ⅰ, 339), 질권자는 신주권의 교부를 A회사에 대하여 청구할 수 있다(상 360의 11, 340 Ⅲ).

3) 간이주식교환

㈎ 의 의

B회사의 총주주의 동의가 있거나 그 회사의 발행주식총수의 100분의 90 이상을 A회사가 소유하고 있는 때에는 B회사의 주주총회의 승인은 이를 이사회의 승인으로 갈음할 수 있다(상 360의 9 Ⅰ). 이러한 경우에 B회사는 주식교환계약서를 작성한 날부터 2주 이내에 주주총회의 승인을 얻지 아니하고 주식교환을 한다는 뜻을 공고하거나 주주에게 통지하여야 한다(상 360의 9 Ⅱ 본). 다만 총주주의 동의가 있는 때에는 그러하지 아니하다(상 360의 9 Ⅱ 단).

㈏ 요 건

B회사가 상법 제360조의 9 제 2 항 본문에 의하여 공고 또는 통지를 한 날로부터 2주 내에 회사에 대하여 서면으로 간이주식교환에 반대하는 의사를 통지한 주주는 그 기간이 경과한 날부터 20일 이내에 주식의 종류와 수를 기재한 서면으로 회사에 대하여 자기가 소유하고 있는 주식의 매수를 청구할 수 있다(상 360의 5 Ⅱ). 그러나 간이주식교환의 경우에도 A회사의 주주총회의 승인은 필요하다.

4) 소규모주식교환

㈎ 의 의

상법은 A회사의 주주의 이해관계에 영향이 적은 경우에는 A회사의 주주총회의 승인결의를 거치지 않고 이사회의 결의만으로 주식교환이 가능하도록 하기 위하여 소규모주식교환제도를 두고 있다. 즉 완전모회사가 되는 회사(A회사)의 규모에 비하여 완전자회사가 되는 회사(B회사)의 규모가 소규모인 경우에 A회사의 주주총회의 승인결의 없이 이사회의 결의만으로 주식교환을 할 수 있도록 하였다. 그러나 소규모주식교환의 경우에도 B회사는 주주총회의 특별결의에 의한 승인이 필요하다.

(나) 요 건

(a) A회사가 주식교환을 위하여 발행하는 신주 및 이전하는 자기주식의 총수가 그 회사의 발행주식총수의 100분의 10를 초과하지 아니하거나, B회사의 주주에게 제공할 금전이나 그 밖에 재산을 정한 경우에 그 금액 및 그 밖의 재산의 가액이 주식교환의 승인을 위한 주주총회의 회일 전 6월 이내의 날에 작성한 주식교환을 하는 각 회사의 대차대조표 및 손익계산서 또는 최종의 대차대조표 및 손익계산서(상 360의 4 Ⅰ (3))에 의하여 A회사에 현존하는 순자산액의 100분의 5를 초과하지 아니하는 경우에는 그 회사에서는 상법 제360조의 3 제 1 항의 규정에 의한 주주총회의 승인은 이를 이사회의 승인으로 갈음할 수 있다(상 360의 10 Ⅰ).

(b) 소규모주식교환의 경우에는 주식교환계약서에 A회사에 관하여서는 상법 제360조의 3 제 1 항의 규정에 의한 승인을 얻지 아니하고 주식교환을 할 수 있는 뜻을 기재하여야 하며, 동조 제 3 항 제 1 호에 게기할 사항인 정관변경의 기재는 이를 기재하지 못한다(상 360의 10 Ⅲ).

(c) A회사는 주식교환계약서를 작성한 날로부터 2주 내에 B회사의 상호와 본점, 주식교환의 날 및 상법 제360조의 3 제 1 항의 승인을 얻지 아니하고 주식교환을 할 날을 공고하거나 주주에게 통지하여야 한다(상 360의 10 Ⅳ). 그러나 A회사의 발행주식총수의 100분의 20 이상에 해당하는 주식을 가지는 주주가 상법 제360조의 10 제 1 항의 규정에 의한 주식교환에 반대의 의사를 통지한 때에는 소규모주식교환을 할 수 없다(상 360의 10 Ⅴ).

(다) 주주의 주식매수청구권

소규모주식교환의 경우에는 주식교환에 반대하는 주주의 주식매수청구권을 인정하지 않는다(상 360의 10 Ⅶ).

5) 주식교환무효의 소

(가) 서 설

주식교환의 무효는 다수의 이해관계자에게 영향을 미치므로 법률관계의 획일적 확정 및 안정을 도모하기 위하여 소만으로 주장할 수 있는데(상 360의 14 I), 이러한 소의 성질은 형성의 소이다. 주식교환무효의 소의 특징은 무효의 주장에 관하여 당사자적격의 제한과 판결의 소급효에 관한 제한규정을 두었다는 점이다.

(나) **무효의 원인**

주식교환무효의 소의 무효원인은 주주총회에 의한 주식교환계약서의 승인결의가 없는 경우, 주식교환계약서의 기재사항이 흠결된 경우, 공시에 관한 규정을 위반한 경우, 간이주식교환 또는 소규모주식교환의 절차에 관한 요건이 충족되지 않은 경우 등이 이에 속한다.

(다) **당 사 자**

원고는 주식교환의 당사자인 각 회사의 주주·이사·감사나 감사위원회의 위원 또는 청산인이며(상 360의 14 I), 합병의 경우(상 529)와 달리 파산관재인이나 채권자는 포함되지 않는다. 이는 무효의 주장을 가급적 제한하기 위한 것으로 볼 수 있고, 주식교환은 각 당사회사의 주주의 구성이 바뀔 뿐이고 재산상태는 변함이 없으므로 특별히 채권자를 해하는 것은 아니기 때문이라고 할 것이다. 한편 피고는 A회사와 B회사라고 할 것이다.

(라) **제소기간 및 관할**

주식교환무효의 소는 주식교환의 날로부터 6월 이내에 제기하여야 한다(상 360의 14 I). 그리고 주식교환무효의 소는 A회사의 본점소재지의 지방법원의 관할에 전속한다(상 360의 14 II).

(마) **공고 및 병합심리**

주식교환무효의 소가 제기된 때에는 회사는 지체없이 공고하여야 한다(상 360의 14 IV, 187). 수개의 소가 제기된 때에는 법원은 이를 병합하여 심리하여야 한다(상 360의 14 IV, 188). 그리고 법원은 주주가 주식교환무효의 소를 제기한 때에는 회사의 청구에 의하여 상당한 담보를 제공할 것을 명할 수 있다(상 360의 14 IV, 377 I 본).

㈓ 주식교환결의의 취소·무효확인의 소와의 관계

주식교환의 효력이 발생하기 전에는 결의의 취소, 무효확인 또는 부존재의 소를 제기할 수 있으나, 주식교환의 효력이 발생한 후에는 주식교환무효의 소에 흡수된다고 본다.

㈔ 무효판결의 효력

(a) 대세적 효력 주식교환의 무효판결에 의하여 주식교환은 무효가 되며 제 3 자에 대하여도 그 효력이 미친다(상 360의 14 Ⅳ, 190 본).

(b) 불소급효 주식교환은 무효판결의 확정에 의하여 장래에 대하여 그 효력을 잃는다(상 360의 14 Ⅳ, 431 Ⅰ). 즉 법률관계의 안정을 위하여 판결의 소급효는 인정되지 않는다. 그러므로 판결이 확정될 때까지 한 행위, 예컨대 이익 또는 이자의 배당, 의결권의 행사, 주식의 양도, 입질 등의 행위는 무효판결에 의하여 영향을 받지 않는다.

㈕ 무효판결의 효과

주식교환을 무효로 하는 판결이 확정된 때에는 완전모회사가 된 회사는 주식교환을 위하여 발행한 신주 또는 이전한 자기주식의 주주에 대하여 그가 소유하였던 완전자회사가 된 회사의 주식을 이전하여야 한다(상 360의 14 Ⅲ). 그리고 완전자회사가 되는 회사의 주주가 주식교환교부금을 받은 때에는 이를 반환하여야 한다. 또한 주식교환무효의 판결이 확정된 때에는 본점과 지점의 소재지에서 등기하여야 한다(상 360의 14 Ⅳ, 192). 주식교환무효의 소를 제기한 자가 패소한 경우에 악의 또는 중대한 과실이 있는 때에는 회사에 대하여 연대하여 손해를 배상할 책임을 진다(상 360의 14 Ⅳ, 191).

(3) 주식이전

1) 총 설

㈎ 의 의

(a) 주식이전(株式移轉)은 기존의 회사가 완전모회사를 설립하여 그 회사의 완전자회사가 되는 절차이다(상 360의 15 Ⅰ). 주식이전에 의하여 완전자

《주식의 이전과정》

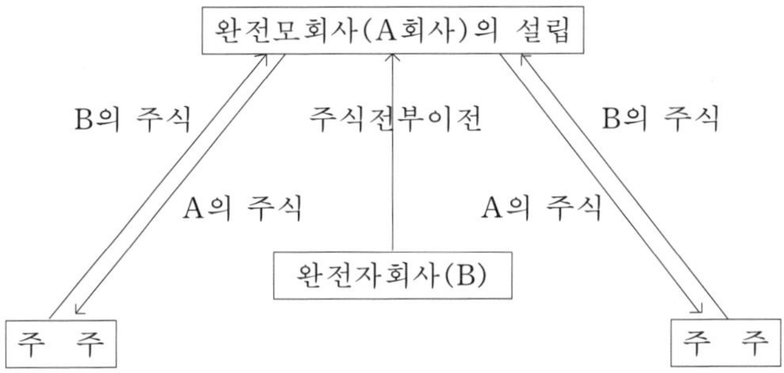

회사가 되는 회사(B회사)의 주주가 소유하는 그 회사의 주식은 주식이전에 의하여 설립하는 완전모회사(A회사)에 이전하고, B회사의 주주는 A회사가 주식이전을 위하여 발행하는 주식의 배정을 받음으로써 A회사의 주주가 된다(상 360의 15 Ⅱ).

(b) 주식이전의 경우에 회사의 설립은 통상의 회사설립절차에 의하지 않고 주식의 이전만으로 새로운 회사가 설립된다. 그리고 주식이전에 의하여 B회사의 주주가 소유하는 모든 주식은 A회사가 발행하는 신주와 강제적으로 교환된다. 그러나 주식이전의 경우는 간이주식교환과 같은 제도는 존재하지 않는다.

(나) **법적 성질**

주식이전의 법적 성질은 회사를 설립하여 완전모자회사관계를 형성하는 조직법 내지 단체법상의 행위라고 할 것이다.

2) 주식이전의 절차

(가) **서 설**

주식이전을 하고자 하는 회사는 주식이전에 관하여 이사회의 결의를 거쳐 사전공시를 하고 주주총회의 특별결의에 의한 승인을 받아야 한다. 이 경우에 반대주주의 주식매수청구권이 인정된다. 주주총회의 승인 후 주권제출절차를 밟고 A회사의 설립등기에 의하여 주식이전의 효력이 생긴다. 그리고 사후공시를 거쳐 주식이전무효의 소의 제기를 할 수 있게 된다. 기타의 절차는 회사의 설립에 관한 것을 제외하면 주식교환의 경우와 유사하다.

(나) **주주총회의 승인사항**

(a) 완전모회사의 정관의 규정(상 360의16 I (1)) 주식이전을 하고자 하는 회사는 다음 각호의 사항을 적은 주식이전계획서를 작성하여 주주총회의 승인을 받아야 한다.

(b) 설립하는 완전모회사가 주식이전에 있어서 발행하는 주식의 종류와 수 및 완전자회사가 되는 회사의 주주에 대한 주식의 배정에 관한 사항(상 360의16 I (2)) 이를 기재함으로써 B회사의 주주에게 A회사의 새로운 주식이 주식이전의 효력으로써 배정된다. 그러므로 발행예정주식총수, 주식의 종류와 수, 배정에 관한 사항에 대하여 주주총회의 승인을 얻도록 한 것이다. 즉 A회사가 새로 발행하는 주식이 보통주인가 우선주인가 등의 주식의 종류를 정하고 각기 몇 주를 발행하며 B회사의 주주에게는 그 중 어떠한 종류의 주식을 몇 주를 배정하는가 등에 대하여도 주주총회의 승인을 받아야 한다. 한편 B회사의 자기주식에 대한 배정은 주식교환의 경우와 같다.

(c) 설립하는 완전모회사의 자본금 및 자본준비금에 관한 사항(상 360의16 I (3)) 설립하는 완전모회사의 자본금은 주식이전의 날에 완전자회사가 되는 회사에 현존하는 순자산액에서 그 회사의 주주에게 제공할 금전 및 그 밖의 재산의 가액을 뺀 액을 초과하지 못한다(상 360의 18). 즉 그 뺀 금액만큼 순자산액이 감소한다. 그리하여 감소한 순자산액을 기초로 A회사의 자본금과 자본준비금이 정해진다. 상법 제360조의 7에서 규정하는 자본금증가의 한도액이 설립된 완전모회사의 자본금을 초과한 경우에 그 초과액은 자본준비금으로 적립하여야 한다(상 459 I (1)의 3).

(d) 주식이전교부금 등에 관한 사항(상 360의16 I (4)) 완전자회사가 되는 회사의 주주에게 금전이나 그 밖의 재산을 제공하는 경우에는 그 내용 및 배정에 관한 사항을 기재하여야 한다. 복수의 회사가 공동으로 주식

이전에 의하여 완전모회사를 설립하는 경우에는 주식배정의 조정을 위하여 주식 이외에 일정한 교부금을 지급하거나 그 밖의 제공하는 경우가 있으므로, 이를 주주총회의 승인사항으로 한 것이다.

(e) 주식이전을 할 시기(상 360의 16 I (5)) 주식이전을 할 시기란 주식이전의 등기 이전까지 필요한 모든 절차가 종료하는 예정일을 말하는데, 이는 주권제출기간의 만료일의 다음날이다. 주식이전을 할 시기는 상법 제360조의 19의 「주식이전을 한 때」로서 그 날이 주식이전등기의 등기기간의 기산일이 된다.

(f) 이익배당 등의 한도액(상 360의 16 I (6)) 완전자회사가 되는 회사가 주식이전의 날까지 이익의 배당 또는 상법 제462조의 3에 의하여 금전으로 이익배당을 할 때에는 그 한도액을 기재하여야 한다. 이는 배정비율의 공정성을 담보하기 위한 판단자료가 된다.

(g) 이사·감사 등의 성명과 주민등록번호(상 360의 16 I (7)) 설립하는 완전모회사의 이사와 감사 또는 감사위원회의 위원의 성명 및 주민등록번호를 기재하여야 한다. 주식이전에 의하여 설립되는 회사는 창립총회를 개최하지 않기 때문에 그 기관의 구성원을 주주총회의 승인사항으로 한 것이다.

(h) 복수회사에 의한 완전모회사의 설립취지(상 360의 16 I (8)) 회사가 공동으로 주식이전에 의하여 완전모회사를 설립하는 때에는 그 취지를 기재하여야 한다. 복수의 회사가 공동으로 주식이전을 하는 경우에 타방의 회사의 주주에 대한 완전모회사의 주식의 배정비율 등도 주주총회의 승인대상이 된다.

㈐ 주주총회의 결의요건 등

주주총회의 결의요건과 소집통지 및 공고 등에 기재하여야 할 사항은 주식교환의 경우와 동일하다(상 360의 16 Ⅱ·Ⅲ). 그리고 주식교환의 경우에 상법 제360조의 5에서 규정하고 있는 주식매수청구권은 주식이전의 경우에 준용한다(상 360의 22 Ⅲ).

㈑ 사전공시

이사는 상법 제360조의 16 제 1 항의 규정에 의한 주주총회의 회일의 2주 전부터 주식이전의 날 이후 6월을 경과하는 날까지 i) 상법 제360조의 16 제 1 항의 규정에 의한 주식이전계획서, ii) 완전자회사가 되는 회사의 주주에 대한 주식의 배정에 관하여 그 이유를 기재한 서면, iii) 상법 제360조의 16 제 1 항에 의한 주주총회의 회일 전 6월 이내의 날에 작성한 B회사의 최종의 대차대조표 및 손익계산서 등을 본점에 비치하여야 한다(상 360의 17 I). 주주는 영업시간 내에 위 서류의 열람 또는 등사를 청구할 수 있다(상 360의 17 II).

㈒ 주권의 실효절차

상법 제360조의 14 제 1 항의 규정에 의하여 완전자회사가 되는 회사는 상법 제360조의 16 제 1 항의 규정에 의한 결의를 한 때에는 그 뜻, 1월을 초과하여 정한 기간 내에 주권을 회사에 제출할 것과 주식이전의 날에 주권이 무효가 된다는 뜻을 공고하고, 주주명부에 기재된 질권자에 대하여 따로따로 그 통지를 하여야 한다(상 360의 19 I). 주권을 제출할 수 없는 자가 있는 때에는 상법 제442조의 규정을 준용한다(상 360의 19 II).

㈓ 사후공시

이사는 주식이전의 날부터 6월간 i) 주식이전의 날, ii) 주식이전의 날에 B회사에 현존하는 순자산액, iii) 주식이전으로 인하여 완전모회사에 이전한 완전자회사의 주식의 수, iv) 그 밖에 주식이전에 관한 사항을 기재한 서면을 본점에 비치하여야 한다(상 360의 22, 360의 12 I).

㈔ 주식이전의 등기

주식이전을 한 때에는 설립한 완전모회사의 본점의 소재지에서는 2주 전에, 지점의 소재지에서는 3주 전에 상법 제317조 제 2 항에서 정하는 사항을 등기하여야 한다(상 360의 20). 주식이전은 주식이전등기를 한 때에 그 효력이 발생하므로(상 360의 21), 주식이전에 의한 새로운 회사의 설립은 주식이전의 등기를 한 때에 그 효력이 생긴다.

3) 주식이전무효의 소

주식이전무효의 소의 절차는 주식교환무효의 소와 동일하다(상 360의 23). 그러나 다른 점은 주식이전을 무효로 하는 판결이 확정된 때에는 완전모회사가 된 회사는 주식이전을 위하여 발행한 주식의 주주에 대하여 그가 소유하였던 완전자회사가 된 회사의 주식을 이전하여야 한다(상 360의 23 Ⅲ).

6. 주식의 매도·매수청구권

(1) 서 설

주식회사의 주식의 대부분을 지배주주가 보유하고 있으며 소수주주는 소수의 주식을 보유하고 있는 경우에도 회사는 주식회사의 조직과 경영에 관한 법규를 준수하지 않으면 안된다. 그리하여 회사의 경영을 위하여 불필요한 시간과 비용이 소모됨으로써 회사의 경영에 지장을 초래하게 된다. 또한 소수주주로서도 회사에 대한 영향력이 미미하여 주식의 양도를 통한 투하자금의 회수가 용이하지 않은 경우가 많다. 그리하여 개정상법(2011)은 주식의 대부분을 보유하는 주주로 하여금 소수주주의 주식을 강제로 매수할 수 있게 하고, 소수주주는 대주주에 대하여 보유주식의 매수를 청구할 수 있도록 하였다.

(2) 지배주주의 매도청구권

1) 지배주주의 요건

회사의 발행주식총수의 100분의 95 이상을 자기의 계산으로 보유하고 있는 주주(이하 '지배주주'라 한다)는 회사의 경영상 목적을 달성하기 위하여 필요한 경우에는 회사의 다른 주주(이하 '소수주주'라 한다)에게 그 보유하는 주식의 매도를 청구할 수 있다(상 360의 24 Ⅰ). 이 경우에 보유주식의 수를 산정함에 있어서는 모회사와 자회사가 보유한 주식을 합산한다.

회사가 아닌 주주가 발행주식총수의 100분의 50을 초과하는 주식을 가진 회사가 보유하는 주식도 그 주주가 보유하는 주식과 합산한다(동조 Ⅱ).

2) 주주총회의 승인

주식의 매도청구는 주주총회의 승인을 받아야 한다(상 360의 24 Ⅲ). 승인을 위한 주주총회의 소집을 통지할 때에는 지배주주의 회사 주식의 보유현황, 매도청구의 목적, 매매가액의 산정근거와 적정성에 관한 공인된 감정인의 평가 및 매매가액의 지급보증에 관한 사항을 적어야 하고, 매도를 청구하는 지배주주는 주주총회에서 그 내용을 설명하여야 한다(동조 Ⅳ).

3) 주식의 매도

지배주주의 매도청구를 받은 소수주주는 매도청구를 받은 날로부터 2월 내에 지배주주에게 그 주식을 매도하여야 한다(동조 Ⅵ). 이 경우 그 매매가액은 매도청구를 받은 소수주주와 매도를 청구한 지배주주 간의 협의로 이를 결정한다(동조 Ⅶ). 제 1 항의 매도청구를 받은 날로부터 30일 내에 매도가격에 대한 협의가 이루어지지 아니한 경우에는 매도청구를 받은 소수주주 또는 매도청구를 한 지배주주는 법원에 매매가격의 결정을 청구할 수 있다(동조 Ⅷ).

(3) 소수주주의 매수청구권

회사의 발행주식총수의 100분의 95 이상을 보유하고 있는 지배주주가 있는 회사의 소수주주는 언제든지 지배주주에게 그 보유주식의 매수를 청구할 수 있다(상 360의 25 Ⅰ). 소수주주의 매수청구를 받은 지배주주는 매수를 청구한 날을 기준으로 2개월 내에 매수를 청구한 주주로부터 그 주식을 매수하여야 한다(동조 Ⅱ). 이 경우 그 매수가액은 매수를 청구한 주주와 매수청구를 받은 지배주주 간의 협의로 이를 결정한다(동조 Ⅲ). 제 2 항의 매수청구를 받은 날로부터 30일 이내에 매수가액에 대한 협의가 이루어지지 아니한 경우에는 매도청구를 받은 소수주주 또는 매도청구를 한 지배주주는 법원에 매매가격의 결정을 청구할 수 있다(동조 Ⅳ).

(4) 주식의 이전 등

지배주주의 매도청구권과 소수주주의 매수청구권에 의하여 주식을 취득하는 지배주주가 매매가액을 소수주주에게 지급한 때 주식의 이전이 이루어진 것으로 본다(상 360의 26 I). 그러나 매매가액을 지급할 소수주주를 알 수 없거나 그 수령을 거부할 경우에는 지배주주는 그 가액을 공탁할 수 있다. 이 경우 주식은 공탁한 날에 지배주주에게 이전된 것으로 본다(동조 II).

7. 회사의 분할

(1) 서 설

1) 분할의 경제적 효용

한화종합화학 분할

가공·원료부문 2개사 체제로

오문길 기자

한화(회장 김승연)가 한화종합화학을 가공부문회사와 원료부문회사로 물적분할한다고 3일 발표했다.

한화는 이날 한화종합화학 이사회를 개최해 오는 7월 1일부로 가공부문은 한화종합화학으로, 원료부문은 한화석유화학으로 분할시키기로 했다.

한화는 분할 후 가공부문을 부채비율 81%의 우량법인화해 21세기 주력 사업군으로 육성할 계획이다.

원료부문은 부채비율 168%의 건전한 재무구조를 갖춘 석유화학 전문기업으로 재편한다는 방침이다.

특히 대림과의 빅딜을 마무리짓고 추가 구조조정을 계속해 연말까지 부채비율을 100%로 낮추는 것을 목표로 하고 있다고 한화는 밝혔다.

한화 구조조정위원회는 "가공부문은 원료부문과 운영방법, 생산품, 고객시장측면에서 전혀 달라 96년 10월부터 분리 운영해 왔다"며 "이 같은 분리운영이 결실을 맺어 지난해 379억원의 손익을 개선했으며 올해 100억원의 경상흑자가 기대되기 때문"이라고 설명했다.

이와 관련해 한화는 가공부문의 합리화 작업을 적극적으로 추진해 대형사출도장사업, 조립식 욕조사업 등의 한계사업을 철수하고 인력도 1200명 수준에서 510명으로 감축했다.

용어 **물적분할**이란 98년 개정 상법에 신설된 분할제도에 따라 허용된 분할방법. 신설회사 주식을 분할회사 주주에 귀속시키는 단순분할과 달리 분할회사가 신설회사의 주식 100%를 소유하게 된다. 한화종합화학은 원료부문이 가공부문의 소유권을 갖게 된다.

매일경제 1999년 5월 4일 화요일

회사의 분할은 품질의 향상을 통한 경쟁력의 강화, 판매의 촉진을 위한 영업부문의 전문화와 효율화, 불필요한 영업부문의 분리, 경영의 위험부담에 대한 제한, 특정한 영업부문의 타기업과의 제휴, 대기업의 정책적인 분할 등을 위하여 이루어진다.

2) 회사분할의 의의

(가) 상법상의 회사분할

(a) 회사의 분할은 합병에 반대되는 제도라고 할 수 있다. 회사의 분할이란 어느 특정회사(이하 분할회사라 한다)의 적극재산과 소극재산 및 사원이 분리되어 적어도 하나 이상의 신설 또는 기존의 회사에 포

괄적으로 승계되고, 그 대가로 신설 또는 기존회사의 주식이 원칙적으로 분할회사의 사원들에게 부여되는 것을 말한다.

(b) 상법에서는 분할회사가 분할에 의하여 1개 또는 여러 개의 회사(단순분할신설회사)를 설립하고(상 530의 2 Ⅰ), 그 자체가 소멸하기도 하고(完全分割) 존속하기도 하는(不完全分割) 회사법상의 절차를 회사의 분할이라고 한다. 한편 분할회사가 분할에 의하여 1개 또는 여러 개의 기존회사(분할승계회사)와 합병하거나 새로운 회사(분할합병 상대방회사)를 설립하는 경우를 분할합병이라 하는데(상 530의 2 Ⅱ), 회사의 분할이라 할 때에는 이 양자를 포함하여 사용한다.

(나) 사실상의 회사분할

영업재산에 대한 부분적 포괄승계의 방식은 아니지만 분할회사의 영업재산과 사원이 하나 또는 둘 이상의 회사로 이전하는 일련의 절차를 사실상의 회사분할이라 한다. 이에는 다음과 같은 네 가지의 방법이 있다. 첫째는 회사가 그 영업재산의 일부분을 현물출자하여 새로운 회사를 설립하는 방법이고(상 290 (2)), 둘째는 회사가 새로운 회사를 설립한 후에 신회사의 신주발행시에 회사의 영업의 일부분을 현물출자하는 방법이다. 셋째는 새로운 회사가 재산인수의 형태로 분할회사의 영업의 일부분을 양수하는 방법이고(상 290 (3)), 넷째는 회사가 새로운 회사를 설립한 후 사후설립에 의해 기존회사의 영업을 양도받는 방법이다(상 375).

(2) 분할의 방법

1) 분할의 방법

분할은 우선 분할회사가 분할 후에 소멸하는가 존속하는가에 따라 완전분할과 불완전분할로 구별되고, 각각의 경우에 다시 분할출자를 받는 상대방회사가 기존회사인 경우와 신설회사인 경우로 세분된다. 즉 분할회사로부터 분리된 영업재산이 독립해서 존재하는지 아니면 다른 회사의 영업재산과 합쳐지는지에 따라 '단순분할'과 '분할합병'으로 구분된다. 구체적으로 분할회사에서 분리된 영업재산으로 새로운 회사(단순분할 신설회사)를 설립하는 경우를 '단순분할'이라 하고, 분할회사의 영업재산의 일부를 분리하여 기존의 다른 회사(분할승계회사)에 흡수시키는 경우를 '흡수분할합병'이라 하며, 분할회사의 영업재산의 일부를 기존의 다른 회사의 영업재산의 전부 또는 일부와 합하여 새로운 회사(분할합병 신설회사)를 설립하는 경우를 '신설분할합병'이라고 한다(상 530조의 2).

2) 분할의 유형

㈎ 완전분할과 불완전분할

완전분할이란 분할회사가 소멸하면서 그 영업재산의 전체를 분리하여 2개 이상의 새로운 회사를 설립하는 형태로서 소멸분할이 이에 해당

엠피오·에너원 물적분할 결정

충남방적 소수주주, 감사 추가선임 임시주총 요구

상장사들의 주주총회가 이어지고 있는 가운데 10일 한 소수주주가 회사 정관변경 의안 상정을 막아내 눈길을 끌었다.

주인공은 충남방적 주식 1.9% 지분을 가지고 있는 보아스투자자문과 김성진 주주로 지난 1월 18일 감사 1인 추가 선임을 회사 측에 제안했다. 하지만 충남방적은 주주 제안 의안을 상정하지 않고 오히려 감사 수를 '1명 이상'에서 '1명'으로 제한하는 정관변경안을 이번 주총에서 다루기로 공고했다.

이에 김성진 씨 등은 '회사가 소수주주권을 침해했다'며 대전지법 논산지원에 정관변경안에 대한 의결금지 가처분을 제기해 7일 승소했다.

소수주주 측 변호사는 "기업 덩치에 비해 유동성이 매우 큰 충남방적에 이를 제대로 감시할 중립적인 감사의 추가 선임이 필요하다"며 "감사 추가 선임을 위한 임시주총을 회사에 요구한 상태"라고 밝혔다.

충남방적 측은 소수주주의 감사 추가 선임 제안 건에 대해 "방침을 밝히지 않겠다"며 함구했다. 나머지 의안은 원안대로 순탄하게 통과돼 주총은 50분 만에 끝났다.

코스닥시장에서는 관리종목에 지정된 상장사들의 주주총회가 열려 눈길을 끌었다. 이들은 회사의 물적분할을 추진하는 사례가 많았다.

한때 우량 MP3플레이어 제조업체였던 엠피오는 기존 핵심 사업인 MP3플레이어 사업부를 물적분할하기로 결정해 이날 주주총회에서 원안 가결됐다.

에너원도 모바일 솔루션 사업부문을 물적분할하기로 결정했다. 이들은 관리종목에서 탈피하기 위해 최근 연이어 증자를 추진하는 한편 부진한 사업부를 분할하는 사례도 늘고 있다. 이를 통해 부진한 사업부 손실을 중단사업손실로 떨어낼 수 있기 때문이다.

이 밖에 경영권 방어를 위해 황금낙하산 조항을 도입하려 했으나 부결되는 사례도 있었다. 사라콤은 지난 2월 최대주주 변경 후 정관변경을 통해 황금낙하산 조항을 도입하려 했지만 이미 주총 이전부터 주주들 반대가 심해 이를 추진하지 않겠다고 밝힌 상태다.

회사 관계자는 "적대적 인수·합병(M&A) 불안감이 있는 것처럼 오해를 사는 사례가 많아 주총 이전에 의안을 삭제하려 했으나 불가능해 주총에서 부결시킨 것"이라고 말했다.

이재화·전범주기자

매일경제 2008년 3월 11일 화요일

《회사분할의 유형》

구 별 / 분할유형	분할회사의 소멸 여부	분할의 방법	신설·기존회사 주식의 교부대상
완전분할	소멸	인적분할	분할회사의 주주
불완전분할	존속	인적분할	분할회사의 주주
		물적분할	분할회사

한다. 한편 불완전분할이란 분할회사가 존속하면서 그 영업재산의 일부를 분할하여 신회사를 설립하거나 기존회사에 출자하는 형태로서 존속분할이 이에 해당한다.

(나) 물적분할과 인적분할

분할회사 자신이 분할 후에 신설되는 회사(단순분할 신설회사, 분할

한진해운, 인적분할 승인

한진해운은 13일 이사회를 열어 인적분할이 예정된 한진해운홀딩스 사업부 일부를 합병하기로 결의했다. 이날 이사회 결의안은 4월 임시 주주총회를 통해 확정된다.

이사회 결의에 따르면 한진해운은 한진해운홀딩스의 인적분할에 따라 분리돼 나오는 사업부 중 해운지주 사업부문을 합병한다.

이후 조양호 한진그룹 회장과 최은영 한진해운 회장이 지분을 교환해 한진해운이 한진그룹으로 되돌아가고, 해운사업부가 떨어져 나간 한진해운홀딩스는 최 회장이 계속 보유하게 된다. 또 한진해운 산하 몇몇 자회사도 최 회장 몫이 된다. 다만 한진해운과 한진 상표권 사용 수익 등은 모두 신설법인, 즉 한진그룹에 넘긴다.

최근 한진해운홀딩스가 한진해운의 3자물류 자회사인 HJLK와 한진SM 지분을 370억원에 매입해 자회사로 편입한 이유도 분할에 대비해서다. 김동은 기자

매일경제 2014년 3월 14일 금요일

합병 신설회사) 또는 출자를 받는 기존회사(분할승계회사)의 주식을 모두 취득하는 경우가 물적분할(物的分割)이고, 분할 후에 신설되는 회사 또는 출자를 받는 기존회사의 주식이 분할회사의 주주에게 배정되는 경우가 인적분할(人的分割)이다. 상법상 회사의 분할은 원칙적으로 인적분할을 가리키며, 물적분할에 관하여는 상법 제530조의 12에 의하여 인적분할에 관한 규정을 준용하고 있다.

(3) 회사분할의 절차

1) 총 설

(가) 상법은 분할의 주체를 주식회사에 한정하고 있으므로(상 530의 5, 530의 6), 유한회사나 인적회사에 대하여는 회사의 분할이 인정되지 않는다. 분할회사가 주식회사에 한정되는 이상 신설되는 회사 또는 기존의 회사(분할승계회사) 역시 주식회사로 제한된다.

(나) 한편 회사분할의 구체적 내용은 이사회의 결의에 의하여 결정된다. 이사회의 결의내용은 분할계획서 또는 분할합병계약서에 기재되는데, 분할의 당사회사는 이것을 작성하여 주주총회의 승인을 얻어야 한다(상 530의 3 I). 분할의 경우에 요구되는 분할계획서는 분할회사가 작성하고, 분할합병의 경우에 요구되는 분할합병계약서는 분할합병의 당사회사가 합의에 의하여 작성한다.

2) 분할계획서 및 분할합병계약서의 작성

(가) 분할계획서의 작성(단순분할의 경우)

단순분할의 경우에는 분할의 효력발생과 동시에 분할출자를 받는 회사가 신설되고 분할회사로부터의 영업재산의 부분적 포괄적 승계가 이루어지기 때문에, 분할회사만이 분할의 당사회사가 된다. 단순분할의 경우에는 분할계약의 상대방회사가 존재할 수 없으므로, 분할회사의 이사회가 단독으로 분할계획서를 작성한다. 완전분할의 경우에는 신회사의 설립에 관한 사항이 분할계획서의 내용이 되고(상 530의 5 I), 불완전분할의 경우에는 분할 후에 존속하는 분할회사의 영업재산의 변동사항이 분할계획서의 내용이 된다(동조 II).

(나) **분할합병계약서의 작성**(분할합병의 경우)

분할합병을 위하여는 분할회사와 기존회사 사이에 분할합병계약이 체결되어야 한다. 완전분할의 경우에는 기존회사가 2개 이상이어야 하지만, 불완전분할의 경우는 1개의 회사를 상대로 한 분할합병계약의 체결도 가능하다. 특히 불완전분할의 경우에는 그 존속하는 분할회사에 관한 사항은 분할합병계약서와는 별도로 분할계획서를 작성하여(상 530의 6 III) 분할합병계약서와 함께 주주총회의 승인결의를 거쳐야 한다.

3) 분할관계서류의 공시

분할회사의 주주와 회사채권자는 회사의 분할에 따르는 이해관계가 크므로, 분할회사는 그에 관한 일정한 사항을 미리 공시하여야 한다. 공시는 한편으로는 주주가 분할의 승인을 위한 주주총회에서 승인할 것인가의 여부를 판단하는 자료가 되는 동시에(상 530의 3 I), 다른 한편으로는 회사채권자가 이의제출권을 행사할 것인가의 여부를 결정하는 자료가 된다(상 530의 11 II).

4) 분할 및 분할합병의 결의

(가) **주주총회의 특별결의**

분할회사가 분할을 하기 위하여는 주주총회에서 단순분할의 경우에는 분할계획서에 대한 승인결의를 해야 하며, 분할합병의 경우에는 분할합병계약서에 대한 승인결의를 해야 한다. 특히 분할합병의 경우에는 분할당사회사 모두의 주주총회의 승인결의가 있어야 한다. 회사분할의 승인결의는 주주총회의 특별결의에 의한다(상 530의 3 II).

(나) **종류주주총회의 결의**

회사가 종류주식을 발행한 경우에 분할로 인하여 어느 종류의 주주에게 손해를 미치게 될 때에는, 위의 주주총회의 특별결의 외에 상법 제435조의 규정에 의한 종류주주총회의 결의가 있어야 한다(상 436).

(다) 무의결권주식의 의결권

상법은 예외적으로 분할승인결의에 있어서 의결권 없는 배당우선주식을 가진 주주에게도 의결권을 인정하고 있다(상 530의 3 Ⅲ).

(라) 간이합병 및 소규모합병과의 관계

상법은 간이합병(상 527의 2)과 소규모합병(상 527의 3)에 관한 규정을 회사의 분할 및 분할합병을 약식으로 하는 간이분할과 소규모분할의 경우에도 준용하고 있으므로(상 530의 11 Ⅱ), 일정한 경우 분할당사회사의 주주총회의 분할승인결의 없이 이사회의 결의만으로 약식분할 내지 약식분할합병을 실행할 수 있다.

5) 분할승인결의 후의 절차

(가) 주식의 병합 및 분할

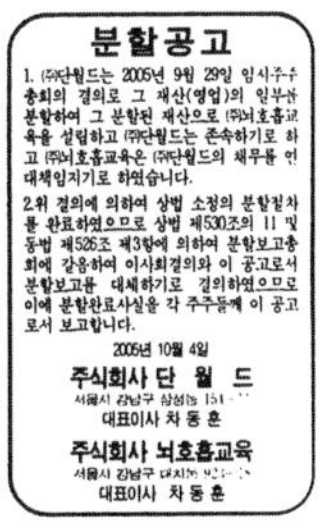
분할공고
1. ㈜단월드는 2005년 9월 29일 임시주주총회의 결의로 그 재산(영업)의 일부를 분할하여 그 분할된 재산으로 ㈜뇌호흡교육을 설립하고 ㈜단월드는 존속하기로 하고 ㈜뇌호흡교육은 ㈜단월드의 채무를 연대책임지기로 하였습니다.
2.위 결의에 의하여 상법 소정의 분할절차를 완료하였으므로 상법 제530조의 11 및 동법 제526조 제3항에 의하여 분할보고총회에 갈음하여 이사회결의와 이 공고로서 분할보고를 대체하기로 결의하였으므로 이에 분할완료사실을 각 주주들께 이 공고로서 보고합니다.
2005년 10월 4일
주식회사 단 월 드
서울시 강남구 삼성동 151-
대표이사 차 동 훈
주식회사 뇌호흡교육
서울시 강남구 대치동
대표이사 차 동 훈

분할이나 분할합병에 의해 신설되는 회사(단순분할 신설회사, 분할합병 신설회사) 또는 출자를 받고 자본금증가를 하는 회사(분할승계회사)가 그 주식을 분할회사의 주주에게 배정하는 경우에, 분할회사의 주식의 액면가액과 신설회사 또는 분할승계회사의 주식의 액면가액이 동일하지 않은 경우에는 주식의 배정이 어렵게 된다. 또한 액면가액이 동일한 경우에도 1주 대 1주의 대등관계에 있는 경우가 아니면 역시 주식의 배정에 어려움이 따르게 된다. 이러한 경우에는 주식의 병합 또는 분할을 통하여 1주 대 1주의 대등관계가 되도록 할 필요가 있으므로, 상법은 회사의 합병에서 인정되는 주식의 병합 및 분할에 관한 상법 제440조 내지 제444조의 규정을 회사의 분할에도 준용하고 있다(상 530의 11 Ⅰ).

(나) 분할당사회사의 등기

분할당사회사의 등기에 관하여는 회사의 합병등기에 관한 상법 제528조가 준용된다(상 530의 11 Ⅰ). 그러므로 회사가 분할을 한 때에는 단순분할의 경우는 분할승인총회가 종결한 날로부터, 분할합병의 경우는 보고총회가 종결할 날로부터 본점소재지에서는 2주 내에, 지점소재지에서는 3주 내에, 분할로 인하여 소멸하는 회사에 있어서는 해산등기를, 분할 후 존속하는 회사에 있어서는 변경등기를, 분할로 인하여 설립된 회사에 있어서는 설립등기를 하여야 한다(상 526 Ⅲ).

(4) 주주 및 채권자의 권리보호

1) 주주의 권리보호수단

(가) 총 설

회사분할의 경우에 분할회사의 주주가 행사할 수 있는 권리는 다음과 같다. i) 분할 후에 신설된 회사 또는 출자를 받는 기존의 회사에 대한 주식교부청구권(상 530의 5 Ⅰ (4)), ii) 분할계약서에 기한 분할교부금의 인도청구권(동조 (5)), iii) 분할계획서 및 대차대조표 등의 열람청구권(상 530의 7), iv) 분할합병에 반대하는 주주의 주식매수청구권(상 530의 11 Ⅱ), v) 분할절차에 중대한 하자가 있는 경우에 분할무효소송의 제기권(상 530의 11 Ⅰ) 등이 이에 해당한다.

(나) 분할반대주주의 주식매수청구권

이는 회사의 분할에 반대하는 주주가 주주총회의 분할결의 전에 회사에 대하여 서면으로 자기가 소유한 주식의 매수를 청구할 수 있는 권리이다(상 530의 11 Ⅱ). 상법은 회사의 합병을 반대하는 주주의 주식매수청구권에 관한 규정(상 522의 3)을 분할합병의 경우에만 준용하고 단순분할의 경우에는 이를 준용하지 않고 있다.

2) 채권자의 권리보호수단

(가) 총 설

회사가 분할하게 되면 분할회사의 책임재산이 변경되기 때문에 회사채권자는 재산상의 손해를 볼 염려가 있으므로, 상법은 분할당사회사의 채권자를 보호하기 위하여 다음과 같은 규정을 두고 있다. i) 분할계획서 및 대차대조표 등 분할관계서류의 공시(상 530의 3), ii) 분할 전에 회사채권자가 회사에 대하여 갖는 이의제출권(상 530의 9 Ⅳ), iii) 분할 후에 분할당사회사가 회사채권자에 대하여 부담하는 연대책임(상 530의 11 Ⅱ), iv) 분할계획서 및 대차대조표 등에 대한 열람청구권(상 530의 7), v) 분할절차에 중대한 하자가 있는 경우에 채권자가 제기하는 분할무효소송(상 530의 11 Ⅰ) 등이 이에 해당한다.

(나) 채권자의 이의제출권

(a) 단순분할의 경우 상법은 합병의 경우에 인정되는 채권자의 이의제출권을 분할에도 준용하고 있다(상 530의 9 Ⅳ, 530의 11 Ⅱ). 단순분할 이후 분할당사회사가 연대책임을 지는 경우에는 분할회사의 분할 전의 회사채권자는 이의제출권을 행사할 수 없으나, 분할당사회사가 연대책임을 지지 않는 경우에는 회사채권자가 회사의 담보재산의 감소로 인한 불이익을 받게 되므로 분할에 대하여 이의를 제기할 수 있다(상 530의 9 Ⅳ).

(b) 분할합병의 경우 분할회사와 기존회사가 분할합병 전의 분할회사의 채무에 대하여 연대책임을 지지 않는 경우는 물론이고, 연대책임을 지는 경우에도 회사채권자는 이의제출권을 행사할 수 있다(상 530의 11 Ⅱ). 한편 분할합병의 상대방회사인 분할승계회사의 채권자도 이의제출권을 행사할 수 있다. 왜냐하면 기존의 회사는 흡수합병의 경우에 존속하는 회사와 동일한 지위를 갖고 있을 뿐만 아니라, 기존회사는 피분할회사의 채무에 대하여 연대책임을 지도록 규정되어 있기 때문이다.

(다) 신설 또는 기존회사의 연대책임

(a) 단순분할의 경우 분할회사가 분할로 인하여 해산하면서 여러 개의 회사를 설립하는 소멸신설분할의 경우에는 신설 또는 기존회사들이 연대하여 책임을 부담하고, 분할회사가 존속하면서 분할된 영업부문으로 회사를 설립하는 존속신설분할의 경우에는 분할회사와 신설 또는 기존회사가 각각 분할 전의 분할회사의 채무에 대하여 연대책임을 진다(상 530의 9 Ⅰ).

(b) 분할합병의 경우 분할회사의 영업부문의 일부가 분리되어

기존의 다른 회사에 흡수되거나 또는 다른 회사의 영업부문의 전부 내지 일부와 합쳐서 새로운 회사를 설립하는 경우에는, 원칙적으로 분할회사와 분할승계회사 또는 분할합병 신설회사가 분할합병 전의 분할회사의 채권자에 대하여 연대책임을 부담한다(상 530의 9 I). 그러나 분할합병의 경우에는 분할의 당사회사가 연대책임을 부담하더라도 분할회사의 채권자는 이의를 제출할 수 있다(상 530의 11 Ⅲ). 왜냐하면 분할합병의 경우에는 단순분할의 경우와는 달리 분할회사가 상대방회사와 결합되므로, 분할회사의 채권자는 상대방회사의 경영상태나 재무구조에 따라서 분할합병 전보다 불리한 지위에 놓이게 될 수 있기 때문이다.

(5) 회사분할의 효과

1) 회사분할의 일반적 효과

(가) 영업재산의 부분적 포괄승계

회사의 분할은 합병과 마찬가지로 분할계획서나 분할합병계약서에서 정한 바에 따라 분할회사의 적극 및 소극재산이 분할등기 시점에 새로 생기는 회사에 법률상 당연히 부분적으로 포괄승계된다(상 530의 10).

(나) 분할회사의 소멸 또는 존속

완전분할의 경우에 분할회사는 분할 즉시 소멸한다. 이 경우에 해산하는 분할회사는 해산의 등기만 하면 되고, 별도의 청산절차를 거치지 않아도 된다.

(다) 신설회사의 설립

분할회사에서 분리된 영업재산으로 새로운 회사(단순분할 신설회사, 분할합병 신설회사)를 설립하는 경우에는 원칙적으로 상법상의 회사설립절차에 따르지만(상 530의 4), 신설회사의 설립절차는 통상의 회사설립절차에 비하여 간소화되어 있다.

(라) 기존회사의 자본금증가

단순분할의 경우에는 그 형태가 완전분할이든 불완전분할이든, 분할회사가 분할 후에 다른 회사와 결합하는 일이 없으므로 상대방회사라는 것이 없어서 자본금의 증가는 있을 수 없다. 따라서 분할승계회사의 자본금증가는 분할회사로부터 출자를 받는 기존의 회사가 존재하는 분할합병의 경우에만 문제가 된다. 이러한 경우에 분할회사로부터 출자를 받은 만큼 기존회사(분할승계회사)의 자본금액이 증가하는데, 그 범위 내에서 기존회사가 발행한 주식은 분할회사의 주주에게 배정된다.

(마) 신설 또는 기존회사가 발행한 주식의 귀속

인적분할의 경우 분할로 인해 발행되는 신설회사의 주식 또는 기존회사의 증가된 자본금에 해당하는 주식은 분할회사의 주주에게 직접 귀속하게 된다. 또한 물적분할(상 530의 12)의 경우 분할에 의해 발행되는 신설회사의 주식 또는 기존회사의 증가된 자본금에 해당하는 주식은 분할회사 자신에게 귀속된다.

2) 회사분할의 부수적 효과

(가) 이사와 감사의 임기변경

회사의 분할에는 흡수합병시 존속회사의 이사와 감사의 임기에 관한 특례 규정인 상법 제527조의 4가 준용된다(상 530의 11 I). 따라서 분할계획서나 분할합병계약서에 분할회사의 이사와 감사의 임기에 관한 특별한 정함이 없는 때에는 해당 이사와 감사는 분할 후에 도래하는 최초의 결산기의 정기총회가 종료하는 때에 퇴임한다.

(나) 준비금(분할잉여금)

상법 제459조 제 1 항에 의하면 회사의 분할로 인한 잉여금은 합병잉여금과 같이 자본준비금으로 적립하여야 한다. 또한 분할회사에 적립하는 자본준비금을 초과하는 금액 중에서 분할회사의 이익준비금 또는 이에 준하는 금액은 분할로 인하여 설립된 회사(단순분할 신설회사, 분할합병 신설회사) 또는 기존의 회사(분할승계회사)의 이익준비금 등으로 승계할 수 있다(상 459 II).

㈐ 경업금지의무의 발생

회사의 분할에 의하여 분할회사가 존속하는 불완전분할의 경우에, 분할회사는 영업양도인에 준하는 것으로 보아 상법 제41조를 준용하여 경업금지의무를 진다고 할 것이다.

(6) 회사분할의 무효

1) 서 설

회사의 분할에 무효의 원인이 있을 경우에 분할당사회사의 이해관계자는 회사분할 무효의 소로써 다툴 수 있는데, 이 경우에 회사의 합병무효의 소에 관한 상법 제529조를 준용하고 있다(상 530의11 Ⅰ). 회사분할의 무효는 소만으로 주장할 수 있으며 소송에 대한 판결의 효과가 즉시 발생하므로, 분할무효의 소는 형성의 소이다. 그리고 분할무효의 소는 분할의 등기가 있은 날로부터 6월 이내에 제기하여야 한다(상 529 Ⅱ).

2) 무효의 원인

분할계획서 또는 분할합병계약서의 내용이 선량한 풍속 기타 사회질서에 위반하는 경우, 또는 그 내용이 강행법규에 위반하거나 현저히 불공정한 경우에는 회사분할의 무효의 원인이 된다. 그리고 분할계획이나 분할합병계약의 주주총회 승인결의에 하자가 있는 경우, 분할의 당사회사의 형태에 관한 적법성을 결여한 경우, 분할계획서 등에 절대적 기재사항이 누락되거나 분할대차대조표 등의 공시의무를 위반한 경우도 회사분할의 무효원인이 된다.

8. 회사의 해산

회사의 해산이란 회사의 법인격을 소멸시키는 원인이 되는 법률사실을 말한다. 회사의 경우는 상속과 같은 포괄적인 승계가 인정되지 않으므로 회사가 해산한 때에는 스스로 기존의 법률관계를 처리하여야 한다. 이러한 처리과정을 청산절차라 하고, 해산 후 청산의 목적을 위하여 존속하는 회사를 청산회사라고 한다. 청산회사도 해산 전의 회사와 동일성이 있지만[대 56. 6. 8, 4289 행상 5], 그 목적이 청산의 범위 내에 한정된다는 점이 다르다.

(1) 해　산

1) 원　인

주식회사는 i) 존립시기의 만료[대 68. 4. 22, 67 마 659], 기타 정관으로 정한 사유의 발생(상 517 (1), 227 (1)), ii) 합병 · 파산(상 517 (1), 227 (4)·(5)), iii) 법원의 해산명령(상 176)과 소수주주(발행주식총수의 100분의 10 이상에 해당하는 주식을 가진 주주)의 청구에 의한 해산판결(상 520), iv) 주주총회의 특별결의(상 517 (2), 518, 434) 등의 사유에 의하여 해산한다. i)과 iv)에 의하여 해산한 회사는 주주총회의 특별결의(상 434)로써 회사를 계속할 수 있다(상 519). 또한 회사의 목적의 달성이나 불가능, 영업의 양도나 폐지, 기업의 임대차나 경영위임 등은 회사의 해산사유가 아니다.

2) 해산의 효과

회사가 해산하면 회사의 권리능력은 청산의 목적범위 내로 제한된다(상 542, 245). 즉 회사는 제 3 자에 대한 법률관계의 종결과 주주에 대한 잔여재산의 분배를 위하여 존속하게 된다. 그리하여 기타의 권리능력에 있어서는 해산 전의 회사와 다를 바 없으며 종래의 상호를 계속 사용할 수 있다.

3) 해산의 공시

회사가 해산한 때에는(파산의 경우는 제외) 이사는 주주에 대하여 그 통지를 하고 무기명주권을 발행한 경우에는 이를 공고하여야 한다(상 521). 그리고 해산사유가 있은 날로부터 소정기간(본점소재지에서는 2주간, 지점소재지에서는 3주간) 내에 해산등기를

> **해산 및 채권신고공고 (1차)**
>
> 당 회사는 2012년 9월 10일 임시주주총회에서 해산을 결의하고 2012년 9월 12일자로 해산등기를 완료하였사오니 본 회사에 대하여 채권이 있으신 분은 본 공고 게재익일부터 2개월 이내에 그 채권액을 신고하여 주시기 바랍니다. 만약 위 기일내에 신고가 없으면 청산에서 제외됨을 공고합니다.
>
> 2012년 9월 18일
>
> **주식회사 유래**
>
> 경기도 수원시 장안구 조원동 779-1
>
> 청산인 조 정 우

하여야 한다(상 521의 2, 228). 재판에 의하여 회사가 해산한 경우는 등기소는 법원의 촉탁에 의하여 그 등기를 하여야 한다(비송 93).

(2) 청 산

회사가 해산한 때에는 합병 또는 파산의 경우를 제외하고 청산단계에 들어간다(상 531 I). 그리고 회사의 권리능력은 청산의 목적범위 내로 제한된다(상 542 I, 245). 특히 주식회사에 있어서는 대주주의 횡포를 막고 회사채권자의 이익을 보호하기 위하여 법정청산의 방법만이 인정된다.

1) 청 산 인

(가) 서 설

회사가 해산하면 이사는 그 지위를 잃고 청산인이 대신하여 청산사무를 담당한다. 이사회와 대표이사는 청산인회와 대표청산인으로 된다. 즉 청산사무에 관하여는 청산인회가 의사결정을 하고(상 542, 393), 그 집행은 대표청산인이 하게 된다.

(나) 선임 · 해임

(a) 이사는 원칙적으로 모두 청산인이 되지만(법정 청산인)〔대 68. 5. 27, 68 마 140〕, 정관 또는 주주총회의 결의로 이사 이외의 자를 청산인으로 정할 수 있다(상 531 I). 그러나 청산인이 될 자가 없는 때에는 법원이 이해관계인의 청구에 의하여 청산인을 선임한다(상 531 II).

(b) 청산인은 법원이 선임한 경우를 제외하고 언제든지 주주총회의 보통결의로 해임할 수 있으며(상 539 I), 또한 청산인이 그 업무를 집행함에 현저하게 부적임하거나 중대한 임무에 위반한 행위가 있는 때에는 소수주주권자는 법원에 그 청산인(법원이 선임한 경우를 포함함)의 해임을 청구할 수 있다(상 539 II). 청산인의 선임과 해임은 등기사항이다(상 542 I, 253, 183). 청산인의 원수는 청산인회의 개념이 있으므로 2인 이상이어야 할 것이다.

(다) 청산인회

청산인회는 청산인 전원으로 구성되는 회의체로서 청산사무의 집행기관이다. 즉 청산사무의 집행은 청산인회의 결의에 의하여야 한다(상 542 Ⅱ, 393). 청산인회의 소집·의사·결의 등에 대하여는 이사회에 관한 규정을 준용한다(상 542 Ⅱ, 390～393).

㈑ **대표청산인**

청산인이 법정청산인인 경우는(이사가 청산인이 된 때) 해산 전의 대표이사가 대표청산인으로 되며, 법원이 청산인을 정한 경우에는 법원이 대표청산인을 정하고(상 542 Ⅰ, 255 Ⅰ), 기타의 경우는 청산인회의 결의로써 대표청산인을 정한다(상 542 Ⅱ, 389 Ⅰ·Ⅱ).

㈒ **청산인과 회사와의 관계**

청산인과 회사와의 관계는 위임이므로(상 542 Ⅱ, 382 Ⅱ) 청산인은 회사에 대하여 선량한 관리자의 주의의무를 진다(민 681). 그러나 경업피지의무는 지지 않는다. 청산인과 회사와의 거래에는 청산인회의 승인이 있어야 하며, 청산인과 회사와의 소에 있어서는 감사가 회사를 대표한다(상 542 Ⅱ, 394). 청산인의 보수는 정관 또는 주주총회의 결의로 정하며(상 542 Ⅱ, 388) 법원이 선임한 청산인의 보수액은 법원이 정한다(비송 123, 77).

2) 청산사무

㈎ **현존사무의 종결**(상 542 Ⅰ, 254 Ⅰ (1))

회사의 해산 전부터 계속되고 있는 모든 사무의 종결을 의미한다. 거래처와의 계속적인 계약관계와 종업원과의 고용계약관계를 종료시켜야 한다.

㈏ **채권의 추심**(상 542 Ⅰ, 254 Ⅰ (2))

청산인은 변제기에 있는 채권을 추심하여야 한다. 채권은 반드시 본래의 내용에 따라 추심을 하여야 되는 것은 아니고 대물변제나 경개에 의하거나 채권을 양도에 의하여 환가할 수도 있다.

㈐ **채무의 변제**(상 542 Ⅰ, 254 Ⅰ (2))

(a) 주식회사의 경우에는 청산인은 취임한 날로부터 2월 내에 회사채권자에 대하여 일정한 기간(2월 이상) 내에 그 채권을 신고할 것과 그 기간

내에 신고하지 아니하면 청산에서 제외될 뜻을 2회 이상 공고로써 최고하여야 한다(상 535 Ⅰ). 또한 알고 있는 채권자에게는 각별로 그 채권의 신고를 최고하여야 하지만 이 때에는 그 채권자가 신고하지 아니하여도 이를 청산에서 제외하지 못한다(상 535 Ⅱ).

(b) 채권신고기간 내에는 변제기가 도래한 채권이라도 변제하지 못한다(상 536 Ⅰ 본). 그러나 소액의 채권, 담보 있는 채권, 기타 변제로 인하여 다른 채권자를 해할 염려가 없는 채권에 대하여는 신고기간 내라도 법원의 허가를 얻어 이를 변제할 수 있다(상 536 Ⅱ).

㈑ 잔여재산의 분배(상 542 Ⅰ, 254 Ⅰ (4))

잔여재산은 회사의 채무를 완제한 후 또는 다툼이 있는 채무에 대하여는 그 변제에 필요한 재산을 유보하고 분배할 수 있다(상 542 Ⅰ, 260 Ⅰ). 종류주식을 발행한 경우가 아니면 분배는 각 주주가 가지는 주식의 수에 따라야 한다(상 538).

㈒ 기타의 청산사무

그 밖에 부수적인 청산사무에는 다음과 같은 것이 있다. i) 청산인은 취임한 날로부터 2주간 내에 해산의 사유와 그 연월일, 청산인의 성명·주민등록번호 및 주소를 법원에 신고하여야 한다(상 532). ii) 청산인은 취임 후 지체없이 회사의 재산상태를 조사하여 재산목록과 대차대조표를 작성하고, 이를 주주총회에 제출하여 승인을 얻은 후 지체없이 법원에 제출하여야 한다(상 533). iii) 청산인은 정기총회회일로부터 4주간 전에 대차대조표 및 사무보고서와 그 부속명세서를 작성하여 감사에게 제출하여야 한다(상 534 Ⅰ). iv) 감사는 정기총회회일로부터 1주간 전에 대차대조표 및 사무보고서와 그 부속명세서를 청산인에게 제출하여야 한다(상 534 Ⅱ). v) 청산인은 정기총회회일로부터 1주간 전부터 대차대조표·사무보고서 및 그 부속명세서와 감사보고서를 본점에 비치하여야 한다(상 534 Ⅲ). vi) 주주와 회사채권자는 영업시간 내에 언제든지 위의 비치서류를 열람할 수 있으며, 회사가 정한 비용을 지급하고 그 서류의 등본이나 초본의 교부를 청구할 수 있다(상 534 Ⅳ, 448 Ⅱ). 소수주주권자는 해산 전과 마찬가지로 회계장부열람권이 있다(상 542 Ⅱ, 466). vii) 청산인은 대차대조표 및 사무보고서를 정기총회에 제출하여 그 승인을 요구하여야 한다(상 534 Ⅴ).

3) 청산의 종결

청산사무가 종결한 때에는 청산인은 지체없이 결산보고서를 작성하고 이를 주주총회에 제출하여 그 승인을 얻어야 한다(상 540 Ⅰ). 승인을 한 때에는 부정행위가 없는 한 청산인의 책임을 해제한 것으로 본다(상 540 Ⅱ). 청산인은 승인을 받은 후 청산종결의 등기를 하여야 한다(상 542 Ⅰ, 264). 청산종결의 등기를 하였더라도 채권이 있는 이상 청산은 종료되지 않으므로 그 한도에서 청산법인은 당사자능력이 있다[대 68. 6. 18, 67 다 2528]. 회사의 장부 기타 영업과 청산에 관한 중요한 서류는 청산종결의 등기 후 10년간 보존하여야 하며, 전표 또는 이와 유사한 서류는 5년간 보존하여야 한다(상 541 Ⅰ).

제 9 장 기타 회사

1. 유한회사

(1) 서 설

유한회사(有限會社)는 주식회사의 변종으로서 제 2 의 물적회사라고 할 수 있다. 그러나 주식회사와는 달리 인적회사의 요소가 가미된 비교적 소수인에 의한 중소규모의 기업경영에 적합한 형태이다. 이 형태는 주식회사에 비하여 여러 가지의 실리적인 이점(설립이 간단하고 비용이 적게 들며 조직이 단순하고 탄력성을 부여할수 있으며 대차대조표를 공고하지 않아도 되고 법의 간섭이 적다)이 있기 때문에 중소기업뿐만 아니라 대기업에도 이용될 수 있는 회사이다.

(2) 유한회사의 개념

유한회사란 상법상의 회사로서 상행위 기타 영리를 목적으로 하여 설립한 법인이다(상 169). 회사의 자본은 다수의 균등액으로 분할되고, 모든 사원은 그가 인수한 출자가액에 대한 출자의무를 질 뿐 회사채권자에 대하여는 아무런 책임을 지지 않는다. 이 점이 주식회사와 같다고 할 수 있다. 그러나 사원의 구성이 폐쇄적이고 사원 상호간의 관계는 당사자 자치에 맡기는 점이 주식회사와 다르고 인적회사와 유사하다.

(3) 유한회사의 특성

유한회사는 신뢰관계가 있는 소수인에 의한 회사로서 그 지분의 양도가 제한되었고(상 556) 사원의 총수가 제한되었으므로(상 545) 인적회사의 성

《유한회사와 주식회사의 차이점》

기 준	유한회사	주식회사
	〈총 설〉	
1. 성 질	인적회사성의 물적회사	물적회사
2. 기업형태	중소기업	대기업
3. 수권자본제	불인정	인 정(상 289 Ⅰ (3)·(5) 참조)
	〈설 립〉	
4. 방 법	단순설립	발기설립·모집설립
5. 최초의 이사	정관규정·선임(상 547 Ⅰ)	선 임(상 296 Ⅰ, 312)
6. 법원의 변태설립사항의 감독	불 요	필 요(상 310)
7. 설립취소제도	인 정(상 552)	불인정
	〈사 원〉	
8. 지분의 증권화	불인정(상 555)	인 정(상 355 Ⅰ)
9. 사원의 자본충실책임	인 정(상 550, 551, 593)	불인정
	〈기 관〉	
10. 이사의 임기	무제한	제한(3년)(상 383 Ⅱ)
11. 이사의 원수	무제한	제한(3인 이상)(상 383 Ⅰ)
12. 이사회제도	불인정	인 정(상 390 이하)
13. 감 사	임의기관(상 568 Ⅰ)	필요기관(상 409 Ⅰ)
14. 사원총회의 서면결의	인 정(상 577)	불인정(서면투표 인정)
	〈기 타〉	
15. 자본금의 증감	정관변경	정관변경 불요
16. 사채발행	불인정(상 600 Ⅱ, 604 Ⅰ 참조)	인 정(상 469)
17. 대차대조표의 공고	불 요	필 요(상 449 Ⅲ)

질이 있었지만, 개정상법(2011)에 의하면 지분의 양도는 자유이고 정관의 규정으로 제한할 수 있을 뿐이고(상 556), 사원총수의 제한규정(상 545)이 삭제되어 유한회사는 물적회사에 속한다고 할 수 있다.

(4) 유한회사의 설립

설립시의 사원은 1명이라도 무방하며 주식회사와 같은 모집설립은 허용되지 않고 발기설립과 같은 방법만이 인정된다(상543). 즉 발기인이 따로 없고 회사설립시의 모든 사원이 정관을 작성하고 발기인의 역할을 한다. 그리고 설립경과의 조사제도가 없는 것도 특징이다.

1) 설립절차

(가) 사원이 정관을 작성하여야 한다(상543Ⅰ). 정관은 각 사원이 기명날인 또는 서명하고(상543Ⅱ), 공증인이 인증을 함으로써 그 효력이 생긴다(상543Ⅲ, 292). 정관에는 절대적 기재사항으로, i) 목적, ii) 상호, iii) 사원의 성명·주민등록번호 및 주소, iv) 자본금의 총액, v) 출자 1좌의 금액, vi) 각 사원의 출자좌수, vii) 본점의 소재지 등을 적어야 한다(상543Ⅱ). v)의 금액은 100원 이상 균일하여야 한다(상546).

(나) 상대적 기재사항으로서 설립시의 변태설립사항으로는, i) 현물출자에 관한 사항, ii) 재산인수, iii) 설립비용 등이 있다(상544). 주식회사와 달리 변태설립사항에 대한 법원의 감독제도가 없다.

(다) 이사의 선임

설립중의 회사의 기관으로서 이사는 정관으로 정하지 않은 때에는 회사성립 전에 사원총회를 열어 선임하여야 한다(상547Ⅰ). 이와 같이 정관으로 직접 이사를 정할 수 있다는 점이 주식회사와 다르다. 회사성립 전의 사원총회는 각 사원이 소집한다(상547Ⅱ).

(라) 출자의 이행

유한회사는 정관의 작성에 의하여 사원이 될 자와 출자의 인수가 확정되며 이사는 사원으로 하여금 출자금액의 납입 또는 현물출자의 목적인 재산 전부의 급여를 시켜야 한다(상548Ⅰ). 주식회사와 같은 실권절차는 없지만 사원은 자본금의 전보책임을 진다(상550, 551).

(마) 등 기

유한회사는 납입 또는 현물출자의 이행이 있은 날로부터 2주간 내에 법정사항(상549Ⅱ)을 등기하여야 한다(상549Ⅰ). 이러한 설립등기에 의하여 유한회사는 성립한다(상172).

2) 설립의 무효와 취소

유한회사의 설립의 무효는 그 사원·이사·감사에 한하여, 설립의 취소는 그 취소권 있는 자에 한하여 회사성립의 날로부터 2년 내에 소만으로 이를 주장할 수 있다(상 552 Ⅰ).

(5) 유한회사의 사원

1) 사원의 자격

사원의 자격에는 특별한 제한이 없다. 자연인뿐만 아니라 법인도 사원이 될 수 있다.

2) 사원의 권리

(가) 사원의 권리에는 주식회사의 경우와 같이 자익권과 공익권이 있다. 사원은 자익권으로서 이익배당청구권(상 580), 잔여재산분배청구권(상 612), 자본금증가의 경우에 출자인수권(상 588)이 있다. 사원은 회사의 경영에 참여하고 그것을 감독하고 시정할 수 있는 다음과 같은 공익권이 있다. 즉 단독사원권으로서 의결권(상 575), 사원총회결의의 취소의 소 및 결의무효확인의 소, 결의부존재확인의 소, 부당결의의 취소·변경의 소(상 578, 376~381) 등의 제기권, 서류열람청구권(상 566 Ⅲ, 579의 3 Ⅱ, 448), 설립무효·설립취소·증자무효·감자무효·합병무효의 소권(상 552, 595, 597, 445, 529) 등이 있다.

(나) 소수사원권(자본총액의 100분의 3 이상에 해당하는 출자좌수를 가진 사원만이 행사할 수 있는 권리)으로서 사원총회의 소집청구권(상 572), 이사해임청구권(상 567, 385), 회계장부의 열람청구권(상 583, 466), 회사의 업무 및 재산상태의 검사청구권(상 582), 대표소송제기권(상 565), 이사의 위법행위유지청구권(상 564의 2) 등이 있다.

3) 사원의 의무

사원은 재산출자의무를 진다. 이 의무는 회사성립 후 또는 자본금증가의 효력발생 전에 전부 이행되어야 한다(상 548, 596). 사원은 회사성립 후 또는 자본금증가의 효력발생 후에는 회사에 대하여 아무런 의무를 지지 않는다. 다만 회사설립 당시의 사원과 증자에 동의한 사원은 자본충실의 책임을 진다(상 550, 551, 593, 605).

4) 사원명부

이사는 사원명부에 사원의 성명·주소와 그 출자좌수를 기재하여 본점에 비치하여야 하며, 사원과 회사채권자는 영업시간 내에 언제든지 사원명부의 열람 또는 등사를 청구할 수 있다(상 566). 지분의 이전이나 입질은 그 내용을 사원명부에 기재하지 않으면 회사나 제 3 자에게 대항하지 못한다(상 557, 559 Ⅱ, 601 Ⅱ, 607 Ⅴ 참조). 그리고 회사의 사원에 대한 통지 또는 최고는 사원명부에 기재된 주소 또는 그 자로부터 회사에 통지한 주소로 하면 된다(상 560 Ⅱ, 353).

5) 지분의 양도와 입질

㈎ 지 분

유한회사의 지분(持分)이란 사원이 회사에 대해 갖는 법률상의 지위를 말한다. 모든 사원은 그 출자좌수에 따라 복수의 지분을 갖는다. 사원의 지분에 대하여는 증권을 발행하지 못한다(상 555).

㈏ 지분의 양도

(a) 개정상법(2011)에 의하면 유한회사의 사원은 그 지분의 전부 또는 일부를 타인에게 양도하거나 상속할 수 있다(상 556). 그러나 정관에서 지분의 양도를 제한할 수 있을 뿐이다(동조 단).

(b) 지분의 이전(양도, 강제집행, 상속, 합병, 담보권의 실행 등)은 취득자의 성명·주소와 그 목적이 되는 출자좌수를 사원명부에 기재하지 아니하면 회사와 제 3 자에게 대항하지 못한다(상 557).

㈐ 지분의 입질

유한회사의 지분은 질권의 목적으로 할 수 있다(상 559 Ⅰ). 지분의 입질에 대하여는 지분의 양도제한에 관한 규정이 준용되고, 지분의 입질로 회사와 제 3 자에게 대항하기 위하여는 그 요건을 구비하여야 한다(상 559 Ⅱ, 556, 557). 지분의 경우는 등록질만이 인정된다(상 560 Ⅰ, 340 Ⅰ).

(6) 유한회사의 기관

1) 서　　설

유한회사의 법정기관은 의사결정을 하는 사원총회와 업무를 집행하고 회사를 대표하는 이사가 있다. 이와 같이 2개의 기관만을 법정한 것은 유한회사제도가 중소기업의 경영에 이용되도록 하려는 데 그 입법취지가 있다. 그러므로 유한회사에 있어서는 이사가 여러 명인 때에도 주식회사의 경우와 같이 이사회와 대표이사로 분화되지 않고, 감사는 임의기관에 불과하다(상 568 Ⅰ).

2) 이　　사

(가) 의　　의

이사는 회사를 대표하고 업무를 집행하는 필요·상설의 기관이다. 각 이사는 단독으로 기관을 구성하므로, 다만 이사회의 구성원에 불과한 주식회사의 이사와는 다르다. 또한 이사의 원수·임기·자격 등에 아무런 제한이 없으므로 주식회사의 이사보다 탄력성이 있다.

(나) 선　　임

회사설립시의 이사는 정관으로 정하지 않은 때에는 설립 전의 사원총회에서 선임하며(상 547), 설립 후에는 사원총회에서 선임한다(상 567, 382). 임기에 관하여는 아무런 규정이 없으나, 정관으로 임기를 정하는 것은 무방하다. 이사의 자격에는 아무런 제한이 없으나 감사는 이사가 될 수 없고(상 570, 411) 법인도 이사가 될 수 없다고 본다.

(다) 종　　임

회사와 이사의 관계는 위임이므로(상 570, 382 Ⅱ) 이사는 위임의 일반적 종료사유에 의하여 종임하며(민 689, 690), 사원총회의 해임결의(상 567, 386 Ⅰ)나 소수사원에 의한 해임의 청구(상 567, 385 Ⅱ·Ⅲ)에 의하여 종임한다.

(라) 이사의 직무·권한

(a) 대 표 권　　각 이사는 회사를 대표한다(상 562 Ⅰ). 그러나 이사가

여러 명인 경우에 정관에 다른 정함이 없으면 사원총회에서 회사를 대표할 이사를 선정하여야 하며, 또한 정관 또는 사원총회는 공동대표관계를 정할 수 있다(상 562 Ⅱ·Ⅲ). 회사와 이사간의 소에 있어서는 사원총회에서 회사대표자를 선정하여야 한다(상 563). 기타 공동대표의 경우의 수동대리(상 562 Ⅳ, 208 Ⅱ)·대표권의 범위(상 567, 209) 등은 합명회사의 경우와 같고 표현대표이사의 행위에 대하여는 주식회사에 관한 규정을 준용한다(상 567, 395).

(b) 업무집행권 이사는 회사의 업무를 집행한다. 이사가 여러 명인 경우에 정관에 다른 정함이 없으면 회사의 업무집행과 지배인의 선임 또는 해임 및 지점의 설치·이전·폐지는 이사 과반수의 결의에 의하여야 한다(상 564 Ⅰ). 기타 법정된 직무로는 사원총회의 소집(상 571 Ⅰ), 정관·사원총회의 의사록·사원명부 등의 비치(상 566 Ⅰ), 재무제표의 작성과 제출의무(상 579 Ⅰ·Ⅱ), 영업보고서의 작성과 제출의무(상 579의 2 Ⅰ·Ⅱ), 재무제표 등의 비치·공시(상 579의 3) 등이 있다.

(마) 이사의 자기거래

이사가 자기 또는 제 3 자의 계산으로 회사와 거래하는 경우 감사가 있는 때에는 감사의 승인을, 감사가 없는 때에는 사원총회의 승인을 얻어야 한다(상 564 Ⅲ). 이사의 위법행위에 대한 유지는 주식회사의 경우와 같다(상 567, 402).

(바) 이사의 책임

이사가 법령 또는 정관에 위반한 행위를 하거나 그 임무를 해태한 때(상 567, 399)에는 회사에 대하여 손해배상책임이 있다. 이러한 책임은 총사원의 동의로만 면제할 수 있다(상 567, 400). 또한 이사는 회사설립(상 551)·자본금증가(상 594)·조직변경(상 607) 등의 경우에 자본금충실의 책임을 진다. 이사의 제 3 자에 대한 책임은 주식회사의 경우와 같다(상 567, 401).

3) 사원총회

(가) 서 설

사원총회는 회사의 의사를 결정하는 기관이다. 오늘날 주식회사의 주주총회는 그 권한이 축소되었지만(상 361), 유한회사의 사원총회는 법령 또는 정관에 반하지 아니하는 한 회사에 관한 모든 사항에 대하여 결의할 수 있으며 그 결의는 이사를 구속하게 되므로 유한회사의 최고기관이라고 할 수 있다.

(나) 소 집

(a) 소집권자 사원총회의 소집은 상법에서 달리 규정하는 외에는 원칙적으로 이사가 하지만(상 571 I 본) 감사를 둔 경우에는 감사도 임시총회의 소집을 청구할 수 있다(상 571 I 단). 이사가 여러 명인 경우에도 각 이사가 소집권한이 있다. 여러 명의 이사가 공동대표인 경우도 같다. 소수사원(자본금의 100분의 3 이상에 해당하는 출자좌수를 가진 자)도 총회의 소집을 청구할 수 있으며(상 572 I), 법원의 명령에 의하여 감사 또는 이사가 소집하는 경우도 있다(상 582 Ⅲ).

(b) 소집시기와 소집절차 사원총회는 소집의 시기를 표준으로 하여 주주총회와 같이 정기총회와 임시총회로 구분할 수 있다(상 578, 365). 사원총회를 소집할 때에는 사원총회일을 정하고 회일의 1주간 전에 각 사원에 대하여 서면으로 그 통지서를 발송하거나 각 사원의 동의를 받아 전자문서로 통지를 발송하여야 한다(상 571 Ⅱ). 그러나 총사원의 동의가 있는 때에는 소집절차 없이 사원총회를 열 수 있다(상 573). 상법 제363조 제2항과 제364조는 사원총회의 소집에 준용한다(상 571 Ⅲ).

(다) 의 결 권

각 사원은 출자 1좌(座)마다 1개의 의결권을 가진다(상 575 본). 그러나 정관으로 의결권의 수에 관하여 다른 정함을 할 수 있다(상 575 단). 유한회사는 주식회사와 달리 폐쇄적이고 인적 결합의 성질이 있기 때문에 정관으로 1좌 1의결권의 원칙과 다른 정함을 할 수 있다.

(라) 결의사항

(a) 사원총회의 결의에는, i) 총사원의 의결권의 과반수를 가지는 사원이 출석하고 그 의결권의 과반수로 결의하는 보통결의(상 574), ii) 총사원의 반수 이상이며 총사원의 의결권의 4분의 3 이상을 가지는 자의 동의

로 하는 특별결의(상 585 Ⅰ), iii) 총사원의 일치에 의한 결의가 있어야 하는 특수결의(상 607 Ⅰ) 등이 있다. 보통결의의 요건은 정관으로 다른 정함을 할 수 있고(상 574) 특별결의에 있어서 의결권을 행사할 수 없는 사원은 총사원의 수에, 행사할 수 없는 의결권은 이를 의결권의 수에 산입하지 않는다(상 585 Ⅱ).

(b) 보통결의사항에는 i) 이사가 여러 명인 경우에 회사를 대표할 이사의 선정(상 562 Ⅱ), ii) 공동회사대표의 정함(상 562 Ⅲ), iii) 이사·감사의 선임(상 567, 570, 613, 382, 531 Ⅰ, 539 Ⅰ), iv) 이사와 회사간의 소와 회사대표자의 선정(상 563), v) 이사·감사 등의 보수의 결정(상 567, 570, 613 Ⅱ, 388), vi) 검사인의 선임(상 578, 367), vii) 재무제표의 승인(상 583 Ⅰ, 499 Ⅰ), viii) 감사가 없는 경우 이사의 자기거래의 승인(상 564 Ⅲ), ix) 이사의 경업에 대한 승인(상 567 후), x) 청산의 승인(상 613 Ⅰ, 540 Ⅰ) 등이 있다.

(c) 특별결의사항에는 i) 정관의 변경(상 584, 585), ii) 이사·감사의 해임(상 567, 570, 685 Ⅰ), iii) 지분의 양도(상 556 Ⅰ), iv) 상법 제374조에 규정된 사항(상 576 Ⅰ), v) 사후설립(상 576 Ⅱ), vi) 사원의 법정출자인수권의 제한(상 588 단), vii) 사후자본금 증가(상 596, 576 Ⅱ), viii) 합병(상 598), ix) 설립위원의 선임(상 599), x) 회사의 해산(상 609), xi) 회사의 계속(상 610), xii) 자본금 증가의 경우에 현물출자·재산인수·출자인수권의 부여(상 586, 587), xiii) 자본금감소(상 597, 439 Ⅰ) 등이 있다.

(d) 총사원의 일치를 요하는 사항에는 i) 주식회사로의 조직변경(상 607 Ⅰ), ii) 서면에 의한 결의(상 577 Ⅰ) 등이 있다. 다만 유한회사의 주식회사로의 조직변경은 정관에서 정하는 바에 따라 사원총회의 특별결의(상 585)로 할 수 있다(상 607 Ⅰ 단).

(e) 유한회사는 소수인으로 구성되는 인적회사의 성격도 병유하기 때문에 간단하게 회사의 의사를 결정하는 서면에 의한 결의를 인정한다. i) 총사원의 동의로 일정한 사항에 대한 결정은 총회를 개최하지 않고 서면으로 결의할 것을 정할 수 있으며(상 577 Ⅰ), ii) 일정한 결의의 목적사항에 대하여 총사원의 서면에 의한 동의가 있으면 서면결의로 인정한

다(상 577Ⅱ).

(f) 주식회사의 주주총회에 관한 의결권의 대리행사 및 특별이해관계인의 의결권(상 368Ⅲ·Ⅳ), 자기주식의 의결권(상 369Ⅱ), 행사할 수 없는 의결권의 수(상 371Ⅱ), 총회의 연기 또는 속행(상 372), 의사록(상 373), 결의취소 및 무효확인의 소, 결의부존재확인의 소, 부당결의취소·변경의 소(상 376~381) 등의 규정은 사원총회에 준용한다(상 578).

4) 감　　사

㈎ 유한회사에 있어서 감사는 임의기관으로서 정관에 의하여 둘 수 있을 뿐이다(상 568Ⅰ). 최초의 감사는 정관으로 정하지 않은 때에는 회사성립 전의 사원총회에서(상 568Ⅱ, 547), 회사성립 후의 감사는 사원총회의 보통결의로 선임한다(상 570, 382Ⅰ).

㈏ 감사는 i) 언제든지 회사의 업무와 재산상태를 조사할 수 있고 이사에 대하여 영업에 관한 보고를 요구할 수 있다(상 569). 그리고 ii) 임시사원총회의 소집청구권(상 571Ⅰ), iii) 설립무효 및 증자무효의 소권(상 552, 595), iv) 이사와 회사간의 거래의 승인(상 564Ⅲ) 등에 관한 권한이 있다.

㈐ 감사는 i) 회사성립 후의 출자미필액과 자본금증가 후의 미인수출자 등에 관한 전보책임(상 551, 594), ii) 법원의 명령에 의한 사원총회의 소집(상 582Ⅲ)·감사보고서의 이사에 대한 제출의무(상 579Ⅲ) 등이 있다.

(7) 유한회사의 계산

1) 유한회사의 사원도 회사의 채무에 대하여 유한책임을 지기 때문에 회사채권자를 보호하기 위하여는 회사의 계산관계에 대해 구체적인 법의 규제가 필요하다. 유한회사는 비공개적인 회사이므로 대차대조표를 공고하지 않아도 된다는 점이 주식회사와 다른 점이다.

2) 이사는 매 결산기에 대차대조표·손익계산서·그 밖에 회사의 재무상태와 경영성과를 표시하는 것으로서 상법 제447조 제1항 제3호에 따른 서류와 그 부속명세서를 작성하여야 하며(상 579Ⅰ), 감사가 있는 때에

는 이사는 이를 정기총회회일의 4주간 전에 감사에게 제출하여야 한다(동조 Ⅱ). 그리고 이사는 매 결산기에 영업보고서를 작성하여야 한다(상 579의 2 Ⅰ). 감사는 재무제표와 그 부속명세서 및 영업보고서를 받은 날로부터 3주간 내에 감사보고서를 이사에게 제출하여야 한다(상 579 Ⅲ, 579의 2 Ⅱ). 감사를 두지 않은 경우에는 이사가 재무제표와 그 부속명세서를 직접 정기총회에 제출하여 그 승인을 요구하여야 한다(상 583 Ⅰ, 449 Ⅰ).

3) 이사는 영업보고서를 정기총회에 제출하여 그 내용을 보고하여야 한다(상 583 Ⅰ, 449 Ⅱ). 이사는 재무제표 등과 영업보고서·감사보고서(감사가 있는 경우)를 정기총회회일의 1주간 전부터 5년간 본점에 비치하여야 한다(상 579의 3 Ⅰ). 재무제표 등과 영업보고서·감사보고서의 열람과 등본 또는 초본의 교부(상 579의 3 Ⅱ, 448 Ⅱ), 총회의 승인의 효과(상 583 Ⅰ, 450) 등은 주식회사의 경우와 같다. 소수사원권자는 회계의 장부와 서류의 열람 또는 등사를 청구할 수 있다(상 581 Ⅰ).

4) 재무제표 승인의 효과(상 583 Ⅰ, 450), 법정준비금(상 583 Ⅰ, 458~460), 이익배당(상 583 Ⅰ, 462), 중간배당(상 583 Ⅰ, 462의 3), 사용인의 우선변제권(상 583 Ⅱ, 468) 등에 관하여는 주식회사에 관한 규정이 준용된다.

(8) 정관의 변경

정관변경의 의의·태양·범위 등은 주식회사의 경우와 같다. 정관의 변경에는 사원총회의 특별결의가 있어야 한다. 즉 총사원의 반수 이상이며 총사원의 의결권의 4분의 3 이상을 가지는 자의 동의가 필요하다(상 585 Ⅰ). 정관변경의 결의에 있어서는 지분의 수와 관계 없이 총사원의 반수 이상의 출석이 정족수라는 점이 주식회사와 다르다. 정관의 변경도 서면결의로 할 수 있다(상 577). 정관의 변경을 위한 사원총회의 소집통지에는 주식회사의 경우(상 433 Ⅱ)와 달리 의안의 요령을 기재할 필요가 없다.

(9) 자본금의 증가

1) 유한회사의 자본금은 정관의 절대적 기재사항(상 543 Ⅱ (2))이므로 이의 증감은 정관의 변경에 의해서만 가능하다. 증자방법에는 출자 1좌의 금액을 증가시키는 방법과 출자좌수를 늘리는 방법, 그리고 양 방법을 병용하는 방법 등이 있다. 출자 1좌의 금액을 증가시키는 방법은 유한책임원칙의 예외에 속하므로 증가결의 이외에 총사원의 동의가 있어야 한다. 자본금의 증가를 위하여는 정관을 변경하여야 하므로 사원총회의 특별결의가 있어야 한다(상 584, 585).

2) 사원은 그가 가진 지분에 따라 인수권이 있다(상 588 본). 그러나 회사가 정관 또는 사원총회의 특별결의로 출자인수권을 특정한 자에게 부여하는 경우와(상 586 (3)), 회사가 장래에 증자를 함에 있어서 특정한 자에게 출자의 인수권을 부여할 것을 약속하는 권한을 총회의 결의로 받은 경우에는 현사원의 출자인수권은 제한 또는 박탈될 수 있다(상 588 단).

3) 증가된 출자좌수의 전부에 대한 인수가 있는 때에는 이사는 인수인으로 하여금 출자 전액의 납입 또는 현물출자의 목적인 재산 전부의 급여를 시켜야 한다(상 596, 548). 출자의 이행이 완료된 때에는 본점소재지에서 2주간 내에 자본금증가로 인한 변경등기를 하여야 한다(상 591). 자본금증가는 이 등기에 의하여 그 효력이 생긴다(상 592).

4) 자본금증가의 경우에도 사원·이사·감사는 자본금충실의 책임을 진다(상 593, 594). 즉 사원은 현물출자(상 586 (1))와 재산인수(동조 (2))의 목적인 재산의 실가가 현저하게 부족한 때에 그 부족액에 대한 지급책임이 있으며(상 593 Ⅰ), 이사와 감사는 자본금증가 후에 인수되지 아니한 출자가 있는 경우에 출자의 인수책임을 진다(상 594 Ⅰ). 또한 자본금증가 후에 납입 또는 급여미필재산의 가액에 대한 지급책임이 있다(상 594 Ⅱ).

5) 자본금증가의 무효는 본점소재지에서 자본금증가로 인한 변경등기를 한 날로부터 6월 내에 사원·이사 또는 감사에 한하여 소만으로 이

를 주장할 수 있다(상 595 I).

(10) 자본금의 감소

1) 자본금감소의 방법에는 출자 1좌의 금액을 감소하는 방법, 출자좌수를 감소시키는 방법, 그리고 양자를 병용하는 방법이 있다. 출자좌수의 감소는 지분을 소각 또는 병합하는 방법으로 한다. 자본금감소는 정관변경사항이므로 사원총회의 특별결의가 있어야 하며 이 결의에서는 자본금감소의 방법도 정하여야 한다(상 597, 439 I).

2) 채권자보호의 절차는 주식회사의 경우와 같다(상 597, 439 Ⅱ, 232). 자본금감소의 경우에는 변경등기를 하여야 하지만(상 549 Ⅲ, 183) 이 경우에 등기는 증자 때와는 달리 감자의 효력발생요건이 아니다. 이 점은 주식회사의 경우와 같다. 자본금감소의 무효에 대하여는 주식회사에 관한 규정을 준용한다(상 597, 445, 446).

(11) 해산과 청산

1) 해　산

유한회사는 i) 존립기간의 만료 기타 정관으로 정한 사유의 발생, ii) 합병, iii) 파산, iv) 법원의 해산명령 또는 해산판결, v) 사원총회의 결의 등의 원인에 의하여 해산한다(상 609 I).

2) 청　산

청산은 그 절차가 법정되어 있으므로 임의청산은 인정되지 않는다. 청산절차는 대부분 주식회사의 경우와 같다(상 613 참조). 청산중의 유한회사에 있어서는 이사가 청산인이 되지만 사원총회와 감사는 그대로 존속한다. 청산인은 각자가 청산사무를 집행하며, 청산사무는 주식회사의 경우와 같다(상 613 I, 254 I).

2. 합명회사

(1) 서 설

합명회사(合名會社)는 모든 사원이 회사채무에 대하여 직접 회사채권자에게 연대·무한의 책임을 지는 회사이다. 그러나 합명회사도 법인이므로(상 171) 회사채권자를 위한 1차적인 책임재산은 회사의 재산이며, 사원의 책임은 회사의 재산으로 그 채무를 변제할 수 없을 때에 지는 보충적 책임이다(상 212). 사원이 회사의 채무에 대하여 책임을 지므로 합명회사는 법인성이 희박하고 조합성이 농후한 회사라고 할 수 있다. 합명회사의 모든 사원은 정관에 다른 규정이 없는 때에는 회사의 업무를 집행하고 회사를 대표할 권리·의무가 있다(상 200, 207).

(2) 법률관계

상법은 합명회사의 법률관계를 내부관계(內部關係)와 외부관계(外部關係)로 구분하여 각각 규정하고 있다. 내부관계는 회사와 사원간 및 사원 상호간의 관계를 말하고, 외부관계는 회사와 제 3 자와의 관계 및 사원과 제 3 자와의 관계를 말한다. 내부관계는 사원들만의 이익에 관한 것이기 때문에 임의법규의 성질이 있으므로 광범위한 계약자유의 원칙이 인정되며, 외부관계는 제 3 자의 이익과 관계가 있으므로 거래의 안전을 위하여 대부분 강행법규의 성질이 있다.

(3) 경제적 기능

합명회사는 무한책임사원만으로 구성되는 회사이며 실질적으로 개인경영자들의 조합이라고 할 수 있다. 합명회사의 사원은 회사기업의 소유자인 동시에 기업의 경영자인 점에서 개인기업의 공동경영형태라고 할 수 있다. 또 각 사원이 연대·무한책임을 지므로 합명회사는 가까운

인적 관계가 있는 자들로 조직되는 것이 보통이다. 이 회사형태는 특수제품의 생산을 위하여 기술의 이용 및 협력이 필요한 경우에 이용된다.

(4) 합명회사의 설립

1) 합명회사는 사원이 무한책임을 지므로 그 설립에 있어서 복잡하고 엄격한 절차를 필요로 하지 않는다. 그 결과 설립절차는 아주 간단하여 회사의 사원이 되고자 하는 2명 이상의 자가 정관을 작성하고(상 178) 설립등기를 함으로써 회사는 성립한다(상 172).

2) 합명회사는 정관의 작성에 의하여 회사의 실체가 형성된다. 정관에는 법정사항을 기재하고 총사원이 기명날인 또는 서명하여야 한다(상 179). 회사의 설립 후에 정관을 변경함에는 총사원의 동의가 있어야 한다(상 204). 합명회사는 정관을 작성한 다음 본점소재지에서 설립등기를 함으로써 법인격을 취득한다(상 172).

(5) 합명회사의 구조

1) 합명회사의 내부관계

(가) 사원의 출자

출자란 사원이 일정한 유형·무형의 수단을 회사에 출연하는 것을 말한다. 출자는 금전 기타의 재산뿐만 아니라 노무 및 신용으로도 할 수 있다(상 222, 195; 민 703 Ⅱ). 노무의 출자란 사원이 회사를 위하여 노무를 제공하는 것을 말하며, 신용의 출자란 사원이 회사로 하여금 자기의 신용을 이용시키는 것을 의미한다(회사를 위한 보증, 회사가 발행한 어음의 배서 또는 인수 등).사원은 그 개성이 중요하므로 출자자는 자연인이어야 하며, 무능력자도 될 수 있다(상 7). 그러나 회사는 사원이 될 수 없다(상 173).

(나) 합명회사의 업무집행

(a) 서 설 합명회사의 각 사원은 정관에 다른 규정이 없는 때에는 회사의 업무를 집행할 권리와 의무가 있다(상 200 Ⅰ). 합명회사에서는

사원이 직접 업무집행기관을 구성하므로 사원자격과 기관자격이 원칙적으로 일치한다. 즉 합명회사는 전형적인 인적회사로서 자기기관에 의하여 운영되는 회사이다.

(b) 권리 · 의무 　합명회사의 각 사원은 다른 규정이 없는 때에는 회사의 업무를 집행할 권리와 의무가 있다(상 200). 즉 각 사원은 당연히 업무집행기관을 구성한다. 그러나 정관으로 사원의 1명 또는 여러 명을 업무집행사원으로 정할 수 있으며, 이 때에는 이들 각자가 업무집행기관을 구성하고 다른 사원의 업무집행권한은 박탈된다(상 201 Ⅰ).

(c) 업무집행권한의 상실 　사원이 업무를 집행함에 있어서 현저하게 부적임하거나 중대한 의무위반의 행위를 한 때에는 법원은 사원의 청구에 의하여 업무집행권한의 상실을 선고할 수 있다(상 205 Ⅰ).

(d) 업무집행사원과 회사의 관계 　업무집행사원과 회사의 관계에 대하여는 위임에 관한 민법의 규정이 준용되므로(상 195; 민 707) 업무집행사원은 선량한 관리자의 주의로써 업무를 집행하여야 한다(민 681). 또한 업무집행사원은 정당한 사유 없이 사임하지 못하며, 다른 사원의 일치가 아니면 해임하지 못한다(상 195; 민 708).

(e) 업무집행의 결정 　업무집행은 정관 또는 상법에 규정이 있으면(상 199, 202) 그에 의하고, 아무런 규정이 없는 때에는 총사원의 과반수로써 결정하고, 특히 업무집행사원을 정한 때에는 이들의 과반수로 결정한다(상 195; 민 706 Ⅱ). 지배인의 선임과 해임은 업무집행사원을 정한 경우에도 총사원 과반수의 결의에 의한다(상 203).

(f) 사원의 이의권 　모든 사원이 업무집행에 참여하는 경우에 각 사원의 업무집행에 관한 행위에 대하여 다른 사원의 이의가 있는 때에는 곧 그 행위를 중지하고 총사원의 과반수의 결의에 의하여야 하며(상 200 Ⅱ), 수인의 업무집행사원이 있는 경우에 다른 업무집행사원의 이의가 있는 때에는 업무집행사원의 과반수의 결의에 의하여야 한다(상 201 Ⅱ).

(g) 사원의 업무감시권 　업무집행권이 없는 사원은 회사의 업무

와 재산상태를 언제든지 검사할 수 있는 업무감시권이 있다(상 195; 민 710).

㈐ **사원의 의무**

(a) 경업피지의무

aa) 사원은 다른 사원의 동의가 없으면 자기 또는 제 3 자의 계산으로 회사의 영업부류에 속하는 거래를 하지 못하며, 동종영업을 목적으로 하는 다른 회사의 무한책임사원 또는 이사가 되지 못한다(상 198 I). 다른 사원의 동의는 다른 사원 전원의 동의를 의미하고 사전동의를 원칙으로 한다. 경업피지의무에 관한 규정은 회사의 내부관계에 속하는 사항이므로 정관으로 배제 · 제한 · 강화할 수 있다(통설).

bb) 경업피지의무를 위반한 사원의 행위로 인하여 회사에 손해가 생긴 때에는 회사는 손해배상을 청구할 수 있다(상 198 Ⅲ). 사원이 의무를 위반한 경우에는 다른 사원 과반수의 결의로 그 사원을 제명하거나, 업무집행권한 또는 대표권한의 상실선고를 법원에 청구할 수 있다(상 220 I (2), 205 I, 216). 사원이 의무를 위반하여 거래를 한 경우에 그 거래가 자기의 계산으로 한 것인 때에는 회사는 이를 회사의 계산으로 한 것으로 볼 수 있고, 제 3 자의 계산으로 한 것인 때에는 그 사원에 대하여 회사는 이로 인한 이득의 양도를 청구할 수 있다(상 198 Ⅱ).

cc) 동종영업의 다른 회사의 무한책임사원이나 이사의 취임제한을 위반한 경우에는 손해배상청구를 할 수 있을 뿐이라는 것이 통설이다.

(b) 자기거래의 제한 사원은 다른 사원 과반수의 결의가 있는 때에 한하여 자기 또는 제 3 자의 계산으로 회사와 거래를 할 수 있다. 이 경우에는 자기계약 · 쌍방대리금지에 관한 민법 제124조의 규정을 적용하지 않는다(상 199). 제한되는 거래는 회사와 사원간의 직접거래뿐만 아니라 간접거래(회사에 의한 사원의 채무보증)도 포함한다.

2) 합명회사의 외부관계

㈎ **합명회사의 대표**

(a) 합명회사는 정관에 의하여 업무집행사원을 정하지 않은 때에는

사원 각자가 회사를 대표하며, 업무집행사원을 정한 때에는 각 업무집행사원이 단독으로 회사를 대표한다(상 207). 여러 명의 업무집행사원을 정한 경우에 정관 또는 총사원의 동의로 업무집행사원 중에서 특히 회사를 대표할 자(대표사원)를 정할 수 있다(상 207 단). 대표사원을 정한 때에는 다른 사원의 대표권은 박탈된다.

(b) 대표사원이 회사를 대표하는 것이 현저하게 부적임하거나 중대한 의무에 위반한 행위가 있는 때에는 법원은 다른 사원의 청구에 의하여 대표권한의 상실을 선고할 수 있다(상 216, 205). 정관이나 총사원의 동의로 대표사원을 정한 때와 공동대표를 정한 경우에는 등기를 하여야 한다(상 180 (4)·(5)). 회사를 대표하는 사원은 회사의 영업에 관하여 재판상 또는 재판 외의 모든 행위를 할 권한이 있다(상 209 I).

(나) 사원의 책임

(a) 의 의 　　합명회사의 사원은 회사의 채권자에 대하여 직접·연대·무한의 책임을 진다(상 212 I). 법인인 합명회사의 사원에 대하여 이러한 예외를 인정하는 이유는 합명회사도 법인이긴 하지만 그 실질은 조합적인 성격이 농후하고 합명회사의 경우는 사원의 출자의무나 회사의 자본금유지에 관한 규정이 존재하지 않으므로 회사채권자를 보호할 필요가 있기 때문이다.

(b) 책 임 자 　　모든 사원은 회사채무에 대하여 책임을 진다. 또한 회사성립시의 사원뿐만 아니라 회사성립 후에 가입한 사원도 그 가입 전에 생긴 회사채무에 대하여 책임을 진다(상 213). 사원이 아닌 자가 타인에게 자기를 사원이라고 오인시키는 행위를 하였을 때에는 오인으로 인하여 회사와 거래한 자에 대하여 사원과 동일한 책임을 진다(상 215). 이는 외관법리(外觀法理) 또는 금반언의 원리(禁反言의 原理)에 입각한 책임이다. 그리고 퇴사원 또는 지분을 양도한 사원도 퇴사 또는 변경의 등기를 하기 전에 생긴 회사채무에 대하여는 등기 후 2년(제척기간) 내에는 다른 사원과 동일한 책임을 진다(상 225).

(c) 책임의 내용　　사원은 회사채무의 전액에 대하여 변제의 책임이 있다. 사원은 자기의 전재산으로써 책임을 지며, 이는 회사채권자에 대한 직접책임이고 사원 상호간의 연대책임이다. 회사가 사원에 대하여 부담하는 채무에 대하여는 다른 사원은 책임을 지지 않는다는 것이 다수설이다. 그러나 사원인 자격에서 회사에 대하여 갖는 사원의 채권(비용 및 보수의 청구 등)에 대하여는 회사만이 책임을 진다고 할 수 있으나, 사원이 제 3 자인 자격에서 회사에 대하여 갖는 채권(소비대차에 의한 채권)에 대하여는 다른 사원들이 변제책임을 진다고 본다.

(d) 책임의 소멸　　사원의 책임은 본점소재지에서 해산등기를 한 후 5년이 경과하면 소멸한다(상 267 I). 퇴사한 사원과 지분을 전부 양도한 사원의 책임은 퇴사등기 또는 정관변경등기 후 2년이 경과하면 소멸한다(상 225).

(6) 합명회사의 해산

1) 합명회사의 해산사유(解散事由)(상 227)는 i) 존립기간의 만료 기타 정관으로 정한 사유의 발생, ii) 총사원의 동의, iii) 사원이 1명으로 된 때, iv) 합병, v) 파산 등이다. 그런데 합명회사의 사원은 회사채권자에 대하여 직접 연대·무한의 책임을 지기 때문에 존립중의 책임초과는 파산원인이 되지 않지만 청산중의 합명회사의 경우는 채무초과도 파산원인이 된다(회생파산 306). vi) 법원의 명령 또는 판결. 즉 법원이 회사의 해산을 명하는 경우와(상 176) 사원의 청구에 의한 법원의 해산판결(상 241) 등이다.

2) 회사가 해산한 때에는 합병과 파산의 경우를 제외하고는 그 해산사유가 있은 날로부터 본점소재지에서는 2주간 내, 지점소재지에서는 3주간 내에 해산등기를 하여야 한다(상 228).

3) 회사는 해산에 의하여 바로 그 법인격이 소멸하지 않고 권리·의무의 처리를 위하여 청산의 목적범위 내에서 존속하게 되며(상 245) 청산의 종료에 의하여 법인격이 소멸한다.

3. 합자회사

(1) 서 설

1) 합자회사(合資會社)란 무한책임사원과 유한책임사원으로 구성되는 이원적 조직의 회사이다(상 268). 무한책임사원은 합명회사의 사원과 같지만 유한책임사원은 회사채권자에 대하여 직접 재산출자의 가액을 한도로 하여 책임을 진다(이 점이 간접책임인 주주의 유한책임과 다르다). 회사의 업무집행과 대표는 무한책임사원이 담당하며 유한책임사원은 다만 출자자로서 업무와 재산상태에 대한 감시권을 가질 뿐이다(상 277 I).

2) 합자회사는 합명회사의 형태에 자본적 결합성이 가미된 법인으로서 그 본질은 합명회사와 유사하다. 그리하여 상법에 다른 규정이 있는 사항을 제외하고는 합자회사에 관하여 합명회사에 관한 규정을 준용한다(상 269).

(2) 합자회사의 설립

합자회사는 무한책임사원이 될 자와 유한책임사원이 될 자 각 1명 이상이 정관을 작성하고 설립등기를 함으로써 성립한다. 정관의 기재사항이나 설립등기사항은 합명회사와 같지만(상 179, 180), 각 사원의 책임이 무한인가 유한인가 하는 것을 정관에 기재하고(상 270) 등기하여야 하는 점이(상 271 I) 다르다. 즉 유한책임사원의 성명·주민등록번호·주소·각 사원의 출자총액을 등기하여야 한다(상 271 I, 180).

(3) 합자회사의 구조

1) 합자회사의 내부관계

합자회사의 내부관계에 관한 규정은 임의규정이므로 정관으로 합자회사의 본질 또는 선량한 풍속과 사회질서에 반하지 않는 한 다른 정함을 할 수 있다.

(가) **사원의 출자**

무한책임사원의 출자는 합명회사의 사원과 같지만 유한책임사원의 출자는 금전 기타의 재산만으로 할 수 있다(상 272). 출자는 직접 회사에 대하여 이행하여야 하지만 유한책임사원이 회사채권자에 대하여 출자가액의 한도 내에서 직접 변제를 한 때에는 그만큼 출자의무를 면하게 되고 또한 유한책임사원의 출자의무는 물적회사의 사원의 경우(상 334, 596)와 달리 그가 회사에 대하여 갖는 채권과의 상계에 의한 이행도 가능하다.

(나) **사원의 자격**

무한책임사원은 자연인이어야 하지만(상 174), 유한책임사원은 회사 기타 법인도 될 수 있다.

(다) **업무집행**

합자회사의 업무집행은 정관에 다른 정함이 없는 한 각 무한책임사원에게 그 권리와 의무가 있다(상 273). 지배인의 선임과 해임은 업무집행사원이 있는 경우에도 무한책임사원 과반수의 결의로 한다(상 274). 유한책임사원은 업무집행에 대한 권리·의무가 없지만(상 278), 업무집행은 내부관계에 불과하므로 정관 또는 총사원의 동의로 유한책임사원에게도 업무집행에 대한 권리뿐만 아니라 의무까지도 지도록 할 수 있으며 유한책임사원을 지배인이나 부분적 포괄대리권을 가진 사용인으로 선임할 수 있다고 본다.

(라) **업무집행권한의 상실**

업무집행권한의 상실은 합명회사와 같으나 무한책임사원이 1명뿐인 경우에는 업무집행권한의 상실은 동시에 대표권의 상실도 초래하게 되어 합자회사에 대표사원이 없는 상태가 되므로 인정되지 않는다고 본다[대 77. 4. 26, 75 다 1341].

(마) **유한책임사원의 감시권**

유한책임사원은 업무집행에 참여하지 못하는 반면에 영업연도 말에 있어서 회계장부·대차대조표 기타의 서류를 열람할 수 있고 회사의 업무와 재산상태를 검사할 수 있는 감시권이 있으며, 특히 중요한 사유가 있는 때에는 언제든지 법원의 허가(비송 80, 81)를 얻어 감시권을 행사할 수 있다(상 277). 전자를 일반감시권이라고 한다면 후자는 특별감시권이라고 할 수 있을 것이다.

(바) 경업피지의무

무한책임사원은 합명회사의 사원과 마찬가지로 경업피지의무를 진다(상 269, 198). 유한책임사원은 자본적으로 참가하고 업무집행에 참여하지 않으므로 경업의 자유가 인정된다. 그러나 정관의 규정에 의하여 다른 정함을 할 수 있고, 또한 유한책임사원이 회사의 업무집행에 참여하는 때에는 무한책임사원과 마찬가지로 경업피지의무를 진다고 본다.

(사) 자기거래의 제한

합자회사에는 합명회사에 관한 규정이 준용되고(상 199, 269) 유한책임사원의 자기거래에 관한 규정이 따로 존재하지 않으므로 유한책임사원의 자기거래에 대하여도 다른 사원 과반수의 결의가 필요한 것이다.

(아) 사원의 변동

(a) 유한책임사원의 사망 유한책임사원의 한정후견개시나 사망은 퇴사의 원인이 되지 않는다(상 284, 283 I). 그러므로 유한책임사원이 사망한 때에는 그 상속인이 지분을 승계하여 사원이 되며(상 283 I), 상속인이 여러 명인 때에는 사원의 권리를 행사할 1명을 정하여야 한다.

(b) 지분의 양도 지분의 양도에 있어서 무한책임사원의 경우는 합명회사의 사원과 같이 다른 무한책임사원의 동의가 있어야 한다(상 269, 197). 유한책임사원의 지분은 무한책임사원 전원의 동의만으로 양도할 수 있다. 지분의 양도에 따라 정관을 변경하여야 할 경우에도 같다(상 276).

(c) 지위의 변경 유한책임사원이 무한책임사원이 되거나 그 반대의 경우에는 총사원의 동의가 있어야 한다(상 270, 269, 204).

2) 합자회사의 외부관계

(가) 회사의 대표

정관 또는 총사원의 동의로 무한책임사원 중에서 특히 회사를 대표할 자를 정하지 않는 한 무한책임사원은 각자가 회사를 대표하며(상 269, 207), 유한책임사원은 회사를 대표하지 못한다(상 278). 이것은 강행법규이므로 정관 또는 총사원의 동의로도 유한책임사원에게는 대표권을 인정하지 못한다[대 66. 1. 25, 65 다 2128].

(나) 사원의 책임

(a) 무한책임사원은 합명회사의 사원과 같은 책임을 진다. 유한책임사원은 직접 회사채권자에 대하여 책임을 지지만 그 출자액을 한도로 하여 책임을 부담하는 점이 연대·무한의 책임을 지는 무한책임사원과 다르다. 유한책임사원은 약속한 출자가액에서 이미 이행한 부분을 공제한 가액을 한도로 하여 회사채무를 변제할 책임이 있다(상 279 Ⅰ).

(b) 유한책임사원은 그 출자를 감소한 후에도 본점소재지에서 등기를 하기 전에 생긴 회사채무에 대하여 등기 후 2년 내에는 종전의 책임을 면하지 못한다(상 280). 또한 유한책임사원이 출자가액을 모두 이행하였더라도 출자액이 환급되었을 때에는 종전의 책임을 면하지 못한다. 즉 환급된 만큼 출자가액을 이행하지 않은 것으로 본다.

《합자회사 사원의 권리·의무》

	무한책임사원	유한책임사원
업무집행권	있다(상 200 Ⅰ)	없다(상 278)
업무감시권	있다(상 195; 민 710)	제한된다(상 277)
대표권	있다(상 207 Ⅰ)	없다(상 278)
이의권	있다(상 200 Ⅱ)	없다
경업피지의무	있다(상 198)	없다(상 275)
책임	무한이다(상 212)	유한이다(상 279)
사망	퇴사(상 218 (3))	상속인의 지분승계(상 283 Ⅰ)

(c) 합자회사의 경우에는 총사원의 동의에 의한 정관의 변경으로(상 269, 204) 유한책임사원이 무한책임사원이 되고, 반대로 무한책임사원은 유한책임사원이 될 수 있다.

(4) 합자회사의 해산

합자회사의 해산사유는 합명회사와 같지만(상 269, 227) 그 조직이 이원적이기 때문에 무한책임사원 또는 유한책임사원의 전원이 퇴사한 때에 해산한다(상 285 I). 이 경우에 잔존한 무한책임사원 또는 유한책임사원은 전원의 동의로 새로이 무한책임사원 또는 유한책임사원을 가입시켜서 회사를 계속할 수 있고(상 285 II), 유한책임사원 전원이 퇴사한 경우에는 무한책임사원 전원의 동의로써 합명회사로 조직을 변경하여 회사를 계속할 수 있다(상 286).

4. 유한책임회사

(1) 서 설

1) 유한책임회사(有限責任會社)는 개정상법(2011)에 의하여 새로이 법정한 회사형태이다. 이는 미국의 유한책임회사제도인 Limited Liability Company(LLC)를 모형으로 하여 법정한 제도이다. 이는 내부적으로는 조합적 성질이 있으며 광범위한 사적자치가 인정된다는 점에서 인적회사와 유사하다고 할 수 있다. 그러나 모든 사원이 유한책임을 진다는 점에서 주식회사, 유한회사와 함께 물적회사라고 할 수 있다.

2) 유한책임회사의 사원은 주주나 유한회사의 사원과 같이 출자는 금전 기타 재산만이 인정되고, 정관의 작성후 설립등기를 하는 때까지 출자의 전부를 이행하여야 한다. 유한책임회사는 모든 사원이 유한책임을 지고 내부관계에 대하여 광범위한 사적자치가 인정된다는 것이 장점

이라고 할 수 있다.

(2) 유한책임회사의 설립

1) 정관의 작성

유한책임회사를 설립함에는 사원이 정관을 작성하여야 한다(상 287의 2). 사원은 1명이라도 무방하다. 즉 1명 유한책임회사의 설립이 가능하다. 이 점이 사원은 2명 이상이어야 하는 합명회사(상 178) 또는 합자회사(상 269)와 다르다. 정관에는 다음의 사항을 기재하고 각 사원이 기명날인 또는 서명하여야 한다. 기재사항은 i) 상법 제179조 제 1 호 내지 제 3 호, 제 5 호 및 제 6 호에 정한 사항, ii) 사원의 출자의 목적 및 가액, iii) 자본금의 액, iv) 업무집행자의 성명과 주소 등이다(상 287의 3). 그러나 정관의 인증을 요하지 않는다. 이 점이 인적회사와 같고, 주식회사·유한회사(상 292, 543 Ⅲ)와 다르다.

2) 출자의 이행

사원은 신용 또는 노무를 출자의 목적으로 하지 못한다(상 287의 4 Ⅰ). 이 점이 합명회사의 사원과 다르다. 사원은 정관의 작성 후 설립등기를 하는 때까지 금전 그 밖에 재산의 출자를 전부 이행하여야 한다(동조 Ⅱ). 사원이 현물출자를 하는 경우에는 상법 제295조 제 2 항의 규정을 준용한다(동조 Ⅲ). 그러나 현물출자에 대한 검사제도가 없다는 점이 주식회사와 다르고, 인적회사 및 유한회사와 다르다. 회사의 설립시에 사원이 출자의 전부이행의무를 지는 것은 주식회사의 경우와 같다. 이는 인적회사와 달리 사원이 회사채권자에 대하여 직접 책임을 지지 않도록 하기 위한 조치라고 할 수 있다.

3) 설립등기

유한책임회사는 본점의 소재지에서 소정의 사항을 등기함으로써 성립한다(상 287의 5 Ⅰ).

(3) 유한책임회사의 구조

1) 내부관계

(가) 준용규정

회사의 내부관계인 회사와 사원간, 사원 상호간의 관계에 관하여는 정관 또는 상법에 다른 규정이 없으면 합명회사에 관한 규정을 준용한다(상 287의 18).

(나) 사원의 책임

사원의 책임은 출자금액을 한도로 한다(상 287의 7). 즉 주식회사와 마찬가지로 모든 사원이 간접유한책임을 지고 회사채권자에 대하여 직접책임을 지지 않는다.

(다) 지분의 양도

(a) 유한책임회사는 사원의 개성을 중시하는 특성상 사원의 변동은 회사에 중대한 영향을 미치므로 사원은 정관에 따른 정함이 없는 한 다른 사원의 동의를 얻지 아니하면 지분의 전부 또는 일부를 타인에게 양도하지 못한다(상 287의 8 I). 그러나 업무를 집행하지 않은 사원은 업무를 집행하는 사원 전원의 동의가 있으면 지분의 전부 또는 일부를 타인에게 양도할 수 있다. 다만, 업무를 집행하는 사원이 없는 경우에는 사원 전원의 동의를 얻어야 한다(상 287의 8 II).

(b) 유한책임회사는 지분의 전부 또는 일부를 양수할 수 없다(상 287의 9 I). 즉 회사에 의한 자기지분의 취득을 금지하고 있다. 그러므로 유한책임회사가 지분을 취득하는 경우에 그 지분은 취득한 때에 소멸한다(동조 II).

(라) 업무의 집행

(a) 업무집행자

aa) 회사는 정관으로 사원 또는 사원이 아닌 자를 업무집행자로 정하여야 한다(상 287의 12 I). 법인도 업무집행사원이 될 수 있다. 이 점이 법인인 회사는 합명회사나 합자회사의 무한책임사원이 될 수 없는 것(상 173, 269)과 다르다. 법인이 업무집행자인 경우에는 법인은 업무집행자의 직무를 행할 자를 선임하여야 하고, 그 자의 성명과 주소를 다른 사원에게 통지하여야 한다(상 287의 15 I). 1명 또는 둘 이상의 업무집행자를 정한 때에는 각 사원이 회사의 업무를 집행할 권리와 의무가 있다. 둘 이상의 업무집행자가 있는 경우에 다른 업무집행자의 이의가 있는 때에는 업무집행자의 과반수의 결의에 의하여야 한다(상 287의 12 Ⅱ, 201 Ⅱ).

bb) 회사가 정관으로 둘 이상을 공동업무집행자로 정한 때에는 지체할 염려가 있는 때가 아니면 그 전원의 동의가 없이 업무집행에 관한 행위를 하지 못한다(상 287의 12 Ⅲ, 202).

(b) 업무집행자의 경업 등

aa) 업무집행자는 사원 전원의 동의를 얻지 아니하고는 자기 또는 제 3 자의 계산으로 회사의 영업부류에 속한 거래를 하지 못하며, 동종영업을 목적으로 하는 다른 회사의 업무집행자, 이사 또는 집행임원이 되지 못한다(상 287의 10 I). 이를 위반한 때에는 상법 제198조 제 2 항, 제 3 항 및 제 4 항의 규정을 준용한다(동조 Ⅱ).

bb) 사원은 다른 사원 과반수의 결의가 있는 때에 한하여 자기 또는 제 3 자의 계산으로 회사와 거래를 할 수 있다. 이 경우에는 자기계약·쌍방대리금지에 관한 민법 제124조의 규정을 적용하지 않는다(상 287의 11, 199). 상법 제287조의 11 및 제287조의 12의 규정은 법인이 업무집행자인 경우에 그 직무수행자에 준용된다(상 287의 15 Ⅱ).

(c) 업무집행권한의 상실 등 업무집행사원이 업무를 집행함에 있어서 현저하게 부적임하거나 중대한 의무위반의 행위를 한 때에는 법원은 사원의 청구에 의하여 업무집행권한의 상실을 선고할 수 있다(상 287의 17 I, 205). 그리고 업무집행자의 업무집행정지·직무대행자의 선임을 위한 가처분이 가능하게 되었다. 즉 사원의 업무집행을 정지하거나 그 가처분을 변경하거나 취소하는 경우에는 본점 및 지점이 있는 곳의 등기소에서 이를 등기하여야 한다(상 287의 5 Ⅴ, 183의 2). 이 경우에 직무대행자는 가처분명령에

다른 정함이 있는 경우와 법원의 허가를 얻은 경우 외에는 법인의 통상 업무에 속하지 아니한 행위를 하지 못한다(상 287의 13, 200의 2).

(d) 사원의 감시권 업무집행자가 아닌 사원은 업무집행에 참여하지 못하지만 영업연도 말에 있어서 회계장부·대차대조표 기타의 서류를 열람할 수 있고 회사의 업무와 재산상태를 검사할 수 있는 감시권이 있다. 특히 중요한 사유가 있는 때에는 언제든지 법원의 허가를 얻어 감시권을 행사할 수 있다(상 287의 14, 277).

(e) 정관의 변경 정관의 변경은 정관에 다른 규정이 없으면 총사원의 동의가 있어야 한다(상 287의 16). 정관의 변경은 내부관계에 속하므로 정관의 규정으로 다른 정함을 할 수 있다.

2) 외부관계

㈎ 회사의 대표

업무집행자는 회사를 대표한다(상 287의 19 I). 업무집행자가 여러 명인 경우 정관 또는 총사원의 동의로 회사를 대표할 업무집행자를 정할 수 있다(동조 II). 회사는 정관 또는 총사원의 동의로 여러 명의 업무집행자가 공동으로 회사를 대표할 것을 정할 수 있다(동조 III). 이 경우에도 제 3 자의 회사에 대한 의사표시는 공동대표의 권한이 있는 자 1 명에 대하여 함으로써 그 효력이 생긴다(동조 IV). 회사가 사원 또는 사원이 아닌 업무집행자에 대하여, 사원 또는 사원이 아닌 업무집행자가 회사에 대하여 소를 제기하는 경우에 회사를 대표할 사원 또는 사원이 아닌 업무집행자가 없을 때에는 다른 사원 과반수의 결의로 회사를 대표할 자를 선정하여야 한다(상 287의 21). 회사를 대표하는 업무집행자는 회사의 영업에 관하여 재판상 또는 재판외의 모든 행위를 할 권한이 있다(상 287의 19 V, 209 I). 이 대표권에 대한 제한은 선의의 제 3 자에게 대항하지 못한다(상 287의 19 V, 209 II).

㈏ 회사대표의 손해배상책임

유한책임회사의 대표자가 업무집행으로 인하여 타인에게 손해를 가한 때에는 회사는 대표자와 연대하여 손해배상책임을 진다(상 287의 20). 사원은 회사에 대하여 업무집행자의 책임을 추궁하는 소의 제기를 청구할 수 있다(상 287의 22 Ⅰ). 이 경우에 대표소송에 관한 상법 제403조 제 2 항 내지 제 4 항, 제 6 항, 제 7 항과 상법 제404조 내지 제406조를 준용한다(동조 Ⅱ).

(4) 사원의 가입 및 탈퇴

1) 사원의 가입

(가) 사원의 가입이란 회사가 성립한 다음에 회사와 사원으로 가입하고자 하는 자 사이의 가입계약에 의하여 원시적으로 사원자격을 취득하는 것을 의미한다. 즉 가입은 회사에 대한 새로운 출자가 있는 경우를 말하고 승계취득(지분의 양수 또는 정관에 의한 상속)의 경우는 포함되지 않는다. 유한책임회사는 정관을 변경함으로써 새로운 사원을 가입시킬 수 있다(상 287의 23 Ⅰ). 가입의 경우는 가입계약이 있어야 하며, 사원의 성명·주민등록번호 및 주소는 정관의 기재사항이므로(287의 3 (1), 179 (3)) 정관의 변경을 위하여 총사원의 동의가 있어야 한다(상 287의 16).

(나) 사원의 가입은 정관을 변경한 때에 효력이 발생한다. 다만 정관을 변경한 때에 당해 사원이 출자에 관한 납입 또는 재산의 전부 또는 일부의 출자를 이행하지 아니한 경우에는 당해 납입 또는 이행을 완료한 때에 사원이 된다(상 287의 23 Ⅱ). 현물출자를 하는 사원은 납입기일에 지체 없이 출자의 목적인 재산을 인도하고 등기, 등록, 그 밖의 권리의 설정 또는 이전이 필요할 경우에는 그 사원은 이에 관한 서류를 모두 갖추어 교부하여야 한다(동조 Ⅲ). 가입한 사원은 납입 또는 재산의 전부를 이행한 때에 사원이 되므로 회사의 채무에 대하여는 아무런 책임을 지지 않는다.

2) 사원의 탈퇴

(가) 의 의

상법 제 3 편 제 3 장의 2 제 4 절의 제목 중 사원의 탈퇴란 사원의 퇴사를 말한다. 광의로 퇴사란 사원이 그 자격을 상실하는 모든 경우를 말하지만, 상법에서 퇴사라고 할 때에는 특정한 사원이 회사의 존속중에 사원자격을 절대적으로 상실하는 것을 의미한다. 그러므로 회사가 소멸한 경우와 다르고, 사원자격이 절대적으로 소멸하는 점에서 사원자격이 상대적으로 소멸하는 지분의 전부양도의 경우(이 때에 양도인은 사원자격을 상실하지만 양수인에게 사원인 자격이 존속하게 된다)와도 다르다.

(나) **퇴사원인**

(a) 사원의 임의퇴사　　사원이 투하자금을 회수하기 위하여는 지분을 양도하는 방법도 있지만, 그것은 제한을 받기 때문에(상 287의 9 I, 197) 직접 회사로부터 탈퇴하는 방법을 인정한 것이다. 즉 정관으로 회사의 존립기간을 정하지 아니하거나 회사가 어느 사원의 종신까지 존속할 것을 정한 때에는 사원은 6월 전에 예고를 하고 영업연도 말에 한하여 퇴사할 수 있다(상 287의 24, 217 I). 그러나 부득이한 사유가 있는 때에는 언제든지 퇴사할 수 있다(동조 II).

(b) 지분압류채권자의 고지에 의한 퇴사　　사원의 지분을 압류한 채권자는 일방적으로 회사와 그 사원에 대하여 6월 전에 예고를 하고 영업연도 말에 그 사원을 퇴사시킬 수 있는 권리가 있다(상 287의 29 I, 224 I). 그러나 사원이 변제를 하거나 상당한 담보를 제공한 때에는 그 예고는 효력을 잃는다(동조 2항).

(c) 기타 퇴사원인　　사원은 다음의 사유로 퇴사한다(상 287의 25, 218). i) 정관에 정한 사유의 발생, ii) 총사원의 동의, iii) 사망, 이 경우에 권리승계의 통지에 대하여는 상법 제219조를 준용한다(상 287의 26). iv) 한정후견개시, v) 파산, vi) 제명, 이 경우에 제명의 선고에 대하여는 상법 제220조의 규정을 준용한다. 다만 제명에 필요한 결의는 정관으로 달리 정할 수 있다(상 287의 27).

(다) **퇴사사원지분의 환급**

(a) 퇴사사원은 그 지분의 환급을 금전으로 받을 수 있다(상 287의 28 I). 퇴사사원에 대한 환급금액은 퇴사시의 회사의 재산상황에 따라 정한다(동조 II).

그러나 퇴사사원의 지분환급에 대하여는 정관에서 달리 정할 수 있다(동조 Ⅲ).

(b) 회사의 채권자는 퇴사하는 사원에 대하여 환급하는 금액이 제287조의 37이 정하는 잉여금을 초과한 때에는 그 환급에 대하여 회사에 이의를 제기할 수 있다(상 287의 30 Ⅰ). 이 경우에는 상법 제232조의 규정을 준용한다. 다만 채권자를 해할 우려가 없는 때에는 상법 제232조 제 3 항은 적용하지 않는다(동조 Ⅱ).

(c) 유한책임회사의 경우는 채권자보호장치를 두고 있는 것은 회사재산만이 채권자를 위한 책임재산이 되므로 퇴사원에 대한 지분의 환급으로 채권자에 대한 채권의 변제가 위험하게 될 수도 있기 때문이다. 합명회사나 합자회사의 경우는 무한책임사원이 존재하고 이들의 재산도 회사채권자의 담보재산이 되므로 채권자보호장치를 두고 있지 않다.

(5) 회계 등

1) 회계원칙

회사의 회계는 상법과 대통령령에 규정한 것을 제외하고는 일반적으로 공정·타당한 회계관행에 의한다(상 287의 32).

2) 재무제표의 작성·비치 등

업무집행자는 매결산기에 대차대조표, 손익계산서 기타 회사의 재무상태와 경영성과를 표시하는 것으로서 대통령령에서 정하는 서류를 작성하여야 한다(상 287의 33 Ⅰ). 업무집행자는 상법 제287조의 33의 서류를 본점에 5년간, 그 등본을 지점에 3년간 비치하여야 한다(상 287의 34 Ⅰ). 사원과 회사채권자는 회사의 영업시간 내에는 언제든지 상법 제287조의 33에 의하여 작성된 재무제표의 열람과 등사를 청구할 수 있다(동조 Ⅱ).

3) 자본금의 감소

회사의 자본금은 사원이 출자한 금전 기타 재산의 가액을 말한다(상 287의 35). 회사는 정관변경의 방법으로 자본금을 감소할 수 있다(상 287의 36 Ⅰ).

이 경우에 채권자의 이의절차에 관한 상법 제232조의 규정이 준용되지만 자본금액의 감소 후의 자본금의 액이 순자산액에 미달하지 않는 경우에는 그러하지 아니하다(상 287의 36 Ⅱ).

4) 잉여금의 분배

회사는 대차대조표상의 순자산액으로부터 자본금의 액을 공제한 액을 한도로 하여 잉여금을 분배할 수 있다(상 287의 37 Ⅰ). 이 규정에 위반하여 잉여금을 분배한 때에는 회사채권자는 이를 회사에 반환할 것을 청구할 수 있다(동조 Ⅱ). 잉여금은 정관에 달리 정함이 없으면 각 사원이 출자한 가액에 비례하여 분배한다(동조 Ⅳ). 잉여금의 분배를 청구하는 방법 기타 잉여금의 분배에 관한 사항은 정관에 정할 수 있다(동조 Ⅴ). 사원의 지분의 압류는 잉여금의 배당을 청구하는 권리에 대하여도 그 효력이 있다(동조 Ⅵ). 즉 정관에 의하면 회사의 경영에 기여한 제공된 know-how나 기술 및 비상한 발상에 대하여도 잉여금을 배당할 수 있다고 할 것이다.

(6) 해산과 청산

1) 해 산

(가) 해산사유

유한책임회사는 다음과 같은 사유에 의하여 해산한다(상 287의 38). 그 사유는 i) 존립기간의 만료 기타 정관으로 정한 사유의 발생, ii) 총사원의 동의, iii) 합병, iv) 파산, v) 법원의 명령 또는 판결(동조 (1))과 vi) 사원이 없게 된 때(동조 (2)) 등이다. 유한책임회사의 사원은 부득이한 사유가 있는 때에는 법원에 회사의 해산을 청구할 수 있다. 이 경우에는 상법 제186조와 제191조의 규정을 준용한다(상 287의 42, 241).

(나) 해산등기

회사가 해산한 때에는 합병과 파산의 경우를 제외하고는 그 해산사유가 있은 날로부터 본점소재지에서는 2주간 내에, 지점소재지에서는 3주간 내에 해산등기를 하여야 한다(상 287의 39, 228).

2) 청 산

청산이란 해산한 회사의 법률관계를 정리하고 그 재산을 처분하는 절차라고 할 수 있다. 합병(존속회사나 신설회사가 소멸회사의 권리 · 의무를 포괄적으로 승계한다) 및 파산의 경우(채무자회생 및 파산에 관한 법률에 의한 파산절차에 의한다)에 해산한 회사는 청산절차가 필요 없지만 기타의 사유로 인하여 해산한 때에는 상법의 규정에 의한 청산을 하여야 한다. 유한책임회사의 청산에는 상법 제245조 내지 제267조의 규정을 준용한다(상 287의 45).

제10장 보 험 법

1. 총 설

(1) 보험제도의 필요성

사회생활을 함에 있어서 자연인이나 법인은 항상 위험에 대비하지 않으면 안 된다. 우리는 홍수·태풍·지진·낙뢰를 비롯하여 화재·도난·교통사고·질병·실직 등 자연적·인위적인 사고발생의 가능성 속에서 살고 있으며 이러한 위험은 대부분 보험의 대상이 된다.

(2) 보험의 개념

보험은 동일한 우발적 사고의 발생이라는 위험에 처해 있는 다수인이 사고로 인하여 생기는 경제적 수요를 충족하기 위하여 일정한 과학적 기초에 의하여 산출된 금액을 미리 갹출하여 공동재산을 비축하고, 사고가 발생한 경우에 공동재산으로부터 일정한 금액의 급여를 하는 제도이다.

1) 사고의 우연성·불확실성

보험은 우연한 사고의 발생에 대처하는 제도이다. 그러므로 보험의 대상이 되는 보험사고는 우연하고 불확실한 것이어야 한다. 사고의 발생 여부와 발생시기의 불확실성이 보험자의 위험부담의무의 발생요건이며 보험계약의 구성요건이다. 그러므로 사고의 발생을 예견할 수 있거나 정기적이고 규칙적으로 발생하는 사고는 보험의 대상이 될 수 없다.

판례는 「인보험계약에 의하여 담보되는 보험사고의 요건 중 '우연한 사고'라 함은 사고가 피보험자가 예측할 수 없는 원인에 의하여 발생하는 것으로서, 고의에 의한 것이 아니고 예견치 않았는데 우연히 발생하고 통상적인 과정으로는 기대할 수 없는 결과를 가져오는 사고를 의미하는 것이며, 이러한 사고의 우연성에 관해서는 보험금청구자에게 그 입증책임이 있다」고 하면서, 「피보험자가 술에 취한 상태에서 출입이 금지된 지하철역 승강장의 선로로 내려가 지하철역을 통과하는 전동열차에 부딪혀 사망한 경우, 피보험자에게 판단능력을 상실 내지 미약하게 할 정도로 과음을 한 중과실이 있더라도 보험약관상의 보험사고인 우발적인 사고에 해당한다」고 하였다(대 2001. 11. 9, 2001 다 55499 · 55505).

2) 위험의 동질성

보험에 있어서는 다수의 동질적인 위험의 결합이 가능하여야 한다. 동질성이 있는 위험의 결합만이 부보된 위험의 발생빈도와 동일한 기간 내에 보험금의 지급을 위하여 필요한 보험료수입의 정도 그리고 매 사고마다 어느 정도의 비용이 소요될 것인가에 대한 통계적인 경험을 근거로 한 개연율의 계산을 가능하게 한다.

3) 위험의 다수성

보험에 있어서 위험은 동질성과 더불어 위험의 다수성이 필요하다. 왜냐하면 보험사고가 발생한 경우에 지급되는 보험금의 재원은 보험단체의 구성원들이 지급한 보험료에 의하여 조달되기 때문이다.

4) 보험료 · 보험금의 산정

보험에 있어서 보험료나 보험금은 과거의 위험발생을 토대로 대수의 원칙에 의하여 개연율을 예측하여 산정한다.

2. 보험계약법

(1) 보험계약법의 의의

광의의 보험법은 보험에 관한 모든 법규를 말한다. 그러므로 사보험에 관한 법규뿐만 아니라 공보험에 관한 법규도 포함한다. 또한 보험계약에 관한 법규뿐만 아니라 보험사업의 주체·운영·감독에 관한 법규(보험업법)도 여기에 속한다. 그러나 협의로 보험법이라고 할 때는 보험계약법을 지칭하며 이에 관한 규정은 상법 제4편 「보험」에 있는데, 즉 이것을 형식적 의의의 보험법이라고 한다.

(2) 보험계약법의 특성

협의의 보험법인 보험계약법은 영리보험의 인수에 관한 거래법으로서 상법 중 상행위법에 속한다고 할 수 있지만, 보험제도의 기술적인 성격으로 인하여 여러 가지의 특수성을 나타내고 있다.

1) 기 술 성

보험제도는 특정한 우발적 사고의 위협을 받는 다수인이 집단을 형성하여 과학적 기초(대수의 법칙)에 의하여 산출된 보험료를 징수함으로써 위험을 분산하는 것이다.

2) 단 체 성

보험제도는 동종의 위험을 느끼는 다수인이 위험단체를 구성하여 보험료의 총액과 보험금의 총액이 균형을 이루어야 하는 제도이다. 따라서 이 단체에는 특별히 위험률이 높은 자는 보통의 보험요율에 의하여 가입될 수 없는 것이 원칙(보험계약자 평등의 원칙)이다.

3) 공공성·사회성

오늘날 가계나 기업 기타 사회생활에 있어서 보험제도를 이용하지 않고는 안정된 경제생활을 영위할 수 없게 되었다. 이러한 점에서 보험은 공공적 성격을 띤다. 또한 일반적으로 보험가입자는 경제적으로 약자인 지위에 있으며 일반대중은 보험에 관한 전문지식이 희박할 뿐만 아니라 보험관계는 복잡하고 대량적 처리가 요구되어 보험계약이 부합계약화(附合契約化)하고 있으므로 특별히 보험계약자의 보호가 요청된다.

4) 편면보호적 강행법규성

상법은 「이 편(제4편 보험)의 규정은 당사자간의 특약으로 보험계약자 또는 피보험자나 보험수익자의 불이익으로 변경하지 못한다」고 규정하여(상 663 본), 보험계약자 등을 위한 보호적 강행규정을 두고 있다. 그러나 상법 제663조 단서에서는 재보험 및 해상보험 기타 이와 유사한 기업보험에 대하여는 계약자유의 원칙을 인정하고 있다(대 2005. 8. 25, 2004 다 18903).

(3) 보험계약법의 법원

보험계약법의 법원(法源)도 다른 법역과 마찬가지로 제정법·관습법 등이라고 할 수 있다. 그리하여 보험계약에 관하여는 상법의 보험에 관한 규정이 적용되고 상법에 규정이 없는 사항에 대하여는 상관습법을 적용하며 상관습법도 없는 경우에는 민법의 규정을 적용한다(상 1). 그러나 상법 이외에 상사특별법이 있는 경우에는 이것이 우선적용되며, 또 강행법규나 선량한 풍속 기타 사회질서 또는 보험계약의 본질에 반하지 않는 한, 당사자간의 합의가 그 법률관계를 결정하는 것이다.

1) 제 정 법

(가) 보험계약법의 법원은 기본적으로 상법 제4편의 「보험」에 관한 규정이라고 할 수 있다. 또한 대부분의 보험자는 상인이기 때문에 보험계약도 상행위에 속하므로 상법 제2편의 「상행위」의 「통칙」 중에 상행위 일반에 관한 다수규정이 당연히 적용된다. 보험계약에 관한 상법의 규정은 보험계약을 상행위로 하는 때에 비로소 적용된다. 기타 법원으로서 보험업법 제32조 및 제33조(보험금액의 우선취득권)와 제57조(서류의 열람과 등·초본의 교부청구권), 제97조(체결 또는 모집에 관한 금지행위) 등과 자동차손해배상보장법(1984. 12. 31, 법 3774호)·산업재해보상보험법(1963. 11. 3, 법 1438호)·원자력손해배상법(1969. 1. 24, 법 2094호) 등 다수의 특별법이 존재한다.

(나) 상법 제4편 「보험」에 관한 규정의 개정법률(법 123397호)이 2014년 3월 11일에 공포되고, 2015년 3월 12일부터 시행되었다. 개정의 취지는 「선량한 보험계약자를 두텁게 보호하기 위하여 보험자의 보험계약자에

대한 보험약관 설명의무를 명시하고 보험계약자의 취소권 행사기간과 보험금 청구권 소멸시효를 연장하며, 보험대리상 등의 권한에 관한 규정 등을 신설하고, 보증보험·질병보험 등 신종 보험계약에 관한 규정을 신설하여 보험산업의 성장과 변화를 법령에 반영하는 한편, 일부 정신장애인에 대한 생명보험 가입 허용, 보험사고에 책임이 있는 보험계약자나 피보험자의 가족에 대한 보험대위 금지 규정 등을 신설함으로써 장애인과 유족의 보호를 도모하는 등 현행 제도의 운영상 나타난 일부 미비점을 개선·보완하려는 것」이다.

2) 보통보험약관

㈎ 의 의

보험계약은 다수인을 상대로 대량적으로 체결되므로 상이한 계약내용을 가입자와 일일이 합의를 한다는 것은 기업보험의 경우 외에는 사실상 불가능한 것이다. 그리하여 실제에 있어서는 보험업자가 계약내용에 대하여 일반적이며 표준적인 조항을 정하여 놓고 특별한 경우가 아니면 보험계약은 이 조항의 내용에 따라 체결된다. 그러므로 보험계약은 부합계약이라고 할 수 있는데, 미리 정하여진 표준적인 조항들을 보통보험약관이라고 한다.

㈏ 성질과 효력

(a) 당사자에 대한 구속력 보통보험약관은 보험자가 작성한 것으로서 계약을 체결함에 있어서 당사자간에 약관의 조항을 계약내용으로 한다는 합의가 있으면 약관은 계약내용으로서 당사자를 구속한다. 그러나 실제에 있어서는 당사자간에 그러한 구체적인 합의가 없는 경우도 적지 않다. 약관의 작성자인 보험자에게는 약관을 계약내용으로 하려는 의사가 있다는 것이 분명하지만 가입자의 경우는 반드시 약관의 내용을 알고 그것을 계약내용으로 하려는 의사가 있다고 단언할 수 없기 때문이다. 따라서 다음과 같이 약관의 구속력의 근거에 관해 학설의 다툼이 있다.

(b) 구속력의 근거에 관한 학설

aa) 의사설(계약설)　　이 설은 계약당사자 사이에 약관을 계약내용으로 하는 합의, 즉 계약이 체결되었기 때문에 약관이 당사자 사이에 구속력이 있는 것이라고 한다. 그리하여 당사자간에 명시적으로 다른 약정을 한 경우에만, 약관의 구속력이 배제된다고 한다. 그리하여 종전의 계약설의 한계를 극복하고자 약관사용자인 사업자에게 고객에 대한 약관 명시·설명의무를 지우고 있다. 즉 사업자가 약관을 명시하여 설명했음에도 불구하고 고객이 이에 대해 아무런 이의를 제기함이 없이 계약을 체결했다면, 고객의 약관적용에 대한 묵시적 동의가 인정되고 따라서 약관의 고객에 대한 구속력이 생겨난다는 것이 새로운 계약설의 입장이다. 약관규제법(1986. 12. 31, 법 3922호)이 제정된 이후로 판례와 학설의 지배적인 입장은 계약설인데 이는 당연한 귀결로 보인다.

bb) 법규범설　　이 설은 보통보험약관은 감독관청의 인가를 얻게 되어 있고 사회적으로도 합리성이 인정되고 있으므로 당사자의 구체적인 의사와 관계 없이 일정거래권 내에서는 법규와 같은 규범력(구속력)을 갖게 된다는 것이다.

(c) 약관개정의 효력　　보험계약이 당시의 약관에 의하여 체결된 이상 이후 보험업자가 약관을 변경하였더라도 변경된 약관의 적용에 관한 당사자 사이의 새로운 합의나 금융위원회의 특별한 조치(보험 131 Ⅲ)가 없는 한, 그 변경된 약관은 구약관에 의하여 체결된 보험계약에 영향을 미치지 않는다고 본다.

㈐ 약관에 대한 규제

(a) 불이익변경금지　　상법 제663조 본문에서는 「이 편의 규정은 당사자간의 특약으로 보험계약자 또는 피보험자나 보험수익자의 불이익으로 변경하지 못한다」고 하여 불이익변경금지의 규정을 두고 있다. 상법은 일반계약자의 보호를 위하여 원칙적으로 이 규정의 효력범위를 확대하여 상법 보험편의 모든 규정에 미치도록 하였다. 그러나 동조

단서에 의하면 「재보험 및 해상보험 기타 이와 유사한 보험」의 경우에는 예외로 하고 있다(상 663 단).

판례는 「상법 제663조 소정의 보험계약자 등의 불이익변경 금지원칙은 보험계약자와 보험자가 서로 대등한 경제적 지위에서 계약조건을 정하는 이른바 기업보험에 있어서의 보험계약의 체결에 있어서는 그 적용이 배제되므로(대법원 1996. 12. 20. 선고 96 다 23818 판결 참조) 기업보험에 해당하는 수출보험에 있어서는 적용되지 않는다」고 한다〔대 2000. 11. 14, 99 다 52336〕.

(b) 약관의 교부·설명　　상법 제638조의 3 제 1 항은 「보험자는 보험계약을 체결할 때에 보험계약자에게 보험약관을 교부하고 그 약관의 중요한 내용을 설명하여야 한다」고 하여 보험자의 보험약관의 교부·설명의무를 규정하고 있다. 또한 동조 제 2 항은 「보험자가 이 의무를 위반한 때에는 보험계약자는 보험계약이 성립한 날로부터 3개월 내에 그 계약을 취소할 수 있다」고 함으로써 보험자의 이 의무이행을 확보하고 있다.

㈑ 약관의 해석

(a) 일반원칙　　약관의 해석은 일반적이며 보편적인 원칙에 의하여야 한다. 즉 개개의 보험계약자는 위험단체의 구성원으로 취급되어야 한다. 약관규제법 제 5 조 제 1 항은 「약관은 신의성실의 원칙에 따라 공정하게 해석되어야 하며 고객에 따라 다르게 해석되어서는 아니 된다」고 규정하고 있다.

판례도 보통거래약관의 해석은 일반 법률행위와는 달리 개개 계약당사자가 기도한 목적이나 의사를 기준으로 하지 않고 평균적 고객의 이해가능성을 기준으로 하되 보험단체 전체의 이해관계를 고려하여 객관적·획일적으로 해석하여야 한다고 하였다〔대 95. 5. 26, 94 다 36704〕.

(b) 불명확성의 원칙　　약관의 해석에 대하여 의문이 있는 때에는 보험자의 부담으로 해석되어야 한다는 불명확성의 원칙이 적용된다고 할 것이다. 약관규제법 제 5 조 제 2 항도 「약관의 뜻이 명백하지 아니

한 경우에는 고객에게 유리하게 해석되어야 한다」고 함으로써 이 원칙을 규정하고 있다.

3. 보험계약

(1) 보험계약의 의의

보험계약은 당사자 일방이 약정한 보험료를 지급하고 재산 또는 생명이나 신체에 불확정한 사고가 발생할 경우에 상대방이 일정한 보험금이나 그 밖의 급여를 지급할 것을 약정함으로써 효력이 생기는 계약이다(상 638).

(2) 보험계약의 성질

보험계약은 사법(私法)상의 계약으로서 다음과 같은 성질이 있다.

1) 불요식의 낙성계약성

보험계약은 당사자 쌍방의 의사의 합치에 의하여 성립하고 아무런 형식을 요하지 않는 불요식의 낙성계약이다(상 638 참조). 보험증권은 보험계약의 성립과는 무관하고 계약관계를 증명하는 증거증권에 불과하다.

> 판례는 보험회사가 보험모집인을 통하여 위험보장배수 10배인 생명보험가입청약을 받고 제 1 회 보험료를 납부받은 직후 피보험자가 오토바이 운전중 교통사고로 사망하는 보험사고가 발생하였으나 오토바이 사용자가 위험직종 종사자로서 그 약관에서 정한 적격피보험자가 아님을 이유로 보험회사가 승낙을 거절하는 것이 가능하며 이 경우 보험계약이 성립하지 아니한다고 판시하였다〔대 91. 11. 8, 91 다 29170〕.

2) 유상 · 쌍무계약성

보험계약은 당사자의 일방(보험자)이 보험금의 지급을 약속하고 상대방(보험계약자)이 그에 대하여 보험료를 지급할 것을 약정하는 유상계약이다. 즉 보험사고가 발생한 경우에 보험금의 지급과 보험료의 납입이 대가관계에 있다. 또한 보험계약자의 보험료지급의무는 확정적인 의무인 데 비하여 보험자의 보험금지급의무는 사고가 발생하면 보험금을 지급하는 조건부의 불확정한 의무이긴 하지만, 위험단체 전체적으로 본다면 보험자는 보험료에 대한 대가로서 위험을 부담하는 관계에 있다. 이러한 양 당사자의 의무는 서로 구속관계에 있기 때문에, 보험계약은 쌍무계약이며 채권계약이라고 할 수 있다.

3) 영업적 상행위성

영업으로 하는 위험의 인수는 상행위이다(상 46 (17)). 그러므로 영리보험에 있어서 보험계약은 상행위성이 인정되며 이를 영업으로 하는 때에 그 주체인 보험자는 상인이 된다(상 4).

4) 사행계약성

보험계약에 있어서 보험자의 급여의무는 미리 보험자가 보험료를 수령하였음에도 불구하고 우연한 사고가 생긴 때에만 발생하므로 보험계약은 사행계약이다.

5) 선의계약성

보험계약은 선의계약 또는 최대선의계약이라고 한다. 보험계약에 있어서 고지의무제도(상 651)가 있고 보험계약자·피보험자 등이 자기에게 불이익이 되는 사실을 개시하여야 된다는 점에서 선의는 특별한 의의가 있음을 부정할 수 없다.

6) 계속계약성

보험계약은 일정한 기간 동안 보험관계가 계속적으로 유지되는 계약이다. 이러한 성질은 다른 계약에서는 볼 수 없는 특성인 것이다.

7) 부합계약성

보험계약은 다수인을 상대로 하여 대량으로 체결되고 보험의 기술적·단체적 성격으로 인하여 그 정형성이 요구되기 때문에, 부합계약에 속한다. 즉 보험계약은 당사자의 일방(보험 회사)이 그 내용(보험 약관)을 미리 정하고, 상대방(보험가입자)이 이를 포괄적으로 승인함으로써 성립하는 부합계약적인 성질을 띠고 있다.

(3) 보험계약의 요소

1) 보험계약관계자

(가) 서 설

(a) 협의의 보험계약관계자 보험계약의 당사자인 보험자와 보험계약자 그리고 보험계약에 관하여 이해관계를 갖는 제 3 자로서 피보험자와 보험수익자를 말한다. 그러나 보험계약자가 자기를 위하여 보험계약을 체결하는 경우에는 자기가 동시에 피보험자 또는 보험수익자가 된다. 즉 타인을 위한 보험계약의 경우에만 보험계약의 당사자 이외에 피보험자 또는 보험수익자인 보험계약관계자가 존재하게 된다.

(b) 광의의 보험계약관계자 이에는 보험목적의 소유자, 물상담보권자, 보험금채권의 질권자, 보험대리점, 보험중개인, 보험의, 보험모집인 등이 있다.

(나) 보 험 자

보험자는 보험사고가 발생한 경우에 보험금을 지급할 의무를 지는 자이다. 보험은 공공성이 농후하고 또 그 사회성에 의하여 사회일반에 커다란 영향을 미치기 때문에 보험사업에 대한 감독을 목적으로 보험자의 자격을 제한하고 있다(보업 4 Ⅵ).

(다) 보험계약자

보험계약자는 보험자의 상대방으로서 자기명의로 보험계약을 체결하고 보험료의 지급의무를 지는 자이다. 보험계약자의 자격에는 제한이 없고 당연하며 또한 대리인으로 하여금 보험계약을 체결시킬 수도 있다.

(라) 피보험자

피보험자란 손해보험에 있어서는 피보험이익의 주체로서 보험사고가 발생한 때에 보험금의 지급을 받을 자를 가리키며, 인보험에 있어서는 보험사고의 객체로서 자신의 생명과 신체를 보험에 붙인 자연인을 가리킨다. 그러므로 인보험에 있어서 피보험자는 손해보험의 경우의 보험의 목적에 해당한다. 이처럼 피보험자의 의미는 손해보험과 인보험의 경우에 각기 다르기 때문에, 보험계약자와 피보험자가 동일인이냐의 여부에 따라 손해보험에서는 자기를 위한 보험과 타인을 위한 보험(상 639)으로 나누는 데 반해, 인보험에서는 자기의 보험과 타인의 보험(상 731)으로 구분된다.

판례는 「손해보험에 있어서 보험의 목적물과 위험의 종류만이 정해져 있고 피보험자와 피보험이익이 명확하지 않은 경우에 그 보험계약이 누구를 피보험자로 한 것인지의 여부는 보험계약서 및 당사자가 보험계약의 내용으로 삼은 약관의 내용, 당사자가 보험계약을 체결하게 된 경위와 그 과정, 보험회사의 실무처리 관행 등 제반 사정을 종합적으로 참작하여 결정하여야 한다」고 하였다[대 2000. 11. 10, 2000 다 29769].

(마) 보험수익자

인보험에 있어서 보험계약에 의하여 보험금을 지급받을 자로 지정된 자를 말한다. 그러므로 보험수익자는 보험사고가 발생한 경우에 보험자에 대하여 보험금의 지급을 청구할 수 있다(상 639 참조). 보험수익자는 계약당사자가 아니므로 보험금청구권 외에는 보험자에 대하여 아무런 권리를 갖지 못한다. 인보험에서는 보험계약자와 보험수익자가 동일인이냐의 여부에 따라 자기를 위한 보험과 타인을 위한 보험으로 나눈다(상 639).

(바) 보험자의 보조자

보험자는 비독립적인 기업보조자로서 상업사용인을 필요로 함은 물론이고, 특히 보험계약자의 모집을 위하여 독립적인 기업보조자로서 보험대리점과 보험중개사를 이용하지 않으면 안 된다. 또한 생명보험에 있어서는 보험설계사와 피보험자의 건강상태에 관한 자료를 제공하는 보험의의 보조를 필요로 한다.

(a) 보험대리점

aa) 보험대리점은 일정한 보험자를 위하여 계속적으로 보험계약의 체결을 대리하거나(체약대리상) 중개(중개대리상)하는 것을 영업으로 하는 독립된 상인으로서(상 87), 금융위원회에 등록한 자이다(보험 2 (10), 87). 손해보험에 있어서 보험대리점은 대부분 대리권이 있는 체약대리상이며, 생명보험 등의 인보험에 있어서는 계약의 체결을 위하여 신체검사 등의 기술적인 판정권을 보험회사에 유보하여야 하므로 보험대리점은 일반적으로 중개대리상이라고 할 수 있다.

bb) 체약대리상은 다음과 같은 권한이 있다.

i) 보험계약자로부터 보험료를 수령할 수 있는 권한, ii) 보험자가 작성한 보험증권을 보험계약자에게 교부할 수 있는 권한, iii) 보험계약자로부터 청약, 고지, 통지, 해지, 취소 등 보험계약에 관한 의사표시를 수령할 수 있는 권한, iv) 보험계약자에게 보험계약의 체결, 변경, 해지 등 보험계약에 관한 의사표시를 할 수 있는 권한 등이 있다(상 646 의 2 I). 보험자는 보험대리상의 위 각 호의 권한 중 일부를 제한할 수 있다. 다만, 보험자는 그 권한 제한을 이유로 선의의 보험계약자에게 대항하지 못한다(상 동조 II).

cc) 보험대리상이 아니면서 특정의 보험자를 위하여 계속적으로 보험계약의 체결을 중개하는 자는 i) 보험자가 작성한 영수증을 보험계약자에게 교부하는 경우 그 보험계약자로부터 보험료를 수령할 수 있는 권한, ii) 보험자가 작성한 보험증권을 교부할 수 있는 권한이 있다(동조 III).

dd) 상법 제646조의 2 제 1 항부터 제 3 항까지의 규정은 피보험자나 보험수익자가 보험료를 지급하거나 보험계약에 관한 의사표시를 할 의무가 있는 경우에는 그 피보험자나 보험수익자에 대해서도 적용한다(동조 IV).

판례는 「보험회사의 대리점이 평소 거래가 있는 자로부터 구입한 차량에 관한 자동차보험계약의 청약을 받으면서 그를 위하여 보험료를 대납하기로 전화상으로 약정하였고 그 다음날 실제 보험료를 지급받으면서 그 전날 이미 보험료를 납입받은 것으로 하여 보험계약에 따라 보험기간이 그 전날 24 : 00에 이미 시작된 것으로 기재된 보험료영수증을 교부한 경우 이 약정일에 보험계약이 체결되어 보험회사가 보험료를 영수한 것으로 보아야 한다」고 하였다(대 91. 12. 10, 90다 10315).

(b) 보험설계사(보험모집인)

aa) 보험설계사는 보험자를 위하여 보험계약의 체결을 중개하는 보험자의 사용인으로서 주로 인보험의 경우에 많다. 보험업법에 의하면 「보험설계사라 함은 보험사업자를 위하여 보험계약의 체결을 중개하는 자(법인이 아닌 사단과 재단을 포함한다)로서 제84조의 규정에 의하여 등록된 자를 말한다」(보험 2 (9)). 그러므로 보험설계사는 보험계약을 체결할 대리권이 없다. 그 때문에 고지사항 등에 대한 보험설계사의 지(知)·부지(不知)는 보험자의 지·부지와 동일시되지 않는다.

bb) 보험설계사는 보험회사의 사자(使者)로서 고객의 발굴·소개·가입촉진 등의 사무에 종사하는 자이다. 실제에 있어서는 보험회사 자체나 기타 다양한 명칭을 사용함으로써 보험설계사에게 계약체결의 대리권이나 고지수령권이 있는 것으로 오인함으로써 보험계약자의 이익이 부당하게 침해되는 결과를 초래하고 있다. 그럼에도 불구하고 현재로서는 보험설계사에 의한 보험계약자의 손해에 대하여는 보험회사의 사용자책임이나 표현법리(表見法理)에 의하여 해결할 수밖에 없는 실정이다.

판례는 「보험모집인은 보험회사와의 고용계약이나 도급적 요소가 가미된 위임계약에 바탕을 둔 보험회사의 사용인으로서 보험계약의 체약대리권이나 고지수령권이 없는 중개인에 불과하다 하여도 오늘날의 보험업계의 실정에 비추어 제 1 회 보험료의 수령권이 있음을 부정할 수 없다」고 하였다(대 89. 11. 28, 88 다카 33367).

(c) 보 험 의　　생명보험의 경우에 보험회사가 보험계약을 체결하기에 앞서 피보험자의 신체를 검사하여 전문적인 의견을 제공하는 보험자의 사용인을 보험의(保險醫)라 한다.

2) 보험의 목적

보험의 목적은 보험계약에서 정한 사고발생의 객체가 되는 경제상의 재산 또는 사람을 말한다.

(가) 손해보험의 경우

손해보험의 목적인 경제상의 재산으로는 유체물로서의 물건뿐만 아니라 채권이 포함되고, 단일물·집합물도 가능하며 특정한 물건이나 포괄적인 물건도 될 수 있다. 그런데 개개의 물건(화재보험의 경우 가옥)을 목적으로 하는 경우를 개별보험이라 하고, 집합된 물건(가옥 내의 동산)을 목적으로 하는 것을 집합보험(상 686), 보험의 목적이 특정된 것을 특정보험, 보험의 목적인 개개의 물건의 교체가 예정된 것을 총괄보험이라 한다(상 687).

(나) 인보험의 경우

인보험의 목적은 자연인으로서, 특정인뿐만 아니라 단체의 구성원도 가능하다. 그러나 사망보험의 경우에는 15세 미만자, 심신상실자 또는 심신박약자는 보험의 목적인 피보험자가 되지 못한다(상 732).

3) 보험사고

(가) 의　　의

보험자는 보험의 목적에 불확정한 사고가 발생한 경우에 일정한 보험금액 기타의 급여를 한다는 약정에 따라 책임을 지게 되는데, 보험자의 책임을 구체화시키는 불확정한 사고를 보험사고 또는 위험이라고 한다.

(나) 요　　건

(a) 불확실성　　보험사고는 보험계약의 성립시에 그 발생의 여부와 그 시기 및 정도를 확정할 수 없는 것이어야 한다. 그러므로 보험계약 당시에 객관적으로 보험사고가 이미 발생하였거나 또는 발생할 수 없다는 것을 당사자의 일방이나 피보험자가 안 때에는 보험계약을 무효

로 한다(상 644 본). 그러나 당사자 쌍방과 피보험자 모두가 주관적으로 이를 알지 못한 때에는 유효하다(상 644 단).

(b) 발생가능성　　보험사고는 그 발생이 가능한 것이어야 한다. 그러나 발생가능성이 없음을 보험계약의 당사자 쌍방과 피보험자가 알지 못한 때에는 예외임을 유의하여야 한다(상 644 단 참조).

(c) 한 정 성　　보험사고는 보험계약의 체결 당시에 일정한 기준에 의하여 그 범위가 한정될 수 있어야 한다. 즉 사고발생의 확률을 산출할 수 없을 정도로 특별한 사고는 보험사고성이 없다고 본다.

(d) 대상의 필요성　　보험사고는 보험계약에서 정한 보험의 목적에 관하여 발생하여야 한다.

4) 보험금액 · 보험금

(가) 보험금액의 의의

보험금액이란 보험사고가 발생한 경우에 보험자가 지급하기로 보험계약에서 정한 금액을 말하는데, 특히 손해보험과 같은 부정액보험에서는 보험자가 책임져야 할 최고한도액을 의미한다. 보험금액의 범위 내에서 사고발생시에 현실적으로 지급되는 금전을 보험금이라고 한다.

(나) 보험금과의 관계

보험금액은 보험자가 현실적으로 지급하는 보험금을 의미하기도 한다(상 682). 인보험 등의 정액보험에 있어서는 보험금액과 보험금이 일치한다. 보험금의 지급의무는 보험사고의 발생을 전제로 하므로, 보험기간중에 그 사고의 발생이 없는 때에는 보험금의 지급이 없이 계약은 종료한다. 그러나 약관에서는 이 경우에 보험료의 전부나 일부를 반환할 것을 정하는 경우가 있다.

5) 보 험 료

(가) 의　　의

보험료란 보험자가 보험사고에 대하여 책임을 지는 데 대하여 보험계약자가 지급하는 보수이다. 즉 보험자의 급여인 위험부담에 대한 반대

급여라고 할 수 있다.

㈏ 지급의무

타인을 위한 보험의 경우 보험료의 지급의무자인 보험계약자가 파산선고를 받거나 보험료의 지급을 지체하는 때에는 타인(피보험자 또는 보험수익자)이 그 권리를 포기하지 않는 한 보험료를 지급할 의무가 있다(상 639 Ⅲ). 최초보험료의 부지급은 당사자간에 다른 약정이 없는 한 계약성립 후에도 보험자의 책임을 개시하지 못하게 하며(상 656), 계약성립 후 2월이 경과하면 다른 약정이 없는 한 계약해제가 의제된다(상 650 Ⅰ). 계속보험료의 부지급은 상당한 기간설정부 최고 후에 계약해지사유가 된다(상 650 Ⅱ).

㈐ 반환청구

보험계약의 전부 또는 일부가 무효이면 보험자가 받은 보험료는 위험이 개시되지 않는 한 부당이득한 것이 되어 반환하여야 할 것이다. 그러나 상법은 이 경우에 반환의 청구는 보험계약자·피보험자·보험수익자가 선의이고 중과실이 없는 경우에 한하여 인정하고 있다(상 648).

㈑ 보험료지급의 효과

보험자의 책임은 특약이 없으면 최초의 보험료를 지급받는 때로부터 개시된다(상 656). 즉 계약의 성립(보험계약자의 청약과 보험자의 승낙)과 보험료의 지급이 모두 이루어진 때 보험자의 책임이 개시되는 것이 원칙이다. 보험계약성립 전의 보험자의 책임 유무는 제638조의 2에 따라 결정할 문제이고 제656조가 관여할 문제가 아니다.

판례는 보험회사의 대리점이 보험계약의 청약을 받으면서 보험료를 대납하기로 약정하고 보험료영수증을 교부한 때에는 그 약정일에 그 보험계약이 체결되어 보험회사가 보험료를 영수한 것으로 본다고 하였다[대 91. 12. 10, 90 다 10315]. 이는 실제로 보험대리점이 보험회사에 대납을 하여야만 지급의 효과가 발생하는 것은 아니라고 한다[대 95. 5. 26, 94 다 60615].

6) 보험기간과 보험료기간

㈎ 보험기간

(a) 의 의 보험기간이란 보험사고가 발생한 때에 보험자의 책임이 발생하는 시기와 종기까지의 기간으로서 위험기간 또는 책임기간이라고도 한다. 보험기간은 법률(상 688, 699, 700)이나 약관 또는 특약이 없는 한 보험계약기간과 일치하지만 실제에 있어서는 보험의 성질 및 사무처리의 편의를 위하여 특약으로 보험기간을 확정하는 것이 보통이다. 보험기간은 책임기간이므로 보험계약은 존속하여도 보험기간의 전후에 생긴 보험사고에 대하여는 보험자는 책임을 지지 않는다.

(b) 소급보험 보험기간의 시기(始期)는 그 계약의 성립시점 이전으로 정할 수도 있는데 이것을 소급보험이라 하며(상 643) 주로 해상적하보험에서 이용되고 생명보험의 경우도 약관에 의하여 보험계약의 성립전에 보험기간이 개시된다(생보표준약관 9 I 단).

㈏ 보험료기간

(a) 의 의 보험료기간이란 보험료산출을 위한 위험측정상의 단위가 되는 기간이다. 운송보험이나 화재보험과 같은 손해보험의 경우에는 현실적으로 보험기간과 보험료기간이 일치하는 때가 많다.

(b) 보험료불가분의 원칙 보험료기간은 위험측정의 단위가 되는 기간이기 때문에 이 기간이 1년인 경우에는 그 중도에 계약의 효력이 소멸하더라도 보험자는 1년이란 보험료기간의 보험료를 전부 취득하는데, 이를 「보험료불가분의 원칙」이라 한다(독보 68 Ⅱ 참조). 즉 보험료기간과 그 기간 내의 위험은 불가분적이므로 기간 내의 보험료도 불가분성을 지닌다. 따라서 보험료기간이 하루라도 경과하면 보험자가 위험을 인수한 것이 되어 그 이후 계약이 실효 또는 해제되어도 보험계약자는 납입을 완료한 그 기간에 대한 보험료의 반환을 청구할 수 없다.

(4) 보험계약의 체결

1) 서 설

보험계약은 불요식의 낙성계약이다. 현실적으로 보험계약을 체결하고자 하는 자가 보험청약서에 소정의 사항을 기재하여 교부하면, 보험자가 보험의 목적을 검사하거나 피보험자의 신체를 진사(診査)하고 보험료를 수령한 후에 보험증권이 교부됨으로써 보험계약은 성립한다.

2) 보험계약의 성립

(가) 낙성의 불요식계약

보험계약은 불요식의 낙성계약이므로 원칙적으로 보험계약자의 청약에 대하여 보험자가 승낙함으로써 성립한다. 이 경우에 청약과 승낙에 대하여는 민법의 일반원칙이 적용되며 또 보험계약은 상행위이므로(상 46 (17)) 상법의 규정(상 51)도 적용된다. 그리고 특약이 없는 한 청약과 승낙에는 특별한 방식을 요하지 않는다.

(나) 상법의 특별규정

(a) 상법은 실제에 있어서 보험자가 승낙을 해태함으로써 보험계약자가 불이익을 받게 되는 경우가 많음을 고려하여 보험자가 보험계약자로부터 보험계약의 청약과 함께 보험료상당액의 전부 또는 일부의 지급을 받은 때에는 다른 약정이 없으면 30일 내에 그 상대방에 대하여 낙부(諾否)의 통지를 발송하여야 한다(상 638의 2 Ⅰ)고 하였다.

(b) 보험자가 위의 기간 내에 낙부의 통지를 해태한 때에는 승낙한 것으로 본다(동조 Ⅱ). 더욱이 보험자가 보험계약자로부터 보험계약의 청약과 함께 보험료상당액의 전부 또는 일부를 받은 경우에 그 청약을 승낙하기 전에 보험계약에서 정한 보험사고가 생긴 때에는 그 청약을 거절할 사유가 없는 한(즉 피보험체가 적격피보험체인 한) 보험자는 보험계약상의 책임을 진다.

3) 보험약관의 교부·설명의무

(가) 의 의

보험계약을 체결함에 있어서 보험자는 청약자에게 보험약관을 교부하고 그 약관의 중요한 내용을 설명하여야 한다(상 638의 3 I). 이는 보험계약이 성립하는 경우에 각 당사자를 구속하게 될 내용을 미리 알고 보험계약을 청약하도록 함으로써 보험계약자의 이익을 도모하기 위하여 법정한 의무이다. 이 규정은 보험계약을 새로이 체결하는 경우에만 적용되며 기존의 보험계약을 갱신하는 때에는 적용되지 않는다.

판례는 「보험약관의 중요한 내용에 해당하는 사항이라고 하더라도 보험계약자나 그 대리인이 그 내용을 충분히 잘 알고 있는 경우에는 당해 약관이 바로 계약 내용이 되어 당사자에 대하여 구속력을 갖는 것이므로, 보험자로서는 보험계약자 또는 그 대리인에게 약관의 내용을 따로 설명할 필요가 없다」고 한다(대 2005. 8. 25, 2004 다 18903).

(나) 교부·설명시기

보험자는 보험약관을 적시에 교부하여야 한다. 즉 청약자가 청약서에 소정 사항을 기재하고 보험자에게 교부하기 전에 약관을 교부하여야 하고 그 중요한 내용을 설명하여야 한다.

(다) 증명책임

보험약관의 교부와 그 중요한 내용의 설명의무의 이행에 대한 증명책임은 계약의 성립을 주장하는 보험자가 진다. 그러나 청약자가 청약서에 기명날인을 함에 있어서 보험약관이 교부되었고 그 중요한 사항에 대한 설명이 있었다는 것을 확인한 때에는 보험자는 이로써 증명이 가능하다고 본다.

(라) 의무위반의 효과

보험자가 약관의 교부·설명의무(상 638의 3 I)를 위반한 경우 보험계약자는 보험계약이 성립한 날부터 3개월 이내에 그 계약을 취소할 수 있다(동조 II).

판례는 「보험자는 보험계약을 체결함에 있어서 보험계약자가 알고 있거나 거래상 일반적이고 공통된 것 또는 이미 법령에 의하여 정하여진 것을 되풀이하는 정도에 불과한 사항이 아니라면 보험상품의 내용이나 보험요율의 체계 등 보험약관에 기재되어 있는 중요한 내용에 대하여 구체적이고 상세하게 명시·설명하여야 하고, 보험자가 이러한 보험약관의 명시·설명의무를 위반하여 보험계약을 체결한 때에는 그 약관의 내용을 보험계약의 내용으로 주장할 수 없다. 따라서 업무용자동차보험계약 체결시 보험자가 유상운송면책 약관에 관한 명시·설명의무를 위반한 경우, 피보험자의 유상운송중 발생한 사고에 대하여 면책을 주장할 수 없다」고 하였다(대 99. 5. 11, 98 다 59842).

4) 고지의무

(가) 서 설

(a) 의 의 고지의무란 보험계약자와 피보험자가 보험계약을 체결함에 있어서 중요한 사항을 고지하여야 하는 의무를 말한다. 이러한 의무는 특히 생명보험의 경우에 중요한 의미를 갖는다.

(b) 법적 성질 고지의무는 보험자가 그 이행을 강제하거나 불이행의 경우에 손해배상의 청구를 할 수 있는 보험계약의 효과로서 부담하는 의무가 아니라, 이를 위반하면 보험계약자가 계약해지에 의한 불이익을 받는 데 불과한 계약의 전제요건으로서 자기의무 또는 간접의무라고 할 수 있다(통설).

(c) 고지의무의 근거 고지의무의 근거는 보험조직의 본질적인 필요성에서 찾을 수 있다. 고지의무의 근거 또는 입법이유에 관하여는 다수의 설이 존재한다. (i) 선의설은 보험계약은 최대선의(最大善意)의 계약이기 때문이라고 하며, (ii) 합의설은 보험계약의 경우에는 위험에 관한 중요한 사항에 관하여 의사의 일치를 요하기 때문이라고 한다. 한편 (iii) 위험측정설(또는 기술설)이 통설인데, 이에 의하면 보험계약의 경우에는 보험금과 보험료의 균형적인 산출을 위하여 위험률을 측정할 필요가 있기 때문이라고 한다.

⑷ 고지의무의 당사자

(a) 고지의무자 보험계약자와 피보험자는 고지의무가 있다(상 651). 상법은 손해보험과 인보험을 구별함이 없이 피보험자라고 하여 손해보험의 경우에 피보험자도 포함되는가 하는 의문도 있으나 피보험자는 피보험이익의 귀속자라는 점에서 볼 때 모두 포함된다고 본다. 그러나 타인을 위한 손해보험의 경우에는 고지의무를 이행할 수 없는 경우가 생길 수 있다. 그리하여 상법 제639조 제 1 항 단서는 「손해보험계약의 경우에 그 타인의 위임이 없는 때에는 보험계약자는 이를 보험자에게 고지하여야 하고, 그 고지가 없는 때에는 타인이 그 보험계약이 체결된 사실을 알지 못하였다는 사유로 보험자에게 대항하지 못한다」고 규정하고 있다. 즉 보험계약자가 타인의 위임 없이 그를 위해 계약을 체결한다는 사실을 보험자에게 고지하면, 보험자는 이 사실을 그 타인에게 통지하고 고지의무의 이행을 요구할 수 있다.

(b) 고지의 상대방 보험자 또는 고지수령의 권한이 있는 자이다. 그러므로 보험대리점이나 보험의는 고지수령권이 있지만 중개대리인이나 보험설계사는 그 권한이 없다고 본다. 그러나 생명보험의 경우에 신체검사가 필요한 때에는 보험의에 대한 고지는 보험자에 대한 고지와 동일시된다.

⑸ 고지사항

(a) 중요한 사항 고지할 사항은 「중요한 사항」이다. 이것은 보험자가 계약을 함에 있어서 사고발생의 위험률을 측정하여 보험의 인수여부와 보험료의 수준을 결정하는 데 영향을 미치는 사항을 말한다. 고지사항은 원칙으로 보험계약자가 알고 있는 사항에 한한다. 그러나 보험자에게 유리한 사실이나 보험자가 당연히 알 수 있는 일반적인 사항 및 보험자가 알고 있는 사항은 고지할 필요가 없다(상 651 단).

(b) 질 문 표 전문적 지식이 없는 보험계약자가 중요한 사항을 자신이 판단하여 빠짐없이 고지한다는 것은 기대할 수 없고 이로 인하

여 의외의 손해를 받게 될 우려가 있다. 그리하여 보험계약의 청약서나 별도의 고지서에 고지의무의 대상이 되는 중요한 사항을 질문표에 예시하고 그 중의 해당사항을 기재하도록 하고 있는데, 보험자가 질문표에 질문한 사항은 중요한 사항으로 추정한다(상 651의 2).

판례는 「'중요한 사항'이란, 보험자가 보험사고의 발생과 그로 인한 책임부담의 개연율을 측정하여 보험계약의 체결 여부 또는 보험료나 특별한 면책조항의 부가와 같은 보험계약의 내용을 결정하기 위한 표준이 되는 사항으로서, 객관적으로 보험자가 그 사실을 안다면 그 계약을 체결하지 않든가 적어도 동일한 조건으로는 계약을 체결하지 않으리라고 생각되는 사항을 말하고, 어떠한 사실이 이에 해당하는가는 보험의 종류에 따라 달라질 수밖에 없는 사실인정의 문제로서 보험의 기술에 비추어 객관적으로 관찰하여 판단되어야 할 것」이라고 하였다(대 97. 9. 5, 95 다 25268; 대 2001. 2. 13, 99 다 13737; 대 2001. 11. 27, 99 다 33311).

㈑ 고지의 시기·방법

중요한 사항의 고지는 보험계약의 성립시까지 하면 된다. 그러므로 계약성립 전까지는 계약의 청약시에 한 고지를 변경하거나 철회 또는 추가가 가능하다. 고지의 방법에는 제한이 없으나 실제에 있어서 고지는 질문표에 의하므로 서면으로 하게 된다.

㈒ 고지의무위반의 요건

(a) 주관적 요건 고지의무위반에 관하여 보험계약자나 피보험자의 고의 또는 중대한 과실이 있어야 한다. 「고의」란 중요한 사항의 존재와 그 중요한 사항의 불고지·부실고지를 안 것을 말하고, 「중대한 과실」이란 중요한 사항의 존재를 중대한 과실로 인하여 알지 못한 경우뿐만 아니라 그 사항을 불고지·부실고지했음을 중대한 과실로 인하여 알지 못한 경우를 포함한다.

(b) 객관적 요건 보험계약자 등에 의한 중요사항의 불고지·부실고지가 있어야 한다. 고지의무의 대상이 되는 「중요한 사항」은 보험자가 그에 따라서 계약을 체결할 것인가 아닌가 또 약정한 조건(보험료)으로

체결할 것인가를 결정함에 있어서 영향을 미치는 사항이라고 할 수 있다. 중요사항인가에 대한 판단은 객관적으로 결정하여야 하며, 중요사항은 보험사고의 발생과 인과관계가 있어야 한다. 그러므로 고지의무위반이 있더라도 보험사고의 발생과 인과관계가 없다는 것을 증명한 때에는 보험자는 보험금지급의 책임을 면하지 못하고, 또 이미 지급한 보험금의 반환을 청구하지 못한다(상 655 단).

(c) 증명책임 고지의무위반의 요건에 대한 증명책임은 이를 이유로 계약을 해지하려는 보험자측에 있다.

(바) 고지의무위반의 효과

(a) 보험자의 계약해지권 보험사고의 발생 전후를 불문하고 보험자는 보험계약을 해지할 수 있다. 해지권의 성질은 형성권이고 해지의 효력은 장래에 대하여 발생하므로 보험자는 이미 수령한 보험료를 반환할 필요가 없고, 오히려 미수의 보험료가 있으면 이를 「보험료불가분의 원칙」에 의하여 청구할 수 있다. 그러나 생명보험의 경우에는 보험수익자를 위하여 적립한 금액을 보험계약자에게 지급하여야 한다(상 736 I). 그리고 보험사고가 발생한 후에 계약을 해지한 때에는 보험자는 보험금액을 지급할 책임이 없고 이미 지급한 보험금액은 그 반환을 청구할 수 있다(상 655 본).

(b) 해지권의 제한 보험자가 그 중요한 사실을 알았거나 또는 중대한 과실로 알지 못한 때에는 해지권은 인정되지 않는다(상 651 단). 왜냐하면 악의 또는 중대한 과실이 있는 보험자를 보험계약자 등을 희생시키면서까지 보호할 필요가 없기 때문이다. 보험자의 악의 또는 중대한 과실에 대한 증명책임은 보험계약자에게 있다.

(c) 해지권의 소멸 보험자가 해지의 원인을 안 때부터 1월 또는 계약을 체결한 날로부터 3년이 경과한 때에는 해지권은 소멸한다(상 651 본).

(사) 고지의무위반과 착오·사기

고지의무의 위반과 민법상의 착오·사기가 경합하는 경우에 보험자는 보험계약을 해지할 수 있는 외에 또 민법상의 일반원칙(민 109, 110)에 따라 보험계약을 취소할 수도 있는가 하는 문제에 대하여 학설은 일치하지 않는다.

(a) 양법적용설 상법의 고지의무제도와 민법의 착오·사기에 관한 규정은 그 논거와 요건 그리고 효과를 달리하는 것이므로, 상법의 고지의무에 관한 규정은 민법규정의 적용을 배제하지 않는다고 한다.

(b) 민법적용배제설 상법에서 고지의무제도를 둔 것은 보험단체의 보호를 위한 것으로서 보험계약을 그 체결 당시에 소급하여 무효로 하는 것을 피하고 장래에 향하여 효력이 있는 해지로 한 것이므로, 착오·사기에 관한 민법의 규정은 그 적용이 배제된다고 한다.

(5) 보험계약의 효과

1) 보험자의 의무

(가) 보험증권교부의무

보험자는 보험계약이 성립한 때에는 지체없이 보험증권을 작성하여 보험계약자에게 교부하여야 한다(상 640 I 본). 이러한 의무는 보험계약자가 보험료의 전부 또는 최초의 보험료를 지급한 때에 진다(동조 동항 단). 보험증권이란 보험계약의 성립과 그 내용을 증명하기 위하여 계약의 내용을 기재하고 보험자가 기명날인하여 보험계약자에게 교부하는 증권을 말한다. 보험증권은 보험계약의 성립을 증명하기 위하여 보험자가 발행하는 증거증권이며, 보험자가 보험금 등의 급여를 함에 있어서 그 증권의 제시자의 자격을 조사할 권리가 있을 뿐이고 의무는 없는 면책(자격)증권이다.

(나) 보험금지급의무

(a) 서 설

aa) 의 의 보험자는 보험사고가 발생한 경우에 보험금을 지급할 의무가 있다(상 638). 그러나 보험기간중에 사고가 발생함이 없이 그 기간이 경과한 경우에 이미 보험자는 잠재적으로 위험부담을 한 셈이므로 보험료의 반환의무를 지지 않는다.

bb) 보험사고 보험자의 보험금지급의무는 원칙적으로 최초의 보험료의 지급을 받은 때로부터 이후 보험기간이 종료할 때까지 발생한 보험사고에 대해서만 진다(상 656).

cc) 보험금의 지급시기 보험자는 약정이 있는 경우에는 그 기간 내에, 약정이 없는 경우에는 보험사고발생의 통지(상 657 I)를 받은 후 손해사정 또는 보험사고조사에 필요한 통상의 기간 내에 지체없이 지급할 보험금을 정하고 그 정하여진 날부터 10일 내에 피보험자 또는 보험수익자에게 보험금을 지급하여야 한다(상 658).

dd) 소멸시효 보험금지급의무는 3년의 시효에 의해 소멸한다(상 662). 단기소멸시효는 보험제도의 특수성을 고려하여 신속한 결제와 보험관계의 종결을 통하여 보험사업의 원활을 도모하려는 데 있다.

(b) 면책사유 보험사고가 적법한 기간 내에 발생하였더라도 다음과 같은 경우에는 보험자가 보험금의 지급책임을 지지 않는다.

aa) 전쟁 기타 변란에 의한 보험사고의 발생 보험사고가 전쟁 기타 변란으로 인하여 생긴 때에는 당사자간에 다른 약정이 없는 한 보험자는 보험금을 지급할 책임이 없다(상 660). 왜냐하면 평시에는 예상할 수 없고 그 위험의 규모가 막대한 전쟁 기타 변란에 의한 사고는 보통의 보험으로서 감당한다는 것이 불가능하기 때문이다.

bb) 보험계약자 등의 고의·중과실에 의한 보험사고의 발생

(ㄱ) 의 의 보험사고가 보험계약자 또는 피보험자나 보험수익자의 고의 또는 중대한 과실로 인하여 생긴 때에는 보험자는 보험금액을 지급할 책임이 없다(상 659 I). 보험계약자나 피보험자가 회사 기타의 법인인 경우에는 법인의 기관구성원이나 업무집행사원, 표현대표이사나 이에 준하는 임원의 고의 또는 중과실이 있는 경우에도 보험자는 그 책임을 면한다.

(ㄴ) 면책의 취지 고의나 중대한 과실이 있는 경우에도 보험

자가 보험금의 지급책임을 진다는 것은 가혹하고, 보험금의 취득을 목적으로 빈번하게 인위적으로 보험사고가 발생함으로써 사회적인 불안이 조성되고 막대한 경제적인 손실이 초래될 우려가 있기 때문이다.

(ㄷ) 사망보험의 경우 사망을 보험사고로 한 보험계약에는 사고가 보험계약자 또는 피보험자·보험수익자의 중대한 과실로 인하여 생긴 경우에도 보험금액의 지급책임은 인정하고 있다(상 732의 2). 이는 사망보험의 경우에는 특히 유족 등의 보험수익자를 보호할 필요가 있기 때문이다.

cc) 보험계약이 해지된 경우 보험사고가 발생한 후에도 보험자가 보험료부지급·고지의무위반·위험변경증가에 대한 통지의무의 해태·보험계약자 등의 고의나 중과실로 인한 위험증가 등에 의하여 계약을 해지한 때에는(상 650~653), 보험금액을 지급할 책임이 없고 이미 지급한 보험금액의 반환을 청구할 수 있다(상 655 본).

dd) 약관에 의한 면책사유 보험자는 보통보험약관에 법정면책사유 이외의 기타의 면책사유를 정하여 책임을 면하고 있는데, 이것을 면책약관이라 한다. 면책약관은 상법 제 4 편(보험)의 규정을 보험계약자 또는 피보험자나 보험수익자의 불이익으로 변경하지 않는 범위 내에서 유효하다.

(다) **보험료반환의무**

(a) 의무의 발생원인

aa) 보험계약의 무효 보험계약의 전부 또는 일부가 무효인 경우에 보험계약자와 피보험자 또는 보험수익자가 선의이며 중대한 과실이 없는 때에는, 보험자는 보험료의 전부 또는 일부를 반환하여야 한다(상 648).

bb) 보험계약의 해지 보험계약자는 보험사고가 발생하기 전에는 언제든지 계약의 전부 또는 일부를 해지할 수 있는데, 이 경우에 보험자는 미경과보험료를 반환하여야 한다(상 649 Ⅰ·Ⅲ). 미경과보험료란 보험계약의 해지시점이 속하는 보험료기간 이후의 보험료기간에 해당하는 보험료를 말한다. 그리고 생명보험의 경우에는 보험계약이 해지된 때에 보험자는 보험료적립금(평균보험료에서 자연보험료를 뺀 잔액)을 보험계약자에게 반환하여야 한다(상 736 I 본).

(b) 소멸시효 　보험자가 보험계약자에게 부담하는 보험료반환의무는 3년의 시효에 의하여 소멸한다(상 662).

2) 보험계약자 · 피보험자 · 보험수익자의 의무

(가) 보험료지급의무

(a) 서 　설

aa) 의 　의 　보험계약은 유상계약이므로 보험계약자는 보험자에 대하여 보험료를 지급할 의무가 있다(상 638). 보험에 있어서는 보험금액의 총액과 보험료의 총액은 서로 균형을 이룰 것을 전제로 하기 때문에, 보험계약자의 보험료지급의무는 보험자의 보험금지급의무에 대응하는 제 1 차적인 중요한 의무이므로 보험자의 보험료지급청구권은 보험계약의 본질적인 요소라고 할 수 있다.

bb) 지급의무자 　보험료의 지급의무는 보험계약자가 지지만, 타인을 위한 보험의 경우에 보험료지급의무자인 보험계약자가 파산선고를 받거나 보험료의 지급을 지체한 때에는 타인(피보험자 또는 보험수익자)이 권리를 포기하지 않는 한 그 타인이 보험료의 지급의무를 진다(상 639 III).

cc) 지급해태의 효과 　보험계약자가 계약이 성립한 후 최초의 보험료를 지급하지 아니한 때에는 보험자의 책임이 개시되지 않고(상 656), 계약성립 후 2월이 경과하면 계약해제가 의제된다(상 650 I). 또한 보험계약자가 약정된 지급기일에 계속보험료를 지급하지 아니한 때에는 보험자는 상당한 기간을 정하여 최고하고, 이 기간 내에도 지급하지 않으면 계약을 해지할 수 있다(상 650 II).

dd) 지급의무의 부존재 　보험계약 당시에 보험자가 보험사고의 발생이 불가능함을 안 때에는 보험계약은 무효가 되므로 보험계약자에게는 보험료지급의무가 없다(상 644).

(b) 보험료의 감액

aa) 특별위험이 소멸한 경우 보험계약의 당사자가 특별한 위험을 예기하여 보험료의 액을 정한 경우에 보험기간중에 그 예기한 위험이 소멸한 때에는 보험계약자는 그후의 보험료의 감액을 청구할 수 있다(상 647).

bb) 초과보험의 경우 손해보험의 경우에 보험금액이 보험목적의 가액을 현저하게 초과한 때와 보험가액이 보험기간중에 현저하게 감소된 때에는 보험계약자는 보험료의 감액을 청구할 수 있으며 보험자는 보험금액의 감액을 청구할 수 있다(상 669 Ⅰ·Ⅲ). 이 청구권도 형성권이며 감액의 효력은 장래에 대하여서만 생긴다(상 669 Ⅰ 단).

(c) 지급의 방법·장소

aa) 지급방법 보험료는 약관이나 당사자간의 약정에 따라 전 보험기간에 대하여 일시지급이나 분할지급이 가능하다. 보험료의 지급을 위하여 어음·수표로 교부하는 경우가 많은데, 보험료의 지급시를 어음·수표의 교부시로 볼 것인가 아니면 어음·수표의 지급시로 볼 것인가에 따라 보험자의 책임개시나 책임계속 여부가 좌우된다.

(ㄱ) 해제조건부 대물변제설 수표의 부도를 해제조건으로 하여 현금의 지급에 갈음하여 수령된 것으로 하고, 수표의 결제를 기다리지 않고 보험자가 수표를 교부받은 날짜를 보험료의 지급일로 하여 이 때부터 보험자의 책임이 개시되는 것으로 본다. 선일자수표의 경우도 같다고 한다.

(ㄴ) 유 예 설 보험계약자가 교부한 어음·수표를 보험자가 수령한 때에는 보험료지급을 유예한 것이라고 본다. 이에 의하면 보험료의 지급을 위하여 어음을 수령한 때에는 그 지급은 어음·수표의 부지급을 해제조건으로 하여 유예된다는 것이다. 그러므로 사후에 어음·수표가 지급이 된 때에는 어음·수표를 교부한 때에 개시된 보험자의 책임이 계속해서 이어지게 된다. 이는 선일자수표의 경우도 같다고 한다.

bb) 지급시기 보험료의 지급시기는 특약이 없으면 계약의 성립과 동시에 이행기가 도래하는 것으로 본다(상 650 I).

cc) 지급장소 보험료지급의무는 지참채무이므로, 특별한 정함이 없으면 보험료의 지급장소는 보험자의 영업소이다(상 56).

(d) 소멸시효 보험자의 보험료청구권은 2년의 시효로 소멸한다(상 662).

(나) 통지의무

(a) 보험사고가 발생한 경우 보험계약자 또는 피보험자나 보험수익자는 보험사고의 발생을 안 때에는 지체없이 보험자에게 그 통지를 발송하여야 한다(상 657 I). 통지의무는 보험계약의 체결시의 고지의무와 같이 보험자의 책임을 묻기 위한 전제조건이긴 하지만, 이 의무위반으로 인한 손해배상청구(현실적으로 보험금잔액)를 할 수 있다는 점에서(상 657 II) 보험계약자가 보험자에 대해 부담하는 진정한 의무인 것이다. 사고발생의 통지의무를 해태함으로써 손해가 증가된 때에는 보험자는 그 증가된 손해를 보상할 책임이 없다(상 657 II).

(b) 위험의 현저한 변경·증가의 경우

aa) 통지의무 보험계약체결 이후 보험계약자 또는 피보험자가 사고발생의 위험이 현저하게 변경 또는 증가된 사실을 안 때에는 지체없이 보험자에게 통지하여야 한다(상 652 I). 이것은 보험자로 하여금 현저하게 변경 또는 증가된 위험에 대처할 수 있게 하기 위하여 인정한 의무인데 보험자가 위험의 변경·증가의 통지를 받은 때에는 1월 내에 보험료의 증액을 청구하거나 계약을 해지할 수 있다(상 652 II). 여기서 위험의 변경·증가란 보험계약자, 피보험자 또는 보험수익자의 고의나 중과실에 의하지 아니하고 이루어진 경우(위험의 객관적 변경·증가)를 말한다.

판례는 「자동차보험에 있어서는 피보험자동차의 용도와 차종뿐만 아니라 그 구조에 따라서도 보험의 인수 여부와 보험료율이 달리 정하여지는 것이므로 보험계약 체결 후에 피보험자동차의 구조가 현저히 변경된 경우에는 그러한 사항이 계약 체결 당시에 존재하고 있었다면 보험자가 보험계약을 체결하지 않았거나 적어도 그 보험료로는 보험을 인수하지 않았을 것으로 인정되는 사실에 해당하여 상법 제652조 소정의 통지의무의 대상이 되고, 따라서 보험계약자나 피보험자가 이를 해태할 경우 보험자는 바로 상법 규정에 의하여 자동차보험계약을 해지할 수 있다」고 한 바 있다(대 98. 11. 27, 98 다 32564). 그러나 판례는 「생명보험계약 체결 후 다른 생명보험에 다수 가입하였다는 사정만으로 상법 제652조 소정의 사고발생의 위험이 현저하게 변경 또는 증가된 경우에 해당한다고 할 수 없다」고 하였다(대 2001. 11. 27, 99 다 33311).

bb) 법적 성질　　통지의무의 법적 성질은 순수한 채무라는 견해도 있으나, 불이익한 결과를 피하기 위한 전제조건으로서의 간접의무라는 입장이 타당하다.

cc) 통지해태의 효과　　통지의무를 해태한 때에는 보험자는 그 사실을 안 날로부터 1월 내에 한하여 계약을 해지할 수 있다(상 652 I 후). 보험사고의 발생 후에도 같다(상 655). 이 경우 보험자는 보험금을 지급할 책임이 없고 이미 지급한 보험금의 반환을 청구할 수 있다. 다만 보험계약자 등이 그 위험 변경·증가의 사실과 보험사고의 발생 사이에 인과관계가 없음을 증명하는 때에는 보험금지급을 청구할 수 있고 이미 지급받은 보험금의 반환을 거절할 수 있고, 보험자는 계약을 해지하더라도 보험금을 지급할 책임이 있다(상 655 단).

(6) 보험계약의 변경과 소멸

1) 사정의 변경에 의한 소멸

보험계약은 보험사고발생의 개연율에 따라 계속되는 법률관계이기 때문에, 보험계약이 체결된 후에 사정이 변경된 때에는 당초의 보험계약은 해지 또는 실효에 의하여 소멸한다. 보험자가 보험계약자로부터 위험의 변경·증가의 통지를 받은 때에는 1월 내에 보험료의 증액을 청구하거나 계약을 해지할 수 있다(상 652 II). 보험계약자가 위험이 현저하게 변경·증가된 사실을 알고 그 통지의무를 해태한 때에는 보험자는 그 사실을 안 날로부터 1월 내에 한하여 계약을 해지할 수 있다(상 652 I). 그리고 보험계약체결 이후 보험사고발생의 위험이 보험계약자 등의 고의 또는 중대한 과실로 인하여 현저하게 변경 또는 증가된 때에는 보험자는 그 사실을 안 날로부터 1월 내에 보험료의 증액을 청구하거나 계약을 해지할 수 있다(상 653).

2) 당사자의 의사에 의한 소멸

보험계약은 보험금액의 전액이 지급되거나 계약일반의 소멸원인에 의하여 소멸하는 외에, 보험관계의 변경이 없더라도 당사자의 의사에 의하여 소멸시킬 수 있다.

(가) 보험사고발생 전의 임의해지

보험계약자는 보험사고발생 전에는 언제든지 계약의 전부 또는 일부를 해지할 수 있다(상 649 I 본). 타인을 위한 계약의 경우에는 보험계약자는 그 타인의 동의를 얻지 아니하거나 보험증권을 소지하지 아니하면 계약을 해지하지 못한다(동조 I 단). 계약을 해지한 경우에 보험계약자는 당사자간에 다른 약정이 없으면 미경과보험료의 반환을 청구할 수 있다(동조 III).

(나) 보험료부지급으로 인한 해제 · 해지

(a) 제 1 회 보험료부지급의 경우　　보험계약자가 계약체결 후 보험료의 전부 또는 제 1 회 보험료를 지급하지 아니하는 경우에는 다른 약정이 없는 한 계약성립 후 2월이 경과하면 그 계약은 해제된 것으로 본다(상 650 I).

(b) 계속보험료부지급의 경우　　계속보험료가 약정한 시기에 지급되지 아니한 때에는 보험자는 상당한 기간을 정하여 보험계약자에게 최고하고 그 기간 내에 지급되지 아니한 때에는 그 계약을 해지할 수 있다(상 650 II). 이처럼 계속보험료의 부지급으로 인해 계약이 해지되거나 실효되고 해지환급금이 지급되지 아니한 때에 보험계약자는 일정한 기간 내에 연체보험료에 약정이자를 붙여 보험자에게 지급하고 그 계약의 부활을 청구할 수 있다(상 650의 2 전). 즉 보험계약은 보험계약자의 부활의 청구에

대하여 보험자가 승낙함으로써 부활한다.

(c) 타인을 위한 보험계약의 경우 특정한 타인을 위한 보험의 경우에 보험계약자가 보험료의 지급을 지체한 때에는 보험자는 그 타인에게도 상당한 기간을 정하여 보험료의 지급을 최고한 후가 아니면 그 계약을 해제(제 1 회 보험료 부지급의 경우) 또는 해지(계속보험료 부지급의 경우)하지 못한다(상 650 Ⅲ). 이와 같이 피보험자에게도 최고하도록 한 것은 피보험자도 권리를 포기하지 않는 한 제 2 차적 보험료지급의무를 지기 때문이다(상 639 Ⅱ 단).

(다) 고지의무위반으로 인한 해지

보험계약 당시에 보험계약자 또는 피보험자가 고의 또는 중대한 과실로 인하여 중요한 사항을 고지하지 아니하거나 부실한 고지를 한 때에는, 보험자는 그 사실을 안 날로부터 1월 내에, 계약을 체결한 날로부터 3년 내에 한하여 계약을 해지할 수 있다. 그러나 보험자가 계약 당시에 그 사실을 알았거나 중대한 과실로 인하여 알지 못한 때에는 계약을 해지하지 못한다(상 651).

3) 기타의 원인에 의한 소멸

보험계약은 그 밖에 보험기간의 만료와 약관에서 정한 사유에 의하여 보험계약을 해지함으로써 소멸한다.

4) 계약해지와 보험금청구권

보험사고가 발생한 후라도 보험자가 상법 제650조, 제651조, 제652조 및 제653조에 따라 계약을 해지하였을 때에는 보험금을 지급할 책임이 없고 이미 지급한 보험금의 반환을 청구할 수 있다. 다만, 고지의무를 위반한 사실 또는 위험이 현저하게 변경되거나 증가된 사실이 보험사고 발생에 영향을 미치지 아니하였음이 증명된 경우에는 보험금을 지급할 책임이 있다(상 655).

(7) 타인을 위한 보험계약

1) 서 설

(가) 의 의

타인을 위한 보험계약이란 보험계약자가 타인의 이익을 위하여 자기명의로 체결한 보험계약을 말한다(상 639 Ⅰ 본). 보험계약자가 동시에 피보험자(손해보험의 경우) 또는 보험수익자(인보험의 경우)인 보험계약을 자기를 위한 보험계약이라고 하는 데 비하여, 보험계약자가 아닌 타인이 피보험자(손해보험의 경우) 또는 보험수익자(인보험의 경우)인 보험계약을 타인을 위한 보험계약이라 한다.

(나) 효 용

타인을 위한 보험계약은 피보험자가 보험계약자의 신용을 이용하여 보험관계를 신속하게 성립시킬 수 있을 뿐만 아니라, 피보험자가 거래관계를 비밀로 하고자 할 때 유용한 제도이다. 예컨대 운송업자·창고업자·격지거래의 매도인이 송하인·임치인·매수인을 위하여, 이들을 피보험자로 하여 보험계약을 체결하는 때에 이용된다.

(다) 법적 성질

이는 민법상의 「제 3 자를 위한 계약」의 일종이라고 할 수 있다. 민법상의 「제 3 자를 위한 계약」은 제 3 자의 수익의 의사표시가 있어야만 제 3 자의 권리가 생기는 데(민 539 Ⅱ) 비하여, 타인을 위한 보험계약의 경우에는 그 성질상 피보험자 또는 보험수익자의 의사표시를 필요로 하지 않는다는(상 639 Ⅱ 본) 점이 다르지만, 민법상의 수익의 의사표시도 제 3 자를 위한 계약의 본질적 요건은 아니므로 타인을 위한 보험계약이 민법상의 「제 3 자를 위한 계약」이라고 할 것이다.

2) 성립요건

(가) 「타인을 위하여」 한다는 합의

당사자간에 「타인을 위하여」 계약을 체결한다는 뜻의 명시 또는 묵시에 의한 합의가 있어야 한다. 그러므로 그 뜻이 분명하지 않은 때에는 자기를 위한 보험계약으로 추정하게 될 것이다. 피보험자와 보험수익자는 계약에서 특정되는 것이 원칙이지만 불특정의 타인을 위한 보험계약도 유효하다(상 639 I 본).

㈏ **위임요건의 배제**

「타인을 위한 보험계약」은 타인의 위임과 관계 없이 유효하게 성립한다. 그러나 손해보험계약의 경우에 그 타인의 위임이 없는 때에는 보험계약자는 이를 보험자에게 고지하여야 하고, 그 고지가 없는 때에는 타인이 그 보험계약이 체결된 사실을 알지 못하였다는 사유로 보험자에게 대항하지 못한다(상 639 I 단).

3) **효 과**

㈎ **피보험자와 보험수익자의 권리·의무**

(a) 권 리 「타인을 위한 보험계약」이 체결되면 피보험자 또는 보험수익자는 보험자에 대한 수익의 의사표시를 함이 없이 보험사고가 발생한 경우에 당연히 보험금지급청구권을 갖는다(상 639 II 본). 그러나 다른 권리는 여전히 보험계약자가 행사한다.

(b) 의 무

aa) 제 1 차적인 보험료지급의무는 보험계약자가 부담하지만 보험계약자가 파산선고를 받거나 보험료의 지급을 지체한 때에는 피보험자·보험수익자가 그 권리를 포기하지 않는 한 이들도 보험료지급의무를 부담한다(상 639 III).

bb) 보험계약자와 함께 피보험자 또는 보험수익자도 고지의무(상 651)·위험변경·증가의 통지의무(상 652)·보험사고발생의 통지의무(상 657)를 부담하며 손해보험의 경우에 피보험자도 손해방지의무를 진다(상 680).

㈏ **보험계약자의 권리·의무**

타인을 위한 보험계약의 경우에 보험계약자는 보험자의 계약상대방이고 보험증권을 소지하고 있으므로 각종의 의무와 형식적인 처분권을 갖지만, 모든 보험계약상의 권리는 타인인 피보험자나 보험수익자에게 귀속된다는 것을 전제로 하는 것이다. 따라서 피보험자나 보험수익자가 동시에 보험계약자인 자기를 위한 보험계약의 경우에 보험계약자의 권리·의무와는 그 성질을 달리한다.

(a) 권 리 보험계약자는 보험계약에 따르는 보험자에 대한 권리인 계약해지권(상 649 Ⅰ), 보험증권교부청구권(상 640), 보험료감액청구권 및 반환청구권(상 647, 648, 649 Ⅲ)과 인보험의 경우 보험수익자의 지정변경권(상 733) 등을 갖는다. 그런데 보험계약자의 계약해지권은 타인의 동의를 얻거나 보험증권을 소지한 경우에만 인정된다(상 649 Ⅰ 단).

(b) 의 무 보험계약자는 계약의 당사자로서 고지의무(상 651), 위험변경·증가의 통지의무(상 652), 보험사고발생의 통지의무(상 657), 보험료지급의무(상 639 Ⅱ 본)를 부담한다.

4. 손해보험

(1) 손해보험계약

1) 의 의

손해보험계약이란 당사자의 일방(보험자)이 우연히 야기된 일정한 사고로 인한 피보험자의 재산상의 손해를 보상할 것을 약정하고, 상대방이 이에 대하여 보수(보험료)를 지급할 것을 약정하는 계약이다(상 638, 665).

2) 인보험계약과 차이점

손해보험계약은 손해의 보상을 목적으로 하는 점에서 인보험과 구별된다. 손해의 보상은 약정한 보험금액의 한도 내에서 손해액에 따라 산정한 보험금을 지급하는 것이므로 손해보험계약은 손해보상계약이라고 할 수 있다. 그러므로 손해보험은 보험사고가 발생한 때에 지급하여야 할 금액을 계약의 성립시에는 알 수 없는 부정액보험이라는 점에서 보험사고만 발생하면 손해와 관계 없이 일정액을 지급하는 정액보험인 인보험과 다르다.

(2) 피보험이익

1) 의 의

피보험이익(被保險利益)이란 손해보험계약에 있어서 특유한 요소라는 것이 통설이다. 피보험이익이란 피보험자가 보험의 목적에 대하여 갖는 경제상의 이익을 말한다. 즉 보험의 목적에 대하여 보험사고가 발생하지 않음으로써 경제상의 이익을 갖게 되는 관계에 있게 되는 때에 피보험자는 피보험이익을 갖는다.

2) 피보험이익의 요건

손해보험계약의 유효한 성립과 그 존속을 위하여는 피보험이익은 다음과 같은 요건을 갖추어야 한다.

(가) 산정가능한 경제적 이익

피보험이익은 경제적인 이익으로서 「금전으로 산정할 수 있는 이익」이어야 한다(상 668). 손해보험은 피보험자의 재산상의 손해를 보상하는 것으로서 손해액의 산정이 가능한 것이어야 한다. 경제적 이익의 존재라 함은 사회통념상 객관적인 평가 및 판정에 의할 것이나 객관성을 요구한다고 하여 반드시 보험계약의 체결시점에 그 존재가 확정되어야 하는 것은 아니며 장래에 생길 이익(운송에 의하여 얻게 될 운임 등)도 피보험이익이 될 수 있다.

(나) 이익의 적법성

피보험이익은 적법한 것이어야 한다. 그러므로 형벌 또는 행정벌 등에 의하여 상실될 이익이나 판매가 금지된 화약·무기 등의 판매에 의한 이익, 금제품·금수품(禁制品·禁輸品)에 대한 이익, 도박·탈세·절도로 인하여 얻은 이익 등을 피보험이익으로 한 경우에는 당연히 계약을 무효로 한다(민 103).

(다) 확정가능성

피보험이익은 이미 확정된 것이거나 적어도 보험사고의 발생시까지는 확정될 수 있는 것이어야 한다. 왜냐하면 확정될 수 없는 이익은 피보험자와 손해도 확정할 수 없으므로 손해에 대한 보상이 불가능하기 때문이다.

3) 피보험이익의 기능

피보험이익은 보험자의 보상책임의 최고한도를 정하는 기준이 된다. 보험자의 책임은 피보험이익의 가액의 범위 내에서 정하여지는 것이다. 그리고 피보험이익은 손해보험계약을 개별화시킨다. 예컨대 건물의 화재에 관하여 소유자·저당권자·임차인의 피보험이익이 각기 다르기 때문에 각기 별개의 손해보험계약을 체결할 수 있다. 보험계약에도 사행성이 있으나 보험계약은 피보험이익이라는 개념에 의하여 도박과 구별되고, 피보험자는 피보험이익을 갖고 보험사고가 발생하면 손해액 이상의 보상을 받을 수 없으므로 인위적인 위험의 조장을 방지할 수 있다. 또한 피보험이익의 평가액인 보험가액은 초과보험, 중복보험 및 일부보험, 전부보험을 판정하는 기준이 된다.

(3) 보험가액과 보험금액

1) 보험가액

㈎ 의 의

보험가액(保險價額)이란 피보험이익의 금전적 평가액을 말한다. 이는 보험사고의 발생에 의하여 피보험자가 불이익을 받게 될 이해관계의 평가액으로서, 사고발생시에 지급될 금액의 법률상의 최고한도로서의 의미를 가진다.

㈏ 보험가액의 평가

ⓐ 보험가액의 평가는 객관적이고 보편적인 판단에 의하여야 한다. 그러므로 보험가액은 예컨대 상품과 같은 처분재산은 시가로, 부동산 기타의 사용재산의 경우에는 취득가액에서 감가상각액 또는 감손액을 공제한 액으로 하여야 할 것이다. 또한 손해의 발생 후에도 계속적인 사용

의 필요가 있는 보험의 목적에 대하여는 보험가액을 재조달가액으로 정하는 경우도 있는데 이를 신가보험(新價保險)이라 한다.

(b) 보험가액은 피보험이익의 평가액으로서 항상 변동하는 것으로 그 평가의 시기와 장소에 따라 달라지는데, 상법은 이에 관하여 당사자간의 합의에 의하는 기평가보험(既評價保險)과 아무런 약정을 하지 않는 미평가보험(未評價保險)에 관하여 각각 규정하고 있다.

aa) 기평가보험 보험사고의 발생 후 피보험자에 대한 신속한 보상이 가능토록 하기 위하여 상법은 당사자간의 합의로 미리 보험가액을 정할 수 있게 하였다(상 670). 이러한 보험가액을 협정보험가액이라 한다. 그리고 이를 기재한 보험증권을 기평가보험증권이라 하고, 그 기재가 없는 것을 미평가보험증권이라 한다. 만일 협정보험가액이 객관적인 진정한 보험가액과 다른 경우에는 당사자는 그 반증을 들어서 변경할 수 있지만, 협정보험가액을 인정하는 취지는 분쟁의 방지에 있으므로, 상법에서는 협정보험가액을 사고발생시의 가액으로 추정하고 전자가 후자를 현저하게 초과할 때에만 후자를 보험가액으로 인정한다(상 670).

> 판례는 「상법 제670조 단서에는 당사자 사이에 보험가액을 정한 기평가보험에 있어서, 협정보험가액이 사고발생시의 가액을 현저하게 초과할 때에는 사고발생시의 가액을 보험가액으로 하도록 규정하고 있는바, 양자 사이에 현저한 차이가 있는지의 여부는 거래의 통념이나 사회의 통념에 따라 판단되어야 하고, 보험자는 협정보험가액이 사고발생시의 가액을 현저하게 초과한다는 점에 대한 입증책임을 부담한다」고 하였다(대 2002. 3. 26, 2001 다 6312).

bb) 미평가보험 이는 당사자간에 보험가액에 대한 합의가 없는 보험이다. 이 경우에 보험가액은 원칙적으로 사고발생시의 가액으로 한다(상 671).

2) 보험금액

(가) 보험금액(保險金額)이란 보험자가 발생한 손해의 보상을 위하여 지급하기로 한 금액의 최고한도를 말하는데, 이는 보험계약을 체결할 때

에 당사자간의 약정에 의하여 정한다. 이것은 손해발생시에 실제로 피보험자에게 지급되는 금액과 구별하기 위하여 약정보험금액이라고도 한다.

(나) 보험금액은 보험료의 산정을 위한 기준이 된다. 손해발생시에 그 보상으로서 보험자가 지급하여야 할 금액은 보험가액의 범위 내에서 보험금액을 한도로 하여 피보험이익에 대하여 생긴 구체적인 손해액에 따라서 결정된다.

3) 보험가액과 보험금액과의 관계

당사자간의 보험가액에 대한 협정의 유·무와 관계 없이 보험가액과 보험금액은 반드시 일치하는 것은 아니다. 양자의 불일치는 초과보험·일부보험·중복보험 등의 문제를 생기게 한다.

(가) 초과보험

(a) 의 의 보험금액이 보험가액을 초과하는 경우를 초과보험이라 한다. 초과보험의 경우에는 피보험이익이 존재하지 않는 부분에 대하여 당사자의 일방이 부당하게 이득을 보게 될 가능성이 있기 때문에 손해보험의 본질에 반하고 고의로 보험사고를 유발하거나 도박화할 우려가 있다.

(b) 효 과

aa) 보험계약자의 사기로 인한 경우 초과부분의 보험계약은 보험계약자가 사기로 초과보험계약을 체결한 경우에 한하여 보험계약 전부를 무효로 한다(상 669 Ⅳ). 보험계약자가 사실대로 기재하였다면 보험자가 그 청약을 거절하였거나 가능한 한 승낙하지 않을 것이라거나 다른 조건으로 승낙할 것이라는 것을 알았을 때에 사기가 있는 것으로 본다.

bb) 당사자가 선의인 경우 당사자가 선의인 경우에는 초과보험의 해소를 위하여 보험금액을 현저하게 초과한 때에 한하여 보험자 또는 보험계약자는 보험료와 보험금액의 감액을 청구할 수 있다(상 669 Ⅰ 본). 초과보험의 판단을 위한 보험가액의 평가시기는 계약 당시를 기준으로 하며(상 669 Ⅱ), 보험가액이 보험기간중에 감소한 때에는 그 감소의 시점으로 하여야 될 것이다.

(나) 일부보험

(a) 의 의 보험금액이 보험가액과 일치하는 경우를 전부보험이라고 하는 데 대하여 보험금액이 보험가액에 미달되는 경우를 일부보험이라 한다. 예컨대 보험가액 1,000만원의 건물을 보험금액은 500만원으로 한 경우를 말한다.

(b) 발생원인 일부보험은 이미 보험가액의 일부분이 다른 보험자에게 보험이 붙여졌거나 수개의 보험회사에 일부씩 분할하여 보험계약을 병존시킨 때와 보험료의 절약이나 피보험자의 주의력의 해이를 방지하기 위하여 일부분에 대하여는 보험계약을 체결하지 않고 자기가 위험을 부담하는 경우(자가보험)와 같이 보험자의 의식적인 행위에 의해 발생하기도 하며, 계약체결 후의 물가의 등귀나 계약체결시의 목적물의 저평가에 의하여 자연적으로 발생하기도 한다.

(c) 효 과 일부보험의 경우에 보험자는 보험금액의 보험가액에 대한 비율에 따라 보상할 책임을 진다(상 674 본). 그러나 당사자간에 다른 약정이 있는 때에는 보험자는 보험금액의 한도 내에서 그 손해를 보상할 책임을 진다(상 674 단).

예컨대 보험가액이 1,000만원인 건물에 대하여 보험금액을 500만원으로 한 경우에, 전손인 때에는 보험자는 500만원만 지급하면 되고 600만원의 손해가 발생한 분손의 경우에는 보험가액에 대한 비율에 따라 600×1/2=300만원을 지급하면 된다. 이를 비례부담의 원칙(Prorata Regel)이라 한다.

(다) 중복보험

(a) 의 의 수인의 보험자가 각기 동일한 피보험자를 주체로 하는 동일한 피보험이익에 대하여 보험사고와 보험기간을 공통으로 하는 수개의 보험계약을 체결하여, 보험금의 총액이 보험가액을 초과하거나 각 계약에 의한 보상액의 총액이 손해액을 초과하는 경우를 협의의

중복보험이라 한다(상 672 I). 보험금의 합계가 보험가액에 미달되는 때에는 광의로는 중복보험이라고 할 수 있으나 일부보험의 병존에 불과하므로 일부보험에 관한 규정이 적용된다.

판례는 「보험목적의 양수인이 그 보험목적에 대한 1차보험계약과 피보험이익이 동일한 보험계약을 체결한 사안에서 제1차보험계약에 따른 보험금청구권에 질권이 설정되어 있어 보험사고가 발생할 경우에도 보험금이 그 질권자에게 귀속될 가능성이 많아 1차보험을 승계한 이익이 거의 없고 또한 그 양수인이 그 보험목적에 관하여 손해의 전부를 지급받을 수 있는 필요충분한 보험계약을 체결한 경우 양수인에게는 보험승계의 의사가 없었다고 봄이 상당하고 따라서 1차보험은 양수인에게 승계되지 않았으므로 양수인이 체결한 보험이 중복보험에 해당하지 않는다」고 한다(대 96.5.28, 96 다 6998).

(b) 발생원인　중복보험은 보험의 목적이 고가물인 경우나 동일한 상품에 대하여 매도인과 매수인간의 연락이 안 되어 중복하여 운송보험계약을 체결하는 경우, 손해보험계약이 타인을 위한 것과 자기를 위한 것이 경합하는 때에 생긴다.

(c) 효　과

aa) 보험자의 책임　중복보험의 경우에 피보험자가 보상액으로서 보험금의 전부를 지급받게 되면 보험가액 이상의 이득을 취하게 되므로 초과보험의 경우와 같은 폐해가 생길 수 있다. 그리하여 보험자의 책임에 관하여 상법은 중복보험에 있어서는 동시와 이시를 구별함이 없이 일률적으로 비례분담주의를 취하였다. 동일한 보험계약의 목적과 동일한 사고에 관하여 수개의 보험계약이 동시에 또는 순차로 체결된 경우에, 그 보험금의 총액이 보험가액을 초과한 때에는 보험자는 각자의 보험금의 한도에서 연대책임을 부담한다. 그리고 각 보험자의 보상책임은 각자의 보험금의 비율에 따른다(상 672 I). 그러나 보험자의 책임에 관하여 상법 제672조 제1항과 다른 내용의 약정이 있는 경우에는 그 약정에 따른다(상 672 Ⅱ).

판례는 「수개의 손해보험계약이 동시 또는 순차로 체결된 경우에 그 보험금액의 총액이 보험가액을 초과한 때에는 상법 제672조 제1항의 규정에 따라 보험자는 각자의 보험금액의 한도에서 연대책임을 지고 이 경우 각 보험자의 보상책임은 각자의 보험금액의 비율에 따르는 것이 원칙이라 할 것이나, 이러한 상법의 규정은 강행규정이라고 해석되지 아니하므로, 각 보험계약의 당사자는 각개의 보험계약이나 약관을 통하여 중복보험에 있어서의 피보험자에 대한 보험자의 보상책임방식이나 보험자들 사이의 책임 분담방식에 대하여 상법의 규정과 다른 내용으로 규정할 수 있다」고 하였다(대 2002. 5. 17, 2000 다 30127).

bb) 통지의무 　　중복보험의 경우에 보험계약자는 각 보험자에 대하여 각 보험계약의 내용을 통지하여야 할 의무가 있다(상 672 Ⅱ). 즉 동일한 보험계약의 목적과 동일한 사고에 관하여 수 개의 보험계약이 동시에 또는 순차로 체결된 경우에는 보험계약자 또는 피보험자는 지체없이 각 보험자에 대하여 다른 보험계약의 보험자와 보험금을 통지하여야 한다.

cc) 보험자 중 1명에 대한 권리의 포기 　　여러 명의 보험자 중 1명에 대한 권리의 포기는 다른 보험자의 권리의무에 영향을 미치지 않는다(상 673). 즉 다른 보험자는 그 특정보험자가 지급의무를 부담할 경우에 산출되는 자기의 부담부분을 지급할 의무가 있다.

(4) 손해보험계약의 효과

1) 서 　설

손해보험의 경우도 보험계약일반에 관한 규정이 적용되지만 이에 관하여는 전술하였으므로, 여기서는 손해보험계약에 있어서 중요한 보험자의 손해보상의무, 보험계약자와 피보험자의 손해방지의무, 보험자의 대위권에 대하여만 논한다.

2) 보험자의 손해보상의무

보험자는 보험사고가 발생한 경우에 일정한 요건에 따라서 피보험자의 재산상의 손해를 보상할 책임이 있다(상 665).

(가) 요 건

(a) 보험사고와 손해와의 관계

aa) 보험계약이 체결되었고 보험계약자가 보험료를 지급하였더라도, 보험사고가 발생하지 않는 한 보험자는 보험금지급의무를 지지 않는다. 즉 보험자는 약정한 사고의 발생으로 인하여 손해가 생긴 때에 비로소 그 손해에 대한 보상의무를 지게 된다. 보험사고와 손해와의 사이에는 상당인과관계가 있어야 한다. 손해란 피보험이익의 전부 또는 일부가 멸실됐거나 감손된 것을 말하며 사고는 보험계약상 예정된 것(화재보험의 경우의 화재)이어야 한다.

> 판례는 「보험자가 벼락 등의 사고로 특정 농장 내에 있는 돼지에 대하여 생긴 보험계약자의 손해를 보상하기로 하는 손해보험계약을 체결한 경우, 농장 주변에서 발생한 벼락으로 인하여 그 농장의 돈사용 차단기가 작동하여 전기공급이 중단되고 그로 인하여 돈사용 흡배기장치가 정지하여 돼지들이 질식사하였다면, 위 벼락사고는 보험계약의 보험사고에 해당하고 위 벼락과 돼지들의 질식사 사이에는 상당인과관계가 인정된다」고 한 바 있다[대 99. 10. 26, 99 다 37603].

bb) 보험의 목적이 아닌 이익에 관한 손해는 보상의 대상이 되지 않는다. 왜냐하면 예컨대 동일한 건물에 대하여도 소유자 · 저당권자 · 임차인 등의 이익은 각기 다르기 때문이다. 보험의 목적에 관하여 보험자가 부담할 손해가 생긴 경우에는 그 후 그 목적이 보험자가 부담하지 아니하는 보험사고의 발생으로 인하여 멸실된 때에도 보험자는 이미 생긴 손해를 보상할 책임 있다(상 675).

(b) 보험기간 내의 사고발생 보험사고는 보험기간에 발생하였어야 한다. 즉 보험자는 보험사고가 법정 또는 약정의 보험기간 전에 발

생한 때에는 비록 손해가 그 기간중에 생겼더라도 보상책임을 지지 않으며, 보험사고가 보험기간 중에 발생하였으면 손해가 그 기간 후에 생겼더라도 그에 대한 보상책임을 부담한다.

(c) 면책사유에 해당하지 않는 보험사고의 발생　　보험사고가 법정 또는 약정한 보험기간 내에 발생하였더라도 그것이 면책사유에 속하는 때에는 보험자는 책임을 지지 않는다.

㈏ 손해액의 산정

보험자가 보상할 손해액의 산정은 그 손해가 발생한 때와 곳의 가액에 의하여 산정하며(상 676 I 본), 그 산정비용은 보험자의 부담으로 한다(상 676 II). 그러나 기평가보험의 경우(상 670)는 협정된 보험가액이 사고발생시의 가액을 현저하게 초과하지 않는 한 협정된 보험가액을 기초로 손해액을 산정한다. 보험가액불변경주의가 인정되는 경우(운송보험·해상보험)에는 법정가액에 의한다(상 689, 696~698). 또한 신가보험의 경우에는 그 목적물의 재조달가액으로 손해액을 산정할 수 있다(상 676 I 단). 신가보험은 기계보험·차량보험 등에서 이용된다.

㈐ 손해보상의무의 이행

이 의무의 이행시기는 다른 약정이 없으면 보험사고발생의 통지를 받고 보험자가 지급할 보험금액을 정한 날로부터 10일 내이다(상 658). 이행장소는 약관에 정함이 없고 관습도 없는 때에는 일반원칙에 따라야 할 것이다(민 467).

㈑ 소멸시효

보험자의 손해보상금의 지급의무는 3년의 시효에 의하여 소멸한다(상 662). 이 경우에 기산점은 보험사고의 발생시라고 본다.

3) 보험계약자와 피보험자의 손해 방지·경감 의무

㈎ 서　　설

(a) 의　　의　　보험계약자와 피보험자는 보험사고가 생긴 때에 그 사고로 인한 손해의 방지와 경감을 위하여 노력하여야 한다(상 680 본). 이

것을 손해 방지·경감 의무라고 한다. 이와 같은 의무는 손해액에 따라 보험금을 지급해야 하는 보험자에 대한 보험계약자 등의 신의성실의 요청에 부응하고, 공익의 보호라는 점에서 국민경제적으로도 유익하기 때문에 인정된 것이다.

(b) 법적 성질　　이 의무는 보험계약자는 아니지만 손해 방지 및 경감과 직접 관계가 있는 피보험자에게 지도록 하는 데 더 큰 의미가 있으므로, 계약에 의한 의무라기보다 법정의 의무라고 할 수 있다.

(나) 손해 방지·경감 의무의 내용

(a) 손해방지 및 경감의무는 약정한 보험사고가 발생하고 보험계약자와 피보험자가 그것을 안 것을 전제로 하여 손해의 방지와 경감을 위하여 노력할 것을 내용으로 한다. 그러나 보험사고가 발생하였더라도 보험자의 면책사유에 의한 손해에 대하여는 그 방지·경감 의무가 없다.

(b) 손해 방지 및 경감을 위한 노력의 방법과 정도는 보험계약자나 피보험자가 자기의 이익에 대한 손해의 방지와 경감을 위하여 기울이는 것과 같은 정도의 노력을 하여야 한다고 본다. 그리고 보험자가 보험사고발생의 통지를 받고(상 657) 손해의 방지를 위한 지시를 한 때에는 이를 따라야 한다는 것이 다수설이다.

(다) 의무위반의 효과

손해 방지 및 경감 의무를 해태한 경우에 그 효과에 관하여는 경과실로 인한 의무위반이 있는 때에는 피보험자가 계약의 당사자는 아니지만 채무불이행에 관한 일반원칙에 따라서 보험자는 그로 인한 손해의 배상을 청구할 수 있으며 또 보험금에서 손해액을 공제하고 지급하면 된다고 할 것이다.

4) 보험자대위

(가) 총　　설

(a) 의　　의　　보험사고에 관하여 손해가 발생한 때에 보험계약자 또는 피보험자에게 가치 있는 잔존물이 있거나, 이들이 제 3 자에 대

하여 손해배상청구권이 있음에도 불구하고 보험자가 보험금을 지급하게 되면 피보험자 등이 이득을 보게 된다. 그리하여 상법은 보험자가 보험금액을 지급한 경우에 보험계약자 또는 피보험자의 보험의 목적이나 제 3 자에 대한 권리는 보험자가 법률상 당연히 취득하도록 하고 있는데(상 681, 682) 이를 보험자대위(保險者代位)라 한다.

(b) 성질 및 근거 　이는 민법상의 손해배상자의 대위(민 399)와 유사한 것으로서 손해보험의 경우에만 인정된다. 보험자대위를 인정하는 근거는 피보험자가 보험사고의 발생을 기화로 오히려 이중의 이득을 보는 것을 막고 보험사고에 대한 책임을 면하는 자가 없도록 하는 데 있다.

(나) 보험의 목적에 대한 권리(잔존물대위)

보험의 목적이 전부멸실한 경우에 보험금액의 전부를 지급한 보험자는 그 목적에 대한 피보험자의 권리를 취득한다(상 681 본). 일부보험의 경우에도 보험자의 대위가 인정되는데 이때에 보험자는 보험금액의 보험가액에 대한 비율에 따라서 목적물에 대한 권리를 취득한다(상 681 단). 대위권의 취득시기는 보험금과 기타의 비용을 모두 지급한 때이다.

(다) 제 3 자에 대한 권리의 취득(청구권대위)

(a) 의 　의 　손해가 제 3 자의 행위로 인하여 발생한 경우에 보험금을 지급한 보험자는 그 지급한 금액의 한도에서 그 제 3 자에 대한 보험계약자 또는 피보험자의 권리를 취득한다. 다만, 보험자가 보상할 보험금의 일부를 지급한 경우에는 피보험자의 권리를 침해하지 아니하는 범위에서 그 권리를 행사할 수 있다(상 682 I). 보험계약자나 피보험자의 권리가 그와 생계를 같이하는 가족에 대한 것인 경우 보험자는 그 권리를 취득하지 못한다. 다만, 손해가 그 가족의 고의로 인하여 발생한 경우에는 그러하지 아니하다(동조 II).

(b) 인정의 근거 　보험사고가 제 3 자의 행위로 인하여 발생한 경우에는 피보험자는 제 3 자에 대한 손해배상청구권과 보험자에 대한 보험금청구권을 동시에 취득하게 된다. 이 양청구권은 독립된 청구권으

로서 양립할 수 있는 것이다. 그럼에도 불구하고 보험자의 대위를 인정하는 이유는 본래 손해보험이 손해의 보상을 목적으로 하므로 피보험자가 보험사고의 발생으로 오히려 이중의 이득을 보게 되는 것을 방지하기 위한 것이다.

(c) 제 3 자의 범위

aa) 일반적인 손해보험　　「제 3 자」란 보험자와 보험계약자 또는 피보험자 이외의 자를 말한다. 그러므로 보험계약의 해석상 보험사고를 일으킨 자가 제 3 자가 아닌 피보험자에 해당할 경우에는, 보험자는 그 보험사고자에 대하여 보험자대위권을 행사할 수 없다.

> 판례는 「보험자대위의 법리에 의하여 보험자가 제 3 자에 대한 보험계약자 또는 피보험자의 권리를 행사하기 위해서는 손해가 제 3 자의 행위로 인하여 생긴 경우라야 하고, 이 경우 제 3 자라고 함은 피보험자 이외의 자가 되어야 할 것인바, 자동차 종합보험보통약관에 피보험자로 기명피보험자 외에 기명피보험자의 승낙을 얻어 자동차를 사용 또는 관리중인 자, 이러한 각 피보험자를 위하여 피보험자동차를 운전중인 자(운행보조자 포함) 등도 포함되어 있다면, 이러한 승낙피보험자 등의 행위로 인하여 보험사고가 발생한 경우 보험자가 보험자대위의 법리에 의하여 그 권리를 취득할 수 없다」고 한다(대 2001. 6. 1, 2000 다 33089; 대 2001. 11. 27, 2001 다 44659).

bb) 타인을 위한 손해보험　　이 경우에 보험계약자가 제 3 자의 범위에 포함되는지에 관하여는 견해의 대립이 있다. 「제외설」에 의하면 타인을 위한 손해보험계약의 경우 운송인이나 창고업자인 보험계약자는 보험계약상 보험료의 지급의무를 비롯한 각종의 의무를 지고(상 650, 652, 653, 680) 또한 그의 고의 또는 중대한 과실로 보험사고가 발생한 때에는 보험자는 보험금지급책임을 지지 않기(상 659 I) 때문에 보험계약자는 제 3 자에 포함되지 않는다고 한다. 그러나 보험자대위의 입법취지가 보험사고로 인하여 이중이득을 보는 자나 보험사고에 대한 책임을 면하는 자가 없도록 하는 데 있다는 점을 생각하면, 타인을 위한 보험계약의 경우 보험계약자는 당연히 손해발생에 대한 책임을 면할 수 없다고 할 것이다. 보험계약자가 동시에 제 3 자가 된다는「포함설」이 타당하다.

> 판례는「손해보험계약에 있어 제 3 자의 행위로 인하여 생긴 손해에 대하여 제 3 자의 손해배상에 앞서 보험자가 먼저 보험금을 지급한 때에는 그 보험금의 지급에도 불구하고 피보험자의 제 3 자에 대한 손해배상청구권은 소멸되지 아니하고 지급된 보험금액의 한도에서 보험자에게 이전될 뿐이며, 이러한 법리는 손해를 야기한 제 3 자가 타인을 위한 손해보험계약의 보험계약자인 경우에도 마찬가지이다」고 한 바 있다(대 2000. 11. 10, 2000 다 29769).

(d) 대위가 인정되는 권리

aa) 제 3 자의 불법행위(방화 등)에 의한 손해배상청구권은 물론이고, 채무불이행(임차인의 실화로 인한 건물의 반환불능 등)에 의한 손해배상청구권을 포함한다. 또 적법행위에 의한 청구권도 포함된다. 즉 제 3 자인 선장의 적법한 공동해손처분행위(상 865)로 인하여 피보험자가 다른 제 3 자인 공동해손채무자에 대하여 갖는 분담청구권이 그것이다.

bb) 제 3 자가 피보험자의 가족인 경우에는 보험자대위에 관한 규정이 적용되지 않는다고 본다. 이 경우에도 보험자대위를 인정하면 결과적으로 피보험자로부터 보험의 이익을 박탈하는 결과가 되기 때문이다.

(e) 권리이전의 요건 당사자의 의사표시를 요하지 않으며, 채무자 기타 제 3 자에게 대항하기 위한 지명채권양도의 대항요건(민 450)을 필요로 하지 않는다. 권리이전의 시기는 보험금의 지급시이다. 그러므로 보험자는 피보험자가 제 3 자에 대하여 갖는 청구권의 이전과 상환으로 손해를 보상한다는 주장을 하지 못한다. 대위가 인정되는 권리의 범위는 보험자가 지급한 보험금액의 한도를 초과하지 못한다(상 682 본).

(f) 권리이전의 효과 권리이전의 효과가 생긴 다음에는 피보험자 등은 제 3 자에 대한 권리를 행사하거나 처분할 수 없다. 만일 보험금이 지급되기 전에 피보험자 등이 제 3 자로부터 손해의 배상을 받았거나 제 3 자에 대한 권리를 처분했거나 포기한 때에는 보험자는 대위에 의하여 취득할 수 있었던 권리의 가액을 보험금에서 공제할 수 있다고 본다

(독보 67 Ⅰ 後; 스보 72 Ⅱ; 프보 L. 121-12 Ⅱ 참조).

(g) 손해의 일부의 보상 보험자가 피보험자에게 보상할 보험금액의 일부를 지급한 때에는 보험계약자 또는 피보험자의 권리를 해하지 않는 범위 내에서 보험자는 대위에 의한 권리를 행사할 수 있다(상 682 단). 이 점이 잔존물대위의 경우와 다르다.

(h) 재보험의 경우 재보험계약의 경우에는 보험금을 지급한 원수보험자(元受保險者)가 피보험자 등의 제 3 자에 대한 권리를 대위취득하고, 재보험자는 원수보험자에게 재보험금을 지급한 한도 내에서 다시 원수보험자의 권리를 대위하여 취득한다.

(5) 손해보험계약의 변경·소멸

보험계약에 의한 법률관계인 보험관계는 그 성질상 장기간 지속되므로, 그 동안에 여러가지의 사정변경에 의하여 보험계약의 내용을 변경하거나 보험계약 자체가 소멸하는 경우가 생긴다. 여기서는 손해보험계약에 있어서 특유한 보험가액의 변경과 피보험이익의 소멸 및 보험의 목적의 양도에 관하여 설명한다.

1) 보험관계의 변경 및 소멸

(가) 보험가액의 변경

보험금액이 보험가액을 현저하게 초과한 때(초과보험의 경우)나 보험기간중에 물가의 변동 등으로 보험가액이 현저하게 감소된 때에는 보험자 또는 보험계약자는 보험금액 또는 보험료의 감액을 청구할 수 있다(상 669 Ⅰ·Ⅲ). 그러나 보험료의 감액은 장래에 대하여 효력이 있을 뿐이다(상 669 Ⅰ 단).

(나) 피보험이익의 소멸

손해보험계약은 피보험이익이 소멸(운송의 중지 등)하면 존재할 수 없으므로 계약의 당사자간에 다른 약정이 없으면 미경과보험료는 그 반환을 청구할 수 있다(상 649 Ⅲ).

2) 보험목적의 양도

(가) 서 설

피보험자가 보험목적을 양도한 때에는 피보험자가 피보험이익을 상실하고 양수인과 보험자 사이에는 아무런 보험관계가 존재하지 않으므로 보험계약은 당연히 실효된다고 하면 양수인은 무보험의 위험한 지위에 있게 되고 양도인은 그 동안에 지급한 보험료를 회수하지 못하게 되어 모든 보험관계자에게 불리한 결과를 초래한다. 그리하여 상법은 피보험자가 보험목적을 양도한 때에는 양수인은 보험계약상의 권리와 의무를 승계한다(상 679 I).

(나) 승계를 위한 요건

(a) 양도 당시의 보험관계의 존속 보험목적물의 양도 당시에 양도인과 보험자 사이에 보험관계가 유효하게 존재하고 있어야 한다. 그러므로 양도 당시에 해지 또는 실효 기타의 사유로 보험관계가 소멸한 때에는 양수인에 대한 권리 및 의무 이전은 승계되지 않는다.

(b) 보험목적 보험목적은 물건임을 원칙으로 한다. 그러므로 보험관계가 물건과 관계가 없는 경우로서, 예컨대 의사·변호사·공증인 등이 그 지위에서 생기는 책임에 관하여 보험계약을 체결한 책임보험의 경우에는 상법 제679조가 적용되지 않는다.

(c) 보험의 목적의 물권적 이전 보험의 목적에 대한 소유권이 물권변동에 의하여 양수인에게 이전되어야 한다. 등기의 이전이나 채무자에의 통지나 승낙(민 450) 등의 대항요건은 문제가 되지 않는다. 보험의 목적의 이전은 법률상 당연히 이전되는 상속이나 합병 등과 같은 포괄승계의 경우에는 상법 제679조가 적용될 여지가 없으나, 영업양도로 이전된 경우에는 당연히 적용된다.

(다) 보험목적의 양도의 효과

(a) 권리의무의 이전 피보험자가 보험목적을 양도한 때에는 보험계약상의 권리와 의무가 양수인에게 승계되므로(상 679 I), 양수인은 피보

험자로서의 권리(보험금 청구권)와 더불어 손해방지의무와 통지의무 등을 부담한다. 그리하여 보험목적이 양도되면 자기를 위한 보험의 경우에는 피보험자의 지위뿐만 아니라 보험계약자의 지위도 승계되어 양수인은 보험계약자로서 보험료감액·반환청구권(상 647, 648), 보험계약해지권(상 649)을 갖고 또한 양도 후의 보험료기간에 해당하는 보험료지급의무를 진다. 그러나 타인을 위한 보험의 경우에는 피보험자의 지위만이 양수인에게 승계된다.

(b) 통지의무 보험목적의 양도인 또는 양수인은 보험자에 대하여 지체없이 그 사실을 통지하여야 한다(상 679 Ⅱ). 이 규정은 보험의 목적의 양도와 이해관계가 있는 보험자와 양도 당사자 사이에 이해관계를 적절하게 조화시키기 위하여 법정한 것이다.

5. 책임보험

(1) 책임보험 일반

1) 책임보험계약의 의의

책임보험계약이란 피보험자가 제 3 자에 대하여 보험기간중에 생긴 사고로 인하여 손해배상책임을 지게 되는 경우에 그 손해를 보험자가 보상할 것을 목적으로 하는 손해보험계약을 말한다(상 719). 즉 책임보험은 직접 피보험자에게 생긴 손해를 보상하는 것이 아니라 우연한 사고의 발생으로 인한 재산상의 출연을 필요로 하는 경우를 대비하기 위한 보험인 것이다.

2) 책임보험의 종류 및 성질

㈎ 종 류

책임보험은 i) 보상책임을 지는 객체에 따라 재산손해배상책임보험·신체장애배상책임보험으로 구분되고, ii) 가입의 강제성 유무에 따라 강제책임보험과 임의책임보험으로 분류된다. 또한 iii) 피보험자의 대상에 따라 영업책임보험(자동차손해배상책임보험, 해상보험의 충돌약관, 항공보험의 제 3 자배상책임보험 등)·전문직업인책임보험(의사, 변호사, 공인회계사등의 배상책임보험 등)·개인책임보험(신체손해배상특약부화재보험 등) 등으로 구분된다.

(나) 성 질

책임보험은 피보험자의 제 3 자에 대한 배상책임으로 인하여 피보험자가 받게 될 재산상의 손해를 보험자가 보상할 것을 목적으로 하는 손해보험의 일종이다. 그리하여 상법에서도 책임보험계약을 「손해보험」 중의 1절로 규정하고 있다. 또한 책임보험은 피보험자의 전재산에 생기는 손해를 보상하는 것이므로 물건보험이 아니고 재산보험이며 간접손해를 보상하는 것이므로 소극보험이다.

3) 책임보험계약의 요소

(가) 보험의 목적

책임보험은 보험의 목적이 특정한 물건(건물·운송물·선박 등)이 아니라 피보험자의 전재산이다. 그리하여 피보험자가 제 3 자의 청구에 대한 방어를 위하여 지출한 방어비용(재판상 또는 재판외의 필요비용)은 피보험자가 배상책임을 지지 않는 경우에도 보험의 목적에 포함된 것으로 한다(상 720 I 전).

(나) 피보험이익

피보험이익은 피보험자의 전재산에 관하여 재산의 감소를 가져오는 사고가 발생하지 않는 경우에 피보험자가 갖는 경제적 이익이라고 할 수 있다. 또한 피보험자의 재산의 현상유지에 관한 이익이라는 설과 피보험자가 책임을 보험자에게 돌려 경제적 손해를 벗어날 수 있는 이익이라는 설도 있다. 그러므로 책임보험의 경우에도 피보험이익의 관념을 인정할 수 있다고 본다.

(다) 보험사고

(a) 의 의 책임보험의 경우에 보험사고는 보험자의 보험금 지급책임을 발생케 하는 우연한 사고를 말한다. 일반 손해보험의 경우, 예컨대 화재보험의 경우에는 화재의 발생이라는 명확한 사실이 보험사고가 되므로 문제가 없으나 책임보험의 경우에는 피해자의 손해가 피보

험자의 손해에 직접 결합되지 않는 특수성이 있기 때문에 무엇을 보험사고로 할 것인가에 대하여 여러 가지의 설이 있다.

(b) 제 설 i) 손해사고설에 의하면 제 3 자에게 손해를 주는 사고가 발생한 것을 보험사고라고 하며, ii) 손해배상청구설에서는 피보험자가 제 3 자로부터 현실적으로 청구를 받은 경우를 보험사고로 보고, iii) 법률상 책임부담설에 의하면 사고로 인하여 피보험자에게 법률상의 책임이 발생하여 배상책임을 지게 된 것을 보험사고로 본다고 한다. 다수설은 i)의 손해사고설이다.

(라) 손해배상책임

책임보험은 간접손해의 보상을 목적으로 하는 것이므로 피보험자의 제 3 자에 대한 배상책임이 그 중심요소가 된다. 배상책임에는 법률상의 책임, 즉 불법행위책임은 물론 계약에 의한 책임 등 모든 민사책임이 포함된다.

(마) 피해자인 제 3 자

책임보험은 피해자인 제 3 자의 존재가 전제로 되는데, 「제 3 자」란 피보험자 이외의 자를 말하며 피보험자의 동거가족은 포함되지 않는다. 그러나 피보험자와 보험계약자가 다른 경우에는 보험계약자도 포함된다.

4) 책임보험계약의 효과

(가) 보험자의 보상의무

보험자는 피보험자가 보험기간중의 사고로 인하여 제 3 자에게 배상책임을 지는 경우에 이를 보상할 책임이 있다(상 719).

(a) 손해보상의 범위 보험자는 피보험자의 제 3 자에 대한 변제, 승인, 화해 또는 재판으로 인하여 확정된 채무(상 723 Ⅰ·Ⅲ)를 비롯하여, 제 3 자의 청구를 방어하기 위하여 피보험자가 지출한 재판상 또는 재판 외의 필요비용도 부담하여야 한다(상 720 Ⅰ). 또한 피보험자가 담보의 제공 또는 공탁으로 재판의 집행을 면할 수 있는 때에는 보험자에 대하여 보험금액의 한도 내에서 그 담보의 제공 또는 공탁을 청구할 수 있다(상 720 Ⅱ). 이러한 방어를 위하여 필요한 비용의 지출이나 담보의 제공 또는 공탁행

위가 보험자의 지시에 의한 것인 때에는 그 금액에 손해액을 가산한 금액이 보험금액을 초과하는 때에도 보험자가 부담한다(상 720 Ⅲ).

(b) 손해의 보상기간　　보험금액은 특별한 계약이 없으면 피보험자로부터 채무확정의 통지를 받은 날로부터 10일 내에 보험금을 지급하여야 한다(상 723 Ⅱ). 그러나 보험자는 피보험자가 책임질 사유로 인하여 생긴 손해에 대하여 제 3 자가 배상을 받기 전에는 보험금액의 전부 또는 일부를 직접 피보험자에게 지급할 수 없다(상 724 Ⅰ).

(나) 피보험자의 의무

(a) 통지의무　　피보험자가 제 3 자로부터 배상의 청구를 받은 때에는 지체없이 보험자에게 통지를 발송하여야 한다(상 722 Ⅰ). 또한 제 3 자에 대하여 변제, 승인, 화해, 재판 등으로 채무가 확정된 때에도 같다(상 723). 피보험자가 배상청구사실의 통지의무를 게을리하여 손해가 증가된 때에는 보험자는 그 증가된 손해를 보상할 책임이 없다. 다만 피보험자가 보험사고발생의 통지를 발송한 경우에는 그러하지 아니하다(상 722 Ⅱ).

(b) 보험자에 대한 협의의무　　피보험자는 손해방지의무가 있으므로 제 3 자에 대한 변제, 승인, 화해 등에 의하여 채무를 확정함에는 보험자와 협의를 하여야 한다고 본다. 왜냐하면 이것은 피보험자가 피해자와 공모를 함으로써 보험자의 부담이 가중될 염려가 있기 때문이다. 그러나 피보험자가 보험자의 동의 없이 변제, 승인, 화해를 한 경우에는 보험자가 책임을 면한다는 합의가 있더라도 그 채무확정행위가 현저하게 부당한 것이 아니면 보험자는 보상할 책임을 면하지 못한다(상 723 Ⅲ).

(다) 보험자와 제 3 자와의 관계

(a) 제 3 자의 직접청구권　　책임보험의 경우에 피해자인 제 3 자는 계약당사자가 아니므로 보험자에 대하여는 직접적으로는 아무런 권리의무도 갖지 않는 것이 원칙이다. 그러나 상법에서는 보험자에 대한 피해자의 직접청구를 가능하게 하였다. 즉 보험자는 피보험자가 책임을 질 사고로 인하여 생긴 손해에 대하여 제 3 자가 그 배상을 받기 전에는

보험금액의 전부 또는 일부를 피보험자에게 지급하지 못하고(상 724 Ⅰ), 제 3 자는 피보험자가 책임을 질 사고로 입은 손해에 대하여 보험금액의 한도 내에서 보험자에게 직접 보상을 청구할 수 있다(상 724 Ⅱ 본). 이는 피보험자의 무자력이나 파산으로부터 피해자를 보호하고 보험금을 지급받은 피보험자가 제 3 자에게 배상을 하지 않는 경우에 제 3 자를 구제하려는 데 있다.

(b) 보험자의 통지의무 보험자가 제 3 자로부터 직접청구를 받은 때에는 지체없이 피보험자에게 이를 통지하여야 한다(상 724 Ⅲ).

(c) 피보험자의 협조의무 제 3 자의 직접청구가 있는 경우에 피보험자는 보험자의 요구가 있을 때에는 필요한 서류, 증거의 제출, 증언 또는 증인의 출석에 협조하여야 한다(상 724 Ⅳ).

(2) 자동차보험

1) 의 의

(가) 자동차보험계약이란 피보험자가 자동차를 소유·사용·관리하는 동안에 발생한 사고로 인하여 생긴 손해의 보상을 목적으로 하는 손해보험계약이다(상 726의 2 참조). 즉 피보험자의 자동차의 소유·사용·관리로 인하여 그 자동차에서 생긴 물적 손해(차량보험), 피보험자의 생명이나 신체에서 생긴 인적 손해(자손사고보험), 타인의 생명이나 신체에 대한 인적 손해를 입혀서 그 배상책임을 지게 됨으로써 생긴 손해(대인배상책임보험), 타인의 재물에 대해 물적 손해를 입혀서 그 배상책임을 지게 됨으로써 생긴 손해(대물배상책임보험) 등의 보상을 목적으로 하는 손해보험이다.

(나) 자동차보험에는 통상의 물건보험인 차량보험과 상해보험인 자손사고보험 및 대물배상책임보험도 포함되지만, 가장 중요한 지위를 차지하는 것은 대인배상책임보험이라고 할 수 있다. 그리고 자동차보험은 이처럼 물건보험·상해보험·책임보험 등 여러 성질의 보험으로 구성되어 있으므로 종합보험이라고 할 수 있다.

2) 자동차대인배상책임보험

(가) 서 설

보험의 목적인 자동차의 소유나 운행 등으로 생긴 사고로 인하여 피보험자가 제 3 자의 사망 또는 상해에 대하여 지는 책임에 의한 손해를 보험자가 보상해 주는 보험을 자동차대인배상책임보험이라고 한다. 자동차손해배상보장법(이하 "자배법"이라 한다)에 의한 자동차대인배상책임보험은 강제책임보험이고 보상책임의 한도에 제한이 있는 유한배상책임보험이므로, 강제책임보험만으로는 충분한 보험보호를 기대할 수 없게 된다. 그리하여 강제책임보험에 의하여 보상되지 않는 부분에 대한 보험보호를 위하여 대인배상책임보험이 보완적 기능을 담당하고 있다. 즉 자동차대인배상책임보험은 이원화되어 있다.

(나) 강제책임보험

(a) 의 의 이는 자배법에 의하여 그 가입이 강제되는 책임보험이다. 즉 자동차의 등록 또는 사용신고를 한 자는 자동차의 운행으로 다른 사람이 사망하거나 부상할 경우에 피해자에게 일정한 금액의 지급책임을 지는 자동차손해배상책임보험(이하 "자배책보험"이라 한다)에 가입하여야 한다(자배 5 I 본). 대인배상강제책임보험인 자배책보험은 피해자의 보호를 위한 사회보장적인 성격이 농후한 보험이라고 할 수 있다. 그러므로 보험자도 정당한 사유(동시행령 17)가 없는 한 보험인수, 즉 자동차보유자(자배 2 (3))의 자배책보험에의 가입을 거절하지 못한다(자배 24).

(b) 보험자의 손해보상책임

aa) 의 의 보험자는 자기를 위하여 자동차를 운행하는 자가 그 운행으로 인하여 다른 사람을 사망하게 하거나 부상하게 한 때에 그 손해배상책임을 짐으로써 입은 손해에 대하여 일정한 금액의 한도 내에서 보상책임을 진다(자배 3 본 참조). 이 경우에 피보험자의 책임은 무과실책임이다.

bb) 보상책임의 요건

(ㄱ) 자동차를 운행하는 자 이 경우에 자동차란 자동차관리법

의 적용을 받는 자동차와 중기관리법의 적용을 받는 중기 중에서 대통령령이 정하는 중기를 말한다(자배 2 (1); 동시행령 2). 운행이란 사람 또는 물건의 운송여부에 관계 없이 자동차를 당해 장치의 용법에 따라 사용하는 것을 말한다(자배 2 (2)). 자배법 제 3 조의 운행으로 인한 손해배상책임이란 자동차의 운행중에 사고가 발생한 경우에 생긴 것뿐만 아니라 자동차가 잠시 정차중에 생긴 사고라도 그 발생이 자동차의 운행과 상당인과관계가 있는 때에는 손해배상책임을 진다고 할 것이다.

(ㄴ) 피보험자의 범위　　자배책보험에서의 피보험자는 자동차의 보유자와 운전자이다(자종약관 4). 「보유자」란 자동차의 소유자 또는 자동차를 사용할 권리가 있는 자로서 자기를 위하여 자동차를 운행하는 자를 말하고(자배 2 (3)), 「운전자」란 다른 사람을 위하여 자동차의 운전 또는 운전의 보조에 종사하는 자를 말한다(동법 동조 (4)).

(ㄷ) 타인의 범위　　자배법 제 3 조에서 「다른 사람」(이하 "타인"이라고 한다)이란 일반적으로 당해 자동차(피보험자동차)의 보유자와 운전자를 제외한 그 이외의 자를 말한다. 즉 타인이란 피보험자 이외의 자이다. 보유자는 자기가 직접 운전을 하지 않았다고 하여 타인이 되는 것은 아니다.

(ㄹ) 보상책임의 범위　　피보험자가 자동차의 운행과 상당인과관계가 있는 사고로 타인을 사망 또는 부상하게 함으로써 그 타인에게 배상책임을 지는 경우에 보험자는 보상책임을 진다. 즉 보험자는 자동차의 운행과 상당인과관계가 있는 사고로 인하여 발생한 피보험자의 배상책임을 보상한다.

(ㅁ) 면책사유　　보험자는 보험계약자, 피보험자 또는 자동차에 관계되는 피용자의 고의로 인한 손해에 대하여는 보상책임을 지지 않는다(자종약관 3 I). 그러나 피보험자의 중대한 과실로 인하여 발생한 사고, 예컨대 무면허·음주운전중에 생긴 사고에 대하여는 보험금을 지급한다. 보험계약자 등의 고의로 인하여 손해가 생긴 경우라도 보험자가 자배법 제12조의 규정에 따라 피해자에게 손해배상액을 지급한 때에는 피보험

자에게 그 금액의 지급을 청구할 수 있다(동약관 동조 Ⅱ).

(ㅂ) 보험금의 지급　　보험자는 피보험자가 피해자에게 손해를 배상하고 보험금의 지급을 청구한 때에는 보험금 전부 또는 일부를 지급하여야 한다(상 724 Ⅰ). 그리고 피해자는 피보험자가 책임질 사유로 입은 손해에 대하여 보험금액의 한도 내에서 보험자에게 직접 보상을 청구할 수 있다(동조 Ⅱ 본). 피보험자의 보험금액청구권과 피해자의 직접청구권 및 가불금지급청구권은 3년간 행사하지 않으면 시효로 인하여 소멸한다(상 662; 자배 20).

(ㅅ) 무보험자동차의 피해자보호　　자배책보험은 자동차보유자의 자동차의 운행으로 인하여 손해를 입은 피해자를 보호하는 보험이지만, 예컨대 뺑소니차량과 같이 보유자를 알 수 없는 자동차 또는 무보험자동차의 운행으로 인하여 사망 또는 부상한 자는 보험보호를 받지 못한다. 이러한 피해자를 보호하기 위하여 정부가 그 손해를 보상하는 제도가 있는데 이를 자동차손해배상 보장사업이라 한다(자배 30 이하). 이 사업에 관한 업무는 국토해양부장관이 관장한다(자배 30 Ⅴ).

(다) 임의책임보험

대인배상책임보험은 앞서 본 강제책임보험인 자배책보험 외에 추가하여 임의로 자동차종합보험계약에 의하여 보험계약을 체결할 수 있는데 이를 임의책임보험이라고 한다. 강제책임보험인 자배책보험은 유한배상보험이므로 손해배상액의 전부를 보상하지 못하므로 보상되지 않는 부분에 대한 보험보호를 위한 보험이 임의책임보험이다.

3) 보험계약의 승계

피보험자가 보험기간중에 자동차를 양도한 때에는 양수인은 보험자의 승낙을 얻은 경우에 한하여 보험계약으로 인하여 생긴 권리와 의무를 승계한다(상 726의4 Ⅰ). 보험자가 양수인으로부터 자동차의 양수사실을 통지받은 날로부터 10일 이내에 낙부의 통지가 없을 때에는 승낙한 것으로 본다(동조 Ⅱ). 자동차보험의 보험료산출은 운전자에 따라 달라지므로 보험자의 승낙을 얻은 경우에만 승계될 수 있게 한 것이다. 즉 상법 제679

조 1항은 보험목적의 양도에 대해 보험계약의 승계를 「추정」함으로써 보험자의 특별한 의사표시를 요구하고 있지 않으나, 제726조의 4는 이와는 달리 보험자의 승낙을 요구하고 있다.

(3) 보증보험

1) 보증보험의 의의

보증보험이란 보험계약인 채무자의 계약상의 채무불이행 또는 법률상의 의무불이행으로 인하여 피보험자인 채권자가 입게 되는 손해를 보험사가 보상할 것을 목적으로 한 신종보험의 일종으로 손해보험이다 [대 97. 10. 10, 95 다 46265]. 종래에 상법에는 보증보험에 관한 규정이 없었으나 2014년의 개정상법에서 보증보험에 관한 규정을 설정하여 상법상의 법적 근거가 마련되어 법적 안정성을 기할 수 있게 되었다. 즉 개정상법에서는 보증보험의 절을 신설하여 보증보험자의 책임, 보험편 규정 중 보증보험의 성질상 적용이 부적절한 규정의 적용 배제, 민법상 보증규정의 준용 규정 등을 두고 있다(상 726의 5~726의 7).

2) 경제적 기능

보증보험은 채권자에게는 담보적 기능을 하고 채무자에게는 신용의 보완적 기능을 한다. 물론 이러한 기능은 보증인을 세운다거나 보증금제도에 의하여도 기대할 수 있다. 그러나 보증인은 보증채무이행의 능력이 있어야 할 것이며, 보증금제도는 계약상의 채무를 이행하지 않는 경우에는 납입금액을 채권자가 몰수하는 제도로서 채무자는 계약금액의 일정한 비율에 따라 보증금을 납입하여야 하지만 이는 채무자의 부담을 가중시키고 또한 보증금의 조달을 위한 비용은 결국 계약금액에 계상되어 채무자가 부담하게 되므로 채무자·채권자 모두에게 불리한 결과가 초래된다. 그리하여 채무불이행의 경우 그로 인한 손해의 보상이 확실하게 이루어질 수 있는 새로운 제도로서 보증보험제도가 생긴 것이다.

6. 인 보 험

(1) 서 설

1) 인보험의 의의

(가) 인보험계약(人保險契約)은 보험자가 피보험자의 생명이나 신체에 관하여 보험사고가 발생한 경우에, 계약에서 정한 바에 따라 보험금액 기타의 급여를 할 책임을 지는 보험계약이다(상 727 I). 인보험계약은 보험사고가 사람에 관하여 생긴 것이라는 점에서 손해보험계약과 다르다.

(나) 인보험계약에는 생명보험계약과 상해보험계약이 있는데, 전자는 보험사고가 발생함을 조건으로 손해액과 관계 없이 일정한 금액을 지급하는 정액보험이고, 상해보험계약은 정액보험일 수도 있고 상해의 정도에 따라 보상하는 손해보상계약이 될 수도 있다.

2) 보험자대위의 금지

보험자는 보험사고로 인하여 생긴 보험계약자 또는 보험수익자의 제 3 자에 대한 권리를 대위하여 행사하지 못한다(상 729 본). 즉 손해보험의 경우(상 682)와 달리 인보험에 있어서는 보험의 목적의 멸실(상 681)이란 것이 존재할 수 없으므로 보험자대위(잔존물 대위)란 있을 수 없다. 그러나 상해보험계약의 경우에 당사자간에 다른 약정이 있는 때에는 보험자는 피보험자의 권리를 해하지 아니하는 범위 안에서 그 권리를 대위하여 행사할 수 있다(상 729 단).

(2) 생명보험

1) 생명보험계약의 의의

생명보험계약이란 보험자가 피보험자의 사망, 생존, 사망과 생존에 관한 보험사고가 발생할 경우에 약정한 보험금을 지급할 것을 약정하고, 상대방은 보수(보험료)를 지급할 것을 약정하는 보험계약이다(상 730). 생명보험계약은 사람의 생명에 관한 보험으로서 인보험이며 정액보험이란 점이 손해보험계약과 다르다. 그러므로 보험가액과 보험금액의 관계에서 야기되는 초과보험·중복보험·일부보험의 문제가 생기지 않는다.

2) 생명보험계약의 특수성

(가) 보험계약의 관계자

(a) 생명보험계약의 당사자는 보험자와 보험료의 지급의무를 지는 보험계약자이다. 그리고 그 사람의 생사가 보험사고로 되어 있는 자연인을 피보험자라고 하고 보험사고가 발생한 때에 보험금의 지급을 받을 자를 보험수익자라 한다. 생명보험의 경우에 피보험자는 손해보험에 있어서의 보험의 목적에 해당한다. 즉 계약에 의하여 지정된 보험사고(생사)의 대상인 자를 말한다. 그러므로 피보험자는 자연인에 한하며 법인은 그 성질상 피보험자가 될 수 없다.

(b) 보험계약자와 피보험자가 동일인인 때를 자기의 생명보험이라 하고, 보험계약자가 타인을 피보험자로 한 경우를 타인의 생명보험이라고 한다. 또한 보험계약자와 보험수익자가 동일인인 때를 자기를 위한 생명보험이라 하고, 다른 경우를 타인을 위한 생명보험이라 한다.

(나) 보험사고

생명보험계약의 경우에 보험사고는 피보험자의 생존 또는 사망이다. 그러므로 상해와 질병을 보험사고로 하는 것은 생명보험계약이라고 할 수 없다. 생명보험계약의 경우도 보험사고는 우연한 것이어야 하고 계약의 체결시에 불확정한 것이어야 한다.

(다) 피보험이익

생명보험계약에 있어서는 피보험이익의 유무는 계약의 성립과 효력에 영향을 미치지 않는다. 왜냐하면 보험사고가 발생한 경우에 손해의 정도를 미리 예측할 수 없고 또한 사후적으로도 객관적인 평가를 위한 기준을 정한다는 것은 곤란하기 때문이다. 사망보험의 경우에는 납입한 보험료에 비하여 보험금이 거액이므로 피보험자가 고의적으로 살해되는 도덕적 위험성도 우려된다. 그리하여 보험계약자나 보험수익자의 고의 또는 피보험자의 자살로 인하여 보험사고가 발생하였을 때에는 보험자는 면책된다(상 732의 2).

㈑ **중과실 사고에 대한 보험자의 불면책**

보험사고가 보험계약자 또는 피보험자나 보험수익자의 고의 또는 중과실로 인하여 생긴 때에는 보험자가 면책되는 것이 원칙이다(상 659 I). 그러나 이에 대한 예외로서 피보험자의 사망을 보험사고로 한 보험계약(사망보험계약·혼합보험계약)에서는 사고가 보험계약자 또는 피보험자나 보험수익자의 중과실로 인하여 생긴 때에도 보험자는 보험금을 지급할 책임을 면하지 못한다(상 732의 2 I). 그리고 둘 이상의 보험수익자 중 일부가 고의로 피보험자를 사망하게 한 경우 보험자는 다른 보험수익자에 대한 보험금지급책임을 면하지 못한다(동조 II).

3) 생명보험계약의 종류

㈎ **보험사고에 의한 분류**

ⓐ 사망보험 피보험자의 사망을 보험사고로 한 보험으로서, 여기에는 일정한 기간을 정하여 그 기간 내의 사망을 보험사고로 하는 정기사망보험과 기간의 정함이 없이 피보험자의 사망을 보험사고로 하는 종신보험이 있다.

ⓑ 생존보험 피보험자의 일정한 시기(연령)까지의 생존을 보험사고로 하는 보험으로서 퇴직보험·혼자보험 등이 있다.

ⓒ 생사혼합보험 이는 일정한 만기를 정하여 피보험자의 만기 전의 사망과 그 만기시의 생존을 모두 보험사고로 하는 보험으로서 양로보험(상 735)을 말한다.

㈏ **보험금액의 지급방법에 의한 분류**

ⓐ 자금보험 이는 보험사고가 발생한 경우에 보험금액의 전부를 일시에 지급하는 보험이다. 특약이 없는 한 이것이 보통이다. 일시금보험이라고도 한다.

(b) 연금보험 이는 보험금을 연금방식으로 지급하는 보험이다(상 735의 2). 일반적으로 피보험자가 일정시기에 생존해 있을 것을 전제로 생존중의 일정기간에 보험자가 매년 일정한 금액을 지급하는데, 이를 정기연금보험이라 한다. 종신까지 지급하는 것을 종신연금보험이라 한다.

(다) 피보험자의 수에 의한 분류

(a) 단생보험 이는 1명의 피보험자의 생사를 보험사고로 하는 보험이다.

(b) 연생보험 이는 부부·형제·동업자 등 복수인을 피보험자로 하고 그 중에 1명이 사망한 경우에 생존한 자가 보험금의 지급을 받는 보험이다.

(c) 단체보험 이는 단체에 속하는 다수인을 일괄하여 피보험자로 하는 것이다. 단체보험계약은 그 단체의 대표자가 보험계약자로서 그 단체의 구성원의 전부 또는 일부를 피보험자로 하여 체결하므로 타인의 생명보험이 된다. 그러나 이 경우에는 단체계약체결의 원활을 위하여 사망보험(혼합보험 포함)에 드는 경우라도 피보험자들의 동의를 요하지 않으며(상 735의 3 I), 보험증권은 보험계약자(단체대표자)에게만 교부한다(상 735의 3 II). 그러나 단체보험계약에서 보험계약자가 피보험자 또는 그 상속인이 아닌 자를 보험수익자로 지정할 때에는 단체의 규약에서 명시적으로 정하는 경우 외에는 그 피보험자의 서면 동의를 받아야 한다(상 735의 3 III).

(라) 신체검사의 유무에 의한 분류

생명보험의 경우에 보험사고는 사람의 생사이고 사람의 건강상태는 제각기 다르므로 피보험자에 대한 위험의 측정을 위하여 원칙적으로 신체검사를 필요로 한다. 피보험자의 신체검사를 하여야 하는 경우를 유진사보험(有診査保險)이라 하고, 신체검사를 하지 않는 경우를 무진사보험(無診査保險)이라고 한다.

4) 타인의 생명보험

(가) 의 의

보험계약자가 타인을 피보험자로 한 것을 타인의 생명보험계약이라 한다. 이러한 계약을 아무런 제약 없이 인정하게 되면 보험금을 취득할 목적으로 피보험자의 생명을 고의로 위험하게 하는 범죄가 발생할 가능성이 있고 보험이 투기의 대상이 될 염려가 있다.

(나) 피보험자의 동의

(a) 동의가 필요한 경우　타인의 생명보험계약에 있어서는 다음과 같은 경우에 피보험자의 동의를 요한다.

aa) 타인의 사망이 보험사고인 계약

(ㄱ) 이 경우는 피보험자의 동의를 요한다(상 731 I). 즉 피보험자의 동의는 타인의 생명보험 중에서 생존보험을 제외한 사망보험과 생사혼합보험의 경우에 있어야 한다. 타인의 생명에 대한 보험이라도 생존보험의 경우는 납입한 보험료의 총액과 보험금액과는 커다란 차이가 없으므로 도박이나 투기의 대상이 될 우려가 없기 때문에 피보험자의 동의를 필요로 하지 않는다.

(ㄴ) 단체보험의 경우에는 상법 제731조를 적용하지 않는다(상 735의3 I). 즉 개별적인 피보험자의 서면에 의한 동의 없이 보험계약을 체결할 수 있다. 이러한 예외적 규정은, 단체보험은 일정한 규약에 따라 단체의 구성원의 이익을 위하여 체결되므로 도박이나 투기의 위험이 적기 때문에 법정한 것이다.

bb) 권리의 양도　피보험자의 동의로 일단 성립한 보험계약상의 권리를 보험수익자가 보험사고의 발생 전에 피보험자 이외의 자에게 양도하는 때에는 피보험자의 동의를 요한다(상 731 II).

cc) 보험수익자의 지정 · 변경　보험계약자가 계약을 체결한 후에 보험수익자를 지정 또는 변경할 때에도 피보험자의 동의가 있어야 한다(상 734 II). 그러나 지정 또는 변경으로 인하여 피보험자가 보험수익자가 되는 때에는 동의가 필요 없다.

(b) 동의의 성질

aa) 피보험자의 동의는 보험계약 또는 양도계약의 성립요건이 아니고 동의가 있을 때까지 그 효력이 생기지 않는 효력발생요건이다. 즉 보험계약은 성립하였더라도 동의가 없으면 그 효력이 생기지 않고, 단독으로 동의만을 하더라도 법률상으로는 아무런 효력이 생기지 않는다.

bb) 상법은 계약당사자 사이의 법률관계를 사전에 확실하게 하고자 계약체결시에 동의를 얻도록 규정하고 있다(상 731 I). 따라서 타인의 사망보험(혼합보험 포함)계약을 체결하는 경우에는 그 타인의 동의는 계약성립시까지 할 수 있다.

(c) 동의의 방식 및 철회 동의는 상대방 있는 일방적 의사표시로서 서면으로 하여야 한다(상 731 I). 상법은 동의의 중요성을 감안하고 동의를 둘러싼 분쟁을 방지하고자 서면에 의한 동의만을 인정한다. 동의의 철회는 계약의 성립 전에만 가능하며 동의에 의하여 계약의 효력이 생긴 때에는 보험계약자·보험수익자의 동의가 있어야 철회할 수 있다.

판례는 「타인의 사망을 보험사고로 하는 보험계약에 있어서 보험계약 체결시 피보험자인 타인의 서면에 의한 동의를 얻지 아니하면 상법 제731조 제1항에 위배되어 그 보험계약이 무효가 되는 것이므로, 보험모집인은 보험계약자에게 피보험자의 서면동의 여부에 대하여 구체적이고 상세하게 설명하여 보험계약자로 하여금 피보험자의 서면동의를 받을 기회를 주어 유효한 보험계약을 체결하도록 조치할 주의의무가 있는바, 보험모집인이 그와 같은 설명을 하지 아니한 채 보험청약서에 직접 보험계약자의 인장을 건네받아 보험계약자란에 날인하여 보험청약서를 작성하고, 착오로 보험청약서의 피보험자의 동의란에 피보험자의 도장을 받지 않았고, 보험모집인으로부터 그 청약서를 건네받은 보험회사의 대리점 역시 이를 보완하게 하지 아니한 상태에서 보험사고가 발생한 경우, 보험모집인의 주의의무위반으로 인하여 보험계약자가 보험금을 지급받지 못하게 되었다면 보험회사는 보험계약자에게 그 손해를 배상할 의무가 있고(보험 102 I), 그 손해의 범위는 보험금 상당액이다」고 하였다(대 99. 4. 27, 98 다 54830; 대 98. 11. 27, 98 다 23690).

㈐ 계약의 금지

15세 미만자, 심신상실자 또는 심신박약자의 사망을 보험사고로 한 보험계약은 동의의 유무와 관계 없이 무효이다(상 732 본). 즉 이들을 피보험자로 하는 사망보험계약(혼합보험계약 포함)은 보험수익자가 누구인가를 불문하고 무효이다. 정신능력이 완전치 못한 이들을 보호하기 위한 것이다. 다만, 심신박약자가 보험계약을 체결하거나 제735조의 3에 따른 단체보험의 피보험자가 될 때에 의사능력이 있는 경우에는 그러하지 아니하다(상 732 단).

5) 타인을 위한 생명보험

㈎ 서 설

(a) 의 의 보험계약에 의하여 보험사고가 발생한 경우에 보험금의 지급을 받을 보험수익자가 보험계약자 이외의 자로 정해진 경우를 타인을 위한 보험계약이라 한다. 즉 생명보험의 경우에는 피보험이익이란 개념이 없기 때문에, 손해보험의 경우와는 달리 보험계약자가 아닌 자를 보험수익자로 하는 것을 인정하고 있다(상 733 I). 예컨대 보험계약자가 자기의 자녀나 처 등을 보험수익자로 하는 경우가 이에 해당한다(타인을 위한 생명보험의 성질, 계약의 성립요건 및 효과 등에 관하여는 2장 6절 참조).

(b) 유 형 타인을 위한 생명보험에는 i) 보험계약자와 피보험자가 같고 보험수익자만이 다른 경우, ii) 피보험자와 보험수익자가 같고 보험계약자가 다른 경우, iii) 보험계약자와 피보험자 및 보험수익자가 각기 다른 경우 등이 있다. 특히 ii)와 iii)의 경우는 타인을 위한 생명보험인 동시에 타인의 생명보험이기도 하다.

㈏ 보험수익자

(a) 의 의 보험사고가 발생한 경우에 보험금의 지급을 받을 자로 정해진 자를 보험수익자라 한다. 보험수익자는 자연인뿐만 아니라 법인도 될 수 있다.

(b) 보험수익자의 지정 타인을 위한 생명보험계약의 성립을 위하여는 보험계약자가 제 3 자를 보험수익자로 지정하여야 한다. 그 지

정이 없는 때에는 보험계약자를 보험수익자로 본다. 그 결과 보험계약자가 사망하면 보험금청구권은 보험계약자의 상속재산에 속하게 된다. 그러나 보험수익자의 지정을 상속인이라고 한 때에는 특별한 사정이 존재하지 않는 한 피보험자의 상속인이 아니라 보험계약자의 상속인으로 본다.

(c) 권리 · 의무

aa) 보험수익자는 보험계약에 의하여 당연히 수익의 의사표시가 없이도 보험수익자로 지정된 때로부터 보험금청구권을 원시적으로 취득하고(상 639 I 後) 이 청구권은 피보험자가 사망한 때에 구체화된다. 그러나 보험수익자는 계약의 당사자가 아니므로 기타 보험증권의 교부청구권, 계약해지권, 해지환급금청구권, 보험료의 감액 또는 반환청구권, 적립금반환청구권 등은 보험계약자가 행사한다.

bb) 보험수익자는 동시에 보험계약자가 아닌 경우에는 당연히 아무런 의무를 부담하지 않지만, 예외적으로 보험료지급의무자인 보험계약자가 파산선고를 받거나 보험료의 지급을 지체한 때에 한하여 보험수익자는 그 권리를 포기하지 않는 한 보험료의 지급의무를 진다(상 639 Ⅲ). 그리고 보험수익자는 피보험자가 사망한 때에 보험자에 대하여 통지할 의무가 있다(상 657).

(d) 보험수익자의 지정 · 변경

aa) 지정 · 변경의 필요성　　생명보험계약은 그 성질상 장기에 걸치게 되므로 계약의 존속중에 사정의 변경에 의하여 보험수익자를 새로이 지정하거나 변경하여야 할 필요성이 생기고, 보험수익자의 지정 · 변경은 보험자의 이해관계에 특별한 영향을 미치지 않으므로, 상법은 보험계약자가 보험수익자를 지정 또는 변경할 수 있는 권리를 인정하였다(상 733). 이러한 보험계약자의 권리는 형성권의 일종이다.

bb) 지정 · 변경권을 유보한 경우　　보험계약자가 보험수익자의 지정 · 변경권을 유보한 때에는 보험수익자를 지정할 수 있을 뿐만 아니라 이미 보험수익자가 지정된 경우에도 보험계약자는 보험자와 보험수익자의 동의가 없이 보험수익자를 변경할 수 있다. 즉 보험수익자의 권리는 보험계약자가 그 변경권을 행사함으로써 언제든지 소멸될 수 있다. 보험계약자가 지정권을 행사하지 않고 사망한 때에는 피보험자를 보험수익자로 하고, 변경권을 행사하지 않고 사망한 때에는 보험수익자의 권리가 확정된다(상 733 Ⅱ 본). 그리고 보험계약자가 지정권을 행사하기 전에 보험사고(피보험자의 사망을 의미)가 생긴 경우에는 피보험자의 상속인을 보험수익자로 한다(상 733 Ⅳ).

cc) 보험자에 대한 대항요건(지정·변경의 통지) 보험계약자가 계약체결 후에 보험수익자를 지정 또는 변경할 때에는 보험자에 대하여 통지를 하지 않으면 그로써 보험자에게 대항하지 못한다(상 734 Ⅰ). 그 이유는 보험자가 이중지급을 할 위험이 있기 때문이다. 보험계약자는 보험자 이외의 자에 대하여는 대항요건을 갖추지 않더라도 지정·변경으로써 대항할 수 있다. 그러므로 보험자에 대한 대항요건을 갖추지 않은 경우에도 변경된 수익자는 구 수익자에 대하여 그 변경의 사실을 입증하여 그 반환을 청구할 수 있다.

dd) 지정·변경권을 유보하지 않은 경우 이때에는 보험수익자의 지위는 확정적이기 때문에 보험계약자는 보험수익자의 지정이나 변경을 하지 못한다. 그러나 피보험자와 보험수익자가 다른 경우에 보험수익자가 보험 존속중에 사망한 때에는 보험계약자는 다시 보험수익자를 지정할 수 있다. 이 경우에 보험계약자가 지정권을 행사하지 아니하고 사망한 때에는 보험수익자의 상속인을 보험수익자로 한다(상 733 Ⅲ). 그리고 보험수익자가 사망하고 보험계약자가 다시 보험수익자를 지정하기 전에 보험사고가 생긴 경우에는 보험수익자의 상속인을 보험수익자로 한다(상 733 Ⅳ).

6) 생명보험계약의 효과

(가) 보험금지급의무

(a) 보험자는 보험사고가 발생하면 약정한 보험금을 보험수익자에게 지급할 책임이 있다(상 730). 특히 사망보험의 경우는 사고의 발생 없이 보험

기간이 종료한 때에도 보험금액을 지급할 것을 약정할 수 있다(상 735). 그러나 사망보험의 경우에 보험사고인 피보험자의 사망이 피보험자의 자살이나 보험수익자 또는 보험계약자의 고의로 인한 때, 전쟁 기타 변란으로 인한 때(상 660)에는 보험자는 보험금을 지급할 책임이 없다.

> 판례는 「상법 제659조 제1항 및 제732조의 2의 입법 취지를 비추어 볼 때, 사망을 보험사고로 하는 보험계약에 있어서 자살을 보험자의 면책사유로 규정하고 있는 경우, 그 자살은 사망자가 자기의 생명을 끊는다는 것을 의식하고 그것을 목적으로 의도적으로 자기의 생명을 절단하여 사망의 결과를 발생케 한 행위를 의미하고, 피보험자가 정신질환 등으로 자유로운 의사결정을 할 수 없는 상태에서 사망의 결과를 발생케 한 경우까지 포함하는 것이라고 할 수 없을 뿐만 아니라, 그러한 경우 사망의 결과를 발생케 한 직접적인 원인행위가 외래의 요인에 의한 것이라면 그 보험사고는 피보험자의 고의에 의하지 않은 우발적인 사고로서 재해에 해당한다」고 하면서 「부부싸움 중 극도의 흥분되고 불안한 정신적 공황상태에서 베란다 밖으로 몸을 던져 사망한 경우, 위 사고는 자유로운 의사결정이 제한된 상태에서 망인이 추락함으로써 사망의 결과가 발생하게 된 우발적인 사고로서 보험약관상 보험자의 면책사유인 '고의로 자신을 해친 경우'에 해당하지 않는다」고 하였다(대 2006. 3. 10, 2005 다 49713).

(b) 사망보험의 경우에는 사고가 보험계약자 또는 피보험자나 보험수익자의 중대한 과실로 인하여 생긴 경우에도 보험자는 보험금액을 지급할 책임을 면하지 못한다(상 732 의 2). 이는 사망보험에서 유족 등의 보험수익자를 보호하기 위한 인도적 차원의 정책적 규정이다.

(나) **적립금반환의무**

(a) 보험자가 보험금액의 지급책임을 면할 때에는 보험수익자를 위하여 적립한 금액을 보험계약자에게 반환하여야 한다(상 736). 적립금을 반환하여야 되는 경우는 다음과 같다. i) 사고발생 전의 보험계약자에 의한 임의해지(상 649), ii) 보험료부지급으로 인한 계약해지(상 650 Ⅱ), iii) 고지의무위반으로 인한 계약해지(상 651), iv) 위험의 변경·증가로 인한 보험자의

계약해지(상 652 I), v) 보험계약자 등의 고의·중과실로 인한 위험증가의 경우에 보험자의 계약해지(상 653), vi) 보험자의 파산선고로 인한 보험계약자의 계약해지(상 654), vii) 보험자가 면책되는 경우 등이다(상 736 I 본).

(b) 생명보험에 있어서 사람의 사망률은 시간이 흐름에 따라 증가하므로 이에 비례하여 보험료도 인상되어야 할 것이다. 그러나 실제에 있어서는 보험기간을 분할하여 매년 일정한 평균보험료를 징수하기 때문에 보험료 중에는 후년도의 위험에 대비하기 위하여 여분이 포함되는데, 이 여분을 적립한 것을 보험료적립금이라 하고 이것은 미경과보험료와 함께 생명보험에 있어서 책임준비금으로 적립하여야 한다. 그런데 이 책임준비금 중에서 특정의 피보험자를 위하여 적립한 금액을 반환하지 않는다면 보험자가 부당이득을 취하는 결과가 되므로 상법은 이를 반환하게 한 것이다. 보험자의 반환의무는 3년의 시효에 의하여 소멸한다(상 662).

7) 생명보험계약의 부활

(가) 서 설

보험계약이 실효된 경우에 종래의 계약이 실효되지 않은 것과 같은 효과를 생기게 하는 것을 보험계약의 부활이라고 한다. 계속보험료의 지급해태로 인하여 생명보험계약이 해지되고 해지환급금이 지급되지 않은 경우에 보험계약자는 일정한 기간 내에 연체보험료에 약정이자를 붙여 보험자에 지급하고 그 계약의 부활을 청구할 수 있다(상 650의 2).

(나) 효 용

보험계약이 실효된 경우에 다시 보험계약자가 새로운 보험계약을 청약하여야 한다면 이는 번잡하고 불리한 결과가 생길 수 있다. 예컨대 보험료는 피보험자의 연령에 따라서 차이가 있기 때문에 종래의 계약을 소멸시키고 해지환급금의 지급을 받은 후 또 새로운 계약을 체결한다면 종래보다 고율의 보험료를 지급하여야 하므로 보험계약자에게 불리하고, 경우에 따라서는 연령제한으로 인하여 계약을 체결할 수 없는 경우도 생긴다. 그리하여 상법에서는 보험계약의 부활을 청구할 수 있도록 한 것이다.

(3) 상해보험

1) 서 설

㈎ 상해보험계약의 의의

상해보험계약이란 피보험자에게 급격하고 우연한 외부로부터의 사고로 인하여 신체의 상해에 관한 보험사고가 생길 경우에 보험자가 보험금액 기타의 급여를 할 것을 약정하고, 상대방이 이에 대하여 보험료를 지급할 것을 약정하는 보험계약이다(상 737). 상해보험은 생명보험과 같이 인보험의 일종으로서 정액보험이지만 손해보험의 경우와 같이 상해로 인한 손해와 비용만을 지급하는 부정액보험일 수도 있다.

㈏ 상해보험계약의 효용

상해보험계약은 피보험자가 상해에 의하여 사망한 경우에 유족의 생활보장과 상해에 대한 치료비의 확보, 피보험자에게 후유장해가 생긴 경우에 수입의 확보 등의 목적을 위하여 이용된다.

㈐ 상해보험계약의 법적 성질

상해보험계약에는 상해에 의하여 발생한 구체적인 손해액과 관계없이 소정의 보험금액을 지급하는 경우 및 일정한 기준에 따라 일정한 금액을 지급하는 경우와 같은 「정액보상방식」의 상해보험계약과, 상해의 정도에 따라 손해액을 지급하는 「손해보상방식」의 상해보험계약이 있다. 전자는 인보험의 경우와 같이 정액보험이라고 할 수 있고, 후자는 보험의 객체는 사람이지만 손해보험이라고 할 수 있다.

《상해보험계약과 생명보험계약의 이동(異同)》

양자는 모두 보험의 객체가 사람이라는 점에서 같고 또한 전자 중에 정액보상방식의 상해보험계약은 생명보험계약과 같다고 할 수 있다. 그러나 전자는 급격하고도 우연한 외부로부터 생긴 사고로 인하여 생긴 신체의 상해를 보험사고로 하는 데 비하여, 후자의 경우는 일정한 시기에 있어서의 사람의 생존 또는 사망을 보험사고로 하는 점이 다르다.

2) 상해보험증권

보험자는 보험증권을 작성·교부하여야 한다(상 640). 그 기재사항은 인보험증권에 관한 규정(상 728)에 따라야 하는데, 상해보험에는 다음과 같은 특칙이 있다. 즉 보험계약자와 피보험자가 동일인이 아닌 때에는 인보험증권의 기재사항인 「피보험자의 주소, 성명 및 생년월일」 대신으로 「피보험자의 직무 또는 직위」만을 기재할 수 있다(상 738). 이는 직장단위의 단체보험에 있어서 특정인의 교체를 문제삼지 않고 보험사고의 발생시에 일정한 직무 또는 직위에 있는 자를 보호하기 위한 것이다.

3) 보험사고

㈎ 서 설

상해보험의 경우에 보험사고는 외부로부터 생긴 급격하고도 우연한 사고로 인한 신체의 손상으로서 그 발생의 시기뿐만 아니라 발생 자체도 불확정적이며 그 결과도 후유장애·치료·수술·사망 등 다양하고 발전적인 성격을 갖는다.

㈏ 보험사고의 요건

(a) 상해보험의 대상으로서 보험사고는 i) 급격하고도, ii) 우연하게, iii) 외부로부터 생긴 것이어야 한다. 즉 보험사고는 급격성과 우연성, 그리고 외래성을 모두 구비하였어야 한다. 첫째 급격성이란 예측불능의 사고가 돌발적으로 발생하여 직접적으로 상해가 발생한 것을 말한다. 둘째 우연성이란 피보험자가 전혀 예상할 수 없었던 원인(교통사고·낙마 등)에 의하여 상해가 발생한 것을 말한다. 그러므로 자살이나 싸움으로 인한 사망이나 상해는 그 대상이 되지 않는다. 즉 피보험자가 의도적인 행위로 인하여 유치한 사고나 피보험자가 예상할 수 있었고 또한 예상 가능하였던 사고로 인하여 생긴 상해는 제외된다. 셋째 외래성이란 외부로부터 생긴 사고이어야 하는 것을 의미한다.

판례는 「'급격하고도 우연한 외래의 사고'를 보험사고로 하는 상해보험에 가입한 피보험자가 술에 취하여 자다가 구토로 인한 구토물이 기도를 막음으로써 사망한 경우, 보험약관상의 급격성과 우연성은 충족되고, 나아가 보험약관상의 '외래의 사고'란 상해 또는 사망의 원인이 피보험자의 신체적 결함, 즉 질병이나 체질적 요인 등에 기인한 것이 아닌 외부적 요인에 의해 초래된 모든 것을 의미한다고 보는 것이 상당하므로, 위 사고에서 피보험자의 술에 만취된 상황은 피보험자의 신체적 결함, 즉 질병이나 체질적 요인 등에서 초래된 것이 아니라 피보험자가 술을 마신 외부의 행위에 의하여 초래된 것이어서 이는 외부적 요인에 해당한다고 할 것이고, 따라서 위 사고는 위 보험약관에서 규정하고 있는 '외래의 사고'에 해당하므로 보험자로서는 수익자에 대하여 위 보험계약에 따른 보험금을 지급할 의무가 있다」고 하였다(대 98. 10. 13, 98 다 28114).

(b) 상해보험의 경우에 피보험자가 보험금을 청구함에 있어서는 상해의 원인뿐만 아니라 그 사고의 결과(후유·치료·사망 등)에 대한 인과관계도 입증하여야 한다.

4) 생명보험에 관한 규정의 준용

상해보험에 관하여는 상법 제732조를 제외하고 생명보험에 관한 규정을 준용한다(상 739). 그러므로 상해보험의 경우는 상법 제732조가 준용되지 않으므로 피보험자는 15세 미만자, 심신상실자 또는 심신박약자도 될 수 있다. 상해보험계약이 정액보상방식인 때에는 생명보험에 관한 규정의 준용은 당연하나, 손해보상방식인 때에는 손해보험에 관한 규정을 유추적용하여야 할 것이다. 그러나 손해보상방식의 경우에도 보험계약자와 피보험자가 다른 때에는 타인의 생명보험에 관한 규정(상 731 I)을 준용하여 피보험자의 동의를 얻어야 한다.

(4) 질병보험

1) 질병보험(疾病保險)은 질병으로 인하여 입원하거나 수술을 하는 등 사람의 질병으로 사람의 신체에 이상이 생긴 것을 보험사고로 하는 보험이다. 생명보험상품관리규정에 의하면 질병보험이란 "질병에 걸리거나 질병으로 입원, 수술 등 담보하는 보험"을 말한다(동규정 105 (2)). 이는 상해

보험과 더불어 건강보험의 일종에 속한다고 할 수 있다.

2) 질병보험계약의 보험자는 피보험자의 질병에 관한 보험사고가 발생한 경우 보험금이나 그 밖의 급여를 지급할 책임이 있다(상 739의 2).

3) 질병보험에 관하여는 그 성질에 반하지 아니하는 범위에서 생명보험 및 상해보험에 관한 규정을 준용한다(상 739의 3).

제11장 어음·수표

제1관 어 음

1. 서 설

(1) 어음·수표의 의의

어음·수표는 일정한 금액의 금전지급청구권을 표창하는 금전채권적 유가증권이다. 즉 일정한 금액의 지급을 목적으로 발행된 유가증권이다. 어음에는 환어음과 약속어음이 있다.

1) 환 어 음

환어음(換어음)은 발행인이 제3자인 지급인에 대하여 어음상의 정당한 권리자(수취인 또는 피배서인)에게 어음금액을 지급할 것을 위탁하는 형식의 지급위탁증권이다. 즉 환어음의 경우에는 발행인이 직접 금전을 지급하지 않고 제3자에게 의뢰함으로써 발행인·수취인·지급인 등 3자의 관계가 생긴다. 이 경우 단순한 지급인은 지급위탁을 받았을 뿐이고 어음채무자는 아니지만 지급인이 인수를 한 때에는 인수인으로서 어음의 주채무자가 된다.

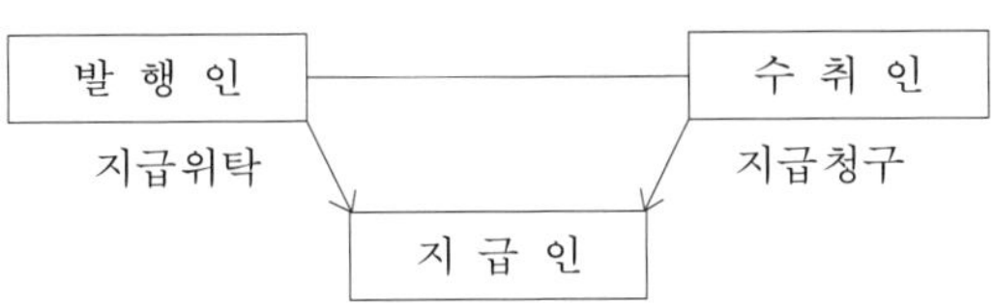

2) 약속어음

약속어음은 발행인 자신이 일정금액의 지급을 약속하는 증권으로서 지급약속증권이라고 할 수 있고 약속어음의 경우에는 2 인(발행인·수취인)간의 관계가 생길 뿐이다.

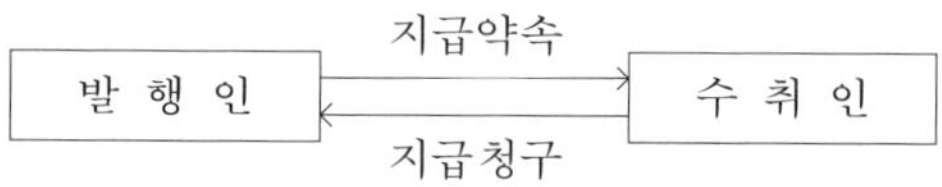

전자어음은 전자어음의 발행 및 유통에 관한 법률(이하 전자어음법이라 한다)에 의하여 전자적 방식으로 전자문서로 작성되고 전자어음의 발행자가 전자어음을 전자어음관리기관에 등록한 약속어음을 말한다. 전자어음을 발행하려면 이용자가 거래은행과 전자어음이용약정을 체결하여야 한다. 전자어음의 수령인도 같다.

3) 수 표

수표는 발행인이 제 3 자(은행)에 대하여 지급을 위탁하는 증권이다. 그러므로 지급위탁증권인 환어음과 같다고 할 수 있으나 수표의 경우에 제 3 자의 경우는 반드시 은행이어야 하고(수3) 인수제도가 존재하지 않는 것이 환어음의 경우와 다르고, 또 경제적 기능에 있어서 환어음은 주로 신용의 수단으로 이용되는 데 비하여 수표는 단순히 지급의 수단이 된다는 점에 차이가 있다.

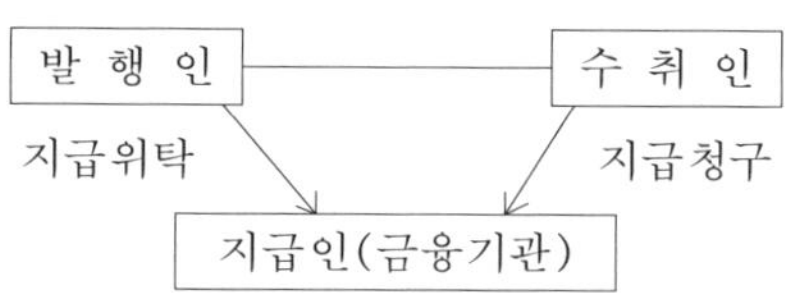

(2) 어음·수표의 성질

1) 완전유가증권성

어음·수표는 권리의 이전과 행사뿐만 아니라 권리의 발생을 위하여도 증권을 필요로 하는 완전유가증권(完全有價證券)이다. 즉 증권의 작성과 교부가 없이는 권리가 발생하지 않으며 증권의 제시 없이는 권리를 행사하지 못하고 증권에 의하지 않고는 권리를 이전할 수 없는 증권이다.

2) 설권증권성

권리의 발생을 위하여 증권의 작성이 반드시 필요한 설권증권(設權證券)이다. 즉 증권상의 법률행위인 어음행위·수표행위에 의하여 비로소 원인관계와는 별개의 어음·수표에 의한 법률관계가 발생한다. 그러므로 비설권증권인 기존의 채권을 표창하는 운송증권이나 사원권을 표창하는 주권과는 다르다.

3) 무인(추상)증권성

증권상에 원인관계가 기재되어 있지 않고 증권상에 표창되어 있는 권리가 원인관계의 존부 또는 유효·무효에 의하여 영향을 받지 않는 무인증권(無因證券)이다. 즉 증권의 발행은 독립된 법률행위로서 환어음의 인수인 또는 약속어음의 발행인이 증권상의 채무를 부담하며 권리의 행사에 있어서도 그 원인관계에 의한 실질적 권리의 입증을 필요로 하지 않는 증권이다.

4) 문언증권성

증권상의 권리의 내용이 증권에 기재된 문언에 따라 결정되는 문언증권(文言證券)이다. 그러므로 어음·수표의 선의취득자는 증권에 기재된 문언에 따라 권리를 취득하고 증권에 기재되지 않은 사항으로 대항을 받지 않는다.

5) 요식증권성

증권에 기재하여야 할 요건(어음요건·수표요건)이 법정되어 있고 법정기재사항 중의 하나라도 기재하지 않으면 증권으로서의 효력이 발생하지 않는(어 2, 76; 수 2) 엄격한 요식증권(要式證券)이다.

6) 기 타

어음·수표는 지시적으로 발행된 경우뿐만 아니라 기명식으로 발행되었더라도 배서금지의 기재가 없는 한 배서에 의하여 양도할 수 있는 법률상 당연한 지시증권(指示證券)이다(어 11, 77 I (1); 수 14). 또한 권리의 행사를 위하여 증권의 제시를 필요로 하는 제시증권이다. 그러므로 채무자는 증권의 제시가 없는 한 어음채무의 이행의무를 지지 않는다(어 38 I, 77 I (3); 수 28). 증권과 상환하지 않고는 채무의 이행을 하지 않아도 되는 상환증권이다(어 39, 77 I (3); 수 34). 이는 이중변제의 위험을 방지하는 데 목적이 있는데 이를 환수증권이라고도 한다.

(3) 어음·수표의 경제적 기능

1) 어음의 경제적 기능

(가) 송금기능

금전을 국내의 다른 지방 또는 타국으로 송금하려 할 때 현금수송의 경우는 위험·비용·번잡 등의 불이익이 따르므로 특히 국제간의 송금수단으로 환어음이 이용된다.

> 국제간의 거래에 있어서 갑지의 A가 을지의 B에 대하여 송금을 하여야 되는 경우에 A는 갑지의 은행 C에 현금을 납입하여 C로부터 을지에 있는 C의 지점이나 거래은행을 지급인으로 하고 B를 수취인으로 한 환어음 매수한 후 이를 을지의 B에 송부하여 B가 을지에 있는 지급인인 은행으로부터 현금의 지급을 받음으로써 송금의 목적을 달성하게 된다.

오늘날 단순한 송금을 위하여는 국내외를 불문하고 어음이나 수표보다 자금이체(fund transfer)제도가 많이 이용되고 있다.

(나) 추심기능

환어음은 매매대금의 추심기능을 한다.

> 갑지의 A가 을지의 B에게 물건을 송부하고 그 매매대금을 추심하고자 할 때에는 A는 B를 지급인으로 하고 자기를 수취인으로 한 환어음을

발행하여 갑지의 은행에서 할인을 받아 그 목적을 달성할 수 있다. 이 경우에 갑지의 할인은행은 을지에 있는 자기의 지점 또는 거래은행에 어음을 송부하여 B에게 제시시킴으로써 할인대금을 회수할 수 있다.

또한 환어음을 발행하여 그 추심을 은행에 위탁할 수 있다. 환어음의 할인은행은 채권회수를 확실하게 하기 위하여 어음과 함께 운송증권(화물상환증·선하증권)을 교부시키는 경우가 있는데, 이와 같이 어음상의 권리가 운송증권에 의하여 담보가 되어 있는 환어음을 화환(貨換)어음이라 한다. 또한 어음은 할부매매의 경우에 지급수단으로 이용되기도 한다. 즉 할부금액마다 각기 만기가 다른 수종의 어음을 발행하여 매도인에게 교부한다. 이 경우에 매도인은 각각의 어음의 만기에 어음금의 지급을 청구하거나, 만기 전이라도 할인하여 현금화할 수 있다.

㈐ 신용기능

ⓐ 상거래에 있어서 매도인이 어음을 교부받은 때에는 매도인이 어음의 만기까지(보통 어음의 만기는 3월 또는 6월인 경우가 많다) 매매대금의 지급을 유예한 것과 같은 효과가 생기므로 매수인은 만기까지 신용거래를 한 것이 된다.

ⓑ 신용의 수단으로 상품거래 등의 원인관계가 전혀 없이 융통어음을 발행하는 경우가 많다. 즉 고객이 은행을 지급인으로 하여 발행한 어음을 은행이 수수료를 받고 인수하게 되면 은행이 어음상의 주채무자가 되어 어음은 지급 또는 신용수단이 될 수 있다.

㈑ 담보기능

은행이 대부를 함에 있어서 대금채권의 회수를 확보하기 위하여 차용증서의 대신으로 또는 차용증서와 더불어 차주가 인수한 환어음이나 차주가 발행한 약속어음을 받는데 이 경우에 어음은 담보의 기능을 하게 된다. 이러한 어음을 대부어음이라고도 한다. 이 어음은 차주가 적시에 채무를 변제하지 않는 경우에 은행이 어음상의 권리를 행사하는 것이다.

2) 수표의 경제적 기능

(가) 매매대금의 지급 등을 현금으로 하게 되면 계산상의 착오나 기타의 위험이 따르지만 수표를 발행하면 안전하게 지급의 목적을 달성할 수 있게 된다. 또한 수표를 이용하면 자금을 은행이 보유하게 됨으로써 국민경제적으로도 유익하게 이용되고 통화절약의 효과가 생긴다. 수표가 대표적인 지급수단으로 이용되는 이유는 수표의 지시기간이 발행일로부터 10일 이내이며(수 29 I) 일람출급식으로만 발행되기 때문이다(수 28 I).

(나) 수표는 송금수단이 되기도 한다. 즉 수표를 등기우편으로 상대방에게 송부하여 상대방이 자기의 거래은행을 통하여 지급은행에 수표를 제시한 후 지급을 받을 수 있다. 또한 은행에 송금액을 납입하고 그 은행이 발행인이 되고 상대방의 소재지에 있는 그 은행의 지점 또는 거래은행을 지급인으로 한 수표의 발행을 받아 상대방에게 송부하여 현금을 찾게 할 수 있다.

2. 어음·수표행위

(1) 의 의

1) 어음법·수표법에는 어음·수표행위의 개념규정이 존재하지 않고 다만 표제로 사용되고 있을 뿐이다(어 8; 수 11). 즉 어음·수표행위란 학문상의 관념이라고 할 수 있는데, 어음·수표행위는 「기명날인 또는 서명을 요건으로 하는 요식의 서면행위」라고 본다.

2) 어음행위에는 환어음의 경우에 발행·인수·배서·보증·참가인수가 있고, 약속어음의 경우에는 발행·배서·보증이 있으며, 수표행위로는 발행·배서·보증·지급보증이 있다. 어음·수표의 발행은 모든 어음·수표관계의 기본이 되며 어음·수표를 창조하는 행위이기 때문에 기본적 어음·수표행위라고 말하고, 기타의 행위는 발행에 의하여 창조된 기본

어음·수표를 전제로 하는 행위이기 때문에 이를 부속적 어음·수표행위라고 한다.

(2) 어음·수표행위독립의 원칙

1) 서 설

㈎ 이는 어음·수표행위를 한 자는 그 전제가 되는 다른 어음·수표행위가 형식상의 흠결 이외의 사유로 인하여 무효가 되어도 그 영향을 받지 않고 독립하여 어음·수표상의 채무를 부담한다는 것이다. 예컨대 발행인의 기명날인이 위조되어 실질적으로 무효인 어음에 배서한 자는 배서인으로서의 책임을 진다.

㈏ 어음·수표행위 중에는 발행과 같이 다른 어음·수표행위를 전제로 하지 않은 것도 있지만, 기타의 어음·수표행위는 다른 행위를 전제로 한다. 즉 환어음에 있어서 인수는 원칙적으로 발행을, 배서는 발행 및 전배서(前背書)를, 보증은 발행 및 주채무자의 어음행위를 전제로 한다. 이와 같이 다른 행위를 전제로 하는 경우에는 그 선행행위가 무효가 되면 그것을 전제로 하는 행위도 무효가 되는 것이 일반원칙이지만, 어음·수표행위는 그 독립성에 의하여 채무부담의 효력에 있어서는 그 선행행위가 실질적인 이유에 의하여 무효가 되더라도 그 후의 어음·수표행위는 무효가 되지 않는다.

2) 근 거

㈎ 어음법 제 7 조는 「환어음에 어음채무를 부담할 능력이 없는 자의 기명날인 또는 서명, 위조의 기명날인 또는 서명, 가공인물의 기명날인 또는 서명 또는 기타의 사유로 인하여 환어음의 기명날인 또는 서명자나 그 본인에게 의무를 부담하게 할 수 없는 기명날인 또는 서명이 있는 경우에도 다른 기명날인 또는 서명자의 채무는 그 효력에 영향을 받지 아니한다」라고 규정하고 있다. 또한 동법 제32조 제 2 항에서는 「보증은 담보된 채무가 그 방식에 하자가 있는 경우를 제외한 어떠한 사유

로 인하여 무효가 된 때에도 그 효력이 있다」고 규정함으로써 환어음에 관하여 어음행위독립의 원칙을 표명하고 있다. 수표법에서도 어음법에서와 같은 내용의 규정인 제10조(수표채무의 독립성), 제27조 2항(보증의 효력)에서 수표행위독립의 원칙을 표명하고 있다.

(나) 어음·수표행위독립의 원칙(어음·手票行爲獨立의 原則)을 인정하고 있는 근거에 대하여 여러 가지의 설이 있으나, 이 원칙은 어음·수표거래의 안전과 유통성을 도모하기 위하여 법이 인정하는 특칙이라는 것이 통설이다.

3) 적용범위

(가) 이 원칙은 선행행위가 불필요한 경우, 방식에 하자가 있는 경우, 어음·수표상의 의무가 소멸한 경우, 어음·수표행위자가 제한능력자인 경우 등에는 적용되지 않는다. 그러나 배서의 경우에는 이 원칙이 적용된다는 것이 통설이며 판례의 입장이다. 어음법 제16조 2항(수 21)은 선의취득자의 권리취득에 관한 규정으로서 선행행위가 유효한 때에만 후행배서의 피배서인이 권리를 취득할 수 있다. 그러나 채무부담의 면에서 선행배서가 실질적으로 무효인 경우에도 후행배서가 무효가 되지 않는 것은 배서에도 이 원칙이 적용되기 때문이다.

(나) 이 원칙은 어음·수표의 선의취득자뿐만 아니라 악의취득자에 대하여도 적용되는가에 대하여는 적용부정설과 적용긍정설이 있다. 적용긍정설이 다수설이지만, 어음·수표행위독립의 원칙은 예컨대 자기의 전자가 무권리자이거나 처분권이 없다는 것을 알고 어음·수표를 취득하여 어음·수표의 반환의무를 지는 악의의 취득자에게는 적용되지 않는다고 본다. 예컨대 갑이 약속어음을 발행하여 수취인 을에게 교부하였으나 병이 이를 절취하여 을이 마치 병에게 배서한 것과 같이 위조하여 다시 이러한 사실을 알고 있는 정에게 교부한 경우에 정이 병에 대하여 권리를 행사하게 된다면 갑에 대하여 권리가 있는 을의 어음반환청구권이 박탈되는 결과가 되어 부당하기 때문이다.

(3) 어음·수표행위의 성립요건

1) 형식적 요건

(가) 서 설

(a) 어음·수표행위가 유효하게 성립되려면 그 의사표시가 법정된 방식을 구비하여 증권상에 기재되어야 한다. 기본적인 어음·수표행위인 발행은 증권을 작성하는 행위가 되며, 기타 부속적 어음·수표행위는 이미 작성된 어음·수표에 하게 된다. 부속적 어음·수표행위 중에 보전 또는 등본에 기재할 수 있는 것도 있다(배서·보증 등).

(b) 어음·수표행위의 방식은 어음·수표행위마다 다르지만 공통되는 방식은 행위자를 표시하는 기명날인 또는 서명이다.

(나) 기명날인 또는 서명

(a) 자 연 인

aa) 기명날인은 행위자의 명칭을 어음·수표에 기재하고 행위자의 의사에 의하여 그의 인장을 압날하는 것을 말하고, 서명(署名)은 원칙적으로 자서를 말한다. 행위자의 명칭은 자서나 타이프, 인쇄, 성명인 등으로 기재하면 된다. 반드시 판독이 가능하여야 되는 것은 아니다. 기명날인에 사용하는 인장은 계출된 실인(實印)이 아니라도 관계 없으며, 표시된 명칭과 관련성이 없는 것도 무방하다(본명으로 기재하고 아호로 된 인장을 날인하여도 된다).

bb) 어음·수표행위에 있어서 기명날인 또는 서명을 요구하는 것은 행위자로 하여금 책임을 부담하게 된다는 것을 자각시키려는 주관적 이유와, 행위자의 필적과 인영을 어음·수표상에 나타나게 함으로써 행위자가 누구인가를 알 수 있게 하고 동시에 위조행위를 방지하기 위한 객관적 이유가 있다.

(b) 법 인 법인의 경우는 그 대표기관이 법인을 위하여 행위를 한다는 것을 표시하고 대표기관 자신이 기명날인 또는 서명을 하여야 한다.

(c) 조합·권리능력 없는 사단 조합은 법인격이 없기 때문에 어음·수표행위를 하려면 원칙적으로 조합원 전원이 기명날인 또는 서명하여야 할 것이다. 그러나 조합원의 수가 많은 경우에는 현실적으로 불가능하므로 대표조합원이 대표자격을 표시하고 기명날인 또는 서명하는 방법으로 할 수 있다. 또한 법인격이 없는 사단의 경우에도 어음·수표행위는 조합과 같이 대표자가 사단의 명칭과 대표자격을 기재하고 기명날인 또는 서명하면 된다.

2) 실질적 요건

어음·수표행위가 유효하려면 행위자가 어음·수표능력이 있어야 하고, 그 의사표시에 하자가 없어야 한다. 그러나 이러한 실질적 요건에 관하여 어음법·수표법에는 아무런 규정이 없으므로 일반원칙인 민법의 규정을 해석에 의하여 적용하여야 한다.

(가) 어음·수표능력

(a) 어음·수표권리능력 어음·수표능력에는 어음·수표행위의 주체가 될 수 있는 어음·수표권리능력과 유효한 어음·수표행위를 할 수 있는 어음·수표행위능력이 있다. 자연인은 누구나 어음·수표권리능력이 있으며, 반드시 상인임을 요하지 않는다. 법인의 경우는 영리법인뿐만 아니라 비영리법인도 어음·수표권리능력이 있다. 권리능력 없는 사단도 어음권리능력이 있다는 것이 판례의 입장이다.

(b) 어음·수표행위능력

aa) 어음·수표행위가 유효하려면 어음·수표행위능력이 있어야 한다. 그러나 어음법과 수표법에는 어음·수표행위의 제한능력자의 범위와 그들이 한 어음·수표행위의 효력에 관하여는 아무런 규정이 존재하지 않는다. 그리하여 어음·수표행위에도 행위능력에 관한 민법의 규정이 적용된다.

bb) 제한능력자가 동의권자의 동의 없이 한 어음·수표행위는 그 행위자, 포괄승계인, 법정대리인 등이 취소할 수 있다(민 140). 어음·수표행위가 무효인 경우는 물론이고 취소된 경우에도 그 행위는 소급하여 무효가 되므로(민 141), 행위자는 누구에 대하여도 책임을 지지 않는다. 그러나 그 행위로 인하여 받은 이익이 현존하는 한도 내에서 상환할 책임이 있다(민 141 단). 또한 취소할 수 있는 제한능력자의 어음·수표행위는 취소권자가 추인할 수 있다(민 143 I).

㈏ **의사표시의 하자**

법률행위인 어음·수표행위에도 의사표시에 관한 민법의 규정(민 107~110)이 적용된다. 그러나 어음·수표의 성질상 적용되지 않는 규정도 있다. 즉 선량한 풍속 기타 사회질서에 반하는 법률행위를 무효로 하는 민법 제103조와 현저하게 불공정한 법률행위를 무효로 하는 민법 제104조의 규정은 어음·수표행위에는 적용될 수 없다고 본다. 왜냐하면 어음·수표행위는 무인행위(無因行爲)이며 정형적 행위이기 때문에 민법 제103조와 제104조에 해당하는 어음·수표행위를 하였더라도 그것은 인적항변의 사유가 될 뿐이며 어음·수표행위 자체는 무효가 되지 않는다고 할 것이기 때문이다.

(4) 어음채무의 성립에 관한 학설

1) 서 설

증권의 발행에 의하여 증권상의 권리가 발생하는 설권증권인 어음·수표의 경우에는 증권상의 채무가 어떠한 방식에 의한 행위에 의하여 어느 시점으로부터 성립하는가 하는 것이 중요한 문제인데, 이에 관하여는 어음법이나 수표법뿐만 아니라 민법에도 아무런 규정이 없기 때문에 여러 가지의 이론이 발전되어 왔다.

2) 어음학설

㈎ **창 조 설**

어음상의 채무의 성립을 위하여는 행위자의 일방적인 서면행위만 필요하며 증권의 교부는 필요하지 않고 어음이 어떻게 유통하게 되었는가를 묻지 않는 것이다. 즉 어음의 유가증권성을 강조한 이론이다. 이 설에 의하면 어음을 교부하기 전에 도난·분실된 경우뿐만 아니라 어음행위자가 사망하였거나 행위무능력자가 된 경우에도 행위자는 어음상의 책임을 진다.

㈏ **계 약 설**

어음상의 채무의 성립은 어음의 작성행위뿐만 아니라 어음의 작성자와 최초의 취득자 사이에 유효한 교부계약이 필요하다고 한다. 이 설에 의하면 교부계약이 존재하지 않는 때에는 선의취득자에 대하여도 어음의 작성자는 어음상의 책임을 지지 않는다. 그리하여 어음의 유통성을 크게 저해함과 동시에 거래의 안전을 해하게 될 것이다.

㈐ **권리외관설**

이 설에 의하면 거래의 안전을 도모하기 위하여 어음상의 채무는 어음의 작성과 교부계약에 의하여 성립되지만 어음에 기명날인 또는 서명을 한 자는 교부계약이 흠결된 경우라도 그가 어음상의 권리가 발생하고 있는 것과 같은 외관을 야기하였고 그에 대하여 귀책사유가 있는 때에는 교부계약이 존재하고 있는 것과 동일하게 취급하여야 된다고 한다. 이 설은 우리 나라의 다수설이기도 하다.

(5) 어음·수표행위의 대리

1) 서 설

어음·수표행위도 타인으로 하여금 하게 할 수 있다. 즉 타인이 본인을 위한 대리인임을 표시하고 어음·수표행위를 대리하거나 타인이 직접 본인명의로 대행하는 경우가 있다. 그러나 어음법·수표법에서는 무권대리인의 책임에 관하여 각각 한 개의 규정밖에 없으므로(어 8, 77 Ⅱ; 수 11), 어음·수표행위의 대리(代理)에 관하여는 대리에 관한 민법상의 일반원칙과 상법의 규정을 어음·수표의 특수성을 고려하여 적용하여야 할 것이다.

2) 대리를 위한 요건

어음·수표행위의 유효한 대리를 위하여는 형식적 요건과 실질적 요건이 갖추어져야 한다.

(가) 형식적 요건

(a) 본인의 표시 어음·수표행위를 대리할 때에는 본인을 표시하여야 한다. 본인의 표시가 없는 때에는 본인에게는 그 행위의 효과가 미치지 않고 대리인 자신이 행위자로서 책임을 진다(민 115 본). 본인의 표시는 존재가 가능한 것이면 가설인의 명칭이라도 유효하다.

(b) 대리관계의 표시 대리(대표)관계의 표시는 본인을 위한 어음·수표행위로 인식할 수 있을 정도의 기재가 있으면 된다. 그러므로 '김' 대리인 '이', '갑'회사 대표이사 '김', '갑'회사 대표사원 '이', '갑'법인 이사장 '김' 등과 같이 대리(대표)관계를 표시하여야 한다. 또한 대리관계는 지배인·지점장·영업소장 등 직명을 표시하여도 된다.

(c) 대리인의 기명날인 등 대리가 유효하게 성립하려면 반드시 대리인의 기명날인 또는 서명이 있어야 한다.

> 판례에는 대표이사가 회사의 명칭과 대표이사의 성명만을 기재하고 대표이사자격을 표시하지 않고 한 약속어음의 발행행위에 대하여 회사의 책임을 인정한 것이 있다[대 79.3.13, 79 다 15]. 그리고 판례에는 「수표에 배서함에 있어서 "○○제지공업주식회사 ○석기"라고만 기재하고, 기명 앞에 "○○제지공업주식회사 대표이사"라고 조각된 인장을 날인한 것은 ○석기가 회사를 대표한다는 뜻이 표시된 것으로 인정한」 것이 있다[대 94.10.11, 94 다 24626].

(나) 실질적 요건

(a) 대리권의 존재 대리인(대표기관)이 본인(법인)을 위하여 어음·수표행위를 할 수 있는 대리권(대표권)이 있어야 한다. 대리권의 존재는 어음·수표의 소지인이 증명하지 않으면 안 된다. 대리권은 개별적으로 수여될 수도 있으나 지배인이나 회사의 대표사원은 그 법률상 지위에 의하여 포괄적인 대리권(대표권)이 있고, 이에 대한 제한으로 선의의 제 3 자에게 대

항하지 못한다(상 11 Ⅰ·Ⅲ, 209, 269, 389 Ⅲ, 567; 민 60).

(b) 대리권의 제한

aa) 어음·수표행위에 대하여도 본인과 대리인 또는 회사와 이사간의 이해상충행위를 일반적으로 금지하는 민법 제124조와 상법 제199조, 제398조가 적용되는가 하는 문제가 있다.

> 예컨대 본인 A의 대리인 B가 자신을 A의 상대방으로 하여 A, B간의 어음·수표행위를 하는 자기거래를 하는 것과, 또한 B가 한편으로는 A를 대리하여 또 한편으로는 C의 대리인으로서 A, C간의 어음·수표행위를 하는 쌍방대리를 할 수 있는가? 그리고 A주식회사를 발행인으로 한 어음·수표행위를 함에 있어서 대표이사 B가 수취인을 자신인 B로 하는 자기거래가 인정되는가 하는 문제이다.

bb) 어음·수표행위의 경우 항변의 절단과 증명책임의 전환 등에 의하여 엄격한 채무를 부담하게 되어 이해가 상충될 우려가 많기 때문에 이들 규정은 어음·수표행위에도 적용된다는 것이 다수설이며 판례의 입장이다. 동조에 위반한 어음·수표행위는 원칙적으로 회사와 이사간에는 무효(무권대리)이지만 선의의 제 3 자에 대하여는 무효로써 대항하지 못한다.

3) 어음·수표행위의 대행

(가) 이는 타인이 본인을 위하여 직접 본인명의로 어음·수표행위를 하는 것을 말한다. 대행의 경우에 행위자는 본인이므로 대행자가 한 본인의 기명날인 또는 서명은 행위자인 본인의 기명날인 또는 서명이며 행위의 효과가 귀속되는 자의 명칭이 아니라는 점이 대리와 다르다. 대행의 방식에는 본인의 지시에 따라 마치 본인의 수족과 같이 형식적으로나 실질적으로 기관방식으로 하는 경우와 일정한 권한이 주어져서 자기의 의사결정에 의하여 하는 대리적 대행이 있다.

(나) 형식적 요건으로는 타인이 직접 본인명의로 기명날인 또는 서명을 하여야 한다. 그리고 실질적 요건으로서 행위자는 직접 본인명의로

어음·수표행위를 할 수 있는 대행권이 있어야 한다. 대행권이 없는 어음·수표행위는 위조라고 할 것이다. 그러나 무권대행의 경우에도 무권대리의 경우와 마찬가지로 추인이 인정되고 표현대리의 법리가 적용된다.

4) 표현대리

㈎ 서 설

대리권이 없는 자가 대리방식으로 어음·수표행위를 한 경우에는 본인은 책임을 질 이유가 없지만 제 3 자가 볼 때 대리권이 있는 것으로 믿을 만한 사정이 있고 더욱이 본인이 그러한 사정에 대한 책임이 있다고 인정되는 때에는 본인은 책임을 면하지 못한다. 이에 관하여는 어음법·수표법에는 특별한 규정이 없기 때문에 민법과 상법의 표현대리에 관한 규정을 적용하거나 적어도 유추적용하여야 할 것이다.

㈏ 본인과 무권대리인의 책임

(a) 표현대리가 성립하면 본인은 무권대리의 항변으로 대항할 수 없으므로 어음·수표상의 책임을 면하지 못한다. 또한 무권대리인의 책임도 존속한다(어 8, 77 Ⅱ; 수 11). 왜냐하면 표현대리는 선의의 제 3 자를 보호하기 위한 제도이기 때문이다. 이 점이 추인의 경우와 다르다. 이 경우에 본인의 책임과 무권대리인의 책임은 선택적으로 존재한다.

(b) 표현대리의 규정을 어음·수표행위에 적용함에 있어서 제 3 자의 범위에 관하여 판례는 제 3 자란 본인 또는 대리인의 직접 상대방을 말하는 것이며 그 이후의 제 3 취득자는 제외된다고 한다. 즉 직접의 상대방에 대하여 표현대리가 성립하지 않으면 그 후의 어음·수표취득자에 대하여 표현대리가 성립하여도 본인은 책임을 지지 않고, 직접의 상대방에 대하여 표현대리가 성립하면 그 후 제 3 취득자가 악의인 경우에도 그 지위가 승계되어 본인은 책임을 진다고 한다.

판례는 「권한을 넘은 표현대리에 관한 민법 제126조의 규정에서 제 3 자라 함은 당해 표현대리의 직접 상대방이 된 자만을 지칭하는 것이고, 이는 위 규정을 배서와 같은 어음행위에 적용 또는 유추적용할 경우에 있어서도 마찬가지로 보아야 할 것이며, 약속어음의 배서행위의 직접 상대방은 그 배서에 의하여 어음을 양도받은 피배서인만을 가리키고 그 피배서인으로부터 다시 어음을 취득한 자는 민법 제126조 소정의 제 3 자에는 해당하지 않는다」고 하였다(대 94. 5. 27, 93 다 21521).

(c) 그러나 제 3 자에는 제 3 취득자도 포함된다고 보아야 한다. 왜냐하면 어음·수표행위는 대공중적 의사표시이므로 제 3 취득자도 직접의 상대방과 같게 보아야 하기 때문이다. 따라서 직접의 상대방에게는 표현대리가 성립하지 않은 때라도 제 3 취득자에 대하여 표현대리의 요건이 구비되면 본인은 책임을 진다고 할 것이다.

㈐ **상법상의 표현대리 및 표현대표**

상법에서는 민법과 달리 표현대리에 관한 규정을 정형화하여 일정한 명칭 또는 지위를 갖고 있거나 일정한 내용의 등기와 공고가 된 경우에는 그 외관에 대한 신뢰를 획일적으로 보호하는 데 중점을 두고 있다. 그리하여 표현지배인(상 14)이나 표현대표이사(상 395) 및 고의 또는 과실에 의하여 지배인 또는 대표사원(대표이사)으로 부실하게 등기된 자(상 39) 등의 어음·수표행위에 대하여는 실제로는 그러한 권한이 없더라도 본인 또는 회사는 제 3 자에 대하여 어음·수표상의 책임을 진다. 대리권이 제한된 지배인이나 대표권에 제한이 있는 회사대표자가 그 제한을 위반하여 어음·수표행위를 한 경우에도 본인 또는 회사는 선의의 제 3 자에 대하여 책임을 면하지 못한다(상 11 Ⅲ, 209 Ⅱ, 269, 389 Ⅲ. 567).

5) 무권대리

㈎ **의 의**

무권대리(無權代理)란 대리권이 없는 자가 본인을 위하여 한다는 것을 표시하여 어음·수표행위를 하는 것이다(어 8, 77 Ⅱ; 수 11). 대리권이 있는 자가 그 범위를 넘어서 한 행위도 광의로는 무권대리에 속한다고 할 수 있지만, 이는 대리권이 전혀 없는 협의의 무권대리에 대하여 월권대리라고 한다.

㈏ **본인의 책임**

무권대리의 경우에 본인은 표현대리가 성립하지 않는 한 책임을 지지 않는다. 제 3 자가 대리권의 흠결을 몰랐던 경우도 같다. 그러므로 본인에 대하여 청구하려면 어음·수표소지인이 어음·수표행위자의 대리권을 증명하거나, 표현대리가 성립하여야 한다. 그리고 본인이 추인(追認)을 한 때에는 유권대리의 경우와 마찬가지로 책임을 진다(민 133). 본인이 추인한 때에는 무권대리인은 책임을 지지 않는다.

판례는 「무권대리행위의 추인은 무권대리행위가 있음을 알고 그 행위의 효과를 자기에게 귀속시키도록 하는 단독행위로서 그 의사표시의 방법에 관하여 일정한 방식이 요구되는 것은 아니나, 그 무권대리행위를 안 직후에 그것이 자기에게 효력이 없다고 이의를 제기하지 않았다거나 상당기간 방치하였다고 하여 그 무권대리행위를 추인하였다고 볼 것은 아니며, 그 결과에 대한 책임을 묻지 않으면서 원상회복을 하게 한 채 곧이어 본인이 그 무권대리인에게 유리한 법률행위를 해 주었다고 하여 그러한 사정이 어느 경우에나 묵시적 추인으로 받아들여져야 하는 것은 아니다」고 하였다(대 2001. 3. 23, 2001 다 4880).

㈐ **무권대리인의 책임**

(a) 서 설 무권대리인은 어음·수표상의 책임을 진다(어 8, 77 Ⅱ; 수 11). 이는 무권대리인이 대리방식으로 기명날인 또는 서명을 하여 대리관계가 존재하는 듯이 표시하였기 때문에 인정한 법정의 담보책임이다.

(b) 책임의 요건 무권대리인이 대리방식을 갖추고 대리인으로서 기명날인 또는 서명하였어야 한다. 무권대리인은 대리권도 없고 추인도 얻지 못한 경우에 책임을 진다. 자칭대리인이 책임을 면하려면 대리권의 존재를 입증하여야 한다.

(c) 책임의 발생시기 무권대리인의 책임이 발생하는 시기에 대하여는 추인거절시라는 설도 있으나, 어음·수표행위의 성질상 무권대리

행위에 의하여 책임이 발생하고 추인에 의하여 책임이 소급하여 소멸한다고 보는 것이 타당하다. 즉 추인은 책임의 해제조건이 된다.

(d) 표현대리가 성립하는 경우 표현대리가 성립되어 본인이 어음·수표상의 책임을 지는 경우에도 무권대리인은 책임을 진다. 그러나 무권대리인이 무능력자인 경우에는 일반원칙에 의하여 취소에 의하여 책임을 지지 않는다. 무능력자의 보호는 어음·수표소지인의 보호보다 우선하여야 하며, 무능력자는 어음·수표행위능력이 없기 때문이다. 그리고 무권대리에 대하여 상대방 또는 어음·수표소지인이 선의이어야 한다. 악의의 상대방에게는 책임을 지지 않는다(민 135 Ⅱ). 그러나 어음·수표소지인이 과실로 인하여 대리권의 흠결을 알지 못한 때에도 무권대리인은 책임을 면하지 못한다.

(e) 책임의 내용 무권대리인은 대리권이 있었더라면 본인이 지게 될 책임과 같은 책임을 진다. 즉 본인으로 기재된 자가 절대적 의무자(환어음의 인수인, 약속어음의 발행인 등)이면 무권대리인도 절대적 의무를 지며, 소구의무자(배서인 또는 환어음의 발행인)이면 권리보전절차의 이행을 전제로(어 44, 77 I (4)) 무권대리인도 소구의무를 진다. 무권대리인은 유권대리의 경우에 본인이 주장할 수 있는 항변권을 갖는다. 또한 무권대리인은 자신이 어음·수표소지인에 대하여 갖는 항변으로도 대항할 수 있다.

(f) 무권대리인의 권리 무권대리인이 책임을 이행한 때에는 유권대리의 경우에 본인이 취득할 수 있는 권리와 동일한 내용의 권리를 취득한다(어 8 Ⅱ, 77 Ⅱ; 수 11 Ⅱ).

(6) 어음·수표의 위조와 변조

1) 위 조

(가) 서 설

(a) 위조란 권한이 없는 자가 타인의 기명날인 또는 서명을 하여 마치 그 타인이 어음·수표행위를 한 것과 같은 외관을 어음·수표상에 나

타내는 행위를 말한다. 즉 위조는 권한 없이 기명날인 또는 서명의 대행방식에 의하여 어음·수표행위를 하는 것이다. 타인은 자연인뿐만 아니라 법인을 포함하며 사자(死者)나 가공인물이라도 관계 없다. 위조자의 고의 또는 과실을 요하지 않는다.

판례는 「수표를 발행할 권한을 갖고 있지 아니한 은행의 대부계 대리가 예금담당 대리가 자리를 비운 사이에 백지인 자기앞수표용지를 임의로 가지고 나와 백지를 보충하여 수표를 발행한 경우, 그 수표발행행위는 수표의 위조에 해당한다」고 하였다(대 97.11.28, 96 다 21751).

(b) 어음·수표의 위조와 무권대리는 모두 권한이 없는 자의 행위라는 점에서는 같지만, 전자는 권한 없이 대행방식(기관방식)으로 하는 행위이고, 후자는 권한 없이 대리방식으로 하는 행위이다.

(나) **위조의 효과**

(a) 피위조자의 책임

aa) 표현책임　　피위조자는 누구에게도 책임을 지지 않는다. 또한 위조에 관하여 피위조자에게 중대한 과실이 있거나 위조행위의 상대방이 선의인 경우도 같다. 즉 기명날인 또는 서명의 진정성에 대한 신뢰는 보호될 수 없다. 그러나 제 3 자에게 위조자가 대행권한이 있다고 믿을 만한 정당한 사유가 있고 그에 대하여 피위조자의 책임이 인정되는 때에는 표현대리에 관한 규정을 유추적용하여 피위조자의 책임을 인정하는 것이 통설이며 판례의 입장(대 69. 9. 30, 69 다 964; 대 91. 6. 11, 91 다 3994)이다.

판례는 「회사의 경리담당 상무이사는 대표이사 명의의 약속어음을 발행할 권한이 없다 하더라도 그 지위와 권한에 비추어 회사의 대내적 업무중 경리사무에 관하여는 대표이사를 대리하여 업무처리를 하고 있다고 볼 수 있고 소외인을 통하여 이루어진 수많은 어음거래에 비추어 경리담당 상무이사로서, 대표이사 명의의 약속어음을 발행할 수 있는 권한이 있는 것으로 믿음에 있어 원고들에게 정당한 이유가 있다」고 하였다(대 69. 9. 30, 69 다 964).

bb) 추인에 의한 책임 위조의 경우에도 피위조자의 추인(追認)이 인정되는가에 대하여는 위조의 추인은 피위조자·어음소지인·위조자의 의사에 반하지 않으며, 어음거래의 안전을 도모할 수 있고 실질적으로 무권대리와 위조 사이에는 커다란 차이가 없다는 점을 감안할 때 거래의 안전을 위하여 인정하는 것이 타당하다.

cc) 사용자 책임 실제에 있어서는 사용인이 기업의 인감을 이용하여 기업의 명의로 어음·수표행위를 하는 경우가 많다. 이러한 경우에는 피위조자인 기업에 대하여 사용자책임(민 756)의 추궁이 가능하다고 본다. 피위조자가 어음·수표가 위조된 것을 알고 어음·수표금액을 지급한 때에는 어떠한 설에 의하든 간에 위조의 추인이 되어 그 지급은 유효하게 된다(민 145 참조). 피위조자가 어음·수표가 위조된 것을 모르고 지급한 때에는 그 반환을 청구할 수 있지만 이 경우에 지급으로 인하여 어음·수표상의 권리보전절차를 해태하여 어음·수표상의 권리를 상실한 자에 대하여는 착오를 이유로 하여 어음·수표금액의 반환을 청구하지 못한다(민 744 참조).

dd) 증명책임 피위조자의 책임을 묻기 위하여는 어음·수표소지인은 그 기명날인 또는 서명이 진정한 것임을 증명하여야 한다.

(b) 위조자의 책임

aa) 위조자는 어음·수표상의 책임을 지는가에 대하여는 위조자는 어음·수표에 자기의 성명이 표시되지 않으므로 문언성에서 볼 때 채무를 부담할 근거가 없고, 위조자를 신뢰한 제 3 자의 보호라는 문제도 없으므로 위조자는 어음·수표상의 책임을 지지 않는다는 것이 다수설이다.

bb) 그러나 최근의 유력설에 의하면 피위조자가 책임을 지지 않는 때에는 위조자가 책임을 져야 한다고 한다. 다만 그 근거에 대하여는 무권대리규정(어 8, 77 II; 수 11)의 유추적용설이 많고, 위조자는 자기의 어음·수표행위에 의하여 책임을 진다는 위조자행위설도 있다. 그 이유는 위조자가 어음·수표행위를 누구의 명의로 하였는가를 가릴 필요 없이 어음·수표에 기명날인 또는 서명한 이상 채무부담의 의사가 있는 것이므로 거래의 안전을 위하여 위조자는 어음·수표상의 책임을 져야 하기 때문이라고 한다.

cc) 위조자는 민법상의 불법행위에 의한 책임(민 750)을 지고 형법에 의하여 유가증권위조죄로서 형벌의 제재를 받게 된다(형 214 이하).

2) 변 조

(가) 서 설

(a) 의 의 변조는 권한 없이 어음·수표의 문언을 변경하는 것을 말한다. 이 경우의 문언에는 기명날인 또는 서명도 포함된다. 어음요건뿐만 아니라, 유익적 기재사항의 변경도 변조가 된다. 그리고 변조자의 고의나 과실을 요하지 않는다. 변조에 의하여 어음·수표요건의 흠결이 생기거나 유해적 기재사항을 기재한 때에는 변조가 아니라 말소에 의한 어음·수표의 훼멸이라고 할 수 있다. 어음·수표 관계자 전원의 동의를 얻어서 한 변경은 변조가 아니다. 동의하지 않은 자에 대하여만 변조가 되고 동의한 자에 대하여는 유효한 변경으로 인정된다.

판례에는 수취인을 어음행위자들이 당초의 어음행위의 목적에 부합되게 정정한 것은 단순히 착오로 기재된 것을 정정한 것일 뿐 변조가 아니라고 한 것이 있다[대 93. 7. 13, 93 다 753; 대 95. 5. 9, 94 다 40659]. 그런데 판례에는 무권리자가 수표발행인인 회사의 상호가 변경된 후에 임의로 적법하게 발행된 백지수표의 발행인란의 기명을 지우고 변경 후의 상호를 기재한 것은 수표의 변조에 해당하지 않는다고 한 것이 있다[대 96. 10. 11, 94 다 55163]. 그 이유는 백지수표의 발행인란의 기명을 그와 같이 변경함으로 말미암아 그 백지수표의 효력이나 그 수표관계자의 권리의무의 내용에 영향을 미친 것은 아니기 때문이라고 하였다.

(b) 변조와 백지어음의 부당보충 변조와 백지어음의 부당보충의 차이점은 전자는 변조 전이나 변조 후에도 어음·수표의 형식적 요건이 유효하게 구비되어 있어야 하는 데 비하여, 후자의 경우에는 미완성어음에 대하여 합의와 달리 보충권을 남용하는 것이다.

(c) 변조와 위조 변조와 위조는 전자는 어음·수표행위의 내용인 문언을 변경하는 것인 데 비하여, 후자는 어음·수표행위의 주체(어음채무자)를 원시적으로 위작하는 점에서 차이가 있다.

1993年5月10日 月曜日

자기앞수표變造 億臺빼내

18萬원짜리 1億8千萬원으로

1億6千萬원 현금 인출

20代男女, 제일銀발행 한달후 託銀서찾아

발행銀 전화번호 위조…共犯이 조회확인

20대후반의 남녀2명이 18만원짜리 자기앞수표를 1억8천만원짜리로 변조해 다른 은행에 입금한 뒤 곧바로 이중 1억6천만원을 인출해 간 사건이 발생했다.

[입금] 지난달6일 20대후반의 남자가 서울江東구 遁村동 제일은행 둔촌동지점에 나타나 「신재우」라는 가명으로 현금60만원을 18만원짜리 2장과 12만원짜리 2장으로 바꿔갔다.

이로부터 꼭 한달만인 지난6일 오후1시15분경 동일인으로 보이는 20대 남자가 18만원짜리를 1억8천만원짜리로 변조한 수표1장을 서울신탁은행 송파지점에 입금시켜줄것을 요구했다.

서울신탁은행의 창구직원은 수표앞면에 스탬프로 찍힌 문의전화번호(472-XXXX)로 전화를걸어 수표번호와 액번가를 확인했다.

그러나 이번호는 실제로는 서울江東구 遁村동 S한복집(주인金모씨·31)의 전화번호였다. 신탁은행직원이 전화를 걸기전「김혜자」란 이름의 20대후반의 여자가 한복집에 들어와 선금3만원을주고 한복을 맞추겠다고 한뒤 「신탁전화가 걸려올텐데 좀 받겠다」고 했다.

곧이어 신탁은행으로부터 확인전화가 걸려오자 이 여자는「감사합니다. 돈은 통 왔습니다. 맞습니다」라고 은행직원의 전화에 대답한뒤 한복집을 나갔다.

「맞다」는 대답을 들은 직원은 아무런 의심없이 입금을 해줬다는 것.

[출금] 범인은 이 수표를 입금한지 1시간만인 이날 오후 2시20분경 서울신탁은행 둔촌동지점으로 가 1억6천만원의 인출을 요구, 현금4천만원과 자기앞수표 4천만원짜리 3장을 받아 나갔다.

이어 범인은 신탁은행 오금동 대치동 압구정지점 등 3곳을 돌며 수표3장(1억2천만원)을 모두 현금으로 바꿔 달아났다.

[의문점] 첫째 타점수표는 입금된뒤 하루가 지나야 인출이 가능함에도 범인이 어떻게 1시간만에 거액을 인출할 수 있었나. 둘째 입금창구직원이 거액을 취급하면서 자체 확인체널을 통하지 않고 수표앞면에 찍힌 전화번호만을 믿었는가 하는 점이다.

[수사] 경찰은 범인들이 △범행이 이뤄진 서울신탁은행 5개지점에 폐쇄회로 TV가 설치돼있지 않은 점을 노렸고 △발행은행의 연락처까지 위조한점 △액면가를 한글로 병행하는 정액수표와는 달리 일반수표에는 아라비아숫자만 기재하는 점을 이용해 액면가를 위조한점으로 미루어 은행내부사정을 잘아는 자들의 범행으로 보고있다.

이 사건은 제일은행이 수표결제를 하는 과정에서 드러나 경찰에 신고됐다.

(나) **변조의 효과**

(a) 변조 전의 기명날인자 또는 서명자의 책임 변조 전에 어음·수표에 기명날인한 자 또는 서명자는 변조 전의 문언에 따라 책임을 진다(어 69, 77 I (7); 수 50). 왜냐하면 한번 유효하게 성립한 어음·수표상의 권리(또는 채무)는 권한이 없는 자의 변경에 의하여 소멸된다고 할 수 없고, 또 변조에 의하여 새로운 문언이 기재된 경우에는 그것을 변조 전의 기명날인자 또는 서명자가 전혀 알 수 없기 때문이다. 그러나 변조의 경우에도 추인을 한 때에는 변조 전의 기명날인자 또는 서명자는 변조 후의 문언에 따라 어음·수표상의 책임을 지며, 동의를 한 경우도 같다. 변조 전의 기명날인자 또는 서명자가 변조를 가능케 함으로써 책임질 외관을 야기한 때에는 변조 전의 기명날인자 또는 서명자도 책임을 져야 할 것이다.

(b) 변조 후의 기명날인자 또는 서명자의 책임 변조 후의 문언

에 따라 책임을 진다(어69, 77 I (7); 수 50). 이 자는 변조 후의 신문언을 자기의 의사표시의 내용으로 하여 어음·수표행위를 한 것이므로 어음·수표행위독립의 원칙에 의하여 책임을 진다. 그리하여 변조 후의 기명날인자 또는 서명자는 변조의 사실을 알았든 몰랐든 간에, 변조어음·수표의 취득자의 선의·악의를 불문하고 변조 후의 문언에 따라 책임을 진다.

(c) 증명책임　　변조된 어음·수표에 수인의 기명날인자 또는 서명자가 있는 경우에 이들의 책임은 기명날인 또는 서명을 변조 전에 하였는가 변조 후에 하였는가에 따라 다르게 된다. 그러므로 변조된 시기는 당사자에게 중대한 영향을 미친다. 그런데 변조에 관한 증명책임에 관하여는 다음과 같은 설이 있다. 어음·수표상으로 변조의 식별이 불가능한 경우에는 거래의 안전을 위하여 변조의 사실이 없는 것으로 추정되어 어음·수표소지인은 현재의 문언에 따라 청구할 수 있다고 한다. 그러므로 어음·수표상의 채무자가 현재의 문언에 따르는 책임을 면하려면 변조 전의 원문언과 함께 자기가 기명날인 또는 서명한 다음에 변조되었다는 것을 증명하여야 한다. 식별이 가능한 경우는 어음·수표소지인이 어음·수표채무자가 기명날인 또는 서명을 변조 후에 하였다거나 변조에 동의하였다는 것을 증명하여야 한다는 것이 통설이고 판례의 입장이다.

(d) 변조자의 책임　　변조자는 변조만을 하여 어음·수표를 교부한 때에는 변조자의 기명날인 또는 서명이 없기 때문에 어음·수표상의 책임을 지지 않는다. 이 경우에도 어음법 제 8 조(수 11)를 유추적용하여 변조자의 책임이 인정되어야 한다는 설도 있으나, 이 경우에는 권한 없이 타인명의로 기명날인 또는 서명한 위조의 경우와 다르기 때문에 의문이다. 다만 변조와 동시에 기명날인 또는 서명에 의하여 어음·수표행위를 한 경우에만 변조한 문언에 따라 책임을 진다. 그러나 변조자는 불법행위에 의한 손해배상책임(민 750)과 형사책임(형 214)을 면할 수 없다.

(e) 변조자의 권리　　변조 전의 문언에 따르는 권리를 상실하지

않으므로 변조 전의 기명날인자 또는 서명자에 대하여 권리를 행사할 수 있다.

3. 어음·수표의 실질관계

어음·수표는 수단적 성질이 강하여 여러 가지의 어음·수표 외의 관계와 밀접한 관련을 갖게 되는데, 이를 실질관계(實質關係)라고 한다. 여기에는 i) 원인관계로서 당사자간에 있어서 어음·수표수수의 원인이 되는 법률관계, ii) 자금관계로서 발행인과 지급인 간에서 지급인이 지급 또는 인수를 함에 있어서 근거가 되는 법률관계 등이 있으며, iii) 어음·수표예약으로서 어음·수표관계의 준비단계인 법률관계가 있다. 이하에서는 어음·수표의 원인관계만을 서술한다.

(1) 서 설

1) 의 의

어음·수표수수의 당사자간에 있어서 어음·수표행위를 하게 되는 원인인 법률관계를 어음·수표의 원인관계 또는 기본관계라고 한다. 원인관계는 매매대금의 지급을 위한 때를 비롯하여 어음상의 권리의 매매(어음할인), 채무의 담보, 채권의 추심, 자금의 융통 등의 경우와 지급연기 등과 같이 어음·수표관계가 또 다른 어음·수표관계의 원인관계가 되는 때도 있다.

2) 원인관계와 어음·수표관계의 분리

어음·수표는 추상증권성·설권증권성·문언증권성·항변의 절단(어17) 등의 특수성으로 인하여 원인관계와 어음·수표관계는 종속성이 없고 엄격하게 분리된다. 그러므로 어음·수표를 양도하더라도 원인관계는 이전하지 않는다. 그리하여 어음·수표상의 권리를 행사함에 있어서는 그 원인관계에 대한 입증책임이 없을 뿐만 아니라 어음·수표상의 권리의무는 원인관계의 유효 또는 무효에 의하여 영향을 받지 않는다.

3) 원인관계가 어음·수표관계에 영향을 미치는 경우

어음·수표수수의 당사자간에 있어서는 채무자는 원인관계에 의한 사유를 인적항변으로 주장할 수 있고(어 17, 77 I (1); 수 22), 어음·수표의 지급이 없거나 만기 전이라도 환어음의 경우에 인수가 거절되었거나 약속어음의 발행인의 자력이 불확실한 때에는 어음·수표소지인은 배서인 등에 대하여 지급(어음·수표금액과 비용 등)을 청구할 수 있는데(어 43, 48, 77 I (4); 수 39, 44), 이러한 소구권은 원인관계에 의한 담보책임을 법정한 것이라고 할 수 있다. 그리고 어음법·수표법상의 이득상환청구권제도(어 79; 수 63)도 원인관계 및 자금관계를 고려하여 법정한 제도이다.

(2) 어음·수표관계가 원인관계에 미치는 영향

원인관계의 채권자는 어음·수표가 아니라도 채무의 이행을 청구할 수 있음은 물론이지만, 실제에 있어서는 어음·수표가 채무의 결제를 위하여 수수된다. 그러면 이 경우에 어음·수표의 수수는 그 원인관계에 대하여 어떠한 영향을 미치는가 하는 문제가 있다. 이는 당사자의 의사에 의하여 결정된다.

1) 양 관계의 병존

어음·수표가 특히 「지급에 갈음하여」 수수된 경우에는 기존채무가 소멸하지만, 당사자간에 의사가 명백하지 않을 때에는 어음·수표는 「지급을 위하여」 수수된 것이라고 추정하여야 한다. 왜냐하면 어음과 수표의 교부는 지급의 시도에 불과하므로 그 수수만으로 변제의 목적이 달성되었다고 할 수 없고, 어음·수표의 수수로 원인채권이 소멸한다면 담보 있는 원인채권의 경우에는 담보까지 상실하게 되고 어음·수표상의 권리의 소멸시효기간은 민법이나 상법의 소멸시효기간에 비하여 단기이므로 채권자에게 불리하기 때문이다.

2) 행사의 순서

어음·수표가 「지급을 위하여」 수수된 경우에는 우선 채권자는 어음·수표상의 권리를 행사하고 이것에 의한 만족을 얻지 못했을 때에 비로소 원인채권을 행사할 수 있다고 본다. 왜냐하면 어음·수표가 배서된 경우나 환어음이 발행된 경우에는 원인관계에 의한 채무자와 어음·수표상의 채무자가 다르기 때문에 특별한 사정이 존재하지 않는 한 지급을 위하여 교부된 것으로 볼 수 있으므로 채권자는 어음·수표상의 권리를 먼저 행사하여야 한다.

3) 담보를 위한 경우

어음·수표가 「담보를 위하여」 수수된 경우에도 원인채권과 어음·수표채권은 병존하지만 그 중 어느 채권을 먼저 행사할 것인가 하는 문제는 채권자의 자유에 속한다. 어음·수표가 담보를 위하여 수수된 때에는 원인채무의 지참채무성은 상실되지 않고 원인채권의 변제기가 도래함으로써 어음·수표의 지급제시 여하에 불구하고 채무자는 당연히 이행지체가 되며, 또 채권자는 원인관계의 계약해제를 할 수 있다. 어음·수표채권의 선행사의 경우에는 채권자는 채무자를 위하여 어음·수표상의 권리보전을 위하여 필요한 행위(거절증서의 작성)를 하여야 할 의무를 진다.

4) 원인채권의 소멸

어음·수표채권을 먼저 행사하여 지급이 되면 원인채권도 소멸한다. 또 채권자는 만기 전이라도 어음의 할인을 위하여 배서양도가 가능하지만 이 때에도 할인에 의하여 그 대가를 취득한 때에 곧 원인채권이 소멸하는 것이 아니라 배서인으로서 상환의무를 면하게 된 때에 비로소 원인채권이 소멸하게 된다.

5) 원인채권의 선행사

원인채권의 선행사의 경우는 채권자는 어음·수표를 채무자에게 반환하여야 한다. 채권자가 어음·수표를 반환하지 않는 때에는 채무자는 동시이행의 항변권을 행사할 수 있다는 것이 통설이며 판례의 입장이다.

6) 지급 또는 담보를 위한 것인지의 구별

원인채권이 병존하는 경우에 어음·수표가 지급을 위한 것인지 담보를 위한 것인지에 따라 채권의 행사순서와 방법이 달라지므로 당사자의 의사가 명백하지 않은 경우에는 그 판단이 중요한 문제이다. 이는 원인관계의 채무자와 어음상의 주채무자가 다른 경우로서 예컨대 원인관계의 채무자가 환어음이나 수표를 발행하였거나, 타인이 발행한 약속어음이나 타인이 인수한 환어음을 배서양도한 경우에는 「지급을 위하여」 어음·수표가 수수된 것으로 추정하고, 원인관계상의 채무자가 동시에 어음상의 주채무자인 경우로서 예컨대 제삼자방지급의 기재가 없는 약속어음을 발행한 경우, 채권자가 발행한 자기지시어음을 원인관계의 채무자가 인수한 경우에는 「담보를 위하여」 어음을 수수한 것으로 추정할 수 있을 것이다.

7) 어음·수표의 지급에 갈음한 수수의 경우

당사자간에 어음·수표의 수수를 원인채무의 「지급에 갈음하여」 한다는 뜻의 합의가 있는 때에는 원인채권은 소멸하고 채무자는 어음·수표에 의한 책임을 질 뿐이다. 따라서 종래에 원인채권에 부착되었던 담보나 보증도 그 효력을 상실하게 된다. 즉 대물변제로 인하여 원인채권이 소멸되어 이후 어음·수표가 부도가 되어도 원인채권은 부활하지 않는다.

4. 약속어음

(1) 약속어음의 기재사항

1) 서 설

모든 어음관계는 기본적 어음행위인 발행에 의하여 작성된 어음을 기초로 하여 전개되는데, 이 경우에 기초가 되는 어음을 기본어음이라 한다. 이 기본어음의 내용은 발행행위의 내용이며 동시에 그 위에 하는 배서·보증 등 모든 부속적 어음행위의 내용도 된다. 기본어음에 반드시 기재하여야만 되는 사항을 어음요건(또는 절대적 기재사항)이라고 한다. 이 요건은 그 중 하나라도 기재하지 않으면 법에 의하여 구제되는 경우(어 76 Ⅱ 내지 Ⅳ) 외에는 약속어음으로서의 효력이 생기지 않으므로(어 76 Ⅰ본)〔대 67. 9. 5, 67 다 1471〕 어음상의 모든 어음행위는 무효가 되고 그 무효는 물적항변이 된다.

2) 필요적 기재사항(어음요건)

(가) 약속어음문구(어 75 (1))

「약속어음」임을 표시하는 문자를 기재하여야 한다. 그러나 증권의 작성에 사용하는 국어로 기재하여야 하며 이 문구는 어음의 본문중에 기재하여야 된다.

(나) 어음금액(어 75 (2))

어음채권의 목적은 금전에 한하므로 어음금액이 기재되어야 한다. 어음금액은 어떠한 국가의 통화로 표시되어도 관계 없으나 일정하여야 한다. 어음금액을 문자와 숫자로 기재한 경우에 그 금액에 차이가 있는 때에는 문자로 기재한 금액을 어음금액으로 하며 문자 또는 숫자로 중복하여 기재한 경우에 그 금액에 차이가 있는 때에는 최소금액을 어음금액으로 한다(어 77 Ⅱ, 6).

(다) 지급약속문구(어 75 (2))

지급약속문구(支給約束文句)는 의사표시의 내용으로서 어음의 본문이라고 할 수 있다. 이 기재는 단순하여야 한다. 그러므로 어떠한 조건이 있거나 지급방법을 제한하는 경우는 어음을 무효로 한다〔대 71. 4. 20, 71 다 418〕.

(라) 만 기(어 75 (3))

(a) 의 의 어음금액이 지급될 날로서 어음에 기재된 날을 말한다. 만기가 법정휴일인 때에는 이에 이은 제 1의 거래일이 「지급을 할 날」(어 77 Ⅰ (9), 72 Ⅰ)이 되므로 만기와 「지급을 할 날」(어 77 Ⅰ (3)·(4), 38 Ⅰ, 44 Ⅲ)은 반드시 일치하지 않는다.

(b) 만기의 종류

aa) 만기의 종류는 4가지만이 인정되며 이와 다른 만기의 기재가 있거나 어음금액의 일부마다 다른 만기가 기재된 어음(분할출급어음)은 무효이다(어 77 I (2), 33 II). 즉 특정한 날을 만기로 하는 확정일출급(確定日出給)과 발행일자로부터 어음에 기재된 일정한 기간이 경과한 날을 만기로 하는 발행일자후정기출급(發行日字後定期出給)(어 77 I (2), 33 I (3))어음 소지인이 어음을 제시한 날을 만기로 하는 일람출급(一覽出給)(어 77 I (2), 33 I (1)), 그리고 어음소지인이 일람을 위하여 어음을 제시한 날로부터 어음에 기재된 일정한 기간을 경과한 날을 만기로 한 일람후정기출급(一覽後定期出給)(어 77 I (2), 33 I (2))의 방법만이 인정된다.

bb) 만기를 이와 다른 방식으로 기재한 때에는 어음은 무효로 된다(어 77 I (2), 33 II). 만기도 어음요건이므로 그 기재가 없으면 당연히 어음은 무효가 되어야 할 것이지만 어음법은 이 경우에 어음의 무효화를 구제하기 위하여 만기의 기재가 없는 때에는 일람출급의 약속어음으로 본다(어 76 (1)).

전자어음의 만기는 발행일로 부터 1년을 초과할 수 없다(전어 6 V).

(마) 지급지(어 75 (4))

어음금액이 만기에 지급될 일정한 지역을 말한다. 이것은 지급될 지점을 의미하는 지급장소와는 달리 어느 정도 넓은 범위의 지역을 말한다. 지급지를 어음요건으로 한 것은 여기에서 지급을 위한 제시와 소구권의 보전절차를 밟아야 되는 지역을 표시하기 위한 것이다. 지급지의 기재가 없는 경우에 어음의 무효를 구제하기 위하여 발행지를 지급지로 보며(어 76 (2)), 발행지의 기재도 없는 때에는 발행인의 명칭에 부기한 지를 발행지로 보아(어 75 (3)) 지급지를 보충하게 된다.

(바) 지급을 받거나 또는 받을 자를 지시할 자의 명칭(어 75 (5))

이것은 수취인의 기재이다. 지시문구가 없이 수취인만 기재되었더라도 배서로서 양도할 수 있다(어 77 I (1), 11 I). 약속어음에는 수취인을 반드시 기재하여야 하며 무기명식이나 수취인 이외의 증권소지인도 권리를 행

약 속 어 음
귀하 자가10990661
금
위의 금액을 귀하 또는 귀하의 지시인에게 이 약속어음과 상환하여 지급하겠습니다.
지급기일 년 월 일
지 급 지 서울특별시
지급장소 주식회사 서울은행
발행일 년 월 일
발행지
주 소
발행인
견양

《약속어음의 예》

《약속어음의 예》

앞면에 적은 금액을 또는
그 지시인에게 지급하여 주십시요.
(목적 또는 부기)
거절증서 작성을 면제함. 인
서기 년 월 일
주소
성명 인

앞면에 적은 금액을 또는
그 지시인에게 지급하여 주십시요.
(목적 또는 부기)
거절증서 작성을 면제함. 인
서기 년 월 일
주소
성명 인

앞면에 적은 금액을 또는
그 지시인에게 지급하여 주십시요.
(목적 또는 부기)
거절증서 작성을 면제함. 인
서기 년 월 일
주소
성명 인

앞면에 적은 금액을 틀림없이 받았음.
서기 년 월 일
주소
성명 인

사할 수 있는 선택무기명식은 인정되지 않는다.

(사) **발행지**(어 75 (6))

어음이 발행된 곳으로서 어음면에 기재된 지역을 발행지(發行地)라 한다. 발행지는 사실상 어음이 발행된 곳과 일치하지 않아도 된다. 발행지는 준거법의 결정(국사 53 I, 54, 55)에 있어서 기준이 되지만 실제로 그 기준이 되는 것은 사실상 발행된 지역이 되므로 어음상에 기재된 발행지는 다만 추정력이 인정될 뿐이다. 그러나 발행지의 기재는 지급지 또는 발행지의 주소지의 기재가 없는 때에 이를 보충하는 기능을 한다(어 76 (3)). 발행지의 기재가 없는 때에는 발행인의 명칭에 부기한 지를 발행지로 본다(어 76 (3))(그러나 지급지나 지급장소 등 기타의 기재에 의하여 구제되지 않는다는 점에 주의하여야 한다).

판례는「어음면의 기재 자체로 보아 국내어음으로 인정되는 경우에는 발행지의 기재가 별다른 의미가 없는 것이고 발행지의 기재가 없는 어음도 완전한 어음과 같이 유통결제되는 거래의 실정 등에 비추어 어음면상 발행지의 기재가 없는 경우라 할지라도 이를 무효의 어음으로 볼 수 없다」고 하여 종래의 견해를 변경하였다〔대 98. 4. 23, 95 다 36466〕.

(아) **발행일**(어 75 (6))

발행일이란 어음이 발행된 날로서 어음에 기재되어 있는 날(일자)을 말한다. 발행일도 발행지와 마찬가지로 실제로 어음이 발행된 날과 일치하지 않아도 된다. 발행일은 어음발행의 의사표시의 내용이라고 할 수 있으므로 발행인이 수인인 경우에도 단일성이 요구된다. 발행일은 원칙적으로 가능한 날이어야 하지만 예컨대 그 기재에 의하여 월말로 볼 수 있는 때에는(2월 29일 · 11월 31일) 그 무효가 구제된다.

판례는「어음의 요식증권 내지 문언증권으로서 성질상 어음요건의 성립여부는 어음상의 기재만에 의하여 판단하여야 하고, 어음요건의 기재가 그 자체로 불가능한 것이거나 각 어음요건이 서로 명백히 모순되어 함께 존립할 수 없게 되는 경우에는 그와 같은 어음은 무효라고 봄이 상당하고, 한편 약속어음의 발행일은 어음요건의 하나로서 그 기재가 없는 상태에서는 어음상의 권리가 적법하게 성립할 수 없는 것이므로, 확정된 날을 만기로 하는 확정일출급 약속어음의 경우에 있어서 만기의 일자가 발행일보다 앞선 일자로 기재되어 있다면 그 약속어음은 어음조건의 기재가 서로 모순되는 것으로서 무효라고 해석하여야 한다」고 하였다〔대 2000. 4. 25, 98 다 59682〕.

㈋ 발행인의 기명날인(어 75 (7))

어음의 유효한 발행을 위하여는 그 형식적 요건으로 발행인의 기명날인 또는 서명이 있어야 한다.

전자어음의 경우는 전자어음에 공인전자서명을 한 경우 기명날인 또는 서명이 있는 것으로 본다(전어 6 Ⅲ).

3) 유익적 기재사항

㈎ 이는 기재하지 않아도 어음은 유효하지만 그 기재를 하면 기재에 따르는 어음상의 효력이 생기는 사항이다. 즉 기재한 사항이 무효라도 그 기재의 효력이 생기지 않을 뿐이며 어음 자체의 효력에는 영향이 없는 것이다.

㈏ 법정된 유익적 기재사항으로는 발행인의 명칭에 부기한 지(어 76 (3)), 발행인의 주소지(어 76 (2)), 제삼자방지급문구(어 77 Ⅱ, 4, 27), 이자문구(어 77 Ⅱ, 5), 지시금지문구(배서금지문구)(어 77 Ⅰ (1), 11 Ⅱ), 거절증서의 작성면제문구(어 77 Ⅰ (4), 46) 등이 있다.

4) 유해적 기재사항

유해적 기재사항(有害的 記載事項)은 기재를 하면 어음 자체를 무효로 하는 사항이다. 즉 만기의 기재가 법정된 종류(어 77 Ⅰ (2), 33 Ⅰ)와 다른 방식으로 기재되었거나 분할지급의 문구가 있는 때에는 어음은 무효가 된다(어 33 Ⅱ, 77 Ⅰ (2)). 어음의 본질에 반하거나 어음요건을 파괴하는 기재사항으로서 i) 어음의 단순성을 해하는 조건부지급의 기재가 있거나 지급의 방법이나 자금을 한정하는 기재, ii) 어음의 효력을 원인관계에 결부시키는 등의 기재는 어음의 단순성 · 확실성 · 추상증권성에 반하는 것으로서 어음의 효력을 무효로 한다.

5) 전자어음의 기재사항

전자어음에는 어음법 제75조 제 1 호 · 제 2 호 · 제 3 호 · 제 5 호 · 제 6 호에서 정하는 사항, 전자어음의 지급을 청구할 금융기관, 전자어음의 동일성을 표시하는 정보, 사업자 고유정보 등을 기재하여야 한다(전어 6 I).

(2) 백지어음

1) 의 의

백지어음(白地어음)이란 후일에 어음소지인으로 하여금 보충시킬 의사로 어음요건의 일부 또는 전부를 기재하지 않고 백지로 하여 어음이 될 서면에 기명날인 또는 서명하여 발행한 미완성의 어음을 말한다.

백지어음은 후일에 어음소지인이 백지를 보충하면 어음이 완성되고 그 때부터 기명날인자는 어음에 의한 책임을 지게 된다. 이와 같이 백지어음을 보충하여 어음으로서 완성시키는 권리를 보충권(補充權)이라고 하는데, 어음요건이 불비한 경우에 그 어음이 무효어음인가 백지어음인가의 구별은 보충권의 유 · 무에 의하여 좌우된다[대 65. 5. 25, 64 다 1657].

판례는 「백지약속어음의 경우 발행인이 수취인 또는 그 소지인으로 하여금 백지부분을 보충케 하려는, 보충권을 줄 의사로서 발행하였는지의 여부에 관하여는 발행인에게 보충권을 줄 의사로 발행한 것이 아니라는 점, 즉 백지어음이 아니고 불완전어음으로서 무효라는 점에 관한 입증책임이 있다」고 한다[대 2001. 4. 24, 2001 다 6718].

《준백지어음》

어음의 행위자가 어음요건이 아닌 유익적 기재사항을 타인에게 보충시킬 의사로 그것을 기재하지 않고 발행한 어음을 준백지(準白地)어음이라고 한다. 이것은 이미 완성된 유효한 어음이라는 점에서 고유한 백지어음과 차이가 있으나 백지보충권이 수여된다는 점에서는 공통된 성질이 있으므로 어음법 제10조의 규정을 준용하고 있다.

2) 백지어음의 요건

㈎ 어음요건의 불비

백지어음은 어음요건의 전부 또는 일부를 구비하지 않은 것이어야 한다. 흠결된 요건의 종류 및 정도에 관하여는 제한이 없다.

㈏ 기명날인 등의 존재

누구이든 어음행위자의 기명날인 또는 서명이 있어야 한다. 어음법 제10조의 법문에서는 「발행한」이라고 되어 있으나 다른 실질적인 이유는 없는 것이라고 할 수 있으므로 반드시 발행인의 기명날인 또는 서명이 있어야 되는 것은 아니다. 그러므로 발행인의 기명날인 또는 서명이 없는 배서인·인수인·보증인의 기명날인 또는 서명만이 있는 경우에도 백지어음이 성립할 수 있다.

㈐ 보충권의 존재

(a) 의 의 어음요건의 불비를 장래에 타인으로 하여금 보충시키려는 의사가 있어야 한다. 그러므로 백지어음은 보충권의 행사에 의하여 완성이 예정되고 있는 미완성어음이라는 점에서 어음요건의 흠결이 있고 보충권의 수여도 없는 무효한 불완전어음과 다르다.

(b) 보충권의 유무에 대한 판단 보충권의 유·무를 판단하는 기준에 관하여 학설은 주관설·객관설·절충설이 대립하고 있으나, 백지어음은 특별한 경우에 발행하는 미완성의 어음이므로 보충권을 수여하려는 어음행위자의 의사가 있어야 한다. 그러나 거래의 안전을 위하여는 보충권은 수여하지 않았더라도 백지어음으로 볼 수 있는 외관이 있고, 외관을 야기한 데 대하여 어음행위자에게 귀책사유가 인정되며, 제3자가 이를 과실 없이 백지어음으로 신뢰하고 취득한 때에는, 권리외관설에 따라 백지어음으로 인정하여 그 행위자는 책임을 진다고 본다.

(c) 보충권행사의 시기 보충권의 행사시기를 정하지 않은 때에는 만기의 유·무에 따라 다음과 같은 제약이 따른다. 만기가 기재된 백지어음은 주채무자(약속어음의 발행인·환어음의 인수인)에 대한 관계에 있어서 어음채권은 만

기로부터 3년의 시효에 의하여 소멸하므로(어 77 I (8), 70 I) 이 기간 내에 보충하여야 하며[대 62. 1. 31, 4294 민상 110·111] 상환의무자에 대하여는 지급거절증서의 작성기간 내에(어 77 I (4), 44) 보충을 하여야 한다. 만기가 백지인 경우에는 보충권이 시효에 의하여 소멸하기 전에 행사하여야 한다.

(d) 보충권의 시효　　보충권은 형성권이므로 20년이라는 설(민 162 II), 보충권은 형성권의 일종이지만 특정인에 대한 채권과 동시하여 10년이라는 설(민 162 I), 보충권을 어음상의 권리와 같게 보아 3년이라는 설이 있는데(어 77 I, 70 I) 3년으로 보는 설이 타당할 것이다.

(e) 보충권의 남용

aa) 어음법(어 77 II, 10)은 백지어음의 보충권이 남용된 경우라도 백지어음의 기명날인자는 그 취득자가 선의이고 중대한 과실이 없으면 그 위반으로써 대항할 수 없다고 규정함으로써 보충된 기재에 의한 책임을 지우고 있다[대 66. 4. 6, 66 다 276].

> 판례는 「조금만 주의를 기울였어도 어음의 부당보충사실을 알 수 있었음에도 불구하고 만연히 부당보충된 어음을 취득한 것」을 말한다고 한다[대 95. 6. 30, 95 다 10600]. 또한 판례는 「어음금액이 백지인 백지어음을 원고가 취득하면서 그 어음금액란을 원고가 보충한 경우 보충권의 내용에 관하여 어음의 기명날인자인 피고에게 직접 조회하지 않았다면 취득자인 원고에게 중대한 과실이 있다고 보아야 한다」는 것이 있다[대 78. 3. 14, 77 다 2020].

bb) 백지어음의 보충권은 기명날인에 의하여 무인적으로 발생하는 것이므로 당사자간에 보충권을 소멸시키는 합의를 하더라도 백지어음을 회수하지 않고 그것이 보충되어 유통된 때에는 당사자간의 합의는 인적항변의 사유가 될 뿐이며 이 경우에도 어음법 제10조의 적용이 인정된다고 본다.

(f) 보충의 효과　　백지어음을 보충하여 어음요건을 완비하게 되면 이 때부터 모든 어음행위(발행·배서·보증 등)는 일시에 그 효력이 발생한다. 그러나 어음행위는 보충을 효력발생의 법정요건으로 하여 이미 기명날인

또는 서명을 한 때에 성립한다.

3) 백지어음의 이전

백지어음은 일반사법상의 방법(상속·회사의 합병, 채권양도 등)에 의하여 이전될 뿐만 아니라 완성어음과 같은 방법으로 유통시킬 수 있다. 그 결과 유통의 보호를 위한 선의취득·인적항변의 절단·공시최고에 의한 실효절차도 인정된다.

(3) 약속어음의 발행

약속어음의 발행이란 일정한 금전의 채무부담의 의사로 결정요건(어75)을 구비한 기본어음을 작성하여 수취인에게 교부하는 행위이다. 발행행위는 이후 다른 어음행위의 발전을 위한 기초가 된다는 점에서 기본적 어음행위라 한다.

(4) 약속어음의 양도

1) 서 설

어음에 표창된 권리는 상속·합병과 같은 포괄승계의 경우는 물론이고 전부명령에 의하여도 이전하지만 어음양도로서 문제가 되는 것은 당사자의 의사에 의하여 특정한 어음채권을 이전하는 배서(背書)라고 할 수 있다. 배서는 어음의 후면에 배서인이 어음금액을 피배서인에 대하여 지급할 것을 의뢰하는 뜻의 기재를 하여 피배서인에게 교부하는 방법에 의한다.

《배서 이외의 양도방법》

배서는 어음 유통의 원활을 도모하기 위한 제도이지만 법은 발행인이 그 배서성을 박탈할 수 있게 하였는데 배서금지어음이 여기에 속한다. 즉 어음에 「배서금지」 또는 「지시금지」 등의 기재를 하면 어음은 단순한 기명증권이 되어 그 양도는 지시채권양도의 방법에 의한다.

《약속어음의 배서란》

앞면에 적은 금액을 또는
그 지시인에게 지급하여 주십시오.
(목적 또는 부기)
거절증서 작성을 면제함. ㉐
서 기 년 월 일
주 소
성 명 ㉐

앞면에 적은 금액을 또는
그 지시인에게 지급하여 주십시오.
(목적 또는 부기)
거절증서 작성을 면제함. ㉐
서 기 년 월 일
주 소
성 명 ㉐

앞면에 적은 금액을 또는
그 지시인에게 지급하여 주십시오.
(목적 또는 부기)
거절증서 작성을 면제함. ㉐
서 기 년 월 일
주 소
성 명 ㉐

앞면에 적은 금액을 틀림없이 받았음.
서 기 년 월 일
주 소
성 명 ㉐

---

2) 배서의 방식

㈎ 서 설

ⓐ 배서는 다른 어음행위와 같이 서면행위와 어음의 교부에 의하여 성립한다. 그 방식으로는 피배서인의 명칭을 기재하고 배서인이 기명날

인 또는 서명하는 기명식배서(記名式背書)와 피배서인을 기재하지 않고 배서인이 기명날인 또는 서명하는 백지식배서(白地式背書)의 두 가지 방법이 있다.

전자어음의 배서에는 전자어음에 배서의 뜻을 기재한 전자문서를 첨부하고 배서전자문서에는 전자어음의 동일성을 표시하는 정보를 기재하여야 하며(전어 7 Ⅰ · Ⅱ, 6 Ⅰ (3)) 공인전자 서명을 하여야 한다(동법 7 Ⅵ).

(b) 배서의 기재장소는 보통 어음의 이면이나 보전에 하지만 배서인이 기명날인 또는 서명만으로 하는 약식배서가 아니면 어음의 표면에 하여도 유효하다.

(나) 백지식배서어음의 양도방법

백지식배서의 어음소지인은 다음과 같은 방법으로 어음을 제 3 자에게 양도할 수 있다. i) 자기의 성명으로 백지를 보충하여 양도할 수 있고(어 77 Ⅰ (1), 14 Ⅱ (1)), ii) 보충을 하지 않고 기명식 또는 백지식배서를 할 수 있으며(어 77 Ⅰ (1), 14 Ⅱ (2)), iii) 직접 타인의 명칭을 보충하여 어음을 교부할 수 있고(어 77 Ⅰ (1), 14 Ⅱ (1)), iv) 어음을 단순히 교부함으로써 양도할 수 있다(어 77 Ⅰ (1), 14 Ⅱ (3)). 소지인출급식배서는 백지식배서와 동일한 효력을 인정한다(어 77 Ⅰ (1), 12 Ⅲ).

(다) 배서의 기재사항

유익적 기재사항으로는 무담보문구(어 77 Ⅰ (1), 15 Ⅰ) · 배서일자(어 77 Ⅰ (1), 20 Ⅱ) · 배서금지문구(어 77 Ⅰ (1), 15 Ⅱ) · 거절증서작성면제문구(어 77 Ⅰ (4), 46) · 추심위임문구(어 77 Ⅰ (1), 18) · 입질문구(어 77 Ⅰ (1), 19) 등이 있다. 무익적 기재사항으로는 조건부배서(어 77 Ⅰ (1), 12 (1)) · 대가문구 등이다. 조건부배서에 있어서는 조건의 기재만이 효력이 없게 되어 무조건의 배서가 된다. 유해적 기재사항으로는 어음금액의 일부에 대한 배서는 무효이다(어 77 Ⅰ, 12 Ⅱ).

3) 배서의 효력

(가) 권리이전적 효력

배서에 의하여 어음상의 모든 권리는 피배서인에게 이전하는데(어 77 Ⅰ (1), 14 Ⅰ),

이를 배서의 권리이전적 효력이라 한다. 그러나 어음 외의 권리로서 어음채권에 부수된 종되는 권리(질권 · 저당권 · 보증채권 · 위약금에 대한 권리 등)는 피배서인에게 이전하지 않는다. 배서의 경우에는 어음채무자는 피배서인이 자기를 해할 것을 알고 배서인으로부터 어음을 취득한 경우가 아니면 배서인에게 대항할 수 있었던 인적 항변으로 피배서인에게 대항하지 못한다(어 77 I (1), 17). 이것을 인적 항변의 절단이라 한다.

(나) 담보적 효력

(a) 의 의 배서인은 배서를 함으로써 피배서인 및 그 후자 전원에 대하여 지급담보책임을 지게 되는데(어 77 I (1), 15 I), 이러한 배서의 효력을 담보적 효력이라 한다. 이러한 배서인의 담보책임은 법의 규정에 의한 책임이다. 즉 담보적 효력은 어음의 유통보호와 대가관계를 고려하여 정책적으로 정한 법정의 특별책임이라고 할 수 있다.

(b) 담보책임의 배제 배서인은 특히 담보책임을 지지 않는다는 뜻을 기재하여 담보적 효력을 배제할 수 있는데 이를 무담보배서라고 한다(어 77 I (1), 15 II).

(다) 자격수여적 효력

(a) 의 의 배서가 연속된 어음의 소지인은 진정한 권리자임을 증명하지 않고도 어음상의 권리를 행사할 수 있는 형식적 자격이 인정되는데, 이를 배서의 자격수여적 효력이라 한다(어 77 I (1), 16 I 1문). 채무자도 배서가 연속된 어음의 소지인에게 지급한 때에는 비록 그 자가 진정한 권리자가 아닌 경우에도 악의 또는 중대한 과실이 없는 한 면책의 효력이 생기며(배서의 면책력), 또 그와 같은 소지인으로부터 어음을 배서받은 자는 소지인이 무권리자인 경우라도 선의이고 중대한 과실이 없는 한 어음상의 권리를 유효하게 취득하게 된다(어 77 I (1), 16 II).

(b) 배서의 연속

aa) 의 의 자격수여적 효력은 배서의 연속을 전제로 한다. 배서의 연속이란 어음의 기재에 있어서 수취인이 제 1 배서인이 되고 제

1 배서의 피배서인이 제 2 배서의 배서인이 되는 것과 같이 어음의 수취인으로부터 최후의 피배서인이 현소지인에 이르기까지 차례로 배서가 중단 없이 계속되고 있는 것을 말한다.

bb) 형식적 연속 배서의 연속은 어음상의 기재에 의한 형식적인 판단에 따른다. 백지식배서의 경우에는 다음 배서의 배서인은 백지식 배서의 피배서인으로 볼 수 있고 최후의 배서가 백지식인 때에는 배서가 연속된 경우와 마찬가지로 형식적 자격이 인정되어 어음소지인이 권리자로 추정된다(어 77 I (1), 16 I).

cc) 배서연속의 효과 배서가 연속된 어음의 소지인은 권리자로 추정되므로(어 77 I (1), 16 I) i) 자기가 진정한 권리자임을 증명함이 없이도 어음상의 권리를 행사할 수 있다. ii) 배서의 면책력에 의하여 채무자가 배서가 연속된 어음의 소지인에게 지급을 한 때에는 그 자가 진정한 권리자가 아닌 경우에도 면책된다. iii) 배서가 연속된 어음의 소지인으로부터 배서에 의하여 어음을 취득한 때에는 배서가 실질적으로 무효인 경우에도 악의 또는 중대한 과실이 없는 한 피배서인은 권리를 취득한다(어 77 I (1), 16 II). 이것을 어음의 선의취득이라 한다.

dd) 배서의 불연속 배서의 연속이 흠결된 때에는 불연속후의 피배서인은 어음상의 권리자로 추정받지 못한다는 설도 있으나, 배서의 연속이 흠결된 부분에 대하여 실질적 권리를 증명한 때에는 배서가 연속된 경우와 같은 효력이 생긴다.

판례도 「배서의 연속이 중단된 부분에 관한 실질적 관계가 있음을 증명한 소지인이 한 어음상의 권리행사는 적법하다」고 한 것(대 69. 12. 9, 69 다 995)과, 「개인명의의 배서 후에 그를 대표자로 하는 법인명의의 배서를 하였다면 배서의 실질적 연속이 인정된다」고 하였다(대 95. 9. 15, 95 다 7024).

(5) 특수배서

고유한 양도배서와 달리 특별한 효력이 있는 무담보배서 · 배서금지배서·환배서와 양도 이외의 특별한 목적으로 하는 추심위임배서와 인질배서 등을 특수배서라 한다.

- 특수배서
  - 특수양도배서
    - 무담보배서(어 15 Ⅰ)
    - 배서금지배서(어 15 Ⅱ)
    - 기한후배서(어 20 Ⅰ 단)
    - 환배서(역배서)(어 11 Ⅲ)
  - 특별목적의 특수배서
    - 추심위임배서(숨은 추심위임배서)(어 18)
    - 입질배서(숨은 입질배서)(어 19)
    - 순수한 담보배서

1) 무담보배서

배서의 담보적 효력은 본질적인 효력은 아니므로 배서인은 어음상의 책임을 지지 않는다는 기재를 함으로써 담보책임을 면할 수 있는데 이러한 기재를 한 배서를 무담보배서라 한다. 배서인이 무담보배서를 한 때에는 자기의 직접의 피배서인을 비롯하여 그 후자 전원에 대하여 담보책임을 지지 않는다.

> 판례는 「단자회사가 C.P.어음을 "지급책임을 지지 않는다"는 사실을 명시, 무담보배서의 방법으로 매출하였다면 어음상 담보책임뿐만 아니라 매매계약상의 채무불이행책임이나 하자담보책임까지도 배제하기로 한 취지로 본다」고 하였다(대 84. 11. 15, 84 다카 1227).

2) 배서금지배서

배서금지배서란 배서인이 다시하는 배서를 금지하는 뜻의 기재를 한 배서를 말한다(기재예 : 「배서금지」·「지시금지」 등)(어 77 Ⅰ (1), 15 Ⅱ). 이 경우는 발행인이 배서를 금지한 때와(어 77 Ⅰ (1), 11 Ⅱ) 달리 이러한 배서의 피배서인은 또다시 배서를 할 수 있다. 그러나 배서금지배서를 한 배서인은 자기의 피배서인에게만 담보책임을 지고 그 후의 피배서인에 대하여는 담보책임을 지지 않는다(어 77 Ⅰ (1), 15 Ⅱ 후).

3) 기한후배서

(가) 의 의

기한후배서란 지급거절증서작성 후의 배서 또는 지급거절증서의 작성기간경과 후에 한 배서를 말한다(어 77 Ⅰ (1), 20). 그러므로 만기 전의 배서와 동일한 효력이 있는 단순한 만기 후의 배서나 지급거절 후의 배서와 다르다. 기한후배서는 지급이 거절되어 지급거절증서가 작성된 후 또는 지급거절증서의 작성기간경과 후에 한 배서로서 이미 어음으로서의 유통성을 잃고 소구의 단계에 들어간 어음으로서 이러한 배서에 대하여는 지명채권양도의 효력만이 인정된다(어 77 Ⅰ (1), 20 Ⅰ).

(나) 판단기준

기한후배서인가의 판단은 어음에 기재된 일자에 의하지 않고 사실에 의하여 결정된다. 그러나 배서일자가 기재된 때에는 그 일자에 배서한 것으로 추정되고 일자의 기재가 없으면 기한 전에 배서한 것으로 추정한다(어 77 Ⅰ (1), 20 Ⅱ). 최후의 배서가 백지식배서인 어음에 있어서는 그 인도의 시점이 기한후배서가 된다.

(다) 방 식

기한후배서도 배서이기 때문에 기명식 또는 백지식으로 할 수 있다. 즉 배서의 기재를 하여 어음을 교부함으로써 성립한다.

(라) 효 력

(a) 기한후배서의 경우도 배서의 본질적 효력인 권리이전적 효력이 있다. 그러나 기한후배서에는 지명채권양도의 효력밖에 없기 때문에 피배서인은 배서인이 갖는 권리만 취득하게 되므로 인적 항변은 절단되지 않는다. 그 결과 어음채무자는 피배서인의 선의·악의를 불문하고 배서인에게 대항할 수 있는 모든 항변으로써 피배서인에게 대항할 수 있다(대 1960. 7. 28, 4292 민상 941).

(b) 기한후배서에도 권리이전적 효력이 있기 때문에 당연히 자격수여적 효력도 인정된다. 그리하여 기한후배서의 피배서인에 이르기까지

배서가 연속되고 있는 경우에는 피배서인은 당연히 어음상의 권리자로 추정되어 실질적 권리를 증명함이 없이도 어음상의 권리를 행사할 수 있고 또한 어음채무자에게도 면책력이 인정된다.

(c) 기한후배서에는 지명채권양도의 효력밖에 없기 때문에 담보적 효력은 생기지 않는다.

> 판례는 「지급거절증서작성 후 또는 지급거절증서작성기간 경과 후의 배서는 지명채권양도의 효력이 있어 발행인이 배서인에게 대항할 수 있는 사유로써 소지인에게 대항할 수 있다는 뜻이고 민법상의 양도절차를 요구하거나 어음상의 권리를 상실한다는 뜻이 아니다」고 하였다(대 62. 3. 15, 4294 민상 1257).

4) 환배서(역배서)

(가) 의 의

환배서(還背書)란 종래의 어음채무자인 인수인·발행인·배서인·보증인·참가인수인 등에 대하여 양도배서하는 것이다. 즉 어음상의 채무자를 피배서인으로 한 배서라고 할 수 있다. 환배서는 배서의 말소와 그 기능이 같다고 할 수 있지만, 전자는 적극적으로 다시 배서를 하는 데 비하여 후자의 경우는 소극적으로 종래의 배서를 말소하는 점이 다르다.

(나) 효 과

어음채무자에 대한 환배서는 유효하므로 환배서의 피배서인은 다시 어음을 배서할 수 있다(어 77 Ⅰ (1), 11 Ⅲ). 환배서의 경우에 피배서인이 누구인가에 따라 그 효과는 다르게 된다.

(a) 발행인에 대한 환배서 발행인에 대하여 환배서를 한 경우에는 발행인이 자기에 대하여 지급을 청구한다는 것은 무의미할 뿐만 아니라 또 중간의 배서인에 대하여 상환을 청구하더라도 결국 그 배서인은 최종적으로 발행인에 대하여 어음금을 청구하게 될 것이므로 상환청구를 거절하게 된다.

(b) 배서인에 대한 환배서 배서인이 환배서를 받은 경우에는 피배서인이 발행인에 대한 어음상의 권리를 취득하게 될 뿐만 아니라

지급이 거절되는 경우에는 종전의 배서의 전자에 대하여 상환청구권을 행사할 수 있다. 그렇지만 전의 배서와 환배서의 중간에 있는 배서인에 대하여 권리를 행사하더라도 결국은 그 자로부터 다시 소구권의 행사를 받을 운명에 있으므로 상환을 거절하게 된다.

(c) 어음채무자 이외의 자에 대한 배서 어음채무자가 아닌 어음관계자(지급인·지급담당자·무담보배서인)에 대한 배서는 환배서가 아니라 고유한 배서를 한 경우의 법률관계와 같다.

5) 추심위임배서

(가) 공연한 추심위임배서

(a) 의 의 추심위임배서(推尋委任背書)는 피배서인에게 어음상의 권리를 행사할 수 있는 권한(대리권)을 줄 목적으로 추심위임문언을 기재하고 한 배서를 말한다(어 77 I (1), 18). 이러한 배서를 공연한 추심위임배서라고 하는 데 대하여, 추심위임문언의 기재를 하지 않고 추심위임의 목적으로 한 배서를 숨은 추심위임배서라고 한다.

(b) 방 식 추심위임배서를 할 때에는 배서 중에「회수를 위하여」,「추심을 위하여」,「대리를 위하여」등 단순한 위임의 표시를 하여야 한다.

(c) 효 력 추심위임배서에는 권리이전적 효력이나 담보적 효력은 없지만 대리권수여의 효력이 있으므로 피배서인은 배서인을 대리하여 권리를 행사할 수 있는 자격수여적 효력이 있다. 추심위임배서에는 권리이전적 효력이 없기 때문에 어음상의 권리자는 여전히 배서인이며, 배서인은 피배서인 및 그 후자에 대하여 담보책임을 지지 않는다.

(d) 피배서인의 지위 추심위임배서의 피배서인은 어음에서 생기는 모든 권리를 행사할 수 있는 포괄적인 대리권을 갖게 된다. 즉 어음에 의하여 생기는 권리란 어음상의 권리뿐만 아니라 어음법상의 권리도 포함한다. 그 결과 추심위임피배서인은 배서인의 명의로 권리를 행사할 수 있다. 피배서인이 권리를 행사하는 경우에 어음채무자는 배서인에

대한 인적항변으로써 피배서인에게 대항할 수 있지만 피배서인에 대한 인적항변으로는 대항하지 못한다.

(나) **숨은 추심위임배서**

(a) 의 의 숨은 추심위임배서란 그 형식은 보통의 양도배서와 같으나 그 목적이 추심위임에 있는 배서를 말한다.

(b) 효 용 숨은 추심위임배서는 다음과 같은 편리한 점이 있다. i) 피배서인은 만기에 어음금을 추심할 수 있을 뿐만 아니라 그 전이라도 어음을 할인하여 그 대가를 취득할 수 있고, ii) 어음소지인은 자기에 대한 항변의 절단이 가능하고, iii) 또 외국인이나 그 대리인이 내국인에게 양도배서의 방법으로 추심위임을 함으로써 소송상의 불이익이나 제한을 회피할 수 있다는 점 등이다.

(c) 성 질 숨은 추심위임배서에 있어서 실질과 형식의 차이에서 생기는 법률관계의 해석에 관해 통설인 신탁양도설에서는 숨은 추심위임배서도 그 형식은 양도배서이기 때문에 권리이전적 효력이 있으며 추심위임의 목적은 권리이전의 동기로서 당사자간의 인적항변의 사유가 될 뿐이라 한다. 이에 반해 자격수여설에 의하면 형식보다 추심위임의 실질을 중시하여 피배서인은 다만 어음상의 권리를 행사할 수 있는 자격을 부여받은 데 불과하다고 한다.

(d) 효 력 통설인 신탁양도설에 의하면 권리이전적 효력이 있으므로 어음상의 권리는 배서인으로부터 피배서인에게 이전한다. 그러므로 어음채무자는 배서인에게 대항할 수 있는 항변으로써는 피배서인에게 대항할 수 없으며, 다만 피배서인에 대한 항변으로써만 대항이 가능하다고 본다. 숨은 추심위임배서의 경우도 피배서인은 어음상의 권리를 취득하므로 추심위임배서는 물론 양도배서도 할 수 있다. 그런데 자격수여설에 의하면 어음상의 권리는 이전하지 않기 때문에 어음채무자는 배서인에 대한 항변으로 피배서인에 대하여 대항할 수 있으나 피배서인에 대한 항변으로는 대항하지 못한다.

(6) 선의취득

1) 서 설

어음의 점유를 잃은 어음상의 권리자가 있는 경우에 배서가 연속된 어음의 소지인으로부터 어음을 배서·교부받은 자는 양도인이 무권리자인 경우에도 어음상의 권리를 취득하게 되는데(어 77 I (1), 16 II), 이를 어음의 선의취득이라 한다. 즉 어음법은 어음의 선의취득제도를 인정하고 있으며 특히 어음의 유통을 강화하기 위하여 동산의 선의취득에 관한 민법의 규정에 비하여 그 요건을 완화하고 있다.

2) 선의취득의 요건

(가) 어음법적 방법인 배서 또는 교부에 의하여 어음을 취득하였어야 한다

(a) 선의취득제도는 어음거래의 안전을 도모하기 위한 것이므로 어음법에서 예정하고 있는 방법(배서·교부)으로 취득한 때에만 선의취득이 인정된다. 그러므로 상속·합병 등의 포괄승계나 전부명령(轉付命令)에 의하여 어음을 취득한 경우는 선의취득이 인정되지 않는다. 또한 어음법적인 양도를 할 수 없고 일반의 채권양도의 방법으로만 양도할 수 있는 지시금지어음(어 77 I (1), 11 II)이나 기한후배서의 경우에는 지명채권양도의 효력밖에 없으므로(어 77 I (1), 20 I 단) 선의취득이 인정되지 않는다.

(b) 백지어음은 완전어음과 마찬가지로 어음 특유의 방법으로 유통되므로 선의취득이 인정되며 환배서에 의하여 취득한 경우는 물론이고 무담보배서 및 배서금지배서의 경우도 권리이전적 효력이 있으므로 선의취득의 규정이 적용되며, 입질배서의 경우도 피배서인의 질권에 대한 선의취득이 인정되지만 추심위임배서의 경우는 법률적으로나 실질적으로 권리의 이전이 생기지 않으므로 선의취득의 문제가 생길 여지가 없다.

(나) 어음을 형식적 자격이 있는 자로부터 취득하였어야 한다

배서가 연속된 어음이나 백지식배서를 한 어음의 소지인으로부터 취득하였어야 하며 어음취득자도 형식적 자격을 갖추고 있어야 한다. 선의취득은 어음의 점유 또는 배서의 연속이라는 권리외관을 신뢰한 자를 보호하는 제도이다. 즉 권리자로서 자격수여적 효력이 인정되는 자가 어음을 양도한 경우에 그 자를 권리자로 믿은 양수인을 보호하는 제도라고 할 수 있다. 그러므로 양도인이 무권리자인 경우뿐만 아니라 제한능력·대리권의 흠결·의사표시의 하자가 있는 때에도 선의취득이 인정된다. 다만 양도인이 제한능력자인 경우는 양도행위가 취소될 수 있을 뿐이다.

㈐ 어음취득자에게 악의 또는 중대한 과실이 없어야 한다

어음취득자가 취득시에 직접의 양도인의 무권리·제한능력·무권대리·의사표시의 하자를 알지 못하고 알지 못한 데 대하여 중대한 과실이 없어야 한다. 악의·중과실은 선의취득을 방해하는 소극적 요건이므로 입증책임은 어음취득자가 형식적 자격을 구비하고 있는 한 어음의 반환청구자에게 있다.

수표에 관하여 판례 중에는 100만원 액면의 수표를 받음에 있어서 수표의 이면에 기재된 전화번호에 전화를 걸어 확인하지 않아 수표가 절취품이라는 것을 알지 못한 경우(대 84. 11. 27, 84 다 466), 면식 없는 사람으로부터 이리발행의 자기앞수표를 서울에서 취득함에 있어서 그 소지인의 인적 사항을 확인하지 아니한 경우(대 81. 6. 23, 81 다 167), 은행마감시간이 훨씬 지난 한밤중에 술값 돈 3만원이 없어 액면 50만원권의 자기앞수표를 내어놓은 생면부지의 사람에게 신분을 확인하지도 아니한 채 술값의 무려 15배 이상에 해당하는 돈 47만원의 거스름돈을 내어준 경우(대구민지 88. 2. 24, 87 나 589) 등에 중대한 과실이 인정된다고 하였다.

㈑ 어음취득자가 독립된 경제적 이익이 있어야 한다

그러므로 대리인이 추심의 권한밖에 없는 추심위임배서의 피배서인에게는 선의취득의 규정이 적용되지 않는다.

(7) 지 급

1) 지급제시

(가) 어음을 발행인 또는 지급담당자에게 제시하여 지급을 청구하는 행위를 지급제시라 한다. 어음은 고도의 유통성이 있으므로 어음채무자가 채권자를 알 수 없는 경우가 많기 때문에 지급을 받기 위하여는 어음소지인 측에서 어음을 제시하여 지급을 청구하여야 한다(배서금지어음의 경우도 같다). 왜냐하면 어음채무는 추심채무이기 때문이다. 지급제시가 없는 한 발행인은 만기가 도래하였더라도 지급을 하지 않아도 되며 또 이행지체의 책임을 지지 않게 된다(상 65; 민 517).

전자어음은 소지인이 전자어음 및 전자어음의 배서에 관한 전자문서를 첨부하여 지급청구의 뜻이 기재된 전자문서를 전자어음의 지급을 청구할 금융기관에 송신하고 당해 금융기관이 이를 수신한 때에 지급제시가 있는 것으로 본다(전어 9 I 본). 그러나 전자어음관리기관에 대한 제시는 지급을 위한 제시의 효력이 있으며 관리기관이 운영하는 정보처리조직에 의하여 만기일 이전에 자동으로 지급제시되도록 할 수 있다(동법 9 I 단). 지급제시를 하는 소지인은 전자문서에 어음금을 수령할 금융기관의 계좌를 기재하여야 한다(동법 9 Ⅲ).

(나) 만기에 지급을 위한 제시가 없더라도 발행인의 책임은 소멸되지 않는다(어 77 I (4), 53 I 단). 그러나 어음소지인이 발행인에게 만기에 지급을 위한 제시를 하였는데도 지급을 하지 않은 때에는 상환의무자와 동액의 책임을 지지 않으면 안 된다(어 78 I (3), 28 Ⅱ). 만기에 지급제시가 없는 때에는 발행인은 어음금액과 제시 이후의 지연이자를 지급하면 되고 만기 이후 제시시까지의 이자는 지급할 필요가 없다. 또한 소구의무자에 대한 소구권의 보존을 위하여는 지급제시기간중에 지급을 위한 제시를 하였어야 한다(어 77 I (4), 53 Ⅱ). 어음은 지급거절증서의 작성이 면제된 경우라도 만기에 지급을 위한 제시는 하여야 한다.

2) 만기에 있어서의 지급

㈎ 지급제시의 당사자

(a) 만기에 어음을 제시할 수 있는 자는 어음소지인이지만 그 대리인이나 거절증서작성의 위임을 받은 공증인·집행관도 제시할 수 있다. 지급을 위한 제시를 할 수 있는 자는 배서의 연속에 의한 형식적 자격이 있는 어음소지인이지만, 배서의 연속에 흠결이 있는 경우에는 그 흠결된 부분에 대하여 실질관계를 증명하면 어음을 제시할 수 있다.

(b) 지급제시의 상대방은 발행인이지만 지급장소로서 제 3 자(지급담당자)의 기재가 있는 때에는 그 자에 대하여 하면 된다. 발행인이 여러 명인 때에는 그 중 1명에 대하여 제시하면 전원에 대하여 효력이 있다.

㈏ 지급제시기간

(a) 어음의 지급제시를 할 수 있는 기간을 지급제시기간이라 한다. 이 기간은 i) 발행인의 이행지체에 대한 책임발생의 요건이 되는 경우와, ii) 상환청구권보전의 요건이 되는 때가 다르다. i)의 경우는 만기로부터 그 채무가 시효에 의하여 소멸할 때까지의 기간 내에 제시하면 되며(어 77 Ⅰ (8), 70 Ⅰ), ii)인 상환청구권보전을 위한 지급제시기간은 만기가 이미 정하여진 경우와 제시한 때가 만기가 되는 어음의 경우가 다르다.

(b) 확정일출급·발행일자후정기출급·일람후정기출급어음의 경우에는 지급을 할 날(만기일, 만기일이 휴일인 때에는 다음의 거래일) 또는 이에 이은 2거래일 내에 제시하여야 한다(어 77 Ⅰ (3), 38). 이것은 지급을 할 날에만 제시할 수 있게 하는 경우에 오는 무리를 피하기 위하여 2일간의 여유를 준 것이라고 할 수 있다. 이 기간 내에 제시하지 않으면 발행인에 대한 권리는 존속하지만 배서인에 대한 상환청구권을 상실한다(어 77 Ⅰ (4), 53 Ⅰ).

(c) 일람출급어음의 경우는 원칙적으로 발행일로부터 1년 내에 제시하여야 한다(어 77 Ⅰ (2), 34 Ⅰ). 또한 발행인은 어느 정도의 여유를 갖기 위하여 일정한 기일 전의 지급제시를 금지할 수 있는데 이 경우에 제시기간은 그 기일로부터 개시한다(어 77 Ⅰ (2), 34 Ⅱ). 제시기일의 계산에 있어서 그 초일은 산입

하지 않고(어 77 I (9), 73), 기간의 말일이 휴일인 때에는 그에 이은 제 1 의 거래일에 기간이 종료한다(어 77 I (9), 72 II).

㈐ **지급제시의 방법**

지급을 위한 제시는 완전한 어음 자체를 현실적으로 피제시자에게 제시하여야 한다. 어음을 상실한 경우에는 제권판결을 받지 않는 한 지체의 효력이 생기는 적법한 제시를 할 수 없다. 적법한 시기에 지급장소나 발행인의 영업소 또는 주소에 피제시자가 없는 경우나 지급장소가 불분명한 때는 필요한 절차의 이행을 하면 제시가 있는 것으로 본다.

㈑ **조사와 지급**

(a) 조사의무의 경감　　채무는 진정한 권리자에게 변제하여야 면책의 효과가 생기므로 채무자는 청구자가 진정한 권리자인가의 여부를 조사하여야 하지만 어음의 경우에도 이러한 원칙을 적용한다면 발행인은 자기의 위험부담으로 지급을 하여야 하므로 안심하고 지급을 할 수 없게 되고 지급이 지연됨으로써 어음거래의 원활과 신속한 결제를 기대할 수 없게 될 것이다. 그리하여 어음법은 지급에 관한 일반원칙을 수정하여 발행인의 조사사항을 경감하였다.

(b) 조사의 정도　　발행인은 지급을 함에 있어서 소지인의 형식적 자격에 대하여만 조사하면 된다. 즉 i) 어음의 요건이 구비되고 있는가, ii) 어음소지인에 이르기까지 배서가 연속되었는가, iii) 자기의 기명날인이 진정한 것인가(또는 자기가 지급담당자로 되어 있는가) 등 형식적으로 용이하게 알 수 있는 사항에 대하여만 조사의무가 있다. 그러므로 어음소지인의 실질적 자격에 대한 조사의무는 없다. 즉 i) 최후의 배서를 포함한 각 배서인이 한 기명날인의 진위, ii) 어음소지인이 진정한 권리자인가 하는 점, iii) 어음소지인과 제시자가 동일인인가 하는 점 등에 대하여는 조사의무가 없다. 발행인이 형식적 자격이 있는 어음소지인에게 지급한 때에는 소지인이 무권리자인 경우에도 사기 또는 중대한 과실이 없는 한 면책된다.

(c) 사기·중과실의 부존재　　발행인이 면책되기 위하여는 사기

또는 중과실이 없어야 한다. 이 경우에 「사기」(Arglist)라 함은 선의취득의 경우(어 77 I (1), 16 II)의 악의와 달리 단순히 제시자가 무권리자라는 것을 안 것만으로는 불충분하고 더 나아가 무권리자라는 것을 용이하게 확실히 입증할 수 있는 수단이 있는데도(소송상의 입증) 지급한 경우를 말한다. 「중대한 과실」이란 입증할 수 있는 증거가 있다는 것을 중대한 과실에 의하여 알지 못한 경우와 증거를 가지고 있었으나 중대한 과실에 의하여 지급한 경우를 말한다.

3) 만기 후의 지급

약속어음의 발행인은 절대적 의무자이기 때문에 소구권보전절차의 이행과 관계 없이 지급제시기간이 경과한 후에도 시효에 의하여 소멸하지 않는 한(어 77 I (8), 70 I) 책임을 진다. 즉 어음소지인의 보전절차의 미이행으로 소구권을 행사할 수 없는 경우에도 발행인에 대하여는 어음상의 권리를 행사할 수 있다. 다만 만기에 지급제시가 있었는가 없었는가에 따라 발행인의 책임 내용이 달라진다. 만기 후에 지급하는 때에도 어음을 제시하여야 하며(강제집행 · 소송의 경우는 제시불요), 청구의 장소는 발행인의 영업소 또는 주소라고 할 수 있다(지급지 · 제 3 자방지급문구는 제시기간 내에 지급한 때에만 의의가 있다고 본다). 그리고 발행인의 면책을 위한 조사의무 등은 만기에 있어서의 지급의 경우와 같다.

4) 만기 전의 지급

어음의 만기 전에는 제시를 받더라도 발행인은 당연히 지급을 거절할 수 있고 반면에 어음소지인도 발행인으로부터의 지급을 수령하여야 할 의

기아 어음소지자 어떻게 되나

만기전 어음 현금지급·새어음 교체

오늘 채권단 임원회의

황호웅 기자

산업은행 기아전담팀은 31일 채권단 임원회의를 소집해 기아자동차와 협력업체 지원방안을 확정지을 예정이다.

이날 회의에서 산업은행은 기아자동차와 협력업체 지원안을 마련해 제출하고 채권단과 협의를 벌여 지원방안의 골격을 마련할 방침이다.

산업은행 기아전담팀에 따르면 협력업체들이 보유하고 있는 진성어음 중 만기일이 지나 부도가 난 어음은 일단 기아자동차의 여력에 따라 새 어음으로 교환해 주고 나머지 부분에 대해서는 일반 출자금으로 전환하는 방안이 유력하다.

이는 27일 재정경제원이 기아자동차 협력업체들의 진성어음 중 만기가 지난 어음 전액을 일반 대출로 전환하겠다는 방침과 다소 차이가 있는 방안이다.

또 만기 전인 진성어음 역시 기아자동차의 여력에 따라 지급해 주고 나머지 부분은 여신잔액비율에 따라 채권은행단이 분담해 할인해 주며 외상매출금과 미수금 채권에 대해서는 기아자동차가 새로 어음을 발행토록 하는 방향으로 협력업체 지원안의 가닥을 잡고 있다.

그러나 30개 그룹 계열사들이 보유하고 있는 진성어음은 채권단과 협의해 공익채권으로 분류, 법정관리 이후 결제 또는 할인해 주는 방안이 유력한 것으로 알려졌다.

이와 관련, 산업은행 고위관계자는 "기아자동차가 가동되고 있기 때문에 채무에 대해서는 기아자동차가 우선 변제하고 부족분에 대해 채권은행단이 지원하는 것을 원칙으로 한다."며 "특히 만기가 지난 어음도 전액 대출금으로 전환하는 것이 아니라 기아측이 상당부분에 대해 새 어음을 발행하고 나머지 부분은 일반 대출로 전환하는 것이 바람직할 것"이라고 말했다.

또 기아전담팀 관계자는 "만기 전인 진성어음에 대해서는 채권은행단이 일정 비율대로 할인해 주는 방안이 유력하고 외상매출채권에 대해서는 새 어음으로 발행해 할인해 주는 방안을 검토 중"이라며 "그러나 30대 계열기업이 보유하고 있는 진성어음은 금융기관의 부담을 고려해 공익채권화하는 방안을 가지고 채권단과 협의할 방침"이라고 밝혔다.

기아전담팀은 만기가 지난 진성어음이 3,000억원, 만기 전 진성어음과 외상매출채권이 8,000억~9,000억원에 달하는 것으로 추산하고 있다.

매일경제 1997년 10월 31일 금요일

무가 없다(어 77 Ⅰ (3), 40 Ⅰ). 그러나 어음소지인의 동의가 있으면 만기 전이라도 지급을 할 수 있지만 이 경우에는 발행인은 자기의 위험부담으로 하게 된다(어 77 Ⅰ (3), 40 Ⅱ). 자기의 위험부담이란 형식적 자격은 구비되었더라도 발행인이 무권리자에게 지급한 때에는 조사의무를 이행하였더라도 그 지급이 무효가 되어 진정한 권리자에 대한 책임을 면하지 못하게 됨을 의미한다.

5) 지급의 연기(또는 유예)

㈎ 발행인은 만기에 지급을 할 수 없는 경우에 당사자의 의사에 의하여 지급을 연기하는 때가 있다. 그 방법에는 어음을 개서하는 경우가 있다. 어음의 개서(改書)란 협의로 만기가 도래한 어음(구어음)의 지급유예를 위하여 만기를 변경한 신어음(연기어음)을 발행하는 것을 말한다.

㈏ 어음채무자가 어음소지인과 지급유예의 특약을 하는 경우가 있는데 이 경우는 당사자간에 지급유예의 인적항변이 생길 뿐이며 만기가 변경되는 것은 아니다. 그리고 지급의 유예를 위하여 어음관계자 전원의 동의로써 어음의 동일성을 유지하면서 만기의 기재를 변경하는 경우가 있다.

(8) 소 구

1) 서 설

어음은 만기에 지급이 된다는 것을 예기하고 전어음관계가 전개되는데, 만기에 어음의 지급이 거절되거나 그 전이라도 지급의 가능성이 현저하게 불확실한 때에는 어음소지인은 배서인 등 자기의 전자에 대하여 본래의 지급의 대상으로서 어음금과 기타 비용(소구금액)의 제공을 청구할 수 있다. 이러한 제도를 소구(遡求) 또는 상환청구(償還請求)라 한다. 이러한 소구에 응하여 상환한 소구의무자는 다시 자기의 전자에 대하여 소구할 수 있는데 이것을 재소구라 한다.

2) 소구당사자

(가) 제 1 차로 소구를 할 수 있는 자는 어음의 소지인이다(부도어음의 소지인). 즉 어음상의 권리자인 소지인이며, 어음의 보관자나 단순한 점유자는 제외된다. 그러나 어음소지인이 형식적 자격이 없더라도 실질적 권리를 증명할 수 있으면 소구권을 행사할 수 있다. 제 2 차의 소구권자는 어음소지인의 소구에 응하여 그 의무를 이행하고 어음을 환수한 자로서 배서인(어 77 Ⅰ (4), 47 Ⅲ), 의무를 이행한 보증인(어 77 Ⅲ, 32 Ⅲ), 어음채무를 변제한 무권대리인 등이다.

(나) 소구의무를 지는 자는 소지인의 전자인 배서인(어 77 Ⅰ (1), 15 Ⅰ)과 그 보증인이다(어 77 Ⅲ, 32 Ⅰ). 배서의 연속이 흠결된 경우에 중단 후의 배서인도 어음행위독립의 원칙에 따라 그 후자에 대하여 소구의무를 진다.

(다) 모든 소구의무자는 발행인과 함께 소구권자에 대하여 합동하여 어음의 지급에 대한 책임을 진다(어 77 Ⅰ (4), 47 Ⅰ). 소구권자는 자기의 직접 전자로부터의 채무부담의 순서에 구애됨이 없이 그 1명, 여러 명 또는 전원에 대하여 청구할 수 있으며(어 77 Ⅰ (4), 47 Ⅱ) 또 채무자 중에 1명에 대하여 이미 소구를 하였더라도 다른 소구의무자에게 변경하여 소구할 수 있는 것이다(어 77 Ⅰ (4), 47 Ⅳ). 이것을 소구권자의 변경권이라고 한다.

3) 소구의 요건

(가) 실질적 요건

어음소지인이 지급제시기간 내에 발행인(또는 지급담당자)에 대하여 지급을 위한 제시를 하였음에도 불구하고 그 지급이 거절되었어야 한다(어 77 Ⅰ (4), 47). 지급의 거절은 적극적으로 거절된 경우뿐만 아니라 소극적으로 지급이 거절된 때로서 발행인의 부재·소재불명·상속인의 불명 등의 경우를 포함한다.

(나) 형식적 요건

(a) 어음소지인이 지급제시기간 내에 지급거절증서를 작성하였어야 한다(어 77 Ⅰ (4), 43, 44 Ⅰ·Ⅱ). 지급거절증서는 지급거절의 사실을 증명하는 유일한 방

법이다.

> 전자어음은 지급제시를 받은 금융기관이 지급을 거절한 때에는 전자문서(지급거절전자문서)로 하여야 하며, 이 문서를 전자어음관리기관에 통보하고 동 기관이 이를 확인한 경우에는 동 전자문서를 공정증서(지급거절증서)로 본다(전어 12 Ⅰ; Ⅱ, 어 44 Ⅰ).

(b) 거절증서는 어음소지인의 위탁으로 공증인 또는 집행관이 작성한다(거령 2). 그러나 소구의무자는 거절증서의 작성을 면제할 수 있다(어 77 Ⅰ (4), 46).

(c) 거절증서의 작성을 면제할 수 있는 자는 원칙적으로 소구의무자로서 배서인 · 보증인(환어음의 발행인) 등이며, 약속어음의 발행인도 작성면제의 기재를 할 수 있고 그 효력은 기명날인자 또는 서명자 전원에 미친다고 보아야 한다.

(d) 면제의 방식은 면제권자가 「거절증서불요」·「무비용상환」의 문자 또는 이와 동일한 의의가 있는 문언(「거절증서의 작성을 면제함」)을 기재하고 기명날인 또는 서명하면 된다(어 77 Ⅰ (4), 46 Ⅰ). 어음소지인은 거절증서의 작성이 면제된 경우에는 거절증서를 작성하지 않고도 소구권을 행사할 수 있다. 그 면제의 기재자가 발행인인 때에는 모든 소구의무자에 대하여 그 효력이 있다.

4) 소구의 통지

(가) 의 의

소구권자가 그 권리를 행사하기 전에 소구의무자에게 지급거절의 사실을 알리는 것을 통지라 한다(어 77 Ⅰ (4), 45 Ⅰ). 이러한 통지를 함으로써 소구의무자는 소구원인이 발생하였다는 것을 알게 되어 지급자금을 준비할 수 있으며, 소구금액의 증대를 방지하고 신속한 재소구를 위하여 자진하여 상환할 수 있는 기회를 줄 수 있다.

(나) 통지의 당사자

통지를 할 자는 소구개시시의 어음의 정당한 소지인 및 통지를 받은 배서인이다.

㈐ 통지기간

지급이 거절된 경우에 어음소지인은 거절증서작성일에 이은 4거래일 이내에, 거절증서작성이 면제된 때에는 어음제시일 및 이에 이은 4거래일 이내에 지급거절의 사실과 자기의 명칭·처소를 통지하여야 한다(어 77 I (4), 45 I). 통지를 받은 배서인은 자기가 통지를 받은 날로부터 2거래일 이내에 전의 통지자 전원의 명칭과 처소를 표시하고 자기의 직접의 배서인(보증인에게도 하여야 함)에게 통지하여야 한다.

㈑ 방 법

통지의 방법에는 제한이 없다. 통지는 적법한 기간 내에 발신되어야 할 것이다(발신주의).

㈒ 통지의무위반의 효과

어음소지인이 통지를 해태한 경우에도 소구권행사에는 지장이 없다. 다만 해태로 인하여 자기의 전자에게 손해가 생긴 경우에는(예 : 소구권의 행사가 지연되었기 때문에 소구금액이 증대하였거나 그 동안에 전자가 무자력화되어 재소구의 목적을 달성할 수 없게 된 때 등) 어음금을 한도로 하여 손해를 배상할 책임이 있다(어 77 I (4), 45 VI).

> 전자어음의 소지인이 소구를 할 때에는 전자어음과 배서전자문서(전어 7 I), 지급거절 전자문서(동법 12)를 첨부하여 소구의 뜻을 기재한 전자문서를 소구의무자에게 송신하여야 한다(동법 13 I). 이 경우에 전자어음의 소지인은 전자문서에 소구금액을 수령할 금융기관의 계좌를 기재하여야 한다(동법 13 IV). 소구의무자가 소구금액을 지급한 때에는 전자어음 관리기관에 지급사실을 통지하여야 한다(동법 13 II). 통지가 있으면 소구의무자가 전자어음을 환수한 것으로 본다(동법 13 III).

(9) 어음항변

1) 서 설

어음항변(抗辯)이란 어음에 의하여 청구를 받은 자가 채권자인 어음소지인의 청구를 거절하기 위하여 주장할 수 있는 모든 사유를 말한다. 채권양도의 일반원칙에 의하면 양수인은 양도인이 갖는 권리 이상의 것을 취득할 수 없으므로 채무자는 양수인에 대하여 양도인에게 대항할 수 있었던 모든 항변을 주장할 수 있는 것이다(민 451). 그러나 어음관계에도 일반원칙을 적용한다면 어음이 유통될수록 항변이 누적되어 어음소지인의 지위가 매우 불안정하게 됨으로써 어음거래의 안전을 기대할 수 없게 될 것이다.

2) 어음항변의 종류

㈎ 증권상의 기재에 의한 항변

어음상의 기재에 의하여 알 수 있는 항변으로서 어떠한 어음소지인에게도 대항할 수 있는 절대적인 항변이다. 이는 물적항변(物的抗辯)이라고도 한다. 여기에 속하는 항변에는 i) 어음의 형식불비(어 75, 76 (1)·(2))의 항변, ii) 형식적 자격의 흠결(배서의 불연속)에 대한 항변, iii) 권리보전절차흠결의 항변(어 77 I (4), 53, 44), iv) 유해적 기재사항의 기재에 의한 항변, v) 만기미도래의 항변, vi) 무담보배서의 항변(어 15 I, 77 I (1)), vii) 배서금지어음이라는 항변(어 77 I (1), 11 Ⅱ), viii) 배서금지배서의 항변(어 77 I (1), 15 Ⅱ), ix) 시효에 의한 채무소멸의 항변(어 70) 등이 있다.

㈏ 비증권적인 효력에 관한 항변

어음상으로는 알 수 없는 어음의 효력에 대한 항변으로서 여기에 속하는 항변은 다시 모든 어음소지인에게 대항할 수 있는 항변(절대적 항변)과 악의 또는 중대한 과실이 있는 어음소지인에게만 대항할 수 있고 선의의 어음소지인(어 10, 16 Ⅱ)에게는 외관에 대한 책임에 의하여 대항할 수 없는 항변(상대적 항변)이 있다.

(a) 절대적 항변　　이것은 독일에서 말하는 귀책성항변에 속하는 것으로 이는 물적항변이라고도 한다. 이에는 i) 위조의 항변(어 7), ii) 무권대리의 항변(어 8), iii) 협박 등의 항변, iv) 제한능력의 항변(어 7) 등이 있다.

(b) 상대적 항변　　독일에서 말하는 유효성항변에 속하는 것

이다. 이에는 i) 점유상실(교부계약의 흠결)의 항변, ii) 착오·사기·강박의 항변, iii) 폭리의 항변 등이 있다.

㈐ **인적항변**

(a) 서 설 인적항변(人的抗辯)이란 어음채무자와 일정한 어음소지인 사이에 직접적인 인적 관계로 인하여 성립한 항변을 말한다(어 17 본). 이 경우에 인적 관계란 어음교부의 원인관계 또는 어음채무자와 어음채권자 사이에 특별한 약정이나 특별한 사정이 존재하는 것을 말한다.

(b) 종 류

aa) 이에는 원인관계에 의한 항변과 약정에 의한 항변이 있다. 후자에는 융통어음발행의 항변이 있는데, 이 항변은 피융통자에 대하여만 할 수 있으며 그 이후의 취득자에 대하여는 그가 융통어음임을 알았더라도 대항하지 못한다는 특수성이 있다.

bb) 어음채무자와 어음소지인 간에 지급유예의 특약을 한 경우에는 그 이전에 지급청구를 하는 때에 인적항변으로써 대항할 수 있다. 그러나 이러한 특약이 있는 경우에도 어음에 기재된 만기가 변경되는 것은 아니므로 배서인 등에 대하여 소구권을 행사하려면 만기에 어음을 제시하여야 하고 필요한 소구권보전절차를 밟아야 한다.

cc) 기타 약정에 의한 항변에는 i) 지급연기의 항변, ii) 담보어음·보관어음이라는 항변, iii) 상호계산관계가 존재한다는 항변, iv) 숨은 추심위임배서라는 항변, v) 보충권남용의 항변, vi) 시효기간의 단축 또는 경감합의의 항변 등이 있다.

(c) 인적항변의 부절단(不切斷)

aa) 인적항변은 어음취득자가 악의인 경우, 비어음법적 방법으로 이전한 경우, 기한후배서의 경우, 독립된 경제적 이익을 갖지 아니하는 취득의 경우 등에는 절단되지 않는다.

bb) 어음법 제17조 본문(어 I 77 (1))에서는 어음채무자가 어음소지인의 전자에 대하여 갖는 인적항변으로 그 소지인에 대항하지 못한다고 규정함으로써 인적항변의 절단원칙을 표방하고 있다. 그러나 어음법 제17조 단서(어 I 77(1))에서는 「소지인이 그 채무자를 해할 것을 알고 어음을 취득한 때에는 그러하지 아니하다」고 규정하여 전자에 대한 인적항변으로써 대항할 수 있도록 하였는데, 이를 악의의 항변이라 한다.

cc) 「소지인이 채무자를 해할 것을 알았다」는 악의의 내용에 관하여는 3가지 설이 있다. 공모설에 의하면 채무자의 항변을 절단시킬 것을 목적으로 하는 양도당사자간의 사기적인 공모가 있어야 한다고 한다. 단순인식설에 의하면 양수인이 항변의 존재를 단순히 안 것만으로 충분하다고 한다. 절충설에서는 악의란 양수인과 그 취득자 사이에 사기적인 공모까지는 필요하지 않고, 항변사유의 존재에 대한 인식만으로는 부족하며, 더 나아가 자기가 어음을 취득함으로써 항변이 절단되어 채무자가 해를 받게 된다는 것을 알아야 한다는 것이다(어 17 단). 이 설이 다수설이다.

dd) 악의의 존재시기는 어음의 취득시를 기준으로 한다. 악의에 대한 입증책임은 어음채무자측에 있다. 인적항변의 제한은 어음법적 유통방법에 의하여 어음상의 권리를 취득한 경우에만 인정된다.

(10) 어음의 보증

1) 서 설

어음보증은 어음상의 채무를 담보할 목적으로 하는 부속적 어음행위이다. 어음보증은 인수인이나 발행인, 배서인의 신용만으로는 불충분한 경우에 어음의 신용을 높이기 위하여 하는 것이다. 어음보증과 민법상의 보증은 다음과 같은 차이점이 있다.

	민법상의 보증	어 음 보 증
1.	주채무자가 불명일 때에는 불성립	주채무자가 불명인 때에는 발행인을 위한 것으로 본다.
2.	주채무의 존재가 필요하다(종속적이다).	주채무가 실질적으로 무효인 때에도 성립한다.
3.	최고·검색의 항변권이 있다.	없다.
4.	불요식행위이다.	요식행위이다.
5.	공동보증인은 분별의 이익이 있다.	없다.
6.	특정상대방에 대하여 책임을 진다.	불특정의 어음소지인에 대하여 책임을 진다.
7.	주채무자의 항변으로 채권자에 대항할 수 있다(민 433 I).	주채무자의 항변으로 어음소지인에게 대항하지 못한다.

2) 어음보증의 형식

보증인이 어음의 보증의 뜻을 기재하고 기명날인 또는 서명하는 것을 공연한 어음보증이라 한다. 이 경우에는 어음행위의 문언적 성질과 어음행위독립의 원칙의 당연한 귀결로써 주된 어음채무가 형식상으로 존재하면 실질적으로는 무효인 경우에도 보증의 효력이 있다. 즉 피보증인이 위조·무권대리·제한능력 기타의 사유로 어음상의 의무를 면할 수 있는 때라도 주된 어음채무가 기재의 형식상 명확하게 존재하는 한 보증은 유효하다. 그러나 실제에 있어서는 숨은 어음보증으로서 형식적으로는 발행(단독 또는 공동발행)·배서·인수 등의 방법에 의하는 경우가 많다. 특히 담보배서의 방법이 많이 이용된다.

3) 어음보증의 요건

㈎ **당 사 자**

보증인은 피보증인 이외의 자는 누구라도 될 수 있다. 그러므로 이미 어음에 기명날인 또는 서명하여 어음채무자가 된 자도 보증인이 될 수 있다(어 30 II, 77 III). 즉 배서인이 약속어음의 발행인을 위하여 보증을 할 수 있다. 피보증인은 어음채무자인 발행인·인수인·참가인수인 및 배서인이다(약속어음의 경우에는 발행인과 배서인이다). 그리고 보증인도 피보증인이 될 수 있다.

(나) 어음보증의 방식

(a) 보증은 어음 자체 또는 보전에 하여야 하며(어 77 Ⅲ, 31 Ⅰ), 배서인을 위한 보증은 어음의 등본이나 복본에도 할 수 있다(어 64, 67 Ⅲ). 보증은 어음에 「보증」 또는 이와 동일한 의의가 있는 문자(연대보증 또는 보통보증)를 표시하고 보증인이 기명날인 또는 서명하는 방식으로 한다. 보증을 함에는 피보증인을 표시하는 것이 원칙이지만 피보증인의 표시가 없는 때에는 발행인을 위하여 보증한 것으로 본다(어 77 Ⅲ, 31 Ⅳ 後).

(b) 어음의 표면에 한 단순한 기명날인 또는 서명은 지급인 또는 발행인의 기명날인 또는 서명이 아닌 한 보증으로 본다(어 77 Ⅲ, 31 Ⅲ).

> 전자어음에 보증하는 자는 전자어음에 보증의 뜻을 기재한 전자문서를 첨부하고(전어 8 Ⅰ), 전자어음의 동일성을 표시하는 정보를 기재하여야 한다(동법 8 Ⅱ, 7 Ⅱ). 그리고 전자어음에 공인전자서명을 하여야 한다(동법 8 Ⅱ, 6 Ⅲ).

(다) 어음보증의 단순성

(a) 어음보증은 어음의 발행이나 배서의 경우(어 75 (2), 77 Ⅰ (1), 1 (2), 12 Ⅰ)와 같이 단순하여야 하는가, 조건부도 가능한가에 대하여 학설과 판례에는 다음과 같은 설이 있다. 무효설에 의하면 조건부어음보증(條件附어음保證)은 어음보증 자체를 무효라고 한다. 조건은 발행의 경우와 마찬가지로 유해적 기재사항으로 보아 보증은 무효라는 것이다. 유효설에서는 어음보증에 조건이 붙은 때에는 그 조건이 붙은 대로 효력이 있다고 한다. 그 이유는 어음소지인으로서는 조건이 성취되면 유리하고 보증인은 조건부채무부담을 약속하였으므로 불합리하지 않다고 하거나, 어음보증은 어음의 지급을 확실히 하는 행위에 지나지 아니하므로 여기에 조건을 허용하여도 큰 불합리는 없기 때문이라고 한다. 판례도 그 유효성을 인정하고 있다.

> 판례는 「어음법상 보증의 경우에는 발행 및 배서의 경우와 같이 단순성을 요구하는 명문의 규정이 없을 뿐만 아니라 주된 채무를 전제로 하는 부수적 채무부담행위인 점에서, 보증과 유사한 환어음의 인수에 조건을 붙인 경우에 일단 인수거절로 하되 인수인으로 하여금 인수의 문언에 따라 책임을 지도록 함으로써 부단순인수를 인정하고 있음에 비추어 볼 때 어음보증에 대하여 환어음인수의 경우보다 더 엄격하게 단순성을 요구함은 균형을 잃은 해석이라 하겠고, 또 조건부보증을 유효로 본다고 하여 어음거래의 안전이 저해되는 것도 아니다」라고 하였다[대 86. 3. 11, 85 다카 1600].

(b) 무조건보증설(또는 조건무효설)에서는 조건부어음보증은 배서의 경우(어 12 I)와 같이 조건만을 기재하지 않은 것으로 인정하여 무조건의 보증으로 본다는 입장으로서 다수설이다. 이에 의하면 어음소지인의 이익을 보호할 수 있게 될 것이다.

4) 어음보증의 효력

(가) 어음보증인의 책임

(a) 어음채무의 종속성 어음보증도 어음행위이므로 단순한 기명날인 또는 서명뿐만 아니라 교부계약에 의하여 그 효력이 발생한다. 어음보증인은 피보증인(주채무자)이 지는 책임과 동일한 내용의 어음채무를 부담한다(어 32 I). 예컨대 약속어음의 발행인을 위한 보증인은 어음소지인이 소구권행사를 위한 절차를 밟지 않은 때에도 약속어음의 발행인과 동일한 책임을 진다. 그러나 보증인에 대한 시효중단은 주채무의 시효에는 영향을 미치지 않고 반대로 주채무자에 대한 시효중단은 보증인에 대하여 효력이 미친다.

(b) 어음채무의 독립성 보증은 담보된 채무가 그 방식에 하자가 있는 경우 외에는 어떠한 사유로 인하여 무효가 된 때에도 그 효력이 있다(어 32 II). 즉 어음보증은 채무부담 자체를 내용으로 하는 행위로서 어음행위독립의 원칙이 적용되므로 보증의 전제행위가 무효라도 어음이 형식적으로 유효한 이상 보증은 무효가 되지 않는다.

(c) 항변의 제한 어음보증인은 피보증인이 어음소지인에 대하

여 갖는 인적항변으로써 어음채무의 이행을 거절할 수 있는가 하는 점에 대하여는 양설이 있다. 긍정설에서는 어음보증인은 피보증인이 직접 어음소지인에 대하여 갖는 항변으로 대항할 수 있다고 한다. 그 이유는 그것이 본질적으로 종속성을 갖는 보증의 실질에도 맞기 때문이라고 한다. 최근의 판례는 어음소지인의 어음보증인에 대한 청구가 권리남용으로 볼 수 있는 경우에 한하여 피보증인의 항변을 원용할 수 있다고 하였다. 그러나 어음보증인은 피보증인이 어음소지인에 대하여 갖는 인적항변으로써 어음채무의 이행을 거절하지 못한다는 부정설이 다수설이다.

(나) 보증채무이행의 효과

보증인이 어음소지인에게 책임을 이행한 때에는 자기의 채무는 물론이고 피보증인 및 그 후자의 채무도 소멸한다. 어음보증인이 보증채무를 이행한 때에는 피보증인과 피보증인의 채무자인 전자에 대한 어음상의 권리를 취득한다(어 32 Ⅲ).

(11) 어음상의 권리의 소멸

1) 어음상의 권리는 발행인(환어음의 경우는 인수인·지급인)에 의하여 지급이 됨으로써 소멸한다. 그 밖에 어음상의 권리는 금전채권이므로 일반적 채권소멸원인인 대물변제·상계·경개·면제·공탁 등에 의하여도 소멸한다. 또한 어음상의 권리는 다음과 같은 어음관계에 특유한 원인에 의하여 소멸한다. 즉 i) 소구권보전절차의 흠결(어 77 Ⅰ (4), 53), ii) 소멸시효(어 77 Ⅰ (8), 70), iii) 일부지급의 거절(어 77 Ⅰ (3), 39 Ⅱ) 등이 있다.

2) 어음상의 권리도 채권으로서 시효에 의하여 소멸한다. 발행인(환어음의 인수인)에 대한 어음상의 권리는 만기로부터 3년의 시효에 의하여 소멸한다(어 77 Ⅰ (8), 70 Ⅰ). 만기가 백지인 경우에는 3년의 기간은 보충권의 행사에 의하여 기재된 만기를 기준으로 하여 정하며 보충권이 그 자체의 시효에 의하여 소멸한 때에는 발행인에 대한 어음상의 권리도 소멸한다. 발행인의 보증인 또는 무권대리인에 대한 권리도 만기로부터 3년의 시효

에 의하여 소멸한다(어 77 Ⅲ, 32 Ⅰ, 77 Ⅱ, 8).

3) 어음소지인의 배서인(환어음의 발행인 포함)에 대한 권리는 거절증서의 작성일자로부터 1년, 거절증서의 작성이 면제된 경우에는 만기로부터 1년의 시효에 의하여 소멸한다(어 77 Ⅰ (8), 70 Ⅱ). 또한 배서인의 보증인 또는 무권대리인에 대한 권리도 같다(어 77 Ⅲ, 32 Ⅰ, 77 Ⅱ, 8).

4) 배서인이 i) 어음소지인으로부터의 소구, ii) 소구의무를 이행한 배서인으로부터의 재소구, iii) 소구의무를 이행한 보증인의 청구 등에 의하여 상환을 하고 어음을 환수한 때에 자기의 전자에 대한 권리는 어음을 환수한 날 또는 자기가 제소된 날로부터 6월간 행사하지 않으면 소멸한다(어 77 Ⅰ (8), 70 Ⅲ).

제 2 관 수　　표

1. 서　　설

(1) 수표(手票)는 발행인이 지급인(은행)에 대하여 수취인 기타 정당한 소지인에게 일정한 금액을 지급할 것을 위탁하는 형식의 유가증권이다. 따라서 수표는 발행인 자신이 일정한 금액의 지급을 약속하는 약속어음과는 근본적으로 다르고 인수 전의 환어음과 동일하다.

(2) 어음은 이른바 신용증권인 데 대하여, 수표는 지급의 수단으로서 실제로 현금지급의 대신으로 발행되는 지급증권이다. 수표에 있어서는 법률상으로는 제 3 자(은행)가 발행인을 위하여 금전을 지급하지만 제 3 자는 발행인을 대신하여 지급하는 것이며 실질적으로는 발행인 자신이 지급하는 것과 다름이 없다. 어음은 권리를 표창하고 있는 데 비하여, 수표는 이익을 받을 자격 또는 지위를 표창할 뿐이라는 점에서 수표는

어음과 차이가 있다. 그러나 수표도 지급거절의 경우 발행인이나 배서인에 대한 상환청구권을 표창하는 점은 어음과 같다. 수표법은 수표의 신용증권화를 방지하기 위하여 인수(引受)의 금지(手 4), 수표의 일람출급성(手 28 I), 단기의 지급제시기간(手 29), 지급인의 배서 및 보증의 금지(手 15 Ⅲ, 25 Ⅱ), 단기의 시효기간(手 51) 등의 규정을 두고 있다.

2. 수표의 종류

(1) 당좌수표

당좌수표(當座手票)는 수표의 발행인이 은행과 당좌거래계약(당좌예금계약·당좌차월계약 및 수표계약을 포함한다)을 체결하고 은행에 있는 수표자금(당좌예금잔액·당좌차월한도액)의 범위 내에서 발행하는 수표로서 수표법에서 말하는 전형적인 형태의 수표이다.

(2) 자기앞수표(보증수표·보수)

발행인 자신을 지급인으로 하여 발행한 수표가 자기앞수표(自己앞手票)이며(手 6 Ⅲ) 지급보증에 갈음하여 발행된다. 자기앞수표는 제 3 자의 의뢰에 의하여 은행이 발행하게 되는데, 발행의뢰인과 은행 사이의 법률관계는 은행이 의뢰인으로부터 대가를 받고 수표인 유가물을 교부하기 때문에 매매의 일종인 유상계약이라고 할 것이다. 일반수표와 다른 점은 발행인과 지급인이 동일은행이므로 수표계약이 필요 없고 발행인의 지급위탁의 취소도 존재하지 않는다.

(3) 백지수표

수표요건을 백지로 하여 기명날인 또는 서명된 미완성의 수표를 백지수표(白地手票)라고 한다.

(4) 선일자수표(연수표)

발행인이 발행일자를 실제로 발행한 일자가 아닌 장래의 일자로 기재하여 발행한 수표를 선일자수표(先日字手票)(연수표)라 한다. 이는 형식상으로 요건의 불비는 아니므로 무효수표가 아니다. 반대로 발행일자가 실제로 발행된 날 이전으로 기재된 수표를 후일자수표라 한다.

(5) 횡선수표

수표의 분실·도난 등으로 인하여 수표의 부정소지인이 그 수표에 의하여 지급을 받지 못하도록 하기 위하여 수표표면의 모퉁이에 두 줄의 평행선을 그은 수표를 횡선수표(橫線手票)라고 하며, 이에는 일반횡선수표와 특정횡선수표의 두 가지가 있다(手 37~38). 횡선수표에 대하여는 상세하게 후술한다(564면 이하 참조).

3. 수표의 기재사항

(1) 수표의 요건을 기재하지 않을 경우의 효력(手 2)과 그 보충이 인정되는 점 등(手 2 (1)~(3))은 어음의 경우와 같다. 수표의 기재사항에 있어서 어음과 다른 것은 만기 및 수취인의 기재는 반드시 기재하여야 하는 사항이 아닌 점이다. 즉 수취인의 기재는 임의적 기재사항(手 5 I)이며, 또한 만기의 기재는 아무런 의미가 없는 무익적 기재사항(手 28 I)이다. 수표는 실제에 있어서는 은행과 당좌거래계약(수표계약)을 체결한 자가 은행으로부터 교부받은 수표장의 용지에 그 기입란을 보충하여 발행하는 것이 관례이다.

(2) 수표에 반드시 기재하여야 하는 필요적 기재사항은 수표문구, 수표금액, 지급위탁문구, 지급인의 명칭, 지급지, 발행일과 발행지, 발행인과 기명날인 등이다(手 1).

4. 수표의 발행

(1) 의 의

수표의 발행은 어음의 경우와 같이 기본수표를 작성하는 행위와 이것을 상대방에게 교부하는 두 단계의 행위로 이루어지며, 기본수표를 작성하는 행위는 수표요건을 기재하고 발행인이 기명날인 또는 서명하는 것을 말한다. 수표발행의 법률적 성질은 환어음의 경우와 같이 지급지시이다.

(2) 발행의 효과

수표발행의 효과는 수표의 소지인에게 지급인으로부터 수표금액을 지급받을 기대이익을 취득시키는 것이며, 이것을 발행인과 지급인과의 수표계약에 의하여 발생한다(手 3). 또한 수표발행인은 수표의 지급을 담보하므로 지급거절의 경우 상환의무를 부담하며 지급무담보문언은 이를 기재하여도 그 기재가 없는 것으로 본다(手 12). 그리고 지급인이 지급보증을 한 때에는 소지인은 지급인에 대한 권리자가 되지만, 발행인은 이 지급보증으로 인하여 그 지급담보책임을 면하지 못한다(手 56).

(3) 발행인과 수취인과의 관계

발행인과 수취인 간의 원인관계는 채무자가 기존채무에 관하여 수표를 발행·교부하면서 당사자의 의사가 명백하지 않은 경우에는 기존채무의 지급을 위하여 한 것으로 추정한다.

(4) 수표자금과 수표계약

수표는 제시된 때에 발행인이 처분할 수 있는 자금(수표 자금)이 은행에 있어야 하고, 발행인이 그 자금을 수표에 의하여 처분할 수 있는 명시 또는 묵시의 계약(수표 계약)에 따라서만 수표를 발행할 수 있다(手 3). 그리고 발행인이 수표자금을 지급하게 하기 위하여는 수표자금 이외에 수표계약이 있어야 한다. 수표의 발행에는 수표자금과 수표계약이 있어야 하지만, 이에 위반하여 발행된 수표도 무효는 아니며(手 3 단), 다만 발행인이 과태료에 의한 제재를 받을 뿐이다(手 67).

5. 수표의 양도

수표의 경우에도 어음과 같이 i) 기명식, ii) 지시식, iii) 배서금지식이 인정되고, 그 밖에 수표에 특유한 iv) 소지인출급식, v) 지명소지인출급식(선택무기명식) 및 vi) 무기명식으로 발행할 수 있다(手 5). 수표도 어음과 같이 자유로이 양도할 수 있음을 원칙으로 하며 기명식수표도 「지시금지」(배서금지)의 문언의 기재가 없는 한 법률상 당연히 배서에 의하여 양도할 수 있으므로 지시식과 다름이 없고, 무기명식(手 5 III), 지명소지인출급식(선택무기명식)(手 5 II)도 소지인출급식으로 보므로 결국 기명식과 소지인출급식의 2종으로 구분하여 고찰하는 것이 편리하다.

(1) 소지인출급식수표(무기명식수표·지명소지인출급식수표를 포함함)의 양도

이러한 수표는 당사자간의 양도의 합의와 증권의 교부에 의하여 양도(민 523)되는데 이 때의 교부는 권리이전의 성립요건이다. 교부에 의하여 권리이전적 효력이 생기고 수표의 소지인은 형식적 자격이 인정되어 수표상의 권리를 행사할 수 있게 된다. 소지인출급식수표(所持人出給式手票)의 경우에 배서는 수표상의 권리를 양도하기 위하여 필요한 행위가 아니다. 왜냐하면 이러한 수표상의 권리는 수표의 소지인이 행사할 수 있기 때문이다.

(2) 기명식수표(지시식수표를 포함함)의 양도

1) 서 설

어음과 같이 수표도 법률상 당연히 지시증권이므로 지시식인 경우는 물론이고, 기명식인 경우라도 지시금지를 하지 않는 한 배서에 의하여 양도할 수 있다(수 14 I), 따라서 배서의 방식(수 16), 배서의 권리이전적 효력(수 17), 배서의 자격수여적 효력(수 19), 배서의 담보적 효력(수 18)(단 지급담보의 책임만 있음), 선의취득(수 21), 항변의 제한(수 22) 등은 어음의 경우와 같다.

2) 기한후배서

(가) 수표의 기한후배서(期限後背書)란 첫째로 수표의 제시기간이 경과된 다음에 한 배서를 말한다(수 24 I). 수표의 경우는 지급거절증서 이외에 지급거절이 되었다는 지급인이나 어음교환소의 선언(수 39 (2)·(3))이 있은 후의 배서도 기한후배서라고 법정하고 있는 것이 어음과 다른 점이다.

(나) 어음의 경우에는 만기 후의 배서는 만기 전의 배서와 동일한 효력이 있다고 규정하고 있는 데(어 20 I 본) 비하여, 수표법 제24조에서는 이러한 규정을 두고 있지 않은 것은 수표는 어떠한 경우에도 일람출급증권이고(수 28 I) 만기가 존재하지 않기 때문이다. 그러나 수표의 지급제시는 어음의 경우에 만기의 도래와 다를 바 없으므로 이후의 배서라도 제시기간 경과 전의 배서는 지급거절증서의 작성이나 지급거절선언이 없는 한 어음의 경우와 같은 만기 후의 배서로서 일반배서의 경우와 같은 효력을 갖게 된다. 수표의 기한후배서에도 어음의 경우(어 20 I 단)와 같이 지명채권양도의 효력만이 있다(수 24 I).

6. 수표의 제시와 지급

(1) 지급제시

수표도 지급을 위하여 제시를 요구하는 점은 어음과 대체로 같으므로, 여기서는 수표의 경우에 특유한 제도에 대하여만 설명한다.

1) 일람출급성

수표는 지급수단으로 현금지급에 대신하는 기능을 갖는 것이므로 어음과는 달리(어 33 I) 항상 일람출급(一覽出給)이어야 한다. 즉 수표의 소지인은 언제든지 수표의 제시로 지급을 청구할 수 있다. 이에 위반되는 모든 기재(예컨대 지급기일)는 기재하지 아니한 것으로 본다(手 28 I).

2) 선일자수표

㈎ 서 설

선일자수표(先日字手票)라 함은 발행일자를 실제의 발행일보다 장래의 일자로 기재한 수표를 말한다. 실제의 발행일에는 은행에 자금이 없고 수표에 기재한 후일의 발행일에 가서 비로소 지급인인 은행에 자금이 생길 것으로 예상되는 경우에 발행된다.

㈏ 일람출급성

선일자수표의 소지인이 기재된 발행일자가 도래한 때로부터 권리를 행사할 수 있다고 하면 사실상 발행일자를 만기로 하는 확정일출급수표를 인정하는 것이 되어 수표의 지급증권성과 모순되는 결과가 된다(手 28 I). 그리하여 수표법은 수표의 일람출급성을 철저히 하기 위하여 선일자수표의 경우에도 기재된 발행일자가 도래하기 전에 지급을 위하여 제시한 때에도 그 제시한 날에 이를 지급하여야 한다(手 28 II)고 규정하고 있다.

㈐ 제시기간

선일자수표의 경우에 제시기간은 실제로 수표가 발행된 날이 아니라 수표에 기재된 발행일로부터 기산한다. 또한 지급위탁의 취소도 수표에 기재된 발행일을 기준으로 한 제시기간이 경과한 후에 비로소 그 효력이 생긴다(수32). 또한 시효기간도 수표에 기재한 발행일자를 기준으로 한 제시기간이 경과한 후부터 기산한다(수51). 수표발행의 능력이나 권한은 수표에 기재된 발행일자가 아니라 실제로 발행한 날에 있으면 된다.

㈑ 수취인의 의무

선일자수표를 발행한 경우에는 수취인이 수표에 기재된 발행일자 이전에는 자기 또는 자기로부터 수표를 양수한 자가 선일자수표를 지급을 위하여 제시하지 않을 것을 발행인에 대하여 약속한 것이며, 선일자수표를 발행·교부받은 때에는 당사자의 의사는 수표에 기재된 일자의 도래 전에는 제시하지 않겠다는 합의를 한 것으로 추정된다. 그러므로 수표의 소지인이 수표에 기재된 발행일 이전에 제시함으로써 발행인에게 손해가 발생한 때에는 수표예약의 채무불이행으로 수취인은 발행인에 대하여 손해배상책임을 져야 하며 발행인에 대하여 소구할 수도 없게 된다.

3) 지급제시의 장소

지급제시는 원칙적으로 지급지 내에 있는 지급인의 영업소에서 하여야 하지만, 제3자방지급의 기재가 있는 때에는 그것이 지급장소만을 의미하는 때에는 그 장소에서 지급인에 대하여, 지급담당자를 의미하는 때에는 그 지급담당자의 영업소에서 지급담당자에 대하여(수8) 제시하여야 한다.

4) 지급제시의 방법

기명식·지시식수표는 배서가 연속된 수표의 소지인이 제시할 수 있는데, 배서가 연속되지 않은 때에도 소지인이 배서의 연속이 흠결된 부분에 대하여 권리승계의 실질관계를 증명하면 제시할 수 있다. 배서가 금지된 기명식수표의 소지인도 자기가 실질적인 권리자라는 것을 증명하면 제시할 수 있다(이 점은 어음과 동일함). 그러나 수표에 있어서는 무기명식·지명소지인출급식·소지인출급식도 인정되므로 이 경우에는 단순한 수표소지인이 정당한 권리자로 인정되어 당연히 지급제시를 할 수 있다.

지급지 서울특별시
당 좌 수 표
주식회사 서울은행 영업부
마가07788461
금
이 수표 금액을 소지인에게 지급하여 주십시오.
발행지
발행인
년 월 일
견양

《당좌수표의 예》

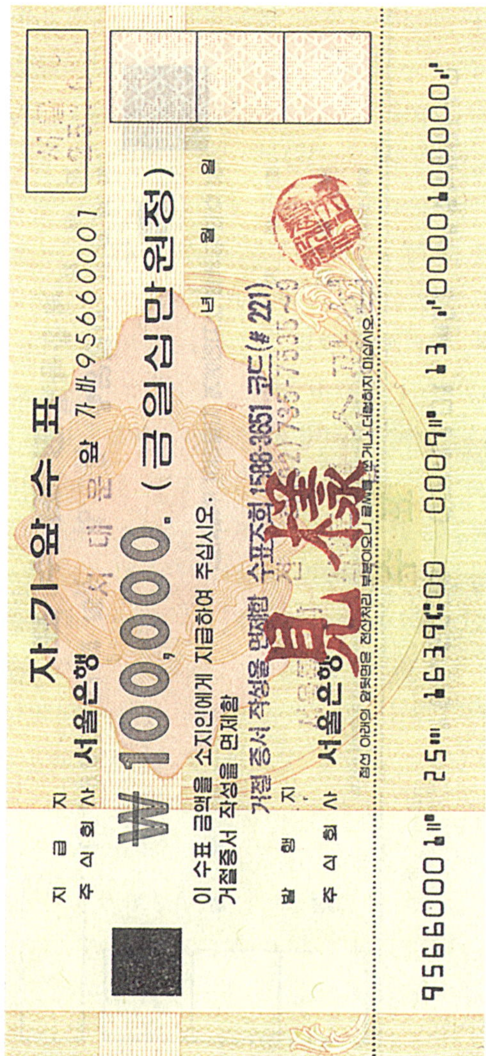
자기앞수표
지급지 주식회사 서울은행
가바95660001
₩100,000.(금일십만원정)
이 수표 금액을 소지인에게 지급하여 주십시오.
거절증서 작성을 면제함
발행지 주식회사 서울은행
見樣

《자기앞수표의 예》

5) 지급제시기간

(가) 국내에서 발행하고 지급할 수표는 10일 내에 지급제시를 하여야 한다(수 29 I). 자기앞수표의 경우도 같다. 제시기간의 기산은 수표에 기재된 발행일자를 기준으로 한다(수 29 IV). 초일은 산입하지 않는다(수 61). 즉 발행일자의 익일로부터 10일간이다. 수표법 제29조 제 4 항은 사실상 발행일인가 기재된 발행일인가를 명시함에 불과하고, 기간의 계산은 수표법 제61조에 따라서 하여야 한다.

(나) 수표는 지급제시기간 내에 지급을 위한 제시를 하여야 한다. 그렇다고 지급제시는 제시기간 내에만 할 수 있다는 의미는 아니다. 즉 제시기간이 경과한 후에 한 제시로도 지급을 받을 수 있다(수 32 II). 그러나 수표의 지급제시기간은 다음과 같은 경우를 위하여 중요한 의미를 갖는다. 소지인은 제시기간 내에 지급을 위한 제시를 하였음에도 지급받지 못한 경우에 한하여 발행인·배서인 기타의 채무자에 대하여 소구권을 행사할 수 있고(수 39), 또 지급보증을 한 지급인이 있으면 그에 대하여 청구할 수 있다(수 55 I). 수표의 제시기간 내에는 지급위탁을 취소하여도 그 효력이 생기지 않는다(수 32 I).

(2) 지 급

1) 서 설

수표에 관한 지급의 절차(수 34), 지급할 화폐(수 36) 등은 어음의 경우(어 39, 41)와 같다. 수표는 일람출급으로 발행되므로 만기 전의 지급이란 있을 수 없다(어 43 참조). 수표의 지급에 있어서 중요한 문제는 지급인의 조사의무(수 35), 위조·변조수표의 지급에 따른 손해의 부담관계, 지급위탁취소의 제한(수 32 I), 지급제시기간 경과 후의 지급(수 32 II) 등이다.

2) 지급인의 조사의무

(가) 배서가능한 수표

지시식수표나 배서가 금지되지 않은 수표의 지급인은 배서의 연속과 수표요건의 완비 등에 대한 형식적 요건을 조사할 의무가 있을 뿐이고, 배서인의 기명날인 또는 서명을 조사할 의무는 없다(手35). 수표법에는 지급인의 면책에 관한 어음법 제40조 제3항과 같은 규정이 없다. 그러나 수표의 지급인도 지급의 제시가 있는 때에는 지급이 강제되는 상태에 있게 되므로 수표에도 어음법 제40조 제3항을 유추적용하는 것이 타당하다.

(나) 교부로 양도할 수 있는 수표

소지인출급식수표 및 지명소지인출급식수표는 수표의 소지만으로 형식적 자격이 인정된다. 그러나 지급인은 수표계약에 의하여 수표소지인이 실질적인 권리자인가에 대하여 조사할 의무를 발행인에 대하여 진다고 본다. 그러나 조사의무는 유통증권인 수표의 특수성을 고려하여 제한적으로 해석되어야 한다. 그러므로 지급인은 그가 소지인의 무권리를 알았거나 소지인이 수표를 비정상적인 방법으로 취득하였다는 것이 뚜렷한 특별한 사정이 있을 때에만 지급을 거절할 수 있다고 본다.

(다) 백지수표의 경우

백지수표의 소지인은 백지를 보충하지 않고는 권리를 행사할 수 없고 백지수표를 지급한 은행은 면책이 되지 않는다. 그러나 실제에 있어서 발행일이나 수취인백지의 수표는 당좌예금약관에 의하여 은행은 발행인에 대한 연락이 없이 지급을 하고 있으며 그로 인한 손해에 대해서는 은행은 책임을 지지 않고 있다(동 약관 13조 참조).

3) 위조·변조수표의 지급

(가) 지급인이 위조·변조수표에 대하여 지급을 한 때에는 발행인인 고객의 지급위탁이 존재하지 않으므로 지급을 하여도 지급의 결과를 발행인의 계산으로 돌릴 수 없다. 즉 지급인은 수표계약에 따라 진짜 수표에 대해서만 지급을 하여야 한다. 그러므로 수표위조의 위험은 지급인이 부담하여야 할 것이다. 그러나 고객이 수표계약에 의한 의무를 위반했거나 수표의 지급에 대하여 책임이 인정되는 때에는 지급인인 은행에 대

하여 손해배상책임을 지게 된다.

(나) 변조의 경우에도 발행인에게 변조에 대한 귀책사유가 없고 특약이 없는 한 발행인은 변조 전의 문언에 따르는 책임을 질 뿐이다. 면책약관이 있더라도 지급인이 주의의무의 해태로 지급한 때에는 지급에 대하여 책임을 면하지 못한다.

4) 지급위탁의 취소

(가) 의　　의

수표의 발행인과 지급인 사이에는 수표계약에 의하여 지급위탁관계가 존재한다. 그리하여 발행인은 수표를 발행한 후에도 지급인에 대하여 지급위탁을 취소할 수 있다. 지급위탁의 취소에도 불구하고 지급인이 지급한 때에는 발행인의 계산에 의한 지급으로 되지 않는다. 반면에 제시기간의 경과 전에는 발행인의 지급위탁취소에도 불구하고 지급을 하여도 손해배상책임을 지지 않는다. 자기앞수표는 발행인과 지급인이 동일인이고 양자 사이에 지급위탁의 관계가 존재할 수 없으므로 지급위탁의 취소란 있을 수 없다.

(나) 방　　법

지급위탁의 취소는 지급인에 대한 발행인의 의사표시에 의한다. 그 방식에는 제한이 없다. 은행실무상에 있어서는 취소될 수표를 명확하게 하기 위하여 수표발행인으로 하여금 지급은행에 대한 사고계의 제출을 요구하고 있는데, 수표발행인에 의한 서면 또는 구두에 의한 사고계는 당연히 지급위탁취소의 의사표시가 포함된 것으로 본다.

(다) 취소시기의 제한

지급위탁의 취소는 제시기간 경과 후에만 가능하다(手 32 I). 그러나 이 규정은 지급인이 제시기간 경과 전의 지급위탁의 취소를 존중하지 않아도 된다는 의미는 아니다. 통설은 이 규정이 강행법규라 하여 이에 반하는 특약은 효력이 없다고 하지만, 이 규정은 강행법규가 아니므로 지급인과 발행인간의 특약으로 제시기간의 경과 전에 한 지급위탁취소로도 지급을 거절하여야 한다는 합의가 가능하다고 본다. 이러한 특약은 수표법 제32조 제1항의 목적과 의미에 반하지 않는다고 할 것이다. 왜냐하면 지급인은 수표소지인에 대하여는 반드시 지급을 하여야 할 의무는 없기 때문이다. 그러나 이러한 특약이 없더라도 제시기간 내의 취소는 무효가 아니고 제시기간의 경과를 기다려 효력이 발생하게 된다.

㈑ **취소의 효과**

지급위탁취소는 특정한 수표에 대하여 하는 것이므로 수표계약은 그대로 존속하게 된다. 지급인이 지급위탁의 취소에 따라 자금의 유무에 불구하고 지급을 거절하여도 수표에 대하여 손해배상책임을 지지 않는다. 다만 발행인의 수표소지인에 대한 손해배상책임은 당사자간의 법률관계에 따른다. 지급위탁의 취소가 있더라도 발행인에 대한 소구권을 행사할 수 있음은 물론이다.

5) 지급제시기간 경과 후의 지급

㈎ **지급위탁의 취소가 없는 경우**

수표의 지급위탁은 제시기간 내의 지급의 위탁이므로 제시기간의 경과로 당연히 소멸하지만 발행인은 원인관계에 의한 채무를 결제하여야 될 것이므로 제시기간 경과 후에 지급하는 것이 발행인에게 손실이 되거나 불리하지도 않으므로 발행인의 의사에도 반하지 않는다. 그리하여 수표법은 지급위탁의 취소가 없는 때에는 지급인은 제시기간 경과 후에도 지급할 수 있다(수 32 Ⅱ)고 하였으며, 지급의 결과를 발행인의 계산으로 돌릴 수 있도록 하였다.

㈏ **지급위탁의 취소가 있는 경우**

제시기간 경과 후에는 언제든지 지급위탁의 취소가 가능하므로(수 32 Ⅰ) 수표를 상실한 때에는 공시최고절차 대신에 지급위탁을 취소하는 것이 편리하다.

(3) 횡선수표

1) 서 설

수표는 일람출급증권이고 대개의 경우 소지인출급식으로 발행되기 때문에 수표의 도난 또는 분실의 경우에 부정한 취득자가 지급을 받을 위험성이 많다. 수표가 무권리자에게 지급되면 그 손실은 발행인에게 돌아가고 또 발행인과 수표를 상실한 소지인과의 관계에서는 결국 소지인이 손실을 부담하게 된다. 그러므로 수표의 발행인 및 소지인의 손해를 방지하기 위하여 수표법은 횡선수표제도를 채택하였다.

2) 횡선수표의 종류

(가) 일반횡선수표란 발행인 또는 소지인이 수표표면의 모퉁이에 2줄의 평행선을 긋고 그 횡선 내에 아무런 지정을 하지 아니하거나, 「은행」 또는 이하 동일한 의의가 있는 문자를 기재한 것을 말한다(手 37 Ⅱ·Ⅲ). 일반횡선수표는 특정횡선수표로 변경할 수 있으나, 특정횡선수표는 일반횡선수표로 변경하지 못한다(手 37 Ⅳ).

(나) 특정횡선수표란 2줄의 횡선 내에 특정은행의 명칭을 기재한 것을 말한다. 특정횡선수표의 지급인은 지정된 은행에 대해서만 또는 지정된 은행이 지급인인 때에는 자기의 거래처에 대하여서만 지급할 수 있다(手 38 Ⅱ).

3) 효 력

(가) **일반횡선수표**

일반횡선수표의 지급인은 은행 또는 지급인의 거래처에 대해서만 지급할 수 있다(手 38 Ⅰ). 「거래처」란 지급인이 은행과 계속적인 거래관계(예컨대 예금관계 · 어음할인 · 대부관계 어)가 과거에 존재하였고 수표를 제시할 때에도 계속되고 있는 자를 말한다는 설도 있으나 은행이 제시자와 거래관계를 개설함과 동시에 그 동일성과 그의 주소를 확인한 때에는 거래처로 보아도 된다고 할 것이다. 이와 같이 횡선수표는 지급인과 전혀 거래가 없는 자는 지급을 받을 수 없으므로 자기가 거래하고 있는 은행에 추심을 위임하지 않으면 안 된다. 은행은 자기의 거래처 또는 다른 은행에서만 횡선수표를 취득할 수 있고 이들 이외의 자를 위하여 횡선수표의 추심을 하지 못한다(수 38Ⅲ).

㈏ **특정횡선수표**

특정횡선수표의 지급인은 지정된 은행 또는 지정된 은행이 지급인인 때에는 자기의 거래처에 대하여서만 지급할 수 있다(수 38Ⅱ 본). 또한 수표법은 지정된 은행이 지급인이 가입하고 있는 어음교환소에 가입하고 있지 않은 경우를 위하여 지정된 은행은 다른 은행으로 하여금 추심시킬 수 있도록 하였다(수 38Ⅱ 단). 특정횡선이 수개가 기재된 수표는 지급인이 지급하지 못한다(수 38Ⅳ 본). 특정횡선수표의 경우에도 은행은 알지 못하는 자로부터 수표를 취득하지 못하고, 알지 못하는 자를 위하여 횡선수표를 추심하지 못한다(수 38Ⅲ).

㈐ **제한위반의 효과**

(a) 손해배상책임 　　횡선수표의 지급·취득·추심위임에 관한 제한규정을 위반한 지급인이나 은행은 이로 인하여 생긴 손해에 대하여 수표금액의 한도 내에서 손해를 받은 자에 대하여 배상책임을 진다(수 38Ⅴ). 이 배상책임은 무과실책임이다.

(b) 손해배상책임의 배제 특약

aa) 수표의 발행인은 수표장의 도난·분실 등에 의한 손해배상의 예방을 위하여 미리 모든 수표용지에 횡선을 그어 놓는 경우가 있는데 이후 수표소지인이 즉시 수표금의 지급을 받도록 할 필요가 생긴 때에는 미리 한 횡선으로 인하여 지급을 받을 수 없게 되는 불편이 따른다. 그렇다고 미리 그어놓은 횡선을 말소하여도 말소권의 유무와 관계 없이 그 말소는 하지 아니한 것으로 보기 때문에(수 37Ⅴ) 불편을 면할 수 없게 된다.

bb) 횡선의 효력을 배제하는 특약이 가능한가 하는 문제가 있는데 이러한 특약은 수표법이 횡선의 변경과 횡선의 말소를 금지하고 있다는

서울특별시 당좌수표
지급지
주식회사 서울은행 영업부
마가07788461
금
이 수표 금액을 소지인에게 지급하여 주십시오.
발행지
발행인
년 월 일
견양

《횡선수표의 예》

점에서(수 37 Ⅳ·Ⅴ) 보면 이러한 특약을 인정한다는 것은 문제가 없지 않으나, 이는 수표발행인이 수표법 제38조 제 5 항에 의한 손해배상청구권을 포기한 것으로 인정하여 당사자인 지급인과 발행인간에 있어서는 유효하다고 본다.

cc) 당좌계정거래약관에서는 미리 한 횡선으로 인한 불편을 면할 수 있도록 하기 위하여 동약관의 제10조 제 1 항에서 「횡선수표가 제시되는 경우 그 뒷면에 신고인감이 찍혀 있는 때에는 그 소지인에게 지급할 수 있다」고 규정하고 있으며, 제 2 항에서는 「전항의 처리로 말미암아 수표법 제38조 제 5 항의 규정에 의한 손해가 발생하여도 은행은 책임을 지지 아니한다」고 규정하고 있다.

(4) 소　　구

수표소지인이 적법한 기간 내에 제시한 수표의 지급을 받지 못한 경우(부도)에 소지인은 배서인, 발행인 기타의 채무자에 대하여 소구권(遡求權)을 행사할 수 있다(수 39).

1) 실질적 요건

수표소지인이 적법한 기간 내에 지급을 위한 제시를 한 데 대하여 수표금액의 전부 또는 일부의 지급이 거절되었어야 한다. 제시는 반드시 영업시간 내에 지급인 또는 제 3 자에게 하여야 되는 것은 아니고 제시기간의 최종일의 자정까지 수표가 도달되어도 무방하다.

2) 형식적 요건

(a) 형식적 요건으로는 거절증서나 지급인의 거절선언 또는 어음교환소의 지급거절선언 중 한 가지 방법으로 지급거절의 사실을 증명하여야 한다(수 39). 즉 수표의 경우에는 지급거절의 증명방법을 간편히 하여야 할 필요가 있고 수표지급인은 신용이 있는 은행에 한정되므로 거절선언 방법을 인정하고 있다.

(b) 지급인의 지급거절선언(支給拒絶宣言)이란 수표에 제시의 날을

기재하고 일자를 부기한 지급인의 선언을 말한다(수39(2)). 수표의 이면에 한 지급거절선언은 유효하지만, 수표 자체가 아닌 보전에 한 것은 무효라고 본다. 지급인의 거절선언은 법률행위가 아니고 제시와 지급이 되지 않았다는 것을 확인하는 것에 불과하다. 그러므로 거절선언에는 제시와 지급거절이 있었다는 것이 명확하게 기재되어야 한다.

(c) 어음교환소의 지급거절선언이란 적법한 시기에 수표를 제시하였으나 지급이 없었던 뜻을 증명하고 일자를 부기한 선언을 말한다(수39(3)). 어음교환소에서의 수표의 제시는 지급을 위한 제시의 효력이 있는 것은 (수31) 어음의 경우(어38Ⅱ)와 같으나, 어음의 경우에는 단순히 지급을 위한 제시의 효력이 있을 뿐이지만 수표의 경우에는 거절증서에 갈음하는 선언이 가능하다는 점(수39(3))이 다르다.

(5) 수표의 시효

수표는 지급증권이므로 수표의 시효기간은 어음에 비하면 단기이다. 즉 소지인의 배서인, 발행인 기타의 채무자에 대한 소구권은 제시기간 경과 후 6월이고(수51Ⅰ) 지급보증을 한 지급인에 대한 수표상의 청구권은 제시시간 경과 후 1년이며 상환을 한 자의 재소구권의 시효기간은 6월이다(수51Ⅱ). 재소구권의 시효기간의 기산점은 그 자가 수표를 환수한 날 또는 소장의 송달일이다(수51Ⅱ). 시효는 어음의 경우와는 달리 거절증서 또는 이와 동일한 효력이 있는 지급거절선언의 일자로부터가 아니라 제시기간 경과 후부터 진행한다.

(6) 부정수표단속법

수표는 현금의 대용물이라고 할 수 있으므로 부정수표가 남발되면 거래의 유통과 신용질서를 크게 교란시키게 된다. 그리하여 국민의 경제생활의 안전과 유통증권인 수표의 기능을 보장함을 목적으로 부정수표단속법을 제정하고 있다(1961. 7. 3. 법 645호).

상법 일부개정법률안

의 안 번 호	12002

제출연원일: 2014. 10. 6.
제　출　자: 정　　부
2015. 11. 12. 의결
2015. 11. 20. 정부이송

〈제안이유〉

기업 인수·합병 시장의 확대 및 경제 활성화를 도모하기 위하여 기업의 원활한 구조 조정 및 투자 활동이 가능하도록 다양한 형태의 기업 인수·합병 방식을 도입하는 한편, 반대주주의 주식매수청구권 제도를 정비하는 등 현행 제도의 운영상 나타난 일부 미비점을 개선·보완하려는 것임.

〈주요내용〉

가. 삼각주식교환, 역삼각합병 및 삼각분할합병 제도의 도입(안 제360조의3 및 제530조의6 등)

1) 2012년 개정에서는 합병 시 존속회사가 소멸회사의 주주에게 합병의 대가로 존속회사의 모회사의 주식을 취득하여 지급할 수 있도록 함으로써 삼각합병이 가능하도록 하였음.

※ 삼각합병이란 A 회사의 자회사인 S 회사가 T 회사를 합병하면서 소멸하는 T 회사의 주주에게 모회사인 A 회사의 주식을 교부하는 것을 말함.

2) 주식의 포괄적 교환 시에 모회사 주식을 지급할 수 있도록 하는 삼각주식교환을 도입하고 이러한 삼각주식교환을 통하여 역삼각합병이 가능하도록 하며, 회사 분할합병 시 분할회사의 주주에게 모회사 주식이 지급될 수 있도록 하는 삼각분할합병 제도를 도입함.

※ 역삼각합병이란 A 회사의 자회사인 S 회사가 T 회사와 주식의 포괄적 교환을 하는 경우 T 회사의 주주에게 모회사인 A 회사의 주식을 교부하면서 T 회사를 존속회사로 하는 합병을 하는 것을 말함.

3) 자회사를 활용한 다양한 기업 인수·합병 구조를 마련함으로써 기업 인수·합병에 대한 경제적 수요를 원활히 뒷받침할 수 있을 것으로

기대됨.

나. 반대주주의 주식매수청구권 제도의 정비(안 제360조의5 제1항 및 제374조의2 등)

1) 현재 무의결권 주주에게도 반대주주 주식매수청구권이 인정되는지에 대하여 명확하게 규정하고 있지 아니하여 실무상 혼란을 초래할 소지가 있고, 무의결권 주주들의 권리보호에 미흡한 측면이 있음.

2) 무의결권 주주도 주식매수청구권을 행사할 수 있음을 명문으로 규정하고, 주식매수청구권이 인정되는 경우에는 무의결권 주주에게도 주주총회 소집을 통지하도록 규정함.

3) 기업 인수·합병 과정에서 무의결권 주주의 반대주주 매수청구권 인정 여부, 주주총회 소집통지 문제 등에 관한 법적 혼란을 해소함으로써 기업 인수·합병 거래 안정과 반대 주주 보호에 기여할 것으로 기대됨.

다. 소규모 주식교환의 요건 완화 등(안 제360조의10 제1항 및 제527조의3 제1항 등)

1) 2012년 개정 시 소규모합병의 요건은 완화되었으나, 경제적 기능·효과가 실질적으로 동일한 소규모 주식교환의 요건은 그대로 유지되고 있어 소규모 주식교환을 활용하는 데 어려움이 있고, 소규모합병이나 소규모 주식교환의 요건에 관해 신주를 발행하는 대신 자기주식을 교부하는 경우에 대해서 명확히 규정하지 아니하여 실무상 혼란이 있음.

2) 신주 발행과 자기주식의 교부를 포함하여 소규모 주식교환과 소규모합병의 요건을 규정하고, 소규모 주식교환과 소규모합병의 요건을 동일하게 설정함으로써 해당 제도를 이용한 기업 인수·합병 거래의 안정성을 도모하고 소규모 주식교환이 활성화될 것으로 기대됨.

라. 간이한 영업양도, 양수, 임대 제도의 도입(안 제374조의3 신설)

1) 영업양도, 양수, 임대 등의 행위를 하려는 회사의 총주주의 동의가 있거나, 주식 90퍼센트 이상을 그 거래의 상대방 회사가 소유하고 있는 경우에는 그 행위를 하려는 회사의 주주총회 승인은 이사회의 승인으로 갈음할 수 있도록 함.

2) 간이한 영업양도, 양수, 임대 제도를 도입함으로써 기업의 효율적인 구조 조정이 원활해질 것으로 기대됨.

마. 회사의 분할·합병 관련 규정의 정비(안 제530조의5 등)

회사의 분할 시 분할하는 해당 회사를 분할회사로, 분할을 통하여 새로 설립되는 회사를 단순분할신설회사로, 분할흡수합병의 존속회사를 분할승계회사로, 분할신설합병으로 새로 설립되는 회사를 분할합병신설회사로 용어를 명확하게 정비하고, 분할 시 자기주식의 이전을 허용하는 등 회사 분할 관련 제도를 정비함.

제17판

기업법 개설

초판발행 1998년 9월 10일
제17판발행 2017년 1월 20일
중판발행 2020년 9월 15일

지은이 최기원
펴낸이 안종만 · 안상준

편 집 김선민
기획/마케팅 조성호
표지디자인 조아라
제 작 우인도 · 고철민 · 조영환

펴낸곳 (주) 박영사
서울특별시 종로구 새문안로3길 36, 1601
등록 1959. 3. 11. 제300-1959-1호(倫)
전 화 02)733-6771
f a x 02)736-4818
e-mail pys@pybook.co.kr
homepage www.pybook.co.kr
ISBN 979-11-303-2982-6 93360

정 가 26,000원